Le dictionnaire
du cinéma
québécois

Le dictionnaire du cinéma québécois

sous la direction de
Michel Coulombe et Marcel Jean

assistés de
Louise Carrière, du Cégep du Vieux-Montréal
Michel Euvrard, de l'Université Concordia
Michel Larouche, de l'Université de Montréal
Pierre Véronneau, de la Cinémathèque québécoise

Préface de Rock Demers

Boréal

En couverture, de gauche à droite: Geneviève Bujold dans *Act of the Heart*; Lucie Mitchell et Yvonne Laflamme dans *La petite Aurore l'enfant martyre*; Charlotte Laurier dans *Les bons débarras*; scène tirée de *Pour la suite du monde* de Pierre Perrault et Michel Brault; l'abbé Maurice Proulx, réalisateur; *L'homme qui plantait des arbres* de Frédérick Back; Norman McLaren; Claude Jutra et des photogrammes de *Blinkity Blank*.

© Les Éditions du Boréal, Montréal
Dépôt légal: 4ᵉ trimestre 1988
Bibliothèque nationale du Québec
Diffusion: Dimedia
Distribution en Europe: Distique

Données de catalogage avant publication (Canada)

Vedette principale au titre
Le dictionnaire du cinéma québécois
Bibliographie : p. 529-530
Filmographie : p. 481-528

ISBN 2-89052-266-0

1. Cinéma – Québec (Province) – Dictionnaires. 2. Acteurs et actrices de cinéma – Québec (Province) – Dictionnaires. 3. Producteurs et réalisateurs de cinéma – Québec (Province) – Dictionnaires. I. Jean, Marcel, 1963- . II. Coulombe, Michel.
PN1993.45.D42   1988   791.43'09714   C88-09644-5

EN GUISE DE PRÉFACE

Coup d'œil subjectif, impressionniste
et forcément incomplet
sur quarante ans de cinéma au Québec

Michel Coulombe vient de me téléphoner. Il me demande de préfacer ce *Dictionnaire du cinéma québécois* auquel Marcel Jean et lui sont à mettre la dernière main. Je n'ai que quelques jours pour fournir un texte. Où trouver le temps? Mon Dieu, où trouver le temps! Mais l'occasion d'évoquer quelques souvenirs reliés à la petite histoire de notre cinématographie est trop belle pour que je la laisse passer...

* * *

Pour évoquer cette petite histoire, même succinctement, il faut souligner la contribution de toutes les catégories d'artisans et faire intervenir toutes les composantes: l'exploitation, la distribution, la production de films documentaires, d'animation, de fiction et de films publicitaires financés aussi bien par Téléfilm que par la télévision, l'Office national du film (ONF), la Société générale des industries culturelles (SOGIC) et les investisseurs privés...

Commençons par le début des années 1950. C'est à ce moment que se consolide le réseau de salles de J.-A. DeSève (France Film) et qu'ainsi apparaît un ensemble de salles, programmant des films en français, indépendantes des grands circuits étrangers. Cela allait jouer un rôle déterminant dans les premiers grands succès du cinéma québécois. Sans France Film, le cinéma québécois, à l'origine, n'aurait pu se développer comme il l'a fait.

Les années 1950 correspondent également à l'âge d'or des ciné-clubs étudiants et à la naissance de nos premières revues qui font place à la critique de cinéma: *Découpages* (1950) et *Images* (1955). Parmi les collaborateurs de la première, il y a un jeune homme nommé Gilles Sainte-Marie; parmi ceux de la seconde, on trouve un nommé Arthur Lamothe.

Et c'est à la fin de cette décennie qu'apparaissent nos premières maisons de distribution. Mentionnons, entre autres, Art films, dirigée par André Pépin, un de nos premiers vrais distributeurs. On ne dira jamais assez le rôle joué par André Pépin. Il a aussi participé à l'ouverture de salles qui ont joué un rôle important: l'Élysée (avec Jean-Paul Ostiguy et Patrick Straram), de même que le Verdi et l'Outremont (avec Roland Smith). Il a aidé Jean Pierre Lefebvre et Pierre Hébert à faire leur tout premier film. Il nous a fait connaître Resnais, Truffaut, Varda, Doniol-Valcroze, Rivette. Art films et les autres maisons de distribution qui s'organisent à cette époque joueront un rôle essentiel dans l'éclosion qui se produira quelques années plus tard.

En même temps que se met en place l'infrastructure exploitation-distribution et que se développe la passion du cinéma dans les ciné-clubs, l'ONF s'affirme comme une incroyable pépinière de talents: Garceau, Devlin, Perrault, Brault, Jutra, Groulx, Carrière, Gosselin, Dansereau, Poirier, Perron, Labrecque, Godbout... Si plusieurs réalisateurs quittent l'ONF par la suite, la plupart y reviennent à un moment ou à un autre de leur carrière pour tourner au moins un film. Sans parler des studios anglais et français d'animation de l'ONF qui allaient nous faire connaître à travers le monde grâce à l'immense talent de leurs principaux artisans: McLaren, Jodoin, Hoedeman, Leaf, Drouin...

En 1960, s'organise le Festival international du film de Montréal qui, dès la première année, allait bousculer la censure et créer, l'année suivante, le Palmarès du cinéma canadien (sa seule section compétitive) et le Kino-Club, fabuleux lieu de rencontre du public avec nos cinéastes, comédiens et artisans, et tous les invités étrangers, de John Ford à Roman Polanski, de Jean Renoir à Bretislav Pojar, de Fritz Lang à Jack Nicholson, de François Truffaut à Masaki Kobayashi, de Serguei Bondartchouk à Faye Dunaway.

En 1962, un film étudiant tient l'affiche un bon trois ou quatre semaines à l'Orpheum: *Seul ou avec d'autres*. Il est réalisé par Denis Héroux, Denys Arcand et Stéphane Venne, qui ont reçu la collaboration de Michel Brault, Marcel Carrière, Bernard Gosselin et Gilles Groulx. On y voit Marie-José Raymond qui allait devenir scénariste et productrice ainsi que quatre étudiants en droit déjà connus sous le nom des Cyniques.

Je me souviens encore de l'euphorie qui régnait, à la sortie du Saint-Denis, le soir de la première de *Pas de vacances pour les idoles*, le 15 octobre 1965. Le film était interprété par Donald Lautrec et Joël Denis, réalisé par Denis Héroux et produit par Pierre et André Lamy (Onyx). Ce dernier sera plus tard grand patron de l'ONF puis de la Société de développement de l'industrie cinématographique canadienne (SDICC). Je revois encore Jacques Bobet (eh! oui, le même qui, quelque vingt ans après, allait écrire le scénario de *La grenouille et la baleine*), tout fier que ce film ait été produit à 100% dans le secteur privé, un film où «même le son était assez bon...»! Si ma mémoire est bonne, ce film, qui allait tenir l'affiche six mois au Saint-Denis, avait été produit avec un budget de 60 000$. France Film allait faire là son premier coup d'argent avec un long métrage québécois dans lequel elle n'avait pas investi (comme cela avait été le cas de *La petite Aurore l'enfant martyre* ; le croirez-vous, ma tante Angélina a enseigné à la petite Aurore, la vraie, sans blague...).

1967. Un tonnerre d'applaudissements accompagne l'apparition, sur la scène de l'Expo-théâtre, d'une merveilleuse petite vieille nommée Marie, tout droit sortie du *Règne du jour* de Pierre Perrault. C'était pendant le Festival international du film de Montréal dont la section consacrée au cinéma canadien, dirigée par Robert Daudelin, a tant fait pour stimuler la créativité du jeune cinéma québécois. Tour à tour, pendant les huit ans du festival, y triomphent les Jutra, Brault, Perrault, Lefebvre, Groulx, Carle, Labrecque, Fournier, Leduc, Lamothe.

En 1968, la SDICC, devenue Téléfilm Canada dans les années 80, entre en opération. Le premier film financé par le nouvel organisme à être lancé sur nos écrans fut *La chambre blanche* de Jean Pierre Lefebvre. Le hall de l'Élysée, couvert des tableaux de l'Infonie (Walter Boudreau, Raoul Duguay...), qui avaient paradé à travers la ville toute la journée avec tambours et trompettes, n'a jamais été aussi beau que le jour de la première de ce film. Malgré cet effort publicitaire exceptionnel, la salle n'était plus qu'à moitié pleine à la fin de la projection. Heureusement, parmi ceux qui restaient, il s'en trouvait plusieurs pour crier au chef-d'œuvre! Et Michael Spencer, alors directeur général de la SDICC, de me dire, mi-figue mi-raisin: «Rock, do you think this film will get its money back?» Et je lui réponds, sur le même ton: «Don't worry Michael... but it may take thirty years.» Heureusement que Jean Pierre Lefebvre, l'intellectuel, le sensible, le provocateur, l'économe n'a pas eu besoin d'attendre de récupérer son investissement dans ce film pour continuer à écrire, réaliser, produire, distribuer film après film après film...

La fin des années 1960 donne au cinéma québécois sa seconde vague de grands succès populaires: *Valérie* et *L'initiation*, réalisés par Denis Héroux (avec lequel collabore son frère Claude), produits et distribués par John Dunning et André Link (Cinépix). Ce dernier est, depuis près de trente ans, tour à tour ou à la fois, distributeur, exploitant et producteur. Plus tard, il sera un des penseurs importants du Rapport de la commission d'étude sur le cinéma et l'audiovisuel, et aujourd'hui il est président de l'Association québécoise des distributeurs et exportateurs de films et de vidéos. À la même époque, dans *Le viol d'une jeune fille douce*, Gilles Carle lance deux acteurs qu'on allait revoir souvent, les frères Pilon, Donald et Daniel. En 1970, succès fabuleux de *Deux femmes en or* de Claude Fournier. Le film, distribué par France Film, fait tellement d'argent que la compagnie pourra construire deux salles adjacentes au Saint-Denis: le Chevalier (en l'honneur de Maurice!) et le Festival.

Je ne peux quitter les années 1960 sans parler de Coopératio, compagnie de production fondée par Pierre Patry, qui, en plus de produire trois ou quatre films jalons de la décennie, permet à Jean-Claude Lord de tourner son premier film, *Délivrez-nous du mal*. Ni sans parler d'Onyx qui, à un moment donné, regroupait les frères Lamy (Pierre et André), les frères Héroux (Claude et Denis), les frères Fournier (Claude et Guy), sans compter Carle, Moride, Belaieff et Lamothe (*via* SMA) qui, eux, pas de chance, n'avaient pas de frère cinéaste... Ni sans rappeler le travail des Cinéastes associés, compagnie qui regroupait les frères Dansereau (Jean et Fernand), Gosselin, Arcand et Groulx, et qui a produit, entre autres films, *Le Martien de Noël* de Bernard Gosselin et *À soir on fait peur au monde* de François Brault, qui mettait en vedette Robert Charlebois. La première de ce film a été très remarquée puisqu'elle avait lieu sur la *Main*, au chic théâtre Crystal (ou peut-être au Midway?), suivie d'une réception aux hot dogs (les meilleurs en ville) au tout aussi chic Montréal Pool Room. Il serait amusant de suivre l'évolution de notre cinéma par le biais des salles où ont eu lieu les premières au cours des trente dernières années...

C'est aussi au cours des années 1960 que se forment nos principaux regroupements professionnels: on fonde l'Association des propriétaires de cinéma, Jean Gouban fonde l'Association des distributeurs de films, tandis que l'Association des producteurs et l'Association des réalisateurs sont fondées, surtout par des cinéastes, d'après des projets de chartes que rédige Arthur Lamothe. C'est à la même période que, sous l'impulsion de Guy-L. Coté, est créée la Cinémathèque canadienne qui allait devenir la Cinémathèque québécoise.

Au début des années 1970, d'autres films connaissent d'importants succès en salle, notamment *Les mâles* de Gilles Carle et *Tiens-toi bien après les oreilles à papa* de Jean Bissonnette. C'est avec *Les mâles* et *Le Martien de Noël* que le long métrage de fiction produit au Québec entreprend vraiment sa carrière internationale. Ces deux films furent vendus à l'étranger par Faroun, compagnie de distribution fondée au milieu des années 60. Elle a été la première compagnie de vente à l'étranger de films québécois (une cinquantaine en dix ans). Faroun, travaillant sans subvention et sans aide gouvernementale, allait également s'engager à fond dans la distribution au Québec d'une vingtaine de films québécois. Certainement se souvient-on encore de ce grand lancement, au Verdi, en 1971, de sept films en sept jours appuyés par autant d'affiches de Vittorio. Il s'agissait de *La nuit de la poésie 27 mars 1970* (Jean-Claude Labrecque), *Mon œuil* (sic) (Jean Pierre Lefebvre), *Mon enfance à Montréal* (Jean Chabot), *L'infonie inachevée...* (Roger Frappier), *Question de vie* (André Théberge), *Jean-François Xavier de...* (Michel Audy) et *Ainsi soient-ils* (Yvan Patry).

Cette période voit aussi les premiers grands succès de Jean-Claude

Lord, produits par Pierre David, et l'affirmation du talent de Gilles Carle, Denys Arcand, Jean-Claude Labrecque, Claude Jutra, presque tous produits par Pierre Lamy.

À cette époque, deux gars de laboratoires font également beaucoup pour le cinéma québécois. Ils y ont d'ailleurs risqué leur chemise à plusieurs reprises et, sans eux, bien des films n'auraient jamais été terminés. Il s'agit de Guy Beaudoin du laboratoire Mont-Royal et d'André Collette de Bellevue Pathé.

En 1976, meurt Fernand Cadieux, l'âme du mouvement des ciné-clubs des années 50, de la fondation de nos premières revues de cinéma (*Découpages* et *Images*), de la fondation du Festival international du film de Montréal, du mouvement qui met fin à la censure cinématographique, de la fondation de la SDICC. Il est aussi le concepteur initial du labyrinthe d'Expo 1967 et, à travers tout cela, pendant plusieurs années, un exceptionnel critique de cinéma à la radio. Sans doute personne d'autre n'a joué, dans l'ombre, un rôle aussi essentiel pour le développement de notre cinématographie et de notre passage d'un stade artisanal à un stade industriel. Et, pourtant, le cinéma n'était qu'une petite partie de son activité, car il était aussi sociologue, futurologue, politicologue... Il a enseigné, écrit, conseillé, donné, donné, donné jusqu'à ce qu'il en meure à l'âge de cinquante et un ans.

De 1976 à 1978, le Québec met en place son propre outil d'intervention cinématographique: l'Institut québécois du cinéma (IQC, devenu SGCQ puis SOGIC), résultat de dix ans de combat acharné et parfois désespéré de tout ce que le Québec comptait de forces vives comme réalisateurs, distributeurs, producteurs.

À la fin des années 1970 apparaissent les abris fiscaux et, avec eux, les fumistes de la production. On n'a jamais produit autant de films qu'on a si peu vus. Les films s'éloignent alors de leur public et le public des films. Heureusement, le documentaire est là pour assurer une sorte de retour aux sources: *La fiction nucléaire* de Jean Chabot, les films d'Arthur Lamothe, ceux de Daniel Bertolino et la magnifique *Turlute des années dures* de Richard Boutet et Pascal Gélinas. Outremont, Outremont! Sans toi, mon cher Roland Smith et sans ta salle de la rue Bernard, combien de beaux documentaires n'auraient jamais été vus en salle à Montréal... Pendant ces années de vaches maigres, le film publicitaire permet à plusieurs maisons de production d'encaisser les coups durs, et à nos réalisateurs, techniciens, comédiens de continuer à travailler.

En 1984, le Festival of Festivals de Toronto invite une centaine de critiques, cinéastes et professeurs à choisir les dix meilleurs films jamais écrits, produits et réalisés au Canada. Sur les dix, sept sont québécois et le nom de Michel Brault apparaît au générique de quatre d'entre eux. En tête de liste, on retrouve *Mon oncle Antoine* de Claude Jutra, le film québécois que je préfère entre tous, car c'est celui qui témoigne le mieux de ce qu'est l'âme québécoise.

La même année, les abris fiscaux refont leur apparition, repensés et nettoyés de leurs scories. Le cinéma québécois a le vent dans les voiles. Il connaît alors ses plus grands succès mondiaux et renoue avec son premier public. Le tournant est amorcé par *Les Plouffe* en 1981, suivi de *Bonheur d'occasion*, *La guerre des tuques*, *Le déclin de l'empire américain*, *Bach et Bottine*, *Un zoo la nuit*, *La grenouille et la baleine*. L'infrastructure technique des maisons de services est bien développée. Le réservoir et la qualité de nos techniciens et comédiens est remarquable. Tous les espoirs sont permis.

Sans crier gare, en juin 1987, le gouvernement canadien, par la voix de son ministre des Finances, Michael Wilson, vient donner un grand coup de massue dans tout cela en faisant, à toute fin pratique, disparaître les abris fiscaux. Sans crier gare également, en mai 1988, le gouvernement québécois, par la voix de son ministre des Finances, Gérard D. Lévesque, vient redonner espoir en ramenant les abris fiscaux québécois à un niveau tel qu'ils compensent presque la perte fédérale.

*   *   *

Le cinéma canadien a été, est et continuera d'être d'abord et avant tout québécois parce que nous avons été les premiers au Canada à avoir nos salles de cinéma, nos distributeurs, nos revues de cinéma, notre festival international et notre cinémathèque, parce que l'ONF est à Montréal, parce que Téléfilm est à Montréal, parce que nous avons été les premiers à avoir notre propre outil d'intervention cinématographique, l'IQC (la SGCQ, la SOGIC), parce que le Québec est la seule province pouvant encore bénéficier de mesures fiscales intéressantes pour les investisseurs privés, parce que notre réservoir de créateurs est impressionnant, parce que nous pouvons tourner en anglais et en *français*.

Pourvu que nos artisans ne se syndicalisent pas trop et que nos institutions (SOGIC, Téléfilm) ne se fonctionnarisent pas trop! Il est encore permis de rêver que l'importance de notre cinématographie sur l'échiquier mondial dépasse de loin notre importance numérique, dans la mesure, évidemment, où tous les intervenants mettent en commun leurs ressources et leur talent pour bâtir une cinématographie qui nous ressemble.

La publication du présent *Dictionnaire du cinéma québécois*, dans lequel est présenté le travail de centaines de créateurs, traduit on ne peut mieux le dynamisme de cette cinématographie qui est nôtre.

Rock Demers
août 1988

REMERCIEMENTS

Cet ouvrage a été réalisé avec la collaboration financière de la Cinémathèque québécoise, de la Société générale des industries culturelles, du Conseil des arts du Canada, de Téléfilm Canada, de la section d'études cinématographiques de l'Université de Montréal, de la section d'études cinématographiques de l'Université Laval et de l'Office national du film du Canada. Nous tenons à les remercier. Nous remercions aussi les nombreux organismes et individus qui nous ont soutenus dans nos démarches et nos recherches, et tout particulièrement l'Association des producteurs de films et de vidéos du Québec, l'Association québécoise des critiques de cinéma, l'Association des réalisateurs et réalisatrices de films du Québec, l'Association québécoise des études cinématographiques, le Syndicat des techniciennes et techniciens du cinéma du Québec, l'Association vidéo et cinéma du Québec, l'Association des cinémas parallèles du Québec, le journal *Le Devoir*, les Films du Crépuscule, Cinéma Libre, la Coordination provinciale de cinéma au niveau collégial, le personnel de la Cinémathèque québécoise (et plus spécialement René Beauclair, Louise Beaudet, Robert Daudelin, Alain Gauthier, Julie Dubuc, Pierre Jutras et Carmen Rivard), ainsi que François Baby, Marie-Claude Bhérer, Paul-André Comeau, Jocelyn Coulon, Jane Devine, André Dugal, Jean-Claude Labrecque, Yves Laferrière, Michel La Veaux, Yves Leduc, Bernard Lutz, Georgette Maurel, Martine Mauroy, Micheline Morisset, Werner Nold, D.J. Turner et Thomas Waugh. La publication de cet ouvrage n'aurait pas été possible sans le concours et le travail attentif des membres du comité de rédaction, ainsi que de Jean-Yves Collette à la lecture des épreuves, et sans l'apport de nos collaborateurs. Nous tenons enfin à souligner le travail des auteurs de deux ouvrages dont la consultation nous a été indispensable: D.J. Turner, auteur de l'*Index des films canadiens de long métrage 1913-1985*, de même que Michel Houle et Alain Julien, auteurs du premier *Dictionnaire du cinéma québécois*. (M.C. et M.J.)

À L'USAGE DU LECTEUR

Entrées biographiques. Les articles biographiques sont classés naturel-lement au patronyme usuel. Le ou les prénoms sont indiqués à la suite du patronyme usuel, et, le cas échéant, le patronyme d'origine est indiqué entre parenthèses. La liste des fonctions (réalisateur, producteur, chef opérateur, etc.) ne tient compte que des emplois relatifs au cinéma (on ne retrouvera pas la fonction écrivain, par exemple). De plus, cette liste n'est pas exhaustive, puisqu'elle ne tient compte que des occupations jugées significatives dans la carrière d'une personne sujet d'un article. Lorsqu'il a été possible de le faire, le lieu et l'année de naissance, et éventuellement de décès, ont été indiqués, entre parenthèses, à la suite de l'énumération des fonctions.

Entrées générales. Dans le but de mieux faire comprendre la problé-matique propre à chaque secteur de l'activité cinématographique (copro-duction, distribution, exploitation, revues de cinéma, etc.), les données se rapportant à ces secteurs ont été regroupées à l'intérieur d'articles dits généraux. Chaque article brosse un portrait historique et analytique du secteur traité. Pour les entrées portant sur les institutions, les données ont été rassemblées sous l'appellation actuelle, ou l'appellation la plus récente, de l'organisme (l'article «Téléfilm Canada» contient aussi les données concernant la Société de développement de l'industrie cinéma-tographique canadienne, par exemple). Un renvoi a été inséré pour chacune des appellations précédentes. La liste des entrées générales se trouve à la suite de cette introduction.

Films. Les titres des films sont indiqués en italique. Chaque film cité à l'intérieur d'un article est accompagné du nom de son ou de ses réalisateurs, de sa datation et d'une précision quant à la longueur. Le réalisateur d'un film est désigné par son patronyme et par la lettre initiale de son prénom. Dans le cas où une confusion est possible, le prénom du réalisateur est inscrit au complet (exemple: Georges Dufaux et Guy Dufaux). Au moment de dater un film, il fallait choisir entre la date du début du tournage, celle de la fin du tournage, celle du *copyright*, celle de la première représentation publique ou celle de la sortie commerciale. Nous avons opté pour la date du *copyright*. Il peut arriver, cependant, dans des cas exceptionnels, que la date soit celle de la fin du tournage (pour les films de quelques pionniers du documentaire, par exemple). Dans le cas d'une imprécision quant à la date de tournage d'un film (comme dans le cas de certains films de Louis-Roger Lafleur), il est clairement indiqué qu'il s'agit d'une approximation. La longueur des films est indiquée par les abréviations suivantes: tcm (très court métrage), cm (court métrage) et mm (moyen métrage). Un très court métrage est un film dont la durée est inférieure à cinq minutes, un court métrage est un film dont la durée est supérieure à cinq minutes, mais inférieure ou égale à trente minutes, tandis qu'un moyen métrage est un film dont la durée est supérieure à trente minutes, mais inférieure ou égale à soixante minutes. Lorsque aucune abréviation n'accompagne le titre d'un film, il s'agit d'un long métrage, c'est-à-dire d'un film dont la durée est supérieure à soixante minutes. Lorsque les films composant une série sont connus sous des titres individuels (*L'homme à la traîne*, de Jean Beaudin, dans la série «La bioéthique, une question de choix», par exemple), le titre de la série est inscrit en caractères romains, entre guillemets.

Filmographies. Les entrées biographiques ne contiennent pas toutes une filmographie, et les filmographies ne sont pas toutes exhaustives (certains techniciens ont travaillé sur plus de mille films). Les filmographies exhaustives sont précédées de l'indication FILMS. L'indication AUTRES FILMS signifie que la filmographie vient compléter les données incluses dans l'article. Les indications PRINCIPAUX FILMS ou PRINCIPAUX AUTRES FILMS désignent les filmographies non exhaustives.

Renvois. Pour faciliter la consultation de l'ouvrage, des indications permettant de reporter le lecteur d'une entrée à une autre ont été ajoutées. Le plus souvent, ces renvois sont indiqués par un astérisque (exemple: ... elle collabore à plusieurs films de Norman McLaren*). Ils peuvent aussi apparaître après la mention «*voir*» (exemple: *Voir* DISTRIBUTION). Dans les entrées générales, des astérisques ont été systématiquement insérés après le nom de chaque personne à qui une entrée biographique est consacrée. Dans les entrées biographiques, l'insertion d'astérisques a été limitée aux collaborations jugées importantes.

Erreurs et omissions. Bien que toutes les précautions d'usage aient été prises, il peut rester quelques erreurs dans cette édition. Les auteurs s'en excusent et seraient reconnaissants à toute personne de bien vouloir les leur signaler en écrivant à l'adresse de l'éditeur: 5450, Côte-des-Neiges, bureau 212, Montréal (Québec), H3T 1Y6.

ENTRÉES GÉNÉRALES

ACPAV
Affiches de cinéma
Association des cinémas parallèles du
  Québec
Association pour le jeune cinéma
  québécois
Association québécoise des études
  cinématographiques
Associations professionnelles
Censure
Cinéma d'animation (techniques)
Cinéma direct
Cinéma expérimental
Cinéma régional
Cinémathèque québécoise — Musée
  du cinéma
Ciné-clubs
Conseil des arts du Canada
Conseil québécois pour la diffusion du
  cinéma
Coproduction
Direction générale des moyens de
  communication

Distribution
Église et cinéma
Enseignement du cinéma
Exploitation
Festivals
Historiographe
Institut québécois du cinéma
Lois sur le cinéma
MainFilm
Office national du film du Canada
Office des communications sociales
Prix
Québec Productions
Régie du cinéma
Renaissance films
Rendez-vous du cinéma québécois
  (Les)
Revues
Société générale des industries
  culturelles
Spirafilm
Téléfilm Canada
Télévision
Vidéo

SIGLES ET ABRÉVIATIONS

ACDF	Association canadienne des distributeurs de films
ACDI	Agence canadienne pour le développement international
ACDIF	Association canadienne des distributeurs indépendants d'expression française
ACPAV	Association coopérative de productions audio-visuelles
ADATE	Association pour le développement de l'audiovisuel et de la technologie de l'enseignement
ANC	Archives nationales du Canada
APC	Association professionnelle du cinéma
APCQ	Association professionnelle des cinéastes du Québec
APFQ	Association des producteurs de films du Québec
APFVQ	Association des producteurs de films et de vidéos du Québec
APSQ	Association des propriétaires de salles du Québec
AQDEFVQ	Association québécoise des distributeurs et exportateurs de films et de vidéos du Québec
AQDF	Association québécoise des distributeurs de films
AQÉC	Association québécoise des études cinématographiques
ARRFQ	Association des réalisateurs et réalisatrices de films du Québec
ASIFA	Association internationale du film d'animation
ASN	Associated Screen News
AVECQ	Association vidéo et cinéma du Québec
BAEQ	Bureau d'aménagement de l'Est du Québec
BBC	British Broadcasting Corporation
BSC	Bureau de surveillance du cinéma
CBC	Canadian Broadcasting Corporation
CCC	Compagnie cinématographique canadienne
CQ	Cinémathèque québécoise
CQDC	Conseil québécois pour la diffusion du cinéma

CRTC	Conseil de la radiodiffusion et des télécommunications canadiennes
CSN	Confédération des syndicats nationaux
DGCA	Direction générale du cinéma et de l'audiovisuel
DGME	Direction générale des moyens d'enseignement
FFM	Festival des films du monde (Montréal)
FIAF	Fédération internationale des archives du film
FIFM	Festival international du film de Montréal
FIPRESCI	Fédération internationale de la presse cinématographique
HÉC	École des Hautes études commerciales
IATSE	International Alliance of Theatrical, Stage Employees and Moving Picture Machine Operators
IDHÉC	Institut des hautes études cinématographiques (France)
INSAS	Institut national supérieur des arts du spectacle (Belgique)
IQC	Institut québécois du cinéma
IQRC	Institut québécois de recherche sur la culture
JÉC	Jeunesse étudiante catholique
LNI	Ligue nationale d'improvisation
MIPE TV	Marché international des programmes et équipements de télévision (France)
MPEAA	Motion Picture Export Association of America
NFB	National Film Board of Canada
OCIC	Office catholique international du cinéma
OCS	Office des communications sociales
OFQ	Office du film du Québec
OFQJ	Office franco-québécois pour la jeunesse
ONF	Office national du film du Canada
ONU	Organisation des Nations unies
ORTF	Office de radiodiffusion-télévision française
OSM	Orchestre symphonique de Montréal
PBS	Public Broadcasting System (États-Unis)
RCAF	Royal Canadian Air Force
RRPFQ	Regroupement des réalisateurs et producteurs de films du Québec

RTBF	Radio télévision belge francophone
SAGMAI	Secrétariat des activités gouvernementales en milieu amérindien et inuit
SCP	Service de ciné-photographie du Québec
SDICC	Société de développement de l'industrie cinématographique canadienne
SGCQ	Société générale du cinéma du Québec
SGCT-ONF	Syndicat général du cinéma et de la télévision – Office national du film du Canada
SNC	Syndicat national du cinéma
SOGIC	Société générale des industries culturelles
SSJB	Société Saint-Jean-Baptiste
SUCO	Service universitaire canadien outre-mer
TNM	Théâtre du Nouveau Monde
TPQ	Théâtre populaire du Québec
UDA	Union des artistes
UNESCO	Organisation des Nations unies pour l'éducation, la science et la culture
UQAM	Université du Québec à Montréal
USC	University of Southern California

Liste des collaborateurs

Chaque article est signé des initiales de son ou de ses rédacteurs

Marie-Christine Abel	M.-C.A.	Monique Larue-Lamy	M.L.-L.
Mary Alemany-Galway	M.A.-G.	Paule Laroche	P.L.
Jose Arroyo	J.A.	Réal La Rochelle	R.L.
François Baby	F.B.	Michel Larouche	M.L.
Louise Beaudet	L.B.	Francine Laurendeau	F.L.
Yves Bédard	Y.B.	Michel Lessard	M.Le.
Denis Bélanger	D.B.	Yves Lever	Y.L.
Robert-Claude Bérubé	R.-C.B.	Bernard Lutz	B.L.
André Blanchard	A.B.	Gilles Marsolais	G.M.
Gilles Blain	G.B.	Lise Noiseux	L.N.
Line Bouteiller	L.Bo.	Martin-Éric Ouellet	M.-É.O.
Fulvio Caccia	F.C.	Normand Ouellet	N.O.
Louise Carrière	L.C.	Pierre Pageau	P.P.
Claude Chabot	C.C.	Jeanne Painchaud	J.P.
Henri-Paul Chevrier	H.-P.C.	André Pâquet	A.P.
Michel Coulombe	M.C.	Michel Payette	M.P.
Jean-Luc Daigle	J.-L.D.	Esther Pelletier	E.P.
Élaine Dallaire	É.D.	Denise Pérusse	D.P.
Robert Daudelin	R.D.	Yves Picard	Y.P.
Pierre Demers	P.D.	Diane Poitras	D.Po.
Jocelyn Deschênes	J.D.	Jean-Marie Poupart	J.-M.P.
André Dugal	A.D.	Claude Racine	C.R.
Michel Euvrard	M.E.	Carmen Rivard	C.Ri.
Piers Handling	P.Ha.	Marie-Josée Rosa	M.-J.R.
Pierre Hébert	P.H.	Yves Rousseau	Y.R.
Michel Houle	M.H.	André Roy	A.R.
Marcel Jean	M.J.	Michel Sénécal	M.S.
Pierre Jutras	P.J.	Denyse Therrien	D.T.
Gloria Kearns	G.K.	D. J.Turner	D.J.T.
Germain Lacasse	G.L.	Pierre Véronneau	P.V.
André A. Lafrance	A.A.L.	Thomas Waugh	T.W.

ACPAV (Association coopérative de productions audio-visuelles). Elle est fondée le 18 janvier 1971 alors que onze cinéastes signent une déclaration d'association dans «le but de faciliter et de promouvoir la conception et la production de films de court et de long métrage et autres œuvres audio-visuelles par des jeunes artistes québécois». Cette coopérative de production, par sa durée et son histoire, est unique dans le cinéma québécois, et presque toute une génération de réalisateurs, producteurs et techniciens y fait ses premiers pas. Une subvention de 50 000$ versée par la SDICC et liée au projet de film de Pierre Harel, *Bulldozer*, donne le premier élan financier à l'organisme. À l'image de la société québécoise du début des années 70, traversée de différends sociopolitiques, la coopérative vit, dès ses débuts, des tensions idéologiques opposant ceux qui veulent en faire un cadre où prime la conscience collective, à ceux qui privilégient le désir individuel de faire un film. Néanmoins, l'ACPAV se

dote de locaux et acquiert de l'équipement de tournage et de montage. Elle peut donc fournir une aide technique et administrative à plusieurs cinéastes indépendants dont Alain Chartrand, Roger Frappier, André Forcier et Jean-Guy Noël. Mireille Dansereau y tourne *La vie rêvée* (1972) et, malgré un conseil d'administration à majorité masculine qui lui reproche de ne pas donner un «reflet dynamique et stimulant de la collectivité féminine québécoise», elle mène à terme ce premier long métrage de fiction réalisé par une femme dans l'industrie privée au Québec. Au-delà des idéologies, l'ACPAV doit survivre et tente une percée dans les films de commande, allant jusqu'à dénoncer publiquement son exclusion de la liste des maisons de production habilitées à soumissionner auprès de l'OFQ. Elle se brouille alors avec certaines compagnies qui, elles, ne sont pas subventionnées. Pourtant, de 1973 à 1980, la coopérative ne produira qu'une vingtaine de films de commande et une quarantaine d'«interludes» pour la télévision. À partir de 1973, la formule de gestion coopérative est redéfinie: «L'ACPAV est un groupe de cinéastes et d'artisans qui se donnent ensemble des moyens de production afin d'organiser, produire, distribuer, mettre en marché toute production audiovisuelle pour ses membres et pour d'autres (et) considèrent le cinéma comme une industrie, un lieu de production culturelle et un moyen de communication de masse». Cette politique donne naissance à une série de longs métrages dont *L'infonie inachevée...* (R. Frappier, 1973), *Noël et Juliette* (M. Bouchard, 1973), *Tu brûles... tu brûles...* (J.-G. Noël, 1973), *La piastre* (A. Chartrand, 1975), *Une nuit en Amérique* (J. Chabot, 1975), *L'eau chaude l'eau frette* (A. Forcier, 1976) et *L'absence* (B. Sauriol, 1976). L'ACPAV rompt ainsi avec l'idée d'une maison de services et adhère

Les producteurs de l'ACPAV (de gauche à droite): Marcel G. Sabourin, Bernadette Payeur, François Dupuis, René Gueissaz et Marc Daigle. (Pierre Dury)

à l'APFQ. Elle resserre son administration en créant un comité de régie interne (CRI) qui coordonne les politiques de production. Constatant les problèmes de distribution de ses films, l'ACPAV décide de mettre sur pied un comité de diffusion et, en 1974, de s'allier au distributeur Faroun. La tentative échoue financièrement, ce qui met fin de façon définitive à son désir de jumeler production et distribution. L'ACPAV se différencie des autres maisons de production parce qu'elle ne vise pas le profit. Elle doit tout de même s'autofinancer, ce qui demeure une de ses préoccupations majeures. Produisant des films difficiles à financer et cantonnée à des coûts de production de «premières œuvres», elle a souvent dépassé ses limites budgétaires et contracté des dettes auprès de nombreux laboratoires. De plus, aucune production ne fut achevée sans que les artisans de la coopérative

n'investissent une partie de leur salaire, à perte ou en différé. Elle est contrainte, certaines années, de restreindre ses projets de longs métrages, d'emprunter, de réduire au minimum ses dépenses, de multiplier les demandes de subventions et, connaissant un succès mitigé en ce domaine, de chercher de nouveau des films de commande. La situation est telle qu'en 1979 le déficit accumulé avoisine les 50 000$ et, pour mettre un peu d'ordre dans la gestion, une firme comptable est engagée. Ne voulant plus prendre en considération le caractère particulier de l'ACPAV, la SDICC s'oppose à ses privilèges, lui refusant même l'aide d'un programme pour les courts métrages de fiction. Heureusement, l'IQC, un nouveau bailleur de fonds, entre en scène et l'ACPAV peut persévérer dans son entreprise de défense du court métrage comme moyen d'apprentissage et de recherche. Elle permet entre autres la réalisation de *La crue* (D. Benoit, 1976, cm), *Pixilation* (R. Cantin et D. Patenaude, 1978, cm), *Les oiseaux ne meurent pas de faim* (F. Dupuis, 1979, cm), *L'étau-bus* (A. Chartrand, 1983, cm) et *Voyageur* (H.-Y. Rose, 1983, cm). Sa position déjà précaire au sein de l'APFQ se détériore en 1976, alors qu'elle s'en dissocie pour appuyer les techniciens du SNC dans leur négociation avec les producteurs. Les orientations commerciales et culturelles deviennent d'ailleurs de plus en plus irréconciliables et accentuent les enjeux financiers et politiques qui divisent le milieu cinématographique québécois. Mais cela n'empêche pas l'ACPAV de s'associer à Cinak, Éducfilm et Prisma pour élaborer un projet de quatre longs métrages à budgets réduits. Dans ce cadre, elle produit *Les grands enfants* (1980) de Paul Tana, déjà connu pour ses *Deux contes de la rue Berri* (1975, cm et 1976, mm), réalisés également à l'ACPAV. Au cours de cette même période,

Hugues Mignault peine sur *Le Québec est au monde* (1979) alors que Pierre Harel tarde à terminer *Vie d'ange* (1979) et que Tahani Rached tourne *Les voleurs de job* (1980). Ce sont là quatre exemples de la variété d'approches et de contenus des films privilégiés par l'ACPAV. Au début des années 80, l'ACPAV, répondant à un besoin du milieu, réussit à décrocher des subventions lui permettant d'organiser des ateliers de scénarisation et, plus tard, de direction d'acteurs. Quelques films sortis en salles commerciales redorent l'image de la coopérative et signalent son orientation vers le long métrage: *Lucien Brouillard* (B. Carrière, 1983) *La femme de l'hôtel* (L. Pool, 1984), *Caffè Italia Montréal* (P. Tana, 1985), *Elvis Gratton, le king des kings* (P. Falardeau et J. Poulin, 1985), *Ô Picasso* (G. Carle, 1985), *Le dernier havre* (D. Benoit, 1986), *Tinamer* (J.-G. Noël, 1987). Et, pour une deuxième fois après *L'eau chaude l'eau frette* (A. Forcier, 1976), une production de l'ACPAV, *La ligne de chaleur* (H.-Y. Rose, 1987) est présentée à la Quinzaine des réalisateurs, à Cannes. Si l'ACPAV a su conserver contre vents et marées ce goût d'un cinéma culturel, nouveau et différent, elle le doit certainement à l'archarnement des auteurs-réalisateurs, mais aussi en grande partie à celui des producteurs maison Marc Daigle, François Dupuis, René Gueissaz, Bernadette Payeur, Marcel G. Sabourin et de Suzanne Castellino, secrétaire exécutive depuis 1973.
BIBLIOGRAPHIE: «L'ACPAV, première manière», *Copie Zéro*, n° 8, Montréal, 1981. (P.J. et M.S.)

ADAM, Camil, réalisateur, monteur, scénariste (Montréal, 1927). Après une formation musicale et une courte carrière de musicien,

il aborde le cinéma par le montage. Il réalise un premier film, *Silence, on tourne* (1958, tcm), puis un deuxième, *Au plus petit d'entre nous* (1962, cm), qui remporte le prix de la critique au Festival international du film de Montréal. Il s'agit d'une étude objective de la vie d'un clochard montréalais, où le cinéaste s'astreint à un grand dépouillement stylistique pour laisser la parole à son personnage. Il entreprend ensuite la réalisation d'un long métrage, *Manette (la folle et les dieux de carton)* (1965), tourné de façon indépendante, dans des conditions difficiles, qui attend longtemps sa sortie (début 1967). Le film reçoit un accueil critique mitigé et ne remporte pas plus de succès auprès du public. Adam y aborde, dans un style ambitieux mais brouillon, le cas d'une prostituée (Mariette Lévesque) qui croit trouver dans la mystique hindoue une solution à ses problèmes d'existence. À la suite de l'échec de ce film et devant la difficulté de mettre en place un projet de comédie, Adam s'éloigne ensuite du cinéma pour entreprendre une carrière en sociologie. Il participe cependant au scénario de *L'apparition* (R. Cardinal, 1972), dont il réalise quelques scènes sans en être crédité au générique, et signe le montage de *Ribo ou «le soleil sauvage»* (R. Racine et J.-H. Nama, 1977). (R.-C.B.)

ADRIEN (frère Adrien Rivard c.s.c.), réalisateur (Sainte-Geneviève-de-Pierrefonds, 1890 – Montréal, 1969). Botaniste, ami du frère Marie-Victorin, fondateur en 1931 des Cercles des jeunes naturalistes, il devient, en 1938, propagandiste des sciences naturelles pour l'Instruction publique. C'est à ce titre que, seul ou avec Léopold Varin, il tourne, jusqu'en 1958, des films pour le SCP et fait de nombreuses diapositives qui disent son amour de la nature.

PRINCIPAUX FILMS: *Embellissement de la propriété* (1942, cm), *Les ailes de la péninsule* (1951, cm), *Les annuelles* (1951, cm), *Embellissons notre province* (1954, cm). (P.V.)

AFFICHES DE CINÉMA. Première image publique du film, l'affiche lui sert de carte de visite. Au Québec, très peu de graphistes ou d'illustrateurs ont consacré l'essentiel de leur activité professionnelle à l'affiche de cinéma. Le peintre Harry Mayerovitch a conçu (sous la signature de Mayo) plusieurs des affiches des films produits par l'ONF, de 1941 à 1944, dans le but de soutenir l'effort de guerre. La production de Mayo, qui est sans aucun doute le mieux coté des affichistes québécois auprès des collectionneurs, ne s'étend pas au-delà de ces quelques années. L'ONF a reproduit cinq de ses affiches à l'occasion de son quarantième anniversaire. Le dessinateur, bédéiste et affichiste Vittorio a, pour sa part, signé plus d'une vingtaine d'affiches de films, dont celles d'*À tout prendre* (C. Jutra, 1963), de *Deux femmes en or* (C. Fournier, 1970), du *Martien de Noël* (B. Gosselin, 1970) et des *Mâles* (G. Carle, 1970). À la même époque, Georges Beaupré, qui travaille pour l'ONF, compte parmi ses réalisations les affiches de *Jusqu'au cœur* (J. P. Lefebvre, 1968), de *Kid Sentiment* et d'*IXE-13* (J. Godbout, 1968 et 1971). D'autres affichistes, comme Madeleine Leduc (*Les servantes du bon dieu*, D. Létourneau, 1979) et Paul-André Derome (*La fiction nucléaire*, J. Chabot, 1979), œuvrent à l'occasion pour le cinéma. Plus récemment, Pierre Durand, auteur de plus d'une vingtaine d'affiches, réalise notamment celle de *Mario* (J. Beaudin, 1984), de *L'émotion dissonante* (P. Bélanger) et de *La poursuite du bonheur* (M. Lanctôt, 1987). Le plus souvent, les illustrateurs de l'ONF ne signent pas leurs

produits, et plusieurs affiches de films québécois sont réalisées et signées par des bureaux de design graphique. Avec les années 80, deux affichistes de cinéma sont apparus: Alain Thomas et Yvan Adam. Le style populiste de Thomas a servi des films comme *Mourir à tue-tête* (A. C. Poirier, 1979), *Cordélia* (J. Beaudin, 1979), *Les bons débarras* (F. Mankiewicz, 1980), *Les Plouffe* (G. Carle, 1981), *Le matou* (J. Beaudin, 1985) et plusieurs des «Contes pour tous» produits par Rock Demers. Quant à Adam, avec une production

John Grierson, premier président de l'ONF (à gauche), devant des affiches de Mayo produites pendant les années de guerre. (ONF, coll. CQ)

hautement personnalisée où le dessin prend la plus grande place, il est le seul parmi les affichistes québécois à maintenir une cote élevée auprès des clients des différents points de ventes d'affiches de cinéma au Québec. Il compte parmi ses réalisations l'affiche, très recherchée, de *Caffè Italia Montréal* (P. Tana, 1985), de même que celles d'*Au clair de la lune* (A. Forcier, 1982), de *Ô Picasso* (G. Carle, 1985), du *Choix d'un peuple* (H. Mignault, 1985), du *Déclin de l'empire américain* (D. Arcand, 1986), d'*Un zoo la nuit* (J.-C. Lauzon, 1987), de *Train of Dreams* (J.N. Smith, 1987), des *Portes tournantes* (F. Mankiewicz, 1988) et de *Jésus de Montréal* (D. Arcand, 1989). Derrière eux, de jeunes graphistes travaillent de plus en plus fréquemment pour le cinéma: c'est le cas de Robert Gaboury, qui signe aussi Zèbre (*Jacques et Novembre*, J. Beaudry et F. Bouvier, 1984; *Ô rage électrique!*, C. Brubacher, 1985; *Oscar Thiffault*, S. Giguère, 1987). Le travail très soigné de l'affichiste parisien Benjamin Baltimore, concepteur des différentes affiches du Festival international du nouveau cinéma et de la vidéo de Montréal depuis 1981, a, d'autre part, certainement influencé le milieu de l'affiche montréalais.

Alors que les affiches européennes font 120 cm x 160 cm et 40 cm x 60 cm pour les affichettes, et que les affiches américaines font 68,5 cm x 104 cm, les affiches québécoises sont de dimensions variables. Elles font généralement 60 cm x 92 cm. L'affichage se pratique sur une échelle plutôt réduite à Montréal, où placarder les murs est passible de poursuites judiciaires. Certains distributeurs font tout de même appel aux services des afficheurs qui, pour un service complet incluant le replacardage, utiliseront tout au plus deux mille affiches. D'autres, comme l'ONF, n'affichent que trois cents exemplaires. Généralement, le tirage des affiches de films québécois est d'environ deux mille exemplaires. D'exceptionnelles réimpressions ponctuent la production québécoise. On compte ainsi cinq mille affiches pour *Un zoo la nuit*, et de huit à dix mille pour *Le déclin de l'empire américain*.

Les principales collections d'affiches de films québécois se trouvent au service d'iconographie des Archives nationales d'Ottawa, aux archives de l'ONF à Montréal (où il est possible de consulter les affiches des films qui y ont été produits depuis la fin des années 60) et à la Cinémathèque québécoise qui possède une collection d'environ huit mille affiches, dont 10% sont québécoises. (C.R.)

ALEXANDER, Ron, mixeur, chef opérateur (North Buxton, Ontario, 1923). Étudiant en électronique et en communication à l'Université Western Ontario, il entre à l'ONF en 1948 pour un emploi d'été. D'abord affecté au Technical Research Department, il devient assistant-caméraman au service des actualités. En 1950, il est caméraman, toujours aux actualités. Il passe au mixage, où il fait sa marque, à la fin des années 50. Il travaille à de nombreux films, notamment *Les mains nettes* (C. Jutra, 1958), *Les raquetteurs* (G. Groulx et M. Brault, 1958, cm), *Saint-Denys Garneau* (L. Portugais, 1960, cm), *Pour la suite du monde* (P. Perrault et M. Brault, 1963) et *Entre tu et vous* (G. Groulx, 1969). À plusieurs reprises, il fait équipe avec Roger Lamoureux*. En 1971, il quitte l'ONF pour enseigner la technique à l'Université Berkeley (San Francisco). (M.J.)

ALLAIRE, Francine, distributrice, réalisatrice (Montréal, 1955). Figure marquante dans le domaine de la distribution de films québécois à l'étranger, elle coréalise d'abord *Le grand remue-ménage* (1978) avec Sylvie Groulx*. En 1982, avec Jan Rofekamp, elle incorpore Film Transit, qui est l'aboutissement d'un séjour de trois ans en Europe et qui a pour but de faire la vente et la promotion du cinéma québécois à l'étranger. (*Voir* DISTRIBUTION) À la même époque, elle est une des fondatrices des Rendez-vous du cinéma québécois. De 1984 à 1987, on la retrouve à Téléfilm Canada, comme responsable du marketing international. En 1988, elle coordonne les événements entourant le 25ᵉ anniversaire de la Cinémathèque québécoise. (J.P.)

ALLAN, Ted, scénariste (Montréal, 1918). Il a écrit des dizaines de romans et pièces de théâtre, et des centaines de textes pour la radio et la télévision. Pour le cinéma, il a écrit la version anglaise du film *Son copain* (J. Devaivre, 1950) et une multitude de scénarios, du porno sans intérêt, *7 fois... par jour* (D. Héroux, 1970), au western bas de gamme, *It Rained All Night the Day I Left* (N. Gessner, 1978). Sa contribution la plus importante reste l'adaptation qu'il a faite de sa pièce *Lies My Father Told Me* (J. Kadar, 1975); il y joue d'ailleurs le rôle du tailleur communiste. Ce film sur les valeurs de la communauté juive dans le Montréal des années vingt est mis en nomination pour l'Oscar du meilleur scénario et remporte des prix dans plusieurs festivals. Allan adapte ensuite sa pièce *Love Streams* (J. Cassavetes, 1984) sur la mystérieuse relation entre un homme et une femme qui se révèlent être frère et sœur. Il scénarise une de ses principales biographies, *Bethune, naissance d'un héros* (P. Borsos, 1988), donnant ainsi suite à un documentaire réalisé vingt-quatre ans plus tôt, *Bethune* (D. Brittain et J. Kenery, 1964, mm). (H.-P.C.)

ALMOND, Paul, réalisateur, producteur, scénariste (Montréal, 1931). Il étudie à l'Université McGill et à Oxford (Angleterre), puis, en 1954, devient réalisateur à la CBC. Il y signe de nombreuses dramatiques, dont un *Roméo et Juliette* avec Michael Sarrazin et Geneviève Bujold. Sa rencontre avec cette dernière est déterminante, puisque c'est elle

qui tient le rôle principal de ses quatre premiers longs métrages. *Isabel* (1968), *The Act of the Heart* (1970) et *Journey* (1972), trois films qu'il écrit, produit et réalise, forment une sorte de trilogie. Dans *Isabel*, une jeune femme revient de la ville à la mort de sa mère et s'installe dans la maison familiale pour s'occuper d'un vieil oncle. Hantée par le passé, elle apprend lentement à vaincre sa peur et, du coup, se prépare à aimer. Dans *The Act of the Heart*, film sur l'absolu et l'amour où l'on sent la marque de l'éducation protestante du cinéaste, une jeune protestante s'éprend d'un prêtre catholique (Donald Sutherland) et, déçue, en vient à s'immoler sur le Mont-Royal. *Journey* poursuit la réflexion d'Almond: une jeune femme, trouvée inconsciente sur un arbre qui flotte au milieu du Saguenay, est amenée dans une communauté baptisée Undersky, où des hommes et des femmes vivent coupés du reste du monde. Elle se remet en question puis retourne à la civilisation. Cheminement allégorique d'une femme qui passe de l'enfance à l'âge adulte, les trois premiers films d'Almond sont des œuvres singulières, sans concession, filmées simplement, mais avec précision. Habile à créer des atmosphères, le cinéaste inscrit ses personnages dans leur environnement avec une force étonnante: la rudesse de la Gaspésie dans *Isabel*, la froideur de Montréal et de Rivière-du-Loup dans *The Act of the Heart*, la majesté du Saguenay dans *Journey*. *Isabel* remporte quatre prix aux Canadian Film Awards, tandis que *The Act of the Heart* en remporte six, dont celui du meilleur réalisateur. Mais, si *Isabel* obtient un succès mondial, il n'en va pas de même pour *Journey* qui connaît un échec commercial cinglant. La critique anglophone, pour sa part, n'est pas tendre. Almond retourne à la télévision, où il signe, notamment, un suspense: *Every*

The Act of the Heart, *deuxième long métrage de Paul Almond où Geneviève Bujold tient un rôle principal, ici avec Donald Sutherland. (CQ)*

Person is Guilty (1979). Toujours en 1979, il cherche, mais sans succès, à concrétiser un imposant projet de long métrage: *The Burning Book*, sur le professeur William Tyndale, qui, au XVIᵉ siècle, fut le premier à traduire la Bible en anglais. Il accepte alors, au pied levé, de tourner à Montréal *Final Assignment* (1980), une superproduction où Bujold partage la vedette avec Michael York. En reportage à Moscou, une journaliste canadienne tombe amoureuse de son interprète et tente de traverser le rideau de fer avec une petite fille malade et des informations secrètes. Tourné à Vancouver, *Ups & Downs* (1983) mêle acteurs professionnels et collégiens pour raconter un automne dans un collège de la côte Ouest, tandis que *Captive Hearts* (1987),

tourné dans les Laurentides, est centré sur deux soldats américains qui, pendant la Deuxième Guerre mondiale, sont faits prisonniers par des villageois après que leur avion a été abattu au-dessus d'une région perdue du Japon. À partir de *Final Assignment*, Almond ne retrouve plus le ton si particulier qui caractérise ses trois premiers films, et ne signe plus que des films impersonnels tournés sans grande conviction. (M.J.)

ANASTASIU, Stefan, animateur, réalisateur (Sibiu, Roumanie, 1950). Après des études en arts et en cinéma, il participe, en Roumanie, à une dizaine de films d'animation. Sa première réalisation, *Rapport* (1981, cm), précède d'un an son arrivée au Québec. Il publie quelques courtes bandes dessinées dans les revues *Croc* et *Titanic*. C'est à l'ONF qu'il revient à la réalisation avec *Caméléon* (1984, cm) et *Kaspar* (1986, cm). Ces films sur cellulo givré trahissent l'influence de la bande dessinée. On y note la prédominance du trait et une prédilection pour le morcellement du récit. Anastasiu réalise aussi des films publicitaires en animation. (M.-É.O.)

ANGRIGNON, Yves, monteur, décorateur, recherchiste (Saint-Eustache, 1949). Proche collaborateur de Fernand Bélanger*, il est associé, dès 1971, à la réalisation de la plupart de ses films. Il réalise *L'après-cours* (coréal. F. Bélanger et L. Dugal, 1984, cm). (P.J. et M.S.)

AQUIN, Hubert, réalisateur, producteur, scénariste (Montréal, 1929-1977). «Je suis un incroyable inventeur de moi-même.» Ainsi Aquin se définit-il au milieu des années soixante. L'aphorisme atteste parfaitement le caractère insaisissable de l'homme. Il y a du dandy chez Aquin, un côté mystificateur, une élégance de la pensée, un goût prononcé pour les concepts chatoyants, le désir d'étonner, voire de s'étonner... Car Aquin est en outre le premier spectateur de lui-même. Feintes, parades, dérobades: plus profondément, cette sorte de griserie, cette incapacité de tenir en place est l'expression d'une angoisse, d'un désarroi qui se manifeste face à l'impossibilité de trouver un temps et un espace vraiment habitables. Or, tout se dérobe – et cela autant au plan individuel qu'au plan national. Aquin est bien, selon la formule d'André Belleau, «l'homme de la fulgurance».

Après avoir travaillé pendant quelques années à Radio-Canada, il entre à l'ONF en 1959. Il y sera tantôt interviewer, tantôt traducteur: *L'exil en banlieue* (R. Gilbert, 1960,

mm), *Les grandes religions* (W. Greaves et D. Millar, 1960, mm), etc. Puis, il assumera la direction de *Quatre instituteurs* (coréal. J. Roy, J. Biggs et G. Glover, 1961, mm), du *Temps des amours* (1961, mm) et surtout du *Sport et les hommes* (1961, mm), film de montage portant sur le soccer, le hockey, le cyclisme, la corrida et la course automobile, et réalisé avec le concours de Roland Barthes pour le commentaire. Il s'agit ici de comparer les sports nationaux de différents pays en adoptant une perspective sémiologique. On pourra non sans profit mettre cette œuvre en parallèle avec *La lutte* (M. Brault, C. Fournier, C. Jutra, M. Carrière, 1961, cm), tournée à la même époque, elle aussi redevable aux théories de Barthes.

De son aveu même, Aquin est alors plus intéressé par la production que par la réalisation. Et son nom apparaît au générique de *Jour après jour* (C. Perron, 1962, cm) précisément comme producteur. Ensuite, c'est *À Saint-Henri le 5 septembre* (1962, mm): le jour de la rentrée scolaire, vingt-quatre heures de cinéma direct au cœur du quartier populaire décrit une quinzaine d'années plus tôt par Gabrielle Roy dans *Bonheur d'occasion*. Aquin pilote cette expérience tout à fait unique accomplie par plusieurs équipes tournant simultanément. Lorsqu'on le présente à la télévision, le film provoque un scandale. On accuse l'ONF et Radio-Canada de ridiculiser les pauvres. Deux ans plus tard, Aquin produit *L'homme vite* (G. Borremans, 1960, cm), film par le biais duquel il revient à un de ses sujets de prédilection, la course automobile. Entretemps, il se sera chargé de quelques-uns des volets de la série «Ceux qui parlent français» et il aura composé, avec Anne Claire Poirier, le scénario de *La fin des étés* (A. C. Poirier, 1964, cm).

En 1965, la publication d'un premier

roman marque l'échéance de sa carrière cinématographique. «Avec *Prochain épisode*, je suis devenu écrivain – à tel point que tout le reste, lentement, s'est effrité.» Certes, Aquin collabore à la réalisation des pavillons du Québec et de l'Homme et la vie à Expo 67 en tant que producteur conseil, mais dorénavant sa vie sera presque exclusivement consacrée à l'écriture, à l'édition et à l'enseignement. Il livrera un certain nombre de textes pour la télévision, le plus connu étant *Fauxbond* (L.-G. Carrier, 1966) d'après Jean-Charles Tacchella, sans doute parce qu'il y tient un des rôles principaux. Nicolas, le héros de *Neige noire*, son dernier roman (paru en 1974), sera scénariste et les procédés narratifs utilisés par l'auteur se référeront très souvent aux techniques du cinéma. En 1979, Jacques Godbout tourne *Deux épisodes dans la vie d'Hubert Aquin*, moyen métrage qui s'attache en bonne partie à saisir le sens du suicide d'Aquin. (J.-M.P.)

ARCAND, Denys, réalisateur, scénariste (Deschambault, 1941). Pendant ses études en histoire à l'Université de Montréal, il réalise *Seul ou avec d'autres* (coréal. D. Héroux* et S. Venne, 1962), description attachante de la vie d'une étudiante de première année. Peu de temps après, il entre à l'ONF. Ses trois premiers courts métrages documentaires — *Champlain* (1964), *Les Montréalistes* (1965) et *La route de l'Ouest* (1965) — forment une sorte de trilogie historique où il est question du début de la colonisation au pays et de la découverte du continent nord-américain. Il participe alors à la fondation des Cinéastes associés. Après quelques films de commande, il réalise *On est au coton* (1970), un documentaire sociopolitique sur l'industrie du textile. Le film est interdit par Sydney Newman*, alors commissaire à la cinéma-

tographie qui y voit une description biaisée de la réalité. Pendant six ans, il ne circulera que de manière clandestine. Arcand poursuit sur sa lancée en réalisant *Québec: Duplessis et après...* (1972), documentaire où il mesure les prolongements du duplessisme à travers la campagne électorale provinciale de 1970. Dans l'industrie privée, il réalise un premier long métrage de fiction, *La maudite galette* (1971). Tourné en plans-séquences, le film décrit un vol minable qui dégénère en une succession de meurtres et où l'argent finit dans les mains des parents du jeune voleur qui s'en servent pour partir en Floride. Son film suivant, *Réjeanne Padovani* (1973), s'inspire d'un événement réel (la construction de l'autoroute Ville-Marie, à Montréal) et montre le puissant contracteur Vincent Padovani (Jean Lajeunesse) qui, recevant à souper le ministre de la Voirie (J.-Léo Gagnon) et le maire de Montréal (René Caron), est informé du retour de sa femme (Luce Guilbeault) qui l'a quitté pour un Juif. Tout en s'occupant de ses invités, il la fait abattre et fait couler son

Denys Arcand. (Bertrand Carrière)

corps dans le béton de l'autoroute, immolant ainsi sa vie privée à l'autel de l'argent. *Gina* (1975), troisième long métrage de fiction du cinéaste, mélange une parodie de western et la reconstitution d'événements proches de ceux entourant le tournage d'*On est au coton*. Gina (Céline Lomez) est strip-teaseuse dans un hôtel où loge l'équipe de tournage d'un documentaire sur une usine de textile. Après avoir donné son spectacle, elle est violée par quinze motoneigistes. Le lendemain, son agent, accompagné de fiers-à-bras, arrive dans la petite localité pour la venger. Pendant ce temps, le producteur du film arrête le tournage à la suite d'un dîner d'affaires entre le commissaire de l'Office national du cinéma et le président de la compagnie de textile. Gina part pour le Mexique, tandis que le réalisateur (Gabriel Arcand) tourne un film commercial. Après avoir écrit le scénario de la série télévisée *Duplessis* (1977), Arcand tourne à l'ONF un documentaire qui est une réflexion sur le référendum du 20 mai 1980, *Le confort et l'indifférence* (1981). Le film remporte le prix L.-E. Ouimet-Molson. En 1983, il réalise pour l'ONF et la CBC, trois épisodes de la série télévisée *Empire Inc.* Il enchaîne en réalisant une production à gros budget, *Le crime d'Ovide Plouffe* (1984), adaptation impersonnelle d'un roman de Roger Lemelin. Il signe ensuite *Le déclin de l'empire américain* (1986), où il met en présence huit intellectuels, quatre hommes et quatre femmes, dont les propos, le plus souvent désabusés, tournent autour d'un même sujet: le sexe. Le film, qui se distingue par l'intelligence des dialogues, l'audace des thèmes abordés et la qualité d'ensemble de l'introspection, connaît un succès mondial sans précédent dans l'histoire du cinéma québécois. Il remporte neuf Génies, le prix de la FIPRESCI au Festival de Cannes et le prix L.-E. Ouimet-Molson, en plus d'obtenir une nomination aux Oscars. En 1988, Arcand tourne *Jésus de Montréal*, imposante coproduction franco-canadienne où un acteur (Lothaire Bluteau) forme une troupe qui monte un spectacle d'après la passion du Christ.

Les films d'Arcand témoignent tous d'un double héritage: celui du cinéma direct et celui de la formation d'historien qu'il a reçue. Ses films trouvent toujours à se rattacher au documentaire et les événements historiques dépassent la simple toile de fond pour devenir le corps même du récit. Le présent y est envisagé comme histoire en devenir: *On est au coton*, pur film de cinéma direct, décrit l'industrie du textile telle qu'elle était au moment du tournage du film; *Québec: Duplessis et après...* date de 1972 et parle des élections de 1970; *Réjeanne Padovani* offre la description du climat politique, à Montréal, à l'époque pré-olympique; *Gina* est un retour sur «l'affaire *On est au coton*», en plus de poser un regard sur l'aliénation des travailleurs; *Le confort et l'indifférence* est un documentaire sur le référendum réalisé à chaud; *Le déclin de l'empire américain* est le constat cynique du Québec postréférendaire, constat de la mort du politique, «de l'écroulement du rêve marxiste-léniniste» au profit des plaisirs immédiats. À cet aspect mimétique de la société québécoise, Arcand ajoute une part critique qui fonctionne le plus souvent par comparaison: *Champlain* évoque les faits historiques survenus dans la vieille Europe parallèlement à ceux se déroulant, à la même époque, au cœur du Québec naissant; la version originale d'*On est au coton* devait comparer la journée d'un travailleur avec celle d'un patron d'usine; le récit de *Réjeanne Padovani* passe continuellement du rez-de-chaussée, où mangent les patrons, au sous-

sol où les employés jouent au billard; *Gina* compare la situation d'un cinéaste à celle d'une strip-teaseuse, et les conditions de travail de cette strip-teaseuse à celles d'une travailleuse d'usine; *Le confort et l'indifférence* utilise *Le prince* de Nicolas Machiavel, comme outil permettant d'analyser la partie politique qui se joue au moment du référendum; *Le déclin de l'empire américain* compare les propos des hommes et des femmes, et le désabusement d'une génération à l'innocence des plus jeunes; *Jésus de Montréal* se sert de textes historiques pour mettre la vie du Christ en perspective. Observateur attentif de la société québécoise, Arcand ne dicte pas de conduite politique, mais regarde le présent à la lueur des déterminations historiques. Il privilégie des récits construits sur quelques éléments montés en parallèle, ainsi que des structures narratives influencées par la tragédie (*Réjeanne Padovani, Le déclin de l'empire américain, Jésus de Montréal*). Le thème de la chute, de la décadence, est d'ailleurs très présent dans l'œuvre d'Arcand, tant dans *Réjeanne Padovani*, dont l'histoire est une version actualisée de l'exécution de l'impératrice Messaline, que dans *Le confort et l'indifférence*, où Machiavel, acteur prestigieux de l'effrondrement de la république de Florence, puis du renversement des Médicis et de la chute de César Borgia, commente l'actualité politique québécoise. Cela, sans parler du *Déclin de l'empire américain*, dont le titre même est révélateur. De film en film, tant en documentaire qu'en fiction, Arcand construit une œuvre cohérente et rigoureuse, souvent pleine d'humour et d'une constante lucidité.
FILMS: *À l'est d'Eaton* (coréal. S. Venne, 1959, cm), *Seul ou avec d'autres* (coréal. D. Héroux et S. Venne, 1962), *Champlain* (1964, cm), *Les Montréalistes* (1965, cm), *La route*

de l'*Ouest* (1965, cm), *Montréal un jour d'été* (1965, cm), *Volleyball* (1966, cm), *Atlantic Parks/Parcs atlantiques* (1967, cm), *On est au coton* (1970), *La maudite galette* (1971), *Québec: Duplessis et après...* (1972), *Réjeanne Padovani* (1973), *Gina* (1975), *La lutte des travailleurs d'hôpitaux* (1976, cm), *Le confort et l'indifférence* (1981), *Le crime d'Ovide Plouffe* (1984), *Le déclin de l'empire américain* (1986), *Jésus de Montréal* (1989).
BIBLIOGRAPHIE: LÉVESQUE, Robert, *Réjeanne Padovani*, l'Aurore, Montréal, 1974 • LATOUR, Pierre, *Gina*, L'Aurore, Montréal, 1976 • LATOUR, Pierre, *La maudite galette*, VLB éditeur, Montréal, 1979 • ARCAND, Denis, *Le déclin de l'empire américain*, Boréal, Montréal, 1986. • «Denys Arcand», *Copie Zéro*, nº 34-35, Montréal, 1988. (M.J.)

ARCAND, Gabriel, acteur (Deschambault, 1949). Ses dons d'interprète ont déjà été soulignés par un prix au Dominion Drama Festival de 1968 lorsqu'il s'inscrit en philosophie à l'Université McGill plutôt que dans une école professionnelle de théâtre, à l'instar des acteurs, aujourd'hui connus, de sa génération. Il effectue un stage au Centre national dramatique de Marseille en 1971 et 1972; puis, en 1973 et 1975, il se rend en Pologne pour travailler, sous la direction de Téo Spychalski, au Teatr Laboratorium fondé par Grotowski à Wroclaw. Toujours à la tête du théâtre de la Veillée, qu'il cofonde en 1974, Arcand se considère encore aujourd'hui, non comme un autodidacte, mais comme un apprenti.
En 1971, il débute au cinéma dans *La maudite galette*, de Denys Arcand, son frère, qui lui propose de collaborer à la musique et lui offre un petit rôle de dur à cuire: celui de Ti-bi. Même si le défi est modeste, le talent

est évident – notamment pour Jean-Guy Noël qui se met dès lors à écrire, en pensant à lui, l'histoire d'un pompier démissionnaire laissant périr son père et brûler son village en signe de résistance passive à toute forme d'autorité, qu'elle soit patronale, paternelle ou cléricale. Alternant entre le réalisme et la transposition théâtrale, le parti pris formel audacieux, mais imparfaitement maîtrisé de *Tu brûles... tu brûles...* (1973) conduit toutefois Arcand à jouer d'une manière ample, dépourvue de l'intériorité qui fera sa réputation. Plus frappante est sa prestation dans *Réjeanne Padovani* (D. Arcand, 1973) alors que perce, sous son masque neutre de tueur professionnel, un inquiétant mélange de compassion et de délectation devant les prières de sa victime. Polyvalent, il compose un déficient mental dans le premier des *Deux contes de la rue Berri* (*Pauline*, P. Tana, 1975, cm), puis il personnifie son frère en incarnant, dans *Gina* (D. Arcand, 1975), le réalisateur d'un documentaire sur les ouvriers du textile qui renvoie directement au controversé *On est au coton* (D. Arcand, 1970). Il joue ensuite les utilités pendant quelque temps (*Les vautours*, J.-C. Labrecque, 1975; *Ti-cul Tougas*, J.-G. Noël, 1976; *Parlez-nous d'amour*, J.-C. Lord, 1976; *Panique*, J.-C. Lord, 1977) avant de réapparaître dans des seconds rôles tels l'avocat intègre dans *L'affaire Coffin* (J.-C. Labrecque, 1979) ou le barman, faire-valoir de Miou-Miou et de Carole Laure, dans *Au revoir... à lundi* (M. Dugowson, 1979). Peu d'acteurs québécois auront été aussi souvent vantés pour leur charisme à l'écran. Au tournant des années 80, maintenant expérimenté et en pleine possession de ses moyens d'acteur, Arcand se voit offrir le type de personnages introvertis dans lesquels il va exceller. Robin Spry lui fait jouer, dans *Suzanne* (1980), un intellectuel qui aime en

Gabriel Arcand dans Suzanne *de Robin Spry.* (Le Devoir)

silence. Mais, c'est surtout Gilles Carle qui lui donne l'occasion de traduire le mieux cette sorte d'êtres semblables à l'albatros de Baudelaire, bien mal armés sur le plan émotif pour composer avec ce qu'on attend d'eux dans leur milieu. C'est le cas du policier qui finit par escorter une prévenue vers la liberté plutôt que vers la prison dans *L'âge de la machine* (1978, cm). Et c'est le cas d'Ovide (*Les Plouffe*, 1981) dont Arcand donne une interprétation complexe, voire opposée à celle de Jean-Louis Roux qui avait, dans les années 50, créé le rôle à la télévision: loin de se sentir supérieur aux siens à cause de ses aspirations littéraires, son Ovide Plouffe souffre intérieurement d'être si différent d'eux. Une suite, *Le crime d'Ovide Plouffe* (D. Arcand, 1984), remporte un moindre succès. Aussi crédible en soutane (*Mémoire battante*, A. Lamothe, 1983; *Agnes of God*, N. Jewison, 1985) que chaussé des grosses bottes de l'ouvrier (*Le toasteur*, M. Bouchard, 1982, cm; *Metallo Blues*, M. Macina, 1985, cm), il adapte son style au ton du film et dans *Le déclin de l'empire américain* (D. Arcand, 1986), où il est utilisé comme contrepoint pittoresque, il construit son personnage de brute, fantasme érotique des intellectuels, en misant sur sa projection physique et l'arrogance narquoise des répliques. En 1987 et 1988, il crée deux rôles de père, mais dans des registres très différents, pour *Les portes tournantes* (F. Mankiewicz, 1988) et *La ligne de chaleur* (H.-Y. Rose, 1987). (M.-C.A.)

ARCAND, Michel, monteur (Val-d'Or, 1949). Il commence comme assistant-mixeur pour la série télévisée *La feuille d'érable* (1970) et occupe la même fonction pour divers films produits chez Onyx Films dont *Les mâles* (G. Carle, 1970). Il devient ensuite assistant-monteur, monteur sonore, puis monteur de nombreux courts et moyens métrages avant de travailler à un premier long métrage d'importance, *Lucien Brouillard* (B. Carrière, 1983). Depuis, outre sa participation à plusieurs films publicitaires, son nom apparaît au générique de plusieurs productions québécoises dont *Maria Chapdelaine* (G. Carle, 1983), *Night Magic* (L. Furey, 1985), *La guêpe* (G. Carle, 1986), *Exit* (R. Ménard, 1986), *Un zoo la nuit* (J.-C. Lauzon, 1987) et la série télévisée *Lance et compte II* (R. Martin, 1987). Notons aussi sa collaboration à trois films de Léa Pool: *La femme de l'hôtel* (1984), *Anne Trister* (1986) et *À corps perdu* (1988). (J.D.)

ARIOLI, Don, scénariste, animateur, réalisateur (Rochester, États-Unis, 1936). De 1966 à 1982, il travaille à l'ONF dans divers domaines. Scénariste prolifique, il écrit autant pour la télévision que pour la publicité et le cinéma, et promène son humour caustique aux quatre coins de la planète. Il scénarise deux films réalisés par Zlatko Grgic: *Hot Stuff* (1971, cm), qui s'inscrit dans le cadre d'une campagne sur la prévention des incendies, et *Who Are We* (1974, cm), une réflexion sur l'appartenance nationale. Arioli réalise *Tilt* (1972, cm), une allégorie politique sur la répartition des richesses dans le monde; le film est coproduit par la Banque mondiale. En 1973, il signe, avec une équipe d'animateurs canadiens et yougoslaves, *Man: the Polluter* (mm), un dessin animé sur l'insouciance de l'homme face à son environnement. Sept ans plus tard, il réalise *Baxter Earns His Wings* (1981, cm), l'histoire d'un fermier mécontent qui s'installe en ville, puis retrouve son métier; le film est interprété par les Mimes électriques. Arioli est auteur ou coauteur de plusieurs feuilletons, dont: *Professeur Balthazar* (Yougoslavie, 1974), *The Grisibles* (Afrique du Sud, 1980), *L'inspecteur Gadget* (Canada, 1982-1983) et *Sesame Street* (Canada et États-Unis, 1968-1988). Jamais à court d'idées, il travaille tout aussi bien à des campagnes publicitaires qu'à des messages d'intérêt public et à des séries de courts métrages didactiques pour divers organismes internationaux. Même lorsqu'il traite des questions les plus graves, Arioli privilégie une approche humoristique. (É.D et D.T.)

ARSIN, Jean, chef opérateur, producteur, réalisateur. Caméraman d'actualité, il tourne un film sur la grève générale de Winnipeg en 1919. En 1923, il s'installe à Montréal où il fonde une entreprise de production de films publicitaires: Cinécraft. On lui confie la mise en scène d'un film commandité par le journal *La Presse: La primeur volée* (1923, mm), une comédie policière dans laquelle un journaliste dérobe à un collègue des informations sur une conspiration qui n'est qu'un canular. Le film a beaucoup de succès. En 1924, Arsin aurait réalisé un autre film du même genre: *Frontenac*. Produit par une brasserie portant le nom du célèbre gouverneur de la Nouvelle-France, le film rappelait quelques épisodes de sa vie. En 1925, il réalise *Diligamus vos (Aimez-vous)* (mm), produit par les Films de Luxe. Une jeune fille y est enlevée par des employés qui complotent contre son père. Elle est sauvée par un autre employé, jadis accusé d'un crime commis par le père, qui avoue tout et accorde la main de sa fille au sauveteur. Arsin poursuit sa carrière de réalisateur de films publicitaires ou documentaires à Cinécraft, travaillant entre autres pour le Gouvernement du Québec et réalisant *Restauration de l'Île Sainte-Hélène* (1937, cm), *Création du jardin botanique* (1940, cm), *Montréal, ville de contrastes* (1947, cm) et *Trois-Rivières* (1949, cm). (G.L.)

ASSOCIATION DES CINÉMAS PARALLÈLES DU QUÉBEC. Créée en 1979, à Trois-Rivières, à l'initiative de programmateurs du réseau non commercial pressés d'unir leurs forces pour faire face à l'évolution rapide du marché de la diffusion des films, l'ACPQ obtient rapidement la reconnaissance du ministère du Loisir, de la Chasse et de la Pêche qui lui accorde le statut d'organisme national de loisir. La création de l'organisme cimente les liens entre les groupes de diffusion du cinéma sans but lucratif de l'ensemble du territoire québécois, demeurés sans regroupement depuis l'érosion précipitée du réseau, très structuré, des ciné-clubs au début des années 60. L'organisme regroupe des individus, des festivals et des salles de cinéma non commerciales situées dans des écoles polyvalentes, des cégeps, des univer-

sités et des centres culturels. L'ACPQ, qui voit à la défense des intérêts de ses membres, assure aussi la promotion du cinéma de qualité et intervient dans le dossier longtemps négligé de la diffusion du cinéma en régions périphériques. Le réseau parallèle, à peu près ignoré par les décideurs de l'industrie cinématographique québécoise, est fortement ébranlé dans les années 80 par l'essor fulgurant de la vidéo et par le déclin irréversible de la distribution sur support 16 mm. L'ACPQ, qui s'intéresse de près à la question de l'éducation cinématographique, réalise, à l'occasion de l'Année internationale de la jeunesse, une importante enquête sur les jeunes Québécois et le cinéma. Elle organise des stages destinés tantôt aux cinéphiles, tantôt à ses membres et publie différents dossiers thématiques de même qu'un bulletin, *Ciné-Bulles*, qui peu à peu prend la forme d'une revue de cinéma trimestrielle. (M.C.)

ASSOCIATION POUR LE JEUNE CINÉMA QUÉBÉCOIS. Fondée en 1974 sous le nom d'Association des cinéastes amateurs du Québec, elle devient, en 1979, l'Association pour le jeune cinéma québécois. Son mandat est de promouvoir et de développer la pratique du cinéma amateur et indépendant au Québec. Elle regroupe plusieurs centaines de cinéastes et d'artisans dits non professionnels, qui produisent plus d'une centaine de films et de vidéos par année. Son rôle de représentation nationale, son expertise et sa mission sociale et culturelle sont reconnus par l'État québécois dans le cadre de la «Politique de reconnaissance et de financement des organismes provinciaux de loisir». L'APJCQ offre divers services à ses membres et au public en général: information, référence, bulletin de liaison, stages d'initiation et de perfectionnement, conseils techniques, salles de visionnement, soirées de diffusion, festivals, échanges internationaux, etc. Elle offre aussi, de façon plus limitée, certains services techniques de postproduction et de location d'équipements de tournage.

Le Festival international du jeune cinéma, qu'elle présente en mars de chaque année à Montréal, est reconnu comme un des plus importants festivals de films non professionnels au monde. D'abord lancé en 1980 sous le nom de Festival international du film super 8 du Québec, celui-ci s'ouvre progressivement à la vidéo à partir de 1985, et s'étend finalement au 16 mm à partir de 1988, alors qu'il devient le Festival international du jeune cinéma. Ce festival, principal lieu de rassemblement des jeunes cinéastes, contribue à mettre en valeur annuellement le travail de la relève cinématographique québécoise. (M.P.)

ASSOCIATION QUÉBÉCOISE DES ÉTUDES CINÉMATOGRAPHIQUES

(AQEC). Née du besoin des chercheurs de se rencontrer, elle est créée en avril 1982, sous l'impulsion de Louise Carrière, Réal La Rochelle et Pierre Véronneau à la suite du colloque de l'Association canadienne des études cinématographiques tenu à Ottawa, l'année précédente. Elle regroupe principalement des professeurs, des étudiants, des critiques et des historiens. Sa principale activité est l'organisation de colloques thématiques: Cinéma, théorie et discours (1983), Sons et narrations au cinéma (1984) et La vidéo vue du cinéma (1985). En 1986, elle organise un colloque conjoint avec l'Association canadienne des études cinématographiques: Le cinéma au Québec et au Canada, un dialogue critique. L'année suivante, les deux associations s'allient à la Society for Cinema Studies (États-Unis), pour organiser un important colloque conjoint. Elle revient

ensuite à l'organisation de colloques thématiques: Cinéma et sexualité (1987) et Le cinéma québécois des années 80 (1988). L'AQEC a contribué à faire venir au Québec des chercheurs étrangers tels que Marie-Claire Ropars-Wuilleumier, Michel Marie, Alain Bergala, Michel Chion, Dominique Château et Serge Daney. Elle marque un pas important dans l'avancement des études cinématographiques au Québec. Les actes de la plupart de ses colloques ont été publiés. (M.J.)

ASSOCIATIONS PROFESSIONNELLES.

On regroupe habituellement les associations professionnelles en deux catégories: les associations industrielles et les associations culturelles, selon leurs intérêts dominants. La réalité ne supporte cependant pas toujours ce clivage: bien des associations jouent tantôt sur un terrain, tantôt sur un autre et bien des individus sont membres de plus d'une association professionnelle.

La première association de type industriel à voir le jour est la Quebec Allied Theatrical Industries, en 1932; devenue l'Association des propriétaires de cinémas en 1964, elle regroupe la plus grande partie des salles et des ciné-parcs, affiliés à des réseaux ou indépendants. De leur côté, les distributeurs indépendants se regroupent en 1964 pour se défendre contre les *majors* (réunis dans le puissant Montreal Film Board – francisé en Association canadienne des distributeurs de films, l'ACDF, en 1976) et fondent l'Association canadienne des distributeurs indépendants de films d'expression française (ACDIF); pour s'ajuster aux nouvelles réalités du marché, elle devient l'Association québécoise des distributeurs et exportateurs de films et de vidéos (AQDEFV). En 1966, les producteurs – nombreux à former leur propre compagnie à ce moment-là – se réunissent en

Association des producteurs de films du Québec (APFQ) pour encadrer la jeune industrie et renforcer leur voix devant les organismes publics. Pour s'adapter à l'évolution du marché, elle devient l'Association des producteurs de films et de vidéos du Québec (APFVQ), en 1985; y siègent toutes les catégories de producteurs, du plus modeste au plus important, dans une quasi-unanimité de revendication devant les gouvernements. S'ajoutent à ces associations, en 1977, l'Association québécoise des industries techniques du cinéma et de la télévision, et, en 1981, l'Association canadienne des maisons de production cinématographique, cette dernière représentant les maisons spécialisées, surtout dans les grosses (co)productions.

Parmi les associations de type culturel, le premier regroupement bien structuré, l'Association professionnelle des cinéastes (APC), fait entendre la voix des créateurs dès 1963. Cette association réunit des réalisateurs et des techniciens, d'abord de l'ONF, puis de tous les secteurs. L'APC devient APCQ (Association professionnelle des cinéastes du Québec), en 1968, pour affirmer l'originalité du travail de ses membres. Elle produit plusieurs mémoires importants, impose une réflexion sur le professionnalisme dans tous les secteurs de l'activité cinématographique et provoque, par son dynamisme, la création d'autres associations et syndicats qui entraîneront sa dissolution en 1973. En mai 1968 se crée le Syndicat général du cinéma et de la télévision, section ONF (SCGT-ONF), qui regroupe, en une seule unité de négociation, les membres de tous les métiers œuvrant pour l'organisme fédéral. Au-delà de la reconnaissance professionnelle, il y va de la négociation des conditions de travail. Les techniciens du secteur privé les imitent dès l'année suivante en fondant le Syndicat national du

cinéma (SNC). Jusqu'en 1976, ce syndicat développe, petit à petit, un *modus vivendi* avec l'APFQ; mais, cette année-là, la négociation d'une convention de travail tourne au conflit ouvert et un groupe de syndiqués, plus conciliant avec les producteurs, forme l'Association des professionnels du cinéma (APC) et signe une convention qu'acceptent bientôt les membres du SNC. La division ne profitant ni aux uns ni aux autres, un référendum est tenu auprès de tous les techniciens, en 1983. On enterre la hache de guerre et une nouvelle convention est signée par un regroupement unique, le Syndicat des techniciens et techniciennes de cinéma du Québec (STCQ). De leur côté, les réalisateurs créent, en 1973, l'Association des réalisateurs et réalisatrices de films du Québec (ARRFQ) qui, n'ayant aucun pouvoir de négociation ni intérêt financier précis, poursuit le travail de l'APCQ et défend une vision culturelle du cinéma. Cette association se signale par l'occupation du Bureau de surveillance du cinéma, en novembre 1974, dans l'espoir de hâter la mise en œuvre d'une loi d'aide au cinéma (action efficace qui aboutit à la loi 1 de 1975). Elle publie, à partir de 1987, la revue corporative *Lumières*, qui se consacre exclusivement au cinéma québécois. À leur tour, les critiques forment, en 1973, l'Association québécoise des critiques de cinéma (AQCC). Elle attribue annuellement les prix de la critique pour le long métrage (Prix L.-E.-Ouimet – Molson), le moyen métrage (Prix André-Leroux) et le court métrage (Prix Normande-Juneau). Elle remet des prix dans le cadre d'autres festivals et intervient dans les grands débats publics au moyen de mémoires et de lettres ouvertes. On peut également mentionner deux grands organismes dont une partie des activités est liée directement au cinéma, et qui font souvent front commun avec les cinéastes pour leurs principales revendications: l'Union des artistes (UDA, créée en 1937) qui regroupe tous ceux qui sont liés à l'interprétation, et la Société des auteurs, recherchistes, documentalistes et compositeurs (SARDEC, créée en 1945).

De 1970 à 1975, la majorité des associations des deux secteurs se regroupent dans la Fédération québécoise des membres de l'industrie cinématographique pour revendiquer une loi d'aide au cinéma, au niveau québécois, et pour coordonner les interventions auprès des organismes fédéraux. Mais, la rupture intervient brutalement à la suite de l'occupation du Bureau de surveillance du cinéma par les réalisateurs, action que ne prisent pas du tout les associations industrielles.

Il existe des dizaines d'autres associations sectorielles et régionales, des sections locales d'associations canadiennes ou internationales: Académie du cinéma canadien, Association vidéo et cinéma du Québec (AVECQ), Alliance de la vidéo et du cinéma indépendant, Conseil du Québec de la Guilde canadienne des réalisateurs, Alliance internationale des employés de scène et de théâtre (IATSE, présente dès 1948), Association internationale du film d'animation (ASIFA-Canada), Association des directeurs de casting du Québec, etc. (Y.L.)

AUBRY, François, animateur, réalisateur (Ottawa, 1957). À ses débuts, cinéaste d'animation indépendant, il dessine directement sur pellicule ses premiers films, *Cadence* (1978, cm) et *Les expériences sonores de Buster Keaton* (1981, cm). Ce dernier film comprend également des prises de vues réelles. Il réalise ensuite un film fantaisiste, *Concerto grosso modo* (1985, cm), dans le cadre du programme de formation de jeunes animateurs de l'ONF. Il poursuit sa recherche

sur le dialogue entre l'image et le son dans *Nocturne* (1988, cm), un film où il combine effets lumineux et incrustation d'images réelles au banc-titre, à des décors miniatures en 3D. *Nocturne*, construit autour d'un personnage de violoniste en mal d'inspiration, est produit à l'ONF. (M.-É.O.)

AUDY, Michel, réalisateur, chef opérateur, monteur, scénariste (Grand-Mère, 1947). Il manie sa première caméra à l'âge de douze ans et réalise son premier long métrage, *La marée* (1967), en 8 mm, format qu'il délaisse dès l'année suivante pour réaliser *La gelure*, en 16 mm et en Cinéma Scope. Ces premiers films n'obtiennent guère de succès. Il tourne *À force d'homme* (1969), de nouveau en 8 mm, film sur les coureurs des bois, pour lequel il obtient la participation de Mgr Félix-Antoine Savard; le film est acheté par Radio-Canada. Ce succès lui ouvre les portes de

Le réalisateur Michel Audy et Danièle Panneton pendant le tournage de Corps et âme. *(CQ)*

l'ONF où il reçoit l'appui de Jean Pierre Lefebvre qui lui permet de tourner un long métrage, *Jean-François Xavier de...* (1970), primé à Dinard (France). Il tourne ensuite *Corps et âme* (1971), une fiction construite autour d'une histoire de schizophrénie; le film est produit par Marguerite Duparc. *La maison qui empêche de voir la ville* (1975), un drame psychologique, lui vaut une certaine reconnaissance du ministère de l'Éducation. Il y réalise plusieurs documentaires et deux fictions dont *Comptabilité I* (1978) qui remporte le prix de la meilleure production audiovisuelle pour le niveau collégial. Audy tourne aussi plusieurs courts métrages, des fictions et des documentaires, dont un portrait d'artiste, *Louise Panneton, peintre-lissier* (1981, cm). Il dirige des comédiens non professionnels dans *Luc ou la part des choses* (1982), un drame psychologique coproduit par le ministère de l'Éducation et le cégep de Trois-Rivières. Un jeune homme y découvre son homosexualité, thème qui marque l'œuvre de fiction d'Audy. Ce film l'amène à poursuivre son exploration de la sexualité des jeunes et à réaliser une nouvelle commande, *Crever à 20 ans* (1984), vidéo sur la prostitution masculine. Dans ces deux derniers films, qui portent le poids du didactisme, Audy travaille en fonction d'une clientèle ciblée avec précision. En 1987, il signe «L'étoffe du pays», une série de six documentaires pour Radio-Québec. Audy fait carrière en Mauricie. Il est un des rares réalisateurs au Québec à maintenir une activité cinématographique soutenue loin de la région montréalaise. Il prépare un téléfilm sur l'immigration irlandaise, *L'île de la quarantaine*, et une adaptation du roman *La belle bête* de Marie-Claire Blais. (J.-L.D.)

AUGUSTIN, Jacques, réalisateur (Saint-Hyacinthe, 1950). (*Voir* DANIEL LE SAUNIER.)

AVON, René, producteur, réalisateur, scénariste (Montréal, 1937). Diplômé en histoire de l'Université de Montréal, il enseigne quelques années avant de se tourner vers la production cinématographique. En 1970, il fonde la maison Projex Films, qu'il préside jusqu'en 1978. À cette époque, il produit et réalise des séries de courts métrages avec son collègue, Yves Hébert: «Le vieux Montréal» (1971), «Les grands-mères» (1972), «Mon pays, mes amours» (1973) et plusieurs documentaires institutionnels. Il participe également (avec l'ORTF), à la production de la série dramatique «Témoignages» (1972-1978). *Mon père a fait bâtir maison* (1972, cm), film sur les origines de l'architecture québécoise traditionnelle, reçoit en 1979 le premier prix de la section ethnographique au festival de Genti e Paesi, en Italie. De 1979 à 1982, il est producteur chez SDA et travaille, entre autres, à une série radiophonique et à un programme de formation pour le ministère des Transports. Il occupe, pendant quelques années, la présidence de l'APFQ et la vice-présidence de TVEC. Pigiste en production et en réalisation depuis 1984, il se consacre surtout aux documentaires industriels et institutionnels. (M.-J.R.)

AWAD, Robert, animateur, réalisateur, monteur (Beyrouth, Liban, 1949). Il a deux ans quand ses parents s'installent en Acadie. Après un baccalauréat ès arts, il fait du travail social à Bathurst (Nouveau-Brunswick). En 1970, il s'inscrit en architecture à l'Université McGill et y présente ses travaux sous forme de très courts films d'animation, trouvant là une application directe des cours de cinéma qu'il suit le soir. Il retourne en Acadie présenter son film super 8 *Cristal Palace* (cm) et mérite un premier prix et un stage de six mois sur une production de l'ONF, *We Sing More*

L'affaire Bronswik. *(ONF, coll. ACPQ)*

Than We Cry (J. N. Smith, 1975, cm). En même temps, il tourne son premier film professionnel, *Truck* (1975, cm) qu'il complétera un peu plus tard. Awad y parle de l'Acadie. On y retrouve déjà l'humour moqueur qui caractérise l'ensemble de son œuvre, de même que la technique du photomontage qu'il per-

fectionnera avec les années. De sa rencontre avec le cinéaste d'animation André Leduc naît le projet de l'ineffable *Affaire Bronswik* (coréal. A. Leduc, 1978, cm), conçu comme le pilote d'une série à venir. Avec un sens poussé de l'humour et du ridicule, il y dénonce les abus de la publicité. L'allure journalistique et le ton convaincant de la démonstration, mis au service d'un canular (un vaste complot dont l'origine serait la télévision), abusent plus d'un spectateur. L'illusion permise par la combinaison de l'animation et du traitement documentaire fonctionne parfaitement. Ce film, qui mérite plusieurs prix à travers le monde, demeure un modèle du genre. Awad poursuit dans cette veine avec *La fièvre du castor* (1979, cm), fantaisie construite autour de l'idée de la disparition de l'emblème national, et *Amuse-gueule* (1983, cm), regard humoristique jeté sur la faim dans le monde à travers un personnage qui ne mange pas. Puis il coréalise un vidéo dont il fait aussi le montage, *Cap sur l'avenir* (coréal. R. Otis 1985, cm), et réalise un clip à partir d'une chanson de Paul Piché, *Cochez oui, cochez non* (1986). (A.D.)

B

BACK, Frédéric, animateur, décorateur, réalisateur (Sarrebrück, Allemagne, 1924). De 1939 à 1945, il fréquente l'École des beaux-arts de Rennes où il remporte le premier prix de fin d'études. L'illustration de livres et l'exécution de décors muraux lui apportent son premier gagne-pain. Il s'embarque pour le Canada en 1948 et, quelques mois plus tard, se fixe à Montréal. Il devient bientôt professeur à l'École du meuble, succédant à Borduas, puis à l'École des beaux-arts de 1952 à 1953. L'avènement de la télévision l'amène au service des Arts graphiques de Radio-Canada en 1952. Un an plus tard, il démissionne pour s'intégrer comme pigiste à l'équipe de l'émission *Le nez de Cléopâtre*, en remplacement de Robert Lapalme. Après deux années à titre de caricaturiste pour cette émission, il l'abandonne. Très éclectique, il partage son temps entre les illustrations, les maquettes, les dessins, les effets visuels et l'animation pour des émissions éducatives, musicales ou scientifiques de Radio-Canada, parmi lesquelles on compte *Le roman de la science* et *La joie de connaître*, avec Fernand Seguin. En 1959, un nouvel intérêt le porte vers la recherche de procédés de peinture sur verre qui le conduiront à exécuter de remarquables verrières pour des églises et des édifices publics, notamment celle de la station de métro Place-des-Arts, à Montréal. En 1963, il produit une centaine d'illustrations pour *Champlain* (D. Arcand, 1964, cm). La même année, boursier du Conseil des arts du Canada, il part pour un séjour d'un an en Europe afin de se perfectionner en cinéma et en animation. À son retour, il se lance vraiment dans le film d'animation avec la série «Quebec School Telecast», destinée à l'enseignement du français aux anglophones. Cette série est diffusée par le réseau anglais de Radio-Canada.

Après avoir conçu les maquettes de la grande série télévisée *D'Iberville*, il est définitivement affecté au studio d'animation de Radio-Canada en 1968 (il fera quand même une brève incursion à Radio-Québec). Au moment où l'Union européenne des radiodiffuseurs met sur pied un programme d'échange de films d'animation, il signe *Abracadabra* (coréal. G. Ross, 1970, cm), son premier film d'animation personnel. Par la suite, il anime deux légendes indiennes, *Inon ou la conquête du feu* (1971, cm) et *La création des oiseaux* (1973, cm). Dans l'intervalle, il est l'illustrateur de l'émission *Les forges de Saint-Maurice,* et il réalise un film d'animation à partir de différentes séries dramatiques de Radio-Canada qui est présenté à l'émission *20 ans déjà*. Il revient au film d'auteur avec *Illusion?* (1974, cm), pour aborder des thèmes qui lui sont chers – l'enfance heureuse dans une nature florissante opposée aux monstruosités urbaines – dans un style évoquant Dufy. *Taratata* (1977, cm) traite du problème de la solitude d'un enfant et *Tout rien* (1978, cm) dénonce l'insatiable avidité, l'éternel

Frédéric Back. (J.-P. Karsenty, coll. ACPQ)

mécontentement et la légèreté de l'homme qui veut dominer la nature mais ne parvient qu'à la détruire. Tous ces dessins animés produits à l'origine pour le service de la jeunesse de Radio-Canada ont été primés à plusieurs reprises. Avant de poursuivre ses réalisations personnelles, il fait une parenthèse et s'emploie à la création de séquences animées pour le ballet *L'oiseau de feu*, de Stravinsky, une émission réalisée et diffusée par Radio-Canada (couronnée ultérieurement par un Emmy Award à New York). La carrière de Back culmine avec *Crac!* (1981, cm), délicieux raccourci de l'évolution de la société québécoise véhiculé par le biais d'une «chaise berçante». La narration purement visuelle, enrichie d'images lumineuses pleines de charme et d'humour, est parsemée de fines allusions à l'histoire collective. La conception sonore et musicale de Normand Roger, en collaboration avec le groupe Le rêve du diable, parfois tendre, lyrique ou endiablée, y joue un rôle primordial. Ce film apporte à Back une renommée internationale et vingt-

trois prix dont un Oscar. Contrairement à *Crac!*, *L'homme qui plantait des arbres* (1987, cm), adapté d'un récit de Jean Giono, négocie avec les mots. La puissance de l'image donne plus d'écho à cette histoire d'un berger provençal qui redonna vie à une région aride et désertique. Comme toujours, Back a recours à une technique classique. Il utilise des crayons de cire sur acétates givrés pour dessiner les quelque vingt mille images requises. Il fait de nouveau appel à Normand Roger qui crée une musique qui n'interrompt ni les silences ni les paroles. Philippe Noiret prête sa voix à la narration qui, dans la version anglaise, est assurée par Christopher Plummer. Grand Prix à Annecy et Oscar à Hollywood, le film, qui remporte une vingtaine d'autres prix, est qualifié d'événement dans l'histoire du cinéma d'animation.

Écologiste fervent, Back maintient une parfaite cohérence entre sa vie personnelle, ses principes et son art. Presque tous ses films fustigent la violence faite à la nature, la détérioration généralisée de l'univers, la course effrénée aux armements. En dépit de la dureté des thèmes abordés, ses films sont empreints de poésie et d'optimisme. La fraîcheur et l'énergie cinétique qui s'en dégagent atténuent les cruelles vérités. En 1986, le chapitre de Hollywood de l'Association internationale du film d'animation lui décerne le prix Annie pour l'ensemble de son œuvre.

FILMS: *Abracadabra* (coréal. G. Ross, 1970, cm), *Iron ou la conquête du feu* (1971, cm), *La création des oiseaux* (1973, cm), *Illusion?* (1974, cm), *Taratata* (1977, cm), *Tout rien* (1978, cm), *Crac!* (1981, cm), *L'homme qui plantait des arbres* (1987, cm). (L.B.)

BAIL, René, réalisateur, acteur, monteur, scénariste (Montréal, 1931). Il acquiert d'abord une formation technique, puis occupe plusieurs emplois – annonceur de radio, projectionniste à l'ASN, technicien en post-synchronisation – qui ne sont pas sans liens avec sa production cinématographique, fortement axée sur l'expérimentation technique. Il se fait la main sur un grand nombre de courts métrages en 8 mm avant de réaliser, en 1957, un documentaire d'une grande richesse poétique, *Printemps* (cm), dont il signe le scénario, les images, la prise de son et le montage. Fort expérimental pour l'époque –

René Bail dans Valérie *de Denis Héroux.* (CQ)

notamment au niveau de la bande sonore, brillamment conçue – ce film évoque la saison printanière à travers «la récolte des sucres». On y retrouve, entre autres choses, une poésie de la jeunesse qui correspond bien à la saison du dégel. *Les désœuvrés* (1959) marque une étape dans l'évolution de Bail – et dans l'évolution de plusieurs cinéastes québécois déjà fortement impressionnés par l'écran noir du début de *Printemps*. Des plans séquences

montés dans la caméra, et la poésie d'un réalisme franc, attirent les éloges de Jean Pierre Lefebvre à la sortie du film. Après avoir visionné le film, Claude Jutra et Michel Brault suggèrent à Bail de présenter des projets à l'ONF, ce qu'il fait sans résultat. En plus de ses propres productions et d'un scénario non tourné (*La p'tite vie*), Bail participe à quelques films en tant qu'acteur – il est l'éternel «gars de bicycle» dans *À tout prendre*, C. Jutra, 1963; *Le viol d'une jeune fille douce*, G. Carle, 1968; *Valérie*, D. Héroux, 1968 – ou monteur, principalement chez Onyx où son génie de la synchronisation est d'une grande utilité. Cinéaste marginal, peu connu, Bail est aussi l'auteur d'un *Manifeste pour le cinéma libre* (1972) qui constitue une réflexion pénétrante sur les particularités esthétiques du cinéma et sa trop grande dépendance face aux agents économiques. En plus d'y déclarer le cinéma «art de témoignage par essence» – le cinéma direct n'est pas loin – Bail y lance l'idée, originale et quelque peu problématique, d'un film écrit qui correspondrait à la partition musicale qu'on interprète en suivant les indications du créateur, d'où une liberté totale pour ce dernier. En 1972, un terrible accident de moto interrompt ses activités de cinéaste. On reconnaît en Bail «une source vive du cinéma d'ici». (J.D.)

BAILLARGEON, Paule, actrice, réalisatrice, scénariste (Rouyn-Noranda, 1945). En 1969, elle est du groupe de ceux qui quittent l'École nationale de théâtre en refusant leur diplôme. Ces jeunes comédiens, parmi lesquels on retrouve Pierre Curzi, Claude Laroche et Gilbert Sicotte, veulent ainsi protester contre le caractère sclérosé de l'institution et faire reconnaître leur droit à l'improvisation et à la création collective. Quelques mois plus tard, Baillargeon participe à la fondation du Grand cirque ordinaire et débute une carrière théâtrale. La même année, elle tient un petit rôle dans *Entre tu et vous* (G. Groulx, 1969). Puis, *Le grand film ordinaire* (R. Frappier, 1970), un documentaire sur la troupe de théâtre dont elle fait partie, dévoile sa forte personnalité d'actrice. *Montréal Blues* (P. Gélinas, 1972), filmé d'après une création collective du Grand cirque ordinaire, va dans le même sens et laisse entendre que la comédienne est là pour rester. Ce que confirment de bons seconds rôles dans *Réjeanne Padovani* (D. Arcand, 1973) et *Gina* (D. Arcand, 1975), où elle est tour à tour journaliste et épouse soumise. En 1975, *Le temps de l'avant* (A.C. Poirier) lui donne l'occasion d'incarner un beau personnage, celui d'une jeune femme qui a déjà été avortée et qui aide sa sœur, plus âgée et mère de famille, lorsque celle-ci ne désire pas garder l'enfant qu'elle porte. Baillargeon y va ensuite de prestations démontrant la largeur de son registre. Dans *Vie d'ange* (P. Harel, 1979), qu'elle coscénarise avec le réalisateur, elle incarne Star Morgan, une chanteuse qui, après une longue nuit d'amour, «reste prise» avec un rocker macho. Physique et intense, énergique, ce rôle exige d'elle une audace dont elle s'acquitte avec brio. À l'opposé, le personnage de cinéaste qu'elle incarne dans *La femme de l'hôtel* (L. Pool, 1984) est tout en réflexion et en tourment intérieur. Tout comme d'ailleurs la Sœur Gertrude, hantée par le doute et peut-être tentée par le désir homosexuel, qu'elle campe avec une subtile rigidité dans *La dame en couleurs* (C. Jutra, 1984).

Aussi réalisatrice, Baillargeon signe d'abord *Anastasie oh ma chérie* (1977, cm). Elle y raconte l'histoire d'une femme qui décide de se couper du monde et que le pouvoir masculin tente de récupérer. À mi-chemin entre la fantaisie et le réquisitoire contre le concept de féminité, le film témoigne d'un humour encore rare à cette époque dans les œuvres des féministes. Toujours sous le signe de la fuite dans l'imaginaire, *La cuisine rouge* (1979), film plus ambitieux coréalisé avec Frédérique Collin, est terminé après de longs mois d'incertitude et de nombreux problèmes de financement. Écrit pour l'ONF, après qu'un producteur eut offert à la cinéaste de développer un projet sur les danseuses nues, le scénario de *La cuisine rouge* est rejeté par

Paule Baillargeon (à gauche), réalisatrice de Sonia, *et Kim Yaroskevskaya dans le rôle titre. (ONF)*

l'institution. Ce n'est qu'après «L'événement doux», un spectacle-bénéfice auquel participent vingt musiciens et comédiens, que le tournage peut être entrepris à la suite de plusieurs heures d'ateliers d'improvisation. D'une écriture âpre et singulière privilégiant le plan-séquence, le film place hommes et femmes dos à dos. L'action se situe pendant la journée d'un mariage, alors que les hommes boivent en attendant d'être servis par les femmes qui sont à la cuisine. Mais la contestation s'installe et les femmes refusent de remplir leur rôle de cuisinière. S'adonnant à une véritable fête païenne dans la chaude lumière de l'été, elles trouvent alors dans la fuite rituelle – qui est comme une réminiscence de la fuite d'Anastasie – une réponse à la domination des hommes. Divisant violemment autant la critique que les spectateurs, *La cuisine rouge* demeure l'un des jalons importants du cinéma des femmes et du cinéma indépendant au Québec. En 1986, Baillargeon revient à la réalisation avec *Sonia* (mm) où, à partir de la commande d'un film de fiction sur la maladie d'Alzheimer, elle signe une œuvre personnelle et attachante. En montrant une professeure d'art (Kim Yaroshevskaya) aux prises avec les premiers symptômes de la maladie, en s'intéressant aux rapports de cette femme avec sa fille (interprétée par la réalisatrice), *Sonia* devient une réflexion sur la création, la solitude et le vieillissement. Le film remporte le prix André-Leroux. Immédiatement après, Baillargeon scénarise *Ah!*, d'après sa nouvelle parue dans le collectif *Crever l'écran* (éd. Quinze).

AUTRES FILMS COMME ACTRICE: *Et pourquoi pas?* (J. Beaudin, 1969, mm), *Et du fils* (R. Garceau, 1971), *Ô ou l'invisible enfant* (R. Duguay, 1973), *Langes bleus* (G. J. Côté et L.-A. Michaud, 1975, cm), *La piastre* (A. Chartrand, 1976), *East End Hustle* (F. Vitale, 1976), *Le soleil se lève en retard* (A. Brassard, 1976), *Panique* (J.-C. Lord, 1977), *Albédo* (J. Leduc et René Roy, 1982, mm), *I've Heard the Mermaids Singing* (P. Rozema, 1987), *Trois pommes à côté du sommeil* (J. Leduc, 1988). (M.J.)

BAIRSTOW, David, producteur, réalisateur (Toronto, 1921 – Montréal, 1985). Diplômé en sociologie de l'Université de Toronto, il entre à l'ONF en 1944, organisme qu'il ne quitte qu'en 1974, après avoir travaillé à la production ou à la réalisation de plus de cent cinquante films. Il réalise notamment *Royal Journey* (1951, mm), *Morning on the Lièvre* (1961, cm) qui montre la Lièvre à travers le regard du poète Archibald Lampman, et la série «Arctic Circle» (1962). Comme producteur, Bairstow travaille à plusieurs séries: «Eye Witness» (1952-1954), un magazine mensuel; «Perspective» (1957) et «Frontiers» (1958-1960), deux séries pour la télévision: la première portant sur des sujets divers, la deuxième traitant de sujets à caractère social, tels les enfants retardés ou l'impact de l'automatisation sur l'industrie. Et «The Stories of Tuktu» (1968-1969), un composé de films pour la télévision racontant des histoires pour enfants inspirées de documentaires retraçant la vie traditionnelle des Netsilik. Il produit également des films sur la conservation et la protection de l'environnement, notamment *River With a Problem* (G. Parker, 1961, cm), *Tomorrow Is Too Late* (B. Jovanovic, D. Kiefer et D. Virgo, 1974, cm) et *The First Mile Up* (1961, cm), dont il est aussi le réalisateur. Il passe un an (1969-1970) auprès de l'Australian Film Unit. En 1972, il est producteur au programme de formation des Indiens.

AUTRES FILMS COMME RÉALISATEUR: *Safe Clothing* (1948, cm), *Men Against the Ice* (1960, cm), *Max in the Morning* (1960, cm). (B.L.)

BALIKCI, Asen, réalisateur (Istamboul, Turquie, 1929). Il arrive au Canada en 1954 et travaille, à titre d'ethnologue, à la section arctique du Musée national du Canada. De 1957 à 1963, ses recherches intensives sur l'écologie humaine en zone polaire l'amènent à superviser une importante série de films ethnologiques sur les Inuit Netsilik de Pelly Bay, en collaboration avec l'ONF et l'Education Development Center de Cambridge (États-Unis). Neuf films illustrent de façon détaillée le mode de vie des chasseurs-cueilleurs en milieu arctique: *At the Winter Sea Ice Camp* (1968); *Jigging for Lake Trout* (1968, mm); *Stalking Seal on the Spring Ice* (1968, mm); *Group Hunting on the Spring Ice* (1968); *Building a Kayak* (1968); *Fishing at the Stone Weir* (1968, mm), etc. De 1973 à 1976, Balikci poursuit une autre recherche en milieu aride, cette fois chez les pasteurs nomades Pashtoon d'Afghanistan septentrional, dont il tire le film *Sons of Haji Omar* (1978, mm). Il enseigne l'ethnocinématographie à l'Université de Montréal, depuis 1975. (M.L.-L.)

BALLANTYNE TREE, Tanya, réalisatrice, recherchiste, productrice, scénariste (Montréal, 1944). Elle est assistante de production, recherchiste et scénariste à l'ONF dès 1961, alors qu'elle est encore étudiante (en histoire et en philosophie) à McGill. Elle est assistante de Don Owen pour *Notes For a Film About Donna & Gail* (1966, mm) et pour *A Further Glimpse of Joey* (1967, cm), dont elle a écrit le scénario. John Kemeny lui offre de tourner son premier film, *The Merry-go-round* (1966, cm), drame sur les relations sexuelles entre adolescents, dont elle est la scénariste. Mais c'est *The Things I Cannot Change* (1967, mm) qui la fait connaître. Il s'agit d'un documentaire socialement engagé tourné en direct, en trois semaines, à la Petite Bourgogne. Les personnages sont les membres d'une famille anglophone de ce quartier défavorisé de Montréal. La séquence au cours de laquelle Bailey père se fait rosser, pendant que l'équipe du film continue de tourner au lieu de lui venir en aide, donne lieu à une polémique sur l'éthique du documentaire et la responsabilité des documentaristes. Polémique rallumée lorsque le film est programmé à la télévision sans le consentement de la famille Bailey. *The Things I Cannot Change* peut être considéré comme l'ancêtre du programme Challenge for Change. Tree revient sur le sujet dans *The Courage to Change* (1985, mm), deuxième portrait de la même famille dix-huit ans plus tard.

AUTRES FILMS: *How to Read Signs* (1970, mm), *Blue and Orange* (coréal A. Lipsett, 1975, inachevé), *Femme de deux pays* (1978, mm). (J.A.)

BARBEAU, François, costumier, directeur artistique (Montréal, 1935). Il envisage d'abord d'être comédien puis, avec pour toute formation un cours de coupe suivi chez Cotnoir Caponi, il devient le grand maître de la conception de costumes au Québec. En 1972, il fonde l'important atelier de costume B.J.L. avec Louise Jobin et François Laplante. Sa contribution au théâtre est inestimable et Broadway comme la Comédie-Française ont fait appel à lui. Au cinéma, où la qualité de sa direction artistique lui a valu deux Canadian Film Awards (*Kamouraska*, C. Jutra, 1973; *Eliza's Horoscope*, G. Sheppard, 1975), il fait preuve d'un sens aigu des couleurs et des textures, mais sans sacrifier la vraisemblance historique à des effets esthétiques gratuits ou, comme cela se voit trop souvent dans le cas des maquillages, au goût du jour. Préoccupé d'aider les acteurs à projeter physiquement la sensibilité d'un temps et d'un milieu social donnés, il soigne jusqu'aux détails invisibles à l'écran (sous-vêtements d'époque, etc.), et il privilégie le tournage en extérieurs plutôt qu'en studio. Depuis 1984, il mène parallèlement une carrière de metteur en scène de théâtre.

Autres films comme directeur artisti-que: *Lies My Father Told Me* (J. Kadar, 1975), *Les portes tournantes* (F. Mankiewicz, 1988); – comme costumier: *Le festin des morts* (F. Dansereau, 1965), *Les corps célestes* (G. Carle, 1973), *Jacob Two Two Meets the Hooded Fang* (T.J. Flicker, 1978), *Angela* (B. Sagal, 1977), *Éclair au chocolat* (J.-C. Lord, 1978), *Atlantic City* (L. Malle, 1980), *Le Tartuffe* (G. Depardieu, 1984). (M.-C.A.)

BARRY, Fred, acteur (Montréal, 1887 – 1964). Pilier du théâtre québécois des années 20 à 40, une salle de spectacle de Montréal porte aujourd'hui son nom. Au cinéma, on le remarque dans *Maria Chapdelaine* (J. Duvi-vier, 1934). Il apparaît ensuite dans *La dame aux camélias, la vraie* (G. Gélinas, 1942, cm). On se souviendra enfin de lui dans *Tit-Coq* (R. Delacroix et G. Gélinas, 1952) où, avec son élocution très particulière, avec cette façon de casser la phrase qui n'appartient qu'à lui, il joue le père Désilets, chef de famille débordant d'énergie. En 1959, dans la série «Profils et paysages» à l'ONF, Claude Jutra lui consacre un court métrage, *Fred Barry comédien*. (J.-M.P.)

BEAUCHEMIN, Serge, ingénieur du son, réalisateur (Montréal, 1942). Bien qu'ayant commencé sa carrière au milieu des années 60 par un long métrage commercial (*Délivrez-nous du mal*, J-C. Lord, 1965), il se fait une réputation comme preneur de son pour le cinéma direct. Il travaille intensément avec Pierre Perrault (*Le règne du jour*, 1966; *Les voitures d'eau*, 1968), Arthur Lamothe (*Ce soir-là, Gilles Vigneault...*, 1967; *Ntesi Nana Shepen,* 1976), Michel Brault (*Entre la mer et l'eau douce*, 1967; *Les ordres*, 1974), Jean Pierre Lefebvre (*Mon amie Pierrette*, 1967), Jean-Claude Labrecque (*Les vautours*, 1975;

Les années de rêves, 1984), Marcel Carrière (*O.K. ...Laliberté*, 1973; *Images de Chine*, 1973). Par ailleurs, il est étroitement associé à cette sorte de «noyau collectif» de produc-tion des films de Denys Arcand, dont il fait le son sur tous les longs métrages depuis *On est au coton* (1970), jusqu'au *Confort et l'indif-férence* (1981). Preneur de son chevronné, les courbes de son abondante filmographie reflètent bien l'évolution du cinéma national. Du direct au long métrage commercial de fiction, du cinéma pour les salles à celui pour la télévision, Beauchemin travaille dans toutes les sphères. Son expérience créatrice main-tient ainsi un équilibre entre, par exemple, des films aussi divers que *La cuisine rouge* (P. Baillargeon et F. Collin, 1979), *La femme de l'hôtel* (L. Pool, 1984), *Caffè Italia Mont-réal* (P. Tana, 1985), *Bach et Bottine* (A. Melançon, 1986) et *Basements* (R. Altman, 1987). Son travail lui vaut trois Canadian Film Awards pour *Le règne du jour* (P. Perrault, 1966), *Les philarmonistes* (Y. Leduc, 1971, mm), *L'âge de la machinne* (G. Carle, 1978, cm). Par ailleurs, il réalise *C'est votre plus beau temps!* (coréal. A. Dostie, 1974), un documentaire sur la jeunesse dans les écoles polyvalentes. (R.L.)

BEAUDET, Josée, productrice, assistante-réalisatrice, monteuse, réalisatrice, recher-chiste (Montréal, 1938). Pendant plus de quinze ans, elle signe le montage de nombreux films produits par l'industrie privée dont *Les vrais perdants* (A. Melançon, 1978), *Les ser-vantes du bon Dieu* (D. Létourneau, 1979) et *On n'est pas des anges* (G. Simoneau et S. Guy, 1981). Elle travaille également comme assistante à la réalisation, notamment avec Jean Pierre Lefebvre (*Les fleurs sauvages*, 1982; *Le jour «S...»*, 1984). *Le film d'Ariane* (mm), qu'elle réalise en 1985, est un aboutis-

sement logique de cette carrière cinématographique. À l'aide de milliers de mètres
de pellicule tournés par des cinéastes du
dimanche, Beaudet reconstitue une immense
fresque occultée par l'histoire: la vie des Québécoises de 1925 à 1980. L'humour attendri
de ce propos, où foisonnent pourtant les sujets
de révolte, confère au récit un ton résolument
intimiste qui séduit le public. *Le film d'Ariane*
remporte quatre prix dont deux Gerbes d'or à
Yorkton. En 1986, l'ONF lui demande de
mener une enquête auprès des cinéastes
québécoises pour identifier leurs besoins de
formation et leurs attentes face à l'ONF. Suite
à cette étude on formera le programme
«Regards de femmes» dont elle devient la
productrice. À ce titre, elle produit *Espaces*
(L. Martin, 1987, mm), *Drôle de fille* (Jeannine Gagné, 1988, cm), *Où serez-vous le 31
décembre 1999?* (M. Décary, 1988, mm),
D'un coup de pinceau (M. Crouillière, 1988,
mm) et *Singulier pluriel* (N. Chicoine, 1988,
mm). (D.Po.)

BEAUDET, Marc, monteur, producteur,
réalisateur (Thetford Mines, 1919 – Montréal, 1978). Il entre à l'ONF en 1954 et,
jusqu'en 1957, exerce le métier d'assistant-
monteur. Il passe ensuite à l'industrie privée
(Omega Productions) comme chef monteur
pour la série télévisée *Radisson*. C'est à ce
titre qu'il réintègre les cadres de l'ONF en
1958 où, pendant sept ans, il monte une centaine de films. C'est au cours de cette période
qu'il coréalise *Boulevard Saint-Laurent*
(coréal. J. Zolov, 1965, cm). Dans la veine du
cinéma direct, la caméra capte sur le vif la
faune qui hante cette artère de Montréal et
enregistre le témoignage d'hommes de main
et de déclassés toutes catégories. En 1965,
détaché de l'ONF pour un an, il est envoyé
au Sénégal en qualité de conseiller technique

pour un projet pilote d'alphabétisation, sous
les auspices de l'UNESCO. Il réalise en même
temps un documentaire, *Afrique libre* (coréal.
L. Portugais, 1967, mm), dans lequel sociologues et économistes font le bilan de la situation des pays africains après leur récente indépendance et s'interrogent sur leur avenir. De
retour à l'ONF, il achève *Afrique libre* et
exécute une commande du gouvernement
canadien, *Le pavillon du Canada – Expo 67*
(1967, cm). Entre 1968 et 1969, il agit comme responsable des films commandités auprès
des ministères fédéraux, à la suite de quoi il
est nommé producteur au sein de l'équipe
française, fonction qu'il occupera jusqu'à son
décès. Parmi les nombreux films réalisés sous
sa responsabilité, il faut citer: *La nuit de la
poésie 27 mars 1970* (J.-C. Labrecque et J.-P.
Masse, 1971), *Mon oncle Antoine* (C. Jutra,
1971), *Taureau* (C. Perron, 1973),
O.K. ...Laliberté (M. Carrière, 1973), *La gammick* (J. Godbout, 1974), plusieurs films de
la série «Toulmonde parle français», *Partis
pour la gloire* (C. Perron, 1975), *La fleur aux
dents* (T. Vamos, 1975), *C'était un Québécois
en Bretagne, Madame!* (P. Perrault, 1977) et
Les oiseaux blancs de l'Île d'Orléans (D.
Létourneau, 1977, mm). Parallèlement à sa
carrière de producteur, il réalise *À cris perdus*
(coréal. Georges Dufaux, 1972, mm), un
documentaire qui jette un regard impartial
sur la génération des années 60 et 70 à la
recherche de nouvelles façons de vivre. (L.B.)

BEAUDIN, Jean, réalisateur, monteur,
scénariste (Montréal, 1939). Diplômé de
l'École des beaux-arts, il se spécialise ensuite à l'École de design de Zurich (Suisse),
avant d'entrer à l'ONF en 1964. Il débute en
travaillant sur des films d'animation, puis en
réalisant de nombreux films pédagogiques.
Ses débuts en fiction ne sont pas très heureux.

Son premier essai, *Vertige* (1968, mm), témoigne déjà de son goût pour l'image et les plongées dans l'imaginaire, mais sombre dans l'artificiel et le psychédélisme facile. Ses deux premiers longs métrages, *Stop* (1971) et *Le Diable est parmi nous* (1972), sont de la même veine. Racontant une histoire de couple à travers l'introspection d'un coureur automobile, *Stop* mélange une série de thèmes à la mode (incommunicabilité, freudisme, érotisme) et n'a de succès ni auprès de la critique, qui y voit une œuvre prétentieuse et confuse, ni auprès du public, qui ne s'y reconnaît pas. Produit à l'extérieur des cadres

Jean Beaudin pendant le tournage du Matou, *d'après le roman de Beauchemin. (ACPQ)*

de l'ONF, *Le Diable est parmi nous* est typique de la production commerciale de l'époque, qui veut profiter de la vague érotique initiée par *Valérie* (D. Héroux, 1968) tout en mettant de l'avant une intrigue rappelant grossièrement le *Rosemary's Baby* de Roman Polanski (1968). Remonté par les producteurs, le film est renié par Beaudin qui

souhaitait en faire une série B. Après cet échec, il retourne à l'ONF et y dirige coup sur coup deux courts métrages – *Les indrogables* (1972), *Trois fois passera...* (1973) – et deux moyens métrages – *Par une belle nuit d'hiver* (1974), *Cher Théo* (1975) – qui annoncent ses longs métrages futurs. Pour ces quatre films, il fait appel à la même équipe technique (où l'on retrouve Pierre Mignot à la caméra et Jacques Jacob à la scénarisation). Différents de style et de ton, ces films composent tout de même une sorte de fresque populaire québécoise, attentive aux gestes simples des gens ordinaires. Point culminant de la série, *Cher Théo* met en scène, dans une chambre d'hôpital, une vieille femme de cultivateur et une jeune bourgeoise. Ici, Beaudin étonne par la sobriété de sa mise en scène et son refus des effets faciles. La manière de faire qui le rendra populaire est désormais établie: simplicité, linéarité, sensibilité, direction de comédiens habile et grand talent d'illustrateur. Images léchées, éclairages soignés et tournages dans des cadres naturels enchanteurs, voilà ce qui frappe au premier visionnement de *J. A. Martin photographe* (1976), *Cordélia* (1979) et *Mario* (1984). Mais, ce travail esthétisant n'occulte pas la délicatesse et la justesse de ton de *J. A. Martin photographe*, situé au début du siècle: une femme accompagne son mari photographe lors d'une tournée qui marque une nouvelle possibilité de dialogue dans ce couple. Présenté en compétition à Cannes, le film révèle deux grands comédiens, Marcel Sabourin et Monique Mercure (qui y remporte le prix d'interprétation), et incite Robert Altman à demander la collaboration du chef opérateur Pierre Mignot. L'arrière-plan féministe de *J. A. Martin photographe* est repris et mis de l'avant dans *Cordélia*, une autre reconstitution historique. Beaudin y raconte l'histoire véridique d'une femme condamnée pour meurtre au XIXe siècle, et victime, vraisemblablement, d'une erreur judiciaire. *Mario*, d'après un récit de Claude Jasmin, marque le retour du cinéaste à son goût pour l'imaginaire. Situé dans les décors on ne peut plus photogéniques des Îles-de-la-Madeleine, le récit s'attarde aux liens unissant un adolescent à son frère autistique. Encore une fois dans ce film, c'est l'image qui domine. Le style de Beaudin donne l'impression d'être parfaitement établi. Mais, l'industrie privée et les contraintes inhérentes au tournage d'une superproduction, *Le matou* (1985), d'après le roman d'Yves Beauchemin, le ramène à un filmage moins personnel. Le film, qui raconte la lutte que mènent un jeune homme (Serge Dupire) et sa femme (Monique Spaziani) pour faire prospérer un casse-croûte, est doublé d'une télésérie. Après que l'on eut arrêté la production de son *Ann McNeil* à la veille du tournage (1986), Beaudin retourne à l'ONF et signe *L'homme à la traîne* (1987, cm), où il renoue avec la confusion et l'esthétisme gratuit de ses débuts. Réalisateur de nombreux films publicitaires, il s'associe, en 1987, à la maison de production Québec/Amérique. Il y développe un scénario d'après *L'enfant du cinquième nord*, le roman de Pierre Billon.

PRINCIPAUX FILMS: *Vertige* (1968, mm), *Et pourquoi pas?* (1969, cm), *Stop* (1971), *Le diable est parmi nous* (1972), *Les indrogables* (1972, cm), *Trois fois passera...* (1973, cm), *Par une belle nuit d'hiver* (1974, mm), *Cher Théo* (1975, mm), *J. A. Martin photographe* (1976), *Jeux de la XXIe Olympiade* (réalisateur associé, 1977), *Cordélia* (1979), *Mario* (1984), *Le matou* (1985), *L'homme à la traîne* (1987, cm). (M.J.)

BEAUDRY, Diane, monteuse, productrice, réalisatrice (Montréal, 1946). Après avoir été directrice exécutive du Festival des arts de la Nouvelle-Écosse, en 1972, elle travaille à la pige, comme monteuse et réalisatrice, au bureau régional de l'Atlantique de l'ONF. C'est là qu'elle tourne, notamment, *Ballad to Cornwallis* (1975, cm), dans la série «Atlanticanada», film qui propose un voyage à travers l'histoire de la ville de Halifax, et *Maud Lewis – A World Without Shadows* (1975, cm), consacré à un peintre primitif de la Nouvelle-Écosse. En 1975, elle produit et réalise une série de vingt-trois films d'une minute, *Just-a-Minute*, qui donnent la parole à des Canadiennes de toutes les régions du pays. Elle revient à Montréal et se joint, en 1976, au studio anglais des femmes, le studio D. De 1977 à 1979, elle est productrice, réalisatrice et monteuse de *An Unremarkable Birth* (mm), documentaire engagé parlant de la déshumanisation de l'accouchement, et des nouveaux parents qui cherchent à offrir une naissance plus naturelle à leur enfant. Puis, elle signe *The Unbroken Line* (1979, cm), qui brosse le portrait de quelques gouverneurs généraux qui ont marqué l'histoire canadienne. Elle devient ensuite productrice à la production française. En 1981, elle produit *Les armes à feu – 400 ans d'histoire* (J. Henson, 1982, cm). Elle réalise, dans le cadre d'une série sur les métiers féminins non traditionnels, produite par le studio anglais des femmes, *Laila* (1980, cm), portrait d'une tireuse de joints. En 1984, elle poursuit sa réflexion sur la condition féminine en produisant et en réalisant un film mi-fiction mi-documentaire sur l'impact de l'informatique sur l'emploi des femmes: *L'ordinateur en tête* (cm). Elle signe, en 1986, *Histoire à suivre* (mm), un documentaire tourné pour la télévision qui fait état de la participation des Québécoises à la vie politique. Elle tourne ensuite *L'autre muraille* (1988, cm), dans la série «De

Shangaï à Rio, l'enjeu des femmes», qui montre des Chinoises partagées entre l'héritage féodal et la vie moderne. De plus en plus, Beaudry se sert du documentaire pour explorer la condition féminine. (D.P.)

BEAUDRY, Jean, acteur, monteur, réalisateur, scénariste (Trois-Rivières, 1947). De 1966 à 1974, il se consacre au théâtre dans la région trifluvienne, tantôt acteur, tantôt metteur en scène ou professeur. C'est également à Trois-Rivières qu'il aborde le cinéma, puisqu'il tient le premier rôle d'un film de Michel Audy, *La maison qui empêche de voir la ville* (1975), celui d'un professeur de collège attiré par un de ses élèves. En 1977, associé à François Bouvier*, il coréalise et monte un premier documentaire, *J'sors avec lui pis je l'aime* (coréal. F. Bouvier et F. Tougas, cm). Il monte ensuite un film de François Bouvier, *Mission réadaptation* (1980, cm) et coréalise un autre documentaire, *Une classe sans école* (coréal. F. Bouvier et M. Simard, 1980, mm). Beaudry travaille aussi en vidéo à partir de 1973. Ainsi, il filme la pièce fleuve de Jean-Pierre Ronfard, *Vie et mort du roi boiteux* (1982). Dès 1977, Beaudry et Bouvier entreprennent un projet de long métrage de fiction, *Jacques et Novembre* (1984), qui sera tourné sur quelques années avec des moyens de fortune. Le film obtient plusieurs prix et un succès critique appréciable. Beaudry, qui signe aussi le montage, tient le rôle principal, celui d'un homme encore jeune à l'article de la mort qui décide de faire le point sur sa vie. À peu près seul devant la caméra, à laquelle il s'adresse souvent puisque le film contient un journal sur vidéo, Beaudry se montre d'une vérité étonnante, son jeu rendant parfaitement l'ambiguïté du traitement cinématographique qui consiste à donner l'illusion du vrai. Suite à cette performance pour laquelle il lui faut

Jean Beaudry. *(Luc Sauvé)*

d'ailleurs jeûner, il reprend sa collaboration avec Bouvier et coscénarise et coréalise un nouveau film de fiction. Cette fois, la structure même du récit reflète le mode de travail de Beaudry et Bouvier puisque l'histoire est construite autour de deux personnages, un photographe (Denis Bouchard) qui, pendant toute une année, doit prendre une photographie dans le même angle chaque matin à la même heure et un professeur et écrivain qui s'inspire de ces images pour écrire un roman. Beaudry signe le montage et interprète le personnage du romancier, rôle qui culmine par une nouvelle performance, une participation au marathon de Montréal accompagnée d'un long travelling. Il tient également de petits rôles dans *Trois pommes à côté du sommeil* (J. Leduc, 1988) et dans un téléfilm de Micheline Lanctôt, *Onzième spéciale* (1988). Il prépare, avec Yves Fortin, un long métrage intitulé *Monsieur Maurice* qui, adapté d'un fait vécu, raconte l'histoire d'un handicapé physique qui cesse d'être considéré comme l'idiot du village le jour où il gagne une somme importante à la loterie. (M.C.)

BEAUGRAND, Claude, ingénieur du son, monteur sonore (Acton Vale, 1949). En 1969, il est stagiaire sur le tournage du *Mépris n'aura qu'un temps*, d'Arthur Lamothe. Cette rencontre est déterminante et il travaille avec Lamothe sur une dizaine d'autres films, de la série amérindienne à *Équinoxe* (1986). Aussi fidèle à Michel Brault et à André Gladu, il est, entre 1974 et 1980, responsable du son des vingt-sept courts métrages de la série «Le son des Français d'Amérique». Spécialiste du documentaire, Beaugrand excelle dans les conditions sonores difficiles du direct. Cela ne l'empêche pas de collaborer à quelques fictions: *Le retour de l'Immaculée Conception* (A. Forcier, 1971), *Tu brûles... tu brûles...* (J.-G. Noël, 1973), *Vie d'ange* (P. Harel, 1979). En 1985, il réalise, pour *Passiflora* (F. Bélanger et D. Gueissaz-Teufel), une bande sonore extrêmement inventive et travaillée, qui utilise les ressources du Dolby Stéréo. PRINCIPAUX AUTRES FILMS: *L'infonie inachevée...* (R. Frappier, 1973), *Une nuit en Amérique* (J. Chabot, 1974), *Un royaume vous attend* (P. Perrault et B. Gosselin, 1975), *De la tourbe et du restant* (F. Bélanger, 1979), *Le dernier glacier* (R. Frappier et J. Leduc, 1984), *Voyage en Amérique avec un cheval emprunté* (J. Chabot, 1987, mm). (Y.R.)

BEAULIEU, Marcel, scénariste (Montréal, 1952). Il débute sa carrière de scénariste en remportant un concours d'œuvres dramatiques organisé par Radio-Canada, *Noces de juin* (J. Faucher, 1983). Il écrit ensuite des textes pour la radio et la télévision, puis aborde le cinéma en scénarisant *Anne Trister* (L. Pool, 1986). Pour s'inscrire parfaitement dans l'univers de la cinéaste, il raconte une

histoire ambiguë, axée sur le vertige de la création et la force des sentiments. L'écriture poétique de Beaulieu participe à la mise en scène du film, très moderne, narcissique et proche de l'inconscient. Plus préoccupé par les états d'âme que par la narration, il retravaille ensuite avec Yves Simoneau le scénario de Sheldon Chad tiré d'un roman d'Anne Hébert, *Les fous de Bassan* (Y. Simoneau, 1987). Il s'en tire assez bien, même s'il lui faut ramener un roman à plusieurs voix à un film linéaire raconté par un seul personnage. Il travaille de nouveau avec Léa Pool, cette fois à l'adaptation de *Kurwenal*, roman d'Yves Navarre qui sert de point de départ au film *À corps perdu* (L. Pool, 1988). Le film raconte l'histoire d'un photographe (Mathias Habich) qui découvre, à son retour à Montréal, que l'homme et la femme qu'il aime l'ont abandonné, ce qui le laisse désemparé. Il scénarise également *Le chemin de Damas* (G. Mihalka, 1988), un téléfilm qui l'amène à explorer le registre de la comédie. Un ancien hippie devenu curé (Rémy Girard) y est faux-monnayeur, par charité chrétienne. Il écrit le scénario du premier long métrage de Richard Roy, *Moody Beach*. (H.-P.C.)

BEAUPRÉ, Bernard, réalisateur, chef opérateur, monteur, producteur (Montréal, 1941). Formé à l'ONF, où il passe quatre ans à exercer divers métiers techniques, il entre chez Omega en 1965 à titre de caméraman (série *D'Iberville*) et de réalisateur (documents pour Expo 67). Après avoir travaillé pour des maisons de services (Sonolab, VDO Productions), il entre chez SDA (compagnie qui succède à Omega) comme producteur, réalisateur, monteur et caméraman. Homme des bois il passe à l'OFQ en 1973 pour y produire des dizaines de documents et y réaliser des films sur la flore, la faune et les autochtones. On compte, parmi ses nombreuses réalisations: *Les autres* (1975, cm), *Le cerf de Virginie* (1975, cm), *Faune du Québec 1* et *Faune du Québec 2* (1976, deux cm), *Des marais et des hommes* (1979, cm), *Maître de l'Ungava* (1979, cm). Deux de ses films lui valent une certaine notoriété: *Umimmaq* (1976, cm) et *Baie James, 5000 ans d'histoire* (1982, cm). En 1982, Beaupré passe au SAGMAI à titre de producteur conseil en milieu amérindien et inuit. Il y tourne plusieurs courts et moyens métrages vidéos. Ses réalisations sont marquées au signe de la nature, de l'environnement, de l'ethnographie et du tourisme.

PRINCIPAUX AUTRES FILMS: *Dernière chance du caribou* (1978, cm), *Au pays de Tuktu* (1978, cm), *L'orignal* (1979, cm), *Rendez-vous sur le George* (1979, cm), *Une marée* (1979, cm), *Bonjour Floralies* (1980, mm), *Floralies 1980* (1980, cm), *Radisson, ville nordique* (1984, cm), *Akuliaq* (1985, cm), *Inukshuk* (1987, cm). (P.V.)

BÉDARD, Jean-Thomas, animateur, réalisateur (Chicoutimi, 1947). À l'été 1967, alors qu'il est stagiaire au studio d'animation de la production française de l'ONF, on lui offre de réaliser un des films de la série «Chansons contemporaines». Il choisit de mettre en images une chanson de Jean-Pierre Ferland, *La ville* (1970, tcm). Il poursuit dans cette voie et réalise *Ceci est un message enregistré* (1973, cm), étourdissant collage d'images tirées de magazines qu'il monte en succession rapide. Puis, devenu employé permanent de l'ONF, il entreprend un film d'animation qu'il met cinq ans à compléter, *L'âge de chaise* (1978, cm). Ce film, son projet cinématographique le plus ambitieux, présente un monde inquiétant où les immeubles s'effondrent aussi rapidement qu'ils surgissent du sol. Les hom-

mes y doivent leur survie à la seule possession d'une chaise. Combinant une technique avancée de perspective animée et l'animation de personnages réels, le film est primé à Annecy, Chicago et Oberhausen. Après quoi, Bédard, toujours au studio français d'animation, réalise deux documentaires qui lui permettent de fouiller l'histoire de sa région d'origine. *Le combat d'Onésime Tremblay* (1985, mm) raconte la lutte que mènent, au début du siècle, un cultivateur et ses fils opposés à l'élévation du niveau du lac Saint-Jean dont les effets sont destructeurs pour l'environnement. Bédard y reprend l'idée d'une société insensible aux besoins des individus exploitée dans *L'âge de chaise*. Il choisit d'illustrer son propos par une profusion d'images d'archives, dans la continuité de l'accumulation d'images que proposait *Ceci est un message enregistré*. *À force de bras* (1988) trace l'historique du Saguenay-Lac-Saint-Jean, région ouverte à la colonisation par la Société des vingt et un, en 1838. La forme de ce film, qui combine témoignages et documents d'archives, est plus aérée mais tout aussi traditionnelle que celle du *Combat d'Onésime Tremblay*. (M.C.)

BÉDARD, Rolland, acteur (Montréal, 1913 – 1987). On l'a surnommé le «Fernandel canadien». Épicier du coin, marchand général, garagiste, bedeau, Bédard a fait des apparitions dans une quinzaine de longs métrages. Les personnages d'une grande patience, humbles et bienveillants, semblent avoir été sa spécialité. On l'a vu dans *La forteresse* (F. Ozep, 1947), *Big Red* (N. Tokar, 1962), *Partis pour la gloire* (C. Perron, 1975), *Maria Chapdelaine* (G. Carle, 1983), etc. Mais on se souviendra surtout de Bédard à la télévision dans des séries comme *Rue des pignons*, *Forest Rangers* (*Les cadets de la forêt*) et, principalement, *La famille Plouffe* où il incar-

nait Onésime, le chauffeur d'autobus amoureux de Cécile, rôle repris au cinéma par son
demi-frère, Paul Berval. (J.-M.P.)

BÉLANGER, André A., producteur, réalisateur (Sherbrooke, 1942). Il fait ses débuts,
en 1966, à la maison de production Les
cinéastes associés, où il occupe notamment
la fonction d'assistant-réalisateur pour *Le
Martien de Noël* (B. Gosselin, 1970). En
1970, il fonde, avec Claude Godbout et Guy
Dufaux, Les productions Prisma et, en 1982,
Les films Vision 4, avec Claude Bonin,
François Labonté et Monique H. Messier.
Entre-temps, il décide de lancer sa propre
compagnie, Les productions S.E.P.T. Il a à
son actif quelque soixante-quinze documentaires et films éducatifs, notamment *On est
rendus devant le monde!* (coréal. L. Nantel,
1981). Ce documentaire rend compte du
fonctionnement des collectifs de théâtre, à la
fin des années 70, alors qu'il y en avait plus
de cinquante au Québec. Depuis 1985, il est
producteur délégué, chez Ciné Groupe, d'un
film d'animation en 3D de Réjeanne Taillon:
Bino Fabule. (J.P.)

BÉLANGER, Fernand, réalisateur, monteur, scénariste (Rivière-du-Loup, 1943).
Étudiant à l'Académie de Québec, il s'initie
au cinéma avec *Le carreau de soleil* (1965,
cm). Puis, dans *Le temps d'une fouille* (coréal.
J.-Y. Leblanc, 1966, mm), il poursuit, sans
plus, la lignée des films sur le désabusement
existentiel d'un étudiant. Les longues déam-
bulations du personnage principal (Normand
Chouinard) ne mènent à rien, sauf peut-être à
cette manière de filmer une certaine solidarité
masculine. Après un stage en anthropologie
à la Sorbonne et en cinéma à l'IDHÉC, Bélanger réalise *Via Borduas* (1968, cm), retour
sur les vingt ans du mouvement automatiste

et sur l'œuvre du célèbre peintre. Un interviewer, plutôt fantaisiste, lit des textes de
Borduas et s'entretient avec neuf des quatorze
signataires du Refus global. *Le sermon sur la
montagne* (1969, cm), tourné en studio lors
d'une nuit de happening, reste inachevé. Son
film suivant, *L'initiation* (1969, cm), expérimente la pixillation pour suggérer l'altéra-
tion de la perception provoquée par le hachish
chez une jeune femme.

Dans le cadre du programme des «premières œuvres» de l'ONF, il réalise *Ti-cœur*
(1969, cm), se faisant l'écho du phénomène
contre-culturel nord-américain. Pendant une
longue séquence improvisée, un hippie
(Claude Dubois) confronte son monde à celui
du propriétaire d'une décapotable américaine
qui l'a pris en stop. Cet homme, un policier,
le tuera ainsi que l'une de ses amies lors
d'une soirée-happening, prétexte à la consommation de drogue. Utilisant le montage par
associations, il combine images, sons et musiques avec audace. Il continue cette recherche
dans *Ty-peupe* (1971), fable et fête humoristique construite autour d'une fille et de deux
gars fraîchement débarqués en terre nouvelle.
Porteurs des idéaux de beauté et de liberté de
toute une génération, ils seront engloutis par
la marée urbaine. Perçu alors comme un film
insoumis, ce témoignage de l'ère hippie revêt
avec le temps une allure quelque peu ethnographique voire folklorique. Toutefois, ces
deux films présagent un cinéma où Bélanger
s'affirme comme un monteur capable d'inno-
ver dans l'organisation de matériaux filmiques, en particulier par sa façon de produire,
par attraction, des idées et des sensations.
Contebleu (1978) est l'itinéraire ésotérique
de Marguerite Piragouche dont le destin est
marqué par la peur, l'errance et la dépossession, tout au long de ses 516 ans en terre québécoise. Le propos, une critique de l'évolution

Fernand Bélanger pendant le tournage de L'émotion dissonante. *(Alain Gauthier, coll. CQ)*

de la civilisation occidentale, ne réussit pas à faire oublier le manque de moyens et le côté artisanal de la production. *De la tourbe et du restant* (1979) constitue une rupture dans la manière de concevoir le documentaire au Québec. Le film se présente d'abord comme un document sur l'exploitation des tourbières puis, peu à peu, multiplie les avenues d'interprétation et de saisie du réel tout en débordant sur l'imaginaire. L'architecture du film, en forme de spirale, permet de cerner les composantes économiques, sociales et culturelles de cette industrie largement inféodée aux intérêts américains. En même temps, se superpose une certaine imagerie du bonheur sur laquelle s'exerce, à l'instar de la dépossession économique, l'emprise des modèles culturels américains. Bélanger propose ici un film exigeant qui, au-delà du simple récit linéaire, conçoit un langage où sont permises digression, poésie et théâtralité. *L'émotion dissonante* (1984) cherche à dédramatiser le phénomène de la drogue, un thème souvent repris dans les films de Bélanger à partir de *L'initiation*. Il tente ici une nouvelle approche, non répressive, en scrutant l'imaginaire des jeunes. Par des mises en scène et des gravures sur pellicule de Pierre Hébert, il fait s'animer leurs rêves d'évasion. Du reste, Bélanger compare l'effet de la drogue à celui du cinéma qu'il considère comme un dédoublement de la réalité. Deux courts métrages, *Love addict* et *L'après-cours* (coréal. Y. Angrignon et L. Dugal, 1984), sont tirés de ce film. Avec

Passiflora (coréal. D. Gueissaz Teufel, 1985), Bélanger, maître pamphlétaire, tire à bout portant sur les images d'événements-spectacles dont se nourrissent les médias. À partir des visites à Montréal du pape Jean-Paul II et de Michael Jackson, une immense fresque iconoclaste, construite en toute liberté cinématographique, se dessine en tous sens et cherche à réunir reportage, mise en scène et technique d'animation, sur une partition sonore inventive et emportée. La bande-son, audacieuse, va jusqu'à interroger et remettre en question chaque image. De même, les images officielles du spectacle papal sont prises à partie par des séquences fictives où les interdits de la morale chrétienne tels l'avortement et l'homosexualité s'affichent irrévérencieusement. Bélanger, ne trouvant pas facilement les appuis officiels nécessaires à la réalisation de ses projets, collabore entre-temps au montage de films de ses collègues: *Le ventre de la nuit* (J. Leduc, P. Bernier, J. Chabot, C. Grenier et R. Frappier, 1977), *Debout sur leur terre* (M. Bulbulian, 1982), *Les polissons* (D. Gueissaz Teufel, 1987, mm), *Konitz Portrait of the Artist as a Saxophonist* (R. Daudelin, 1987). (P.J. et M.S.)

BÉLIVEAU, Juliette, actrice (Nicolet, 1889 – Montréal, 1975). De petite taille, frêle, sémillante, extrêmement douée pour le comique de vaudeville, Béliveau campe volontiers, et cela dès le muet (*La drogue fatale*, J.-A. Homier, 1923), les femmes enjouées et malicieuses. Elle a la vedette dans *La dame aux camélias, la vraie* (G. Gélinas, 1942, cm). Puis, on la retrouve en madame Malterre dans *Un homme et son péché* (P. Gury, 1949), en tante Mina dans *Le gros Bill* (R. Delacroix, 1949), en grand-mère dans *Le rossignol et les cloches* (R. Delacroix, 1951), et enfin

dans *Tit-Coq* (R. Delacroix et G. Gélinas, 1952) en tante Clara, personnage qu'elle a d'ailleurs créé à la scène. Il s'agit sans doute de son plus beau rôle au cinéma, du rôle qui fait le plus appel à sa vivacité d'esprit, à son sens du relief et à son goût du contraste, qualités auxquelles Gélinas se plaît à rendre hommage chez sa fidèle interprète. (J.-M.P.)

BELLEAU, André, producteur (Montréal, 1930 – 1986). Ce qui caractérise Belleau, c'est son «intelligence gourmande», formule utilisée par Wilfrid Lemoine pour lui rendre hommage dans la revue *Liberté*. Voilà en effet un homme érudit, curieux de tout, exubérant et passionné. Entré à l'ONF en 1958, Belleau s'occupe du personnel, de la distribution, de la recherche, etc. En 1965, il est producteur de *La fleur de l'âge : Geneviève* (M. Brault, cm), de *Regards sur l'occultisme* (G. L. Coté) et du *Festin des morts* (F. Dansereau); en 1966, de *Yul 871* (J. Godbout); en 1968, avec Robert Forget, de *St-Jérôme* (F. Dansereau). Et c'est sa voix

André Belleau. (Kèro)

que l'on entend dans *Kid Sentiment* (J. God-bout, 1967). Puis, Belleau remet sa carrière en question. «Je me rends compte que le vrai job, c'est d'être réalisateur, c'est d'être faiseur de films.» Il démissionne, retourne aux études, devient professeur. On retrouve, dans les essais qu'il a écrits par la suite, la sagacité et l'éclectisme dont il avait su faire preuve comme producteur. (J.-M.P.)

BENDAHAN, Raphaël, réalisateur (Casa-blanca, Maroc, 1949). Ce photographe et réalisateur est surtout connu, au cinéma, pour ses œuvres expérimentales. *Noir et blanc/ Black and White* (1971, cm), tout en consti-tuant le portrait expressionniste d'un danseur noir, est un hommage au cinéma en noir et blanc, caractérisé par l'utilisation d'un seul espace visuel, de vitesses variées et du mon-tage dans la caméra. *L'ennui (Les rêves d'un somnambule)* (1972, cm) évoque le paysage urbain au moyen de diverses techniques. *Final News Report* (1973, cm) constitue une satire des informations télévisuelles. *Light Study* (1976, cm) est une recherche sur le potentiel évocateur de la couleur. *Jazz Film* (1978, tcm), instantané de deux musiciens, examine le processus de création d'un événement engendré par la présence d'une caméra. Après ces recherches diversifiées, Bendahan réalise *Le jardin (du paradis)/The Garden* (1982, cm) qui démontre une réelle maîtrise de la part de l'auteur et une grande maturité sur le plan de la création. Le grain grossi de la pelli-cule (obtenu par refilmage), le caractère stati-que produit par le mouvement à la fois sac-cadé et ralenti (il travaille avec trois copies 16 mm d'un film initialement tourné en super 8 et le produit final intercale les plans des trois films), l'utilisation d'un lieu clos (le jardin) et toute une série d'analogies autoréfé-rentielles (le passé et le présent, l'anglais et le

français) donnent à ce film un rythme cyclique étonnant. La réussite de cette exploration de nouvelles structures narratives est soulignée par plusieurs prix. *When the Light Gray Man Carries Your Luggage* (1987, cm) illustre de façon littérale un poème de Joe Rosenblatt lu par l'auteur. Au caractère incantatoire de la voix correspondent des images très soignées et prégnantes. L'ensemble de l'œuvre de Ben-dahan donne un profil plutôt éclaté, tant au niveau des sujets traités que des techniques utilisées. Fuyant l'enfermement, le cinéaste revendique la liberté totale. (M.L.)

BENOIT, Denyse, réalisatrice, scénariste (Sainte-Dorothée, 1949). Après des études en Belgique, elle séjourne à Paris où elle travaille comme comédienne et assistante à la mise en scène au théâtre. De retour au Québec, Benoit scénarise et réalise trois courts métrages: *Coup d'œil blanc* (1973), *Un instant près d'elle* (1974) et *La crue* (1976). Luce Guilbeault lui consacre un film, *Denyse Benoit, comédienne* (1975, cm), où on la voit exercer son métier à titre d'animatrice auprès des personnes âgées. En 1979, elle signe son premier long métrage, *La belle apparence*, qui raconte l'histoire d'une jeune femme (Anouk Simard) partagée entre son désir de sécurité, balisée par une mère envahissante, et le goût du risque incarné par un ami sorti de prison. Son deuxième long métrage, *Le dernier havre* (1986), obtient le prix du public aux Sept jours du cinéma à Hull. Adapté d'un roman d'Yves Thériault, il décrit les derniers jours d'un vieux pêcheur (Paul Hébert) qui, mis au rancart, tient par dessus tout à garder sa dignité. Scénariste, Benoit écrit ses histoires avec une grande économie de dialogues et d'effets dramatiques. La vie et le drame intérieur de ses personnages sont suggérés par un regard qui s'attarde sur leur environnement, par les objets qui les entourent, par les gestes du quotidien. Il en résulte des films qui accordent à la symbolique un rôle de premier plan et qui s'apparentent au documentaire. La tension dramatique, à laquelle on a parfois reproché son manque d'aspérités, se développe au rythme des personnages, par ailleurs crédibles et fort attachants. (D. Po.)

BENOÎT, Jacques, scénariste (Saint-Jean, 1941). Il remporte le prix littéraire du Québec pour son roman *Jos Carbone* (1967), et ses reportages lui méritent le prix Judith-Jasmin (1976) et le prix Héritage-Canada (1977). Il est chroniqueur viticole à *La Presse* depuis 1982. Son premier scénario, *La maudite galette* (D. Arcand, 1971), raconte l'histoire d'un homme aliéné qui vend son âme au diable pour de l'argent. Après ce constat bête et méchant sur la criminalité de la petite pègre, il élabore une analyse implacable des connivences entre le monde de la pègre, celui des affaires et les hommes politiques: *Réjeanne Padovani* (D. Arcand, 1973). À partir d'un synopsis du réalisateur, Benoît raconte comment les autorités maintiennent leur pouvoir par la violence et la récupération. Dans *L'affaire Coffin* (J.-C. Labrecque, 1979), il utilise le livre de Jacques Hébert pour monter un dossier qui ne prouve peut-être pas l'innocence de Wilbert Coffin mais qui démontre clairement l'arbitraire du système judiciaire à l'époque de Duplessis. Le film soulève d'ailleurs un débat général dans la presse. Par la suite, il scénarise un épisode de la série télévisée *Empire Inc.* (D. Arcand et M. Blandford, 1983). Hugues Mignault réalise une adaptation de *Jos Carbone* (1975) qui met en vedette Katerine Mousseau, Han Masson et Yvon Barrette. (H.-P.C.)

BENOIT, Jacques Wilbrod, réalisateur, assistant-réalisateur (Montréal, 1947). Au début des années 70, il réalise des vidéogrammes (*Des enfants pour le kik*, 1972, mm) avant d'amorcer une carrière d'assistant à la réalisation (*La gammick*, J. Godbout, 1974). Rapidement, il devient un premier assistant très en demande. C'est ainsi qu'il travaille notamment pour *La loi de la ville* (M. Bouchard, 1978), *Cordélia* (J. Beaudin, 1979), *Contrecœur* (J.-G. Noël, 1980), *Les beaux souvenirs* (F. Mankiewicz, 1981), *Maria Chapdelaine* (G. Carle, 1983), *Le crime d'Ovide Plouffe* (D. Arcand, 1984), *Night Magic* (L. Furey, 1985), *Le déclin de l'empire américain* (D. Arcand, 1986), *Le frère André* (J.-C. Labrecque, 1987) et *Les portes tournantes* (F. Mankiewicz, 1988). En 1988, il passe à la réalisation et tourne, coup sur coup, deux longs métrages. Le premier, *Le diable à quatre*, tourné pour la télévision, est une comédie familiale où un homme et une femme, qui ont chacun un enfant, décident de vivre ensemble. Le deuxième, *Comment faire l'amour avec un nègre sans se fatiguer*,

Jacques Wilbrod Benoit.

d'après un roman de Dany Laferrière, raconte l'histoire de deux Noirs qui passent leur temps entre l'écoute du jazz, la lecture de Marx et du Coran, et de nombreuses conquêtes féminines. (M.J.)

BENOÎT, Réal, producteur, réalisateur, scénariste (Sainte-Thérèse-de-Blainville, 1916 – Montréal, 1972). Après avoir tâté de la critique, Benoît fonde, en 1947, sa propre maison de production. Deux ans plus tard, il réalise avec André de Tonnancour *Artistes primitifs d'Haïti* (cm). Suivront une série de courts métrages (*Fête au village*; *Îles du Saint-Laurent*; *Louis Cyr, homme fort canadien*), tournés en majeure partie pour la télévision. Benoît sera en outre producteur (occasionnellement présentateur) de la série *Ciné-club*. En 1959, il réalise à l'ONF deux documentaires sur Marius Barbeau, l'un portant sur les totems, l'autre sur le folklore. Désireux de consacrer plus de temps à l'écriture, Benoît quitte le secteur privé pour devenir, en 1960, directeur des émissions sur film à Radio-Canada. Son œuvre est marquée par une constante quête d'identité, quête qui se manifeste tantôt par le besoin de dépaysement (d'où l'importance du voyage), tantôt par la nécessité d'explorer le terroir québécois. (J.-M.P.)

BENSIMON, Jacques, réalisateur, administrateur, monteur, producteur (Agadir, Maroc, 1943). Il arrive au Canada avec sa famille en 1958. Il va étudier le cinéma à New York de 1963 à 1967, et collabore, au cours de cette période, à la revue *Objectif*. En 1967, il est engagé comme monteur à la section anglaise de l'ONF. Il y devient réalisateur en 1972 avec *Aqua Rondo/Jeux d'eaux* (cm), puis *Once... Agadir* (1973, cm) et *Rock-a-bye* (1975, mm), un film qui jette, des coulisses, un regard sur quelques idoles de la musique rock. Il travaille ensuite en Afrique comme producteur-conseil, réalisateur et monteur dans le cadre d'un projet des Nations-Unies. En 1977, il rejoint la production française où il occupe divers postes administratifs et réalise quelques films. Il signe *20 ans après...* (1977, mm), documentaire sur la communauté juive nord-africaine francophone installée au Québec. Puis, c'est *Le jour du référendum dans la vie de Richard Rohmer* (1979, mm), *De mains et d'espoir* (1983, mm) et *Carnets du Maroc: mémoire à rebours* (1984, mm). Bensimon fait partie de ce groupe de cinéastes néo-québécois dont l'apport principal consiste à exprimer la pluralité culturelle du Québec et qui promeuvent les valeurs de tolérance et d'acceptation des différences. En 1986, il est nommé directeur du secteur «grand public» à la chaîne française de TV Ontario. Il ajoute deux volets à ses carnets marocains: *Carnets du Maroc II: au sujet du roi* (1988, mm), qui couvre l'histoire du Maroc de l'accession au pouvoir de Hassan II à 1971, et *Carnets du Maroc III: la volonté et la foi* (1988, mm), un entretien avec Hassan II. (Y.L.)

BERD, Françoise, actrice, productrice (Saint-Pacôme, 1923). Longtemps employée de Bell Canada, elle a 36 ans quand elle fonde le théâtre de l'Égrégore; 43 ans quand elle devient technicienne-stagiaire en Europe auprès de Bresson, Demy, Godard, Hossein; et 49 ans quand elle débute à l'écran dans *Le temps d'une chasse* (F. Mankiewicz, 1972). Michel Brault, qui en est le directeur de la photographie, lui fait promettre de poursuivre dans cette voie. En 1973, elle joue l'alcoolique Leslie dont la danse dérisoire avec Charles et le Major constitue l'un des lumineux moments de *Bar salon* (A. Forcier). Au fil des ans, elle accumule ainsi de nombreux petits rôles: son manque de formation qui l'empêche de faire carrière à la scène étant compensé, au cinéma, par un surprenant charisme. C'est après l'avoir aperçue dans *Parlez-nous d'amour* (J.-C. Lord, 1976), que Carlo Ponti, coproducteur d'*Une journée particulière* (E. Scola, 1977), l'engage pour y être la concierge revêche. À l'ONF, où elle a travaillé de 1974 à 1983, elle est notamment directrice de production (*J. A. Martin photographe*, J. Beaudin, 1977), productrice associée (*Les beaux souvenirs*, F. Mankiewicz, 1981) et productrice en charge du programme Aide et formation, dans le cadre duquel Léa Pool, Jean-Claude Lauzon et d'autres tournent des premiers films. (M.-C.A.)

BERGERON, Guy, monteur, producteur, réalisateur (Montréal, 1945). Il travaille d'abord à l'ONF comme assistant-monteur et assistant-réalisateur de films de Fernand Dansereau, Robert Forget, Jacques Leduc et Pierre Perrault. Il réalise ensuite son seul et unique film, *La semaine dernière pas loin du pont* (1967, cm), adaptation réussie d'une nouvelle d'André Major sur un groupe d'adolescents d'un quartier populaire de Montréal. Membre fondateur de l'ACPAV, il y produit *La vie rêvée* (M. Dansereau, 1972) et *Une nuit en Amérique* (J. Chabot, 1974). Il est ensuite producteur délégué du premier long métrage de fiction de Richard Lavoie, *Guitare* (1974), tourné à Tewkesbury. Il monte le collectif militant *On a raison de se révolter* (collectif sous la direction de Y. Patry, 1974). De 1974 à 1976, il est invité comme cinéaste en résidence à l'Université Simon Fraser (Vancouver). En 1976, il entre à Radio-Québec où il travaille dix ans comme producteur, réalisateur et négociateur des achats de films et des coproductions. En 1986, il redevient producteur dans l'industrie privée, à l'ACPAV et à Vent d'Est. (A.R.)

BERGERON, Philippe, réalisateur (Montréal, 1959). Après avoir réalisé quatre films en super 8 dont *Vision* (1980, cm), il fait des études en informatique à l'Université de Montréal et s'oriente vite vers la réalisation de films entièrement générés par l'ordinateur. Son premier film, *Vol de rêve* (coréal. N. Magnenat-Thalmann et D. Thalmann, 1981, cm) sorte de version futuriste du Petit Prince, est salué par de nombreux prix internationaux, heureux sort que connaît aussi son second film réalisé à l'Université de Montréal, *Tony de Peltrie* (coréal. P. Lachapelle, D. Langlois et P. Robidoux, 1985, cm), présentant un célèbre pianiste de bar qui se raconte. L'équipe de *Tony de Peltrie* crée un précédent: la création d'un personnage synthétique auquel les spectateurs peuvent s'identifier. C'est d'ailleurs Bergeron qui a la responsabilité de l'animation de ce personnage émouvant. En mai 1986, il va travailler à Los Angeles, pour Digital Productions, puis, dès septembre de la même année, pour Whitney-Demos Productions. Il est l'animateur des personnages d'un film réalisé par Larry Malone, *Stella and Stanley Breaking the Ice* (1987, cm), qui témoigne des premiers pas de l'intelligence artificielle par l'utilisation de langages de programmation dits «à objets», qui simulent le raisonnement d'un spécialiste: ainsi, dans le film, les oiseaux qui contournent les objets semblent doués d'une faculté de décision et le résultat est tout à fait saisissant. Le travail de Bergeron, orienté vers la technologie de pointe, dégage une certaine poésie. (M.L.)

BERNIER, Pierre, monteur, réalisateur (Montréal, 1944). Il entre à l'ONF en 1962 et, tout en se spécialisant dans le montage image, touche parfois au montage sonore et à la réalisation (*Là ou ailleurs*, coréal. J. Leduc,

1972, cm; *Le ventre de la nuit*, coréal. J. Leduc, J. Chabot, C. Grenier et R. Frappier, 1977). Il est associé de façon étroite à quelques cinéastes: Jacques Leduc (*On est loin du soleil*, 1970; *Tendresse ordinaire*, 1973), Pierre Hébert (*Souvenirs de guerre*, 1982, cm), Denys Arcand (*On est au coton*, 1970; *Québec: Duplessis et après...*, 1972; *Le confort et l'indifférence*, 1981). Plus récemment, il travaille à *Une guerre dans mon jardin* (D. Létourneau, 1985, mm) ainsi qu'à *La peau et les os* (J. Prégent, 1988) et à *Trois pommes à côté du sommeil* (J. Leduc, 1988). Formé au cinéma direct, Bernier a toujours compris l'exercice de son métier comme l'expression d'une relation, la plus étroite possible, avec l'ensemble du processus de production d'un film. De même, quand cela est possible, il privilégie la cohésion entre le montage visuel et le montage sonore. Enfin, c'est un chaud partisan du renouveau du documentaire. C'est ainsi qu'il déclare: «Pas question de dévaloriser le documentaire, mais il faut trouver de nouvelles façons de dire les choses, changer les formes, donner plus de subjectif, d'éléments dramatiques». (R.L.)

BERRY, Tom, producteur, réalisateur, scénariste (Omaha, États-Unis, 1952). Étudiant à l'Université Concordia, Berry réalise quelques documentaires. L'un d'entre eux porte sur «Le monde à bicyclette». À la fin de ses études, il continue de travailler à la production de documents éducatifs et participe, à divers titres, à des vidéos de l'ONF. Par la suite, Berry travaille principalement comme producteur, aussi bien d'une série de vingt-huit documents sur la gestion bancaire que de films publicitaires et de commandes pour Parcs Canada. Il scénarise et produit une fiction pour la télévision, *Blue Line* (M. Voizard, 1985, mm), puis un long métrage,

Crazy Moon (A. Eastman, 1986), qui traite de la relation entre un jeune homme excentrique (Kiefer Sutherland) et une jeune femme sourde. Il réalise ensuite son premier long métrage de fiction, *Something About Love* (1988), dont il est aussi scénariste et producteur. Le film, qui raconte le retour d'un homme (Stephan Wodoslawsky) dans sa région d'origine, le Cap-Breton, se présente comme une comédie sur les rapports père-fils. (C.C.)

BERTOLINO, Daniel, réalisateur, distributeur, producteur (Eaubonne, France, 1942). Dès l'âge de dix-neuf ans, il se distingue en remportant le titre de lauréat Zellidja (Paris, 1961) pour un premier film documentaire tourné au Cameroun. C'est toutefois par l'émission *Caméra-Stop* (1965-1967) qu'il se fait connaître en France et au Canada, à travers une série de films tournés un peu partout autour du monde. En 1967, il s'installe à Montréal et fonde Les productions Via le monde avec son associé, François Floquet*. Dès lors, il réalise plusieurs films de la série *Plein feu l'aventure*, à laquelle travaillent également Nicole Duchêne*, Anick Doussau* et Floquet. Pour les tournages de cette série, l'équipe parcourt le Moyen-Orient, le Pacifique et l'Amérique latine. Après *Nosostros Cubanos* (coréal. F. Floquet, 1970, mm), il réalise quatre des films de la série *Les primitifs*, sur les Pygmées du Cameroun, les Kalash du Pakistan, les Kashkai d'Iran et les Papous de la Nouvelle-Guinée. *Ahô..., au cœur du monde primitif* (coréal. F. Floquet, 1976), qu'il réalise à partir du matériau tourné à cette occasion, remporte le prix du meilleur long métrage de non-fiction au Festival du film canadien.

Par ailleurs, Bertolino coréalise et coproduit des séries télévisées: *Poste frontière*

(1974-1977), série de documents d'analyse politique, économique et sociale sur l'Amérique du Sud et le Moyen-Orient; *Laissez passer* (1974-1977), sur l'Europe de l'Est, l'Afrique du Nord et l'Extrême-Orient; *Défi* (1976-1977), série de portraits de Québécois aux réalisations personnelles exceptionnelles. En 1978, il aborde la fiction dans la série *À cœur battant* (1978-1979), téléfeuilleton semi-dramatique dont les épisodes sont tournés au Pakistan, en Afghanistan, au Maroc, en Grèce et au Québec. Pour les jeunes, il crée la série *Les amis de mes amis*, qui porte sur les différents modes de vie des enfants à travers le monde. À l'occasion de l'année internationale de l'enfance (1979), Bertolino est nommé directeur de l'information de l'UNICEF-Québec. À la même époque, il produit et supervise la réalisation d'un important documentaire sur Yasser Arafat (coréal. P. Henriquez, B. Drot, C. Galipeau, 1979, mm) pour la série «Les grands reportages» et signe la réalisation de *Anga Gaga Tongolo II* (1980, mm) pour la série «Le paradis des chefs». Avec la série *Daniel Bertolino, l'exploration et vous* (1980-1982), ce sont les coutumes, les traditions et les problèmes sociopolitiques des régions les plus éloignées de la planète qu'il rend accessibles à son vaste auditoire. Au cours des années 1981 et 1982, il produit aussi la série «Légendes indiennes du Canada», dont les épisodes, tournés en Gaspésie, en Abitibi et dans le nord de l'Ontario, révèlent la richesse de la culture amérindienne. Cette série connaît immédiatement un succès international et est diffusée dans plus de vingt-cinq pays. L'épisode intitulé *Pitchi le rouge-gorge* (1982, mm), qu'il réalise, remporte le Grand prix de l'UNESCO à Munich. Des accords de coproduction avec plus d'une quinzaine de pays permettent la mise sur pied de la série «Contes

François Floquet et Daniel Bertolino, pendant le tournage de Ahô... au cœur du monde primitif.*(Le Devoir)*

et légendes du monde» (1984-1987). En 1983, Bertolino signe *Cosquin 83* (coréal. F. Floquet), sur un festival de folklore tenu en Argentine. De 1984 à 1986, il se consacre intensivement à scénariser, produire et réaliser les épisodes du *Défi mondial*, en collaboration avec Daniel Creusot. Adaptée de l'essai de Jean-Jacques Servan-Schreiber, cette série utilise la vidéo pour le traitement de l'image. Dans le même style, il produit et réalise *Ingénierie 100 ans* (1987, mm) et produit *Le défi algérien* (D. Creusot, 1987, mm). Travaillant désormais dans les réseaux de la coproduction internationale, Bertolino collabore en

1987 à la série canado-européenne «Points chauds», commentaire politique des situations les plus explosives de la planète. (M.L.L.)

BÉRUBÉ, Jocelyn, acteur, musicien (Saint-Nil, 1945). À sa sortie du Conservatoire d'art dramatique, où il étudie de 1964 à 1967, il travaille au Théâtre populaire du Québec et participe à la fondation du collectif Le grand cirque ordinaire, avec, entre autres, Raymond Cloutier, Guy Thauvette et Paule Baillargeon. C'est ainsi qu'il débute au cinéma dans un documentaire sur cette troupe, *Le grand film ordinaire* (R. Frappier, 1970), et dans *Montréal Blues* (P. Gélinas, 1971), filmé d'après une de leurs créations collectives. Il enchaîne en apparaissant dans *Et du fils* (R. Garceau, 1972), où il tient le rôle d'un violoneux et dans *La conquête* (Jacques Gagné, 1972). Puis, Jacques Leduc lui donne un premier rôle, en plus de lui confier la création de la musique de *Tendresse ordinaire* (1973). Dans ce film, il campe un Gaspésien, «gars de bois» que son travail tient éloigné de la femme (Esther Auger) qu'il aime tendrement. Après avoir joué un dur dans *Gina* (D. Arcand, 1975), Bérubé est de nouveau violoneux dans *J. A. Martin photographe* (J. Beaudin, 1976). Il tient un autre premier rôle dans *L'homme à tout faire* (M. Lanctôt, 1980), où il est émouvant en campagnard naïf qui, fraîchement débarqué en ville, tombe amoureux d'une belle bourgeoise (Andrée Pelletier). Son physique terrien, sa diction singulière et ses talents de musicien font de Bérubé un acteur de composition très en demande.

PRINCIPAUX AUTRES FILMS: *L'absence* (B. Sauriol, 1975), *En plein cœur* (F. Dupuis, 1982, cm), *Une journée en taxi* (R. Ménard, 1982), *Les fous de Bassan* (Y. Simoneau, 1986), *Lamento pour un homme de lettres* (P. Jutras, 1988, cm). (M.J.)

BERVAL, Paul, acteur (Longueuil, 1924). Formé dans les années quarante à l'école du cabaret, ce spécialiste du portrait en charge est pourtant capable, bien dirigé, de beaucoup de finesse. Berval est de la distribution d'une vingtaine de longs métrages. Cela va du *Gros Bill* (R. Delacroix 1949) à *Équinoxe* (A. Lamothe, 1986), en passant par *Les lumières de ma ville* (J.-Y. Bigras, 1950), *Il était une guerre* (L. Portugais, 1958), *Deux femmes en or* (C. Fournier, 1970), *Le Martien de Noël* (B. Gosselin, 1970), *Fleur bleue* (L. Kent, 1970), *Les colombes* (J.-C. Lord, 1972) et *Le matou* (J. Beaudin, 1985). Faisons une place à part à *Jusqu'au cœur* (J. P. Lefebvre, 1968) où Berval joue le rôle de l'homme au marteau et à la faucille, à *Maria Chapdelaine* (G. Carle, 1983) où il incarne Éphrem Surprenant, et enfin aux *Plouffe* (G. Carle, 1981) où il reprend au grand écran le personnage créé à la télévision par son demi-frère, Rolland Bédard, celui d'Onézime Ménard, le chauffeur d'autobus, homme marié amoureux de Cécile. (J.-M.P.)

BESSE, Richard, ingénieur du son (Montréal, 1942). Il fréquente l'École technique et acquiert une formation en météorologie pendant son engagement dans la RCAF. Étudiant, il travaille comme projectionniste, et c'est à ce titre qu'il est appelé à remplacer quelqu'un, à l'ONF, en 1966. Il y demeure pour faire du repiquage sonore et, en 1973, il passe à la prise de son, qu'il pratique d'ailleurs occasionnellement depuis 1969. Il préfère le travail en documentaire (*Jean Carignan violoneux*, B. Gosselin, 1975; *La fiction nucléaire*, J. Chabot, 1978; *De Grâce et d'Embarras*, M. Carrière, 1979; *Fermont, P.Q.*, C. Perron et M. Fortier, 1980; *Alias Will James*, J. Godbout, 1988), mais travaille aussi en fiction (*Bayo*, M. Ransen, 1985; *Mario*, J. Beaudin,

1984; *La dame en couleurs*, C. Jutra, 1984; *Anne Trister*, L. Pool, 1986; *Le déclin de l'empire américain*, D. Arcand, 1986). Son nom apparaît au générique de près de deux cent cinquante films. (A.D.)

BIGGS, Julian, administrateur, producteur, réalisateur (Port Perry, Ontario, 1920 – Montréal, 1972). Diplômé en sciences économiques de l'Université de Toronto, il entre à l'ONF en 1950. En plus de vingt ans, il travaille à la réalisation ou à la production de quelque deux cents films, dont plusieurs remportent des prix au pays et à l'étranger. À ses débuts, il réalise *Oyster Man* (1950, cm), *The Son* (1951, cm), *Herring Hunt* (1953, cm) et *The Shepherd* (1955, cm). En 1954, il tourne six films pour la série télévisée «On the Spot». Entre 1955 et 1958, il produit la série «Perspective» pour laquelle il réalise sept courts métrages. Son portrait du successeur de Durham, *Lord Elgin* (1959, cm), obtient un tel succès que l'ONF décide de produire à sa suite une série de dix-huit films intitulée «The History Makers». Biggs en produit seize et en réalise quatre. De 1960 à 1964, il parcourt le monde afin d'établir une comparaison entre les comportements de personnes de pays différents face à des situations analogues. Il en tire huit films de la série «Comparisons». Il réalise ensuite un étrange court métrage, *23 Skidoo* (1964), où il explore une grande ville d'Amérique du Nord vidée de tous ses habitants. De 1966 à 1968, il occupe le poste de directeur de la production anglaise. En 1970, dans la continuité de sa série sur les personnages qui ont marqué l'histoire canadienne, il tourne *A Little Fellow From Gambo* (mm), portrait de Joey Smallwood, premier ministre de Terre-Neuve au moment de l'entrée de cette province dans le Canada. (B.L.)

BIGRAS, Jean-Yves, réalisateur, monteur, producteur (Ottawa, 1919–Montréal 1966). Né dans une famille active dans le milieu du théâtre, il monte sur les planches dès l'âge de cinq ans. Après des études en génie, il est enrôlé comme aviateur durant la guerre. À cette époque, il réalise des émissions de radio pour le recrutement. Démobilisé en 1942, il

Jean-Yves Bigras. (CQ)

songe un temps à revenir au théâtre, mais il préfère retourner à Ottawa et entre à l'ONF, comme monteur et réalisateur, au début de 1943. Il travaille à la série «Canada Carries On» (sur les courts métrages *Fashions by Canada* et *Science Goes Fishing*, deux films datant de 1946). On retient surtout sa participation au film pour enfants *The Boy Who Stopped Niagara* (L. McFarlane, 1947, mm) qu'il produit et monte. Il aimerait se consacrer au cinéma pour jeunes; il écrit même dans le magazine pour jeunes *François*. En 1946, il accède au poste de réalisateur *senior*; il est déjà un vétéran.

Déçu par le contexte de création de l'ONF

et sollicité par Renaissance Films* Distribution qui cherche des réalisateurs d'expérience, il y entre en 1948 pour prendre en charge la section Renaissance Éduc qui doit produire des films et des disques éducatifs. Seuls verront le jour un disque de contes de Perrault et un court métrage, *Rhotomago le diablotin* (1949). Entre temps, Renaissance met en chantier un long métrage, *Le gros Bill* (R. Delacroix, 1949); Bigras en est le directeur de production et réalise les séquences de bagarres et de drave. Fort de son expérience, il se sent prêt à réaliser seul un long métrage. Ce sera le film à chansons *Les lumières de ma ville* (1950). La critique se montre sévère, le public aussi. Renaissance cesse ses opérations. Bigras se tourne vers un autre projet: *La petite Aurore l'enfant martyre* (1951). Cette adaptation d'une pièce populaire est un triomphe et demeure le succès emblématique du cinéma québécois des années 50. Surgi des structures mentales profondes de la collectivité québécoise, ce film cristallise plusieurs données du Québec traditionnel et atteint presque ainsi le niveau du mythe. Bigras réalise ensuite un dernier long métrage en 1954: *L'esprit du mal*, un autre mélodrame où s'affrontent méchants et victimes. Ce film médiocre consacre l'effondrement du long métrage québécois.

Sa carrière cinématographique s'arrête pratiquement en ce début des années 50 car, après un bref séjour à la radio, il entre à la télévision en 1952. Il devient un des principaux réalisateurs de Radio-Canada. Il n'a plus beaucoup de temps à consacrer au cinéma, mais il participe tout de même à un film d'Henri Michaud, *Merveille rurale* (1955, cm). Il mettra à profit sa connaissance du cinéma lorsque, à partir de 1962, il sera l'animateur du club Ciné 8 qui, dans le cadre de l'émission *Images en tête*, initie les jeunes

aux techniques du cinéma 8mm.
AUTRES FILMS: *Essouchement* (1945, cm), *The Modern Prospector* (1958, cm), *Le médecin vétérinaire, sa formation, sa profession* (1962, cm). (P.V.)

BISSONNETTE, Sophie, réalisatrice, monteuse, productrice (Montréal, 1957). Elle fait des études en cinéma à l'Université Queen's (Kingston). Elle travaille dans le cinéma depuis 1978 comme recherchiste, scénariste, productrice, enseignante et réalisatrice; elle est en outre active au sein de l'ARRFQ et dans le secteur de la distribution (Cinéma Libre). Elle défend et illustre un genre qui souffre aujourd'hui d'une certaine désaffection, le documentaire social engagé, avec *Luttes d'ici, luttes d'ailleurs* (1982, mm), document de réflexion sur les relations et la solidarité internationales, réalisé pour le compte de la CSN, et surtout *Une histoire de femmes* (coréal. M. Duckworth et J. Rock, 1980) et *«Quel numéro what number?»* (1985).

Une histoire de femmes, tourné pendant la grève des travailleurs de l'INCO à Sudbury, s'attarde avant tout à la participation des femmes à cette grève d'hommes. Cantonnées à des tâches auxiliaires, ces femmes prennent conscience d'avoir une double lutte à mener — aux côtés de leurs hommes contre la direction, mais aussi contre leur façon traditionnelle de mener une grève – pour obtenir qu'ils leur fassent confiance et leur reconnaissent une certaine autonomie d'action. Elles apprennent à élaborer leur position et leur stratégie propres à l'intérieur de la grève, à faire entendre leur voix collective dans les assemblées syndicales et à envoyer leurs représentantes dans les délégations et les comités de négociation. Des documents d'archives, des photos, des extraits de mémoires

Sophie Bissonnette. (CQ)

de pionnières du Nouvel Ontario, des chansons et des sketches ponctuent et encadrent le récit de leur lutte. Monté sur le son, sur la voix parlée et chantée, le film est construit sur l'idée de l'évolution, du changement. *Quel numéro what number?*, dont elle est la coproductrice, s'intéresse aux effets du «changement technologique» sur les conditions de travail de certaines catégories d'employées (caissières de supermarché, secrétaires, employées des postes, téléphonistes). Le sujet est à priori plus aride, moins dramatique, et Bissonnette réutilise plus systématiquement les éléments spectaculaires que la réalité avait offerts dans *Une histoire de femmes* : sketches, chansons, parodies de procès – pour donner au documentaire des allures de comédie musicale. Alors que, traditionnellement, la caméra suit l'action, l'accompagne, à la limite y participe, ici parfois elle intervient et la suscite : c'est pour le film que les caissières du supermarché composent et jouent leur chanson et que les téléphonistes écrivent et interprètent leur sketch. Le parti pris de privilégier le travail des femmes et le point de vue des femmes sur le travail permet à Bissonnette de contribuer, avec un dynamisme allègre, au renouvellement du contenu et de la forme du documentaire engagé. Son film le plus récent, *L'amour... à quel prix?* (1987), interroge le phénomène de la féminisation de la pauvreté en Amérique du Nord. Il est constitué de trois récits de vie entrecroisés, trois longs entretiens de femmes qui ont tout attendu du mariage, dont elles se faisaient l'image idéalisée des romans à l'eau de rose et des téléromans, et ont été déçues. Bissonnette poursuit son illustration du combat des femmes contre la dépendance et l'infériorisation, mais alors que dans ses deux films précédents elle s'attachait en même temps à renouveler le documentaire, elle réduit ici volontairement la mise en scène au minimum pour simplement faire entendre une parole. (M.E.)

BLACKBURN, Marthe, scénariste (Québec, 1916). Pendant longtemps, elle écrit des textes pour des documentaires, traduit ou adapte des séries étrangères, et fait des textes pour la télévision. La série «En tant que femmes» l'amène à collaborer à la réalisation collective du film *À qui appartient ce gage?* (1973) et, surtout, à présenter un scénario de fiction, écrit avec Jeanne Morazain, intitulé *Les saintes martyres canadiennes.* Cet éloge à la dignité des femmes du Québec à travers l'histoire de leurs servitudes deviendra *Les filles du roy* (A. C. Poirier*, 1974, mm). Blackburn adapte ensuite un scénario de Louise Carré pour élaborer un témoignage émouvant sur l'avortement, *Le temps de l'avant* (A. C. Poirier, 1975). Elle retrouve la structure éclatée de son premier scénario dans un manifeste incontournable sur le viol, *Mourir à tue-tête* (A. C. Poirier, 1978). Elle fournit par la suite une réflexion douce-amère sur le déclin d'une

Marthe Blackburn.

génération, malheureusement envisagée à travers trop de personnages, dans *La quarantaine* (A. C. Poirier, 1982). Enfin, toujours avec Anne Claire Poirier, elle scénarise le téléfilm *Salut Victor* (1988), d'après une nouvelle d'Edward O. Phillips, racontant l'amitié entre deux vieillards qui se rencontrent dans une maison de retraite pour gens riches. Blackburn intègre ses recherches personnelles et utilise toutes les ressources disponibles pour étayer son propos. Par exemple, dans *Mourir à tue-tête*, elle utilise la fiction pour faire ressentir le viol et ses répercussions du point de vue de la victime, de même que des documents d'archives et l'intervention directe d'autres personnages pour expliquer les causes politiques du viol. La distanciation qu'elle exerce participe moins d'une certaine conscience du cinéma qu'elle ne sert l'analyse du sujet traité. Cette analyse ne se fait jamais au détriment des émotions. D'ailleurs, Blackburn résume son étroite collaboration avec Anne Claire Poirier par la formule «mon lyrisme et sa lucidité», qui caractérise très bien leur cinéma. (H.-P.C.)

BLACKBURN, Maurice, musicien, réalisateur (Québec, 1914 – Montréal, 1988). Il étudie en musique à l'Université Laval et au Conservatoire de la Nouvelle-Angleterre, à Boston, puis entre à l'ONF en 1942. Après la guerre, il étudie la composition avec Nadia Boulanger. Doyen des musiciens de films de l'ONF, il se révèle un expérimentateur infatigable et un compositeur prolifique. Auteur des trames sonores et musicales de dizaines de films, il travaille autant en documentaire qu'en animation, de même qu'à des longs métrages dramatiques. On le connaît pour sa collaboration, sur une période de plus de trente ans, avec Norman McLaren, pour lequel il compose notamment les musiques des courts métrages *A Phantasy* (1952), *Blinkity Blank* (1955), *Le merle* (1958), *Lignes verticales* (1960), *Pas de deux* (1967) et *Narcisse* (1983). Il écrit également la partition musicale des films suivants: *Les mains nettes* (C. Jutra, 1958), *Les petites sœurs* (P. Patry, 1959, mm), *La canne à pêche* (F. Dansereau, 1959, cm), *Jour après jour* (C. Perron, 1962, cm),

Maurice Blackburn. (ONF)

Les filles du Roy (A. C. Poirier, 1974, mm), *Mourir à tue-tête* (A. C. Poirier, 1979) et *Cordélia* (J. Beaudin, 1979). En 1969, il réalise et produit le court métrage *Ciné-crime* avec l'écran d'épingles Alexeïeff-Parker. Il reconstitue un fait divers en utilisant la bande sonore comme principal support à la narration.

Sa musique, très diversifiée, puise autant aux sources folkloriques qu'à celles du néo-classicisme moderne et de la musique actuelle. Blackburn souligne la manière paradoxale dont l'activité musicale est organiquement liée à l'ensemble des éléments audiovisuels. Il admet qu'il a «souvent l'impression d'exercer son métier sans pourtant se satisfaire pleinement» comme musicien. Et il considère que la musique de film est inséparable de l'œuvre cinématographique. «C'est peut-être parce que je conçois le cinéma comme un opéra qu'il m'est difficile de penser aux images, aux bruits, au commentaire, à la musique, comme si ces éléments pouvaient être compartimentés, isolés les uns des autres.» Blackburn obtient le prix Albert-Tessier en 1983.

BIBLIOGRAPHIE: BLACKBURN, Marthe, BLACKBURN, Maurice et Norman McLAREN, *Six formes musicales audiovisuelles*, Jeunesses musicales du Canada, Montréal, 1967.

DISCOGRAPHIE: *Six formes musicales*, Jeunesses musicales du Canada, Club du Disque, CD JMC-7, 1967. • *Musiques de l'ONF volume 1*, ONF, Montréal, 1977. • Bande originale de *Narcisse* (Norman McLaren), *Séquences* n° 115 (disque complétant le dossier Maurice Blackburn), 1984. (R.L.)

BLAIS, Gilles, réalisateur, assistant-réalisateur (Rimouski, 1941). Il entre à l'ONF en 1965 et y travaille comme assistant-réalisateur, notamment aux côtés de Jean Pierre Lefebvre (*Jusqu'au cœur*, 1968) et de Jean Beaudin (*Vertige*, 1969, mm). En 1968, il tourne ses premiers films dans les séries «Vocabulaire» et «Jeux de communications». Trois ans plus tard, il réalise «*Heureux comme un poisson dans l'eau*» (tcm) et *Esquimaux* (mm). Dans les deux cas, il se pose en observateur, d'abord de l'agonie d'un poisson, puis du mode de vie d'une famille inuit de Pelly Bay. La narration de ce dernier film précise que les Inuit agissent naturellement, sans la moindre intervention de l'équipe de tournage. De 1971 à 1974, il met sur pied une unité de vidéos pour un projet de vulgarisation agricole en Tunisie. De 1977 à 1978, il est conseiller pour la production de huit films sur les établissements humains, tournés en Afrique pour la Conférence des Nations Unies. Il poursuit sa démarche d'observation avec un sujet plus controversé, donnant, alors que le nationalisme québécois semble à son apogée, la parole à certains leaders de la communauté anglo-québécoise: *Le journal de Madame Wollock* (1979, cm) reprend les éditoriaux revendicateurs de la propriétaire de l'hebdomadaire *The Suburban*, Sophie Wollock, et donne une tribune à son fils qui procède à une analyse purement raciste du Québec contemporain. Cette fois, la volonté de non-intervention de Blais crée un malaise. Puis, il consacre un film aux disciples de Krishna, *Les adeptes* (1981). Par le biais de l'enquête qu'il mène sur cette secte, il montre une jeunesse confuse, à la recherche de sa spiritualité. Il tourne ensuite un essai cinématographique, *Les illusions tranquilles* (1984, mm). Ce journal pessimiste de l'après-référendum fait en quelque sorte écho aux propos des Wollock. Blais choisit tout de même de faire entendre sa voix, discrètement, à travers celles des gens du Bic alors en pleine élection municipale. Il aura amorcé sa réflexion sur le nationalisme québécois avec les inquiétudes de la population anglophone et bouclé la boucle avec ses propres doutes. Ce film, plus personnel que les précédents, le prépare à une incursion du côté de la fiction. Il tourne un des épisodes de la série «La bioéthique: une question de choix», *La vieille dame* (1986, cm), l'histoire d'une vieille femme (Mimi d'Estée) abandonnée par les siens et qui dépérit en milieu hospitalier. Comme le poisson de *«Heureux comme un poisson dans l'eau»*, il la montre qui avance inéluctablement vers la mort. Il prépare ensuite un documentaire d'inspiration kafkaïenne sur la protection de la vie privée et la prolifération des banques de données. En fiction comme en documentaire, Blais se montre très respectueux des sujets filmés. (M.C.)

BLAIS, Roger, réalisateur, administrateur, producteur, scénariste (Giffard, 1917). Formé à l'École des beaux-arts de Québec, il y enseigne avant d'être mobilisé. Il entre à l'ONF en février 1945 et occupe différents postes: cinéaste d'animation, scénariste, producteur, réalisateur. Son premier film, *Fridolinons* (1945, mm), capte la troupe de Gratien Gélinas au travail. Il participe, à divers titres mais excluant la réalisation, à la série «Les reportages». Comme il est alors difficile de travailler exclusivement en français à l'ONF, il est bientôt obligé de tourner en anglais. D'ailleurs, jusqu'à sa retraite, il alternera d'une langue à l'autre. Il n'en sera pas moins directeur de la production française pendant trois ans et jouera un rôle actif dans la revendication pour une équipe française autonome. Réalisateur polyvalent, comme tous ceux de sa génération qui ont fait carrière à l'ONF, Blais aborde tous les sujets: sport, tourisme, industrie, géographie... Mais il s'intéresse plus

particulièrement aux arts et à la culture. Il participe à plusieurs séries: «En avant Canada», «Canadian Talent Showcase», «Horizon», etc. Souvent, ses films sont d'une facture conventionnelle. Toutefois, il est particulièrement à l'aise dans les fictions documentaires comme *Vers l'avenir* (1947, cm), *Midinette* (1954, cm) ou *Les aboiteaux* (1955, cm).

Avec les années 60, sa carrière se réoriente vers la production et l'administration. Mais, il lui arrive encore de réaliser, notamment un beau portrait de musicien, *Bonsoir, monsieur Champagne* (1964, cm). Il s'intéresse à l'anthropologie et réalise, aux États-Unis, un long métrage documentaire sur les Papous: *Stone Age to Atom Age* (1961). Il travaille aussi à la production de longs métrages pour le secteur privé: *Trouble-fête* (P. Patry, 1964) et *Le coup de grâce* (J. Cayrol, 1964), une coproduction. Détaché auprès d'Expo 67 pour s'occuper de la production audiovisuelle, il revient à l'ONF en 1968 et occupe divers postes administratifs. Le goût de réaliser le tenaille encore même si l'environnement créatif de l'ONF a changé. Son dernier film est un hommage chaleureux à l'homme qui l'engagea à ses débuts: *Grierson* (1973) rappelle la carrière de ce cinéaste dont l'influence sur le documentaire mondial est déterminante.

Autres films: *La manne bleue* (1945, cm), *Saguenay* (1947, cm), *De père en fils* (1951, mm), *Côté cour... côté jardin* (1953, cm), *Each Man's Son* (1953, cm), *Magic Mineral* (1959, cm), *Angkor, The Lost City* (1961, cm), *Terra Nova* (1963, cm). (P.V.)

BLANCHARD, André, producteur, réalisateur, scénariste (Saint-Vincent-de-Paul, 1951). Après avoir étudié la direction de la photographie en Belgique, il revient au Québec et réalise plusieurs documentaires pour la télévision, en Abitibi. Abordant ensuite le cinéma de fiction, il reste préoccupé par les problèmes des gens de cette région et prône une production indépendante. En 1976, avec 12 000$, il produit et réalise *Beat*. Le film montre la vie d'un jeune homme que le chômage pousse à devenir vendeur de drogue. Placé devant un difficile choix amoureux, il choisit de partir avec l'une plutôt que de rester dans sa région avec l'autre. *L'hiver bleu*, réalisé en 1979, poursuit la même réflexion. On y suit l'évolution de deux sœurs: l'une choisit l'engagement politique dans le but de changer la réalité régionale, tandis que l'autre fuit cette réalité en partant en voyage. De 1979 à 1983, Blanchard scénarise et réalise des émissions pour Radio-Québec, dans la région du Bas Saint-Laurent. Travaillant ensuite à divers scénarios, il termine en 1987, à Paris, des études doctorales sur «le cinéma régional dans le cinéma québécois». Il a donné ses lettres de noblesse au cinéma régional en obtenant, avec *L'hiver bleu*, le prix de la Critique québécoise en 1979 et le Ducat d'or au Festival de Mannheim, la même année. (G.L.)

BLOOMFIELD, George, acteur, réalisateur, scénariste (Montréal, 1930). Plutôt homme de théâtre – il a été professeur à l'École nationale de théâtre après avoir fait des études en psychologie et en philosophie à l'université McGill, – il met en scène la célèbre pièce de George Riga, *The Ecstasy of Rita Joe*, au Vancouver Theatre Centre. Il fait école à la télévision, réalisant plusieurs programmes pour la CBC entre 1963 et 1968, souvent dans la série de téléthéâtres «Festival»: *Man Alive*, de Ryga, *The True Bleeding Heart of Martin B.*, de Charles Cohen, et quelques pièces de Pinter. Là, il côtoie notamment Paul Almond, Norman Jewison et Ted

Kotcheff, qui aborderont bientôt le cinéma. Bloomfield tourne ses deux premiers longs métrages aux États-Unis, *Jenny* (1970) et *To Kill a Clown* (1971), tous deux avec Alan Alda, avant de scénariser et de tourner, à Montréal, *Child Under a Leaf* (1974). Micheline Lanctôt et Donald Pilon donnent la réplique à Dyan Cannon et Joseph Campanella dans ce mélo larmoyant doté d'une partition de Francis Lai. Pour la télévision, il réalise *Love on the Nose* (1976) – libre adaptation de *Love is a Long Shot*, de Ted Allan, qui retire son nom du générique – et *Riel* (1978), où Raymond Cloutier est excellent dans le rôle-titre. Ses dernières expériences au cinéma, en tant que réalisateur, remontent à 1979, année où il tourne *Double Negative* (d'après *The Three Roads*, de Ross McDonald) et *Nothing Personnal*, titre qui convient parfaitement au film. Il apparaît ensuite brièvement, comme acteur, dans *Spasms* (W. Fruet, 1982) et *The Park is Mine* (S.H. Stern, 1985). (D.J.T.)

BLUTEAU, Lothaire, acteur (Montréal). Étudiant, il abandonne la médecine pour l'art dramatique. Après quelques années de travail au théâtre et à la télévision, on le voit d'abord dans *Bleue Brume* (B. Sauriol, 1982, cm). Il poursuit avec de petits rôles dans *Rien qu'un jeu* (B. Sauriol, 1983), *Les années de rêves* (J.-C. Labrecque, 1984) et *Sonia* (P. Baillargeon, 1986, mm). Puis, dans *Les fous de Bassan* (Y. Simoneau, 1986), il tient un premier vrai rôle, celui d'un jeune attardé mental, Perceval, qui se révèle être le personnage le plus lucide du récit. La fragilité de Bluteau et son jeu intériorisé donnent à Perceval une dimension impressionnante qui dépasse l'importance réelle du personnage dans l'histoire. Il enchaîne avec une série de premiers rôles. Partenaire de Carole Laure dans les envolées

Lothaire Bluteau au moment du tournage de La nuit avec Hortense *de Jean Chabot.*

érotiques de *La nuit avec Hortense* (J. Chabot, 1988), il est voleur de tableaux dans *Bonjour Monsieur Gauguin* (J.-C. Labrecque, 1988), mari qui a tué sa femme par amour dans *Mourir* (F. Girard, 1988, cm), et Christ contemporain dans *Jésus de Montréal* (D. Arcand, 1989). (M.J.)

BOBET, Jacques, producteur, réalisateur, scénariste (Saumur, France, 1919). Après avoir enseigné la littérature et la philosophie, Bobet effectue un stage en audiovisuel aux États-Unis. C'est là que l'ONF le contacte en 1947 pour qu'il entre à son service. Il est bientôt responsable des versions françaises, qui prennent une place de plus en plus importante par rapport aux productions originales en français. Jusqu'en 1956, il contribue à plus de cinq cents versions tâchant, selon son expression, de les rendre meilleures que les versions originales.

Il commence aussi à réaliser, soit des adaptations de films anglophones (les séries «Mécanismes mentaux», 1948-1949; «Pour ou contre», 1955; «Qu'en pensez-vous?», 1955; ou «Le Canada en guerre», 1962), soit des films de commandite (*Les abeilles et la pollinisation*, 1957, cm), soit des sujets personnels. Son film le plus accompli, *Les femmes parmi nous* (1961, mm), porte sur l'émancipation de la femme dans la société contemporaine.

Mais c'est surtout comme producteur qu'il fait sa marque. Il prend la direction, en 1956, du deuxième studio francophone qui, outre les versions françaises, produit des films originaux. C'est là que se seront réalisés par exemple *La France sur un caillou* (C. Fournier et G. Groulx, 1961, cm) ou *La lutte* (M. Brault, C. Fournier, C. Jutra et M. Carrière, 1961, cm). Ouvert aux expériences nouvelles et voulant rompre avec la pesanteur traditionnelle de l'ONF, il accueille des cinéastes tels Groulx, Carle, Perrault et Poirier. Il soutient la série «La femme hors du foyer». Il va surtout jusqu'à permettre le détournement de projets. C'est ainsi que Groulx pourra réaliser *Le chat dans le sac* (1964). En 1964, lors de la création de la production française, Bobet est un des quatre producteurs exécutifs. Il est bientôt en désaccord avec la direction et publie, en 1966, un bilan-réquisitoire dans *Liberté*, revue dont il est membre. La situation s'améliorant, il retourne à la réalisation avec un sujet qui l'intéresse, le sport: *Jeux de Québec 1967* (1967, cm), *9 minutes* (coréal. T. Vamos, 1967, cm), *Étude en 21 points* (1968, cm) et *Ousque tu vas de même* (1973, mm). De 1968 à 1970, il assurera en outre la direction du comité du programme français puis celle du programme cinéma-sports. L'ONF met sur pied, en 1973, une série de quinze films pour l'enseignement des langues secondes: «Toulmonde parle français»; Bobet obtient la responsabilité de cette production. La série comprend plusieurs courts métrages de fiction fort intéressants: trois films pour enfants d'André Melançon (*Les tacots*, 1974; «*Les oreilles*» *mène l'enquête*, 1974; *Le violon de Gaston*, 1974), deux films d'André Théberge (*La dernière neige*, 1973; *Un fait accompli*, 1974) et un de Jean Beaudin (*Par une belle nuit d'hiver*, 1974). Lorsque l'ONF obtient le mandat de tourner le film officiel des Jeux olympiques (*Jeux de la XXIᵉ Olympiade*, J.-C. Labrecque, J. Beaudin, Georges Dufaux et M. Carrière, 1977) et des autres films qui y sont rattachés, personne n'est mieux placé que Bobet pour en assurer la production. Cette expérience sera mise à profit pour le long métrage sur les Jeux du Commonwealth (*Edmonton... et comment s'y rendre*, réalisation collective, 1979). Une fois cette tâche accomplie, Bobet revient à la production régulière: une vingtaine de films jusqu'à sa retraite. Bénéficiant du prestige attaché à son statut de doyen des producteurs, il peut se réserver surtout des longs métrages et travaille

Jacques Bobet. (ONF)

principalement avec des cinéastes qu'il connaît bien: Pierre Perrault (*Le pays de la terre sans arbre ou le Mouchouânipi*, 1980; *La bête lumineuse*, 1982); Jacques Godbout (*Deux épisodes dans la vie d'Hubert Aquin*, 1979, mm; *Distorsions*, 1981, mm; *Un monologue Nord-Sud*, 1982, mm); Jean-Claude Labrecque (*La nuit de la poésie 28 mars 1980*, 1980; *Marie Uguay*, 1982, mm); Jacques Leduc («Chronique de la vie quotidienne», 1977-1978; *Albédo*, coréal Renée Roy, 1982, mm); Georges Dufaux («Les enfants des normes», 1979; *Les enfants des normes* – POST-SCRIPTUM, 1983). Après sa retraite, il scénarise *La grenouille et la baleine* (J.-C. Lord, 1988), un film pour enfants racontant l'histoire d'une petite fille vivant en harmonie avec la nature.

L'éventail des films que Bobet a produits tout au cours de sa carrière donne un peu la mesure de son talent. Durant vingt ans, il est le maître des versions; cela ne l'empêche pas d'accueillir des projets qui sont le plus souvent des films d'auteurs. Durant les quinze années suivantes, si l'on excepte les films à sujets sportifs, il continuera de privilégier un cinéma personnel. S'il se montre plutôt un honnête réalisateur, il se révèle par contre un producteur avisé, stimulant. Son humour, son goût du paradoxe et de la formule contribuent certainement à l'originalité des films qu'il produit. (P.V.)

BOCHNER, Paul, animateur, réalisateur (Toronto, 1951). À dix-huit ans, alors qu'il s'adonne déjà à la peinture, l'ONF l'invite à s'établir à Montréal. Il y réalise des films d'animation dans lesquels il privilégie le dessin et poursuit sa démarche de peintre. Il signe également des génériques et de nombreuses séquences pour des films d'autres réalisateurs. *Icarus* (1974, cm), film sans paroles, trace le portrait d'une figure marquante de la Grèce antique. *Firelight* (1976, cm), inspiré des impressionnistes allemands et scandinaves, est une allégorie sur la fuite du temps et la brièveté de la vie. Ses films méritent des prix aux festivals de New York, Chicago, Oberhausen et Columbus, et sont inclus dans le montage de l'International Tournee of Animation qui circule dans plusieurs grandes villes à travers le monde. En 1976, Bochner quitte l'ONF pour consacrer plus de temps à la peinture. Il réalise deux films à titre d'indépendant: *Faces* (1978, cm) et *The Flag* (1979, cm).

AUTRE FILM: *Extinction of the Dinosaurs* (1972, tcm). (É.D. et D.T.)

BOISJOLI, Charlotte, actrice (Québec, 1923). Une des grandes figures du théâtre québécois, elle crée les trois pièces d'André Laurendeau et prête ses dons de tragédienne à plusieurs grands auteurs du répertoire, avant de prendre une certaine distance avec la scène pour se consacrer davantage à l'enseignement et à l'écriture. Ses incursions au cinéma sont rares mais remarquables. Même dans son personnage effacé de *L'affaire Coffin* (J.-C. Labrecque, 1979), sans un mot, elle impose sa présence. Mais, c'est dans *Ça peut pas être l'hiver on n'a même pas eu d'été* (L. Carré, 1980), qu'elle habite enfin un premier rôle, celui d'une femme dans la cinquantaine que le veuvage force au renouveau. Elle fait une courte apparition dans *La ligne de chaleur* (H.-Y. Rose, 1987). (F.L.)

BOISVERT, Jean, réalisateur, assistant-réalisateur, monteur, producteur (Montréal, 1923). Son cours classique à peine terminé, il s'engage dans la jeune industrie du cinéma qui s'implante au Québec durant les années 40. Il entre d'abord à Québec Productions*, où il participe au montage de *La forteresse* (F. Ozep, 1947). Devenu un des techniciens réguliers de la compagnie, il participe à presque tous les films qu'elle produit, cumulant souvent plusieurs fonctions: monteur, assistant-réalisateur, directeur de production. Artisan polyvalent, sa compétence est reconnue et recherchée. Ses talents de monteur sont mis à profit dans *Le gros Bill* (R. Delacroix, 1949) et *Tit-Coq* (G. Gélinas et R. Delacroix, 1953). Il est assistant-réalisateur de *Sins of the Fathers* (R. Jarvis et P. Rosen, 1948) et de *La petite Aurore l'enfant martyre* (J.-Y. Bigras, 1951). On fait même appel à lui pour travailler à la production du film qu'Otto Preminger tourne au Québec, *The 13th Letter* (1951); le film bénéficie des services de Québec Productions.

Boisvert entre à Radio-Canada comme réalisateur en 1951, avant l'effondrement de l'industrie du cinéma qui survient en 1954. Pendant un certain temps, il mène de front les deux carrières. Il réalise notamment plusieurs dramatiques et des téléromans pour la télévision. Il retourne au secteur privé, travaillant d'abord chez Réal Benoît Films et Niagara Films, puis en publicité. En 1970, il fonde sa propre compagnie qui se charge de distribution, de doublage et de réalisation pour la télévision, notamment pour la série *Les grands esprits*. La carrière de Boisvert est caractéristique de celle de ces pionniers du cinéma québécois qui se tournent vers la télévision et pour qui le professionnalisme est la qualité première.

AUTRES FILMS COMME MONTEUR: *Un homme et son péché* (P. Gury, 1949), *Le curé de village* (P. Gury, 1949), *Séraphin* (P. Gury, 1950). (P.V.)

BOISVERT, Nicole M., administratrice, productrice (Montréal, 1941). Après avoir été à l'emploi de Philips Electronics et des Industries Westburne, elle s'oriente vers le cinéma dès 1965, où diverses fonctions administratives la retiennent. Elle s'occupe d'abord de l'achat, de la vente et de la distribution de films français et européens au Québec. Entre 1976 et 1983, elle dirige les productions Agora. En 1982, elle est aussi vice-présidente et productrice exécutive chez SDA Productions, dont elle est actionnaire. La même année, elle est à la tête de l'APFQ. Elle produit plusieurs films, parmi lesquels *Blackout* (E. Matalon, 1978), *Au revoir... à lundi* (M. Dugowson, 1979), *Heartaches* (D. Shebib, 1981) et *Pourquoi l'étrange Monsieur Zolock s'intéressait-il tant à la bande dessinée?* (Y. Simoneau, 1982). De 1984 à 1986, elle est présidente de la SGCQ. Elle abandonne ensuite le cinéma. (J.P.)

Claude Bonin. (Claire Beaugrand-Champagne)

BOLDUC, Mario, réalisateur, scénariste (Beauceville, 1953). *La nouvelle vendeuse* (1976, mm), un film tendre et attachant sur le quotidien d'une jeune femme ordinaire, le fait connaître. Son film suivant, *Un grand logement* (1977), traite des problèmes de logement dans la région de Lévis. Il poursuit avec un film tourné à Toronto, *Spadina* (1979, mm), qui s'intéresse à la présence francophone en Ontario, puis il réalise finalement *Le shift de nuit* (1980), qui aborde ses thèmes favoris: la vie de couple, le logement, le chômage. Par la suite, il se consacre surtout à l'écriture et entre à Téléfilm Canada en 1987. (A.B.)

BONIN, Claude, producteur, administrateur (Montréal, 1948). Ses études aux H.É.C. terminées, il travaille en administration avant de faire ses débuts au cinéma à l'ACPAV. À partir de 1973, il participe à titre de régisseur de plateau puis de directeur de production, à

plusieurs longs métrages de fiction, films éducatifs et documentaires. Il s'occupe notamment de la régie de deux films de Jean-Claude Lord (*Panique*, 1977; *Éclair au chocolat*, 1978), et est directeur de production pour *Lutineige* (F. Labonté, 1976, cm) et *Les grands enfants* (P. Tana, 1980). De 1977 à 1979, il est recherchiste et collabore à des stages de formation dans la cadre du projet Santé Afrique de l'ONF, qui vise à utiliser le film à des fins pédagogiques dans certains pays africains. Il entre à l'IQC en 1979. La première année, il y est conseiller à la production. Il occupe ensuite, pendant deux ans, le poste de directeur du secteur de la production.

En 1982, il fonde les Films Vision 4 avec François Labonté, André A. Bélanger et Monique H. Messier. Il y produit *Les années de rêves* (J.-C. Labrecque, 1984), *Pellan* (A. Gladu, 1986), *Des amis pour la vie* (A. Chartrand, 1988) et deux longs métrages de François Labonté, *Henri* (1986) et *Gaspard* *et fil$* (1988). Il est à l'origine de la production de *Pouvoir intime* (Y. Simoneau, 1986), coproduit avec l'ONF. La même année, il est producteur associé d'*Anne Trister* (L. Pool), une autre coproduction de l'ONF et des Films Vision 4. Il coproduit aussi *Candy Mountain* (R. Frank et R. Wurlitzer, 1987), avec la Suisse et la France. En marge de son travail à Films Vision 4, il est producteur délégué, en 1984, de *La guerre des tuques* (A. Melançon). Figure montante du cinéma québécois des années 80, Bonin est un de ceux qui en modifient les rouages en l'axant davantage vers un cinéma de producteur. (J.P.)

BONNIÈRE, René, monteur, réalisateur, scénariste (Lyon, France, 1928). Assistant-monteur d'Henri Colpi, puis assistant-réalisateur de Maurice Cazeneuve et de Marcel Bluwal pour leurs dramatiques de télévision, il réalise trois courts métrages et quelques commerciaux avant de quitter la France pour les États-Unis et, finalement, le Canada (1955). Engagé, à Ottawa, par Crawley Films, il est d'abord monteur (*Legend of the Raven*, J. Crawley, 1957, cm) puis, à partir de 1957, réalisateur de très nombreux courts et longs métrages, dont plusieurs sont destinés à la télévision. Le nom de Bonnière est lié au cinéma québécois essentiellement à cause de sa présence à titre de réalisateur de la série «Au pays de Neufve-France», treize courts métrages préparés en étroite collaboration avec Pierre Perrault* et qui marquent les véritables débuts cinématographiques de ce dernier. Après avoir tourné un film-pilote remarquable (*La traversée d'hiver à l'Île-aux-Coudres*, 1957, cm), Bonnière, Perrault et un caméraman s'installent à Baie-Saint-Paul, à l'automne de 1958, et tournent trente mille mètres de pellicule au cours des douze mois suivants. La série est

diffusée par Radio-Canada à l'été de 1960 et connaît beaucoup de succès. Bonnière tourne également un long métrage de fiction au Québec: *Amanita Pestilens* (1963), une comédie de mœurs qui conte les malheurs d'un banlieusard (Jacques Labrecque), dont la pelouse est envahie par les champignons, sous le regard enjoué de sa fille (Geneviève Bujold). Par la suite, il fait surtout carrière à Toronto, et presque exclusivement pour la télévision. Il tourne plusieurs séries: *The Collaborators* (1974), *Sidestreet* (1978-1979) et *The Little Vampire* (1986). (R.D.)

BORDELEAU, Bernard, monteur sonore (Ottawa, 1928). Après cinq ans dans la fonction publique fédérale (au ministère des Affaires extérieures), il passe à l'ONF en 1952. Pendant plus de trente-cinq ans, il œuvre dans le secteur du montage et des effets sonores. Il suit donc pas à pas les nombreuses étapes de l'évolution technologique du métier. Son nom apparaît au générique d'au moins mille deux cent cinquante productions de l'ONF, parmi lesquelles on compte *Les mains nettes* (C. Jutra, 1958), *Golden Gloves* (G. Groulx, 1961, cm), *60 cycles* (J.-C. Labrecque, 1965, cm), *Le temps d'une chasse* (F. Mankiewicz, 1972) et *Jeux de la XXIᵉ Olympiade* (J.-C. Labrecque, J. Beaudin, M. Carrière et Georges Dufaux, 1977). (A.D.)

BORENSTEIN, Joyce, animatrice, réalisatrice, scénariste (Montréal, 1950). Bachelière en anglais et en musique de l'Université McGill en 1971, elle termine une maîtrise en cinéma d'animation et effets spéciaux au California Institute of the Arts en 1974. À travers de multiples activités, elle réalise et produit ses premiers films de façon indépendante: *Opus 1* (1972, tcm), *The Unexpected Answer: Homage to René Magritte*

Joyce Borenstein. (Ron Diamond)

(1973, cm) et *Revisited* (1974, cm), qui se rattachent à la tradition surréaliste. De 1975 à 1976, elle enseigne le cinéma d'animation à l'école du Musée des beaux-arts de Montréal. Elle travaille à la pige à l'ONF et y réalise *Traveller's Palm* (1976, tcm), *Five Billion Years* (1981, cm), *La plante* (coréal. T. Vamos, 1983, cm), combinant prises de vues réelles et animation (le film remporte le Grand prix de Montréal au FFM et un deuxième prix à Cracovie), et *The Man Who Stole Dreams* (1988, cm). Pour la plupart de ses films, elle écrit le scénario et opère la caméra. Elle illustre également plusieurs documentaires. Elle scénarise et illustre des films fixes destinés aux enfants: *Onions and Garlic* (1977, cm), *The Magic Hatbox* (1978) et *The Prophet* (1984), produits par l'ONF. Parallèlement à son œuvre cinématographique, Borenstein commence à enseigner le cinéma d'animation à l'Université Concordia en 1980. (L.B.)

BORREMANS, Guy, chef opérateur, réalisateur (Dinant, Belgique, 1934). Il réalise seul en 1959 un court métrage expérimental, *La femme image*, tout à fait insolite au Québec à cette date. Sa fréquentation des automatistes ou ses origines belges y sont peut-être pour quelque chose, mais Borremans renoue, avec ce film, avec l'avant-garde européenne des années vingt, dadaïste et surréaliste (*La coquille et le clergyman*, G. Dulac, 1927, cm; *Un chien andalou*, L. Buñuel, 1928; *L'âge d'or*, L. Buñuel, 1930), la peinture d'un Paul Delvaux et, par-delà, avec le fantastique flamand. On y retrouve aussi la marque de Sade: provocation, humour noir, vagues de rêve, érotisme et amour fou.

Engagé à l'ONF en 1961, on l'associe, jusqu'en 1964, à la naissance et au développement du cinéma direct, comme chef opérateur de beaucoup des meilleurs courts et moyens métrages de cette période: *Golden Gloves* (G. Groulx, 1961, cm) *Bûcherons de la Manouane* (A. Lamothe, 1962, cm), *Jour après jour* (C. Perron, 1962, cm), *Fabienne sans son Jules* (J. Godbout, 1964, cm), *Percé on the rocks* (G. Carle, 1964, cm), *À Saint-Henri, le 5 septembre* (H. Aquin, 1962, mm) et *La beauté même* (M. Fortier, 1964, cm). Il y réalise également *L'homme vite* (1960, cm). Tourné à Mosport, le film fait partager les sensations d'un coureur automobile. Séjournant aux États-Unis de 1965 à 1967, il y est chef opérateur de *Wealth of a Nation* (1965), long métrage documentaire du réalisateur noir William Greaves, produit pour la U.S. Information Agency, et de *No Harvest For the Reaper* (1967, mm), documentaire de Morton Silverstein réalisé pour la télévision éducative (NET), sur l'exploitation des travailleurs agricoles migrants. De retour au Québec, il travaille avec Gilles Groulx (*24 heures ou plus...* 1976) et surtout avec Arthur Lamothe pour

Le mépris n'aura qu'un temps (1970) et quatre films de la série «Carcajou et le péril blanc» (1972-1973): *Pakuashipu, Mistashipu, La barrière* et *Le passage des tentes aux maisons*. Il est également le chef opérateur de *Job's Garden/Chissibi* (1971, mm) de Boyce Richardson et Jean-Pierre Fournier, un documentaire sur l'impact de la construction des barrages de la Baie James sur le mode de vie des Amérindiens. Au Nouveau-Brunswick il réalise *Kouchibouguac* (collectif, 1978) sur et avec les expulsés du parc Kouchibouguac, dont il ne reconnaît pas la version montée à l'ONF. Il travaille ensuite avec Jorge Fajardo (*Matan a mi Mañungo!*, 1979; *Le soulier*, 1980, cm; *Conférence sur le Chili*, 1980, mm), Marilú Mallet (*Journal inachevé*, 1982, mm) et, au Sénégal, avec Mahama Johnson Traoré (*Le revenant*, inachevé).

Il est associé au Labour Film Project qui prépare un film sur le mouvement syndical dans les services postaux. Par ailleurs photographe, Borremans a eu de nombreuses expositions au Québec, à Paris et dans plusieurs villes belges et hollandaises, dont une rétrospective intitulée *Connues, inconnus, mal connues, trop connus* (1984).

BIBLIOGRAPHIE: «Guy Borremans – photographies», *Le magazine OVO* nº 57, Montréal, 1984. (M.E.)

BOUCHARD, Michel, réalisateur, acteur, scénariste (Montréal, 1949). Il débute comme stagiaire et deuxième assistant-réalisateur. Grâce à la mise sur pied, par la SDICC, en 1972, d'un programme temporaire d'aide à la production de films à budget modique, il réalise, à vingt-quatre ans, *Noël et Juliette* (1973). Tout en parlant du mal de vivre des adolescents dans un contexte contemporain, cette comédie dramatique en noir et blanc se

veut un hommage au cinéma burlesque des années vingt. Comme plusieurs cinéastes de sa génération, il doit attendre plus de cinq années avant de pouvoir réaliser son deuxième long métrage, *La loi de la ville* (1978). Dans ce documentaire produit par l'ONF, il établit une comparaison entre deux parties de Montréal, le quartier francophone défavorisé du Centre-Sud et l'enclave huppée de Westmount, fortement anglophone et riche jusqu'à l'indécence. À travers ce pamphlet virulent, il révèle l'existence des classes sociales au Québec et l'inégalité des droits et des conditions de vie qui s'y rattache. Son humour est devenu plus féroce et le commentaire, truffé de citations tirées des écrits de Bertolt Brecht et accompagné de nombreuses statistiques, ne laisse aucune échappatoire au spectateur. Par la suite, il réalise plusieurs courts métrages, notamment *Le toasteur* (1981, cm), remarqué par la critique, qui raconte l'histoire d'un ouvrier (Gabriel Arcand) qui s'introduit, la nuit, dans l'usine où il travaille pour y fabriquer un grille-pain de la première à la dernière pièce. Il tourne, à partir de deux nouvelles de Patricia Highsmith, *La terrapène* (1984, cm) et *Les petites cruautés* (1984, cm). Il tient de petits rôles dans *Noël et Juliette, Réjeanne Padovani* (D. Arcand, 1973) et *Au pays de Zom* (G. Groulx, 1982). Il travaille à un projet de film sur Arthur Rimbaud et à une comédie intitulée *Songe et mensonges*.

AUTRE FILM: *La bien-aimée* (1979, cm) (G.M.)

BOUCHARD, Reynald, acteur, réalisateur (Saint-Cœur-de-Marie, 1945). Il débute en 1970, alors qu'il incarne le jeune chômeur Gérard Bessette dans *On est loin du soleil* (J. Leduc). Toute en finesse et en sensibilité, son interprétation de Rock, le jeune boiteux amoureux de *La vraie nature de Bernadette* (G. Carle, 1972), révèle un acteur de grande classe. L'année suivante, Michel Bouchard exploite son talent de clown en lui confiant un premier rôle, en forme d'hommage à Buster Keaton, dans *Noël et Juliette* (1973). Dans un registre similaire, il est l'attachant laveur de vitres d'*Une nuit en Amérique* (J. Chabot, 1974), le jeune magicien de *La tête de Normande St-Onge* (G. Carle, 1975), et le clown-animateur de *Mesdames et messieurs, la fête!* (A. Danis, 1977, mm). Tantôt Arlequin, tantôt Pierrot, cet acteur émouvant s'éloigne ensuite du cinéma pour se consacrer au théâtre, où il est comédien, auteur et metteur en scène. En 1973, il coréalise un court métrage avec Jean Dansereau: *Les sept dernières minutes dans la vie d'Archibald*.

AUTRES FILMS: *Un valet de cœur* (Jacques Gagné, 1972, cm), *La piastre* (A. Chartrand, 1975), *Je suis loin de toi mignonne* (C. Fournier, 1976). (M.J.)

BOUDREAU, Walter, musicien (Montréal, 1947). Surtout occupé ces dernières années à la composition et à l'organisation des concerts de la Société de musique contemporaine du Québec, Boudreau a néanmoins une filmographie significative, regroupée durant la première moitié des années 70. Son travail est surtout associé à quelques longs métrages de Jean Pierre Lefebvre (*La chambre blanche*, 1969; *Les maudits sauvages*, 1971; *Ultimatum*, 1973), mais il signe aussi les partitions d'*Une nuit en Amérique* (J. Chabot, 1974) et de *Réjeanne Padovani* (D. Arcand, 1973). Ces compositions filmiques sont alors liées d'assez près au travail du groupe l'Infonie, situé, comme il le rappelle, «entre le happening, le jazz et le multimédia». C'est aussi à la même époque que Boudreau étudie l'analyse et la composition avec Serge Garant,

Kagel, Stockhausen, Ligeti et Xenakis. Sa période «infoniaque» restera enregistrée dans l'important documentaire de Roger Frappier, *L'Infonie inachevée...* (1973), dans lequel musiciens et cinéaste, de façon prémonitoire, offrent (déjà) «une image à écouter, un son à regarder!»

DISCOGRAPHIE: *Infonie Vol. 333*, Kot'ai, KOT2-333. (R.L.)

BOUTET, Richard, réalisateur (Montréal, 1940). Après quelques productions en vidéo (dont un long métrage de science-fiction, *La conspiration des lampadaires*, 1974), il réalise un documentaire sur les luttes des mineurs pour protéger leur santé, *L'amiante, ça tue* (1978, cm), et un dossier sur les conditions de santé et de sécurité dans différentes industries, *La maladie c'est les compagnies* (1979). Dans ce film d'intervention, typique de la période marxiste-léniniste, il laisse la parole aux ouvriers et leur permet de s'expliquer (voire de se défouler) dans des scènes de reconstitution. Puis, en collaboration avec Pascal Gélinas, il réalise *La turlute des années dures* (1983), documentaire où des survivants de la crise économique des années 30 racontent ce qu'ils ont vécu. Des documents d'archives et des manchettes de journaux viennent confirmer les témoignages, qui sont complétés par des chansons populaires de l'époque. La rigueur de la recherche trouve son originalité dans l'absence de commentaire en voix-off et l'inscription du véritable sujet – le courage du peuple – dans ces chansons anonymes interprétées par les intervenants. Ce documentaire musical renouvelle la vision officielle de l'histoire du Québec en refusant d'aimer la misère, en expliquant la planification des crises économiques et en élargissant l'analyse jusqu'au refrain final: «nous remettrons le monde à l'endroit». *La turlute*

Une scène de La guerre oubliée *où l'on aperçoit Joe Bocan. (Alain Chagnon)*

des années dures a mérité deux prix au Festival de Nyon (Suisse) et le prix L.-E.-Ouimet-Molson. Le film suivant de Boutet, *La guerre oubliée* (1987), évoque l'atrocité de la Grande Guerre, l'impact de la conscription sur la société québécoise et, surtout, la résistance des Québécois qui culmine lors de l'émeute de 1917 à Québec. Le film mélange les témoignages d'anciens combattants ou de déserteurs (partie documentaire), les scènes de reconstitution avec des comédiens (partie fictive), un «théâtre de la guerre» présenté devant une projection sur écran de films d'archives (partie théâtre filmé), et des chansons d'époque, très significatives interprétées par Joe Bocan. D'ailleurs, le personnage qu'elle incarne avec justesse et qui commente continuellement les événements, crée une distanciation aussi efficace que discrète. Fidèle à Brecht, Boutet utilise l'histoire pour montrer à la fois les déterminations et les possibilités du présent. Tout comme son évocation de la crise économique des années 30 dans *La turlute des années dures* renvoyait à la crise qui secoue les pays industrialisés au début des années 80, sa description de la résistance des Québécois face à l'enrôlement lors de la Première Guerre mondiale fait écho à sa crainte d'un nouveau conflit mondial. *La guerre oubliée* a remporté le prix Québec-Alberta Innovation en 1988. Boutet reste un cinéaste engagé, autant par ses préoccupations que par sa volonté de renouveler le documentaire. Avec la contribution de Lucille

Veilleux*, qui produit plusieurs de ses films, il explore la mémoire collective des Québécois dans des spectacles à la fois sensibles et intelligents. (H.-P.C.)

BOUVIER, François, producteur, réalisateur, scénariste (Montréal, 1948). Dans les années 1970, il touche au théâtre. Ainsi, il compte parmi les fondateurs de La quenouille bleue en 1970 et du Groupe de recherche en théâtre pour enfants en 1977. Il produit et coréalise un premier documentaire en 1977, *J'sors avec lui pis je l'aime* (coréal. J. Beaudry et F. Tougas, cm) qui pénètre le monde des discothèques. Il en est également le caméraman et il signe le montage avec Jean Beaudry*. Par la suite, il travaille également en vidéo. En 1980, il est producteur délégué, réalisateur et preneur de son de deux documentaires, *Nicaragua 1980* (cm) et *Mission réadaptation* (cm), diffusés à Radio-Canada. Il coréalise *Une classe sans école* (coréal. J. Beaudry et M. Simard, 1980, mm), documentaire construit sur l'interaction, pendant une période de six mois, entre des décrocheurs et l'équipe de tournage. Il est coscénariste, coproducteur et coréalisateur de *Jacques et Novembre* (coréal. J. Beaudry, 1984), un premier long métrage de fiction qui impose la compagnie qu'il a fondée avec Jean Beaudry en 1979, Les productions du Lundi matin. *Jacques et Novembre* combine film et vidéo et raconte, avec beaucoup de sensibilité, les derniers jours d'un homme de 31 ans (Jean Beaudry) qui, condamné à mourir à brève échéance, fait le bilan de sa vie. Le succès de ce film, produit avec des moyens artisanaux, est notamment souligné par une prime à la qualité de la SGCQ. Bouvier produit ensuite un nouveau film à petit budget, le premier long métrage de Marquise Lepage, *Marie s'en va-t-en ville* (1987). Puis, il poursuit son

François Bouvier et Alain Dupras. (Pierre Dury)

association avec Jean Beaudry avec qui il coscénarise et coréalise un nouveau film. Leur association se précise: Bouvier assure la production, tandis que Beaudry prend la responsabilité du montage. Le film raconte l'histoire de deux amis dans la trentaine, Jean-Pierre (Denis Bouchard) et Marc (Jean Beaudry), qui se lancent dans un projet insensé. Le premier doit prendre une photographie chaque matin à la même heure à la même intersection pendant un an et le deuxième s'en inspirer pour écrire un roman. Les deux auteurs reprennent ainsi leur exploration des différents niveaux de récit, le journal vidéo de Jacques ayant fait place au récit illustré de photographies de Marc. Le cinéma de Beaudry et Bouvier, très urbain, fasciné par la mort, propose des personnages masculins vulnérables et d'une grande sensibilité. (M.C.)

BOYER, Claire, monteuse, réalisatrice (Montréal, 1928). Le visionnement de *Pour* *la suite du monde* (M. Brault et P. Perrault, 1964) décide de sa carrière. Elle se présente donc à l'ONF, où on l'engage; elle y travaille depuis. Régisseure sur le tournage de *Comment savoir...* (C. Jutra, 1966) et du *Règne du jour* (P. Perrault, 1966), elle se lie d'amitié avec Claude Jutra, Bernard Gosselin et Pierre Perrault. Elle fait ses débuts comme monteuse en 1968 grâce à Claude Jutra dont elle est l'assistante pour *Wow*. Puis, elle signe avec lui le montage de *Mon oncle Antoine* (1971) et monte son dernier long métrage, *La dame en couleurs* (1984). Parmi les nombreux films dont elle est la monteuse, on compte *Le bonhomme* (P. Maheu, 1972, mm), *Souris, tu m'inquiètes* (A. Danis, 1973, mm), *J'me marie, j'me marie pas* (M. Dansereau, 1973) et quelques films de Pierre Perrault, *Le retour à la terre* (1976, mm), *C'était un Québécois en Bretagne, Madame!* (1977, mm), *Gens d'Abitibi* (coréal. B. Gosselin, 1980) et *La grande allure* (1985). Au montage, elle préfère la continuité du discours verbal à la continuité visuelle. Artisane dans l'âme, elle s'intéresse aux «faiseurs de belle ouvrage» lorsqu'elle aborde la réalisation. Elle tourne d'abord *Le coq de clocher* (1980, cm), dans la série «La belle ouvrage», puis *Léo Gervais, sculpteur* (1983, mm), deux documentaires dans le style traditionnel de l'ONF. (L.N.)

BRASSARD, André, réalisateur, scénariste (Montréal, 1946). Metteur en scène de haut calibre, il monte, avec la même audace stimulante, classiques et créations québécoises. Il met en scène, avec régularité, les pièces de Michel Tremblay, dramaturge auquel il s'associe pour passer au cinéma. Il tourne d'abord un court métrage, *Françoise Durocher, waitress* (1972), qui propose une vision kaléidoscopique de la serveuse, symbole de la femme aliénée. Il y combine

des scènes réalistes à un étonnant chœur des serveuses qui scande les commandes des clients. Puis, toujours associé à Tremblay, il transpose à l'écran, avec un bonheur inégal, les personnages de pièces comme *Les belles-sœurs, Hosanna* et *La duchesse de Langeais*, dans *Il était une fois dans l'Est* (1973). Servie par d'excellents acteurs, cette anthologie anticipée de l'œuvre de Tremblay donne tout de même lieu à des moments d'une grande émotion. Puis, Brassard prend plus clairement

André Brassard et Michelle Rossignol pendant le tournage de Françoise Durocher, waitress. *(ACPQ)*

ses distances avec le théâtre en tournant Le *soleil se lève en retard* (1976), son film le plus achevé, coscénarisé avec Tremblay. Directeur d'acteurs de grand talent, il raconte avec finesse et sensibilité cette histoire banale et touchante d'un couple improbable (Rita Lafontaine et Yvon Deschamps) formé grâce à une agence de rencontres. Après cette réussite, Brassard délaisse le cinéma pour se consacrer entièrement au théâtre et prendre la direction artistique du théâtre du Centre national des arts, à Ottawa. (M.C.)

BRAULT, François, réalisateur, chef opérateur, producteur (Montréal, 1941). Autodidacte, il fait ses débuts en amateur, à dix-huit ans, lorsqu'il réalise un court métrage documentaire qu'il vend à Radio-Canada (*C'est l'aviron qui nous mène*, 1959). Il devient ensuite caméraman et travaille sur plus d'une centaine de reportages produits pour la télévision. Il mettra d'ailleurs à profit sa bonne connaissance du monde de la télévision en dirigeant la photographie de *Parlez-nous d'amour* (J.-C. Lord, 1976).

Documentariste polyvalent, Brault s'intéresse tantôt à des sujets politiques et sociaux – *Tricofil c'est la clef* (coréal. R. Lenoir, 1976, mm); *Une installation à disposer* (1983, mm) – tantôt à des sujets qui en font le chantre du patrimoine québécois – «Un pays, un goût, une manière» (coréal. M. Garneau, 1979, série de treize cm); «Les arts sacrés du Québec» (coréal. M. Lessard, 1982-1987, deux séries de treize cm). Dans la veine patrimoniale, son meilleur film demeure *La journée d'un curé de campagne* (1983), portrait simple et sensible d'un curé traditionnel. *À soir on fait peur au monde* (coréal. J. Dansereau, 1969), tourné à ses débuts, demeure très différents de ses autres films. Le cinéaste y conjugue son goût pour les phénomènes culturels et un propos politique. Documentaire sur le passage du chanteur Robert Charlebois à l'Olympia de Paris, *À soir on fait peur au monde* donne l'occasion aux cinéastes d'opposer l'énergie brute et l'attitude sans gêne de Charlebois à la retenue des Français. En plus de la réalisation de nombreux autres courts métrages documentaires et d'une importante activité de caméraman, Brault tourne aussi un long métrage de fiction, *M'en revenant par les*

épinettes (1975), accueilli assez froidement par la critique et le public. Le film relate l'histoire d'un jeune couple quelques années après les événements d'Octobre 1970. Par ailleurs, sa compagnie, Les films François Brault, produit également les documentaires *Alfred Laliberté, sculpteur 1878-1953* (J. P. Lefebvre, 1987), *Vive Québec!* (G. Carle, 1987) et *Ernest Livernois, photographe*, (A. Lamothe, mm).

AUTRES FILMS COMME RÉALISATEUR: *Les visages de Clémence* (1968, cm); *The Mark of a Champion* (1968, cm); *La Côte Nord à l'autre bout du monde* (1968, cm); «Prélude» (1972-1973, série de treize cm); «Action Santé» (1974-1975, série de treize cm); *La vie qui parle* (1977, cm); *La vie à parler* (1977, cm); *L'orfèvrerie ancienne: trésor des fabriques du Québec* (1982, cm); *Miroir de la vie et de la mort* (1985, mm). (M.J.)

BRAULT, Michel, chef opérateur, producteur, réalisateur, scénariste (Montréal, 1928). Chef de file du cinéma direct* au Québec, il exerce aussi une influence notable en France, où il collabore avec Jean Rouch, Mario Ruspoli, William Klein et Annie Tresgot. Il aborde avec autant de maîtrise la fiction que le documentaire, la réalisation que le travail de chef opérateur. Son nom figure au générique de nombreux films québécois importants depuis 1958. Sa découverte de la photographie et du cinéma a lieu tôt, par le biais du cinéma amateur, avec son ami Claude Jutra qu'il retrouvera tout au long de sa carrière. Il est d'abord photographe professionnel, avant de collaborer à la série «Petites médisances» (1953-1954), constituée de trente-neuf courts métrages, où il expérimente les possibilités et les limites du téléobjectif, dans l'esprit du *candid eye*. Il entre à l'ONF en 1956 (il obtient sa permanence en 1961).

Il collabore à la série «*Candid Eye*», lancée par les anglophones, notamment aux côtés de Terence Macartney-Filgate: *The Days Before Christmas* (1958, cm), *Police* (1958, cm).

Il joue un rôle de premier plan, comme caméraman et chef opérateur, surtout dans l'équipe française. Issue du déblocage opéré par le premier commissaire francophone de l'ONF, Guy Roberge, nommé en 1957, cette équipe française s'octroie une sorte de reconnaissance officielle en octobre 1961, par l'action de Fernand Dansereau, mais ce n'est qu'en 1964 qu'est reconnue officiellement une unité de production française autonome (*voir* ONF). Dès 1958, *Les raquetteurs* (coréal. G. Groulx, cm) acquiert, dans ce contexte, une valeur de symbole; il devient le manifeste de l'équipe française, du renouveau qu'elle entend provoquer au niveau des structures et de la pratique du cinéma à l'ONF. Plusieurs films, surtout destinés à la télévision, témoignent de cette volonté de renouveau: *La lutte* (coréal. C. Fournier, C. Jutra et M. Carrière, 1961, cm), *Golden Gloves* (G. Groulx, 1961, cm), *Québec USA ou l'invasion pacifique* (coréal. C. Jutra, 1962, cm), etc.

En 1959, au séminaire Flaherty en Californie, Brault fait la rencontre déterminante de Jean Rouch dont les films, *Les maîtres fous* et *Moi, un Noir*, le bouleversent. De son côté, Rouch se passionne pour *Les raquetteurs* et invite Brault à travailler en France pour partager sa passion et sa conception du cinéma. Ils se reconnaissent un même désir de cerner les phénomènes de l'intérieur, en y participant. En France, Brault collabore à *Chronique d'un été* (J. Rouch et E. Morin, 1961), un film associé à l'expression «cinéma vérité» (rapidement abandonnée) et à *La punition* (J. Rouch, 1963), ainsi qu'à deux films de Mario Ruspoli: *Les inconnus de la terre* (1961, mm) et *Regard sur la folie* (1962,

Michel Brault. (Marc Lajoie, ministère des Communications)

mm). Plus tard, il y réalise *Les enfants de Néant* (coréal. A. Tresgot, 1968, mm), un documentaire, superbe d'intelligence et de sensibilité, sur les répercussions, dans la vie d'un cultivateur de Néant-sur-Yvelle, de sa conversion brutale au statut d'ouvrier d'usine non qualifié. Il collabore aussi à *Eldridge Cleaver, Black Panther* (W. Klein, 1969) et *Festival panafricain d'Alger* (W. Klein, 1970).

Brault est considéré comme l'un des maîtres du cinéma direct, non seulement pour sa maîtrise de la caméra et sa passion pour les divers aspects techniques qui s'y rattachent, mais aussi et surtout par sa recherche obstinée d'une morale, d'une éthique adaptée à cette nouvelle approche du cinéma. Les résultats de cette démarche apparaissent dans *Pour la suite du monde* (coréal. P. Perrault, 1963), fondé sur la fréquentation préalable des gens filmés et le principe sous-jacent de la communication, provoqués ici au moyen d'une

action «vécue» qui joue le rôle d'un catalyseur. Les gens de l'Île-aux-Coudres se
dévoilent autant dans le récit qu'ils en font, et
qui acquiert une dimension mythique, à
travers un réseau de bravades et de simulacres,
que dans l'action même de la pêche au marsouin. Le film obtient le Canadian Film
Award du meilleur film de l'année et le prix
spécial du jury au Festival du cinéma
canadien.

Comme à ses débuts où le cinéma direct
contribuait à la découverte d'une société,
Brault, au service d'un pays à naître, met
ensuite son talent, dans les années 70, à
répondre aux questions que suscite une telle
éventualité. *Faut aller parmi l'monde pour le
savoir* (F. Dansereau, 1971), *Un pays sans
bon sens* (P. Perrault, 1970) et *L'Acadie
l'Acadie?!?* (coréal. P. Perrault, 1971), abordent le sujet en termes politiques. Puis, dans
les vastes séries «Le son des Français
d'Amérique» (coréal. A. Gladu, 1974-1976,
série I, treize épisodes; 1977-1980, série II,
quatorze épisodes) et «La belle ouvrage» (B.
Gosselin, L. Plamondon, C. Boyer et D.
Létourneau, 1977-1980, cm), qu'il produit, il
met en valeur les manifestations d'un génie
menacé de disparition, en remontant aux
motivations profondes de certaines coutumes,
en dévoilant les zones interdites de peuples
qu'on dit sans histoire.

Dès les années 60, il explore avec bonheur
les possibilités de mettre au service du cinéma
de fiction le savoir-faire du direct, dans *À
tout prendre* (C. Jutra, 1963) et *Le temps
perdu* (1964, cm), dont certains passages,
d'une grande intensité, relèvent du direct le
plus pur. Ou encore, dans *Entre la mer et
l'eau douce* (1967), un film important qui
porte en lui les germes de cette «pollinisation»
de la fiction par le direct – sur laquelle
reviendront les jeunes cinéastes des années

80. Pour ce film, Brault s'inspire librement
de la vie de son interprète principal, le chansonnier Claude Gauthier, qui partage la
vedette avec Geneviève Bujold, et raconte le
cheminement d'un jeune artiste qui, parti de
la Côte Nord, obtient du succès et chante à la
Place des Arts. Il poursuit avec autant d'aisance cette recherche dans *Les ordres* (1974),
une «fiction documentée» sur les événements
d'Octobre 1970, qui lui vaut le prix de la
mise en scène au Festival de Cannes en 1975,
un Canadian Film Award pour la meilleure
réalisation et le prix de la critique québécoise,
ainsi que dans *Mourir à tue-tête* (A. C. Poirier,
1979). Film intense, techniquement impec-
cable, *Les ordres* décrit l'arrestation de cinq
personnes suite à la promulgation de la Loi
des mesures de guerre, puis la torture morale
qu'il leur faut subir avant qu'on ne les relâche
sans plus d'explication. Brault s'y montre un
excellent directeur d'acteurs, révélant au
cinéma Jean Lapointe, Hélène Loiselle et
Louise Forestier et tirant le meilleur de Claude
Gauthier et de Guy Provost. Il développe ensuite un projet de film évoquant l'histoire des
Patriotes de 1837-1838.

La compétence de Brault comme chef
opérateur s'exerce aussi dans des films de
fiction pure qui comptent parmi les meilleurs
du répertoire québécois: *Mon oncle Antoine*
(C. Jutra, 1971), proclamé le meilleur film
canadien de tous les temps, en 1984, par une
centaine de spécialistes, *Le temps d'une
chasse* (F. Mankiewicz, 1972), *Kamouraska*
(C. Jutra, 1973), *Les bons débarras* (F. Mankiewicz, 1980), etc. Tout en étant le producteur (Nanouk Films) de films qui
comptent, comme *Marc-Aurèle Fortin* (A.
Gladu, 1983, mm) et *Le lys cassé* (A. Melançon, 1986, mm), il continue à être le chef
opérateur de nombreux films documentaires
ou de fiction: *Elia Kazan, Outsider* (A.

Tresgot, 1981, mm), *Louisiana* (P. de Broca, 1984, long métrage et série de mm), *Hello Actors Studio* (A. Tresgot, 1986), *Des amis pour la vie* (A. Chartrand, 1988). Son travail lui vaut plusieurs prix: des Canadian Film Awards pour *Mon oncle Antoine* et *Le temps d'une chasse*, des Génies pour *Les bons débarras* et *Threshold* (R. Pearce, 1981). En 1986, le gouvernement du Québec lui remet le prix Albert-Tessier.

FILMS COMME RÉALISATEUR: *Matin* (1950, cm), *Les raquetteurs* (coréal. G. Groulx, 1958, cm), *La lutte* (coréal. C. Fournier, C. Jutra et M. Carrière, 1961, cm), *Les enfants du silence* (coréal. C. Jutra, 1963, cm), *Québec USA ou l'invasion pacifique* (coréal. C. Jutra, 1962, cm), *Pour la suite du monde* (coréal. P. Perrault, 1963), *Le temps perdu* (1964, cm), *La fleur de l'âge: Geneviève* (1965, cm), *Conflit/Conflict* (1967, tcm), *Entre la mer et l'eau douce* (1967), *Les enfants de Néant* (coréal. A. Tresgot, 1968, mm), *Le beau plaisir* (coréal. B. Gosselin et P. Perrault, 1968, cm), *Éloge du chiac* (1969, cm), *René Lévesque vous parle: les 6 milliards* (1969, cm), *L'Acadie, l'Acadie?!?* (coréal. P. Perrault, 1971), *René Lévesque pour le vrai* (1972, cm), *Le bras de levier et la rivière* (1973, cm), *Les ordres* (1974), «Le son des Français d'Amérique» (coréal. A. Gladu, 1974-1976, série I, treize épisodes; 1977-1980, série II, quatorze épisodes), *René Lévesque, un vrai chef* (1976, cm), *A Freedom to Move* (1986, cm), *L'emprise* (coréal. S. Guy, 1988, mm).

BIBLIOGRAPHIE: MARSOLAIS, Gilles, *Michel Brault*, Conseil québécois pour la diffusion du cinéma, Montréal, 1972. • MARSOLAIS, Gilles, *Les ordres* (de Michel Brault), l'Aurore, Montréal, 1975. • «Michel Brault», *Copie Zéro* n° 5, Montréal, 1980. (G.M.)

BRAULT, Pierre F. (Florent), musicien (Montréal, 1939). Bien qu'il ait étudié l'harmonie avec Michel Perrault de même que la fugue et le contrepoint avec Françoise Aubut, il est essentiellement autodidacte. Après avoir amorcé une carrière de musicien populaire et de compositeur de musique de scène, il débute au cinéma avec *Rouli-roulant* (C. Jutra, 1966, cm). Suivent de nombreuses partitions (environ soixante-dix), pour des films aussi divers que *The Animal Movie* (G. Munro et R. Tunis, 1966, cm), *De mère en fille* (A.C. Poirier, 1967), *Le viol d'une jeune fille douce* (G. Carle, 1968), *Wow* (C. Jutra, 1969), *Red* (G. Carle, 1970), *Le vent* (R. Tunis, 1972, cm), *Le temps d'une chasse* (F. Mankiewicz, 1972), *Du coq à l'âne* (S. Gervais, F. Desbiens et P. Hébert, 1973, cm), *La faim* (P. Foldès, 1974, cm), *Pour le meilleur et pour le pire* (C. Jutra, 1975), *The Mystery of the Million Dollar Hockey Puck* (J. Lafleur et P. Svatek, 1975), *Panique* (J.-C. Lord, 1977), *Une journée en taxi* (R. Ménard, 1981), *Ah! vous dirai-je maman* (F. Desbiens, 1985, cm) et *Itinéraire* (B. Longpré, 1987, cm). En 1972, il remporte un Canadian Film Award pour la musique enjouée de *La vraie nature de Bernadette* (G. Carle). Brault est aussi le compositeur et l'arrangeur de la musique de la série télévisée pour enfants *Passe Partout*. (M.J.)

BRISSON, Dorothée, monteuse, réalisatrice, scripte (Ottawa, 1930). Après des études à l'Université Laval, elle entre en 1950 au SCP de la province de Québec comme scripte. Elle y réalise des documentaires, notamment *Camp Marie-Victorin* (1956, cm), *Zoo* (1957, cm) et *Les éperlans* (1964, cm). Elle coréalise quelques œuvres avec Suzanne Caron: *Au printemps* (1958, cm), *Opération C.P.* (1958, cm) et *Le tour du St-Laurent* (1958, cm).

Jusqu'en 1976, elle s'adonne plus spécifiquement au montage. Elle travaille ensuite à la DGCA, où elle s'occupe de distribution et d'archives. (P.V.)

BRITTAIN, Donald (Don), réalisateur, producteur, scénariste (Ottawa, 1928). Il est le plus célèbre documentariste canadien-anglais. Au cours de sa carrière, il remporte quinze Génies et Canadian Film Awards. Après des études à l'Université Queen's, il est reporter au *Ottawa Journal*. À ce titre, il travaille autant en Europe et au Mexique qu'en Afrique. Il entre à l'ONF en 1954 comme scénariste. À la fin des années 50, il commence à réaliser des films de commande, comme *A Day in the Night of Jonathan Mole* (1959, cm) et les films de la série «Canada at war» (coréal. S. Clish et P. Jones, 1962, 13 cm). Son intérêt pour les sujets se rapportant à la guerre se manifeste d'ailleurs dans *Fields of Sacrifice* (1964, mm), où il monte en parallèle des images de champs de bataille et des images des cimetières où reposent les héros, et dans *Memorandum* (coréal. J. Spotton, 1965, mm), où il accompagne un groupe de Juifs à Dachau et à Auschwitz. Les sujets qu'il aborde sont d'une grande variété. Il touche aux arts avec *Ladies and Gentleman: Mr. Leonard Cohen* (coréal. D. Owen, 1965, mm) et, surtout, avec une imposante et audacieuse biographie de l'écrivain Malcolm Lowry, *Volcano: An Inquiry Into the Life and Death of Malcolm Lowry* (coréal. J. Kramer, 1976). Sa fascination pour les grands hommes l'amène à enquêter sur Norman Bethune (*Bethune*, coréal. J. Kemeny, 1964, mm), sur le magnat de la presse anglaise Lord Thomson of Fleet (*Never a Backward Step*, coréal. A. Hammond et J. Spotton, 1966, mm) et sur les deux figures dominantes de l'histoire politique récente du Canada: René Lévesque et Pierre-

Donald Brittain. (ONF)

Elliott Trudeau (*The Champions*, 1978-1986, deux mm et un long métrage). Intrigué par les faits de société, il signe des films comme *Henry Ford's America* (1976, mm), *Small is Beautiful: Impressions of Fritz Schumacher* (coréal. D. Kiefer et B. Howells, 1978, cm), et *The Dionne Quintuplets* (1980). Enfin, il se fait l'historien du cinéma canadien en réalisant un long métrage de montage, *Dreamland* (1974), et en signant le commentaire de *Has Anybody Here Seen Canada?* (J. Kramer, 1978). À titre de scénariste, Brittain collabore notamment à *Buster Keaton Rides Again* (J. Spotton, 1965, mm), *What on Earth!* (L. Drew et K. Pindal, 1966, cm), *Grierson* (R. Blais, 1973, mm) et *First Stop, China* (J.N. Smith, 1985). Il produit certains de ses films, ainsi que *Fleur Bleue* (L. Kent, 1971). En 1986, il entreprend une imposante série sur Mackenzie King: *The King Chronicle*.

PRINCIPAUX AUTRES FILMS COMME RÉALISATEUR: *Tiger Child* (coréal. R. Kroitor, K. Ichikawa, 1970, cm), *The Summer Before* (1975, cm), *The Players* (1975, mm), *Paper-*

land: The Bureaucrat Observed (1979, mm), *Something to Celebrate* (1983, mm), *Canada's Sweetheart* (1985). (M.J.)

BRODEUR, René. (*Voir* LE BRODEUR, RENÉ)

BUJOLD, Geneviève, actrice (Montréal, 1942). De toutes les actrices québécoises, elle est certainement celle qui fait la plus grande carrière internationale. À ses débuts au Québec, elle joue les adolescentes ou les jeunes femmes dans *Amanita Pestilens* (R. Bonnière, 1963), *La terre à boire* (J.-P. Bernier, 1964), *La fin des étés* (A. C. Poirier, 1964, cm), puis *Geneviève*, sketch canadien de *La fleur de l'âge* (1965) réalisé par Michel Brault. Alors qu'on fait encore peu de fiction au Québec, Bujold, qui interprète le répertoire au théâtre et coanime une émission très populaire à la télévision, a tôt fait de s'imposer comme actrice de cinéma. Elle sait tirer profit de son apparente fragilité pour séduire, affichant un côté très volontaire derrière ses allures de petite bête effrayée, de femme-enfant vulnérable. En tournée en France avec le théâtre du Rideau-Vert, elle est remarquée par Alain Resnais qui lui donne un des premiers rôles de *La guerre est finie* (1965), celui d'une étudiante qui a une aventure avec un révolutionnaire espagnol (Yves Montand). Sa carrière française se poursuit sur cette lancée avec Philippe de Broca (*Le roi de cœur*, 1966) et Louis Malle (*Le voleur*, 1966). Elle revient au pays et tourne de nouveau avec Michel Brault, partageant, émouvante et vraie, la vedette de *Entre la mer et l'eau douce* (1967) avec Claude Gauthier. Puis, elle entreprend le tournage de la trilogie que Paul Almond écrit sur mesure pour elle: *Isabel* (1968), *The Act of the Heart* (1970) et *Journey* (1972). Les deux premiers films lui valent

chacun un Canadian Film Award. Almond sait tirer le meilleur de Bujold, faisant appel à toutes les facettes de son talent pour la faire passer, en trois films, de l'adolescence à la maturité. Sa carrière internationale prend son envol aux côtés de Richard Burton dans *Ann of the Thousand Days* (C. Jarrott, 1969) qui lui vaut une mise en nomination pour un Oscar. Elle tourne ensuite avec Michael Cacoyanis (*The Trojan Women*, 1971), Philippe de Broca (*L'incorrigible*, 1975) et Claude Lelouch (*Un autre homme, une autre chance*, 1977). Au Québec, elle tient le premier rôle dans la coproduction franco-canadienne *Kamouraska* (1973), sous la direction de Claude Jutra avec lequel elle a déjà fait un court métrage, *Marie-Christine* (1970). Bujold donne beaucoup d'intensité au personnage d'Élizabeth qui, au chevet de son second mari, se rappelle, tourmentée, son amour impossible pour le docteur Nelson (Richard Jordan) et la folie de son premier mari, Antoine Tassy (Philippe Léotard). Mélange de force, de passion et de renoncement, son Élizabeth est un personnage fascinant. Si le film ne connaît pas le succès escompté, Bujold remporte à nouveau un Canadian Film Award. Elle amorce ensuite une carrière américaine avec un film catastrophe qui obtient un énorme succès, *Earthquake* (M. Robson, 1975). Elle s'installe alors en Californie. Reconnue aux États-Unis, elle se voit offrir un rôle dans une coproduction anglo-canadienne à gros budget, *Murder by Decree* (B. Clark, 1978), qui lui vaut un Génie de la meilleure actrice de soutien, puis dans une superproduction canadienne où elle retrouve Paul Almond, *Final Assignment* (1980), film nettement moins personnel que les précédents. En 1986, on lui propose de revenir tourner au Québec, en anglais, dans un film de Jean Beaudin, *Ann McNeil*; le projet est abandonné

Geneviève Bujold dans Kamouraska, *de Claude Jutra.* (Le Devoir)

à quelques jours du début du tournage en raison de sérieux problèmes financiers. Bujold, qui ne trouve pas son compte dans *The Last Flight of Noah's Ark* (C. Jarrott, 1981) ou dans *Monsignore* (F. Perry, 1983), obtient enfin des rôles à sa mesure grâce à Alan Rudoph qui la fait jouer dans *Choose Me* (1984), *Trouble in Mind* (1986) et *The Moderns* (1988). Rudolph ne s'embarrasse pas de l'image d'éternelle jeunesse qu'on a longtemps accolée à Bujold. Il la présente plutôt comme une femme torturée, une femme dans la force de l'âge au passé mystérieux. Il sait traquer le moindre de ses regards, mettre à profit son tempérament d'actrice. En 1988, Bujold, qui n'a pas joué dans un film québécois depuis 1973, fait un retour au Québec,

dans une dramatique sur les femmes battues destinée à la télévision, *L'emprise* (mm), dont la partie fiction est réalisée par Michel Brault et la partie documentaire par Suzanne Guy. Retrouvant son accent montréalais, elle rend parfaitement le désarroi d'une femme à la fois effrayée et attirée par son mari (Claude Gauthier), capable d'une grande violence. Son jeu lui vaut un prix d'interprétation à Yorkton. (M.C.)

BULBULIAN, Maurice, réalisateur (Montréal, 1938). Formé en pédagogie, il débute une carrière d'enseignant et entre à l'ONF au milieu des années 60, où il réalise d'abord des documents audiovisuels scientifiques. À partir de 1968, avec *La p'tite Bourgogne*

Bulbulian défend et illustre la question inuit dans Debout sur leur terre. *(Le Devoir)*

(mm), il utilisera le cinéma direct comme outil de «science et de conscience», dans la foulée des mouvements sociopolitiques des années 60 et 70. Dans la même veine, il participe activement aux premières expériences de production vidéo et de câblodiffusion communautaire. Sa filmographie se caractérise par des sujets et des traitements dégagés des deux défauts majeurs véhiculés par tant de films du direct québécois: l'ethnocentrisme des thèmes et le radicalisme politique. Ainsi, *Dans nos forêts* (1971), *Richesse des autres* (1973) et *Les gars du tabac* (1977, cm), tout comme *Salvador Allende: un témoignage* (1973, cm), *La revanche* (1974, cm), *Les délaissés* (1978, cm), *Tierra y Libertad* (1978) et *Cissin... 5 ans plus tard* (coréal. Kola M. Djim, 1982, mm) témoignent l'un après l'autre d'une vue calme mais tranchante des inégalités économiques et sociales, de la brutalité politique, de la violence faite à l'homme par l'homme. Sans cris inutiles, sans démagogie mais sans concession, Bulbulian fait des droits humains un enjeu et une lutte de

chaque instant. Ce propos de fond est servi par une cinématographie d'une extrême sobriété, discrète et attentive, fortement contrôlée dans la prise de vues et le montage. À la fin des années 70 et au cours des années 80, Bulbulian s'attache principalement à la défense et à l'illustration de la question inuit et amérindienne, avec *Ameshkuatan — Les sorties du castor* (coréal. M. Hébert, 1978, cm), *Debout sur leur terre* (1982) et *Dancing Around the Table* (1988, deux mm). Il donne ainsi aux autochtones qui revendiquent certains droits constitutionnels la plus pertinente documentation audiovisuelle produite depuis les célèbres séries d'Arthur Lamothe sur les Montagnais. Ce travail n'a pas empêché Bulbulian de s'intéresser au criant phénomène des mass-médias, en mettant au point l'idée originale percutante et très riche de *Passiflora* (D. Gueissaz Teufel et F. Bélanger, 1985). (R.L.)

BUREAU DE CENSURE DES VUES ANIMÉES. (*Voir* RÉGIE DU CINÉMA)

BUREAU DE SURVEILLANCE DU CINÉMA. (*Voir* RÉGIE DU CINÉMA)

BURGER, Jean-Claude, monteur, producteur, réalisateur (Grenoble, France, 1945). Il fonde, avec Gérard Le Chêne (Alain d'Aix*) et Nathalie Barton (Morgane Laliberté), la compagnie de production InformAction. Il réalise (*L'âge de guerre*, 1975, cm) ou coréalise avec eux plusieurs films entre 1975 et 1984. Il est également monteur de nombre de documentaires, dont *Anyanya* (G. Le Chêne et N. Barton, 1971, cm) et *La danse avec l'aveugle* (A. d'Aix et M. Laliberté, 1978). Il s'éloigne du cinéma en 1984 pour travailler au magazine d'information *Le point*, présenté à Radio-Canada. (M.C.)

CADIEUX, Fernand, administrateur, recherchiste (Aylmer, 1925 – Vanier, Ontario, 1976). Après des études en sciences sociales et en économie à l'Université Laval, Cadieux, homme d'idées, mène une vie professionnelle très diversifiée. Ainsi, il est chargé de cours à l'Université de Montréal, s'intéresse à l'enseignement des mathématiques aux jeunes enfants, participe à la conception du Labyrinthe d'Expo 67, devient spécialiste en planification et agit comme conseiller politique. Passionné de cinéma, il compte, en 1950, parmi les principaux collaborateurs de la revue de cinéma *Découpages*, fondée par la Commission étudiante du cinéma de la JÉC. Il est alors président du mouvement (de 1948 à 1954). En 1955, on le retrouve également au nombre des rédacteurs de la revue indépendante *Images*. Par la suite, il sera encore critique de cinéma, exerçant longtemps ce métier à Radio-Canada. Cadieux participe, en 1960, à la fondation du Festival international du film de Montréal, événement auquel il reste attaché. En 1961, il est nommé au Comité provisoire pour l'étude du cinéma dans la province de Québec. Ce comité dépose, en 1962, son rapport, le rapport Régis qui recommande notamment l'abolition du Bureau de censure. Cadieux travaille comme recherchiste pour plusieurs films dont *À Saint-Henri le 5 septembre* (H. Aquin, 1962, mm). Son fils, Thomas Cadieux, est réalisateur. (M.C.)

CADIEUX, Thomas, assistant-réalisteur, réalisateur, monteur, producteur (Montréal, 1956). Il séjourne près de deux ans en Italie où il est monteur et assistant-réalisateur, entre autres, de Gian Vittorio Baldi. En 1980, il produit et réalise son premier film: *Toboggan* (cm). *Où sont allés les Dorsétiens* (1982, mm), film sur les origines des Inuit, remporte le deuxième prix de l'ADATE. Cadieux reçoit également le prix du jeune réalisateur au Festival international du film maritime et d'exploration, à Toulon, pour *Les pêcheurs basques du Labrador* (1985, mm). Outre ces films personnels, où est privilégié le documentaire historique et archéologique de vulgarisation scientifique, il travaille aussi à des vidéos et à des films industriels. (M.-J.R.)

CADRIN-ROSSIGNOL, Iolande, réalisatrice, administratrice, musicienne, productrice, recherchiste, scénariste (Montréal, 1942). Après des études au Conservatoire de musique et d'art dramatique, elle obtient un baccalauréat à l'École de musique Vincent-d'Indy, apprend les méthodes Orff et Kodaly, et travaille avec Maurice Martenot. Elle étudie aussi en pédagogie et en communication. Elle s'initie à la recherche à l'ONF. Dans les années 60, à la fois animatrice, pédagogue, recherchiste et scénariste, elle contribue notamment au succès de la série radiophonique *Faisons de la musique* et à l'émission de télévision pour enfants *La souris verte*. Elle participe au développement d'approches nouvelles en éducation par l'art. En 1970, elle fonde, avec un groupe d'artistes de diverses disciplines, In-Média, collectif où la dynamique de groupe veut susciter la création. Rossignol aborde le cinéma en signant la musique et la trame sonore de plusieurs courts métrages. Puis, elle plonge dans la création collective de *Simple histoire d'amours* (1973), tourné en vidéo, réalise *La question que je me pose* (1973, cm), coréalise la série «L'amour quotidien» (coréal. F. Dansereau*, 1974) et agit à titre d'animatrice pour la création collective *Thetford au milieu de notre vie* (F. Dansereau, 1978), point culminant d'une démarche qui vise à intégrer les personnes filmées aux équipes de production. Elle scénarise la série «Un pays, un goût, une manière», des documentaires sur le patrimoine québécois, et en réalise ou coréalise certains épisodes: *L'art populaire* (1976, cm), *L'espace intérieur* (coréal. F. Dansereau et F. Pilon, 1976, cm), *L'église traditionnelle* (coréal. G. Cousineau, 1976, cm), *La leçon du passé* (coréal. F. Dansereau, 1976, cm) et *Les jouets* (1976, cm). Ses sujets témoignent à la fois de son attachement à la musique et de son engagement social. Trois volets, *Le luxe du son*, *L'ordinateur des bois* et *Vivre avec la musique*, constituent *La tradition de l'orgue* (1979), film dans lequel elle allie la fantaisie de l'interprétation au sérieux du sujet. Toujours dans le cycle musical, elle tourne *Musique outre-mesure* (1982, cm). Puis, elle propose deux portraits de femmes dynamiques, des pionnières et agentes de changement: *Rencontre avec une femme remarquable* (1983), qui combine fiction et documentaire, et *Contes des mille et un jours ou Jean Desprez* (1986), un vidéo. La première, Laure Gaudreault, interprétée par Louisette Dussault

(personnage principal de *La souris verte*), est une femme d'action qui lutte pour obtenir dignité et conditions de travail décentes pour les institutrices rurales du Québec. La seconde, Jean Desprez, est une femme de séduction qui rejoint de vastes auditoires par ses émissions populaires qui propagent des idées avant-gardistes. De 1985 à 1987 elle occupe la présidence de la Cinémathèque québécoise et de 1985 à 1988, celle de l'ARRFQ. En 1988, elle passe à Radio-Canada où elle occupe le poste de déléguée aux productions extérieures. Elle prépare une adaptation de *Menaud maître draveur*, œuvre majeure de Félix-Antoine Savard. (L.N.)

CANDID EYE. Série d'une quinzaine de courts métrages de l'ONF produits pour la télévision à la fin des années 50. Cette appellation a longtemps symbolisé la nouvelle attitude documentaire. (*Voir* CINÉMA DIRECT) (G.M.)

CANTIN, Roger, réalisateur, acteur, chef opérateur, producteur, scénariste (Saint-Hyacinthe, 1949). À la fin des années 1960, il tourne plusieurs films en super 8, seul ou avec Denis Blaquière, et remporte divers prix. Son expérience du super 8 l'amène à enseigner à l'Université Concordia de 1972 à 1986. Au début des années 1970, il collabore au montage d'une revue humoristique qui s'intitule *Une société juste, juste pour rire*, d'abord comme acteur, puis comme responsable des courts films qui s'intègrent au spectacle. Il entreprend, en 1970, sa collaboration avec Danyèle Patenaude* avec laquelle il tourne, entre 1972 et 1984, un moyen métrage (*Le guérillero urbain*, 1972) et trente-trois courts ou très courts métrages, dont trois séries d'interludes pour Radio-Canada. La plupart de ces films sont réalisés avec des moyens artisanaux, de sorte que Cantin, bricoleur, doit faire preuve de beaucoup d'invention pour mettre en images l'univers fantaisiste qui caractérise les films qu'il signe avec Danyèle Patenaude. Il a régulièrement recours à la pixillation, une technique qui sert bien la comédie et exige peu de moyens. Cette démarche trouve son aboutissement avec *Pixillation* (1978, cm). Ce n'est qu'avec *L'objet* (1984, cm), tourné alors que le court métrage de fiction reçoit encore un certain appui des organismes publics au Québec, que Patenaude et Cantin peuvent bénéficier de moyens convenables et travailler avec des acteurs professionnels. Parallèlement à ce travail d'artisan, il tient le premier rôle dans *Le gars des vues* (1976), un film sur le cinéma amateur où Jean Pierre Lefebvre se sert des films amateurs de Cantin et produit un documentaire, *On a été élevé dans l'eau salée...* (H. Tremblay, 1980). Délaissant le court métrage, Cantin, décidé à tourner un premier long métrage, met l'accent sur la scénarisation. Il coscénarise, avec Danyèle Patenaude, le premier film de la série des «Contes pour tous», *La guerre des tuques* (A. Melançon, 1984), qui propose une réflexion sur la guerre et la violence à travers la rivalité qui oppose deux clans. Puis, il écrit le scénario de trois épisodes de la série «Traquenards», produite par Via le monde, scénarise un long métrage d'animation et dépose un scénario de comédie policière (*L'assassin jouait du trombone*) à un concours de premiers longs métrages de l'ONF dont il est finaliste. Il prépare enfin un long métrage, *Simon les nuages*, l'histoire d'un garçon que ses rêves transportent dans un monde où vivent des animaux étranges. Ce scénario confirme l'intérêt de Cantin pour l'enfance et pour les effets spéciaux. (M.C.)

CARDINAL, Roger, réalisateur, monteur (Montréal, 1939). Après deux années dans les Forces canadiennes, il est engagé à Radio-Canada (1960) à titre d'assistant-monteur, puis monteur. À la fin des années 60, il commence à réaliser des films de commandite (*Safari canadien: du côté du Yukon*, 1969, mm) et des commerciaux. Il signe ensuite un premier long métrage, *Après-ski* (1970), qui s'inscrit dans la vogue des films érotiques québécois. En 1972, il récidive avec une comédie, *L'apparition*, mettant en vedettes Pierre Labelle et René Angelil. Il poursuit en signant de nombreux films de commandite, notamment pour l'OFQ. En 1978, il réalise un long métrage de commandite pour Développement et Paix, *Les droits humains et l'alimentation*. En 1984, il signe *You've Come a Long Way Ladies* (mm), un documentaire retraçant l'évolution de la femme dans les sports au Canada. Il revient au long métrage de fiction en 1988, alors qu'il tourne, à Montréal, *Malarek*, d'après l'ouvrage autobiographique d'un ancien délinquant juvénile qui, devenu journaliste, lève le voile sur la mort mystérieuse de jeunes détenus. Cardinal a à son crédit plus de trois cents films publicitaires. (M.J.)

CARLE, Gilles, réalisateur, producteur, scénariste (Maniwaki, 1929). Après des études à l'École des beaux-arts de Montréal (1945), il semble d'abord se destiner aux arts visuels et à la littérature. Il est, d'ailleurs, l'un des fondateurs des éditions de l'Hexagone avec, entre autres, le poète Gaston Miron. Au tout début des années 60, sa carrière bifurque du côté du cinéma alors qu'il réalise, à l'ONF, une série de courts métrages documentaires (*Dimanche d'Amérique*, 1961; *Patinoire*, 1962; *Percé on the Rocks*, 1964). Mais, c'est plutôt la fiction qui l'intéresse. Aussi, après quelques années

Gilles Carle (à gauche) et Werner Nold, coréalisateurs de Cinéma, cinéma. *(ACPQ)*

d'apprentissage technique, il l'aborde avec *Solange dans nos campagnes* (1964, cm) et, surtout, en détournant un projet de court métrage documentaire sur le déneigement pour réaliser un premier long métrage, *La vie heureuse de Léopold Z.* (1965), histoire attachante et colorée d'un déneigeur (Guy L'Écuyer), joyeux luron qui, la veille de Noël, doit acheter le cadeau de sa femme et s'occuper d'une chanteuse tout en faisant son travail. Avec ce film admirable, qui à la fois se distingue et témoigne du contexte cinématographique dans lequel il est tourné, Carle montre déjà ses qualités de conteur. Se voyant dans l'impossibilité de réaliser d'autres longs métrages de fiction à l'ONF, il quitte l'organisme gouvernemental en 1966. Dans le secteur privé, au cours des dix années qui suivent, il est à la fois cinéaste et producteur. Prolifique, il réalise huit longs métrages au cours de cette décennie, en plus de nombreux documentaires et films publicitaires, la plupart pour les productions Carle-Lamy, qu'il fonde en 1971 avec Pierre Lamy*.

L'œuvre fictionnelle de Carle, particulièrement entre 1968 (*Le viol d'une jeune fille douce*) et 1980 (*Fantastica*), se place sous le signe du paradoxe. En effet, ses films, fort diversifiés, du moins dans le choix des histoires et des personnages gravitent autour d'une même grande thématique, celle du conflit, qui, la plupart du temps, résulte d'une situation d'exploitation: dans *Le viol d'une jeune fille douce*, une jeune femme (Julie

Lachapelle) subit l'exploitation des hommes; dans *Red* (1969), un Métis (Daniel Pilon) doit combattre le pouvoir des Blancs; dans *La vraie nature de Bernadette* (1972), Bernadette Brown (Micheline Lanctôt) doit affronter la résistance des habitants d'un village réfractaires à ses croyances et à son mode de vie. L'exploitation des femmes par les hommes est un thème de prédilection chez Carle. La Maria Chapdelaine de *La mort d'un bûcheron* (1973) n'y échappe pas, de même que les sept prostituées des *Corps célestes* (1973), sans oublier la Normande de *La tête de Normande St-Onge* (1975), où la Lorca de *Fantastica* (1980). La problématique de l'exploitation côtoie toutefois d'autres grands thèmes et s'exprime à travers la diversité des actions, des digressions, des sous-thèmes et des personnages secondaires que Carle multiplie à l'intérieur de chacun de ses films. C'est d'ailleurs l'une de ses caractéristiques, puisque Carle se plaît à entraîner le spectateur sur des chemins parfois sinueux ou encombrés, au risque de le perdre. Privilégiant les études de mœurs teintées d'humour, Carle effectue aussi des percées du côté de la comédie (*Les corps célestes*), de la comédie musicale (*Fantastica*) et du fantastique (*L'ange et la femme*, 1977).

Les personnages féminins sont souvent au centre des films de Carle: c'est Julie, dans *Le viol d'une jeune fille douce*, aux prises avec ses trois frères qui, eux-mêmes violeurs, veulent venger le viol qu'elle aurait subi; c'est Bernadette Brown, dans *La vraie nature de Bernadette*, dont le retour à la terre se fait sous le signe de la naïveté, de l'anticonformisme et, par un amusant retournement de situation, de la sainteté; c'est Maria Chapdelaine, dans *La mort d'un bûcheron*, en quête d'une famille après la disparition de son père; c'est Normande, dans *La tête de Normande*

St-Onge, personnage lentement attiré par la folie. Carole Laure, l'interprète de Normande, est la figure centrale de cinq autres films de Carle: *Les corps célestes*, *La mort d'un bûcheron*, *L'ange et la femme*, *Fantastica*, *Maria Chapdelaine*. Actrice, mais surtout muse du cinéaste, elle est à l'origine de films où la femme est à la fois vulnérable et magnifique, fragile et statuesque. Avec elle, Carle explore un érotisme très différent de celui développé par les Denis Héroux et les Claude Fournier. Le propos de *L'ange et la femme*, film intimiste en noir et blanc, proche du cinéma expérimental par la ténuité de l'anecdote racontée et la singularité de sa facture, est exemplaire de leur collaboration: dans une cabane isolée, un ange prend soin d'une femme qu'il aime et qui, atteinte de plusieurs balles, a été laissée pour morte dans la neige. *Les mâles* (1970) – qui vaut à Carle une réputation internationale confirmée par le succès de *La vraie nature de Bernadette* – présente aussi une réflexion sur les rapports entre l'homme, la femme et la société, cette fois à travers le portrait de deux hommes, vivant à l'état sauvage, qui s'entredéchirent après qu'une femme se soit installée avec eux.

En 1981, après avoir réalisé *Fantastica*, coûteuse coproduction franco-canadienne centrée sur une troupe de théâtre musical, Carle signe, coup sur coup, trois superproductions adaptées d'œuvres littéraires. Il réalise d'abord une imposante chronique, *Les Plouffe* (1981), tirée d'un roman de Roger Lemelin qui, dans les années 50, avait donné naissance à un téléroman fort populaire. L'action se déroule à la fin des années 30 et dans les années 40 dans une famille de la basse-ville de Québec. On y retrouve le père (Émile Genest), un nationaliste irréductible, la mère (Juliette Huot), qui règne sur sa cuisine et couve sa progéniture, ainsi que leurs quatre enfants: Cécile (Denise Filia-trault), qui vit un amour platonique avec un chauffeur de tramway, Ovide (Gabriel Ar-cand), tiraillé entre sa vocation et une fille aux mœurs légères, Napoléon (Pierre Curzi), un bon garçon sans trop d'envergure, et Guillaume (Serge Dupire), l'athlète de la famille qui partira pour la guerre. Le film remporte le prix L.-E.-Ouimet-Molson et sept Génies, en plus de connaître un bon succès auprès du public québécois. Sur la lancée des *Plouffe*, Carle réalise *Maria Chapdelaine*, illustration pieuse du roman de Louis Hémon, puis la télésérie *Le crime d'Ovide Plouffe* (1984), d'après un autre roman de Roger Lemelin. Les années 80 sont aussi l'occasion pour lui de renouer avec le documentaire. Il réalise d'abord *Jouer sa vie* (coréal. C. Cou-dari, 1982), intéressante enquête sur le jeu d'échecs. En 1985, il signe un hommage à la production française de l'ONF (*Cinéma, cinéma*, coréal. W. Nold) à l'occasion de son vingt-cinquième anniversaire, et un film-collage sur Picasso (*Ô Picasso*). De facture très libre, *Cinéma, cinéma* et *Ô Picasso*, tout comme le film qu'il signe sur la ville de Québec (*Vive Québec!*, 1988), rassemblent des éléments en apparence épars et font une place importante aux chansons qu'interprète Chloé Sainte-Marie. Cette dernière est aussi la vedette de *La guêpe* (1986), long métrage de fiction qui met en scène une jeune femme prête à tout pour venger la mort de ses enfants tués par un chauffard. Retour de Carle à un cinéma de fiction personnel, *La guêpe* est l'échec critique et public le plus cruel de sa carrière.

Avec Jean Pierre Lefebvre et Claude Jutra, Carle est l'une des figures de proue du jeune cinéma québécois de fiction du début des années 70. Au total, ses films ont remporté vingt-cinq Génies et Canadian Films Awards,

ce qui en fait le cinéaste canadien le plus récompensé. Tout au long de sa carrière, il réalise aussi un grand nombre de films publicitaires. En 1988, il prépare un docu-mentaire sur le diable pour la série «Parlez d'Amérique», et un film de fiction qui, comme *Les Plouffe* et *Maria Chapdelaine*, puise à même le patrimoine culturel québé-cois: *La Corriveau*.

FILMS: *Dimanche d'Amérique* (1961, cm), *Patinoire* (1962, cm), *Natation* (1963, cm), *Patte mouillée* (1963, cm), *Un air de famille* (1963, cm), *Percé on the Rocks* (1964, cm), *Solange dans nos campagnes* (1964, cm), *La vie heureuse de Léopold Z .*(1965), *Place à Olivier Guimond* (1966, mm), *Place aux Jérolas* (1967, mm), *Le Québec à l'heure de l'Expo* (1968, cm), *Le viol d'une jeune fille douce* (1968), *Red* (1969), *Les mâles* (1970), *Stéréo* (1970, cm), *Un hiver brûlant* (1971, mm), *La vraie nature de Bernadette* (1972), *Les corps célestes* (1973), *La mort d'un bûcheron* (1973), *Les chevaux ont-ils des ailes?* (1975, cm), *La tête de Normande St-Onge* (1975), *A Thousand Moons* (1975, mm), *L'ange et la femme* (1977), *L'âge de la machine* (1978, cm), *Fantastica* (1980), *Les Plouffe* (1981), *Jouer sa vie* (coréal. C. Cou-dari, 1982), *Maria Chapdelaine* (1983), *Cinéma, cinéma* (coréal. W. Nold, 1985), *Ô Picasso* (1985), *La guêpe* (1986), *Vive Québec!* (1988). (E.P. et M.J.)

CARON, René, acteur (Montréal, 1925). On l'a souvent entendu comme annonceur à la radio; on l'a vu dans de nombreuses séries télévisées, plus particulièrement dans *Radis-son*, dans *CFRCK* et dans *Les belles histoires des Pays-d'en-Haut* où il a prêté sa voix grave au personnage du loquace Todore, type même du faux bon vivant. Au cinéma, il a tourné dans une douzaine de longs métrages, des

Brûlés (B. Devlin, 1958) aux *Tisserands du pouvoir* (C. Fournier, 1988), en passant par *Il était une guerre* (L. Portugais, 1958), *O.K. ...Laliberté* (M. Carrière, 1973), *Le crime d'Ovide Plouffe* (D. Arcand, 1984) et *Le frère André* (J.-C. Labrecque, 1987). Mais ses deux plus beaux rôles, sans contredit, c'est Arcand qui les lui a offerts: celui de Roland [quoique sur son camion on ait écrit Rolland] Soucy, le ferrailleur de *La maudite galette* (1971) – où l'ambiance très noire du film doit beaucoup à son étonnante prestation; et celui de Jean-Guy Biron, le maire, dans *Réjeanne Padovani*, un politicien dont les mines et les mimiques ne sont pas sans évoquer celles d'un Jean Drapeau. (J.-M.P.)

CARON, Suzanne, réalisatrice. Elle entre au SCP au milieu des années 50. D'abord assistante, elle coréalise trois documentaires avec Dorothée Brisson*. Après quoi, elle abandonne le cinéma. (P.V.)

CARRÉ, Louise, productrice, réalisatrice, scénariste, administratrice (Montréal, 1936). Elle est d'abord annonceuse à la radio, journaliste, directrice de la troupe folklorique les Feux-Follets. Puis, de 1973 à 1977, elle exerce à l'ONF les fonctions d'assistante à la production et d'administratrice pour une vingtaine de films avant de devenir productrice. Elle scénarise, avec Marthe Blackburn et Anne Claire Poirier, *Le temps de l'avant*

Ça peut pas être l'hiver on n'a même pas eu d'été, premier film de fiction de Louise Carré, interprété par Céline Lomez (à gauche) et Charlotte Boisjoli. (Le Devoir)

(A. C. Poirier, 1975) et, avec Denyse Benoit et Robert Vanherwegen, *La belle apparence* (D. Benoit, 1977). La même année, avec André Théberge et Denyse Benoit, elle fonde une compagnie de production, La maison des Quatre. Carré produit *La petite nuit* (A.Théberge, 1982, cm), *Contes des mille et un jours ou Jean Desprez* (I. Cadrin-Rossignol, 1986), *Le sourd dans la ville* (M. Dansereau, 1987) et *Qui a peur de l'aractuel?* (mm), documentaire que Marie Décary tourne à Venise. En 1980, elle réalise son premier film de fiction, *Ça peut pas être l'hiver on n'a même pas eu d'été*, suivi, en 1986, de *Qui a tiré sur nos histoires d'amour?* Dans les deux cas, elle assume également la scénarisation et travaille à la production. Le premier film remporte le prix de la Presse internationale au FFM (1980) et reçoit un bon accueil du public. Il raconte l'histoire d'Adèle, la cinquantaine avancée, qui, tout à fait démunie à la mort de son mari, apprend progressivement à se prendre en main. La force du film tient beaucoup à la vérité du scénario, à la sincérité de l'approche et au jeu de Charlotte Boisjoli qu'on avait jusque-là surtout vue au théâtre. Elle interprète le rôle d'Adèle avec sensibilité et retenue. Madeline, l'héroïne de *Qui a tiré sur nos histoires d'amour?* est plus affranchie. Elle vit seule, tourne des films et anime une émission à la radio. Carré ne cache pas l'aspect autobiographique du scénario. Mais l'autonomie n'étant pas garante du bonheur, cette femme passionnée, interprétée par Monique Mercure, se heurte à l'immobilisme social et aux valeurs traditionnelles de sa fille. Les héroïnes de Carré se démarquent des stéréotypes féminins du cinéma dominant. Si Adèle est un personnage à la fois complexe et bien incarné, Madeline, par contre, porte un peu le poids du volontarisme de l'auteure. La critique avait

trouvé inégal le scénario du premier film, celui du second est plus standardisé. Les deux films témoignent de l'attachement de l'auteure pour la région de Sorel-Tracy où Carré situe ses histoires. Elle évoque avec justesse le cadre de vie, la dynamique sociale et les différents milieux où ses personnages évoluent. Fidèle, elle prépare ensuite un documentaire sur les relations de travail entre patrons et ouvriers vues à travers l'industrie navale de Sorel et la famille Simard. Elle travaille aussi à une adaptation de *Petite violence*, un roman de Madeleine Monette. Fortement engagée dans le milieu cinématographique québécois, elle est vice-présidente de l'ARRFQ (1982), vice-présidente de la Cinémathèque québécoise (1982-1983) et directrice générale des Rendez-vous du cinéma québécois (de 1983 à 1985). (D.Po.)

CARRIER, Louis-Georges, réalisateur (Detroit, États-Unis, 1928). Arrivé au Canada en 1933, il débute à la radio en 1953 puis devient réalisateur à la télévision l'année suivante. Il signe plusieurs téléthéâtres prestigieux, la plupart présentés à l'émission *Les beaux dimanches* (Musset, Shakespeare, Jasmin, Dubé, Languirand, Aquin) et des séries (dont *Laurier*, 1987). Il touche aussi aux variétés. Il règle de nombreuses mises en scène pour le théâtre et écrit plusieurs pièces. C'est à l'ONF qu'il fait ses premières armes au cinéma avec *Au bout de ma rue* (1958, cm) et *Nomades* (1960, cm). *Louis-Joseph Papineau le demi-dieu* (1960, cm) reçoit un meilleur accueil que ses films précédents. Son incursion dans le cinéma commercial avec la comédie *Le p'tit vient vite* (1972) se révèle un échec. C'en sera fini pour lui du cinéma. En 1981, la SSJB lui remet le prix Victor-Morin pour l'ensemble de son œuvre. AUTRES FILMS: *Le misanthrope* (1964), *Faux-*

bond (1966), *Le manipulant* (1966, cm).
(P.V.)

CARRIÈRE, Bruno, réalisateur, chef opérateur, producteur, scénariste (Cornwall, Ontario, 1953). Membre de l'ACPAV depuis les débuts de cette coopérative de production, il est producteur (Les films Cinétrie) de plusieurs films, dont *Le petit pays* (B. Langlois, 1980, cm), et, encore plus souvent, directeur de la photographie. À l'instar de Roger Cantin, il se consacre surtout à la réalisation d'une quarantaine de courts ou moyens métrages, qui vont de la fiction expérimentale (*La mort dans l'œuf*, 1974, mm), au documentaire de commande (*L'essor agricole au Canada*, 1986, mm) en passant par la légende (*Le chien de lune*, 1986, cm), l'animation ou le film d'intervention... Mais, ce qui caractérise le mieux Carrière, ce sont ses préoccupations sociales, particulièrement évidentes dans *Le*

scrapeur (1976, cm), portrait chaleureux d'un ramasseur de ferraille, dans *Les récupérateurs* (1977, mm), dossier complet sur le recyclage des déchets, ou encore dans *Vous «santé» vous bien?* (1978, mm), film-outil sur les problèmes de sécurité au travail et leurs répercussions sur les familles des quartiers populaires. Son premier long métrage de fiction, *Lucien Brouillard* (1983), raconte l'histoire d'un contestataire énergique (Pierre Curzi), capable d'alerter l'opinion publique sur les injustices sociales, mais plutôt irresponsable dans la mesure où il est plus préoccupé des autres que de sa famille. Le scénario est centré sur sa relation d'amitié avec un avocat (Roger Blay) dont on ne prévoit pas le retournement final. Même si le drame social s'efface derrière le drame psychologique pour mener à un spectacle de type hollywoodien, *Lucien Brouillard* reste une œuvre très généreuse. Film de transition, il élimine le militant

Bruno Carrière (à droite) avec Pierre Curzi, pendant le tournage de Lucien Brouillard. *(Le Devoir)*

typique des années 70 pour installer la figure forte des années 80, la femme. Carrière prépare un autre long métrage: *Au bout du vent*. (H.-P.C.)

CARRIÈRE, Marcel, réalisateur, ingénieur du son, administrateur (Bouchette, 1935). Entré à l'ONF en 1956 comme preneur de son, il participe à la réalisation de plus d'une centaine de films. Aucun style de tournage n'est à son épreuve. Il sait s'adapter (et même bricoler) en toutes circonstances. On le voit furtivement, dans *Les raquetteurs* (M. Brault et G. Groulx, 1958, cm), enregistrer en direct un son qui n'est pas encore synchrone avec la caméra. Quand la technique se développe et permet l'avénement du cinéma direct, Carrière est sur la ligne de front; sa participation à *Pour la suite du monde* (P. Perrault et M. Brault, 1963) en témoigne. Lorsque les premières fictions ont besoin d'un son direct et d'une caméra légère, il est là, peu importe que ce soit à l'ONF ou non: *Seul ou avec d'autres* (D. Arcand, D. Héroux et S. Venne, 1962), *À tout prendre* (C. Jutra, 1963) et *Le chat dans le sac* (G. Groulx, 1964) portent sa marque. La qualité de son travail fait que bientôt on lui accorde le titre de coréalisateur, par exemple pour *La lutte* (coréal. C. Fournier, C. Jutra et M. Brault, 1961, cm) ou *Rencontres à Mitzic* (coréal. Georges Dufaux, 1963, cm). Mais, il ne peut se contenter de ce statut; la réalisation en solo le fascine. *Villeneuve, peintre-barbier* (1964, cm) lui permet de faire ses débuts, et *Avec tambours et trompettes* (1967, cm) fait éclater son talent. Ce reportage sur un congrès de zouaves pontificaux joue le jeu du direct mais se distingue par son humour. Carrière y révèle un trait fondamental de sa personnalité: le goût du rire, un rire chaleureux pour ceux qu'il filme. Dès lors sa carrière s'oriente dans trois directions: les

films de circonstance, la fiction et le direct. Les films de circonstance sont les moins intéressants. On y retrouve notamment *Bois-Francs* (1966, cm), *La Colombie-Britannique et l'habitation* (coréal. G. Sparling, 1967, cm), *L'Indien parle* (1967, mm), *10 milles/heure* (1970, cm). Trois films sortent du lot: *Hôtel-château* (1970, mm), qui intéresse parce qu'il propose la confrontation de deux mondes;

Marcel Carrière, devant Jacques Godin, pendant le tournage de O.K. ...Laliberté. (Le Devoir)

Ping-pong (1974, cm), un film sans paroles qui concentre l'attention du spectateur sur la performance sportive; et *La bataille de la Châteauguay* (1978, cm), un cours d'histoire en costumes qui démythifie, sur le mode léger, le héros de ce «glorieux» fait d'armes.

Carrière aborde la fiction par une expérience unique dans son œuvre, *Saint-Denis dans le temps* (1969), où, en mélangeant documentaire et fiction, il cherche moins à redécouvrir l'histoire qu'à l'interroger à la lumière des problèmes du présent. Il donne ensuite

son film de fiction le plus important, *O.K.
...Laliberté* (1973) où, par le biais de l'humour, il parle avec tendresse de la vie quotidienne de Québécois urbains moyens. Cette tragi-comédie est bien accueillie par la critique. Après un détour par une fiction plus classique, *Le grand voyage* (1974, mm), où il s'essaie au portrait psychologique, Carrière tente de retrouver la formule gagnante d'*O.K.
...Laliberté*. Il tourne *Ti-Mine, Bernie pis la gang...* (1976), une comédie se déroulant aussi dans l'Est de Montréal, et qui montre des gens voulant fuir la pesanteur du quotidien. Si les gags visent souvent juste, leur articulation dans un récit soutenu est toutefois défaillante et le relatif échec du film convainc Carrière d'abandonner la fiction. Pionnier de la prise de son documentaire, il est normal qu'il explore plus à fond cette voie. C'est avec *Épisode* (1968, mm) qu'il renoue avec le direct. Il y suit discrètement les faits et gestes d'une famille ouvrière de l'Est de Montréal, en mettant l'accent sur l'écart entre les générations qui divise la famille. Cette sensibilité aux questions sociales transparaît surtout dans *Chez nous c'est chez nous* (1973), son documentaire le plus personnel. Tourné dans le cadre du programme Société nouvelle, quelque temps retenu de diffusion, ce film sur la fermeture de paroisses gaspésiennes dépasse le simple reportage pour devenir une réflexion sur le déracinement. Carrière s'engage face à son sujet, témoigne une grande amitié envers ses personnages et est sensible à leur drame. Ses films suivants sont d'ambition plus modeste. Le titre d'*Images de Chine* (1974) est révélateur. L'un des premiers occidentaux à tourner en Chine depuis la Révolution culturelle, Carrière transmet son sentiment de dépaysement, pour ne pas dire de fascination innocente, devant cette réalité. Il la montre, exotique, sans la commenter;

seules quelques phrases énoncées du point de vue chinois servent de contrepoint. On retrouve là la méthode d'*Avec tambours et trompettes*. Après un détour par les Olympiques comme réalisateur associé (*Jeux de la XXIᵉ Olympiade*, coréal. J.-C. Labrecque, Georges Dufaux, J. Beaudin, 1977), il aborde avec *De Grâce et d'Embarras* (1979) un sujet à saveur sociale mais de portée plus restreinte (cela témoigne d'ailleurs de l'évolution du programme Société nouvelle). Le film s'intéresse au sort de deux habitants des îles de Sorel, dont le mode de vie traditionnel est bouleversé par la venue de citadins. À la faveur d'un portrait avant tout humain, Carrière affiche un point de vue écologique qui annonce *Équinoxe* (A. Lamothe, 1986).

En 1978, Carrière devient directeur du programme français. À la fin de son mandat, il demeure dans l'administration pour occuper le poste de directeur des services, chargé de la distribution et du secteur recherche et développement. C'est le plus haut rang jamais atteint par un francophone issu de la production. (P.V.)

CENSURE. Appartenant au domaine de la culture, le cinéma relève des provinces, selon la constitution canadienne. On trouve donc, au Canada, autant de lois de censure que de gouvernements provinciaux. De la limitation du public à l'interdiction ou à la mutilation des films, seule la première manière de censurer est aujourd'hui mise en application au Québec. Le 24 mars 1911, un article s'ajoute à la loi des «Exhibitions publiques» pour interdire l'entrée des salles aux moins de quinze ans, à moins qu'ils ne soient accompagnés d'un parent ou d'un adulte responsable. Le 21 décembre 1912, le gouvernement crée le Bureau de censure des vues animées auquel, à partir du 1ᵉʳ mai 1913, les distri-

Denys Arcand, Alain Dostie, Pierre Mignot et Gérald Godin, pendant le tournage de On est au coton. *(ONF, coll. CQ)*

buteurs sont tenus de soumettre tous les films. Le Bureau est situé à Montréal et a tout loisir d'interdire ou de couper tout film présenté. Il le fait abondamment, à tel point qu'en 1926, les *majors* menacent de boycotter le Québec à cause de sa sévérité. Parallèlement, l'Église catholique exerce aussi sa censure officieuse par diverses mesures tendant à limiter l'accès des salles à ses fidèles (*voir* ÉGLISE). L'incendie du Laurier Palace, en 1927, intensifie les demandes d'une censure plus sévère. La mort de soixante-dix-huit enfants illustre cruellement que la loi de 1911 n'est à peu près pas observée et que les salles se préoccupent peu des mesures de sécurité. Sous les pressions cléricales et syndicales, le juge Louis Boyer, président de la Commis-

sion royale d'enquête sur l'incendie du Laurier Palace, recommande l'interdiction totale des salles aux moins de seize ans. Quelques mois plus tard, en 1928, Québec modifie sa loi en ce sens et donne, en plus, au Bureau de censure, le mandat de contrôler les affiches et la publicité dans les journaux.

La loi est plus ou moins bien appliquée selon les salles et la cupidité de leurs propriétaires. Les coupures suscitent des réactions plus ou moins violentes selon l'arbitraire ou l'étroitesse des décisions du Bureau (même *Jeanne d'Arc* de Carl Dreyer subit les «ciseaux»). Plus tard, l'interdiction des *Enfants du paradis* (M. Carné, 1945), sur l'ordre exprès de Maurice Duplessis, et de *Maxime* (H. Verneuil, 1958) montre clairement que le Bureau est un nid de «patronage» et se compose d'amis des politiciens au pouvoir, nommés en récompense de services rendus au parti. En 1960, la mutilation de quatorze minutes de *Hiroshima mon amour* d'Alain Resnais pour l'exploitation commerciale, alors qu'il a été projeté intégralement au Festival international du film de Montréal, provoque quelques réactions médiatiques qui entraînent la création de la Commission Régis. En 1962, celle-ci fournit un rapport sur le principe même de la censure et, à la surprise de tous, en recommande l'abolition et son remplacement par un visa par groupes d'âges, en plus de l'acceptation ou du rejet des films dans leur intégralité. Si une loi n'avalise ces recommandations qu'en 1967, entre-temps, le Bureau abandonne ses critères de 1931 (copiés littéralement du Production Code américain) et, dirigé par André Guérin* depuis 1963, charcute de moins en moins les films. Le Bureau de censure du Québec changera de nom en 1967 pour devenir le Bureau de surveillance du cinéma et s'affranchira de toute ingérence politique. Le visa par groupe d'âges (18 ans, 14 ans, tous) n'affirme pas que les films sont «bons» pour les personnes concernées, mais simplement qu'ils ne peuvent pas leur faire de tort. La loi de 1967 n'est modifiée que le 1er avril 1985, alors que sont promulgués les règlements découlant de la loi de 1983 qui abolit la censure des affiches et de la publicité (sauf celle des bandes-annonces) et que le visa «14 ans» devient «indicatif» plutôt qu'impératif, renvoyant ainsi aux parents la décision de laisser leurs enfants voir tel ou tel film. Le «tous» devient «visa général». Entre 1967 et 1985, la surface de nudité, l'audace des gestes et des positions érotiques ont augmenté de six mois en six mois, jusqu'à ce que, dans les années 80, la pornographie devienne acceptable et que ne

soient plus interdites que les scènes érotiques mettant en cause des enfants et la violence faite aux femmes dans un contexte sexuel.

Parallèlement à cette censure étatique de la diffusion, une autre forme de censure s'exerce aussi dans les organismes producteurs. Quelques cas restent célèbres à l'ONF: *On est au coton* (D. Arcand, 1970), *Cap d'espoir* (J. Leduc, 1969, mm) et *24 heures ou plus...* (G. Groulx, 1976). Ces films passent quelques années dans le coffre-fort du commissaire et ne sont «libérés» que lorsque le temps les a rendus plus ou moins obsolètes. Quelques autres sont amputés de plusieurs plans ou séquences: *Normétal* et *Voir Miami...* (G. Groulx, 1960 et 1963, cm), *Québec: Duplessis et après...* (D. Arcand, 1972), *Action: the October Crisis of 1970* (R. Spry, 1973). D'autres encore voient leur sortie limitée ou retardée (*Un pays sans bon sens*, P. Perrault, 1970; *Gens d'Abitibi*, P. Perrault et B. Gosselin, 1979). Pour combien d'autres l'autocensure adoucit-elle le propos lors de la présentation des projets, ou en infléchit-elle le sens au moment du montage? Personne n'en pourra jamais établir le compte, sans doute élevé. Il faut toutefois reconnaître que les cinéastes, même s'ils doivent souvent se battre pour l'acceptation de leurs projets, jouissent à l'ONF d'une liberté presque impensable partout ailleurs. Tout aussi inconnu restera le nombre de projets que la précensure des producteurs du secteur privé et les impératifs commerciaux ont fait avorter ou complètement modifier.

Comme dans la plupart des pays occidentaux, la censure régresse au Québec. Mais son spectre plane toujours. Divers groupes sociaux, féministes et religieux en réclament périodiquement le resserrement, sans toujours s'y attaquer directement. Un projet de loi fédéral sur la pornographie a failli, en 1987, anéantir le progrès des vingt dernières années. Une vaste campagne orchestrée par le milieu du cinéma l'a fait renvoyer à l'étude, mais le jeu des pressions politiques peut le ramener n'importe quand. (Y.L.)

CHABOT, Jean, réalisateur, scénariste (Saint-Jean-Baptiste-de-Rouville, 1945). Après avoir tourné des courts métrages indépendants, il devient assistant caméraman, puis coréalise, avec Clovis Durand, *Un bicycle pour Pit* (1968, cm). Il signe aussi des chroniques de cinéma au *Devoir* et au magazine *Sept jours.* En 1970, il réalise son premier long métrage de fiction, *Mon enfance à Montréal,* dans la série «premières œuvres» à l'ONF. Un ouvrier (Robert Rivard) quitte un emploi mal payé à la campagne et vient à Montréal avec son jeune fils. Successivement, son père puis sa mère meurent. Lui ne trouve pas de travail. Laissée sans nouvelles, sa femme (Véronique Vilbert) arrive en ville à son tour: c'est la meilleure partie du film. De curieuses séquences de rêve concentrationnaire (où apparaît Carole Laure) s'insèrent dans ce sombre récit naturaliste; l'expression d'une révolte sincère y semble aujourd'hui vieillie. La même indignation sous-tend, dans un style encore un peu incertain mais plus intéressant, *Une nuit en Amérique* (1974). Un jeune couple innocent y est victime d'une intrigue mettant faussement aux prises un policier dévoyé (Robert Rivard) et une aventurière internationale. Se déroulant aux abords du fleuve, sur le Plateau Mont-Royal, en passant par le port et les cabines de luxe d'un trans-

Voyage en Amérique avec un cheval emprunté. *(Pierre Crépô)*

atlantique, le film révèle une photogénie inédite de Montréal.

Dans les films qu'il réalise à partir de 1978, *La fiction nucléaire* (1978), *Le futur intérieur* (coréal. Y. Rouleau, 1982), et *Voyage en Amérique avec un cheval emprunté* (1987, mm), Chabot ne se contente plus de dénoncer le chômage et la pauvreté, de dévoiler la corruption par le biais d'un récit naturaliste et allégorique ou d'une fiction policière; il cherche plutôt à comprendre les dessous et les ramifications des choix économiques, politiques ou sociaux, qui produisent le chômage, la pauvreté, la corruption, la violence, la guerre et la dépendance. Composites, éclatés, ses films procèdent d'un refus des découpages conventionnels de la réalité et des distinctions traditionnelles entre les genres; ce ne sont ni des documentaires, ni du direct, ni des films d'archives, ni des fictions, mais tout cela ensemble. Ils n'ont pas un unique sujet: qu'il s'agisse de la construction de centrales nucléaires et des choix politiques et économiques qu'elle implique, de la place et du rôle assignés au Québec dans la stratégie globale de l'empire américain (*La fiction nucléaire*); qu'il s'intéresse à l'histoire du mouvement féministe, à la violence faite aux femmes, à leurs peurs et à leur force collective (*Le futur intérieur*); que le cinéaste, à l'occasion d'un bref voyage aux États-Unis, avant la naissance d'un premier enfant, s'interroge sur la « différence » du peuple québécois et sur sa possible assimilation (*Voyage en Amérique avec un cheval emprunté*). Ils se présentent comme l'assemblage, sur le mode affectif, selon des rapports intuitifs, d'images, de voix et de sons d'origines différentes. Ils empruntent au reportage, à l'histoire, à la littérature, mais ne racontent, n'exposent et n'enseignent rien. Ils explorent le temps et l'espace; ils disent la fragilité et

l'inquiétude. Comme la poésie et la musique, ils jouent sur l'émotion. *La nuit avec Hortense* (1988) marque le retour de Chabot à la fiction. La rencontre entre un jeune Montréalais du Plateau Mont-Royal (Lothaire Bluteau) et une «belle étrangère» (Carole Laure) débute en marivaudage poétique mais va les entraîner, aux confins de la ville, à la limite de la terre et du fleuve, là où s'accrochent encore des lambeaux de nature, l'eau, la terre, la boue, le vent, la pluie, l'orage. Ils plongent dans un voyage au bout de la nuit et au bout d'eux-mêmes pour vivre une aventure érotico-onirique d'un accent radicalement nouveau dans le cinéma québécois. (M.E.)

CHALLENGE FOR CHANGE. (*Voir* Office national du film)

CHAMPAGNE, François, producteur (Montréal, 1941). Après des études supérieures en administration, il travaille pour une importante firme d'ingénieurs-conseil et devient gérant du bureau de chantier du pont-tunnel Louis-Hippolyte-Lafontaine. À ce titre, il assume les relations avec la presse et les équipes de cinéastes, nombreuses à filmer cette remarquable réalisation; il est alors fasciné par le monde du cinéma. Au terme de ce contrat, en 1967, il se joint, en tant qu'administrateur, à la maison Omega (fondée en 1947 sous le nom de Phoenix Studios par Henri Michaud et Pierre Harwood) qui produit surtout des séries dramatiques pour Radio-Canada (*Pépinot et Capucine, D'Iberville,* etc.). Il accède rapidement au poste de producteur. Mais son arrivée coïncide avec le moment où Radio-Canada s'installe dans ses nouveaux studios et abandonne presque complètement les commandes extérieures. Omega se réoriente vers la publicité et le documentaire institutionnel; ce dernier secteur est dirigé par Champagne. La compagnie change son nom pour Stellart Dredge Audio, puis SDA Productions en 1972. Progressivement, Champagne en devient actionnaire, vice-président puis président, en 1978. Il restructure l'entreprise et forme quatre modules (séries télévisées, messages publicitaires, documentaires de commandite, projets spéciaux). Plus de trois cents films sont produits sous sa responsabilité, parmi lesquels les séries «Kébékio» (1978) et «Écologie» (1982-1983), de même que les films *L'espace d'un été* (1980) et *Pourquoi l'étrange monsieur Zolock s'intéressait-il tant à la bande dessinée?* (Y. Simoneau, 1982). Avec la création du fonds de développement de Téléfilm Canada, SDA revient en force dans la production de séries dramatiques pour la télévision (*À plein temps*, 1984-1988; *Rock*, 1988).

Devenu expert en fiscalité du cinéma, sa participation aux comités d'études est très recherchée. C'est ainsi qu'il devient un des membres les plus actifs de l'APFVQ et de divers autres organismes. (Y.L.)

CHAMPAGNE, Joseph, ingénieur du son (Cyrville, Ontario, 1918). À ses débuts à l'ONF, en 1943, il travaille comme tant d'autres à des documents d'intérêt militaire. Toute la prise de son se fait alors sur les lieux mêmes du tournage (entrevues, musique, bruits environnants, etc.). Il est preneur de son pour un grand nombre de films, parmi lesquels on compte *Les aboiteaux* (R. Blais, 1955, cm), *Les moines de Saint-Benoît-du-Lac* (R. Blais, 1951), *La vie heureuse de Léopold Z.* (G. Carle, 1965), *Ce soir-là, Gilles Vignault...* (A. Lamothe, 1967), *Taureau* (C. Perron, 1973), *Partis pour la gloire* (C. Perron, 1975) et *Le temps de l'avant* (A. C. Poirier, 1975). En véritable pionnier, il lance

le concept du son *candid* (par allusion au *candid eye*) visant à plus de mobilité et de souplesse. En 1960, il est prêté à l'ONU et, à son retour à l'ONF, il dirige la division du son. Depuis 1978, il vit une retraite fort active et son travail de pigiste l'amène à travailler pour les studios MGM autant que pour Jean Pierre Lefebvre. (A.D.)

CHAMPAGNE, Monique, scripte, actrice (Paris, France, 1925). Elle prend des cours d'art dramatique à l'École du Nouveau Monde, puis est, tour à tour, animatrice, réalisatrice, intervieweuse ou comédienne à la radio et à la télévision au cours des années 50 et 60. Elle fait aussi partie de la tournée canadienne de *Bousille et les Justes* de Gratien Gélinas, en 1962. Après avoir joué dans quelques films produits à l'ONF, elle obtient un premier rôle dans *Il ne faut pas mourir pour ça* (J. P. Lefebvre, 1968), puis dans *Le soleil des autres* (J. Faucher, 1970), où elle fait aussi ses débuts comme scripte. Des stages en Europe l'aident à parfaire sa connaissance de ce nouveau métier. Elle écrit *Le métier de script* (Leméac, 1973), un des rares ouvrages sur le sujet. Elle exerce ce métier pour le tournage de près de quatre-vingts longs métrages, dont *Kamouraska* (C. Jutra, 1973), *Eliza's Horoscope* (G. Sheppard, 1975) et *Cordélia* (J. Beaudin, 1979). Elle siège au conseil d'administration de l'IQC dès 1984. Forte personnalité, Champagne est celle qui a su imposer le métier de scripte à la profession cinématographique au Québec. (J.P.)

CHARLAND, Hector, acteur (L'Assomption, 1883 – Montréal, 1962). Charland ayant reçu une formation en droit, Grignon aimait répéter que son interprète était devenu l'avocat d'une seule cause, Séraphin. En effet, si on l'a vu dans d'autres rôles, par exemple en évêque dans *Le rossignol et les cloches* (R. Delacroix, 1951), c'est spontanément au fameux avare d'*Un homme et son péché* et de *Séraphin* (P. Gury, 1949 et 1950) qu'on l'identifie. Habituée de l'entendre à la radio, la population le confond avec son personnage, à tel point qu'il lui arrive d'avoir maille à partir avec le public. À la fin de sa vie, on le retrouve à la télévision dans la peau d'Évangéliste, le père de Séraphin, homme doux et raisonnable, antithèse absolue du fils détesté. (J.-M.P.)

CHARLEBOIS, Robert, acteur, musicien (Montréal, 1944). Au sortir de l'École nationale de théâtre, il est au premier plan du délire créateur qui s'empare de la chanson québécoise et dont l'Osstidcho (avec Forestier, Deschamps, Mouffe), en 1968, est l'apothéose. Ce succès le propulse à l'Olympia, d'où le titre du documentaire qui lui est consacré: *À soir on fait peur au monde* (F. Brault et J. Dansereau 1969). Symbole de toute une génération, c'est bien naturellement qu'on le retrouve dans certains films québécois: *Entre la mer et l'eau douce* (M. Brault, 1967) et *Jusqu'au cœur* (J. P. Lefebvre, 1968). Plus tard, il jouera dans des productions étrangères: *Un génie, deux associés, une cloche* (G. Damiani, 1975), *Les longs manteaux* (G. Béhat, 1985) et *Sauve-toi, Lola* (M. Drach, 1986). Par ailleurs, il signe la musique de *Deux femmes en or* (C. Fournier, 1970), *L'agression* (G. Pirès, 1974) et *Lune de miel* (P. Jamain, 1985). Entre Paris et Montréal, il poursuit depuis une carrière de chanteur-compositeur moins percutante qu'à ses débuts, mais tout de même honorable. (F.L.)

CHARRON, Michel, ingénieur du son (Montréal, 1957). Dès l'âge de dix-sept ans, il est stagiaire à l'ONF où il apprend son métier aux côtés de Jacques Drouin. D'abord perchiste, il devient preneur de son en 1977. Spécialiste de la prise de son en postproduction et monteur sonore, il fait de la prise de son directe sur plusieurs longs métrages, dont *La belle apparence* (D. Benoit, 1979), *Enfants du Québec et alvéoles familiales* (M. Moreau, 1979), *Une naissance apprivoisée* (M. Moreau, 1979), *Le plus beau jour de ma vie...* (D. Létourneau, 1981), *On n'est pas des anges* (S. Guy et G. Simoneau, 1981), *Quel numéro what number?* (S. Bissonnette, 1985), *Qui a tiré sur nos histoires d'amour?* (L. Carré, 1986), *Le frère André* (J.-C. Labrecque, 1987) et *Dans le ventre du dragon* (Y. Simoneau, 1989). Il est aussi preneur de son pour huit longs métrages de la série «Shades of Love», et pour de nombreux téléfilms américains tournés au Québec. (M.J.)

CHARTRAND, Alain, assistant-réalisateur, réalisateur (Montréal, 1946). L'une de ses réalisations en 8 mm, *Histoire 1900*, est primée à l'émission *Images en tête* présentée à la télévision de Radio-Canada. Il signe ensuite un premier court métrage en 16 mm, *Ataboy* (1967). En 1971, il entre à l'ACPAV, qui vient d'être fondée, et y termine *Isis au 8*, une fiction sur un homme de vingt ans qui décroche de la vie urbaine et va s'installer à la campagne. Il s'engage alors dans cette coopérative dont il est un des membres les plus actifs jusqu'en 1975. C'est là qu'il réalise *La piastre* (1976), encore sur le sujet du retour à la nature, mais cette fois avec un personnage de quarante ans (Pierre Thériault) qui lui fournit l'occasion de discourir sur les problèmes du couple, des enfants, de la relation au père, de la vie communautaire, de la consommation du lait de chèvre à la place du scotch. Il collabore à la réalisation de *Jeux de la XXIe Olympiade* (J.-C. Labrecque, J. Beaudin, M. Carrière, Georges Dufaux, 1977). En 1980 et 1981, il réalise trois documentaires: *Les douces* (mm) sur les énergies douces, puis *Images de l'Estrie* (cm) et *L'Estrie en musique* (mm). En 1982, il brûle, en quelque sorte, les idoles qu'il avait adorées et livre, avec *On n'est pas sorti du bois* (cm), une joyeuse satire de toutes les modes californiennes sur le retour à la nature, la convivialité, les énergies douces. On y assiste à une des plus lucides dénonciations de la langue de bois des «révolutionnaires de courants d'air» des années 70. Suit, en 1983, *L'étaubus* (cm), une transposition réussie de la pièce de théâtre *Môman* de Louisette Dussault. En 1988, il signe *Des amis pour la vie*, téléfilm construit autour d'un groupe de personnes âgées qui met en vedette Paul Hébert, Françoise Faucher, Roger Joubert, Gisèle Schmidt, Olivette Thibault, Jean Mathieu et Jean-Louis Roux. Il y donne un petit rôle à ses parents, figures marquantes du syndicalisme au Québec, Simone et Michel Chartrand.

L'essentiel de la carrière de Chartrand consiste toutefois dans sa participation, comme assistant-réalisateur, à une trentaine de films, surtout des longs métrages de fiction, avec des cinéastes aussi différents les uns des autres que Jean-Guy Noël (*Tu brûles... tu brûles...* 1973), Michel Brault (*Les ordres*, 1974), Gilles Richer (*Tout feu tout femme*, 1975), Jean-Claude Lord (*Parlez-nous d'amour*, 1976), Fernand Dansereau (*Thetford au milieu de notre vie*, 1978), Francis Mankiewicz (*Les bons débarras*, 1980), André Melançon (*La guerre des tuques*, 1984), Arthur Lamothe (*Équinoxe*, 1986), François Labonté (*Henri*, 1986), Yves Simoneau (*Pouvoir intime*, 1986), André Gladu (*Pellan*, 1986) et Jean-Claude Lauzon (*Un zoo la nuit*, 1987). En 1988, Chartrand prend la présidence de l'ARRFQ. (Y.L.)

CHBIB, Bachar, réalisateur, scénariste (Damas, Syrie, 1957) . Il arrive au Québec en 1967. Après des études en microbiologie-immunologie à l'Université McGill, il s'inscrit en cinéma à l'Université Concordia et n'arrête plus de faire des films depuis. Il réalise sept courts métrages, dont *Or d'ur* (1983) sur la prostitution mâle et *Amour impossible* (1984), documentaire sur les marginaux, les travestis et les néo-fascistes, «mon film préféré » dit-il. Il tourne aussi cinq longs métrages: *Memoirs* (1985), dont le scénario n'est pas de lui et qu'il a tourné, de son propre aveu, «pour l'expérience et sans aimer le faire», *Evixion* (1986), *Seductio* (1987), *Clair obscur* (1988) et *Life of Birds* (1989). On ne

Bobo Vian dans Clair obscur.

trouve dans ces films ni personnages, ni intrigue, ni dialogues au sens conventionnel, tout au plus des thèmes et des préoccupations, autobiographiques mais transposées: la photo (*Evixion*), la vidéo (*Seductio*), toujours le chant, la voix, l'opéra et les divas. Les dialogues sont soit inintelligibles, soit adressés directement aux spectateurs (*Seductio*) pour marquer que Chbib n'est pas dupe des clichés contreculturels et du culte de la marginalité auxquels il semble sacrifier. Dans *Evixion*, les contraintes matérielles le forcent à respecter les unités de lieu et d'action: les locataires hétéroclites d'un vieil immeuble vivent les derniers jours précédant leur expulsion. Le film est entièrement tourné dans et autour de l'immeuble, en plans fixes, contraints par les portes et les fenêtres, ou caméra à l'épaule dans l'escalier et les couloirs, entre le moment où une photographe et ses copains entrent par une fenêtre et celui où les locataires en sortent et se dispersent. Le fait d'avoir enfin disposé d'un vrai budget se traduit, dans *Clair obscur*, par le soin apporté à la bande sonore, à l'éclairage et aux intérieurs, où prolifèrent meubles, objets, tableaux, plantes, fruits et victuailles: il y a beaucoup plus à voir dans chaque plan. L'intrigue n'est toutefois guère plus cohérente ni les personnages plus fouillés. Passionné de cinéma, Chbib anime aussi la Canadian Film and Video Export, compagnie de distribution grâce à laquelle dix films indépendants canadiens et québécois (dont *C'est comme une peine d'amour*, S. Guy, 1984 et *La couleur encerclée*, Jean et S. Gagné, 1986) sont présentés dans dix villes des États-Unis en 1987. Ces films, accompagnés de dix courts métrages, sont aussi projetés dans cinquante villes d'Europe en 1987 et 1988. (M.E.)

CHETWYND, Lionel, scénariste, réalisateur, producteur (Londres, Angleterre, 1940). Immigré au Canada à huit ans, il vit son enfance et son adolescence à Montréal, et prend la nationalité canadienne en 1964. Après des études en économie (Sir George Williams) et en droit (McGill), il travaille pour la Columbia en Angleterre. Auteur de nombreux scénarios, il n'est réalisateur qu'à l'occasion. Beaucoup de ses scénarios ont été tournés au Canada et aux États-Unis, mais son principal titre de gloire reste sans doute son adaptation d'une œuvre de Mordecai Richler, *The Apprenticeship of Duddy Kravitz* (T. Kotcheff, 1974), qui lui vaut une mise en nomination pour l'Oscar. Il fait ses débuts dans la mise en scène avec *Two Solitudes* (1978), d'après le célèbre roman de Hugh MacLennan, tentative ambitieuse d'expliquer le caractère national des deux peuples fondateurs et la nature de leurs relations. La critique et le public font au film un accueil mitigé. Chetwynd vit maintenant en Californie. Entre autres choses, il y scénarise et y réalise *Hanoi Hilton* (1987). (J.A.)

CHOLAKIAN, Vartkes, réalisateur (Aleppo, Syrie, 1940). Il quitte la Syrie à l'âge de quinze ans pour aller vivre aux États-Unis. Il étudie pendant deux ans la peinture et le graphisme à l'École des beaux-arts de Boston, puis réalise son premier film, *Machina* (1967, cm), à l'Université Brandeis (Mass.). Après un séjour à Toronto pour occuper un poste d'assistant-caméraman, il s'installe au Québec où il habite de 1972 à 1980. C'est au cours de cette période qu'il réalise tous ses autres films de façon indépendante (sauf deux courts métrages commandés en 1973 par la CBC: *Nora* et *Nora in the Park*), bénéficiant à l'occasion d'appuis, notamment du Conseil des arts du Canada et de l'ONF. En 1980, il repart pour Los Angeles où il fonde une compagnie de production vidéo qu'il dirige toujours. Cholakian est un artiste visuel qui dessine chaque plan avant de tourner. Ses films sont très près de l'expressionnisme, utilisant les distorsions de la lumière et de l'espace. Ils témoignent d'une grande compétence au niveau technique. Assimilables à des expériences psychanalytiques, ils communiquent l'état d'esprit kafkaïen de personnages en voie de se désintégrer. *Machina* traite du milieu de travail aliénant d'un ouvrier d'usine. *The Cage* (coréal. R. Ciupka, 1972, cm) et *The Basement* (1974, cm) explorent l'aliénation et la psychose. *Rappelle-toi* (coréal. M. Dansereau, 1975, mm) met en scène un personnage (Luce Guilbeault) qui n'arrive pas à rétablir l'harmonie entre passé et présent. *A Simple Complex* (1978) oppose l'art à l'amour, l'artiste à l'amante, le travail quotidien à la création. L'œuvre de Cholakian, expérimentale, très personnelle et d'une grande qualité esthétique, demeure méconnue. (M.L.)

CHOQUETTE, Gilbert, scénariste (Montréal, 1929). À l'emploi de l'ONF de 1954 à 1968, il écrit les textes français, originaux ou adaptés, de près de cent cinquante films, dont *City of Gold* (W. Koenig et C. Low, 1957, cm), *The Living Stone* (J. Feeney, 1958, mm), *A is for Architecture* (R. Verrall et G. Budner, 1959, cm) et *Universe* (R. Kroitor et C. Low, 1960, cm). (B.L.)

CHRÉTIEN, Daniel, chef électricien (Longueuil, 1954). Il vient au cinéma en 1978, sous l'influence de Jacques Pâquet*, dont il est l'assistant. En 1982, il prend en charge la compagnie Flexibles, fondée par Pâquet. En 1984, il partage, avec le chef machiniste Emmanuel Lépine, la direction de Moli-Flex,

compagnie qui loue de l'équipement de tournage. Outre des films publicitaires, il travaille sur des dizaines de productions québécoises. Ses grandes qualités techniques et humaines en font un collaborateur apprécié de chefs opérateurs aussi importants que Pierre Mignot, Guy Dufaux ou Alain Dostie. Il a notamment participé à *La femme de l'hôtel* (L. Pool, 1984), *Caffè Italia Montréal* (P. Tana, 1985) et *Les fous de Bassan* (Y. Simoneau, 1986). (J.D.)

CINÉ-CLUBS. Un ciné-club est une association permettant à ses membres de développer une culture cinématographique par la projection et la discussion de films choisis. Née en France, dans les années vingt, sous l'impulsion du critique et cinéaste Louis Delluc, cette formule met du temps à s'imposer au Québec. Dans les années trente et quarante, elle connaît quelques applications par le truchement d'une adaptation à l'anglaise, les *film societies*. Quelques-unes fleurissent à Montréal (Mount-Royal Film Society, McGill Film Society), comme ailleurs au Canada, surtout dans les milieux universitaires. Dès 1935, on fonde une organisation nationale qui, par la suite, donne naissance à l'Institut canadien du film (1950) puis, en 1956, à la Canadian Federation of Film Societies (Fédération canadienne des ciné-clubs), à laquelle sont inscrits une trentaine de ciné-clubs québécois. Parallèlement, au cours des années cinquante et soixante, se développe au Québec un important mouvement de ciné-clubs d'étudiants, œuvrant dans bon nombre d'institutions de niveau secondaire et collégial. Le mouvement prend naissance dans le milieu de la Jeunesse étudiante catholique (JÉC), en 1949, et grandit rapidement grâce à l'organisation de camps d'été pour la formation des animateurs. En cours d'année, ceux-ci reçoivent un bulletin de liaison intitulé *Découpages* (fondé en 1950), publié par la commission étudiante sous la direction de Gilles Sainte-Marie. Michel Brault*, Pierre Juneau* et Jacques Giraldeau* comptent parmi les principaux collaborateurs du bulletin. En 1953, l'action des étudiants est prise en charge par les centres catholiques de cinéma, mis sur pied dans divers diocèses. On continue de tenir des stages d'animation et on fonde un nouveau bulletin de liaison, *Séquences* (*voir* REVUES), où l'on propose chaque année des thèmes d'étude et des suggestions de films à discuter. L'ampleur du mouvement se manifeste plus particulièrement en 1963, à l'occasion du premier (et dernier) congrès des ciné-clubs d'étudiants, tenu à l'Université de Montréal. On y retrouve six cent cinquante délégués représentant les ciné-clubs des divers collèges classiques, écoles normales, écoles secondaires, scolasticats et instituts familiaux. On discute alors de la formation d'une association des ciné-clubs d'étudiants, mais l'idée demeure sans suite. D'après un relevé réalisé à cette époque par l'Office national des techniques de diffusion, près de trois cent cinquante ciné-clubs sont actifs au Canada français, la forte majorité d'entre eux dans des institutions d'enseignement. Toutefois, la réforme scolaire qui a lieu les années suivantes met un frein à ce mouvement, le regroupement des élèves en écoles régionales rendant plus difficile le maintien des activités para-scolaires. Il demeure que le mouvement des ciné-clubs contribue à l'instauration de cours de cinéma dans plusieurs institutions, et contribue à la formation d'un grand nombre de cinéphiles, de critiques, de professeurs de cinéma et de cinéastes. Aujourd'hui, la notion de ciné-club survit et le travail de sensibilisation se poursuit, dans la plupart des régions du Québec, sous l'égide de l'Association des cinémas parallèles du Québec*.

BIBLIOGRAPHIE: BONNEVILLE, Léo, *Le ciné-club; méthodologie et portée sociale*, Fides, Montréal, 1968. • *Sélection de films pour ciné-clubs*, Office des communications sociales, Montréal, 1970. (R-C.B.)

CINÉMA D'ANIMATION (TECHNIQUES).

Les films d'animation, qu'il s'agisse d'animation de formes concrètes ou abstraites, sont réalisés à l'aide de différentes techniques de décomposition du mouvement et de tournage. On parle ainsi d'animation au banc-titre, d'animation sans caméra, d'animation en trois dimensions, d'animation avec écran d'épingles et d'animatique, c'est-à-dire d'animation assistée ou générée par ordinateur.

Les films d'animation réalisés à l'ONF (depuis 1941), et ceux produits au Québec, ne ressemblent pas aux *cartoons* (dessins animés sur cellulo) des Américains ni aux animations en trois dimensions (avec des marionnettes) des ciné-animateurs d'Europe de l'Est. En cela, l'animation québécoise occupe une place distincte dans la production mondiale, à cause de la diversité des techniques employées, de l'expérimentation constante, tant sonore que visuelle, et à cause de cette manière de produire des films plus artisanale qu'industrielle. Les techniques d'animation subissent, au Québec, des contorsions et des transformations multiples: on utilise des pinceaux, des brosses, des encres, du sable, de l'aquarelle, de la peinture; on grave la pellicule; on tente même une visualisation du son (*Synchromie*, N. McLaren*, 1971, cm). Les inventions nombreuses et les découvertes constantes faites aux studios d'animation de l'ONF profitent à l'animation mondiale.

L'animation au banc-titre. On appelle banc-titre le support de caméra qui permet le déplacement de la caméra par rapport à une surface plane sur laquelle prennent place les documents à filmer. On l'utilise pour le dessin animé ainsi que pour l'animation par déplacement, sur un fond noir ou coloré, de pièces libres (papier découpé, photographies) ou articulées (corde), ou encore de particules (sable). Le dessin animé peut être effectué sur cellulo (acétate transparent), sur papier ou sur carton.

On appelle communément *cartoon* le dessin animé effectué sur cellulo. Dans les studios de l'ONF, ce genre traditionnel subit des transformations notoires. Plus couramment utilisé au studio anglais (Don Arioli*, Derek Lamb*, Gerald Potterton* et Grant Munro*), et dans les premières œuvres, le *cartoon* délaisse ici les histoires aventureuses et les personnages héroïques propres aux films américains. Ron Tunis* (*Le vent*, 1972, cm), Barrie Nelson (*Message de propagande*, 1974, cm), Jeff Hale (*The Great Toy Robberry*, 1964, cm), Paul Driessen* (*Une vieille boîte*, 1975, cm) et plusieurs autres utilisent le *cartoon* avec humour, retournant cette forme d'animation contre elle-même, en pastichant ses invraisemblables poursuites et son rythme fou. Suzanne Gervais* (*Cycle*, 1971, cm), Viviane Elnécavé* (*Rien qu'une petite chanson d'amour*, 1974, cm), Bernard Longpré* (*Les naufragés du quartier*, 1980, cm) ou Pierre Veilleux* (*Dans la vie...* 1972, cm) s'en servent à l'occasion pour son dépouillement, préférant le trait aux formes pleines.

Le déplacement de pièces ou de particules sur un fond noir ou coloré constitue l'une des techniques les plus couramment utilisées au Québec. Ici, les matériaux jouent un rôle de premier plan dans le travail d'innovation: sable (*Le mariage du hibou*, C. Leaf*, 1975, cm), encre (*Climats*, S. Gervais, 1975, cm), perles (*Bead Game*, I. Patel*, 1975, cm), photos (*Ceci est un message enregistré*, J.-T.

Pas de deux, *de Norman McLaren. (Pixillation) (ONF)*

Bédard*, 1973, cm), linoléum (*Zikkaron*, L. Coderre*, 1971, cm), ou, encore, papier découpé (*Balablok*, B. Pojar, 1973, cm), tout est mis à profit. Les formes découpées peuvent se déplacer sur de véritables fresques peintes, comme dans «*E*» (B. Pojar, 1981, cm), pour lequel Yvon Mallette* dessine des châteaux et de petits villages brunâtres, pour évoquer les pays de l'Est, et des motifs de tapisseries anciennes.

Lorsqu'on utilise des dessins au fusain ou au pastel au banc-titre, c'est, souvent, pour créer une atmosphère feutrée rappelant les tableaux impressionnistes (*L'homme qui plantait des arbres*, F. Back*, 1987, cm), ou les paysages naturels (*Syrinx*, R. Larkin*, 1965, tcm), tandis que les formes découpées rappellent les soubresauts du quotidien (*The Tender Tale of Cinderella Penguin*, J. Perlman*, 1981, cm).

L'animation sans caméra. Inspirée des expériences de Len Lye et développée pendant

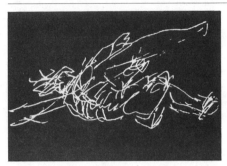

Love Addict, de Pierre Hébert. (Gravure sur pellicule) (ONF)

plusieurs années par Norman McLaren (*Love on the Wing*, 1939, tcm; *Loops*, 1952, tcm; *Blinkity Blank*, 1955, cm), elle est l'une des marques de commerce de l'animation onéfienne. L'image est inscrite directement sur chaque cadre séparément. Elle peut être soit gravée (*Souvenirs de guerre*, P. Hébert*, 1982, cm), soit dessinée ou peinte (*La bague du tout nu*, A. Leduc*, 1974, cm). Sa facture fruste, due au sautillement de l'image, rend on ne peut mieux le geste spontané du trait et la fébrilité du processus créatif.

L'animation à trois dimensions. On désigne ainsi l'animation de marionnettes, la pixillation, et toutes les techniques dérivées de celle-ci. En animation de marionnettes, on peut modifier les personnages, le décor ou les objets entre chaque prise de vues. La caméra repose sur son trépied, les éclairages et les décors accentuent la profondeur, le volume et le relief, unifiés par une mise en scène comme dans les films en prises de vues réelles. Si, dans les années 50, Jean-Paul Ladouceur* travaille avec des marionnettes (*Sur le pont d'Avignon*, coréal. W. Koenig, 1951, cm), c'est quand même Co Hoedeman*

(*Tchou-Tchou*, 1973, cm; *Le château de sable*, 1977, cm) qui manifeste le plus d'intérêt pour cette technique, plus couramment utilisée dans les studios de Prague, en Tchécoslovaquie.

Avec la pixillation, la caméra anime des personnages ou objets réels image par image. Inventée par Norman McLaren en 1949, cette technique est rendue célèbre par *Neighbours* (1952, cm), film pacifiste sur la violence humaine. Depuis cette époque, Bernard Longpré et André Leduc (*Monsieur Pointu*, 1975, cm), ainsi que Jacques Giraldeau* (*Zoopsie*, 1973, cm) sont parmi ceux qui l'ont utilisée. Avec *Il était une chaise* (coréal. C. Jutra*, 1956, cm), *Pas de deux* (1967, cm) et *Narcisse* (1981, cm), Norman McLaren utilise des techniques dérivées de la pixillation en la combinant avec des procédés optiques et mécaniques.

L'animation avec écran d'épingles. L'écran d'épingles est un panneau métallique perforé dans lequel coulissent plus de deux cent mille épingles, que l'on peut enfoncer et faire saillir, une à une ou par petits groupes. En enfonçant plus ou moins les épingles, on crée des zones d'ombre et de lumière qui organisent l'image.

Le paysagiste, de Jacques Drouin. (Écran d'épingles) (ONF, coll. ACPQ)

Les gradations de gris, situées entre le blanc et le noir absolus, permettent un jeu impressionnant de textures et de reliefs. Créé et perfectionné par Alexandre Alexeïeff et Claire Parker, cet instrument avait été peu utilisé avant sa redécouverte par l'ONF. Bien que Parker y réalise *En passant* (1944, cm) et que Maurice Blackburn* y signe *Ciné-crime* (1969, cm), c'est en 1972 qu'on y développe l'écran d'épingles lorsque le couple Parker et Alexeïeff revient avec un instrument de pleine grandeur. McLaren en explique le fonctionnement dans son film, *Pinscreen* (1973, mm). Jacques Drouin*, notamment avec *Le paysagiste* (1976, cm), en tire le maximum d'effets. En 1986, avec *L'heure des anges* (coréal. B. Pojar, cm), il innove en utilisant la couleur et en combinant cette technique avec l'emploi de marionnettes.

L'animation par ordinateur. Au Québec, l'animation de personnages ou de formes avec l'aide de l'ordinateur est introduite à Radio-Canada et à l'ONF, durant les années 60. Bernard Longpré réalise, dès 1965, *Test 0558* (tcm), qui lui permet de faire des recherches dans le domaine de la couleur, d'utiliser des procédés optiques et de perfectionner le mouvement. Une première grande famille d'animation calculée est basée sur le langage des ordinateurs. Elle peut exploiter non seulement les points et les lignes, mais aussi contrôler les surfaces et les modifier en des formes géométriques élémentaires. Cette méthode oblige l'artiste à travailler avec un informaticien, car toutes les images doivent être recomposées mathématiquement (*Perpectrum*, I. Patel, 1974, cm; *Variations graphiques sur Télidon*, P. Moretti*, 1981, cm). Une deuxième famille, mise au point plus récemment, est directement basée sur l'image. Les images et les mouvements sont produits directement

grâce à des dessins exécutés par un artiste sur un terminal graphique. C'est l'ordinateur qui effectue les transitions pour compléter le mouvement entre un dessin de départ et un dessin d'arrivée. Peter Foldès, pour *Métadata* (1971, cm) a ainsi travaillé avec le système du Conseil national de recherches du Canada, développé par Burtnyk et Wein. Dans son film suivant, *La faim* (1974, cm), encouragé par Pierre Moretti et René Jodoin*, il cherchera à atténuer «l'effet ordinateur» et à donner plus de fluidité au mouvement. Dans ce film, l'ordinateur permet de contrôler le déplacement des membres du corps. Cette technique sert très bien son propos, une fable mordante sur la gloutonnerie des riches et la revanche des pauvres.

Le château de sable, *de Co Hoedeman (marionnettes). (ONF)*

Dans les années 80, on cherche à créer l'illusion du volume (3D); par un déplacement image par image, on arrive ainsi à contourner les objets. *Vol de rêve* (P. Bergeron*, N. Magnenat-Thalmann et D. Thalmann*, 1981, cm) constitue un pas important dans cette direction, même si les objets apparaissent en ligne (technique dite en fils de fer). Avec *Tony de Peltrie* (P. Bergeron, P. Lachapelle*, D. Langlois* et P. Robidoux*,

1985, cm), puis avec *Rendez-vous à Montréal* (N. Magnenat-Thalmann et D. Thalmann, 1987, cm), on crée des objets et des êtres en volumes. Pour ce faire, l'objet est découpé en facettes polygonales planes, chacune d'elle étant fournie à l'ordinateur par numérisation. L'angle virtuel de caméra, la couleur et le mouvement sont ensuite ajoutés. Pour son cinquantième anniversaire, en 1989, l'ONF espère animer en trois dimensions des personnages plus complexes que ceux issus de ces films.

Ces différentes techniques ne doivent pas donner l'impression qu'elles sont isolées les unes des autres. Au contraire, leur combinaison fréquente apparaît dans plus d'un film. *Souvenirs de guerre* (P. Hébert, 1982, cm), par exemple, combine le papier découpé et la gravure sur pellicule, tandis que *L'heure des anges* (J. Drouin et B. Pojar, 1986, cm) combine l'animation des marionnettes à l'écran d'épingles. Généralement, au Québec, l'animateur travaille seul des mois durant. Cette tradition de petites productions indique non seulement que l'artiste contrôle toutes les étapes de fabrication et assume la réalisation de son film, mais implique souvent l'utilisation de matériaux modestes. Norman McLaren s'est fait un devoir, dès les origines du studio d'animation, de fournir des explications nombreuses sur la fabrication artisanale de ses instruments de travail et sur la nécessité de l'autonomie créatrice. Plusieurs ateliers d'animation, donnés au Québec et à l'étranger, tracent cette voie.

Le choix d'une technique ne présume en rien des résultats obtenus. Ainsi, l'animatique peut aussi bien s'adapter au poème visuel, au jeu mathématique ou à l'illustration la plus linéaire. L'organisation du rythme, l'utilisation de la couleur, de la lumière, des bruits, des dialogues et de la musique jouent,

en animation, un rôle prépondérant. Là aussi, les expérimentations techniques sont nombreuses, contribuant à faire de l'animation québécoise l'un des creusets les plus dynamiques à l'échelle mondiale.

FILMS SUR L'ANIMATION: *Pen Point Percussion* (N. McLaren, 1951, cm), *Pinscreen* (N. McLaren, 1973, mm), *Fantasmagorie* (R. Glover et M. Patenaude, 1974, mm), *Animated Motion Frame by Frame* (N. McLaren et G. Munro, 1976, cinq cm), *Animando* (M. Magalhaes, 1987, cm), *L'homme de papier* (J. Giraldeau, 1987, mm).

BIBLIOGRAPHIE: LEDUC, Yves, *Portrait d'un studio d'animation, l'art et le cinéma image par image*, Office national du film du Canada, Montréal, 1983. • BERTHIAUME, René et Yves LEDUC, *Le manuel de l'homme de papier*, Office national du film du Canada, Montréal, 1987 • CARRIÈRE, Louise, *Le cinéma d'animation à l'ONF (1950-1984)*, thèse de doctorat, Université McGill, Montréal, 1988. (L.C.)

CINÉMA DIRECT. Les années 60 sont particulièrement fertiles pour le cinéma québécois. Cette période, riche d'audaces, d'innovations et de réussites incontestables, se déroule essentiellement sous le signe du cinéma direct. Ce mouvement a vu le jour simultanément en France, aux États-Unis et au Québec. À l'origine, le terme «cinéma direct», adopté officiellement lors du MIPÉ TV de Lyon, en mars 1963, désigne un nouveau type de cinéma documentaire qui, au moyen d'un matériel de prise de vues et de son synchrone, autonome, silencieux, léger, mobile et aisément maniable, de format 16 mm, tente de cerner «sur le terrain» la parole et le geste de l'homme en action, placé dans un contexte naturel, ainsi que l'événement au moment même où il se produit. Il s'agit d'un cinéma qui tente de coller le plus possible aux circonstances se produisant au moment du tournage, allant même jusqu'à y participer, et de restituer honnêtement à l'écran la «réalité» des gens et des phénomènes ainsi approchés. Compte tenu des médiations et des filtres qui interviennent à toutes les étapes de l'élaboration d'un film (personnalité du cinéaste, choix des angles et des objectifs de prise de vues, traitement au montage, etc.), il va de soi que le résultat final à l'écran est fonction des prétentions esthétiques du cinéaste et ultimement de son éthique. L'éventail des modalités de cette fidélité au réel est pratiquement inépuisable, depuis la vision angélique de certaines positions théoriques du début (assimilées aux courants éphémères du *candid eye* et du cinéma vérité), jusqu'au développement de pratiques cinématographiques proprement signifiantes; depuis la prétention à l'objectivité, rapidement abandonnée, jusqu'à la reconnaissance d'une dynamique fondée sur une subjectivité pleinement assumée; depuis la recherche idéaliste d'un montage de la transparence, dans la lignée de Robert Flaherty, jusqu'à l'affirmation d'un montage s'affichant ouvertement comme producteur de sens, dans la lignée de Dziga Vertov. Plus complexe qu'il n'y paraît à première vue, ce mouvement du cinéma direct embrasse des tendances multiples aux appellations historiques diverses: *candid eye*, cinéma vérité, *living camera*, cinéma vécu, etc. Il a ses sourciers qui, de Flaherty à Vertov, balisent le champ de ses possibilités. Polymorphe, il ne saurait donc être assimilé à la vision réductrice d'un simple cinéma de reportage. L'aventure du cinéma direct au Québec témoigne d'une façon éloquente de ce cheminement et de l'éventail des possibilités offertes par ce type de cinéma.

Les premières manifestations concertées du cinéma direct apparaissent au Québec peu de temps après le déménagement de l'ONF d'Ottawa à Montréal en 1956. Confronté brutalement à la dynamique de la Révolution tranquille et à la réalité culturelle du Québec, l'ONF se voit contraint de se franciser, favorisant la montée d'une nouvelle génération de cinéastes francophones (Michel Brault*, Gilles Groulx*, Claude Jutra*, etc.). La création d'une équipe française, autour des aînés (Fernand Dansereau*, Bernard Devlin*, Louis Portugais*, etc.), puis la mise sur pied d'une unité de production française autonome, en 1964, consacrent cette nouvelle réalité.

Certains de ces jeunes francophones collaborent d'abord à la série «Candid Eye», pilotée par les anglophones, qui vise à renouveler l'approche documentaire, spécialité de l'ONF. Avec une certaine naïveté, le *candid eye*, qui émane d'une idée de Wolf Koenig, prétend jeter un regard non préconçu sur la réalité et atteindre à l'objectivité, d'où le recours à la prise de vues à l'improviste et au téléobjectif, sous prétexte de ne pas troubler le phénomène observé! En réalité, il s'agit d'une expérience relativement sage: les films de cette série sont pour la plupart constitués de plans statiques, n'exploite pas les possibilités réelles du son synchrone; ils sont souvent accompagnés d'un commentaire moralisateur. Ils sont truffés d'audaces acrobatiques: par exemple, dans *The Days Before Christmas* (T. Macartney-Filgate, 1958, cm), la caméra suit un agent de sécurité qui transporte des sacs de monnaie depuis le coffrefort d'un grand magasin jusque dans un camion blindé. Macartney-Filgate, à qui on doit l'apport d'un brin de folie au milieu de gens qui se prennent au «sérieux», réalise la plupart des meilleurs films de la série, avec *Police* (1958, cm), *Blood and Fire* (1958, cm) ou *The Back-Breaking Leaf* (1959, cm),

La lutte, *de Michel Brault, Marcel Carrière, Claude Jutra et Claude Fournier. (ONF)*

où il donne un bon exemple de son synchrone assumé, avant que l'expérience du *candid eye* ne se termine avec *Lonely Boy* (R. Kroitor, 1961, cm) qui en constitue le point d'orgue, avec ses qualités et ses défauts.

De leur côté, les cinéastes de l'équipe française ne tardent pas à dépasser et à pousser à ses limites cette expérience timidement amorcée du côté anglophone. Dès 1958, Michel Brault et Gilles Groulx réalisent *Les raquetteurs* (cm) qui devient un manifeste et le symbole de la lutte menée par les francophones au sein de l'ONF. Tourné avec culot, dans *l'esprit* du direct, mais sans l'équipement approprié, ce film – sans en être tout à fait – marque les véritables débuts du cinéma direct au Québec. À la caméra, en réaction contre l'emploi du téléobjectif dont il a déjà expérimenté les limites ailleurs et qui fera les beaux jours du *candid eye*, Brault recourt au grand angulaire, selon les conseils de Cartier-Bresson, afin de cerner l'événement de l'intérieur. Cette attitude morale sera déterminante pour l'évolution du cinéma direct et l'exploration de la notion fondamentale de participation. À la suite de ce film, l'équipe française produit plusieurs courts métrages, risquant une écriture qui mise sur l'urgence et la mobilité, dont *La lutte* (M. Brault, M. Carrière*, C. Fournier*, C. Jutra, 1961), *Golden Gloves* (G. Groulx, 1961) et *Québec-USA ou l'invasion pacifique* (M. Brault et C. Jutra, 1962), etc. À l'intérieur de l'ONF, ces films, destinés à la télévision, obligent le documentaire traditionnel à se renouveler en questionnant les critères académiques d'un cinéma encore en vogue: caméra statique, image léchée, commentaire ronflant débité sur un ton grave, pseudo-neutralité du cinéaste... En plus de démystifier l'acte de filmer et de reconnaître la part de subjectivité qu'il comporte, le recours aux techniques et aux méthodes du direct permet aux cinéastes québécois de conserver l'initiative de la création, réduisant d'autant le risque de voir leur témoignage dénaturé par les intermédiaires anglophones auxquels ils devaient soumettre leurs projets antérieurement. Rapidement, à travers une démarche souvent fondée sur l'humour, ils en arrivent à cerner le vrai visage du Québécois dont les traits avaient été faussés par le regard de «l'autre». Entre leurs mains, le cinéma devient un instrument de découverte du milieu.

Sous la pression des cinéastes qui réclament des outils appropriés pour leur travail, cette production s'accompagne d'une importante évolution des *techniques* : caméra, micros, pellicule, laboratoire de développement, etc. Elle favorise aussi l'expérimentation de diverses méthodes de tournage, avec des équipes réduites à quelques personnes. Et, surtout, elle s'accompagne de l'élaboration progressive d'une éthique du direct, où l'éclairage devient une question morale au même titre que la façon d'aborder les gens concernés. Les Français (dont Jean Rouch) et les Américains (dont Richard Leacock) participent activement à cette effervescence aux côtés des cinéastes québécois (Michel Brault, en tête), multipliant les congrès et les échanges de part et d'autre. Située au carrefour de ces influences, et à un moment névralgique de l'évolution de la société, l'aventure du cinéma direct au Québec, centralisée à l'ONF, devient le point de mire, la référence par

excellence. Le cinéma direct participe à cette quête d'identité et à cet éveil d'une conscience nationale au début des années 60; il en révèle la dynamique collective et les divers aspects de la condition québécoise (langue, coutumes, qualités et travers, structures et classes sociales), puis prend parti face à ce mouvement d'affirmation nationale qui se manifeste dans l'ensemble des secteurs d'activités et face aux questions qui agitent la société. Par sa rigueur et sa qualité d'émotion, *Bûcherons de la Manouane* (A. Lamothe*, 1962, cm), qui clôture en quelque sorte ce cycle des courts métrages de l'équipe française de l'ONF, est représentatif de cette évolution.

Réalisé par des étudiants de l'Université de Montréal (D. Arcand*, D. Héroux *et S. Venne*) avec l'aide de Brault, Groulx, etc. *Seul ou avec d'autres* (1962) devance la victoire de la bataille technique qui coïncide avec l'apparition de la caméra Éclair en 1963. Dès lors, le direct québécois accède au long métrage, devenant un véritable instrument de communication et d'analyse de la société québécoise. Des films comme *Pour la suite du monde* (M. Brault et P. Perrault*, 1963), premier long métrage québécois (et canadien) à figurer dans la sélection officielle du Festival de Cannes, en 1964, et *Le règne du jour* (P. Perrault et B. Gosselin*, 1966) imposent magistralement ce nouveau type de documentaire traversé par un souffle de poésie authentique et explorant cette dimension essentielle de la communication. Sa qualité repose sur la fréquentation préalable des gens auxquels les cinéastes se sont intéressés, déterminant la nature des rapports de ces gens à la caméra, fréquentation se situant dans le prolongement de celle pratiquée systématiquement par le sourcier qu'était Flaherty. Elle repose aussi sur le choix d'une action qui correspond au désir profond de ces gens et

Les raquetteurs, *de Michel Brault et Gilles Groulx. (ANC)*

qui agit comme catalyseur. En dernier ressort, elle dépend de la responsabilité assumée, du respect par les cinéastes, *à travers l'interprétation* qu'ils en font, de la réalité observée et de la parole donnée. Ce respect peut s'exprimer à travers un montage de type linéaire qui épouse le déroulement chronologique du tournage même (*Pour la suite du monde*), ou à travers un montage plus élaboré, plus éclaté, générateur d'un réseau de significations latentes, qui peut aller jusqu'à s'apparenter au collage, mais qui n'en renvoie pas moins à la réalité observée (*Le règne du jour*). Double

tendance de la fluidité et du collage, incarnée, dès les années vingt, par les pratiques respectives de Flaherty et de Vertov.

Le cinéma direct québécois vit une singulière mutation à compter de 1968, à la mesure de l'évolution de la société. Des films comme *La p'tite Bourgogne* (M. Bulbulian*, 1968, mm) ou *St-Jérôme* (F. Dansereau, 1968) ouvrent la voie au projet Société nouvelle qui produit de nombreux films d'intervention sociale qui exigent un engagement du cinéaste dans le milieu. *Opération boule de neige / VTR Saint-Jacques* (B. Klein* et D. Todd

Hénaut*, 1970, cm) et *Citizen's Medecine* (B. Klein, 1969, mm) sont typiques de l'orientation militante du programme à ses débuts. D'autres films suivent, qui repoussent les limites du direct d'une manière provocante, en donnant la parole aux plus démunis de la société: *Sur Vivre* (Y. Dion*, 1971, mm), *Le bonhomme* (P. Maheu*, 1972, mm). D'autres enfin, consacrés aux problèmes socio-économiques, font preuve d'une analyse de plus en plus articulée: *Chez nous, c'est chez nous* (M. Carrière, 1972), *Dans nos forêts* (M. Bulbulian, 1971) et son complément, *La revanche* (M. Bulbulian, 1974, cm). Dans la foulée, qui en arrive à vouloir remettre les moyens de production aux mains des personnes concernées, naissent des projets comme Le Vidéographe (1971), fondé par Robert Forget*, et la série «En tant que femmes» (1972-1975) à l'origine de films comme *J'me marie, j'me marie pas* (M. Dansereau*, 1973) et *Les filles c'est pas pareil* (H. Girard*, 1974, mm).

Parallèlement, l'ONF produit des films qui questionnent la notion de pays et l'avenir du Québec: *Un pays sans bon sens* (P. Perrault, 1970), *L'Acadie l'Acadie?!?* (M. Brault et P. Perrault, 1971), *Québec: Duplessis et après...* (D. Arcand, 1972), et tant d'autres à leur suite qui arpentent le territoire québécois: *Un royaume vous attend* (P. Perrault, 1975), *Le retour à la terre* (P. Perrault, 1976, mm), *Gens d'Abitibi* (P. Perrault et B. Gosselin, 1979), *De la tourbe et du restant* (F. Bélanger*, 1979), etc.

Certains projets de films, plus «subversifs», réussissent même à apeurer l'*establishment! On est au coton* (D. Arcand, 1970), qui brosse un tableau sans concession de la situation des travailleurs dans l'industrie du textile, et *24 heures ou plus...* (G. Groulx, 1972), qui propose une analyse serrée du fonctionnement

de la société et du rôle servile joué par les médias, se voient censurés et interdits à la distribution pendant plusieurs années par le commissaire de l'ONF, Sydney Newman*, confirmant la soumission de cet organisme fédéral aux *diktats* de la politique. Dès lors, plusieurs cinéastes de l'ONF se réfugient dans des séries de films axés sur des problèmes existentiels: la maladie, la vieillesse, la mort (Guy L. Coté*, Yves Dion, Georges Dufaux*). Il s'agit, le plus souvent, d'un cinéma de constat. Dans certains cas, la caméra établit un lien privilégié avec les gens filmés ou contribue, dans un contexte dramatique, à faire éclater des situations. De son côté, dans *La bête lumineuse* (1982), un film d'une classe à part, injustement ignoré, Perrault révèle l'inconscient collectif québécois: la chasse à l'orignal, entre hommes, agit ici comme un révélateur infaillible de la condition masculine.

Mais plusieurs autres cinéastes se dirigent plutôt vers le secteur privé. Bénéfique, ce décentrement hors l'ONF favorise la diversification du questionnement sur le pays, sur les luttes ouvrières, sur la question amérindienne. Arthur Lamothe ouvre le feu avec *Le mépris n'aura qu'un temps* (1970), consacré à la situation des travailleurs de la construction. Puis il se met au service des Amérindiens en leur donnant la parole dans son ambitieuse «Chronique des Indiens du Nord-Est du Québec» (1974-1983). D'autres *outsiders* suivent: *Faut aller parmi l'monde pour le savoir* (F. Dansereau, 1971), *Tricofil, c'est la clef* (F. Brault* et R. Lenoir, 1976, mm), *Comme des chiens en pacage* (R. Desjardins* et R. Monderie*, 1977, mm), *Une histoire de femmes* (S. Bissonnette*, M. Duckworth* et J. Rock, 1980), *La turlute des années dures* (R. Boutet* et P. Gélinas*, 1983), etc.

Au cours des années 80, le cinéma qué-

Pour la suite du monde, *de Pierre Perrault et Michel Brault. (ONF)*

bécois en entier témoigne de l'éclatement de la société québécoise. Et, d'une certaine façon, il le fait à travers l'éclatement même des genres et le métissage des pratiques cinématographiques. Le documentaire, la fiction, le cinéma direct n'y échappent pas. Si *La familia latina* (G. Gutierrez*, 1985) s'inscrit dans la tradition la plus pure du direct, pour témoigner de la diversité du tissu social, d'autres films en débordent, s'employant à faire sauter les barrières établies, comme *Caffè Italia Montréal* (P. Tana*, 1985). Nombreux sont les films qui donnent un point de vue documenté sur la société, sans se laisser enserrer dans un genre: *Le confort et l'indifférence* (D. Arcand,

1981), *Albédo* (J. Leduc* et Renée Roy, 1982, mm), *Mémoire battante* (A. Lamothe, 1983), *Quel numéro What Number?* (S. Bissonnette, 1985), *Passiflora* (F. Bélanger et D. Gueissaz Teufel*, 1985), etc.

Aussi, en réactivant des pratiques de «pollinisation» qui germaient déjà dans le cinéma direct des années 60, des films inclassables comme *L'hiver bleu* (A. Blanchard*, 1979), *Journal inachevé* (M. Mallet*, 1982, mm), *Celui qui voit les heures* (P. Goupil*, 1985) et des fictions confondantes comme *Jacques et Novembre* (J. Beaudry* et F. Bouvier*, 1984) ou *L'homme renversé* (Y. Dion, 1986) confirment que des œuvres «visitées par le direct», comme *À tout prendre* (C. Jutra, 1963), *Le chat dans le sac* (G. Groulx, 1964) ou *Entre la mer et l'eau douce* (M. Brault, 1967) n'ont pas été que des météorites. À coup sûr, notamment par ses effets de «pollinisation» sur la fiction, le cinéma direct ouvre encore de belles perspectives pour le développement du septième art.

BIBLIOGRAPHIE: MARCORELLES, Louis, *Eléments pour un nouveau cinéma*, Unesco, Paris, 1970. • MARSOLAIS, Gilles, *L'aventure du cinéma direct*, Cinéma club Seghers, Paris, 1974. (G.M.)

CINÉMA EXPÉRIMENTAL. On a longtemps reconnu Vincent Grenier* et Charles Gagnon* comme les seuls cinéastes expérimentaux indépendants au Québec. Une profonde méconnaissance du cinéma expérimental, attribuables à divers facteurs (comme l'inexistence de bulletin d'information, de mouvement solidement constitué et la non-reconnaissance de la production anglophone), peut expliquer cette situation qui a laissé dans l'ombre plusieurs noms souvent reconnus à l'extérieur du Québec: Raphaël Bendahan*, Joyce Borenstein*, Vartkes Cholakian*, Michèle Cournoyer*, Rick Raxlen*, Robert Rayher*, Julian Samuel*, Lois Siegel*, Veronika Soul*, Bill Wees*, etc.

Dans les années 60 et au début des années 70, plusieurs œuvres isolées sont réalisées. Guy Borremans* signe, dès 1960, un poème cinématographique surréaliste, *La Femme-image* (cm). Gilles Fortin réalise *Amana* (1967, cm), expérience très réussie de création de rythmes fondés sur l'association images/musique. Hughes Tremblay* et Gilles Marchand, de leur côté, réalisent le dadaïste *T-bone steak chez les mangeuses d'hommes* (1968). Tandis que Jean-Claude Labrecque fait aussi une œuvre expérimentale en réalisant *Essai à la mille* (1970, cm) qui présente des images obtenues avec un objectif de 1000 mm sur des extraits de *l'Apocalypse de Jean* de Pierre Henri. Fait étonnant, l'ONF reçoit de nombreux prix pour cette œuvre, sans même parfois que son auteur ne le sache, alors que la réalisation du film s'est faite de façon entièrement indépendante! À cette époque, il ne faut pas oublier les nombreuses premières œuvres de cinéastes qui ont par la suite rejoint les rangs de l'entreprise: *L'initiation* (F. Bélanger*, 1967, cm), *Zeuzère de Zégouzie* (J.-G. Noël*, 1970, cm), *Oasis* (A. Leduc*, 1973, cm), etc. Dans les années 80, de nombreuses œuvres viennent enrichir le cinéma expérimental québécois. Jeanine Manzi Comeau réalise *Métaforme* (1983, cm) à l'aide de l'ordinateur. Michel Lamothe fait une expérience intéressante de cinéma élargi, à la galerie Dazibao, en 1984, par la mise en rapport des médiums photographique et filmique: des photographies, organisées en «séquences», produisent un mouvement et un effet de narration de type filmique alors que le film projeté, intitulé *Face à la caméra* (cm), constitué d'une suite de trente-sept portraits, produit l'effet photo. De son côté, Serge Denko réalise *Rythmes et mouvements* (1985, cm), en hommage à Jean Mitry, qui associe musique et formes concrètes. Par ailleurs, la création du Festival international du film sur l'art favorise l'apparition d'œuvres expérimentales: *Splash* (1981, cm) et *État 1* (1984, cm), tous deux primés, coréalisés par Georges Léonard* et Claude Laflamme*, de même que *Bouches* (1984, cm) que réalisent Josette Trépanier et Michèle Mercure.

On retrouve dans la production expérimentale québécoise la plupart des «dimensions reconnues»: surréalisme et dadaïsme (*T-bone steak chez les mangeuses d'hommes*; *Zeuzère de Zégouzie*; films de Joyce Borenstein et de Lois Siegel; *La toccata*, de Michèle Cournoyer, 1977, cm), rythmes fondés sur l'association images/musique (*Amana; Rythmes et mouvements; Quick Shadows*, de Bill Wees, 1971, cm), films que l'on peut mettre en relation avec certaines tendances particulièrement développées par l'avant-garde américaine (l'œuvre de Wees), films dans la veine «structurelle» (*Pierre Mercure*, de Charles Gagnon, 1970, cm; films de Vincent Grenier, de Robert Rayher et de Julian Samuel), expériences de cinéma élargi (*Face à la caméra; Le son de l'espace*, de Charles Gagnon, 1968, cm), films de performance (*Splash*; *État 1*; *Bouches*), films de paroles et (ou) de photographies (l'œuvre de Veronika Soul; *Le jardin (du paradis) The Garden*, de Raphaël Bendahan, 1982, cm; *Old Orchard Beach, P.Q.*, de Michèle Cournoyer, 1982, cm; *Face à la caméra*). Mais la place du cinéma expérimental au Québec est vraiment singulière. Il faut d'abord noter le fait qu'une bonne partie du cinéma expérimental s'effectue à l'ONF, par le biais de l'animation, et que les rapports qu'entretient cet organisme d'État avec les cinéastes indépendants sont constants. De plus, au moment où l'on parle d'*underground* en opposition avec le cinéma hollywoodien, au début des années 60 aux États-Unis, le développement de l'industrie n'est pas encore amorcé au Québec. Et ce cinéma naissant ne se veut pas commercial (il refuse de devenir un sous-produit des grandes firmes américaines) sans pour autant être expérimental; c'est un cinéma d'art et d'essai, en quelque sorte. Ainsi, *À tout prendre* (C. Jutra*, 1963) présente de nombreuses caractéristiques des films expérimentaux. Et les œuvres de plusieurs auteurs (Jean Pierre Lefebvre*, Gilles Groulx*, Jean Chabot*, Jacques Leduc*, André Forcier*, Pierre Harel*, et même Gilles Carle*) offrent une

grande part d'expérimentation. En ce sens, on peut dire que la situation du Québec se compare à celle de la France, où une structure à l'intérieur de laquelle les maisons de productions sont plus modestes qu'aux États-Unis a toujours laissé une chance à ceux qui considèrent le cinéma comme un art ou une création personnelle. Au Québec toutefois, plus qu'en France, le cinéma expérimental s'est intégré à la production générale. En ce sens, on peut affirmer que les œuvres indépendantes du Québec se présentent comme une sorte de surdétermination au sein de l'expérimental.

BIBLIOGRAPHIE: «Expérimentation dans le cinéma québécois», *Copie Zéro*, n° 37, Montréal, 1988. (M.L.)

CINÉMA RÉGIONAL. À ce jour, le premier film régional tourné serait celui de Léo-Ernest Ouimet, en 1908, sur l'incendie de Trois-Rivières. Toutefois, on peut dire que le premier grand courant de cinéma régional est redevable aux prêtres cinéastes qui, dans les années 20 et 30, vivaient en région. Bien que l'Église, dans un premier temps, voit le cinéma d'un fort mauvais œil, elle comprend rapidement que, face au déferlement des films américains et français, les catholiques se doivent de proposer un cinéma conforme à leur morale. C'est ainsi que plusieurs prêtres commencent à tourner: Maurice Proulx* dans le bas de Québec, Albert Tessier* en Mauricie, Louis-Roger Lafleur* en Abitibi, Jean-Philippe Cyr* dans le Témiscouata, Thomas-Louis Imbeault* et François-Joseph Fortin au Saguenay-Lac-Saint-Jean. Films de propagande et d'éducation, ancrés dans le quotidien pour rendre le spectateur plus perméable aux idées qu'ils véhiculent, les réalisations de cette période portent principalement sur la découverte du territoire, les événements religieux, le patrimoine culturel, les institutions québécoises et certaines expériences scientifiques.

Dans les années 40 et 50, quelques compagnies de production voient le jour dans les régions, comme Rimouski Production, fondée et dirigée par Louis-Paul Lavoie*. Elles vivent généralement de commandes provenant de compagnies privées ou du SCP. Les régions se retrouvent abondamment sur les écrans au début des années 60 grâce au travail de l'équipe française de l'ONF. C'est l'époque du direct, de la quête d'une identité, et les cinéastes se déplacent vers les pêcheurs, les cultivateurs, les ouvriers chez qui l'on découvre tout un peuple dans sa vie quotidienne, avec sa langue et son authenticité. Plusieurs cinéastes de cette époque avoueront qu'en se déplaçant vers les régions, ils échappaient plus facilement aux contrôles administratifs.

Les années 70 se distinguent par le fait que les films régionaux sont maintenant réalisés par des cinéastes qui sont natifs de la région filmée ou qui y habitent. Dans le mouvement de contestation qui marque cette époque, plusieurs cinéastes régionaux, avides de changements, plus instruits que ceux de la génération précédente, capables d'articuler des revendications précises, voient dans le cinéma la possibilité d'identifier le Québec, alors en pleine affirmation, par ses régions. À l'occasion de la première Semaine du cinéma régional, qui se tient à Rouyn-Noranda en 1977, les cinéastes régionaux se réunissent et proposent une définition du cinéma régional: le cinéma régional est un cinéma produit dans une région donnée par les gens de cette région. C'est un cinéma qui participe d'une conscience régionale, laquelle procède d'un sentiment d'appartenance à la région. Des films d'Abitibi comme *L'hiver bleu* (A. Blanchard*, 1979) et *Comme des chiens en pacage* (R. Desjardins* et R. Monderie*, 1977, mm),

Robert Monderie, Richard Desjardins et Daniel Corvec, au moment du tournage de Noranda. *(Le Devoir)*

de la Côte Nord comme *2 pouces en haut de la carte* (D. LeSaunier* et J. Augustin*, 1972), du Bas Saint-Laurent comme *Une forêt pour vivre* (collectif Armeuro, 1977, mm), de la région de Lévis comme *La nouvelle vendeuse* (M. Bolduc*, 1976, mm) et de la Mauricie comme ceux de Michel Audy*, marquent cette période. Après avoir profité de l'élan nationaliste, le cinéma régional est atteint par l'échec du référendum du 20 mai 1980, qui freine l'élan de sympathie envers les régions et accentue le retour aux valeurs individuelles. Le désenchantement postréférendaire et la crise économique du début des années 80 ont pour effet d'endiguer le zèle, les énergies et les espoirs qui soutenaient le développement des cinémas régionaux.

Il serait long d'énumérer ici toutes les causes de l'échec du développement des cinémas régionaux au Québec. Plusieurs de ces causes sont directement imputables aux conceptions de la politique de développement des industries du cinéma au Canada et au Québec. En survolant les soixante-quinze années d'existence du cinéma régional, on peut dire qu'il a été particulièrement vivant, toutes époques confondues, dans quatre régions: l'Abitibi, le Saguenay-Lac-Saint-Jean, le Bas Saint-Laurent/Gaspésie et la Mauricie. Le fait que l'économie de ces régions repose sur une ou deux industries importantes explique, en grande partie, que les habitants de ces régions arrivent plus facilement qu'ailleurs à exprimer leurs revendications. Le cinéma régional a été possible grâce au 16 mm. Il a utilisé davantage les voies du documentaire que celle de la fiction. Il a rarement bénéficié de budgets élevés. Voilà qui explique que les cinéastes régionaux se soient si souvent exprimé avec beaucoup de liberté.

BIBLIOGRAPHIE: BLANCHARD, André, *Le cinéma régional dans le cinéma québécois. L'exemple abitibien.* Thèse de doctorat déposée en Sorbonne, Paris, 1987. (A.B.)

CINÉMATHÈQUE QUÉBÉCOISE/ MUSÉE DU CINÉMA. En 1962, en plein éveil cinématographique au Québec, un groupe de cinéastes et de cinéphiles se réunit pour discuter de l'accès du public aux œuvres marquantes du cinéma et de l'établissement d'une collection de films au Québec. Ce groupe, présidé par Guy L. Coté, fonde, en avril 1963, Connaissance du cinéma, une corporation privée sans but lucratif. Sa première manifestation est l'organisation d'une rétrospective Jean Renoir, sous la présidence d'Henri Langlois, directeur de la Cinémathèque française. La jeune cinémathèque est bientôt prise dans les querelles qui opposent Langlois à la Fédération internationale des archives du film (FIAF). Après quelques hésitations, elle choisit de demeurer membre de la FIAF.

En 1964, elle prend le nom de Cinémathèque canadienne. Coté oriente son travail autour de deux axes: conservation et diffusion. Il monte une collection de films et d'appareils, ainsi qu'une bibliothèque. La Cinémathèque projette ses films à la salle du Bureau de censure et publie quelques brochures qui accompagnent certains cycles. Elle est dirigée par des bénévoles, les pouvoirs publics l'appuyant à peine et elle doit avoir recours à différents projets spécifiques pour obtenir des subventions. C'est ainsi qu'elle monte, en 1967, dans le cadre de l'exposition universelle, une rétrospective du cinéma canadien de même qu'une rétrospective du cinéma d'animation. La Cinémathèque dispose maintenant d'un local et de quelques employés permanents. Françoise Jaubert en devient la première directrice, et l'on commence à y présenter des événements consacrés au cinéma national et étranger. L'expansion se poursuit de façon continue, soutenue désormais par le Conseil des arts du Canada et le ministère des Affaires culturelles. Les collections s'enrichissent, particulièrement celles de cinéma canadien et de cinéma d'animation, qui orientent son développement et lui valent une reconnaissance à l'étranger. Les projections, qui ont lieu à la Bibliothèque nationale, mettent le public en contact avec le cinéma mondial.

En 1971, pour bien marquer son territoire national, la Cinémathèque canadienne devient Cinémathèque québécoise. Cette même année, Robert Daudelin* succède à Jaubert. La Cinémathèque acquiert bientôt la bibliothèque constituée par Guy L. Coté et forme un centre de documentation cinématographique qui s'intègre à la Bibliothèque nationale. Elle déménage dans l'édifice où logent le Centre de documentation et le BSC; elle ouvre une petite salle d'exposition. Elle consolide sa fonction de conservation par la construction d'entrepôts, à Boucherville, en 1975. L'année suivante, lorsque son existence est mise en péril par la Loi sur le cinéma qui crée un nouvel organisme, la «Cinémathèque nationale», le milieu du cinéma se porte à sa défense. Le gouvernement lui reconnaît, en 1978, un statut particulier et nomme trois membres à son conseil d'administration. Ses activités deviennent de plus en plus soutenues et présentes, avivant ainsi le besoin d'un édifice où seraient regroupés ses activités de projection, de documentation, d'exposition et les services administratifs. Le projet se concrétise en 1982. L'année suivante, la Loi sur le cinéma la reconnaît officiellement, ce qui lui permet notamment de consolider sa mission de conservation du patrimoine cinématographique québécois et de diffusion de la culture cinématographique sous toutes ses formes. Devenue cinémathèque nationale, la Cinémathèque consacre une part importante de ses activités au cinéma québécois, mais aussi à la vidéo: conservation, restauration, publications (la revue *Copie Zéro*, qui prend la relève, en 1979, de *Nouveau cinéma canadien — New Canadian Film*, et les *Dossiers de la Cinémathèque*, collection mise sur pieds en 1977), recherches historiques, animation, photothèque, affichothèque, documentation, lien avec le milieu du cinéma, rayonnement dans les cinémathèques étrangères. Elle ne néglige pas pour autant le cinéma étranger, d'ailleurs très présent dans ses collections et sa programmation. En 1988, ses collections comprennent vingt-deux mille films (dont quatre mille films d'animation), huit mille affiches, cent cinquante-cinq mille photographies, trente-cinq mille livres et cinq cents appareils de pré-cinéma et de cinéma. Son centre de documentation compte parmi les bibliothèques de cinéma les plus importantes au monde. Sa salle de projection, la salle Claude-Jutra (deux cents places), accueille plusieurs manifestations spéciales (Festival international du nouveau cinéma et de la vidéo de Montréal, Festival international de jazz, Rendez-vous du cinéma québécois, etc.). La Cinémathèque compte aussi parmi ses membres plus de quatre cents représentants de tous les secteurs de l'industrie cinématographique québécoise. Riche de toutes ses collections, elle amorce, à partir de 1987, une réflexion sur sa fonction de diffusion afin de doter le Québec d'un véritable Musée de l'image en mouvement. (P.V.)

CLOUTIER, Raymond, acteur, scénariste (Sainte-Thérèse-de-Blainville, 1944). Il étudie au Conservatoire d'art dramatique d'où il sort, en 1968, avec un prix d'interprétation et une bourse pour se rendre étudier en Europe. Acteur, auteur et metteur en scène politisé, il fonde, en 1969, une troupe de création collective, Le grand cirque ordinaire, qui marque le théâtre québécois. La même année, il obtient un petit rôle dans *Red* (G. Carle). Il sera, évidemment, l'une des figures importantes du documentaire de Roger Frappier sur Le grand cirque ordinaire (*Le grand film ordinaire*, 1970), ainsi que de *Montréal Blues* (P. Gélinas, 1972) d'après une création collective de la troupe. Très sollicité par les cinéastes québécois dans les années 70, il tourne dans une dizaine d'autres longs métrages. Dans *La tête de Normande St-Onge* (G. Carle, 1975), il tient le rôle de Bouliane, l'amant de Normande (Carole Laure). Sa solide stature et sa voix forte en font un interprète de choix pour les personnages autoritaires, virils, forts et, parfois, arrogants. C'est notamment le cas dans le téléfilm *Riel* (G. Bloomfield, 1979), où il tient le rôle titre avec conviction, et dans *Cordélia* (J. Beaudin, 1979), où il est l'avocat Jos Fortier. Il compose, dans *Contrecœur* (J.-

G. Noël, 1980), un intéressant personnage de chauffeur de camion, atteint de sclérose en plaques, qui se retrouve coincé entre deux femmes qui s'en vont régler des comptes avec leurs maris. Dans *Rien qu'un jeu* (B. Sauriol, 1983), il tient le difficile rôle d'un père incestueux, et dans *Le frère André* (J.-C. Labrecque, 1987), il est l'un des frères qui voudraient exiler le frère portier à Memramcook, au Nouveau-Brunswick. En 1987, Cloutier est nommé directeur du Conservatoire d'art dramatique.

PRINCIPAUX AUTRES FILMS: *Les vautours* (J.-C. Labrecque, 1975), *Two Solitudes* (L. Chetwynd, 1978), *L'affaire Coffin* (J.-C. Labrecque, 1979), *La cuisine rouge* (P. Baillargeon et F. Collin, 1979), *La femme de l'hôtel* (L. Pool, 1984). (M.J.)

CODERRE, Laurent, animateur, musicien, réalisateur (Ottawa, 1931). Il fréquente l'Université d'Ottawa, le Ontario College of Arts, l'École des beaux-arts et l'Université de Montréal, où il étudie la médecine pendant deux ans pour devenir «artiste médical». Il acquiert également une formation en musique. Après avoir exercé divers emplois reliés à sa formation, il entre à l'ONF en 1960 et est affecté, comme artiste, à la production de films éducatifs, jusqu'en 1969. La même année, il réalise *Métamorphoses* (tcm), son premier film animé (médaille d'argent, Festival de Venise). Son deuxième film, *Les fleurs de macadam* (1969, tcm), illustre la chanson du même titre de Jean-Pierre Ferland. Entre 1970 et 1971, il anime et dirige une série de films éducatifs. Avec des milliers de particules de linoleum, il réalise *Zikkaron* (1971, cm), qui lui vaut le Grand prix de la Commission supérieure du cinéma français au Festival de Cannes. De 1973 à 1977, il dirige des ateliers sur le film animé et donne

des conférences (Montréal, Toronto, Chicago, Cannes, Paris). Il compose et interprète la musique de plusieurs films, dont *Blake* (B. Mason, 1969, cm). Il collabore à divers films d'animation. En 1978, il réalise *Rencontre* (tcm) et, en 1980, *Rusting World* (cm), deux films traitant de la condition humaine. Depuis sa retraite, en 1984, il se consacre entièrement au dessin et à la peinture. (L.B.)

COLLETTE, André, administrateur (Montréal, 1925). Il entre dans l'armée à dix-sept ans, dès la fin de ses études secondaires. À partir de 1946, il occupe divers postes de vendeur dans de petites entreprises, prend de l'expérience comme gestionnaire et opère finalement son propre commerce. Il est recruté par Expo 67 et devient directeur des pavillons thématiques. L'année suivante, Harold Greenberg l'engage à Ciné-Lab, un petit laboratoire pour le 16 mm qu'il agrandit et équipe pour le 35 mm. Ciné-Lab disparaît en 1970, à la création de Bellevue Pathé qui offre un plus large éventail de services. Il occupe le poste de directeur général dès 1971, puis de président. C'est sous sa gouverne que le laboratoire se développe pour fournir tous les services de postproduction, y compris le doublage, et qu'il investit dans la production. En 1984 et 1985, il occupe la présidence de la Cinémathèque québécoise. En 1986, l'Académie du cinéma canadien lui remet le prix Air Canada pour son exceptionnelle participation au développement de l'industrie. (Y.L.)

COLLIN, Frédérique, actrice, réalisatrice (Montréal, 1944). Autodidacte, elle débute au théâtre (notamment avec André Brassard), puis amorce une carrière cinématographique avec *Question de vie* (A. Théberge, 1970), où elle incarne une ouvrière brisée par la vie et menacée par la folie. Elle s'avère criante de

Frédérique Collin et Geneviève Lenoir dans Marie s'en va-t-en ville, *de Marquise Lepage.*
(Jacques Leduc, coll. Le Devoir)

vérité dans ce registre, et on lui propose ce type de rôles à plusieurs reprises au cours des années suivantes: *Françoise Durocher, waitress* (A. Brassard, 1972, cm); *Le temps d'une chasse* (F. Mankiewicz, 1972); *Il était une fois dans l'Est* (A. Brassard, 1973) et *Gina* (D. Arcand, 1975). Mais, polyvalente, Collin ne se laisse pas cantonner dans des rôles de prolétaires et se voit aussi confier des personnages d'intellectuelles dans des films comme *La conquête* (Jacques Gagné, 1972) et *Les allées de la terre* (A. Théberge, 1973). On la retrouve aussi particulièrement à l'aise dans le rôle d'une arriviste sans scrupules dans *Réjeanne Padovani* (D. Arcand, 1973), où elle passe de femme de petit secrétaire de

ministre à maîtresse de riche entrepreneur. Après *L'absence* (B. Sauriol, 1976), elle connaît une éclipse et met dix ans avant de se voir confier un autre premier rôle au cinéma. Elle apparaît cependant dans bon nombre de films et en profite pour réaliser un premier long métrage, *La cuisine rouge* (coréal. P. Baillargeon, 1979), de manière totalement artisanale. Dans ce film, l'univers imaginaire des femmes prend les allures d'une cérémonie dionysiaque qui s'oppose au bar sombre où se cantonnent les hommes. L'esthétique et le propos sans concession de *La cuisine rouge* en font l'une des expériences majeures du cinéma féministe au Québec, en plus de rattacher le film au courant du cinéma

expérimental. En 1987, Collin revient au devant de la scène en interprétant, avec un savant mélange de dureté et de fragilité, la prostituée qui recueille une adolescente en fugue dans *Marie s'en va-t-en ville* (M. Lepage). Avec ce film, c'est la neuvième fois qu'elle tient un rôle important dans le premier long métrage d'un cinéaste. Après avoir tourné *La cuisine rouge*, Collin travaille à plusieurs projets de mise en scène et réalise *Yellow ou le voyage d'Inée* (1989, mm).
AUTRES FILMS COMME ACTRICE: *À l'aise dans ma job* (M. Moreau, 1973, cm), *Noël et Juliette* (M. Bouchard, 1973), *Un procès criminel* (F. Mankiewicz, 1973, cm), *Une cause civile* (F. Mankiewicz, 1973), *L'île jaune* (J. Cousineau, 1974), *L'amour blessé* (J. P. Lefebvre, 1975), *Les servantes du bon Dieu* (D. Létourneau, 1979), *Avoir 16 ans* (J. P. Lefebvre, 1980), *En plein cœur* (F. Dupuis, 1981, cm), *Lucien Brouillard* (B. Carrière, 1983), *L'hiver dernier* (C. Grenier, 1984, cm), *Celui qui voit les heures* (P. Goupil, 1985), *Caffè Italia Montréal* (P. Tana, 1985), *Le Retour des Jacquemarts* (G. Léonard, 1987, cm), *Lamento pour un homme de lettres* (P. Jutras, 1988), *Trois pommes à côté du sommeil* (J. Leduc, 1988). (M.J.)

CONSEIL DES ARTS DU CANADA. Le Conseil des arts est créé en 1957 à la suite des recommandations de la commission Massey (1950) sur la situation culturelle du Canada. Le but de cet organisme est «de favoriser et de promouvoir l'étude et la diffusion des arts ainsi que la production d'œuvres d'arts». Au cours de ses dix premières années d'existence, il vient en aide aux créateurs de quatre disciplines artistiques: la musique, la danse, le théâtre et les arts plastiques (incluant le cinéma). Il faut toutefois attendre 1969 pour qu'il institue une section cinéma et photographie. Depuis, différents programmes permettent aux individus et aux institutions d'obtenir un appui financier. Les bourses de travail libre, de perfectionnement, de courte durée et de voyage donnent l'occasion aux cinéastes de se consacrer à un projet cinématographique. En 1971 et en 1972, pour favoriser la réalisation de premières et de deuxièmes œuvres, le Conseil des arts finance, en collaboration avec l'ONF et la SDICC, un programme conçu pour les productions à petit budget. L'aide à la production est instaurée en 1973. Toutefois, avant cette date, le Conseil soutient déjà quelques films à l'étape de la postproduction. Le programme d'aide à la production permet la réalisation d'œuvres de tout format et de tout genre, pour lesquelles les cinéastes trouvent difficilement un financement auprès d'institutions cinématographiques, favorisant ainsi le développement du cinéma indépendant. Les subventions accordées contribuent également à faire connaître plusieurs cinéastes, notamment Pierre Harel, Richard Boutet, Pascal Gélinas, François Bouvier, Jean Beaudry, Pierre Goupil, Michel Bouchard, Paul Tana, François Dupuis, Fernand Bélanger, Roger Cantin et Mireille Dansereau. Le Conseil appuie aussi les démarches singulières de cinéastes établis comme Jean Pierre Lefebvre, Arthur Lamothe, Roger Frappier et Michel Moreau.

La section humanité et sciences sociales encourage les études cinématographiques en accordant des bourses à des étudiants de maîtrise et de doctorat. En 1976, l'aide à la recherche universitaire est prise en charge par le Conseil de recherches en sciences humaines du Canada (CRSH). Le Conseil des arts soutient aussi plusieurs activités institutionnelles: publication, conservation, recherche, distribution, organisation de manifestations culturelles (rétrospective, festival, congrès). C'est dans cette perspective que l'Institut canadien du film, la Cinémathèque québécoise, ainsi que plusieurs associations, coopératives et maisons de distribution de films indépendants, peuvent compter sur son appui. Le Conseil des arts consacre une partie des fonds alloués au cinéma à l'acquisition de films auxquels il a participé. Depuis 1981, il soutient le Palmarès du court métrage indépendant canadien, programme favorisant la présentation dans les salles commerciales de courts métrages réalisés par des cinéastes indépendants. Avec les années, l'aide accordée aux arts visuels prend de l'ampleur; outre le cinéma et la photographie, la vidéo et l'holographie bénéficient de subventions. Continuant d'encourager l'expérimentation, le Conseil des arts met sur pied le programme explorations, afin de répondre aux projets multimédia qui lui sont soumis. (C.C.)

CONSEIL QUÉBÉCOIS POUR LA DIFFUSION DU CINÉMA (CQDC). Organisme sans but lucratif, financé par le ministère des Affaires culturelles et administré par les professionnels du cinéma, le CQDC est créé en janvier 1969, à la demande des associations professionnelles réunies lors du premier Congrès du cinéma québécois. Ses activités multiples comprennent des lancements en salles commerciales, l'organisation de diverses manifestations (soirées-rencontres au cinéma Outremont, rétrospectives consacrées au cinéma québécois, tournées de diffusion en régions), la promotion des films québécois lors des manifestations cinématographiques et des festivals étrangers, ainsi que la publication de textes (répertoire de longs métrages, cinéfiches, monographies) consacrés aux cinéastes et aux films d'ici. Le CQDC a largement contribué à faire connaître et apprécier

le cinéma québécois par le public, tout en cherchant à développer le sens critique des cinéphiles. Des conflits de personnalités, des différences d'interprétation quant à son mandat, et la situation nouvelle découlant de l'adoption de la Loi sur le cinéma, en 1975, se sont conjugués pour entraîner sa disparition, en mai 1976. Robert Daudelin (1969-1971) et Lucien Hamelin (1971-1976) en ont été les directeurs. (M.H.)

COPRODUCTION. Au sens large, une coproduction est un film produit par une ou plusieurs maisons de production. Les producteurs se partagent les aspects créatifs, artistiques et financiers du projet global. Selon un prorata convenu, ils se partagent également les recettes. L'un de ces producteurs, généralement celui dont la participation financière est la plus importante, agit à titre de décideur au cours de la production. Cependant, lorsqu'on parle de coproduction, c'est surtout pour désigner un film produit par des producteurs de plus d'un pays. Exception faite des États-Unis, qui ne possèdent ni règlements ni traités concernant cet aspect de la production cinématographique, un traité doit être négocié pour que la coproduction soit possible entre deux pays. Il établit les principes de la production de longs métrages en association. Au Canada, les producteurs doivent investir au minimum de 20% à 30% du budget total; les coproductions sont admissibles à l'aide gouvernementale (quotas, primes, amortissement fiscal) accordée aux films officiellement reconnus comme nationaux. Les traités de coproduction permettent aussi de lever les tarifs douaniers et les lois de l'immigration. Les producteurs s'entendent pour partager les recettes proportionnellement à leurs investissements respectifs ou selon l'exploitation territoriale. Une commission mixte, formée de personnes du milieu cinématographique et du gouvernement de chacun des pays signataires de l'accord, veille à l'application du traité. Ce comité veille aussi à l'équilibre global des projets. Une certaine parité financière, créatrice et technique doit être observée. Chaque traité dure de deux à trois ans et est reconduit automatiquement, sauf s'il est dénoncé par l'une ou l'autre des parties ou si l'on y met fin d'un commun accord. Mal nécessaire pour les uns, fléau pour les autres, la coproduction a transformé de manière importante la nature, la structure, la facture, voire l'écriture du cinéma québécois depuis son implantation, il y a une vingtaine d'années. Pourtant cette pratique était pour ainsi dire inscrite dans «l'acte de naissance» du cinéma québécois. Dès les années 40, en effet, Québec Productions et Renaissance Films s'y sont adonnés avec plus ou moins de bonheur (*Docteur Louise*, R. Delacroix* et P. Vanderberghe, 1949; *Son copain*, J. Devaivre, 1950). Dans les années 60 une autre expérience de coproduction se réalise sous l'impulsion de Pierre Juneau, alors directeur de l'équipe française de l'ONF, pour produire *La fleur de l'âge* (1965) avec l'Italie, la France et le Japon. Le sketch canadien (*Geneviève*) est réalisé par Michel Brault. Ces tentatives éparses sont sans lendemain en l'absence d'accords officiels.

La véritable histoire de la coproduction au Québec remonte au début des années 60. À l'initiative de Guy Roberge, commissaire du gouvernement à la cinématographie, est signé en 1963 le premier accord officiel entre la France et le Canada. Ce geste entraîne la création d'un comité interministériel chargé d'étudier la production de films de long métrage au Canada. Cinq ans plus tard, la SDICC est créée par le Parlement canadien. Ce premier accord permet la réalisation d'un

François Méthé et Miou Miou dans Les portes tournantes, *une coproduction franco-canadienne de Francis Mankiewicz.*

moyen métrage, *Sire le Roy n'a plus rien dit* (G. Rouquier, 1963), du *Coup de grâce* (J. Cayrol, 1965), film entièrement tourné en France et dont les principaux artisans sont français. Les résultats au guichet ne sont guère plus brillants que la part faite à la participation créatrice des Canadiens. Dès sa mise sur pied, en 1968, la SDICC prend une part active dans les coproductions puisqu'elle est habilitée à y investir. Des traités sont signés avec Israël, l'Italie, l'Allemagne fédérale et la Grande-Bretagne. Cependant, ce n'est qu'en mars 1976 que le Secrétariat d'État du Canada confie à la SDICC la responsabilité entière de ce dossier. Dès ce moment, la coproduction connaît un essor. En 1980, un premier rapport réalisé pour le compte de l'organisme constate que les producteurs canadiens les plus actifs sont ceux qui ont fait leurs premières armes dans les premières coproductions. Toutefois, dans la mise à jour de ce rapport, en 1983, on remarque qu'il est temps de redresser certains déséquilibres: la participation financière du Canada est alors bien supérieure à sa participation créatrice, surtout avec la France, son principal partenaire. En effet, entre 1963 et 1982, sur un total de trente-trois coproductions avec la France, le Canada n'est producteur principal que dans 39% des projets, alors que sa participation financière est de 47% et que seulement 24% de ces films sont réalisés par des cinéastes canadiens. Un regard sur l'ensemble de la production permet de constater, que dans les années 70, le cinéma québécois de fiction se développe à l'extérieur des accords de coproduction et n'en connaît pas moins un certain succès à l'étranger. *Les mâles* (G. Carle, 1970), *La vraie nature de Bernadette* (G. Carle, 1972) et *Les ordres* (M. Brault, 1974) en sont la preuve.

Au cours des années 80, les chiffres atteignent la parité et l'équilibre souhaités. Cette recherche d'équilibre déplace toutefois le lieu d'intervention du culturel vers l'économique. Ce qui fait dire à certains que l'équilibre retrouvé au cours de la présente décennie aura plus contribué à assurer le plein emploi que la création authentique. Les chiffres démontrent qu'entre 1983 et 1986, le Canada atteint 51% au chapitre du personnel de création dans les trente coproductions avec la France, tout en restant minoritaire à 39% dans ces mêmes projets du point de vue de la nationalité et des sujets traités.

Le dilemme de la coproduction est le suivant: être compétitif pour faire face à la concurrence américaine – souvent en imitant les produits américains, comme dans la coproduction franco-canadienne *Louisiana* (P. de Broca, 1983), tournée en anglais – et renforcer une production nationale à faible marché, ou encore alimenter ce marché en produits francophones essentiels au maintien

de l'espace linguistique de la francophonie, si cela peut justifier les accords de coproductions, en particulier avec la France. Mais dans quelle mesure ces accords n'ont-ils pas, comme les abris fiscaux, bouleversé l'embryon de cinéma national qui se développait au Québec? Quoi qu'il en soit, la situation géographique du Québec, au carrefour de l'Europe et de l'Amérique, justifie les rapports privilégiés entretenus avec la France, et les accords de coproduction qui prendront une importance grandissante. En quelques années, le Canada s'est hissé au premier rang des partenaires francophones de la France mais il ne représente malgré tout que 19,3% du volume des coproductions, la France ayant des accords avec de nombreuses autres nations. Par ailleurs, la coproduction ne représente que 12,2% de l'activité cinématographique de ce pays. Pour le Canada, à l'opposé, les seuls rapports avec la France représentent 70,3% du total des coproductions, et ces dernières correspondent à 14,5% de notre activité globale de production.

Depuis 1983, onze nouveaux accords ont été signés. De plus en plus de producteurs canadiens établissent des relations avec leurs homologues étrangers en vue de coproduire. Le Canada a signé des accords avec quatorze pays. Le dernier, avec la Yougoslavie, est signé en 1988. Outre les pays déjà nommés, des traités existent avec la Belgique, l'Algérie, l'Espagne, la Pologne, la Chine, la Tchécoslovaquie, la Hongrie et le Maroc. La coproduction, qui devait être le fer de lance d'une politique axée sur une meilleure pénétration du marché européen n'a, dans les faits, pas vraiment comblé les espérances. Après l'essor de la coproduction, en 1976, peu de films québécois ont connu de grands succès à l'étranger, et ce sont encore les productions nationales authentiques (*Le déclin de l'empire américain*, D. Arcand, 1986; *La guerre des tuques*, A. Melançon, 1984; *La femme de l'hôtel*, L. Pool, 1984) qui ont fait la meilleure figure sur ces marchés, en nombre de pays comme en assistance. (A.P.)

CORNEAU, Alain, ingénieur du son, producteur, réalisateur, scénariste (Jonquière, 1951). En 1970, il prend contact avec le cinéma dans le cadre d'un projet spécial de l'ONF au Saguenay-Lac-Saint-Jean. L'année suivante, à Jonquière, avec de jeunes cinéastes (Jocelyn Simard, Claude Bérubé, Jean-Marc Lapointe), il fonde Cinébec, une éphémère maison de production. Il est ensuite ingénieur du son pour de nombreuses productions, dont *Les dernières fiançailles* (J. P. Lefebvre, 1973), *Gina* (D. Arcand, 1975), *Une semaine dans la vie de camarades* (Jean Gagné, 1975), *J. A. Martin photographe* (J. Beaudin, 1976), *L'affaire Coffin* (J.-C. Labrecque, 1979) et *Au clair de la lune* (A. Forcier, 1982). En 1982, de retour au Saguenay, il fonde les productions de la Chasse-galerie, avec Michel Lemieux, Carl Brubacher et Louise Bergeron. Comme réalisateur, il signe *La première chance* (1975, cm), reportage sur les techniciens de cinéma travaillant de manière artisanale, qu'il tourne sur le plateau de *Chanson pour Julie* (J. Vallée, 1976). Il réalise aussi *La parole aux sculpteurs* (1980, cm), série de témoignages des participants au symposium de sculpture environnementale tenu à Chicoutimi, à l'été 1980. Enfin, il tourne *Ces chevaux venus du ciel* (1985, cm), documentaire poétique sur l'histoire des chevaux au Québec. (P.D.)

CORRIVEAU, André, monteur (Longueuil, 1946). Il participe à l'émission *Images en tête*, animée par Jean-Yves Bigras, avant d'étudier à l'IDHÉC de 1966 à 1968. De retour au Québec, il monte *À soir on fait peur au monde* (F. Brault et J. Dansereau, 1969), *Le retour de l'Immaculée Conception* (A. Forcier, 1971), *Le Martien de Noël* (B. Gosselin, 1970), en plus de toucher au métier d'assistant-réalisateur. Collaborateur de Francis Mankiewicz (*Une amie d'enfance*, 1978; *Les bons débarras*, 1980; *Les beaux souvenirs*, 1981; *Les portes tournantes*, 1988), d'André Melançon (*Comme les six doigts de la main*, 1978; *La guerre des tuques*, 1984; *Bach et Bottine*, 1986) et d'Anne Claire Poirier (*Mourir à tue-tête*, 1979; *La quarantaine*, 1982), il est à l'aise dans tous les styles. Il passe avec facilité du *thriller* (*Pouvoir intime*, Y. Simoneau, 1986) au film pour enfants (quatre «Contes pour tous» produits par Rock Demers) et au documentaire (la série «Le son des Français d'Amérique», M. Brault et A. Gladu, 1974-1980) à la production à gros budget (*Bonheur d'occasion*, C. Fournier, 1983). En 1987, son travail est mis en évidence dans la structure temporelle complexe du *Frère André* (J.-C. Labrecque) et la construction, attentive à l'interprète principal, de *The Kid Brother* (C. Gagnon). (M.J.)

CÔTÉ, Guy Jude, monteur, producteur, réalisateur, scénariste (Sainte-Agathe-des-Monts, 1942). De 1965 à 1968, il est monteur et travaille à des séries télévisées telles *Le sel de la terre*, à de nombreux commerciaux, ainsi qu'à des films comme *Une ville à vivre* (D. Héroux, 1967, mm) et *Maryse pile ou face* (A. Danis, 1968, mm). Il passe ensuite à la scénarisation et à la réalisation de documentaires techniques, didactiques et de relations publiques. Il tourne souvent pour le gouvernement du Québec: *Québec nucléaire* (1968, cm), *Nouveau départ* (1970, mm), *Par monts et par eau* (1972, cm). Pendant neuf ans, à partir de 1973, Côté dirige sa propre compagnie: Les productions Tournesol. Il est surtout connu pour ses représentations du Québec touristique.

PRINCIPAUX FILMS: *La mer mi-sel* (1974, cm), *Vivre en amour* (1978, cm), *Vive le Québec* (1979, cm), *Ça prend du vouloir* (1980, mm), *Sculpture environnementale* (1981, mm). (M.L.L.)

COTÉ, Guy L., réalisateur, monteur, producteur, scénariste (Ottawa, 1925). Boursier Rhodes, il entreprend des études scientifiques à l'Université d'Oxford, en Angleterre, où il prend goût au cinéma en participant au ciné-club de l'institution et en tournant des films d'amateur. À son retour au Canada, en 1952, il entre à l'ONF où il débute une carrière de monteur, réalisateur et producteur. Il s'engage, par ailleurs, dans plusieurs domaines de l'activité cinématographique québécoise. Président-fondateur de Connaissance du cinéma (1963), qui deviendra la Cinémathèque québécoise* en 1972, il prolonge ainsi

Guy L. Coté (ONF)

son travail à la Fédération canadienne des ciné-clubs et au Festival international du film de Montréal, où il était programmateur. Il est aussi actif dans l'APC et aux Archives canadiennes du film (division de l'Institut canadien du film), tout en contribuant à diverses publications par des articles de critique et d'information. Comme réalisateur, Coté se cantonne dans le documentaire, où il fait montre d'une honnêteté scrupuleuse dans l'approche et d'une belle sûreté technique dans le traitement. Il se fait d'abord remarquer par une trilogie de courts métrages sur les métiers (*Railroaders*, 1958; *Fishermen*, 1959; *Roughnecks*, 1960), où la précision de la description n'exclut pas un certain lyrisme. On retient aussi *Cattle Ranch* (1961, cm), vision mi-réaliste, mi-poétique, de la vie et du travail sur un ranch en Alberta. Au cours des années 60, après l'exploitation de données scientifiques dans *Cité savante* (1962, cm), et une enquête sur l'ésotérisme dans *Regards sur l'occultisme* (1965), il contribue, en tant que producteur, à l'éveil d'un nouveau cinéma québécois avec des films comme *Le règne du jour*, *Les voitures d'eau* et *Un pays sans bon sens* (P. Perrault, 1966, 1968 et 1970), *Chantal en vrac* (J. Leduc, 1967, mm), *Nominingue... depuis qu'il existe* (J. Leduc, 1967), *Où êtes vous donc?* (G. Groulx, 1968) et *De mère en fille* (A. C. Poirier, 1967). À son retour à la réalisation, au début des années 70, il s'oriente du côté des questions métaphysiques et religieuses avec des films comme *Tranquillement pas vite* (1972), qui pose un regard sur la transformation du catholicisme au Québec, et *Les deux côtés de la médaille* (1974), qui s'intéresse au travail de missionaires au Pérou. Il se tourne ensuite vers le troisième âge pour réaliser un ensemble de films discutant des problèmes de la vieillesse, et pour lesquels il adopte une attitude observatrice où l'objectivité se tempère de sympathie: *Monsieur Journault* (1976), *Rose et Monsieur Charbonneau* (1976), *Les vieux amis* (1976, mm), *Blanche et Claire* (1976, cm). En 1979, il réalise, pour le programme alimentaire mondial de l'ONU, trois courts métrages sur la coopération internationale: *Azzel, Dominga* et *Marastoon* — «*La maison d'accueil*». Au cours de ses dernières années à l'ONF, il se consacre à sa tâche de producteur.

AUTRES FILMS COMME RÉALISATEUR: *Sestrières* (1949, cm), *Between Two Worlds* (1951, cm), *Winter in Canada* (1953, cm), *Grain Handling in Canada* (1954, cm), *Industrial Canada* (1957, cm), *Kindergarten* (1962, cm). (R. C.B.)

COTÉ, Michel, acteur, scénariste (Alma, 1950). Diplômé de l'École nationale de théâtre en 1973, il est cofondateur du théâtre des Voyagements, à l'origine de la comédie-culte *Broue*, présentée quelque mille trois cents fois depuis 1979. Il tâte d'abord du cinéma avec *Vie d'ange* (P. Harel, 1979). Mais c'est dans *Au clair de la lune* (A. Forcier, 1982), une fable poético-fantastique sur l'amitié, construite à partir de ses improvisations avec Guy L'Écuyer, qu'il révèle la nature souple et intelligente de son talent pour la composition. Il passe ensuite au réalisme dramatique où, malgré la minceur de certains scénarios (*La fuite*, R. Cornellier, 1985, mm; *Exit*, R. Ménard, 1986), il se distingue par une remarquable aptitude à exprimer l'ambiguïté des sentiments (*Transit*, Richard Roy, 1986, cm). Après le téléfilm *T'es belle, Jeanne* (R. Ménard, 1988), il forme un duo comique avec Rémy Girard dans un film d'Yves Simoneau, *Dans le ventre du dragon* (1989). Puis, il tient tous les principaux rôles masculins dans *Cruising Bar* (R. Ménard,

1989), film à sketches où sont décrits les différents types de séducteurs; il en est également le coscénariste. (M.-C.A.)

COUËLLE, Marcia, productrice (Philadelphie, États-Unis, 1943). Elle immigre au Québec en 1968 et s'intègre au milieu du cinéma par le biais de la distribution et de la production. Elle est d'abord assistante à la direction chez Cinépix. Puis, elle occupe successivement les postes d'agent d'information et d'assistante à la direction de l'«opération Cannes» qui coordonne la participation canadienne à ce festival, et celui de directrice du Palmarès du film canadien (1973). En 1974, elle se joint aux productions Prisma, maison fondée par André A. Bélanger, Guy Dufaux et Claude Godbout. Associés, Godbout et Couëlle conjuguent leurs efforts pour transformer l'image du producteur et faire du bailleur de fonds un agent créateur au même titre que le scénariste et le réalisateur, un intervenant qui soit intégré à l'équipe et présent sur le plateau de tournage. C'est d'ailleurs à cette période que correspond l'affirmation du rôle du producteur dans l'industrie cinématographique québécoise. En tant que productrice, Couëlle n'impose pas ses préoccupations personnelles – comme la réforme du système pénitentiaire pour laquelle elle milite – mais canalise toute son énergie à la création du film, aux intérêts de l'entreprise qu'elle gère avec son associé, et à ceux du milieu cinématographique. Elle est active à la Cinémathèque québécoise (présidente en 1983 et 1984), à l'APFVQ et au FFM. S'intéressant au cinéma d'auteur, elle produit des documentaires comme *Les servantes du bon Dieu* (D. Létourneau, 1979), *Le plus beau jour de ma vie...* (D. Létourneau, 1981), *Corridors* (Guy Dufaux et R. Favreau, 1980), *Pris au piège* (Guy Dufaux et R. Favreau,

1980) et *On n'est pas des anges* (S. Guy et G. Simoneau, 1981), mais aussi *Thetford au milieu de notre vie* (I. Cadrin-Rossignol et F. Dansereau, 1978) et *Les bons débarras* (F. Mankiewicz, 1980). Prisma produit également des documentaires, des films de prestige, des commandites et des séries pour la télévision. En 1986, Couëlle quitte la compagnie et s'éloigne de la production pour travailler comme consultante, notamment en cinéma. (L.N.)

COURNOYER, Michèle, décoratrice, directrice artistique, réalisatrice, scénariste (Saint-Joseph-de-Sorel, 1943). Diplômée des écoles des Beaux-arts de Québec et de Montréal, elle mène de front des activités reliées aux arts visuels (participation à de nombreux ateliers et expositions) et au milieu du cinéma. Elle touche à plusieurs métiers de la production: costumière, décoratrice, scénariste, directrice artistique (*La vie rêvée* et *L'arrache-cœur*, M. Dansereau, 1972 et 1979; *La mort d'un bûcheron* G. Carle, 1973). Elle réalise aussi, de façon indépendante, plusieurs films: *L'homme et l'enfant* (1970, tcm), *Alfredo* (1972, tcm), *Spaghettata* (coréal. J. Drouin, 1976, tcm), *Toccata* (1977, cm) et *Old Orchard Beach, P.Q.* (1982, cm). Avec *Toccata* et *Old Orchard Beach, P.Q.*, on reconnaît son talent de cinéaste expérimentale. Alliant photographie, peinture et collage, utilisant généralement les techniques de l'animation sans exclure toutefois l'enregistrement en continuité avec des acteurs, son œuvre présente un caractère hybride fort original, plein d'humour et de charme. Après *Old Orchard Beach P.Q.*, elle travaille sur plusieurs projets de films où elle associe des prises de vues réelles avec acteurs à la technique de la rotoscopie: *Dolorosa* (1988, cm), *La basse-cour* qui doit s'intégrer au film *Les yeux fermés* qu'elle scénarise avec Mireille Dansereau, *Fleur de peau* et *Swaf*, dont le scénario est écrit en collaboration avec Claude Jutra. (M.L.)

COUSINEAU, Jean, musicien (Montréal, 1937). Il étudie le violon, à Paris et à Montréal, où il enseigne cet instrument à partir de 1962. C'est à cette époque qu'il compose la musique de *Pour la suite du monde* (P. Perrault et M. Brault, 1963), qui emprunte aux rythmes du folklore québécois. Il enchaîne en signant la partition d'*À tout prendre* (C. Jutra, 1963) avec Maurice Blackburn et Serge Garant. En 1965, il séjourne à Tokyo, fonde l'École des petits violons et compose la musique de *Caïn* (P. Patry). Il remporte des Canadian Film Awards pour la musique de deux films de Claude Jutra: *Mon oncle Antoine* (1971) et *Dreamspeaker* (1977). En 1974, il fonde l'ensemble Les petits violons. Dès lors, il travaille assez peu pour le cinéma. AUTRES FILMS: *Taureau* (C. Perron, 1973), *Les beaux souvenirs* (F. Mankiewicz, 1981), *Nicaragua la guerre sale* (D. Lacourse et Y. Patry, 1985). (M.J.)

COUTU, Angèle, actrice (Montréal, 1946). Après le Conservatoire d'art dramatique de Montréal, elle étudie à Los Angeles auprès de Lee Strasberg. Elle travaille au théâtre et à la télévision où elle joue dans plusieurs téléromans, mais ne récolte au cinéma que des rôles secondaires jusqu'à ce que *Les fous de Bassan* (Y. Simoneau, 1986) la révèle. D'une sensualité étonnante, elle trouve enfin un personnage où elle peut déployer son talent. L'année suivante, ce sera une autre interprétation remarquée, la Gloria forte et enveloppante du *Sourd dans la ville* (M. Dansereau, 1987). Elle est la fille du comédien Jean Coutu.

PRINCIPAUX AUTRES FILMS: *La conquête* (Jacques Gagné, 1972), *Je suis loin de toi mignonne* (C. Fournier, 1976). (F.L.)

COUTU, Jean, acteur (Montréal, 1925). Il fait des études aux Beaux-arts puis monte sur les planches et interprète différents rôles dans plusieurs pièces classiques. On le voit notamment aux Compagnons de Saint-Laurent, troupe dirigée par le père Émile Legault. Puis, ce sera la télévision où il est de la distribution de séries populaires, du *Survenant*, dont il tient le rôle titre, jusqu'à *L'or du temps*. Artiste polyvalent, il est également metteur en scène de théâtre et animateur d'un magazine d'information. Ses rôles au cinéma sont d'abord assez dispersés: *Le rossignol et les cloches* (R. Delacroix, 1951), *Nikki, Wild Dog of the North* (J. Couffer et D. Haldane, 1961). Au début des années 70, Coutu tient la vedette masculine de deux films érotiques: *Pile ou face* (R. Fournier, 1971) et *7 fois... par jour* (D. Héroux, 1971). Il tourne à nouveau sous la direction de Denis Héroux dans *Quelques arpents de neige* (1972). Il joue aussi dans *L'apparition* (R. Cardinal, 1971) et dans les versions française et anglaise d'un film d'Anton Van de Water, *La maîtresse* (1973) et *And I Love You Dearly* (1973). Jean-Claude Lord lui donne des rôles de bourgeois antipathiques dans *Les colombes* (1972) comme dans *Panique* (1977) où il est le directeur d'une usine polluante. Dix ans plus tard, il revêt la soutane pour interpréter le rôle du supérieur de la congrégation dans *Le frère André* (J.-C. Labrecque), film où sont judicieusement utilisés sa voix grave et sa stature. Sa fille, Angèle, est également actrice. (M.C. et G.K.)

CRAIG, Louis, coordonnateur d'effets spéciaux, réalisateur (Montréal, 1951). Après

des études en cinéma à Loyola, il entre à l'ONF au département média/recherches. En 1974, il opte définitivement pour ce qui convient le mieux à sa nature, le travail sur les plateaux de tournage. Travaillant surtout aux accessoires et aux décors, il participe à plusieurs films québécois et étrangers. C'est en côtoyant les équipes américaines venues tourner à Montréal qu'il se découvre une passion pour les effets spéciaux. Très vite, il s'y consacre entièrement et, formé par les Américains, il s'impose comme un spécialiste. En 1986, il ouvre son propre atelier, les productions de l'Intrigue. On lui doit notamment les effets remarquables du *Jeune magicien* (W. Dziki, 1986) et de *The Great Land of Small* (V. Jasny, 1987), de la série des «Contes pour tous». Il travaille entre autres films à *The Fly* (1986), dont le récit exige des effets spéciaux spectaculaires. Il s'intéresse aussi à la réalisation. En 1985, il tourne un film de montagne, *Annapurna* (mm). Ce documentaire lui vaut le prix du Président de la république à Rennes et le premier prix du festival du film d'aventure de Whistler en Colombie-Britannique. (D.B.)

CROLL, George, mixeur (Londres, 1906 – Montréal, 1983). Pendant la guerre, il est affecté à la défense de Londres à titre d'artilleur sur une batterie lourde. Il entre ensuite aux studios Pinewood pour y faire du mixage sonore. Toujours à Londres, il est engagé par l'ONF. Il arrive au pays en 1950. Il mixe de nombreux films, dont la série «Canada at War» (1962) et la plupart des films de Norman McLaren. Il prend sa retraite en 1974. Son fils, Adrian Croll, est mixeur à l'ONF. (A.D.)

CROUILLÈRE, Monique, chef opérateur, réalisatrice (Ermont, France, 1945). Elle fait ses débuts de cinéaste en présentant à son professeur d'anthropologie, le cinéaste Jean Rouch, un film documentaire comme travail de fin d'études, *La grande Yaya* (1970, cm), tourné au Mali. Elle s'inscrit ensuite au Conservatoire indépendant du cinéma puis émigre aux États-Unis avant de s'installer au Québec. Au cours de l'Année internationale de la femme, elle réalise *Shakti* (1976, mm), documentaire sur les femmes de l'Inde rurale que produit Anne Claire Poirier. Elle réalise pour la télévision plusieurs épisodes de la série *Planète*, diffusée à Radio-Québec, et un documentaire sur les abus de l'industrie agroalimentaire, *Manger avec sa tête* (1980, mm). Puis elle repart pour l'Afrique et réalise *Les gens du fleuve* (1986, mm), un film qui traite de l'impact de la construction de barrages sur le fleuve Sénégal, où elle met en valeur ses qualités de camérawoman. Elle travaille également à la caméra sur le tournage des *Jeux de la XXIᵉ Olympiade* (J.-C. Labrecque, J. Beaudin, M. Carrière et Georges Dufaux, 1977) et de *Une classe sans école* (J. Beaudry, F. Bouvier et M. Simard, 1980, mm). Associée au studio des femmes de l'ONF, elle réalise *D'un coup de pinceau* (1988, cm), portrait de Francine Simonin, peintre et graveur d'origine suisse. On y voit travailler l'artiste qui réfléchit à haute voix sur sa production. Dans le même esprit, elle prépare un film sur Marcelle Ferron. (M.C)

CURZI, Pierre, acteur, scénariste (Montréal, 1946). Formé à l'École nationale de théâtre, il fait partie de la classe dissidente de 1969 avec, notamment, Paule Baillargeon et Gilbert Sicotte. Il débute ensuite avec les Jeunes comédiens du TNM avant de retrouver ses compagnons d'école au sein du Grand cirque ordinaire. Il découvre le cinéma grâce à Jacques Leduc qui le fait jouer dans *On est*

loin du soleil (1970). Il tient ensuite son premier grand rôle dans *Les allées de la terre* (A. Théberge, 1973), où il incarne un acteur qui retrouve sa femme après avoir quitté la troupe pour laquelle il travaille lors d'une tournée. Mais le reste des années 70 n'offre à Curzi que quelques rôle mineurs qui lui permettent, malgré tout, de satisfaire son goût du risque à l'intérieur de trois des expériences les plus singulières de la décennie: *Bulldozer* (P. Harel, 1974), *L'amour blessé* (J. P. Lefebvre, 1975) et *La cuisine rouge* (P. Baillargeon et F. Collin, 1979). C'est en 1981, lors de la sortie des *Plouffe* (G. Carle), que Curzi est véritablement révélé au public québécois. Son interprétation nuancée de Napoléon, l'aîné des trois frères Plouffe, lui permet de donner sa pleine mesure. On le retrouve tantôt soumis à l'autorité maternelle, tantôt obstiné ou plein de vigueur, notamment dans la scène du sanatorium où sa présence est une véritable bouffée d'air frais pour les malades. Le succès du film fait de Curzi une vedette et il enchaîne rapidement avec des premiers rôles dans *Les fleurs sauvages* (J. P. Lefebvre, 1982) et *Les yeux rouges ou les vérités accidentelles* (Y. Simoneau, 1982). Dans ce dernier film, il incarne un jeune policier incorruptible qui tire au clair une sombre histoire de meurtre. Ce personnage à la droiture et à l'honnêteté exemplaires se situe dans la lignée de Napoléon Plouffe – rôle qu'il reprend dans *Le crime d'Ovide Plouffe* (D. Arcand, 1984) – et il annonce l'Eutrope Gagnon de *Maria Chapdelaine* (G. Carle, 1983). L'image de bon garçon de Curzi se confirme d'ailleurs dans *Lucien Brouillard* (B. Carrière, 1983), où il interprète une sorte de Robin des bois des temps modernes qui finit par se perdre dans un complot politique. Mais, comme pour briser cette image plutôt monolithique, Curzi défend par la suite une série de personnages

Pierre Curzi (au centre), avec Michèle Magny et Marthe Nadeau, dans Les fleurs sauvages, *de Jean Pierre Lefebvre.* (Le Devoir)

aux comportements équivoques. C'est ainsi qu'il est Jean-Baptiste, l'homme de quarante ans qui revient sur ses amours dans *Le jour «S...»* (J. P. Lefebvre, 1984), et Gildor, le gangster sacrifié de *Pouvoir intime* (Y. Simoneau, 1986). Il laisse aussi libre cours à sa fantaisie en apparaissant dans deux films où la fiction se mêle au documentaire; il tient plusieurs rôles pittoresques et il renoue avec ses origines dans *Caffè Italia Montréal* (P. Tana, 1985), et il incarne un vendeur de ballons clownesque dans *Le million tout-puissant* (M. Moreau, 1985). Sa meilleure prestation demeure, cependant, celle de Pierre

dans *Le déclin de l'empire américain* (D. Arcand, 1986), universitaire désabusé, à la fois jouisseur et froid, drôle et cinglant. Très polyvalent, Curzi est, dans les années 80, l'un des acteurs les plus en demande au cinéma québécois. Il a travaillé quatre fois pour Jean Pierre Lefebvre, trois fois pour Gilles Carle et Paule Baillargeon, ainsi que deux fois pour Denys Arcand et Yves Simoneau. Il a aussi joué à sept reprises avec Marie Tifo, notamment dans le téléfilm *T'es belle, Jeanne* (R. Ménard, 1988). Par ailleurs, Curzi a coscénarisé *Pouvoir intime* avec Yves Simoneau et, stimulé par cette expérience, il travaille ensuite à un scénario intitulé *La mémoire de Florence*.

PRINCIPAUX AUTRES FILMS: *Anastasie oh ma chérie* (P. Baillargeon, 1977, cm), *Avoir 16 ans* (J. P. Lefebvre, 1979), *Fantastica* (G. Carle, 1980), *On n'est pas sorti du bois* (A. Chartrand, 1982, cm), *En plein cœur* (F. Dupuis, 1982, cm), *La petite nuit* (A. Théberge, 1984, cm). (M.J.)

CYR, Jean-Philippe, réalisateur (Maria, 1882 – Cabano, 1974). Ordonné prêtre en 1906, il devient curé de Cabano en 1920, après avoir été successivement vicaire à Baie-des-Sables et curé à Port-Daniel. C'est à Cabano qu'il s'intéresse au cinéma. Sa filmographie compte actuellement vingt-six films, bien qu'elle soit estimée à plus d'une cinquantaine de réalisations. Il avait l'habitude de donner ses films à des amis, c'est pourquoi l'inventaire de son œuvre demeure incomplet. Pour Cyr, le cinéma est un excellent moyen de faire aimer la nature et de sensibiliser la population à la protection de la faune et de la flore. Défenseur des forêts – «Un peuple sans forêt est un peuple qui meurt», dit un intertitre de *Regards sur la forêt du Québec* (1942, cm) – il cherche à instruire en amusant, et à développer l'esprit d'observation. Les titres de ses films sont révélateurs des sujets traités. *Ici et là autour de Cabano* (tourné vers 1937, cm), est essentiellement constitué d'images de la vie dans cette petite ville: paroissiens sortant de l'église, foules assistant aux fêtes locales sur le bord du lac Témiscouata. *Construction de la route de Squatec* (cm), *Forêt, flottage du bois, Cabano* (cm) et *Coup d'œil sur l'industrie du bois de Cabano* (cm) sont tous tournés vers 1940. Quant à *Nos bêtes* (1941, cm), il s'agit d'un film poétique en faveur de la protection des animaux. Les films de Cyr sont des courts métrages dont la durée oscille entre huit et douze minutes, à l'exception de *Croisière de Québec aux Îles-de-la-Madeleine dans le golfe Saint-Laurent* (1941, mm), d'une durée de trente-trois minutes. (A.B.)

DAIGLE, Marc, producteur, monteur, réalisateur (Saint-Dominique, 1947). Après avoir monté les premiers films artisanaux de Jean Chabot et fait des études en lettres, il se dirige vers le cinéma. Après un premier essai, *Colombine* (1970, cm), il tourne *C'est ben beau l'amour* (1971), un coup d'œil lucide sur la vie des cégépiens. En 1971, la fondation de l'ACPAV* détermine son passage à la production. Depuis, si l'on excepte un intermède comme contractuel à l'ONF, de 1977 à 1980, sa carrière s'est poursuivie exclusivement dans cette coopérative. Daigle a produit des films de réalisateurs qui comptent parmi les plus représentatifs de la génération des années 70: Jean Chabot (*Une nuit en Amérique*, 1974), Jean-Guy Noël (*Tu brûles... tu brûles...*, 1973; *Ti-cul Tougas*, 1976; *Tinamer*, 1987), Paul Tana (*Les grands enfants*, 1980; *Caffè Italia Montréal*, 1985). Il a contribué à l'exploration de voies nouvelles dans le domaine de la fiction au Québec. (P.V.)

D'AIX, Alain (Gérard Le Chêne), réalisateur, monteur, producteur (Paris, 1953). Avec Nathalie Barton (Morgane Laliberté) et Jean-Claude Burger, il se consacre, dès 1971, à la réalisation de films sur le tiers monde. En 1975, tous trois fondent la maison de production InformAction qui se spécialise dans le cinéma documentaire et choisit deux grands axes, l'Afrique et les minorités culturelles, particulièrement celles des peuples créoles. L'équipe d'InformAction témoigne d'un intérêt indéfectible pour un cinéma engagé à égale distance du journalisme institutionnel aseptisé et du cinéma militant. Elle produit des films, de facture classique, qui combinent interviews, documents d'archives, scénarisation didactique et voix *off*. Jusqu'en 1975, d'Aix signe ses films de son véritable nom, Gérard Le Chêne. Mais, pour s'assurer de pouvoir circuler librement à travers l'Afrique sans avoir à édulcorer *Contre-censure* (coréal. J.-C. Burger, 1976, cm), tourné au Cameroun, il adopte le pseudonyme Alain d'Aix et signe tous ses films suivants de ce nom. Ce film attire d'ailleurs l'attention de la critique, tout comme *La danse avec l'aveugle* (coréal. M. Laliberté, 1978), primé à Namur et à Nyon. *Mercenaires en quête d'auteur* (coréal. J.-C. Burger et M. Laliberté, 1983) marque un autre temps fort. Intégré à une analyse politique, le portrait du mercenaire est enrichi d'une dimension imaginaire qui exploite la fascination du spectateur pour mieux la dénoncer. Les films qu'il réalise ou coréalise, une douzaine au total, abordent différents problèmes qu'affronte le tiers monde, que ce soit la lutte de libération nationale au Soudan (*Anynya*, G. Le Chêne et N. Barton, 1971, cm), la crise d'identité et l'affirmation nationale chez les parlant créole (*Nous près, nous loin*, 1986, mm) ou la situation politique sur la route du pétrole, entre la mer Rouge et l'Afrique du Sud (*Zone de turbulence*, coréal. J.-C. Burger et M. Laliberté, 1984, mm). En 1988, d'Aix retrouve la chanteuse Toto Bissainthe, déjà filmée dans *Rasanbleman* (coréal. J.-C. Burger, 1970, mm), sur le tournage des *Îles ont une âme* (cm), trait d'union entre l'île de Montréal et l'île d'Haïti qui prend appui sur un conte d'Anthony Phelps. L'équipe d'InformAction raffermit ses liens avec l'Afrique en fondant Vues d'Afrique qui lui permet notamment d'organiser, dès 1985, les Journées du cinéma africain, un événement cinématographique annuel qui présente alternativement une sélection du FESPACO (Ouagadougou) et un hommage à un cinéma national africain. Cet événement se tient sous la présidence de Le Chêne. (N.O.)

DALY, Tom, producteur, monteur, réalisateur, scénariste (Toronto, 1918). Il entre à l'ONF en 1940, alors que l'organisme vient d'être créé par John Grierson, afin de travailler, avec Stuart Legg, à la populaire série «The World in Action», constituée essentiellement de films de montage sur divers aspects de la guerre. En 1951, il devient producteur, et prend la direction du studio B. À ce titre, il intervient dans les projets de films, en favorisant les expériences et les innovations, aussi bien en animation qu'en documentaire, pour sortir le cinéma canadien de son académisme. Il produit des films comme *Corral* (C. Low et W. Koening, 1954, cm) et *Paul Tomkowicz: Street-railway Switchman* (R. Kroitor, 1954, cm) et incite les caméramen à faire preuve de plus d'audace. Ces films précèdent la série «Candid Eye», qu'il soutient. (*Voir* CINÉMA DIRECT) Il exerce une forte influence sur plusieurs cinéastes de l'ONF: Wolf Koenig, Roman Kroitor, Colin Low, Terence Macartney-Filgate. (G.M.)

DANIS, Aimée, productrice, réalisatrice, monteuse (Maniwaki, 1929). Après avoir fait

du service social et avoir enseigné auprès de l'enfance exceptionnelle, elle entre à Radio-Canada comme scripte (*Rue de l'Anse*), métier qui lui permet de bifurquer vers le cinéma (*YUL 871*, J. Godbout, 1966). Elle est ensuite monteuse pour les Films Claude Fournier, puis passe à la réalisation, chez Onyx films, en 1968. Elle travaille depuis dans l'industrie privée. En 1972, elle fait tout de même une incursion à l'ONF où elle rejoint l'équipe constituée par Anne Claire Poirier; elle y réalise *Souris, tu m'inquiètes* (1973, mm), dans la série «En tant que femmes». Le film

Aimée Danis. (Michel Gauthier)

obtient un franc succès. Regard subjectif sur la perte d'identité de la femme (Micheline Lanctôt) inféodée à son mari et à ses enfants, il met en lumière la routine qui s'installe, inévitablement, dans la tiédeur du foyer. En 1973, Danis fonde les productions du Verseau avec Guy Fournier. Plus tard, elle assurera la présidence de la compagnie. Elle y produit des films de commande pour différents ministères, des séries («Les enfants mal-aimés»,

R. Tétreault, 1984; «Les enfants de la rue», R. Tétreault et Y. Dion, 1987), des films de prestige (*Nouvelles frontières* , J. Lafleur, 1986, cm; *Vu sur le pôle*, Jacques Gagné, 1986, cm, pour le pavillon du Canada à l'Exposition universelle de Vancouver) et des films industriels. Elle produit également une docufiction qui s'inscrit dans le cadre d'une campagne sur les femmes battues, *L'emprise* (M. Brault et S. Guy, 1988, mm). De plus, elle réalise et produit quelque trois cents films publicitaires. Les exigences du message bref et la réalisation précise dans de courts délais servent bien son approche du travail. D'ailleurs, elle gagne plus d'un prix. Parmi ses réalisations, on compte: *Maryse pile ou face* (1967, mm), *KW* (1969, cm, premier prix au festival du film industriel à Chicago et gagnant d'un Etrog), *Gaspésie, oui, j'écoute* (1971, cm), *Joie de vivre* (1973, cm), *Mesdames et messieurs, la fête* (1976, mm) et *Le stock du futur* (1979, mm). Femme d'action, elle sait harmoniser ses objectifs personnels avec les besoins de sa compagnie et avec les revendications du milieu cinématographique. Elle participe, entre autres, à l'élaboration de mesures protectionnistes en faveur du cinéma québécois. En 1988, elle prend la présidence de l'ACPAV. Sa compagnie, qui travaille en étroite collaboration avec la télévision, développe des projets en coproduction avec la France (les séries de fiction *Les tigres du papier* et *Baby Boomers*), des téléfilms, une série pour enfants, *Puce la puce*, et une docufiction sur l'adoption au Québec, *La quête*. (L.N.)

DANSEREAU, Fernand, réalisateur, producteur, monteur, scénariste (Montréal, 1928). Après des études classiques, il devient journaliste (1950-1955) à *La Tribune* de Sherbrooke, puis au *Devoir*. Gérard Filion le

congédie du *Devoir* où il tient la chronique des relations de travail lorsqu'il refuse de franchir les lignes de piquetage des typographes en grève. Pierre Juneau l'invite alors à venir à Ottawa, comme reporter-tv pour l'ONF. Il y travaille avec Bernard Devlin. Un an plus tard, il veut retourner au journalisme, lorsqu'on lui propose de scénariser une fiction sur l'éducation syndicale, *Alfred J.* (B. Devlin, 1956, deux cm). C'est à ce moment qu'il décide de poursuivre en cinéma. Jusqu'en 1960, il scénarise ou réalise plusieurs fictions et documentaires, dont trois films de la série «Panoramique» (*Le maître du Pérou*, 1958, mm; *Pays neuf*, 1958, mm) et *Congrès* (1962, cm) dont il est officiellement réalisateur, quoique dans son désir de toucher à tous les métiers il fasse la caméra à la place de Georges Dufaux après entente à l'amiable. Entre 1960 et 1964, il est d'abord producteur exécutif, puis directeur adjoint de la production; il dirige en fait l'équipe française. À ces titres, on lui doit quelques-uns des plus célèbres fleurons du direct: *Golden Gloves* (G. Groulx, 1961, cm), *Bûcherons de la Manouane* (A. Lamothe, 1962, cm), *Pour la suite du monde* (P. Perrault et M. Brault, 1963). Il redevient ensuite réalisateur (et monteur) pour *Le festin des morts* (1965) sur un scénario d'Alec Pelletier, une reconstitution soignée de quelques épisodes de l'épopée missionnaire jésuite du XVIe siècle. Projeté une première fois sous le titre *Astataïon ou le festin des morts*, le film est aussitôt amputé de dix-sept minutes et la nouvelle version est approuvée sous le titre *Le festin des morts*. Suit une autre fiction, *Ça n'est pas le temps des romans* (1966, cm), sur la condition de la femme au foyer (Monique Mercure) et la vie de couple.

À partir de 1967, il met ses préoccupations d'artiste en veilleuse au profit de son idéal d'intervention sociale. Toujours à

Le festin des morts. *(Le Devoir)*

l'ONF, il fonde, avec Robert Forget, le Groupe de recherche sociale (d'où sortira Société nouvelle); il réalise *St-Jérôme* (1968) et vingt-sept films satellites, documentaires sur le changement dans une petite ville qui servent autant de miroir qu'à l'élaboration d'une méthodologie d'intervention sociale à l'aide du film. Suivent, coup sur coup, *Tout le temps, tout le temps, tout le temps...* scénarisé et interprété par un groupe de treize citoyens de l'Est de Montréal, *Vivre entre les mots* (jamais distribué parce qu'une participante refuse de céder ses droits) et *Comité d'expression populaire* (1971). En 1970, il fonde, avec Pierre Maheu et Michel Maletto, la compagnie In-Média qui offre des sessions d'animation culturelle de tous genres. Devenu indépendantiste, il réalise, pour le compte de la SSJB et de la Société nationale des Québécois, *Faut aller parmi l'monde pour le savoir* (1971), un outil d'animation clairement orienté vers la souveraineté du Québec.

Entre 1973 et 1978, il produit et réalise surtout pour la télévision, d'abord *Contrat d'amour* (1973, cm), puis la série «L'Amour quotidien» (coréal. I. Cadrin-Rossignol*, 1974) où il poursuit la recherche d'une méthodologie de création collective amorcée avec *Tout le temps, tout le temps, tout le temps...* Même genre d'expérience avec *Simple histoire d'amours* (1976), tourné en vidéo avec des citoyens de Bathurst (Nouveau-Brunswick). Suit la série documentaire «Un pays, un goût, une manière...», réalisée avec Iolande Cadrin-Rossignol, France Pilon et Gaston Cousineau, qui explore les sources de la culture populaire dans une perspective, alors très à la mode, de revalorisation du patrimoine. Il revient au long métrage de fiction avec *Thetford au milieu de notre vie* (1978), une histoire de couple dans un milieu de mineurs, coscénarisée au cours de longues séances d'échanges avec les comédiens amateurs. Avec *Doux aveux* (1982), qu'il tourne à Québec, il met ensuite en scène deux couples, l'un de vieillards (Hélène Loiselle et Marcel Sabourin) et l'autre de jeunes qui s'inventent une complicité par-delà les générations. De 1984 à 1988, il scénarise le très populaire téléroman historique *Le Parc des braves* diffusé à Radio-Canada. Puis il prépare l'adaptation pour la télévision du roman en deux tomes d'Arlette Cousture, *Les filles de Caleb*. En plus de sa carrière de créateur, Dansereau siège à la Commission d'étude sur le cinéma et l'audiovisuel créée par le gouvernement du Québec, puis il occupe la présidence de l'IQC en 1984 et 1985. Il écrit aussi quelques textes percutants sur l'ensemble de l'activité cinématographique. Son frère, Jean Dansereau, est également réalisateur et producteur; son fils, Bernard Dansereau, est réalisateur et scénariste.

Deux constantes caractérisent Dansereau

et son oeuvre: son côté animateur social et l'orientation intimiste de son propos. Il est l'un des premiers à explorer toutes les possibilités du film comme outil d'intervention, non seulement le film comme produit fini, mais le film dans sa conception même. C'est pourquoi il ne dissocie jamais l'esthétique du sens, est toujours à la recherche de méthodes de scénarisation, de tournage et de montage, passe de la pellicule à la vidéo, alterne le documentaire et la fiction, réalise des créations collectives autant que des œuvres personnelles et intimistes. Il se méfie des idéologies globalisantes, refuse le marxisme et la lutte des classes, choisit d'intervenir au niveau de l'individu. Il croit que le changement social viendra plus rapidement et plus efficacement par la libération de l'imagination et de la fantaisie que par le bouleversement des structures et la défense d'un parti.

FILMS: *La communauté juive de Montréal* (1957, cm); *Le maître du Pérou* (1958, mm) et *Pays neuf* (1958, mm); *La canne à pêche* (1959, cm), *John Lyman, peintre* (1959, cm), *Pierre Beaulieu, agriculteur* (1959, cm); *Les administrateurs* (1960, cm), *Congrès* (coréal. Georges Dufaux et J. Dansereau, 1962, cm); *Le Festin des morts* (1965); *Ça n'est pas le temps des romans* (1966, cm); *St-Jérôme* (et 27 films satellites, 1968); *Jonquière* (1969, cm), *Tout le temps, tout le temps, tout le temps...* (1969); *Québec Ski* (1970, cm); *Comité d'expression populaire* (1971), *Faut aller parmi l'monde pour le savoir* (1971); *Vivre entre les mots* (1972); *Contrat d'amour* (1973, cm); «L'amour quotidien» (coréal. I. Cadrin-Rossignol, 1974, série de cm); *Simple histoire d'amours* (1976); «Un pays, un goût, une manière» (coréal. I. Cadrin-Rossignol, F. Pilon et G. Cousineau, 1976, série de cm); *Thetford au milieu de notre vie* (1978); *Doux aveux* (1982).

BIBLIOGRAPHIE: *Fernand Dansereau*, Conseil québécois pour la diffusion du cinéma, Montréal, 1972. (Y.L.)

DANSEREAU, Jean, producteur, monteur, réalisateur (Montréal, 1930). Après des études classiques et une brève incursion dans le monde du journalisme, il acquiert une expérience d'administrateur comme directeur général des publications de la JÉC. Il entre à l'ONF en 1957, y réalise plusieurs films et en monte quelques autres, dont *Bûcherons de la Manouane* (A. Lamothe, 1962, cm). En 1965, il fonde, avec Gilles Groulx, Denys Arcand, Bernard Gosselin et Michel Brault, Les cinéastes associés et en assume la direction. La compagnie produit plusieurs commandes pour divers pavillons d'Expo 67, l'ONF (il monte *St-Jérôme*, F. Dansereau, 1968), Radio-Canada (séries *Vivre en ce pays, Cent millions de jeunes* et *Dossier* dont il réalise plusieurs titres) et le gouvernement du Québec. Il produit aussi *Le Martien de Noël* (B. Gosselin, 1970) et *À soir on fait peur au monde* (coréal. F. Brault*, 1969). Il complète, en 1968, un film de montage sur le cinéma québécois, *Culture vivante du cinéma*, à partir de la production multi-écrans qu'il a présentée à l'exposition universelle de Montréal. En 1971, il fonde les Ateliers du cinéma québécois, compagnie vouée à la production exclusive de longs métrages d'auteur. Il y produit *Montréal Blues* (P. Gélinas, 1972), *Bar salon* (A. Forcier, 1973) et *M'en revenant par les épinettes* (F. Brault, 1975). En 1976, il fonde, avec François Brault, André Forcier, Bernard Lalonde et Pierre Latour, la maison de distribution Cinéma libre qui se spécialise dans les films québécois d'auteur. De 1975 à 1978, il produit des émissions éducatives de Multi-Média, au Lac-Saint-Jean, pour le ministère de l'Éducation. Jean-Marc Garand le ramène ensuite à l'ONF comme producteur exécutif. Il travaille notamment avec Georges Dufaux pour la série «Gui Daó – Sur la voie» (1980), Francis Mankiewicz pour *Les beaux souvenirs* (1981), Denys Arcand pour *Le confort et l'indifférence* (1981), Gilles Groulx pour *Au pays de Zom* (1982), Jacques Leduc et Roger Frappier pour *Le dernier glacier* (1984) et Claude Jutra pour *La dame en couleurs* (1984). Dans la «période noire» qui entoure l'enquête puis le rapport de la Commission Applebaum-Hébert, il se voit retirer les projets, déjà prêts pour le tournage (par Arcand et Mankiewicz), de *Maria Chapdelaine* et des *Fous de Bassan*, au profit de l'entreprise privée qui les reprend et les met en chantier avec d'autres équipes. Il quitte l'ONF et réactive ses Ateliers, en 1986, pour coproduire *Kalamazoo* (A. Forcier, 1988) avec l'ONF. Sa carrière est traversée par un parti pris avoué en faveur du cinéma d'auteur et par la croyance absolue que seul ce cinéma à caractère culturel a un avenir au Québec. Il se bat vigoureusement pour faire entrer cette perspective dans les politiques des organismes subventionneurs. Les fac-similés de films hollywoodiens ne sont pas pour lui. Son frère, Fernand Dansereau, est producteur, réalisateur et scénariste.

FILMS: *Congrès* (coréal. F. Dansereau et Georges Dufaux, 1962, cm), *L'étudiant* (1960, cm), 1960), *Le jeu de l'hiver* (coréal. B. Gosselin, 1962, cm), *Escale des oies sauvages,* (1964, cm), *Parallèles et grand soleil* (1964, mm), *La bourse et la vie* (1965, mm), *La guerre des pianos* (coréal. J.-C. Labrecque, 1965, cm), *Culture vivante du cinéma* (1968), *Est-ce qu'on a le droit de faire un soleil?* (1968, tcm), *Sylvie la petite indienne* (1968, cm), *À soir on fait peur au monde* (coréal. F. Brault, 1969), *Comment vit le Québécois* (1969, cm). (Y.L.)

DANSEREAU, Mireille, monteuse, productrice, réalisatrice scénariste (Montréal, 1943). Malgré ses quelque dix-huit ans de danse, elle termine une licence ès lettres à l'Université de Montréal et se tourne vers le cinéma. Elle fait la recherche d'un film sur Jack Kerouac pour Jacques Godbout, puis réalise un premier film, *Moi un jour* (1967, cm), l'histoire d'une jeune fille qui remet en question son milieu bourgeois. Dansereau poursuit ses études et obtient une maîtrise ès arts au Royal College of Art (Londres). C'est en Angleterre qu'elle réalise *Compromise* (1968, cm), film qui décrit la relation entre une Canadienne française et un Anglais. Elle expérimente la vidéographie dans le cadre du programme Challenge for Change de l'ONF avec *Les immigrants*, recherche sur le comportement de la femme au travail et sur l'intégration des femmes immigrantes. Dans cette continuité, son film *Forum* (1969, cm), met-

*Mireille Dansereau pendant le tournage d'*Un sourd dans la ville*, tiré d'un roman de Marie-Claire Blais. (Attila Dory, coll. ACPQ)*

tant en scène un acteur du Living Theatre qui défend son point de vue sur le théâtre révolutionnaire et la télévision, est d'abord tourné en vidéo.

Cinéaste indépendante, elle participe à la fondation de l'ACPAV qui produit *La vie rêvée* (1972), premier long métrage québécois de fiction réalisé par une femme dans l'industrie privée. Ode à la liberté de deux femmes célibataires se détachant de l'image protectrice de l'homme, *La vie rêvée* prend l'allure d'une fable féministe au moment où plusieurs films abordent les rêves collectifs d'émancipation du peuple québécois. Dansereau obtient alors le prix Wendy Michener à Toronto et le prix du jeune réalisateur à San Francisco. Invitée à se joindre à l'équipe d'En tant que femmes à l'ONF, qui a un retentissement certain auprès d'un large public, elle y signe *J'me marie, j'me marie pas* (1973), quatre portraits de femmes artistes. Par leurs témoignages respectifs, ces femmes corroborent l'idée qu'il est difficile de concilier mariage, famille et création. Puis, elle coréalise *Rappelle-toi* (coréal. V. Cholakian, 1975, mm), un film qui met en vedette Luce Guilbeault. Ensuite, *Familles et variations* (1977), réalisé avec la collaboration de Claire Leduc à la recherche, cerne l'évolution de la réalité familiale au sein de la société québécoise. *J'me marie, j'me marie pas* et *Familles et variations* révèlent une maîtrise heureuse du style direct. Son retour à la mise en scène avec *L'arrache-cœur* (1979) se fait sous le signe du cinéma «thérapie», puisque le film emprunte à sa manière la structure du discours psychanalytique. Ainsi, par affrontements successifs, une jeune femme (Louise Marleau) se libère d'un conflit profond qui l'oppose à sa mère (Françoise Faucher) afin de mieux aimer son mari et son enfant. Ce rôle vaut à Louise Marleau un prix d'interpré-

tation au FFM. Dansereau travaille un certain temps à un projet de film sur le frère André qu'elle abandonne après avoir réalisé un documentaire sur ce sujet pour la télévision. Parcimonieuse, un long métrage de fiction tous les sept ans, elle réalise ensuite l'adaptation d'un roman de Marie-Claire Blais, *Le sourd dans la ville*. Ce regard intériorisé, hors du temps, témoigne de la souffrance et du désespoir d'une femme riche (Béatrice Picard) abandonnée par son mari et d'un enfant gravement malade (Guillaume Lemay-Thivierge) que sa mère (Angèle Coutu) nourrit de rêves de Californie. Leurs mondes se rejoignent dans un hôtel sordide. Le film est présenté en compétition à Venise. Dansereau, poursuit son exploration de l'univers féminin en reprenant un projet qui lui tient à cœur, *Les yeux fermés*, où une femme est déchirée entre sa carrière et son rôle de mère.

Sans être une militante, Dansereau a comme thème principal la libération de la femme, tant sur le plan social, affectif que psychologique. Les sujets de ses films évoluent au rythme de son cheminement personnel et à travers les différentes étapes de sa vie. Son intérêt marqué pour la petite bourgeoisie l'empêche peut-être de toucher un plus large public. (L.N.)

DAUDELIN, Robert, administrateur, réalisateur (West Shefford, 1939). En 1960, il participe à la fondation de la revue *Objectif* (*voir* REVUES DE CINÉMA), dont il sera le rédacteur en chef jusqu'à ce qu'elle disparaisse, en 1967. Actif dans l'organisation du Festival international du film de Montréal (*voir* FESTIVALS), il en dirige la section consacrée au cinéma canadien à partir de 1963, et devient directeur-adjoint de la manifestation en 1965. Auteur de la première monographie consacrée au cinéma québécois (*Vingt ans de* *cinéma au Canada français*, publiée au ministère des Affaires culturelles en 1967), il devient le premier directeur général du CQDC* en 1969. C'est lui qui met sur pied la série de monographies «Cinéastes du Québec». En 1972, il devient directeur général et conservateur de la Cinémathèque québécoise*. Sous sa direction, la Cinémathèque connaît un développement important. Dès 1974, Daudelin devient membre du comité directeur de la FIAF, organisme dont il est le secrétaire général de 1979 à 1985. Membre du conseil d'administration de la SGCQ, puis de la SOGIC, depuis 1984, Daudelin est une personnalité majeure du milieu cinématographique québécois. Passionné de jazz, c'est au portrait d'un saxophoniste qu'il consacre son premier film: *Konitz Portrait of The Artist as a Saxophonist* (1987). (M. J.)

DAVID, Pierre, distributeur, producteur (Montréal, 1944). Après ses études à l'Université de Montréal, il est coopérant canadien au Rwanda pendant un an. Il entre ensuite à la station de radio CJMS, du réseau Radiomutuel, que détient le groupe Civitas présidé par Raymond Crépeault. En 1966, David devient directeur des relations publiques. Il fonde ensuite la filiale CJMS Productions, rebaptisée Les productions Mutuelles, une maison spécialisée dans la production de spectacles (dont ceux de René Simard) et dans la gérance de vedettes de la chanson et du grand écran (Claude Léveillée, Renée Claude, Jean Duceppe, Donald Pilon). Son style agressif en fait l'une des plus importantes compagnies dans ce domaine, au Québec, étant assurée de la diffusion de ses produits sur les ondes de Radiomutuel. Toujours parrainé par Crépeault, David lance, en 1972, Les films Mutuels, une compagnie de distri-

bution. En moins de six ans, deux cent soixante-cinq films seront distribués au Québec par la compagnie, des films français (Sautet, Chabrol, Lelouch) comme des films québécois (Lord, Carle, Fournier). David met également sur pied plusieurs petites compagnies de distribution, de relations publiques, ou œuvrant dans des secteurs connexes.

David se lance dans la production de longs métrages de fiction en 1974. Il mise avant tout sur Jean-Claude Lord: *Les colombes* (1972), *Bingo* (1974), *Parlez-nous d'amour* (1975), *Panique* (1976) et *Éclair au chocolat* (1978). Voulant conquérir de nouveaux marchés, il produit aussi, avec un bonheur variable, des films misant sur la popularité de certains acteurs: *J'ai mon voyage!* (D. Héroux, 1973), avec Dominique Michel et Jean Lefebvre, et *Je t'aime* (P. Duceppe, 1973), avec Jeanne Moreau. En 1976, il devient le bras droit de Crépeault dans le *holding* Citivas. La même année, il participe à la fondation de New World Mutual Pictures of Canada, une maison de distribution de longs métrages de fiction pour le Canada anglais. Il en devient le président deux ans plus tard. Cette nouvelle compagnie entretient des liens étroit avec Les films Mutuels, au Québec, et New World Pictures, à Los Angeles. De plus en plus soucieux de diffuser internationalement les films qu'il produit, David tourne le dos aux films francophones et s'associe, en 1979, au producteur Claude Héroux et à l'homme d'affaire torontois Victor Solnicki, pour former Filmplan International, une maison de production qui offre aussi ses services à des maisons déjà existantes. En quatre ans, ils produisent *The Brood* (D. Cronenberg, 1979), *Hot Wild* (L. Rose, 1980), *Scanners* (D. Cronenberg, 1980), *Dirty Tricks* (A. Rakoff, 1981), *Gas* (L. Rose, 1981), *Visiting Hours* (J.-C. Lord, 1982), *The Funny Farm*

(R. Clark, 1983), *Videodrome* (D. Cronenberg, 1983) et *Cover Girl* (J.-C. Lord, 1984). Sur cette lancée, en 1982, David fonde Mutual Productions USA, à Los Angeles, avant de s'y installer l'année suivante. Fort du succès remporté par *Scanners* et *Visiting Hours* aux États-Unis, il réussit à convaincre des investisseurs de financer cinq de ses projets dès la première année. Parmi ceux-ci figure *Going Berserk* (D. Steinberg, 1983), comédie dont le rôle principal est tenu par John Candy. Plus tard, il participe au développement de *Platoon* (O. Stone, 1986), qui remporte de nombreux Oscars. Profitant de sa position stratégique, David s'associe à la firme torontoise Nelvana et au distributeur et producteur René Malo* (qui acquiert Les films Mutuels en 1983) pour former Image Organisation, un service de commercialisation de films à l'étranger.

PRINCIPAUX AUTRES FILMS: *Les aventures d'une jeune veuve* (R. Fournier, 1974), *Mustang* (Y. Gélinas et M. Lefebvre, 1975), *Je suis loin de toi mignonne* (C. Fournier, 1976), *Of us Known Origin* (G. Cosmatos, 1983), *Au nom de tous les miens* (R. Enrico, 1983), *Breaking All the Rules* (J. Orr, 1985), *The Vindicator* (J.-C. Lord, 1986). (J.P.)

DE ERNSTED, Maurice, chef électricien (Ottawa, 1923). Il fréquente d'abord l'École technique de Hull où il acquiert une formation de maître électricien. Il entreprend par la suite une longue carrière à l'ONF où il collabore à plus d'une centaine de films documentaires et de fiction. Au cours de toutes ces années, il se spécialise dans des techniques spécifiques comme le tournage à haute vitesse (jusqu'à 10 000 images/seconde), les projections frontales ou arrières, les transparences, etc. Cela lui permet de participer à des productions américaines de la Universal, de la

Warner Bros et des Walt Disney Productions. (J.D.)

DEFALCO, Martin, réalisateur, monteur (Ottawa, 1933). Il entre à l'ONF en 1952. Il y fait de la prise de son, mais surtout du montage. En 1960, il entame sa carrière de réalisateur en signant des films commandités par le gouvernement canadien (*Charlie's Day*, 1967, cm), puis en réalisant des films où il s'intéresse aux communautés culturelles. *Bird of Passage* (1966, cm), par exemple, traite des Nippo-Canadiens. En 1968, il est professeur invité à la Stanford University de Californie. À travers les quelque soixante films qu'il monte, il réalise des documentaires (*Don Messer His Land and His Music*, 1971), et s'intéresse particulièrement aux Amérindiens (*The Other Side of the Ledger: An Indian View of the Hudson's Bay Company*, coréal. W. Dunn, 1972, mm). Il signe aussi une fiction qui fait beaucoup de bruit, à l'époque, à cause de son budget jugé exhorbitant: *Cold Journey* (1975), sur un jeune Amérindien qui cherche sa place dans la société. Après un dernier film, *The Politics of Persuasion* (1982, cm), il travaille avec les Cris de la Baie James à mettre sur pied un système de communications lié à l'établissement de leur gouvernement autonome. (A.D.)

DELACROIX, René, réalisateur, producteur (Paris, France, 1900-1976). Après avoir pratiqué le droit, il s'intéresse au cinéma. Il touche d'abord à la distribution, à l'exploitation (Gaumont, Étoile Film) et à l'assistanat. Au début des années 30, il rencontre l'abbé Vachet qui lui propose de travailler avec lui à la mise en place de FiatFilm. Delacroix en devient le directeur technique. Son premier long métrage, *Adieu les copains*, date de 1934. Par la suite il tourne régulièrement des films

René Delacroix. (CQ)

assez quelconques. C'est pour FiatFilm qu'il réalise *Notre-Dame de la Mouise* (1939), production qui le met en contact avec J.-A. DeSève et le Canada. Rien d'étonnant à ce qu'après la guerre, lorsque Renaissance demande à l'abbé Vachet, qui gère un studio dans la région parisienne, de recruter du personnel, Delacroix soit le réalisateur retenu. Après un film inachevé, il tourne son meilleur film, *Le gros Bill* (1949). Il repart en France pour réaliser la première coproduction franco-canadienne, *Docteur Louise* (1949; sorti en France sous le titre de *On ne triche pas avec la vie*). On le rappelle au Canada en 1951 pour *Le rossignol et les cloches*; la critique parlera alors de faillite et d'insignifiance. Malgré tout, lorsque Gratien Gélinas a besoin d'un cinéaste chevronné pour l'aider à réaliser l'adaptation cinématographique de *Tit-Coq* (1952), c'est à lui qu'on fait appel. Sa carrière québécoise se termine sur un mauvais mélodrame, *Cœur de maman* (1953). En France, il poursuivra sa carrière de réalisateur, mais se consacrera surtout à l'Union catholique du cinéma, qu'il fonde en 1947. Homme de cinéma sans grande imagination, Delacroix fut surtout un technicien au sens le plus plat du terme; mais le manque de confiance des Québécois dans leurs propres ressources, doublé d'une certaine anémie culturelle et de curieux espoirs commerciaux, les amène à préférer la morne sécurité et la caution catholique aux risques liés à l'inexpérience. De ce point de vue, Delacroix fut un homme providentiel. (P.V.)

DEMERS, Rock, producteur, administrateur, distributeur, exploitant (Sainte-Cécile-de-Levrard, 1933). Se destinant d'abord à une carrière dans l'enseignement, il obtient un baccalauréat en pédagogie puis étudie les techniques audiovisuelles à l'École normale supérieure de Saint-Cloud, à Paris. Avant de rentrer au pays, il consacre dix-huit mois à voyager. Formé à l'école des ciné-clubs et marqué par ses rencontres avec des créateurs des pays de l'Est, notamment le réalisateur tchèque Bretislav Pojar, il choisit, au retour, de travailler en cinéma. En 1960, il s'occupe de la mise en marché pour la compagnie de distribution Art films et se joint à l'équipe du Festival international du film de Montréal, un événement cinématographique novateur en Amérique du Nord (*voir* FESTIVALS). Il y retrouve ses collègues de la revue *Images*, à laquelle il a collaboré au milieu des années 50. En 1962, il prend la direction de ce festival où les plus grands réalisateurs se côtoient. Il y développe, entre autres choses, une section consacrée au cinéma pour enfants et organise, en plus du festival, des événements centrés sur des cinémas nationaux de même que les «Sept jours du cinéma» qui permettent d'étendre le rayonnement de l'événement ailleurs au Québec, mais aussi au Nouveau-Brunswick et en Ontario. Dès 1965, parallèlement à son travail au festival, il se lance dans la distribution de films pour enfants. Rapidement, ce qui ne devait être qu'une activité complémentaire prend une telle ampleur qu'il choisit, en 1967, de s'occuper à plein temps de Faroun films, compagnie qui emprunte le nom du principal personnage d'un conte qu'il a écrit et dont Bretislav Pojar tire un film d'animation (*Faroun le petit clown*, 1968, cm). Au début des années 70, plusieurs dizaines de milliers d'enfants sont membres d'un des nombreux clubs Faroun. Peu à peu, Demers élargit son champ d'action: il négocie les droits de certains films pour d'autres territoires que le Québec et ouvre son catalogue au cinéma de type art et essai, notamment aux œuvres japonaises, suisses et des pays de l'Est. Faroun distribue également des films québécois et les exporte, avec succès parfois comme dans le cas des *Mâles* (G. Carle, 1970) dont le lancement au Festival international du film de Cannes est soutenu par une tapageuse campagne promotionnelle. Le développement de Faroun, une compagnie à la fois dynamique et fragile, entraine Demers sur de nouveaux terrains. Ainsi, il en vient à investir dans les Cinémas du Vieux-Montréal, ouverts en 1971, pour faciliter la sortie des films qu'il distribue. L'aventure ne sera pas rentable. C'est aussi à travers son travail de distributeur qu'il devient producteur, puisqu'il doit reprendre la production d'un film pour enfants dans lequel il a déjà investi et dont l'achèvement est compromis: *Le Martien de Noël* (B. Gosselin, 1970). Le succès de ce film, au Québec comme à l'étranger, s'étend sur plusieurs années. Malgré la diversification de ses activités, Faroun demeure le grand distributeur de films pour enfants, une compagnie qui, à son zénith, joue un rôle de négociateur appréciable sur le marché mondial. Demers quitte Faroun en 1978.

En 1977, il est nommé président puis directeur général de l'IQC, organisme nouvellement créé pour soutenir le développement de l'industrie cinématographique québécoise. Accusé de conflit d'intérêts, il devra quitter ses fonctions précipitamment, en juin 1979. Le fonds Faroun est ensuite dispersé et Demers, qui traverse une période sombre, s'éloigne temporairement du cinéma pour occuper le poste de secrétaire général adjoint des Floralies internationales de Montréal. En 1980, il fonde Les productions la Fête. Deux ans plus tard, il préside le comité directeur du Colloque sur la situation du cinéma pour enfants au Québec. Son arrivée dans le secteur de la production coïncide avec l'affirmation de la fonction de producteur au Québec. Demers, qui a soigneusement préparé sa rentrée, bouscule les traditions. Plutôt que de développer les projets un à un, il entreprend, dans la continuité de son travail à Faroun, la production d'une série: les «Contes pour tous». Il s'agit de films pour toute la famille tournés, le plus souvent, en anglais

Rock Demers. (Yvonne Defour, coll. ACPQ)

ou en français. La formule est audacieuse. La série commence en lion, avec un film scénarisé par Danyèle Patenaude et Roger Cantin, *La guerre des tuques* (A. Melançon, 1984), fable hivernale sur la guerre. Suivent *The Peanut Butter Solution* (M. Rubbo, 1985) et un deuxième film d'André Melançon, *Bach et Bottine* (1986). Rapidement, chaque film de la série est acheté par un grand nombre de pays. Demers innove encore en multipliant les coproductions avec des pays comme la Pologne (*Le jeune magicien*, W. Dziki, 1986), la Hongrie (*Le petit chaperon rouge, an 2000*, M. Meszaros, 1988) et l'Argentine (*Ruano l'indomptable*, A. Melançon, 1989). Il produit également un film de Vojtech Jasny (*The Great Land of Small*, 1987), réalisateur d'origine tchèque, et un film de Jean-Claude Lord, *La grenouille et la baleine* (1988), sur un scénario de Jacques Bobet et André Melançon. Le rythme de production s'accélère et la série, qui devait initialement compter huit films, doit finalement en réunir quinze pour satisfaire aux exigences des acheteurs. À peine plus de quatre années après le lancement de *La guerre des tuques*, les cinq premiers films ont obtenu plus d'une soixantaine de prix, mentions et nominations à travers le monde, notamment à Rouyn-Noranda, Rimouski, Toronto, Moscou, Chicago, Laon, Belgrade et Gdansk. Tous ces films «pour tous» s'adressent principalement aux jeunes de dix à treize ans. Alors que certains s'inscrivent dans la veine réaliste, d'autres ont plutôt recours à la magie et à l'aventure. Demers se définit comme le coauteur de chacun des «Contes pour tous», à égalité avec le scénariste et le réalisateur. Que ce soit comme directeur de festival, distributeur, exploitant de salles ou producteur, il se révèle un défenseur exceptionnel du cinéma de qualité pour enfants. À ce titre, il occupe une

position tout à fait unique au sein de l'industrie cinématographique.

En plus de son activité professionnelle, Demers remplit à plus d'une reprise des fonctions de représentation. De 1974 à 1977, il est président de l'AQDF. De 1980 à 1982, il préside le conseil d'administration de la Cinémathèque québécoise où il retrouve Robert Daudelin, son coéquipier du Festival international du film de Montréal. Il occupe la présidence de l'APFVQ de 1986 à 1988 et s'affirme comme un des porte-parole les plus cohérents, les plus fermes de l'industrie cinématographique québécoise, inquiet face au possible accord de libre-échange entre le Canada et les États-Unis, mordant face au recul du gouvernement fédéral en matière d'abris fiscaux pour le cinéma. En 1987, il reçoit le prix Albert-Tessier; en 1988, le prix Air Canada de l'Académie du cinéma canadien. Ces deux prix viennent saluer l'ensemble de sa carrière. (M.C.)

DEROME, Jean, musicien (Montréal, 1955). À titre de compositeur, il est remarqué, en 1986, par la création et la conception de *Confitures de Gagaku,* spectacle et pièce musicale pour onze musiciens. Il partage une filmographie musicale abondante avec Robert M. Lepage* et René Lussier*, du groupe Chants et danses du monde inanimé, qui donne aussi de nombreux spectacles avec le cinéaste Pierre Hébert*. Avec René Lussier, il signe la musique du *Dernier glacier* (R. Frappier et J. Leduc, 1984) et de *Trois pommes à côté du sommeil* (J. Leduc, 1988). Il participe aussi à la création de la musique de *Passiflora* (F. Bélanger et D. Gueissaz Teufel, 1985), de *La couleur encerclée* (Jean et S. Gagné, 1986) et de *Charade chinoise* (J. Leduc, 1987). (R.L.)

DESBIENS, Francine, animatrice, productrice, réalisatrice (Montréal, 1938). Après des études à l'Institut des arts appliqués de Montréal, elle entre à l'ONF en 1965 au service de l'information, puis elle travaille comme assistante-animatrice, principalement aux côtés de Jean Beaudin. Trois ans plus tard, elle coréalise un premier film, *Le corbeau et le renard* (coréal. P. Hébert, Y. Leduc et M. Pauzé, 1969, tcm), une suite de jeux et variations utilisant du papier découpé. Elle signe ensuite une première œuvre solo, *Les bibites de Chromagnon* (1971, cm), où s'orchestrent gamme chromatique et notes musicales. Puis, elle revient au papier découpé. Elle coréalise *Du coq à l'âne* (P. Hébert et S. Gervais, 1973, cm), une énigme sous forme de comédie musicale. Viennent ensuite *Dernier envol* (1977, cm), traitant de l'inévitable solitude, *«E»* (coréal. B. Pojar, 1981, cm), l'indicatif de *L'art de l'animation* (1982, tcm) et *Ah! vous dirai-je maman* (1985, cm) où elle évoque les grands moments de la vie d'une femme sur les *Variations* de Mozart. À partir de 1976, elle agit également à titre de productrice, notamment pour *Chérie, ôte tes raquettes* (A. Leduc, 1976, tcm), *Moi je pense* (R. Tunis, 1979) et *Luna Luna Luna* (V. Elnécavé, 1981). (M.-É.O.)

DESCHAMPS, Laurette, productrice, réalisatrice (Montréal, 1936). En 1979, elle fonde avec Michèle Renaud-Molnar une entreprise orientée vers la production de films à caractère social: Ciné-Contact. Elle y coréalise *Un enfant loin d'ici* (coréal. M. Renaud-Molnar et D. Lanouette, 1980, mm), un film traitant de l'adoption d'enfants du tiers monde, puis signe *A Leaf of a Thousand Years* (1982, cm), un documentaire sur l'intégration au Canada des réfugiés du Sud-Est asiatique. *La cage dorée* (1984, cm), produit avec la collaboration du studio D (studio anglais des femmes) de l'ONF, parle de la situation vécue par les femmes âgées au Canada. En 1985, elle fonde seule Ciné-Sita. Elle part en Asie tourner un documentaire dénonçant le sort réservé aux Indiennes et décrivant leurs démarches pour changer les mentalités et les lois: *No Longer Silent* (1986, mm). Elle prépare ensuite un moyen métrage sur la schizophrénie. (D.P.)

DESCHAMPS, Yvon, acteur (Montréal, 1935). Acteur et musicien, il doit sa renommée à son travail d'humoriste qui, dans les années 70, fait de lui un des artistes les plus populaires du Québec. Monologuiste provocant, il prend plaisir à avancer sur des terrains minés, abordant féminisme et rapports de classe avec le même mordant, la même ironie. Il exploite au cinéma le personnage de victime, d'homme exploité qui fait son succès sur scène. Deschamps est d'abord associé à des films dramatiques, jouant dans *Louis-Hippolyte Lafontaine* (P. Patry, 1962, cm), puis dans deux productions de Coopératio, *Trouble-fête* (P. Patry, 1964) et *Délivrez-nous du mal* (J.-C. Lord, 1965), où, ridicule et peu convaincant, il tient le premier rôle, celui d'un homosexuel coupable, pauvre séducteur condamné à demeurer une victime. Il tient ensuite le rôle d'un employé de la compagnie de téléphone dans un des nombreux sketches qui font le succès de *Deux femmes en or* (C. Fournier, 1970). Puis, il tourne deux comédies pour toute la famille. Dans la première, *Tiens-toi bien après les oreilles à papa...* (J. Bissonnette, 1971), il tient, aux côtés de Dominique Michel, le rôle d'un employé en apparence dévoué à son employeur anglophone. Dans la deuxième, *Le p'tit vient vite* (L.-G. Carrier, 1972), dont il écrit le scénario en s'inspirant de *Léonie est en avance*, une pièce de Georges Feydeau, il donne la réplique à Denise Filiatrault. Deschamps joue enfin dans *Le soleil se lève en retard* (A. Brassard, 1976) où il reprend, avec succès cette fois, un rôle de séducteur maladroit. Il donne beaucoup d'humanité à son personnage d'homme timide qui découvre le grand amour grâce à une agence de rencontres. Profitant de l'immense popularité du monologuiste, Gérard Le Chêne et Jean-Claude Burger tournent avec lui *Yvon-gélisation* (1973, cm), un film sur la coopération québécoise en Afrique francophone. Après 1976, Deschamps n'apparaît plus au cinéma mais continue de faire carrière au théâtre, en spectacle et à la télévision. (M.C.)

DESCOMBES, Michel, mixeur (La Chaux-de-Fonds, Suisse, 1942). Technicien en électronique, il travaille à la télévision suisse de 1960 à 1963. Arrivé à Montréal en 1964, il œuvre chez RCA Victor pendant trois ans. Il y est, notamment, affecté à l'enregistrement musical. En 1966, il entre à l'ONF et, comme Jean-Pierre Joutel, débute comme assistant-mixeur de *Labyrinthe* (R. Kroitor, C. Low, T. Daly), film réalisé pour Expo 67. Entre 1967 et 1978, il mixe quelques centaines de films à l'ONF, dont *Mon oncle Antoine* (C. Jutra, 1971). En 1978, il quitte l'ONF pour Sonolab, où il est en charge du mixage de films comme *Les bons débarras* (F. Mankiewicz, 1980), *Les Plouffe* (G. Carle, 1981), *Bach et Bottine* (A. Melançon, 1986) et *Crac!* (F. Back, 1981, cm). Il a remporté quatre prix Génies. (M.J.)

DESÈVE, J.-A. (Joseph-Alexandre), producteur, distributeur, exploitant (Montréal, 1896 – Montréal, 1968). Orphelin en bas-âge, DeSève doit gagner sa vie dès l'âge de treize ans. Entré au contentieux d'une banque, il acquiert des connaissances en droit et en comptabilité qui lui seront précieuses. En

1929, il entrevoit la possibilité de distribuer du film français au Canada. Le *krach* fait avorter son projet. Tout en occupant d'autres métiers, il se joint à Édouard Garand dont la compagnie importe, depuis 1931, du film français. Il assure aussi la gérance de salles, dont le Saint-Denis, à Montréal. En 1934, il transforme la compagnie de Garand en Franco-Canada Films et étend son parc de salles en gestion. Habilement, avec l'aide d'Alban Janin, il manœuvre pour acquérir cette même année France Film et la Compagnie cinématographique canadienne dont le bureau de Paris approvisionne les salles de France Film en films français. Le voilà à la tête d'une chaîne relativement importante qui se donne pour mission de maintenir les traditions françaises. La revue *Le courrier du cinéma*, qu'il laisse à Garand, lui sert alors de véhicule promotionnel. France Film ne s'occupe pas que de cinéma. Les variétés l'intéressent également. Les succès de l'entreprise rendent les Américains envieux, mais DeSève sait leur tenir tête. La guerre vient toutefois compliquer son existence et il connaît des problèmes d'approvisionnement. DeSève s'allie donc à l'imprésario Nicolas Koudriatzeff pour organiser de nombreux spectacles.

Durant ses voyages en France, DeSève se lie avec l'abbé Aloysius Vachet*, fondateur d'une compagnie de production catholique, FiatFilm; il investit même dans un de ses films, *Notre-Dame de la Mouise* (1939). Les vicissitudes qu'il connaît durant la guerre l'amènent à rêver d'un approvisionnement local stable. C'est pour cela qu'il s'allie à Renaissance Films* pour créer Renaissance Films Distribution (RFD) dont il devient le pdg. Cette décision consomme la brouille qu'il a, depuis longtemps, avec Janin et celui-ci le force, en 1945, à démissionner de France Film. Janin meurt en 1948. Au terme de trac-

J.-A. DeSève et l'abbé Vachet, vers la fin des années 30. (CQ)

tations où les coups volent dru, DeSève reprend le contrôle de France Film; il met alors en branle un programme d'expansion. Au même moment, les administrateurs de RFD, qui constatent le piétinement de leur compagnie, prennent des mesures pour se défaire de DeSève. Ils devront toutefois continuer de s'entendre avec lui pour la distribution des films, car DeSève a pratiquement le monopole des salles qui peuvent diffuser du film québécois. Tant RFD que Québec Productions doivent faire affaires avec lui. Cela lui permettra finalement de faire plus d'argent qu'en produisant les films. Deux exceptions à cela: il crée, en 1951, l'Alliance cinématographique canadienne pour produire *La petite Aurore l'enfant martyre* (J.-Y. Bigras), puis il investit dans *Tit-Coq* (R. Delacroix et G. Gélinas, 1952).

À la faillite de RFD en 1951, DeSève met la main sur les équipements de la compagnie.

Il contrôle alors pratiquement tout ce qui touche à la production et à la distribution de films québécois. Il peut donc, avec le concours de Paul L'Anglais, créer des compagnies pour subvenir aux besoins d'une nouvelle venue, la télévision. Mais il ne se contente pas longtemps de ce rôle de second plan. Il soumet donc le projet d'une deuxième télévision francophone, CFTM-TV, qui naît en 1961. Jusqu'à sa mort, il présidera toutes ses compagnies. DeSève a été un homme d'affaires coriace. Il a donné naissance au premier *trust* audiovisuel québécois. À sa mort, le produit de la vente de ses actifs alimente une importante fondation qui porte son nom. (P.V.)

DESJARDINS, Richard, musicien, réalisateur, recherchiste (Noranda, 1948). Après avoir réalisé des émissions radiophoniques sur la formation de groupes de travail issus du mouvement populaire abitibien, il fonde avec Robert Monderie, en 1974, la compagnie de production Abbittibbi Blue Print. Toutefois, il ne voit une caméra de cinéma de près que le premier jour du tournage de *Comme des chiens en pacage* (coréal. R. Monderie, 1977, mm). La vision très personnelle que ce beau film donne de l'Abitibi se situe à égale distance de l'idéalisation de l'abbé Proulx et de l'image démoralisante qu'en a donnée Pierre Perrault; elle est, en ce sens, plus proche d'une véritable réalité régionale. Produit avec des moyens réduits, *Comme des chiens en pacage* s'inscrit parfaitement dans le mouvement du cinéma régional des années 70. Toujours avec Monderie, Desjardins tourne *Mouche à feu* (1983, cm), qui traite de la musique *country* à travers le portrait de Ken Wallingford, «musicien d'hôtel». Il collabore ensuite à d'autres films comme recherchiste et musicien (*Noranda*, D. Corvec et R. Monderie, 1984, mm), mais laisse la réalisation pour se consacrer davantage à la musique. Il signe la musique de *La nuit avec Hortense* (J. Chabot, 1988). (A.B.)

DESMARTEAU, Charles, chef opérateur, producteur, réalisateur (Montréal, 1927 – Boucherville, 1984). Habitant la Mauricie, ce passionné d'histoire découvre le cinéma dans le sillage d'Albert Tessier. Il réalise d'abord *Cinquantenaire de Shawinigan* (1951, cm), puis offre ses services au SCP. En 1954, Chez Delta Films, où il est associé à Fernand Rivard, il réalise *Le congrès marial national* (1954, cm). Pour cette compagnie, il produit trois films de Rivard: *Images de Noël au pays du Québec* (1954, cm), *Année mariale* (1955, cm) et *En Mauricie* (1955, cm). À cette époque, il lui arrive aussi d'être caméraman pour d'autres cinéastes et pour le service des nouvelles de Radio-Canada. En 1960, il réalise son film le plus ambitieux, *Carnaval*

de Québec (cm), un film 35 mm en couleurs distribué mondialement par Paramount. Par la suite, n'arrivant pas à concrétiser la réalisation de *Ashini*, un projet de long métrage, il retourne au documentaire touristique. Déçu par le cinéma et par l'évolution de l'OFQ dans lequel sa personnalité forte s'intègre mal, il délaisse la production au milieu des années 60. Claude Fournier utilisera de ses images pour *Du général au particulier* (1967, cm). En 1962, Desmarteau fonde la Société historique de Boucherville, où il œuvre jusqu'à sa mort.

PRINCIPAUX AUTRES FILMS: *Carnaval de Québec* (1955, cm), *Coins historiques de ma province* (1960, cm), *Les pee-wee sur glace* (1961, cm), *La vierge de Lourdes au Québec* (1961, cm), *Au pays du bon voisinage* (1962, cm), *La belle Gaspésie* (1963, cm), *Présence culturelle du Québec* (1964, cm), *Présence de la forêt* (1964, cm). (P.V.)

DÉSY, Victor, acteur, scénariste (Montréal, 1932). Le premier long métrage dans lequel il apparaît est *Il était une guerre* (L. Portugais,

Claude Jutra et Victor Désy dans À tout prendre. *(Le Devoir)*

1958), mais on le remarque surtout dans *À tout prendre* (C. Jutra 1963), où il campe avec talent le personnage de Victor, l'ami et voisin de Claude. Par la suite, on le retrouve dans une douzaine de longs métrages, jouant souvent des seconds rôles, autant en français qu'en anglais. Parmi eux, on compte *Yul 871* (J. Godbout, 1966), *Les aventures d'une jeune veuve* (R. Fournier, 1974), *Jacob Two Two Meets the Hooded Fang* (T. J. Flicker, 1978) et *À corps perdu* (L. Pool, 1988). En 1985, il collabore au scénario de *Claire... cette nuit et demain* (N. Castillo), basé sur un texte dont il est l'auteur. (M.J.)

DEVLIN, Bernard, réalisateur, producteur, scénariste (Québec, 1923 – Montréal, 1983). Il fait son service militaire dans la Royal Navy et la RCAF. Au début de 1946, il entre à l'ONF, où il apprend à connaître le cinéma en même temps qu'il découvre la réalisation. Il participe à la série «Vigie» et se fait d'abord remarquer avec une fiction documentaire, *Contrat de travail* (1950, cm), où il prend clairement position pour le syndicalisme et se démarque de l'idéologie traditionnelle du Québec duplessiste. Mais c'est à la fiction proprement dite qu'il veut se consacrer; *L'abatis* (coréal. R. Garceau, 1952, cm), qui décrit la colonisation en Abitibi, lui en donne l'occasion. Il quitte la reconstitution historique pour réaliser un film qui sera d'une importance capitale pour l'affirmation des francophones, *L'homme aux oiseaux* (coréal. J. Palardy, 1952, cm), une comédie scénarisée par Roger Lemelin. Lorsqu'en 1953 l'ONF décide de produire pour la télévision, Devlin prend la tête de l'opération et devient ainsi un pionnier dans le domaine avec la série «On the spot». En 1954, satisfait de son expérience en reportage filmé, l'ONF met en chantier une série francophone analogue à la

Bernard Devlin à l'époque du tournage de son premier grand film, Les brûlés. *(CQ)*

précédente, «Sur le vif». Devlin en réalise dix-huit épisodes et se voit confier la mise sur pied d'une équipe française de production télévisuelle. En 1956, il devient pigiste pour produire et réaliser, à l'ONF, les séries «Passe-partout» et «Panoramique». Parmi les vingt-deux émissions de «Passe-partout» qu'il tourne, on retient surtout une fiction, *Alfred J.* (1956, deux cm), pour ses qualités de réalisation et la justesse avec laquelle elle décrit la syndicalisation dans un milieu populaire. C'est à cette époque qu'émergent les conflits de Devlin avec certains cinéastes. Si tous reconnaissent son dynamisme de producteur, certains, à la faveur d'une campagne de presse en 1957, l'associent à la «clique dirigeante» qui empêche les francophones de s'épanouir à l'ONF et lui rappellent ses origines anglophones. Cette contestation ne l'empêche ni de produire ni de réaliser. C'est à la série «Panoramique» qu'appartient son premier grand film, *Les brûlés* (1958), un long métrage divisé en épisodes pour la télévision. Le film trace un portrait historique intéressant de la montée des colons dans le Nord québécois alors que le gouvernement tente de contrer les effets de la crise des années 30 en assurant la promotion d'un utopique retour à la terre. En 1959, Devlin réintègre l'ONF à titre de producteur exécutif. Il réalise deux moyens métrages de fiction qui comptent parmi ses films les plus importants: *L'héritage* (1960), d'après Ringuet, une remise en question du thème rural, et *Dubois et fils* (1961), une interrogation d'actualité sur les difficultés de l'entreprise familiale menée dans le cadre de la série «Défi». Il met aussi en chantier la série «Les artisans de notre histoire», qu'il quitte en 1962.

Au début des années 60, l'antinationalisme de Devlin, qu'on peut rattacher à celui de *Cité libre*, se heurte au nationalisme d'une grande partie de l'équipe française. En 1963, il lance la série bilingue «Comparaisons» et, l'année suivante, il se remet à travailler en anglais à titre de réalisateur et de producteur. Il termine alors deux films du volet anglais des «Artisans de notre histoire». Ses films les plus intéressants des années 1964-1974 sont *A Question of Identity – War of 1812* (1966, cm) et une fiction satirique, *Once Upon a Prime Time* (1966, cm). Lors d'un bref séjour en Colombie-Britannique, il renoue avec le long métrage; mais *A Case of Eggs* (1974), réalisé dans la série «Filmglish», ne s'avère pas une expérience concluante. Il revient donc à Montréal pour se consacrer exclusivement à la production. En 1977, il se retire.

Cette fin de carrière un peu triste ne doit pas faire oublier les quinze années où Devlin a été l'un des moteurs de la production oné-fienne. Il joue un rôle capital dans l'expansion de l'équipe française, même s'il n'y est pas tout à fait intégré. Si son œuvre est très diversifiée, on dénote toutefois un fort penchant pour la fiction et les films à dimension historique. C'est là que se situe le meilleur de son œuvre.

PRINCIPAUX AUTRES FILMS: *Ski Skill* (1946, cm), *Horizons de Québec* (1948, cm), *La crèche d'Youville* (1955, cm), *Cas de conscience* (1956, cm), *Tu enfanteras dans la joie*, (1957, cm), *La misère des autres* (1960, cm), *The Voyageurs* (1964, cm), *The End of the Nancy J* (1970, cm) (P.V.)

DEYGLUN, Mireille, actrice (Montréal, 1958). Fille de la comédienne Janine Sutto et de l'auteur Henri Deyglun, elle fait ses débuts au théâtre à l'âge de dix-huit ans, puis elle décide d'apprendre le métier au cégep de Saint-Hyacinthe. Au cinéma, on la voit d'abord dans le rôle d'une infirmière dans *Suzanne* (R. Spry, 1980). Puis, Claude Fournier lui donne un premier rôle dans *Bonheur d'occasion* (1983), celui de Florentine Lacasse, jeune serveuse romantique d'un quartier ouvrier partagée entre un ambitieux et un jeune homme de famille riche. La version

Mireille Deyglun, dans Bonheur d'occasion *de Claude Fournier. (Le Devoir)*

anglaise de ce film, *The Tin Flute* (1983), est tournée simultanément. Elle sait rendre la fraîcheur, la naïveté et la sensibilité qui conviennent au personnage. Deyglun s'éloigne ensuite du Québec pour chercher à travailler aux États-Unis et en France. Elle revient au pays pour tourner, dans l'Ouest, *Mistress Madeleine* (K. Johnston, 1987, mm); elle y tient le rôle titre, celui d'une métisse du siècle dernier, période où les droits territoriaux et les pratiques commerciales des Métis sont chaudement discutés. Elle change tout à fait de registre pour interpréter une fille facile dans le téléfilm *Le grand jour* (J.-Y. Laforce, 1988). Elle tient un petit rôle dans *Obsessed* (R. Spy, 1988). (M.C. et G.K.)

DION, Yves, monteur, réalisateur, scénariste (Montréal, 1947). Il entre à l'ONF en 1965 comme assistant-monteur et apprend le métier avec Tom Daly, Roman Kroitor et Claude Jutra, entre autres. L'essentiel de sa carrière se passe à l'ONF comme pigiste et permanent, mais il travaille aussi comme monteur à Radio-Canada, entre 1968 et 1970, pour les émissions *Format 60*, *Femme d'aujourd'hui* et *Cinquième dimension* et, au début des années 70, dans l'industrie privée, notamment pour *Bulldozer* (P. Harel, 1972) et *Les ordres* (M. Brault, 1974). Sa carrière de monteur commence comme assistant pour les films du Labyrinthe à l'Expo 67. Il est ensuite le monteur de films comme *Wow* (C. Jutra, 1969) et *Un lendemain comme hier* (M. Bulbulian, 1970, mm). Dans le cadre de Société nouvelle, il passe à la réalisation avec *Sur vivre* (1970, mm). Il alterne ensuite entre ses deux métiers jusqu'en 1980 et se consacre, depuis, à la réalisation, ne retournant à la table de montage que pour ses propres films – il ne conçoit pas qu'une autre personne fasse ce travail – et, très exceptionnellement, pour

Yves Dion (au fond) et les acteurs de L'homme renversé: *Yves Desgagné, Johanne Seymour et André Lacoste. (ONF, coll. ACPQ)*

celui d'une amie (*Sonia*, P. Baillargeon, 1986, mm). Comme réalisateur, il privilégie le direct avec équipe souple et très réduite, mais, avec *L'homme renversé*, il scénarise une fiction à la manière du direct, laissant une grande place à l'improvisation et où il intervient lui-même pour «secouer» ses comédiens et faire avancer l'action. Ce film marque son ouverture sur la fiction. Une même préoccupation anime la partie la plus significative des films auxquels il collabore et tous ceux qu'il dirige: la création de modes de vie plus justes, plus dignes, plus humains et plus normaux pour les handicapés, les marginaux et tous les défavorisés de la société.

Avec *Sur vivre*, il est l'un des premiers à faire vivre de l'intérieur, sans voyeurisme et sans recherche d'exotisme, le dynamisme des handicapés (un couple de paralysés cérébraux avec enfant) qui ne se contentent pas de survivre, mais qui peuvent en apprendre à tous «sur vivre». Suivent la recherche d'une

Raison d'être (1977) dans l'accompagnement de deux cancéreux à l'article de la mort, l'illustration des divers sentiments provoqués par *Les accidents* (1978, cm), l'exploration du lien entre surdité et solitude avec *La surditude* (1981). Dans ses films, les personnages principaux affrontent tous directement leur situation et leurs handicaps, réagissent de manière très dynamique au lieu de s'écraser dans la morosité, et viennent questionner le regard des bien portants sur leur propre vie. Puis, c'est la mise à nu et première remise en question radicale de la condition masculine avec *L'homme renversé* (1986). Il participe ensuite à la série «La bioéthique: une question de choix» avec *Perversion* (1988, cm), qui porte sur les moyens médicaux d'euthanasie et à celle des «Enfants de la rue» avec *Danny* (1987, mm), l'histoire d'un fils de bonne famille qui, malgré l'intervention d'un travailleur social (Gabriel Arcand), glisse sur la pente de la délinquance. (Y.L.)

DIRECTION GÉNÉRALE DES MOYENS DE COMMUNICATION. L'utilisation du cinéma à des fins didactiques par le gouvernement québécois remonte aux années 20, alors qu'un fonctionnaire du ministère de l'Agriculture, Joseph Morin*, se sert du cinéma et plaide pour la production de films agricoles propres à la réalité québécoise. Durant les années 30, le ministère de l'Agriculture crée donc la section des vues animées et Morin en obtient la direction. Progressivement d'autres ministères ouvrent des services ou des cinémathèques et commandent des films à des producteurs privés.

Le 5 juin 1941, le gouvernement crée le service de ciné-photographie (SCP). Joseph Morin en est le directeur. Rapidement le SCP rapatrie tous les films et les équipements des différents ministères. Il joue surtout le rôle

d'une cinémathèque, aucun cinéaste n'y étant employé à l'exception du photographe-caméraman Paul Carpentier. La production est alors confiée à des pigistes comme Maurice Proulx* et Albert Tessier*. Cette pratique se poursuit sous le gouvernement Duplessis, et, en 1946, le SCP est intégré à l'Office provincial de publicité. Par ce geste, le gouvernement affirme clairement que le cinéma est un instrument de propagande et d'éducation populaire mis au service des ministères. En comparaison avec l'ONF, le service québécois demeure tout de même très modeste. Sous la direction de Morin et du chef de production Maurice Montgrain, le SCP, en faisant appel à un nombre grandissant de pigistes (le frère Adrien*, Jean Arsin*, Louis-Roger Lafleur*) permet à un cinéma semi-artisanal et à de petites compagnies de se développer, au Québec, en dehors de l'ONF et de l'ASN. À cette époque, le SCP, dont les bases sont à Québec, a un bureau à Montréal (dirigé par Gilbert Fournier). Alphonse Proulx s'occupe de la distribution en province.

Au cours des années 50, le SCP augmente ses effectifs (Michel Vergnes*, Paul Vézina* et Dorothée Brisson*) et commence à produire ses propres films. Progressivement, il fait appel à de nouveaux collaborateurs: Louis-Paul Lavoie*, Jean-Marie Nadeau, Fernand Rivard*, Charles Desmarteau*, Fernand Guertin*. À la mort de Duplessis, un nouveau directeur, Robert Prévost, est nommé. Il veut professionnaliser le service, mais il n'en a pas le temps puisque, en avril 1961, sous le gouvernement Lesage, le SCP est transféré au Secrétariat de la province et change son nom en Office du film du Québec (OFQ). En 1963, André Guérin* en devient le directeur. La cinématographie provinciale prend un nouvel essor et la qualité des films augmente. En 1967, l'OFQ est intégré au ministère des Affaires culturelles et est appelé à une fonction plus importante. Guérin, qui en cumulait la direction avec celle du BSC, le quitte. Raymond-Marie Léger* le remplace. L'OFQ continue d'être un intermédiaire entre le gouvernment et l'industrie, mais Léger interprète son mandat davantage dans la ligne de l'ONF. Nationaliste, il veut que les productions de l'OFQ reflètent le dynamisme du cinéma et de la société québécoise. L'OFQ continue de répondre aux besoins des ministères avec des productions touristiques, mais s'ouvre à de nouveaux domaines, notamment la culture et l'éducation, pour lesquels on va même jusqu'à produire des longs métrages. On commence aussi à filmer l'actualité, comme avec les films de Claude Fournier* et de Jean-Claude Labrecque* sur la visite du général De Gaulle. Arthur Lamothe* et Michel Moreau* font partie des cinéastes qui travaillent pour l'OFQ.

Mais, l'OFQ demeure une structure vieillissante dont le rôle à l'intérieur du gouvernement, jamais clairement défini, pose toujours un problème. En juin 1975, la nouvelle loi sur le cinéma (*voir* LOIS SUR LE CINÉMA) tente de le régler et abolit l'OFQ pour créer la Direction générale du cinéma et de l'audiovisuel (DGCA). Mais, les pouvoirs et le mandat de la DGCA sont vastes et ses premières années passent en restructuration et en redéfinition. Peu à peu, l'organisme devient fortement bureaucratisé. Le livre bleu sur le cinéma de 1978, que parraine son directeur, Michel Brûlé, confirme cette tendance. Bientôt, le milieu du cinéma commence à contester. Il y a des frictions avec l'IQC. Les ministères contournent l'organisme, font appel à l'industrie privée et vont jusqu'à créer des unités de production, comme le fait le ministère de l'Éducation avec sa Direction générale des moyens d'enseignement (DGME). Progres-

sivement, la DGCA octroie de moins en moins de commandites et se borne de plus en plus à son rôle de cinémathèque des productions gouvernementales. En 1981, le gouvernement l'abolit pour la remplacer par la Direction générale des moyens de communication (rattachée au ministère des Communications), qui comprend des services de production et de diffusion des documents audiovisuels. Ce nouvel organisme n'arrive toujours pas à avoir l'envergure qu'avait l'OFQ, malgré une dernière tentative de réorganisation en 1983, à la suite de l'adoption de la nouvelle loi sur le cinéma. (P.V.)

DIRECTION GÉNÉRALE DU CINÉMA ET DE L'AUDIOVISUEL (DGCA). (*Voir* DIRECTION GÉNÉRALE DES MOYENS DE COMMUNICATION)

DISTRIBUTION. Depuis le tout début du cinéma, les entreprises américaines de distribution considèrent le Canada et le Québec comme partie intégrante de leur marché domestique, et dominent largement ce vaste marché nord-américain intégré. Dès 1907, avec la formation de la United Film Protective Association of the Film Manufacturers and Importers of the United States, ou Trust Edison, les grandes compagnies américaines tentent d'éliminer toute concurrence de la part des distributeurs indépendants ou étrangers. La première action de ce cartel au Québec, en 1908, consiste d'ailleurs à retirer au principal distributeur québécois, Léo-Ernest Ouimet*, les droits qu'il détenait sur les films du groupe Edison. Le *trust* Edison demeurera en activité jusqu'en 1915, alors qu'il sera démantelé à la suite de l'adoption de la Loi anti-trust. Mais, pour les indépendants, le répit est de courte durée puisque, dès le début des années vingt, les grands studios américains intègrent les réseaux de salles à leur empire, ce qui leur permet de dominer entièrement le commerce des films en Amérique du Nord. Au Canada, après un premier effort, avorté en 1931, pour réduire ces pratiques monopolistiques (*voir* EXPLOI-TATION), le gouvernement essaie d'obliger les entreprises américaines à investir au Canada les revenus de distribution et d'exploitation qu'elles réalisent ici. Aux termes des négociations, le Canadian Cooperation Project, dont les seules véritables incidences sont d'amener les *majors* à tourner quelques films au Canada et à y promouvoir le tourisme, est signé en 1948. Depuis, les tentatives pour arriver à un accord négocié avec les *majors* se sont multipliées, mais toutes ont échoué et la domination américaine sur la distribution au Canada demeure quasi totale.

Les caractéristiques linguistiques et culturelles particulières au Québec ont permis que s'y développe un secteur national de distribution plus important qu'ailleurs au Canada. C'est avec l'apparition du cinéma parlant que s'amorce l'essor d'entreprises québécoises spécialisées dans la distribution de films français, dont France Film, dirigée bientôt par J.-A. DeSève* puis par Georges Arpin, qui, de sa fondation en 1932 jusqu'aux années 60, occupera pratiquement seule le marché du film «parlant français», faisant d'ailleurs de son développement une mission patriotique. Avec la francisation progressive de l'exploitation, d'autres distributeurs viennent concurrencer France Film: J.-A. Lapointe, cinéphile passionné, forme sa compagnie en 1946 et importera massivement, dans les années 60, des films japonais et scandinaves; J.-P. et Marie Desmarais fondent leur entreprise en 1948; Ciné-Art, à partir de 1960, alimente le réseau de salles de Michel Costom; Cinépix, fondée en 1962 par John

Dunning* auquel se joint quelques mois plus tard André Link*; Faroun Films, fondée par Rock Demers* et qui se spécialise dans les films pour enfants; les Films Mutuels, Prospec, Prima, Explo-Mundo, etc. À la fin des années 70, on compte une vingtaine de distributeurs québécois commerciaux qui accaparent environ 30% des recettes au guichet. Trois entreprises dominent: Cinépix, Films Mutuels et France Film, responsables à elles trois de plus de 50% des nouveaux films mis sur le marché par les distributeurs québécois. Comme l'avait fait Ouimet dans les années dix, puis France Film avec Renaissance Films, Québec Production et Coopératio, ces trois entreprises participent au cours des années 70 au financement de la production québécoise et, bien sûr, à sa diffusion. À leurs côtés, on trouve également des entreprises spécialisées dans la distribution de films québécois, qu'ils soient de fiction ou documentaires, de court, de moyen ou de long métrages, à la fois dans le circuit commercial et dans les réseaux scolaire, communautaire et parallèle. D'abord, Cinéma Libre, fondé en 1976 par cinq personnes (François Brault*, Jean Dansereau*, André Forcier*, Bernard Lalonde* et Pierre Latour), et qui a distribué depuis une trentaine de longs métrages québécois. Puis, Les films du Crépuscule, fondé par Louis Dussault et Michel La Veaux* en 1977, qui a depuis diversifié ses activités et se consacre de plus en plus à l'importation de films de qualité. Mentionnons également Le nouveau réseau, dont l'existence fut plus brève, ainsi que Parlimage, Carrefour international et MainFilms*. Dans le domaine de la vidéo, citons Vidéo-femmes, un collectif de production et de diffusion fondé en 1973 par Helen Doyle*, Nicole Giguère et Hélène Roy. Enfin, dans le secteur de l'exportation, citons Films Transit, fondé en 1982 par Francine

Allaire* et Jan Röfekamp.

Au tournant des années 80, le secteur québécois de la distribution se voit toutefois menacé de marginalisation, alors que les *majors* se dotent de *classics divisions* chargées d'acquérir les droits nord-américains de plusieurs films européens, jusque-là distribués au Québec par les indépendants. Malgré un certain essoufflement du nationalisme, la réaction du milieu cinématographique est vive: on souligne qu'en soixante ans d'activités au Québec, les *majors* n'ont distribué aucun film québécois de langue française et que, advenant la disparition des distributeurs québécois, la production nationale souffrirait grandement, aussi bien en termes de financement que d'accès aux salles. On fait également valoir qu'il est inadmissible que l'ensemble des décisions de programmation qui affectent la vie culturelle des Québécois soient prises hors Québec, au nom d'intérêts économiques étrangers. Le gouvernement dépose alors le projet de loi 109, qui entend établir un partage du marché entre distributeurs québécois et étrangers, et obliger tous les distributeurs à investir une part de leurs revenus dans le financement des productions québécoises. Malgré d'intenses pressions du gouvernement américain et les menaces de boycottage des *majors*, la Loi sur le cinéma est finalement adoptée à l'unanimité par l'Assemblée nationale le 23 juin 1983. Hélas, ces dispositions ne seront jamais appliquées. Heureusement, les *classics divisions* sont un demi-échec financier et sont finalement abandonnées, ce qui, conjugué à l'avènement de nouveaux marchés, tel la télévision payante et la vidéocassette, et au public considérable de plusieurs longs métrages québécois, donnera un second souffle au secteur indépendant de distribution. Soulignons toutefois que ces nouveaux marchés ont presque fait disparaître la distribution en 16 mm, qui appartient désormais à l'histoire. À la fin des années 80, des compagnies comme Vivafilm, Les Films René Malo, toutes engagées en production, dominent le marché de la distribution indépendante. (M.H.)

DOCUMENTAIRE. (*Voir* CINÉMA DIRECT)

DOMPIERRE, François, musicien (Ottawa, 1943). Musicien de cinéma prolifique, ce diplômé du Conservatoire de musique de Montréal (1963) a à son crédit, en plus d'une importante activité dans le milieu de la musique classique, une abondante production populaire, des chansons, des *jingles* publicitaires, de même que quelques comédies musicales (dont *IXE-13*, J. Godbout, 1971), ainsi qu'un projet d'opéra, *Fin de siècle*, développé avec Denys Arcand. Sa filmographie est surtout associée au courant commercial du long métrage québécois. Il débute avec *Délivrez-nous du mal* (J.-C. Lord, 1965) et *YUL 871* (J. Godbout, 1966), et poursuit avec des films comme *O.K. ...Laliberté* (M. Carrière, 1973) et *Partis pour la gloire* (C. Perron, 1975). Plus récemment, son nom est associé à de nombreux films à succès: *Mario* (J. Beaudin, 1984) et *Le matou* (J. Beaudin, 1985), dont les partitions lui valent deux prix Génies, ainsi que *Bonheur d'occasion* (C. Fournier, 1983), *Le déclin de l'empire américain* (D. Arcand, 1986), *The Kid Brother* (C. Gagnon, 1987) et *Les portes tournantes* (F. Mankiewicz, 1988). De cette longue liste, se détache d'abord l'étonnant *IXE-13*, première et rare comédie musicale du cinéma québécois. Les divers éléments visuels de ce film, véritable bijou de caricature proche de la bande dessinée, sont avant tout supportés par une musique inventive et égrillarde, crypto-populiste mais qui sait ne jamais tomber dans la charge intellectuelle moqueuse. On ne peut dissocier non plus la musique de Dompierre du succès du *Déclin de l'empire américain*, tant ses arrangements de Haendel forment un tout homogène avec le ton crépusculaire, de type opératique, de l'arrière-plan du film, et tant sa propre musique souligne avec brio les aubes mortelles de l'épilogue.

PRINCIPAUX AUTRES FILMS: *Tiens-toi bien après les oreilles à papa...* (J. Bissonnette, 1971), *La gammick* (J. Godbout, 1974), *Derrière l'image* (J. Godbout, 1978), *Comme en Californie* (J. Godbout, 1983), *The Blood of Others* (C. Chabrol, 1984).

DISCOGRAPHIE: *IXE-13, une comédie qui chante*, Gamma, GS-148, 1971. • Extraits des musiques originales des films *Le déclin de l'empire américain, Mario, Le matou*, Milan, A 298/RC 270, 1986. (R.L.)

DOMVILLE, James de B., administrateur, producteur, réalisateur (Cannes, France, 1933). En 1956, il est coauteur, producteur et compositeur de la comédie musicale *My Fair Lady*. Il poursuit sa carrière théâtrale et, en 1960, il est le cofondateur et le premier directeur administratif de l'École nationale de théâtre. Il en est le directeur général de 1964 à 1968. Puis, jusqu'à 1972, il occupe la fonction de directeur exécutif du TNM. Il entre à l'ONF comme directeur adjoint de la production anglaise, puis devient producteur exécutif en 1974. Il produit onze films parmi lesquels *His Worship, Mr. Montreal* (D. Brittain, M. Canell et R. Duncan, 1976, mm), *Volcano: An Inquiry into the Life and Death of Malcolm Lowry* (D. Brittain et J. Kramer, 1976) et *One Man* (R. Spry, 1977). Il réalise également deux films, qu'il tourne dans le Grand Nord: *Sub-Igloo* (coréal. J. MacInnis, 1973, cm) et *Arctic IV* (1975, mm). Il conçoit et coproduit *Inukshuk* (1974), première

émission transmise par la CBC en direct de Resolute Bay, dans l'Arctique. En 1975, il est nommé commissaire adjoint de l'ONF. De 1979 à 1983, il est commissaire du gouvernement à la cinématographie et président de l'ONF. Son mandat est marqué par des restrictions budgétaires et par des tentatives de clarification du rôle de l'organisme, notamment à la suite du dépôt, en 1982, du rapport du comité d'étude de la politique culturelle fédérale présidé par Louis Applebaum et Jacques Hébert. En 1988, c'est lui qui, par suite du décès de Jean Gascon, auquel est liée sa carrière dans le domaine théâtral, reprend la mise en scène de *My Fair Lady* au festival de Stratford. (B.L.)

DOSTIE, Alain, chef opérateur, réalisateur (Québec, 1943). Il entre à l'ONF en 1964 comme assistant à la caméra, avant de participer à l'aventure de Coopératio où il est, notamment, assistant-réalisateur de *Poussière sur la ville* (A. Lamothe, 1965). De retour à l'ONF, il se retrouve preneur de son pour *Le règne du jour* (P. Perrault, 1966), puis devient chef opérateur. Il fait ensuite une rencontre déterminante, celle de Denys Arcand avec qui il tournera six longs métrages: *On est au coton* (1970), *La maudite galette* (1971), *Québec: Duplessis et après...* (1972), *Réjeanne Padovani* (1973), *Gina* (1975) et *Le confort et l'indifférence* (1981). Il quitte définitivement l'ONF en 1973, ce qui ne l'empêche pas d'œuvrer presque exclusivement pour le cinéma. Lorsqu'il travaille à des films de fiction, son style demeure souvent marqué par le cinéma direct auquel il est resté attaché. C'est pourquoi il est à l'aise avec des cinéastes comme Jacques Leduc (*On est loin du soleil*, 1970; *Tendresse ordinaire*, 1973), Jean-Claude Labrecque (*Les vautours*, 1975; *Les années de rêves*, 1984) et Gilles Groulx

Alain Dostie pendant le tournage de On est au coton *de Denys Arcand. (CQ)*

(*Première question sur le bonheur*, 1977; *Au pays de Zom*, 1982). Mais *Kalamazoo* (A. Forcier, 1988), de même que *Les fous de Bassan* et *Dans le ventre du dragon* (Y. Simoneau, 1986 et 1989) démontrent qu'il est avant tout un technicien au style polyvalent. Dostie a aussi réalisé un documentaire sur la jeunesse: *C'est votre plus beau temps!* (coréal. S. Beauchemin, 1974). (M.J.)

DOUCET, Robert (Bob), animateur, réalisateur (Montréal, 1940). Après des études à l'École des beaux-arts, il entre à l'ONF en 1965, comme graphiste à la section d'animation anglaise. Assistant-animateur et graphiste, il participe à différents projets dont celui des «Vignettes». En 1973, il réalise ses premiers films dans la série «Water Pollution and Car Safety». Suivent quelques réalisations: la mise en images d'un poème, *Perishing Bird* (1975, cm); un film pédagogique, *What Do You Do? What Are You Doing?* (1976, cm); *Ice* (1982, tcm), pour

lequel il utilise le papier découpé et les cellulos; un film humoristique qui raconte l'histoire d'un enfant dont la chambre est subitement transformée en station de métro, *Blackberry Subway Jam* (1984, cm); et *Dreams of a Land* (1988, cm), dessin animé consacré à Champlain. (M.-É.O.)

DOUSSAU, Anik, réalisatrice (Bordeaux, France, 1944). Licenciée ès lettres de la Sorbonne, elle arrive au Québec en 1966. Doussau, dont l'activité professionnelle ne se limite pas au cinéma, travaille à de nombreuses productions de Via le monde aux côtés de Daniel Bertolino*, François Floquet et Nicole Duchêne. Elle participe d'abord à la série *Plein feu l'aventure* (1969 à 1971), comme reporter puis comme réalisatrice. Elle réalise ensuite des films de la série «Des goûts, des formes et des couleurs» (1973), écrit les commentaires de films de la série *Les primitifs* (1973), réalise un film de la série *Mon pays, mes amours* (1974) et anime la série *Défi* (1974-1976). Doussau réalise également des dramatiques pour le SGME en 1974 et en 1975. Elle travaille encore comme réalisatrice aux séries *Des idées, des pays, des hommes* (1977) et *Au coin de ma rue* (1978-1980). Toutes ces séries l'amènent à beaucoup voyager. Elle réalise *J'ai mal au travail* (1982, mm), puis s'éloigne du cinéma pour travailler à la télévision. Elle est responsable de la programmation du canal jeunesse diffusé par un câblodistributeur en 1982 et 1983, puis elle réalise un magazine culturel, d'abord à Radio-Canada, puis pour un câblodistributeur. En 1988, elle revient au cinéma et signe *Les explorateurs de la mort* (mm), documentaire sur les gens qui, techniquement, ont déjà été morts et qui parlent de leur retour à la vie. Le film est coproduit avec la France. (M.C.)

DOYLE, Helen, réalisatrice, scénariste (Québec, 1950). Comme beaucoup de cinéastes de sa génération, notamment du côté des femmes, elle touche à la vidéo avant d'aborder le cinéma. En 1973, avec Nicole Giguère et Hélène Roy, elle fonde Vidéo-femmes (*voir* Vidéo), un groupe de production et de distribution de vidéos, à Québec. Elle y réalise de nombreux documents sur la condition féminine (*Chaperons rouges*, coréal. H. Bourgault, 1979, mm, qui est gonflé en 16 mm) et participe aux productions vidéo de ses collègues. Puis, elle se tourne vers le cinéma en coréalisant, avec Nicole Giguère, *C'est pas le pays des merveilles* (1981, mm), un documentaire-fiction sur les engrenages culturels qui mènent une femme à la folie. Doyle alterne par la suite, selon le type de projet, entre film et vidéo, considérant que ce dernier média offre des avenues à explorer. Mais elle revient au cinéma avec *Le rêve de voler* (1986, mm), documentaire sur le métier de trapéziste doublé d'un ballet aérien inspiré de la légende d'Icare, que la critique accueille assez tièdement. Elle poursuit ensuite un travail sur la texture qui vise à insérer film et vidéo dans une même production. Doyle fait une large place à la danse, au mythe et au conte (*Alice, Le petit chaperon rouge*), dans une recherche qui vise à rapprocher onirisme et esthétique. (J.P.)

DREW, Les, animateur, réalisateur (Londres, Angleterre, 1939). Il réalise, en 1960, son premier film d'animation à l'ONF, *What on Earth!* (cm). Puis, il tourne *The Underground Movie* (1972, cm) et *Every Dog's Guide to Complete Home Safety* (1986, cm). Ce dernier film gagne de nombreux prix, notamment à Berlin et à Hiroshima. L'utilisation classique du cellulo et un ton humoristique s'adressant directement aux enfants caractérisent l'œuvre

de Drew, qui reflète l'absurdité du quotidien de l'homme moderne. (M.É.O.)

DRIESSEN, Paul, animateur, réalisateur (Nimègue, Pays-Bas, 1940). D'abord caricaturiste, il fait un bref passage aux Beaux-arts et étudie le dessin publicitaire dans son pays d'origine. Engagé par un studio d'animation commerciale en 1964, il y demeure jusqu'en 1967, puis se rend en Angleterre pour collaborer à *Yellow Submarine* (G. Dunning, 1968). Après la réalisation d'un premier film, *The Little Yogurt* (1969, tcm), il entre chez Potterton Productions, à Montréal, où il

Une vieille boîte. *(ONF)*

est l'un des animateurs de *Tiki Tiki* (G. Potterton, 1970). En 1970, il se joint à l'ONF, où il demeure jusqu'en 1981, tout en travaillant à l'occasion pour Radio-Canada (*Jeu de coudes*, 1979, cm) et aux Pays-Bas. Préférant la ligne aux surfaces (*Air!*, 1972, tcm; *Au bout du fil*, 1973, cm), Driessen signe des films plus proches du dessin que de la peinture, où la couleur joue souvent un rôle secondaire (exception faite du *Bleu perdu,* 1972, cm). Parfois tenté par des thèmes écologiques (*Le bleu perdu*, *Air!*) ou humanitaires (*Une vieille boîte*, 1975, cm), il offre le plus souvent une vision angoissée du monde, à travers des récits dont les structures empruntent à Kafka et au roman moderne. En témoignent les mises en abyme de *The Killing of An Egg* (1977, cm) – où, après avoir brisé la coquille d'un œuf à la coque, un homme voit sa maison détruite de la même façon – et d'*Une histoire comme une autre* (1981, tcm) – où, à deux reprises, le contenu d'un roman devient réalité. Comme *Au bout du fil*, *Jeu de coudes* met en place un univers inquiétant où la lutte pour la vie passe souvent par la férocité et la destruction. Réalisé aux Pays-Bas en 1977, *David* (cm), film audacieux dont le personnage central est un être invisible, remporte le Grand prix à Annecy. En 1984, lors des Olympiades de l'animation tenues à Los Angeles, trois des films de Driessen se classent parmi les cinquante meilleurs films d'animation de l'histoire: *Au bout du fil*, *Une vieille boîte* et *Jeu de coudes*. En 1985, après *Elephantrio* (coréal. G. Ross et J. Weldon), il retourne aux Pays-Bas. (M.J.)

DROUIN, Denis, acteur (Québec, 1916 – Montréal, 1978). Bien qu'ayant commencé sa carrière au théâtre, il ne tarde pas à s'orienter du côté de la radio et du cabaret. En fait, il ne revient vraiment à la scène qu'au début des années 70, à l'incitation d'André Brassard. À la même époque, il apparaît aussi dans un certain nombre de films: *Taureau* (C. Perron, 1972), *O.K. ...Laliberté* (M. Carrière, 1972), *La gammick* (J. Godbout, 1974), *J. A. Martin photographe* (J. Beaudin, 1976), *Je suis loin de toi mignonne* (C. Fournier, 1976), *Parlez-nous d'amour* (J.-C. Lord, 1976), etc. On a également pu l'apercevoir dans quelques longs métrages des années quarante: *À la croisée des chemins* (J.-M. Poitevin, 1942), *Le curé de village* (P. Gury, 1949). Étonnamment, ce fantaisiste aime peu les rôles de composition, leur préférant les emplois de faire-valoir, en particulier pour Olivier Guimond. Pourtant, c'est dans les rôles de composition que Drouin fait montre de son immense talent: on n'a qu'à songer au personnage de Maurice, le patron du club de nuit, dans *Il était une fois dans l'Est* (A. Brassard, 1973). (J.-M.P.)

DROUIN, Jacques, animateur, monteur, réalisateur (Mont-Joli, 1943). En 1967, à sa sortie des Beaux-arts de Montréal, il part étudier le cinéma à UCLA. De retour à Montréal en 1971, il travaille principalement comme monteur d'émissions de télévision jusqu'en 1973. Après un stage à l'ONF, il s'oriente vers l'animation. Son premier film, *Trois exercices sur l'écran d'épingles d'Alexeïeff* (1974, tcm), marque le début d'une passion pour cette technique créée et développée au début des années 30 par

Le réalisateur et monteur Jacques Drouin.

Alexandre Alexeïeff et Claire Parker. L'écran d'épingles, est un panneau métallique perforé dans lequel coulissent plus de deux cent mille épingles, que l'on peut enfoncer et faire saillir, une à une ou par petits groupes. Elle a maintes fois été considérée comme la plus minutieuse, voire la plus perverse, des techniques d'animation. Elle n'est pas sans rappeler le travail des peintres pointillistes. Drouin y développe son style et s'impose en tant que réalisateur avec *Le paysagiste* (1976, cm), gagnant dix-sept prix, notamment à Oberhausen, Yorkton, Chicago, San Antonio et New York. En 1984, à l'occasion des Olympiades du film d'animation qui se déroulent à Los Angeles, le film se classe treizième au palmarès des cinquante meilleurs films d'animation au monde. On y voit un artiste qui pénètre dans l'univers de sa propre toile et qui est confronté au surréalisme de l'imagination créatrice. De lentes et douces métamorphoses se succèdent dans une gamme de gris qu'aucune autre technique ne peut rendre à l'écran. Après de longues recherches, Drouin parvient à appliquer la couleur à la technique de l'écran d'épingles, grâce à des superpositions et à des filtres. Il met cette innovation en application et coréalise *L'heure des anges* (coréal. B. Pojar, 1986, cm). Le travail de Drouin encadre les marionnettes de Pojar d'une aura lumineuse et permet des effets spéciaux de même qu'une métamorphose des décors. Il en résulte, une fois de plus, une saisissante impression d'intimité. Après quoi, Drouin prépare un nouveau film sur écran d'épingles; le scénario, écrit en collaboration avec la dramaturge Louise Roy, est basé sur une œuvre de l'auteur argentin, Bioy-Casares. Outre ses trois films, Drouin coréalise *Spaghetta* (M. Cournoyer, 1976, tcm,) et conçoit nombre de génériques, de bandes-annonces (celle de la Semaine du cinéma québécois en 1979, celle du 25ᵉ anni-

versaire de la Cinémathèque québécoise en 1988) et l'indicatif de la série «La belle ouvrage». Il monte une trentaine de films, principalement des films d'animation (*Château de sable*, C. Hœdeman, 1977; *Luna Luna Luna*, V. Elnécavé, 1981, cm; *The Sound Collector*, L. Smith, 1982, cm), mais aussi *Famille et variations* (M. Dansereau, 1977) et *L'homme de papier* (J. Giraldeau, 1987, mm). Le travail de Drouin, dont la démarche cinématographique est tout à fait unique, s'inscrit sous le signe de la minutie et de la fluidité. (M.-É.O.)

DROUIN, Jacques, ingénieur du son (La Tuque, 1943). Il entre à l'ONF en 1964. Au service du son, il travaille aussi bien en studio (effets spéciaux, postsynchronisation, enregistrement) qu'en tournages extérieurs. Comme la plupart de ses collègues, il doit apprendre sur le tas. Il travaille sur de nombreux films, dont *La nuit de la poésie 27 mars 1970* (J.-C. Labrecque et J. P. Masse, 1970), *On est loin du soleil* (J. Leduc, 1970), *Why I Sing* (J. Howe, 1972, cm), *La veillée des veillées* (B. Gosselin, 1976), *Riopelle* (P. Letarte et M. Feaver, 1982, mm), *Bonheur d'occasion* (C. Fournier, 1983) et *L'émotion dissonante* (F. Bélanger, 1984). (A.D.)

DUCEPPE, Jean, acteur (Montréal, 1923). Personnalité attachante et indissociable de l'histoire du théâtre québécois, il n'a pas vingt ans qu'il joue déjà aux côtés de Jean-Pierre Aumont et Victor Francen, qu'il est dirigé par Henri Deyglun, Henri Letondal, Ludmilla Pitoeff. Comédien sensible, simple et vrai, il est de toutes les créations, à la scène comme à la télévision, et il est un de ceux qui révèlent au grand public le jeune dramaturge Marcel Dubé. Pas étonnant que son premier rôle au cinéma coïncide avec l'adaptation d'un succès

Jean Duceppe (à droite) et Jacques Gagnon dans Mon oncle Antoine, *de Claude Jutra. (ONF)*

théâtral, *Tit-Coq* (R. Delacroix et G. Gélinas, 1952). Consacré vedette à la télévision (il est Stan Labrie dans *La famille Plouffe*, le populaire feuilleton de Roger Lemelin, 1953-1959), il jouera dans une quinzaine de longs métrages. C'est Claude Jutra qui lui donne son premier grand rôle dans *Mon oncle Antoine* (1971). Auprès de la surprenante Olivette Thibault, il est un Antoine inoubliable, tout en finesse et en humour bourru. Pour le cinéma, il renoue avec le monde des bourgeois de Marcel Dubé à l'occasion des *Beaux dimanches* (R. Martin, 1974). Il donne ensuite la réplique à Jeanne Moreau dans *Je t'aime* (P. Duceppe, 1973) et campe, dans *Les vautours* (J.-C. Labrecque, 1975), un Maurice Duplessis madré à souhait avant d'être, dans *Lucien Brouillard* (B. Carrière, 1982), le premier ministre Provencher. Malgré cela, sa meilleure prestation demeure celle de *Mon oncle Antoine*.

AUTRES FILMS: *Le monde des femmes* (L. Forest, 1957, cm), *Trouble-fête* et *La corde au cou* (P. Patry, 1964 et 1965), *YUL 871* (J. Godbout, 1965), *The Act of the Heart* (P. Almond, 1970), *L'apparition* (R. Cardinal, 1971), *Les colombes* (J.-C. Lord, 1972), *Quelques arpents de neige* (D. Héroux, 1972), *Alien Thunder* (C. Fournier, 1973), *Bingo* (J.-C. Lord, 1974), *Cordélia* (J. Beaudin, 1979), *Le vieillard et l'enfant* (C. Grenier, 1985, mm). (F.L.)

DUCEPPE, Pierre, réalisateur (Montréal, 1933). Diplômé en éducation physique, il entre au service de Radio-Canada comme éclairagiste en 1955, devient assistant à la production en 1958, et réalisateur à compter de 1961. Jusqu'en 1968, il réalise principalement des émissions de variétés destinées aux adolescents. Haut commissaire à la Jeunesse et aux Loisirs du gouvernement du Québec de 1968 à 1970, il revient à la réalisation en 1971, autant à Radio-Canada et à Radio-Québec, qu'à l'OFQ (*Veux-tu réparer ma maison?*, 1972, cm) et à Via le monde (*La peinture n° 1*, 1972, cm). Il est aussi scénariste pour diverses émissions télévisées. En 1973, il réalise son seul long métrage, *Je t'aime*, scénarisé avec la collaboration de Jean Salvy et Alec Pelletier. Le film présente un triangle amoureux dont Jeanne Moreau est le centre d'intérêt. Développée et découpée selon les principes du photoroman, l'action est située dans un Québec campagnard de carte postale. En 1974, Duceppe réalise *Comment ça va les jeunesses?* (mm). Après ce court passage au cinéma, il poursuit une carrière de réalisateur à la télévision. (Y.P.)

DUCHARME, Réjean, scénariste (Saint-Félix-de-Valois, 1941). «Je suis né en quatrième année / des leçons de piano / que soufflait dans mon cou / une femme que j'appelais ma sœur.» Cet extrait d'une des chansons que Ducharme a composée avec Charlebois décrit bien le milieu intimiste propre à l'auteur de *L'avalée des avalés*, milieu baigné par la frêle lumière de l'émerveillement et dont l'ambiance singulière repose en partie sur un dosage de trivial et de sublime. En bref, à l'instar de ses romans, les scénarios de Ducharme sont des tragédies qui se donnent des airs de ritournelles. Son lyrisme mélange allégrement aphorismes, contines, vers de mirliton. L'enfance occupe la place centrale, et la malice est montrée comme une façon parmi d'autres d'appréhender l'univers. Absence du père ou de la mère, incommunicabilité, rivalité entre proches, filiation possessive, isolement géographique, assujettisse-

ment à la fatalité: telles sont les constantes de ce monde-là. Ducharme a une prédilection pour les êtres blessés qui, à force de tendresse refoulée, ne peuvent plus manifester de compassion à l'endroit de personne. En 1971, sous le titre *Le grand sabordage*, Alain Périsson adapte à l'écran le second ouvrage de Ducharme, *Le nez qui voque*. Puis, Ducharme écrit pour Francis Mankiewicz* les scénarios des *Bons débarras* (1980) et des *Beaux souvenirs* (1981). On a, à propos de cette collaboration, évoqué le tandem Prévert-Carné. Peut-être était-ce aller vite en besogne, car Ducharme ne s'est jamais vraiment préoccupé de ce qu'il advenait de la matière livrée au réalisateur. Impossible même d'affirmer de manière certaine qu'il a vu les deux films tirés de ses scénarios. La critique a insisté sur ses talents de dialoguiste. Cela est très net dans *Les bons débarras*; ce l'est tout autant dans *Les beaux souvenirs*, quoique les personnages s'expriment peu, ce qui est logique, le film portant sur ce qui est enfoui au creux de la mémoire. Sauter, plonger, tomber: les mots et les images suggérant la chute reviennent sans cesse ici; les héros (et surtout les héroïnes) de Ducharme évoluent devant nous comme s'ils marchaient sur une corde raide tendue entre la petite enfance et l'âge adulte. Claude Godbout avait sans doute cette idée à l'esprit en intitulant un des courts métrages de la série «Profession: écrivain» *Réjean Ducharme: l'illusionniste* (1983). (J.-M.P.)

DUCHÊNE, Nicole, productrice, réalisatrice, scénariste (Villeurbanne, France, 1945). À la fin de ses études de philosophie à Paris, elle est sélectionnée à l'émission de télévision *Caméra-Stop* et, de 1965 à 1967, participe avec Daniel Bertolino* à une série de tournages de films autour du monde. Au terme de ces productions, elle arrive à Montréal où elle devient recherchiste et coanimatrice, pour Radio-Canada, des émissions *Jeunesse sans frontière* (1967) et *Plein feu l'aventure* (1968-1969). De 1968 à 1974, elle travaille à la rédaction et à la narration de diaporamas, d'émissions de télévision et de commentaires de films: *Nosostros Cubanos* (D. Bertolino et F. Floquet, 1970, mm), la série *Les primitifs* (D. Bertolino et F. Floquet, 1972-1976). En 1973, elle assure également la scénarisation de la série télévisée *À ma manière à moi*. De 1974 à 1977, elle aborde la réalisation à travers les séries *Défi* et *Laissez-passer*, dont les films sont tournés au Mali, en Algérie et en Grèce. La série *Cinq milliards d'hommes* (1979-1980), qu'elle produit avec Radio-Québec, lui permet de signer la réalisation de sept films tournés en France, au Sénégal et au Venezuela. *À la recherche de l'El Dorado* (1985, mm), réalisé au Brésil et en Colombie, pour la série «Contes et légendes du monde» (1984-1987), constitue son unique incursion dans le domaine de la fiction. En 1986, elle passe à Téléfilm Canada où elle est analyste de contenu. L'ensemble de son travail est marqué par une passion pour les questions relatives au tiers-monde. (M.L.L.)

DUCHESNE, André, musicien (Jonquière, 1949). Compositeur et interprète, il participe à plus de vingt films, notamment avec André Forcier (*Bar salon*, 1973; *L'eau chaude l'eau frette*, 1976), Jean Gagné (*La tête au neutre*, 1973; *Une semaine dans la vie de camarades*, 1975; *La couleur encerclée*, coréal. S. Gagné, 1986) et Fernand Bélanger (*L'émotion dissonante*, 1984; *Passiflora*, coréal. D. Gueissaz-Teufel, 1985). Membre fondateur de Conventum (1974), où il rencontre notamment René Lussier*, il suit ce courant très dynamique de la «musique actuelle» qui, outre les concerts et la production phonographique indépen-

dante, s'intéresse au cinéma d'avant-garde, au théâtre et à la performance, voire à l'opéra populaire. DISCOGRAPHIE: *Le temps des bombes*, Ambiance Magnétique, AD-7777, 1984. • + Réédition, Ambiance magnétique, AM-003-004, 1985. • *The Ré Record Quarterly Volume IV*, R. Record, Ré-0104, 1986. (R.L.)

DUCKWORTH, Martin, chef opérateur, réalisateur (Montréal, 1933). Très actif depuis le milieu des années 60, autant à l'ONF que dans l'industrie privée, il se bâtit une filmographie singulière et attachante au double titre de caméraman et de réalisateur. Il signe les images de dizaines de films comme *The Ernie Game* (D. Owen, 1967), *Le bonhomme* (P. Mahcu, 1972), *Richesse des autres* (M. Bulbulian, 1973), les extraits canadiens de *The Journey* (P. Watkins, 1986), sans compter d'autres films de cinéastes comme Don Shebib, Derek May, Mort Ransen, Marilú Mallet et Guy L. Côté. Dans ce métier, il perfectionne l'usage d'une caméra capable de «se mouvoir avec la vie devant soi», comme il aime à le répéter. C'est cette caméra hypersensible, apte à faire vibrer au-delà de la surface des êtres, de la nature et des objets, qui pousse Duckworth, rapidement devenu réalisateur, à faire lui-même les images de certains de ses films, comme *Cell 16* (1973, cm), *Temiscaming Québec* (1975), *Une histoire de femmes* (coréal. S. Bissonnette et J. Rock, 1980), *On l'appelait Cambodge* (1982, mm), *Plus jamais d'Hibakusha!* (1983, mm). Déjà, en 1970, Duckworth inaugure ce type de «double direction» dans le court métrage *The Wish*, créant en même temps, de façon prémonitoire, un mélange hardi entre l'objectivité du direct et le propos intime, métissage qui prendra son envol dans le documentaire québécois plus tard, au détour des années 80. Cinéaste sensible, toujours engagé, Duckworth investit à fond dans des portraits de travailleurs forestiers, de mineurs (*Temiscaming Québec*), de prisonniers (*Cell 16*) et de femmes en lutte (*Une histoire de femmes*, qui remporte le prix de la Critique québécoise), avant de se tourner vers des sujets plus internationalistes et pacifistes (*Plus jamais d'Hibakusha!*). S'il n'est pas exempt de certains parti pris, par exemple dans son film sur le Kampuchea (*On l'appelait Cambodge*), Duckworth est généralement tout le contraire du radicalisme et de l'étroitesse idéologique. Surtout lorsqu'il ajoute la musique (comme sujet et comme facteur structurant) à la rigueur passionnée de l'image, comme dans le très beau *Retour à Dresden* (1986, cm), un contrepoint fascinant entre des scènes du *Freischutz* de Weber et le bombardement de Dresde par les Alliés. Cette démarche est aussi à l'origine de *Nos derniers jours à Moscou* (1987, mm) et du *Jazz, un vaste complot* (1988, cm). (R.L.)

DUFAUX, Georges, chef opérateur, monteur, réalisateur (Lille, France, 1927). Après des études à l'École nationale de photographie et de cinématographie de Paris, il séjourne au Brésil, de 1953 à 1956, où il dirige les laboratoires de la Companhia Industrial Cinematografica. Arrivé au Canada en 1956, il entre rapidement à l'ONF en qualité d'assistant à la caméra pour des films destinés à la télévision: séries «Passe-Partout» (1956), «Panoramique» (1957-58), «Candid Eye» (1958-1959) et «Temps présent» (1959-1962). Depuis lors, Dufaux a participé à plus de cinquante films. Son oeuvre de réalisateur, documentaire à une seule exception près (*C'est pas la faute à Jacques Cartier*, coréal. C. Perron, 1967), est entièrement produite à l'ONF, qui constitue un cadre idéal pour cet

honnête homme du direct, artisan consciencieux d'un cinéma de constat social qui, toujours, insiste à plier ses outils aux besoins des hommes. Formé, comme Michel Brault, à l'école du *candid eye* (aux côtés de Wolf Koenig, Tom Daly et Terence McCartney-Filgate), Dufaux reste fidèle à cette approche humaniste des hommes et de leurs problèmes: sa force de documentariste est là, dans cette capacité à regarder sans bousculer, avec toute l'attention de celui qui veut comprendre avant de juger. Son métier de caméraman l'aide assurément à maintenir cette constance du regard – «la caméra, au fond, est un outil d'exploration. Je suis toujours resté caméraman; je pense que ma perception s'est accrue avec cet outil-là», déclare-t-il.

Cette carrière abondante, où la caméra de Dufaux sert brillamment les films de Pierre Patry (*Les petites sœurs*, 1959, cm), de Raymond Garceau (*L'homme du lac*, 1962, cm), de Michel Brault (*Geneviève*, 1964, cm), de Fernand Dansereau (*Le festin des morts*, 1965) et de tant d'autres, prend un tournant déterminant en 1974, avec la réalisation d'un grand film de cinéma direct: *À votre santé*. Auparavant, il avait déjà réalisé un film très estimable sur l'hospitalisation des enfants (*Les départs nécessaires*, 1965, cm) et participé, caméra à l'épaule, à la réalisation collective du célèbre *The Days Before Christmas* (1959, cm), et même coréalisé quelques courts métrages (*Les dieux*, coréal. J. Godbout, 1961; *Deux ans et plus*, coréal. G. Thérien, 1970) et une comédie de long métrage (*C'est pas la faute à Jacques Cartier*) avec Clément Perron, mais aucun de ces films ne laissaient prévoir la perfection de *À votre santé*. Enquête filmée sur les services d'urgence d'un grand hôpital de la banlieue montréalaise, ce film, où la connaissance du terrain (la minutie dans la préparation) est évidente, peut de ce fait se

Georges Dufaux (au centre) pendant le tournage des Filles du Roy, *d'Anne Claire Poirier (à droite)*

permettre tous les risques: comme le musicien de jazz qui improvise avec d'autant plus d'audace qu'il connaît toutes les subtilités du thème choisi, Dufaux et sa petite équipe sont partout à la fois et transmettent le portrait percutant d'un lieu peu ordinaire. La caméra n'a aucune pudeur; elle s'autorise toutes les indiscrétions et, pourtant, le regard est toujours respectueux (des traitants comme des malades) et, finalement, l'émotion l'emporte sur le voyeurisme qui guettait l'entreprise, et le spectateur vit une expérience unique que seul ce «cinéma à l'épaule» peut proposer. *À votre santé*, dans son écriture comme dans son éthique, annonce les grands projets auxquels Dufaux se consacrera au cours des dix

années suivantes: *Au bout de mon âge* (1975) et *Les jardins d'hiver* (1976) questionnent presque avec violence le sort réservé aux personnes agées par la société moderne, alors que «Les enfants des normes» (1979), longue chronique en huit épisodes d'une heure chacun, se livre à une véritable plongée (ethnographique? anthropologique?) dans l'univers des écoles polyvalentes. Cette œuvre gigantesque – que Dufaux complétera par un contrepoint (*Les enfants des normes – POST-SCRIPTUM*, 1983) – constitue jusqu'à ce jour le film exemplaire du cinéaste: extraordinaire souplesse du tournage (l'équipe vit dans l'école choisie durant quatre mois), attention aux personnages et confiance dans la force explosive du constat. Dufaux écoute toutes les versions, sollicite la compréhension, évite de se scandaliser en adulte désemparé, et cherche sans arrêt l'espoir par lequel passe la vraie solution. C'est, en quelque sorte, ce même traitement qu'il propose aux Chinois dans la trilogie «Gui Daó – Sur la voie»: *Une gare sur le Yangzi* (1980, mm), *Aller retour Beijing* (1980, mm) et *Quelques Chinoises nous ont dit* (1980). Face à une situation fort différente et à des conditions de tournage incomparables qui limitent sa latitude, la manière de Dufaux fonctionne néanmoins à merveille: encore une fois son attention proverbiale provoque celle du spectateur et invite à découvrir la révolution chinoise par le détour (combien essentiel) du quotidien d'un vieux cheminot qui prend sa retraite, de la responsable d'une équipe de travail sur l'express Wuchang-Beijing, et de quelques chinoises exemplaires. En 1986, Dufaux signe un long métrage, *10 jours... 48 heures*, à nouveau dans la lignée de ses films-enquêtes précédents: la vie d'un grand bateau de pêche de la côte de Terre-Neuve magnifiquement filmée par le réalisateur-caméraman qui se permet même des recherches plastiques audacieuses (les lumières nocturnes, par exemple) qui ont pour effet de tirer le film vers une sorte de curieux onirisme qui semblait pourtant tout à l'opposé du sujet. Dufaux interrompt ensuite momentanément sa carrière de réalisateur pour assurer, à partir de 1986, la direction de la production française de l'ONF. Son frère, Guy Dufaux, est aussi réalisateur et chef opérateur.

PRINCIPAUX FILMS COMME CHEF OPÉRATEUR: *Les brûlés* (B. Devlin, 1958), *Les 90 jours* (L. Portugais, 1958), *Alexis Ladouceur, métis* (R. Garceau, 1962, cm), *YUL 871* (J. Godbout, 1966), *Isabel* (P. Almond, 1968), *Stop* (J. Beaudin, 1971), *Fortune and Men's Eyes* (H.

Hart, 1971), *Taureau* (C. Perron, 1973), *Les filles du Roy* (A.C. Poirier, 1974, mm), *Partis pour la gloire* (C. Perron, 1975), *Les beaux souvenirs* (F. Mankiewicz, 1981), *La femme de l'hôtel* (L. Pool, 1984).

FILMS COMME RÉALISATEUR: *Congrès* (coréal. F. Dansereau et J. Dansereau, 1962, cm), *Les dieux* (coréal. J. Godbout, 1961, cm), *Pour quelques arpents de neige* (coréal. J. Godbout, 1962, cm), *36 000 brasses* (1962, cm), *Rencontres à Mitzic* (coréal. M. Carrière, 1963, cm), *À propos d'une plage* (1964, cm), *Caroline* (coréal. C. Perron, 1964, cm), *Les départs nécessaires* (1965, mm), *Précision* (1966, cm), *Cinéma et réalité* (coréal. C. Perron, 1966, mm), *C'est pas la faute à Jacques Cartier* (coréal. C. Perron, 1967), *L'homme multiplié* (coréal. C. Godbout, 1969, cm), *Deux ans et plus* (coréal. G. Thérien, 1970, cm), *À cris perdus* (coréal. M. Beaudet, 1972), *À votre santé* (1973), *Au bout de mon âge* (1975), *Les jardins d'hiver* (1976), *Jeux de la XXIᵉ Olympiade* (coréal. J.-C. Labrecque, J. Beaudin et M. Carrière, 1977), *Nelli Kim* (1978, cm), *Edmonton... et comment s'y rendre* (coréal. P. Cowan, R. Dolgoy, B. Shaffer et T. Westman, 1979), «Les enfants des normes» (1979, huit mm), «Gui Daó – Sur la voie» (1980, un long métrage et deux mm), *Les enfants des normes – POST-SCRIPTUM* (1983), *10 jours... 48 heures* (1986). BIBLIOGRAPHIE: «Georges Dufaux», *Copie Zéro*, nº 1, Montréal, 1979. (R.D.)

DUFAUX, Guy, chef opérateur, monteur et réalisateur (Lille, France, 1943). Après des études aux Beaux-arts de Marseille, il émigre au Canada en 1965 et débute au cinéma comme monteur et caméraman aux Cinéastes associés. En 1970, il est directeur-fondateur des productions Prisma. Il travaille par la suite sans arrêt comme chef opérateur pour une vingtaine de longs métrages, adaptant parfaitement ses connaissances à l'esthétique de chaque film et de chaque réalisateur. Il travaille beaucoup avec Jean Pierre Lefebvre, signant des images lumineuses et calmes pour *Les dernières fiançailles* (1973), comme pour *Les fleurs sauvages* (1982). Mais, sa photo est cependant froide comme celle de la télévision pour *Sonatine* (M. Lanctôt, 1983). Il choisit, pour être dans l'esprit du film, des couleurs sombres, à la limite du noir et blanc, pour *Pouvoir intime* (Y. Simoneau, 1986), alors que pour correspondre au sentiment de la nature d'*Équinoxe* (A. Lamothe, 1986), il préfère les couleurs riches et chaudes de l'automne. Par ailleurs, Dufaux signe des documentaires, notamment *Le Saint-Laurent* (1976, mm), sur le fleuve, et *L'équipe des grands défis* (1981, mm), sur les artisans du chantier hydro-électrique de La Grande. Il coréalise, avec Robert Favreau*, *Corridors* (1980) et *Pris au piège* (1980), deux variations dramatisées sur une famille aux prises avec des problèmes financiers provoqués par le chômage et l'endettement; on y sent surtout la griffe dénonciatrice de Favreau. Dufaux travaille également beaucoup pour la télévision, à des séries comme *Un amour de quartier* (R. Ménard, 1984-1985, treize épisodes). Guy Dufaux est l'un des directeurs de la photographie québécois les plus réputés. Son frère, Georges Dufaux, est aussi réalisateur et chef opérateur.

PRINCIPAUX AUTRES FILMS COMME CHEF OPÉRATEUR: *Les Smattes* (J.-C. Labrecque, 1972), *On n'engraisse pas les cochons à l'eau claire* (J. P. Lefebvre, 1973), *Le vieux pays où Rimbaud est mort* (J. P. Lefebvre, 1977), *Comme les six doigts de la main* (A. Melançon, 1978), *Thetford au milieu de notre vie* (F. Dansereau, 1978), *Le futur intérieur* (J. Chabot et Y. Rouleau, 1982), *Le jour «S...»* (J. P. Lefebvre,

1984), *Le déclin de l'empire américain* (D. Arcand, 1986), *Un zoo la nuit* (J.-C. Lauzon, 1987), *Jésus de Montréal* (D. Arcand, 1989). (A.R.)

DUGAL, Louise, assistante-réalisateur, monteuse, réalisatrice (Montréal, 1943). Depuis 1968, elle participe à divers titres aux films de Fernand Bélanger*. De plus, elle monte et coréalise *Depuis que le monde est monde* (coréal. S. Giguère* et S. Van Brabant*, 1980) et *L'après-cours* (coréal. Y. Angrignon et F. Bélanger, 1984, cm), puis monte *Oscar Thiffault* (S. Giguère, 1987, mm). Le montage de ce dernier film lui vaut un prix à Yorkton. (P.J. et M.S.)

DUGUAY, Raoul, acteur, musicien, réalisateur (Val-d'Or, 1939). Après des études en philosophie, il participe activement, dans les années 60 et 70, à la vie culturelle québécoise comme peintre, sculpteur, écrivain, critique, chanteur et musicien. Il joue son premier rôle au cinéma dans *Mon œil* (1966), sous la direction de Jean Pierre Lefebvre avec qui il collabore encore pour quatre autres films comme musicien et narrateur (*Patricia et Jean-Baptiste*, 1966), acteur (*Mon amie Pierrette*, 1967 ; *Q-Bec my love*, 1969) ou acteur et musicien (*Les fleurs sauvages*, 1982). Il est filmé, en tant que poète, dans *La nuit de la poésie 27 mars 1970* (J.-C. Labrecque et J. P. Masse, 1970) et comme musicien membre de l'Infonie dans *L'Infonie inachevée...* (R. Frappier, 1973). En 1973, Duguay passe derrière la caméra. Il écrit, réalise et interprète, aux côtés de Michèle Magny et Paule Baillargeon, *Ô ou l'invisible enfant* dans lequel il met en images sa recherche de nouvelles formes langagières. Produit de la contre-culture, à mi-chemin entre écologie et psychédélisme, ce film voudrait déclencher une révolution cosmique permettant de «transformer le dehors par le dedans». On y retrouve le goût de Duguay pour un humour parfois dadaïste qui se manifeste, par exemple, dans cette scène où un chef d'orchestre peu orthodoxe dirige le concert champêtre de vaches restées bouche bée. En 1987, il travaille à la musique et au commentaire de la série «Faune nordique» (J.-L. Frund, 1987). (J.D.)

DUNNING, John, distributeur, producteur, scénariste (Montréal, 1927). À la mort de son père, en 1945, il hérite d'un réseau indépendant de salles de cinéma à Montréal. Parallèlement à cette entreprise, il fait des incursions en distribution et en production (notamment pour la télévision), avant de fonder Cinépix (1962) et de s'associer à André Link*. (J.P.)

DUPARC, Marguerite, monteuse, productrice, réalisatrice (France, 1933 – Montréal, 1982). Elle mène une carrière liée, pour la plus grande part, à celle de Jean Pierre Lefebvre*, dont elle produit, sauf *Mon amie Pierrette* (1967) et *Jusqu'au cœur* (1968), tous les films jusqu'aux *Fleurs sauvages* (1982). Elle est l'âme de Cinak, leur compagnie de production, pour laquelle elle produit également *La maudite galette* (D. Arcand, 1971), avec Pierre Lamy, *Réjeanne Padovani* (D. Arcand, 1973), *Voir Pellan* (L. Portugais, 1968, cm) et des longs métrages de jeunes réalisateurs, *Corps et âme* (M. Audy, 1971), *L'île jaune* (J. Cousineau, 1974) et *L'hiver bleu* (A. Blanchard, 1979); elle monte tous ces films, sauf le dernier. Elle est en outre directrice de production des deux épisodes de la série française *Les faucheurs de marguerites* tournés au Québec et conseillère à la production de *La turlute des années dures* (R. Boutet et P. Gélinas, 1983). Duparc sou-

tient, pendant près de vingt ans, le développement du cinéma d'auteur au Québec. Elle coréalise avec Yves Rivard un long métrage fiction pour enfants, *Histoires pour Blaise*, qui combine l'animation et les prises de vues réelles. Yves Rivard le termine après son décès et Christian Marcotte signe le montage. Micheline Noël lui a consacré un film: *Marguerite en mémoire* (1983, cm). (M.E.)

DUPIRE, Serge, acteur (Belœil, 1957). Il étudie à l'École nationale de théâtre. Après un petit rôle dans *Éclair au chocolat* (J.-C. Lord, 1978), il est révélé grâce au film *Les Plouffe* (G. Carle, 1981) où, très convaincant, il tient le rôle de Guillaume, joueur de baseball admiré, que la Deuxième Guerre mondiale envoie au front en Europe. Il reprend ce personnage dans *Le crime d'Ovide Plouffe* (D. Arcand, 1984). Peu actif au théâtre, où il participe tout de même à la création de pièces de René-Daniel Dubois, il s'oriente clairement vers le cinéma. Il interprète le personnage de Simon, le frère homosexuel d'Andréa, dans *La femme de l'hôtel* (L. Pool, 1984). Puis, il tient le premier rôle dans *Le matou* (J. Beaudin, 1985), sans toutefois parvenir à imposer le dynamisme de Florent Boissonneault, jeune homme ambitieux gagné par la fièvre du petit entrepreneur. Il s'ouvre ensuite sur l'étranger, passant des *soaps* américains à *L'île* (F. Leterrier, 1987), coproduction franco-canadienne tirée d'un roman de Robert Merle. À la remorque d'un scénario cousu de fil de blanc mais servi par son physique de jeune premier, il y interprète avec cœur un irréprochable lieutenant qui doit se réfugier avec un groupe de mutins sur une île où le rêve d'Eldorado des uns et des autres tourne à la tuerie. On le retrouve ensuite en coureur automobile dans la télésérie *Formule 1* (N. Castillo, 1988). (M.C)

DUPUIS, François, monteur, producteur, réalisateur (Montréal, 1947). En 1970, il signe son premier film, *Stabilisation à l'émulsion* (1970, cm), un document didactique produit par l'OFQ. Très tôt, il manifeste un intérêt pour les sujets sociaux, notamment avec *300 millions pour l'autoroute* (1971, cm) produit pour la série «Actualité-Québec». Cet engagement se poursuit au sein du SNC dont il assume la présidence en 1978 et 1979. Sa carrière de monteur comprend plus de soixante-quinze productions de tous genres: fiction, documentaire, animation, publicité, série télévisée. *La fiction nucléaire* (J. Chabot, 1979) compte parmi ses montages les plus réussis et constitue un bel exemple de son sens du rythme et de la structure filmique. Membre de l'ACPAV depuis 1977, il y réalise deux fictions: *Les oiseaux ne meurent pas de faim* (1979, cm) et *En plein cœur* (1982, cm). L'un porte un regard naturaliste, l'autre allégorique, sur la vie des travailleurs en milieu rural. À partir de 1985, il y œuvre surtout à titre de producteur, entre autres pour *Ô Picasso* (G. Carle, 1985), *Lamento pour un homme de lettres* (P. Jutras, 1988, cm), *Le marchand de jouets* (P. Tana, 1988, mm) et *La face cachée de la terre* (R. Lavoie, 1989). (P.J. et M.S.)

DUPUIS, Paul, acteur (Montréal, 1916 – Saint-Sauveur, 1976). Outre le bleu d'acier du regard et le velouté grave de la voix, ce qui frappe chez Dupuis, c'est un curieux mélange de circonspection et de hardiesse. Il profite d'un séjour en Angleterre, comme correspondant de guerre, pour se familiariser avec les milieux du cinéma et joue ensuite dans une dizaine de longs métrages, parmi lesquels *Johnny Frenchman* (C. Frend, 1945), *Against the Wind* (C. Crichton, 1948), *Sleeping Car to Trieste* (J. P. Carstairs, 1948), *Madness of the Heart* (C. Bennett, 1948), *Passport to Pimlico* (H. Cornelius, 1948), *The Romantic Age* (E. T. Greville, 1949) et *The Reluctant Widow* (B. Knowles, 1950). Sa carrure athlétique lui vaut les rôles de militaires orgueilleux et de jeunes premiers sportifs. Il tourne aussi en France, mais dans des productions de moindre envergure comme *Les pépées font la loi* (R. André, 1954). Au Québec, on l'a vu dans *La forteresse* (F. Ozep, 1947), *Son copain* (J. Devaivre, 1950), *Étienne Brûlé gibier de potence* (M. E. Turner, 1951) et *Tit-Coq* (R. Delacroix et G. Gélinas, 1952). Les téléspectateurs se souviennent surtout de lui dans *Les belles histoires des Pays d'en Haut* où il incarne brillamment l'écrivain Arthur Buies. (J.-M.P.)

ÉGLISE ET CINÉMA. Dès les premières projections, l'Église catholique du Québec tient le cinéma dans la même suspicion où elle avait, depuis des siècles, tenue le théâtre. De 1907 à 1936, l'opposition se fait de plus en plus organisée et systématique, avec un sommet de virulence en 1927, dans les mois suivant l'incendie du Laurier Palace et l'enquête de la Commission Boyer. Des centaines d'articles, où se mêle un fort relent d'antisémitisme (parce que les studios appartiennent presque tous à des Juifs), explicitent les deux grands motifs d'opposition: le cinéma est «corrupteur» et «dénationalisateur». *Corrupteur*, parce que «école du soir tenue par le diable», presque tous ses contenus n'apportent que «jeu immoral des passions», «dévergondage de l'imagination», «panthéon d'idoles frelatées», «dégénérescence du sens esthétique», etc. *Dénationalisateur*, parce que son principal effet en est un d'acculturation (l'exploitation est alors en pleine croissance et offre presque uniquement des produits hollywoodiens). Elle perçoit très bien que le cinéma ouvre un champ de l'imaginaire qui échappe à son contrôle, bouscule le merveilleux religieux, propose d'autres vertus et une hagiographie moins édifiante, et que cela signifie à court terme la perte de son monopole sur l'imaginaire collectif. Elle revendique alors une censure toujours plus sévère, à la fois par la limitation du public, en interdisant les salles aux moins de seize ans et en réclamant la fermeture des salles le dimanche, «jour de repos sanctifié par la religion»; et par des coupures plus nombreuses des films et un contrôle sévère du matériel publicitaire. Elle obtient tout, sauf la fermeture des salles le dimanche (jusqu'aux années 50, le Québec est la seule province canadienne où les cinémas sont ouverts ce jour-là).

Après 1936, année de la publication de *Vigilanti Cura*, l'attitude de l'Église se transforme. Car l'encyclique de Pie XI sur le cinéma affirme que le cinéma n'est ni bon ni mauvais en soi, mais qu'il s'agit d' «un outil dont on peut espérer beaucoup de bien si l'on en fait bon usage». L'Église se convertit alors au cinéma en espérant le convertir à son tour. Il est maintenant devenu «art magnifique... école populaire par excellence... instrument de culture et merveilleux complément à l'enseignement». Elle encourage la production, dans une perspective clairement définie de propagande, de documents «sains» sur les communautés et les grands événements religieux (films de Poitevin*, Tessier*, Proulx*, Lavoie*). Elle diffuse dans les écoles le cinéma qu'elle a soigneusement choisi ou épuré, contrôle les choix de plusieurs petits distributeurs indépendants (Rex-Film, J.-A. Lapointe). Elle intervient à divers niveaux (aide au financement, surveillance des scénarios, publicité) dans une partie de la production commerciale de 1944 à 1953. Elle supporte le mouvement des ciné-clubs avec ses stages

et ses revues (*Découpages*, *Séquences*), organise les premiers essais d'éducation cinématographique dans quelques collèges qu'elle
dirige, crée des centres diocésains, puis un
centre national (l'Office des communications
sociales*) qui, entre autres activités, publie
des «cotes morales», longtemps reprises par
la majorité des quotidiens. À la fin des années
60, après la mort de la plupart des ciné-clubs
entraînée par la réforme du système d'éducation, et l'indépendance de *Séquences* (dirigée
par Léo Bonneville, c.s.v.), ne subsiste de
significatif que la publication de *Films à*
l'écran, version plus neutre des cotes morales.
BIBLIOGRAPHIE: LEVER, Yves, *L'Église et*
le cinéma au Québec, mémoire, Université
de Montréal, 1977. (Y.L.)

ELNÉCAVÉ, Viviane, animatrice, réalisatrice (Le Caire, Égypte, 1945). Arrivée au
Canada encore jeune, elle poursuit des études
à l'Université McGill et s'inscrit à l'École
des beaux-arts. Entrée à l'ONF en 1968
comme stagiaire, elle y réalise *Notre jeunesse*
en auto-sport (1969, tcm), d'après la chanson
de Claude Gauthier, pour la série «Chansons
contemporaines». En 1969 et 1970, elle
travaille à des films de commande et, en
1972, termine *L'œil* (cm). Son film suivant,

Luna, luna, luna. *(ONF)*

Rien qu'une petite chanson d'amour (1974,
cm) traite de la relation enfants-parents sur
un mode symbolique, au moyens de dessins
sur papier exécutés directement sous la
caméra. Entre 1974 et 1976, elle participe à
divers ateliers. Assistante-animatrice, elle est
affectée à la manipulation d'objets pour
Monsieur Pointu (B. Longpré et A. Leduc,
1975, cm) et tourne un vidéo sur la préparation
de ce film. En 1978, elle anime deux
séquences de *Moi je pense* (R. Tunis, 1979,
cm). Puis, elle expérimente une technique
originale pour *Luna luna luna* (1981, cm).
Sur des cellulos noircis à la gouache, des
images sont gravées directement sous la
caméra et créent un effet de pointe sèche. Le
film remporte des prix à Zagreb et Lausanne.
Elle s'engage ensuite dans la voie de la
parodie avec un court métrage empruntant à
la fiction et à l'animation, *Caravane* (cm).
(L.B.)

ENSEIGNEMENT DU CINÉMA. L'idée
même d'enseigner le cinéma remonte presque
aux débuts du cinéma québécois. Cependant,
la mise en place d'un enseignement structuré
est un phénomène récent. Au fil des années,
plusieurs préoccupations demeurent: la création d'une école de cinéma, la nécessité d'une
formation adéquate pour les jeunes et l'animation du milieu. Dès le début du siècle, on
retrouve une «école» de cinéma, le Montreal
Moving Pictures College, en activité de 1914
à 1918. À la même époque, on publie, dans la
Revue de Manon, des textes qui, chaque
semaine, renseignent les lecteurs sur différents
métiers du cinéma. Entre 1920 et 1935, le
clergé, omniprésent, dénonce l'aspect corrupteur du cinéma. Ce n'est qu'avec l'encyclique
Vigilanti Cura qu'on demande aux religieux
d'apprendre à se servir du cinéma pour mieux
contrer ses effets négatifs. C'est dans cette

perspective que l'on voit apparaître des ciné-clubs (1945-1965) qui auront comme mission de bien former les jeunes. Ces ciné-clubs contribuent hors des salles de cours, à l'enseignement du cinéma. Des «gens de robe» plus progressistes font un réel travail d'animation: les stages de formation pour les responsables de ciné-clubs, premiers véritables cours de cinéma, et, notamment, le travail des Léo Bonneville et André Ruzkowski. Certains, rébarbatifs au pouvoir du clergé, considèrent pourtant cette formation comme un lavage de cerveau. À l'initiative de ces derniers apparaissent notamment la revue *Images* (puis *Objectif*) et la série pour la télévision *Images en boîte* (puis *Images en tête*).

L'enseignement institutionnalisé du cinéma débute avec les années 60. Déjà quelques cours sont donnés dans des collèges classiques et des couvents (souvent dans le cadre des cours de littérature). En 1964, le Rapport Parent – qui vise à transformer tout le système d'enseignement au Québec – recommande l'enseignement du cinéma dans l'ensemble du réseau de l'éducation. La recommandation 238 du Rapport dit: «Nous recommandons que l'éducation cinématographique soit inscrite, le plus tôt possible, dans nos programmes scolaires, à la fois comme matière obligatoire et comme sujet de cours-options». Cette recommandation est d'autant plus forte qu'elle va beaucoup plus loin que celles prévues pour des matières similaires (que ce soit la musique ou les arts plastiques). Dans le prolongement de ces recommandations, on voit apparaître un cours de cinéma au niveau de la versification. Puis, deux nouvelles structures scolaires accueillent des cours de cinéma: le niveau secondaire, dans le cadre d'un programme court en communication donné dans quelques établissements, et le niveau collégial. Rapidement, une majorité de cégeps dispenseront un enseignement du cinéma.

Au niveau collégial, c'est dans une perspective culturelle et critique qu'on procède à la révision des cours (hérités des collèges classiques), en 1971, puis en 1977. Dans le même souffle, on mise sur le développement de la créativité des étudiants; en 1968, le Rapport Rioux sur l'enseignement des arts insistait sur cet aspect. Dès le début de la décennie suivante, quelques collèges, situés pour la plupart dans la région montréalaise, offrent une concentration générale en cinéma. La majorité de ces cours sont proposés à titre complémentaire, contribuant ainsi à élargir l'accès au cinéma. Au niveau universitaire, le Collège Loyola, l'Université Sir George Williams et l'Université de Montréal (cours donnés par Jean Mitry) font figure de précurseurs (1967-1968). Après le développement d'une mineure en cinéma à Sir George Williams en 1971 et d'une majeure en cinéma et en communication à l'Université McGill en 1972, deux universités francophones, l'Université de Montréal et l'Université Laval, mettent sur pied un programme en cinéma. Puis, l'UQAM, qui dès 1972 offre un bloc cinéma à l'intérieur du baccalauréat en communication, propose un certificat en scénarisation en 1978. Les universités francophones tentent de lier pratique et théorie; l'Université Concordia (née de la fusion de Sir George Williams et de Loyola en 1974) fait un effort plus marqué dans le sens de la formation professionnelle. Dans l'ensemble, les universités privilégient les études cinématographiques. En 1984, l'Université de Montréal reconnaît officiellement une maîtrise orientée vers les études cinématographiques. En 1988, l'Université Concordia offre une maîtrise orientée vers la production cinématographique.

Un grand nombre d'étudiants rêvent de faire du cinéma. Le rapport de la Commission d'étude sur le cinéma et l'audio-visuel (Rapport Fournier, 1982) fait écho à leurs attentes et recommande «la création d'une *École supérieure du cinéma et de la vidéo,* indépendante, financée par les deux paliers de gouvernement, située à Montréal, et dont le programme et la pédagogie seront axés sur la notion d'œuvre et sur le processus de création». Ce projet d'école, qu'étudient conjointement l'ONF et l'IQC dès 1987, met toutefois du temps à se concrétiser. Dans ce contexte, on a vu apparaître de multiples activités de formation, que ce soit des stages en cinéma (par exemple ceux de Parlimage), des colloques savants ou techniques (par exemple Convergence) ou la création de nombreuses associations définies comme groupes d'entraide. (P.P.)

EN TANT QUE FEMMES. *(Voir* Office national du film et Poirier, Anne Claire*).*

EXPLOITATION. Au Québec, la première utilisation du cinématographe Lumière a lieu le 27 juin 1896, au café-concert Le Palace, rue Saint-Laurent, à Montréal. Le succès est immédiat et au cours de la décennie qui suit, les spectacles de vues animées se multiplient dans les cafés, les parcs d'amusement et les théâtres, sans compter les tournées de projectionnistes itinérants *(voir* Historiographie*).* Avant 1920, la figure dominante de l'exploitation cinématographique québécoise est sans conteste Léo-Ernest Ouimet*. À la fois exploitant, distributeur et producteur de bandes d'actualités, Ouimet compte parmi les premiers à réaliser l'importance de créer des salles spacieuses et confortables, servant exclusivement à la projection de films. C'est ainsi que le 1er janvier 1906, il ouvre le pre-

mier Ouimetoscope (du nom de l'appareil de projection qu'il a mis au point), une salle de quatre cents places située rue Sainte-Catherine, à Montréal. Un second Ouimetoscope, plus spacieux (mille deux cents places), voit le jour le 31 août 1907; Ouimet n'hésite pas à le qualifier de «cinéma le plus luxueux en Amérique du Nord». En ce sens, il est un précurseur et un visionnaire qui devine très tôt la forme que prendra l'exploitation cinématographique. Son combat contre les monopoles américains (le Trust Edison ou Patent Co.), sa volonté de présenter des films français et des actualités produites au Québec sont autant de présages de ce qui constituera les éléments clés de la problématique de l'exploitation au Québec. La volonté des grandes entreprises américaines intégrées de production-distribution-exploitation de contrôler les marchés canadien et québécois se manifeste dès les années 20. La principale chaîne d'exploitation alors existante est la Allen's Film Theatres, un circuit canadien réputé et prospère qui refuse de s'associer à un *major* américain. Une chaîne concurrente, la Famous Players Canadian Corporation, une filiale à 95% de Famous Players Lasky, mieux connue sous son nom actuel de Paramount, est donc incorporée le 23 janvier 1920. Peu après, les filiales des *majors* au Canada se réunissent en cartel informel et décident de retirer tous leurs films de la chaîne des frères Allen pour les confier à Famous Players. Privée d'approvisionnement, la Allen's Film Theatres se trouve rapidement en difficultés financières et est achetée à vil prix par Famous Players, qui acquiert ensuite le contrôle de neuf autres circuits canadiens de salles. En moins d'une décennie, les *majors* établissent leur mainmise sur le marché canadien et, en 1929, deux cent sept des deux cent quatre-vingt dix-neuf salles de cinéma appartenant à des circuits sont contrôlées par Famous Players. En 1930, le ministre canadien du Travail ordonne une enquête en vertu du Combines Investigation Act, mais malgré des conclusions accablantes pour Famous Players et les *majors*, le rapport d'enquête (dit rapport White) n'aura aucune suite et la cause sera déboutée devant la Cour suprême de l'Ontario. Au Québec, Famous Players est alors solidement implantée dans les centres urbains, mais sa pénétration en province est plus modeste qu'ailleurs au Canada. Pour des raisons culturelles, évidentes, les salles de Famous ne présentent que des films américains avec des intertitres anglais – et pour des raisons idéologiques, l'Église catholique et les élites nationalistes mènent, tout au long des années 20, une véritable croisade contre le cinéma, cet «immoral Moloch moderne du plaisir», selon le chanoine Harbour, et «le pire agent de dénationalisation», selon le chanoine Groulx.

La sonorisation des films permet à des entrepreneurs québécois, dans ce contexte, de donner une allure de mission patriotique à leurs efforts pour assurer la diffusion commerciale du film «parlant français» au Québec. Robert Hurel, Édouard Garand et, surtout, J.-A. DeSève* sont les maîtres d'œuvre de cette opération qui modifie profondément le visage de l'exploitation cinématographique au Québec. Avec la création de France Film – dont les slogans sont révélateurs: «France Film fait respecter notre langue», «France Film monte la garde» – l'exploitation du film en français, largement appuyée par la presse, les autorités religieuses et les gouvernements, connaîtra un essor important au cours des années 30. France Film acquiert, à Montréal, Québec et Trois-Rivières, des salles qui se consacrent exclusivement à la projection de films en français,

et en province les exploitants de films en français se multiplient, s'organisent et se réunissent annuellement en congrès. Une division linguistique du marché s'établit, à la faveur de laquelle les exploitants québécois reprennent du terrain face à Famous Players.

Au cours des années de guerre, la défaite de la France prive France Film et les autres exploitants québécois d'un accès continu à la production française, ce qui provoque la fermeture de certaines salles. Et une nouvelle chaîne étrangère s'installe: Odeon, une filiale de la Rank Organisation britannique. L'exploitation commerciale en français cède donc en partie le pas à l'exploitation communautaire. Celle-ci se développe grâce à l'ONF qui met sur pied, pour des raisons de propagande de guerre, un important réseau de diffusion en zones rurales, alimenté par des projectionnistes itinérants; grâce à l'Église également qui, après avoir longtemps rejeté le cinéma, se décide à l'encadrer et ouvre toutes grandes les portes des écoles, des soussols d'églises et des salles paroissiales pour l'accueillir. En 1951, on compte d'ailleurs deux cent cinq de ces salles communautaires ou paroissiales, bases de la compagnie Rex Film, en sus des quatre cents salles commerciales en activité au Québec. Ce réseau devait constituer les assises du mouvement des ciné-clubs* des années 50, qui lui-même évoluera vers le concept des salles parallèles dans les années 60 et 70.

En 1952, apparaît la télévision* et, avec elle, la débâcle! La fréquentation cinématographique, qui atteint près de soixante millions de spectateurs en 1952, tombe en chute libre jusqu'en 1963, où on n'en dénombre plus que vingt millions. Entre-temps, une centaine d'établissements commerciaux ferment leurs portes. Les années 50 sont également marquées par les effets du Divorcement Act, qui oblige les *majors* américains à se départir de leurs intérêts dans les salles. Bien que cette loi américaine n'ait pas d'incidence directe au Canada, où Paramount conserve sa filiale Famous Players, elle provoque une réduction de moitié du volume annuel moyen de production de l'industrie américaine. Famous Players et Odeon se voient alors aux prises avec un double problème qui risque de provoquer la fermeture massive des salles: baisse marquée de la fréquentation et diminution de l'approvisionnement. Pour éviter le pire, Famous Players ajoute Cinémas Unis à sa raison sociale et décide de recourir, au Québec, à l'exploitation des films américains et britanniques d'abord en version originale et, quelques mois plus tard, en version française. Ce procédé, alors nouveau, permet de compenser en partie la baisse d'approvisionnement et de s'emparer d'une partie du marché francophone, jusque-là laissé aux exploitants québécois. La division linguistique du marché s'inscrit désormais à l'intérieur des circuits. La population francophone est mieux desservie et, de façon générale, les chaînes étrangères en sortent renforcées. Une fois la chute brutale de fréquentation freinée, l'exploitation québécoise connaît une longue période de stabilité, de 1963 à 1980, où, bon an mal an, environ vingt millions de spectateurs se présentent aux guichets des salles et des cinéparcs, ces derniers faisant leur apparition en 1969. Du côté des grands circuits, on profite de cette période de relative prospérité pour acquérir de nouvelles salles, principalement dans les centres commerciaux des banlieues, et, surtout, à compter des années 70, pour transformer les grands palaces à écran unique du centre-ville en complexes multisalles plus fonctionnels et plus économiques. Les années 60 voient l'émergence de l'exploitation «art et essai», avec l'ouverture, en 1961, de

l'Élysée, puis du Vendôme, de l'Empire, du Cinéma Parallèle et du Verdi. Apparaissent aussi la Cinémathèque canadienne, aujourd'hui Cinémathèque québécoise*, le Festival international du film de Montréal et le Conservatoire d'art cinématographique. Lieux de rencontres d'une nouvelle génération de cinéphiles et de cinéastes, les cinémas d'art et essai évoluent progressivement vers la notion de cinéma de répertoire (où l'on programme surtout des films en reprise) avec l'ouverture du (nouveau) Ouimetoscope, du Cinéma V et d'un ensemble de salles – l'Outremont, le Cartier, le 2001, le Festival, le Lumière, l'Autre cinéma, le Laurier – qui seront, à un moment ou à un autre, gérées par Roland Smith, l'instigateur du Verdi.

D'ailleurs, la multiplication des circuits de taille moyenne est une des caractéristiques des années 70. Outre la Société Micro Cinéma (SMC) de Roland Smith, mentionnons la Société nouvelle de cinématographie de Michael Costom, Cinévic de Paul Gendron – surtout spécialisé dans l'exploitation de cinéparcs – de même que Secure Cinema Investment, Cinéma international Canada, Filmo Vision, Ciné-Ro et une dizaine d'autres. Le développement de ces mini-circuits, coïncidant avec l'expansion de France Film, qui acquiert le circuit de Léo Choquette, et avec la canadianisation de la chaîne Odeon (1977), laisse entrevoir une réduction de la mainmise étrangère sur l'exploitation et une diversification des lieux de décision en regard de la programmation. Malheureusement, la crise des années 80 met fin à ces espoirs. Cette crise, d'abord économique – inflation et récession frappent à l'échelle mondiale – est amplifiée par le développement accéléré d'un mode concurrent de diffusion des longs métrages: la vidéocassette. Devant la croissance du nombre de magnétoscopes et de vidéoclubs, la fréquentation cinématographique décline. Elle chute de vingt millions de spectateurs en 1980 à 13,6 millions en 1985. La reprise économique et les mesures adoptées par les exploitants (investissements substantiels dans la rénovation des salles et amélioration des équipements techniques, réduction des prix certains jours de la semaine, campagne de promotion) permettent toutefois d'espérer un déclin de courte durée puisque, en 1986, la fréquentation remonte à 14,6 millions de spectateurs.

Ce sont d'abord les ciné-parcs, dont le déclin se poursuit en 1986, qui font les frais de la crise, perdant plus de la moitié de leurs spectateurs. Puis, ce sont les mini-circuits et les exploitants indépendants, situés en province et disposant généralement de salles à écran unique, qui disparaissent à un rythme rapide. En 1988, plus de cent municipalités, villes ou villages qui disposaient d'au moins une salle de cinéma au cours de la dernière décennie, en sont totalement privés. Le réseau des salles parallèles, implanté dans les écoles, collèges et universités, est aussi sévèrement affecté par la diffusion en vidéocassette. Tout comme, d'ailleurs, les cinémas spécialisés dans l'exploitation de films pornographiques. Plusieurs cinémas de répertoire ferment leurs portes: le Cartier, l'Outremont, le Laurier, l'Autre cinéma, le Séville, le Milieu et le Cinéma V. Convertis en cinémas de répertoire en 1987, pour profiter de la place laissée vacante par la liquidation du réseau de Roland Smith (qui occupe le poste de vice-président de Famous Players pendant environ une

année, en 1987 et 1988), le Papineau et le Cinéma de Paris abandonnent après quelques mois d'activités.

Les grands circuits, qui avaient déjà effectué rénovations et conversions en complexes multi-salles, et qui contrôlent les zones urbaines à haute densité de population, poursuivent leur expansion et accroissent substantiellement leur part du marché. La concentration du marché s'accroît avec l'acquisition de Odeon, en 1984, par Cineplex Corporation, qui devient alors Cinéplex-Odéon et qui acquiert notamment France Film en 1986. Une expansion rapide est favorisée par l'association de Cinéplex-Odéon avec un *major* américain: MCA Universal. Par ailleurs, en 1987, Roland Smith tente, sans succès, de transformer quatre salles du réseau de Famous Players en cinémas de répertoire. Au début de 1988, alors que s'amorce une reprise, l'exploitation cinématographique au Québec se voit fermement contrôlée par un duopole formé de Famous Players, qui contrôle soixante et un écrans, et Cinéplex-Odéon, qui en possède quatre-vingt-un. Toutes deux ont des liens de propriété avec un *major* américain, et toutes deux ont leur véritable centre de décision hors du Québec. Avec la disparition de France Film et de la grande majorité des mini-circuits, on ne retrouve plus, au Québec, face à eux que de petits exploitants indépendants, privés d'accès aux marchés lucratifs des grands centres urbains de Montréal et de Québec, où se concentre de plus en plus la fréquentation cinématographique. (M.H.)

FAJARDO, Jorge (Ignacio), réalisateur, scénariste (Santiago, Chili, 1944). Ingénieur de formation, il choisit tout de même le cinéma. Il compte parmi la vague d'immigrants chiliens qui s'installent au Québec à la suite du coup d'État militaire de 1974. Fajardo touche à différents genres cinématographiques (fiction, documentaire, film expérimental) et travaille pour plusieurs médias (film, télévision, vidéo). Ses films explorent systématiquement les effets des régimes répressifs sur les individus et l'évolution de la prise de conscience chez les victimes. La situation politique du Chili est au coeur même de son premier film, *Jours de fer* (1975, mm), troisième volet de la trilogie que constitue *Il n'y a pas d'oubli*. Fajardo décrit la première journée de travail au Québec d'un intellectuel chilien en exil. En fait, il parle aussi bien du travail aliénant en usine que de l'isolement de l'exilé. Son documentaire *Matan a mi Mañungo!* (1979) présente une grève de la faim organisée à Montréal en témoignage de solidarité à l'égard de ceux dont les proches

ont disparu au Chili. *Conférence sur le Chili* (1980, mm) est un monologue dramatique sur la façon dont les mensonges servent parfois de discours officiel. À caractère expérimental, *Le soulier* (1980, cm) évoque, de manière poétique, la répression militaire. Ses films suivants reprennent ces thèmes en s'ouvrant sur la lutte pour la libération menée par d'autres peuples. Dans le cas de *La historia de Julio* (coréal. V. Regalado, 1987, cm), il s'agit du peuple salvadorien. (J.A.)

FALARDEAU, Pierre, réalisateur (Montréal, 1946). Découvrant le structuralisme et l'école documentaire québécoise au cours de ses études en anthropologie, il utilise, dès sa sortie de l'Université de Montréal, les moyens de production offerts par le Vidéographe pour réaliser, en 1971, le court métrage vidéo noir et blanc *Continuons le combat*, un essai dénonçant le caractère mythique et ritualisé des combats de lutte professionnelle. Adoptant une démarche semblable face au Parc Belmont, il tourne *À mort* (1972), qu'il n'achève pas. Julien Poulin* se joint à lui pour le montage de ce film. Ensemble, ils réalisent *Les Canadiens sont là* (1973, mm), un vidéo noir et blanc sur l'exposition Canada-Trajectoire 1973 du Musée d'art moderne de Paris. Ils poursuivent leur collaboration en vidéo avec *La magra* (1975, cm) et *À force de courage* (1976, cm), deux documentaires qui donnent la parole aux gens filmés, le premier pour dénoncer le fascisme ordinaire présent à l'Institut de police de Nicolet, et le second pour rendre hommage aux travailleurs agricoles d'un domaine autogéré en Algérie. Transféré en 16 mm, le deuxième court métrage est récompensé au festival de Lille. En 1978, toujours en vidéo, ils terminent *Pea Soup*, entrepris trois ans plus tôt, un collage qui étale et attaque tous azimuts la «quétainerie» des Québécois. Ce long métrage connaît une exploitation en 16 mm. En 1980, ils radicalisent leur militantisme en signant, à l'ONF, *Speak White* (cm), un montage en 35 mm de documents photographiques faisant écho au poème de Michèle Lalonde qui dénonce l'impérialisme et le colonialisme américains. En 1981, la charge politique étant devenue subitement désuète, ils entreprennent une première fiction que Poulin interprète: *Elvis Gratton* (cm). Portrait charge du Québécois affligé de tous les travers de l'aliéné, cette farce qui montre sans ménagement les conséquences – «le confort et la bêtise» – pour pointer du doigt les causes politiques, obtient le Grand prix du Festival de Lille et le Génie du meilleur court métrage de fiction. Le succès du film amène Falardeau et Poulin à réaliser deux suites (*Les vacances d'Elvis Gratton*, 1983, cm; *Pas encore Elvis Gratton!*, 1985, cm), qui ne retiennent de l'original que la caricature. En 1985, les trois courts métrages sont réunis en un long métrage, sous le titre de *Elvis Gratton*. Falardeau travaille ensuite à l'élaboration de deux projets de longs métrages, l'un sur la crise d'Octobre 1970, et l'autre, *Le party*, autour d'un spectacle qui se déroule en milieu carcéral.

Réalisateurs aux productions inégales, longtemps marginalisés en raison de leur mode d'expression, Falardeau et Poulin proposent des vidéos et des films animés d'une même volonté de dénonciation politique, au style iconoclaste et échevelé, mais personnel. (Y.P.)

FAUCHER, Françoise, actrice (Montmorency, France, 1929). Elle arrive au Québec en 1951 et y poursuit une intense carrière au théâtre et à la télévision. Identifiée à un répertoire surtout classique et bourgeois, elle ne trouve pas naturellement sa place dans un cinéma très enraciné dans la réalité populaire. Son mari, Jean Faucher, la dirige dans *Le soleil des autres* (1970) qui sera un échec commercial et critique. En 1979, avec *L'arrache-cœur*, Mireille Dansereau lui permet enfin de révéler à l'écran la maturité de son talent en lui confiant le rôle d'une mère dont l'opiniâtreté, sous des dehors aimants, condamne sa fille à ne jamais se sentir à la hauteur. Dans *Les portes tournantes* (F. Mankiewicz, 1988), elle campe une fois de plus une mère étouffante, bourgeoise ridicule, qui préfère la musique classique au jazz qu'affectionne sa belle-fille.

AUTRES FILMS: *Cœur de maman* (R. Delacroix, 1953), *Agnes of God* (N. Jewison, 1985). (M.-C.A.)

FAUTEUX, Ronald, directeur artistique (Stanstead, 1942). Dès 1961, il est antiquaire dans le Vieux-Montréal. En 1973, il est amené à travailler pour le cinéma alors qu'il fournit, avec Jocelyn Joly, le fameux fiacre et de nombreux autres accessoires pour *Kamouraska* (C. Jutra, 1973). Il débute comme chef accessoiriste dans *The Apprenticeship of Duddy Kravitz* (T. Kotcheff, 1974). Après avoir exercé ce métier pour de nombreux films, il devient directeur artistique.

PRINCIPAUX FILMS: *Lies my Father Told Me* (J. Kadar, 1975), *Maria Chapdelaine* (G. Carle, 1983), *Il était une fois en Amérique* (S. Leone, 1983), *Le crime d'Ovide Plouffe* (D. Arcand, 1984), *Le frère André* (J.-C. Labrecque, 1987). (J.P.)

FAVREAU, Robert, réalisateur, monteur, scénariste (Montréal, 1945). Il est organisateur syndical et animateur social avant de passer au cinéma. À ses débuts, il travaille comme assistant-réalisateur de Fernand Dansereau, André Melançon, Alain Chartrand et

Jean Pierre Lefebvre. Favreau est le type même du cinéaste engagé dont les films, dénonciateurs, doivent provoquer réflexion et choc émotif. Il est surtout connu pour son documentaire choc sur l'élection de la reine du carnaval de Québec, *Le soleil a pas d'chance* (1975), qu'il monte, comme plusieurs de ses films. Le film a maille à partir avec les organisateurs du carnaval qui réussissent à en interdire la première à Québec. *Le soleil a pas d'chance* décrit durement l'élite locale qui profite de cette manifestation pour perpétuer l'exploitation éhontée de la femme. De tels propos, clairs et explicites, se retrouvent déjà dans son premier film, *C'est pas l'argent qui manque* (1972, mm), film outil en trois parties sur le thème de l'avenir économique du Québec. Toujours préoccupé par la pauvreté et l'injustice, il signe, avec Guy Dufaux, deux documentaires amers et noirs, *Corridors* (1980) et *Pris au piège* (1980). Dans *Corridors*, la façon de filmer tend à faire du sujet un personnage. Il réalise également des films dans les séries documentaires «Les jeunes scientifiques» (1973), «Les exclus» (1977) et «Les chocs de la vie» (1982). Il coréalise un documentaire avec Michel Moreau, *Les coulisses de l'entraide* (1984, mm), dont il signe aussi le montage, puis il monte *Le million tout-puissant* (M. Moreau, 1985) qui combine le documentaire et la fiction. À partir de 1986, Favreau laisse derrière lui le documentaire et réoriente son activité cinématographique vers la fiction. Il réalise une première fiction dans le cadre de la série «La bioéthique: une question de choix», *La ligne brisée* (1986, cm), l'histoire d'un médecin qui doit annoncer à sa sœur qu'elle est atteinte d'un mal incurable. Puis, il réalise, en 1986 et 1987, la série «Pour tout dire», sept courts métrages de fiction conçus comme des outils pour l'ap-

prentissage du français langue seconde. La série obtient une médaille d'or à l'International Film & TV Festival de New York. En 1988, il tourne un premier long métrage de fiction, *Une portion d'éternité*. Le film raconte l'histoire de Pierre (Marc Messier) et Marie (Danièle Proulx) qui, incapables de se reproduire, s'en remettent à la science; leur mort accidentelle entraîne une enquête sur les questions d'éthique reliées à la fécondation *in vitro*. Actif au CQDC puis à l'ARRFQ, il occupe la présidence de la Cinémathèque québécoise depuis 1987. (A.R.)

FÉDÉRATION DES CENTRES DIO-CÉSAINS DU CINÉMA. Créée en 1955 par les évêques de cinq diocèses (Montréal, Saint-Jean, Valleyfield, Joliette et Saint-Jérôme) pour mettre en commun leurs services d'information et de formation cinématographiques, elle est dissoute en 1957, lors de la fondation de l'Office des communication sociales*. (G.B.)

FERRAND, Carlos, réalisateur, chef opérateur (Lima, Pérou, 1946). Diplômé de l'INSAS (Bruxelles), il rentre au Pérou où il réalise plusieurs courts métrages documentaires, est chef opérateur et exerce le métier de critique de cinéma dans des quotidiens. Membre du groupe Mont-Faucon/ Research Center, créé à Bruxelles, il tourne en collectif, de 1973 à 1979, plusieurs films super 8, vidéos et films en 16 mm, et s'occupe de la section montréalaise. Au Canada, il produit et dirige pour le CN une série de vidéos industriels, dont *Épissures de câbles thermorétractables* (1981, cm), gagnant de la Bobine d'or au festival de l'Association internationale de télévision, et *Eyes Only* (1981, cm), médaille de bronze au Festival international du film et de la télévision de New York. *Cimarrones*

(1982, cm), fiction en noir et blanc sur des esclaves africains évadés qui fondent des villages libres sur la côte péruvienne, attire sur Ferrand l'attention de la critique. Il réalise ensuite un film sur des inventeurs québécois, *Inventez!* (1985, mm). Son court métrage expérimental *Fenêtres sur ça* (1986, cm), tourné à Paris, est aussi remarqué par la critique. Très différents l'un de l'autre, les trois films se signalent cependant par le souci de la composition, de l'éclairage et du contrôle de la caméra. Ces qualités se retrouvent dans *Lamento pour un homme de lettres* (P. Jutras, 1988, cm) dont il signe les images. Après 1985, il scénarise trois longs métrages de fiction: «*B*», *Chasquis* et *Corbeau, détective privé*. (J.A.)

FESTIVALS. En 1960, un groupe de cinéastes et de cinéphiles, pour la plupart issus des ciné-clubs*, et parmi lesquels on compte Pierre Juneau*, Fernand Cadieux* et Guy L. Coté*, fonde le Festival international du film de Montréal. Premier festival de cinéma au Québec, il s'inscrit dans l'éclatement de la société québécoise qui marque la fin du duplessisme. D'abord installé au Loews, puis à l'Expo-théâtre pour l'édition de 1967, ce festival non compétitif a pour objectif premier de montrer, annuellement, dans les meilleurs délais et conditions possibles, entre quinze et trente longs métrages puisés à même le meilleur de la production mondiale. Au fil des années, on y projette des films de Jean-Luc Godard, Michelangelo Antonioni, Satyajit Ray, Éric Rohmer, Robert Bresson, François Truffaut, Francesco Rosi, Jean Rouch et Glauber Rocha. En 1960, le festival présente la version intégrale d'*Hiroshima mon amour* (A. Resnais, 1959), que le Bureau de censure ampute de quatorze minutes lors de sa sortie commerciale. Cela fournit

l'occasion à plusieurs groupes de pression d'exiger une refonte complète des lois de la censure. En 1962, Rock Demers* prend la direction de l'événement. Le Festival du cinéma canadien se greffe à cette manifestation l'année suivante. Compétitif, il couronne, à sa première année, *À tout prendre* (C. Jutra, 1963), *Pour la suite du monde* (M. Brault et P. Perrault, 1963) et *Bûcherons de la Manouane* (A. Lamothe, 1962, cm). Le Festival du cinéma canadien joue un rôle de premier plan dans la reconnaissance du jeune cinéma québécois. La huitième et dernière édition du Festival international du film de Montréal se tient en 1967. Sa disparition s'expliquerait par des divergences d'orientation. C'est dans son sillage que se développent les salles d'art et essai comme l'Élysée.

À l'été de 1977, deux nouveaux festivals sont créés, occupant la place laissée libre, dix ans plus tôt, par le Festival international du film de Montréal. D'un côté, les critiques, regroupés au sein de l'AQCC, mettent sur pied le Festival international du film de la critique québécoise, événement non compétitif où vingt-deux longs métrages sont présentés. De l'autre, Serge Losique, organisateur du Festival du film étudiant canadien depuis 1969, crée le Festival canadien des films du monde, où, dès la première année, cent quatre-vingt films sont projetés. D'abord non compétitif, ce festival comprend une section compétitive dès sa deuxième édition. Présentant notamment des films de Théo Angelopoulos, Volker Schlöndorff, Nikita Mikhalkov, Robin Spry (*One Man*, 1977) et Jean Pierre Lefebvre (*Le vieux pays où Rimbaud est mort,* 1977), la première édition du Festival international du film de la critique québécoise, dirigée par Gilles Marsolais, connaît un bon succès. La deuxième édition, dirigée par André Roy, présente

Août 1979: manifestation contre le Festival des films du monde. Image tirée d' À vos risques et périls, *de Jean et Serge Gagné. (*Le Devoir*)*

notamment des films de Nanni Moretti, Benoit Jacquot et Fernando Solanas. Elle connaît moins de succès auprès du public. Des problèmes avec les organismes subventionneurs ainsi que des dissensions internes mettent fin prématurément à l'existence de ce festival. Le Festival des films du monde (FFM), dont l'appellation abandonne le qualificatif de canadien dès sa deuxième édition, profite directement de cette disparition, drainant à la fois le public et les films du festival organisé par la critique. Rapidement, le FFM, dont la première édition comprenait des films de Werner Herzog, Robert Bresson, Mrinal Sen et Marguerite Duras, s'impose auprès du grand public. Des manifestations d'opposants au festival, comme celles tenues par un groupe

de cinéastes québécois en 1979, n'affectent en rien sa popularité. Avec l'appui décisif des politiciens et des institutions, le FFM, qui doit faire face à la concurrence du Festival of Festivals de Toronto, s'impose comme le plus important festival au Canada et, à l'intérieur de ses diverses sections, présente annuellement entre deux et trois cents longs métrages. La section compétitive met des années à s'imposer sans jamais atteindre le niveau de Cannes, Venise ou Berlin. Au milieu des années 80, le FFM étend ses activités à Québec, ce qui entraîne la disparition, après l'édition de 1986, du Festival international du film de Québec fondé, en 1983, par Bruno Bégin. En 1987, le FFM propose également une sélection de ses films à Trois-Rivières, percée qui demeure sans suite. Par ailleurs, Serge Losique, avec son associée, Danièle Cauchard, dirige le Conservatoire d'art cinématographique de l'Université Concordia.

Créé par la Coopérative des cinéastes indépendants, avec Dimitri Eipides et Claude Chamberlan à sa tête, le Festival international du film en 16 mm naît en 1971. Il s'intéresse d'abord à la diffusion, quasi exclusive, du cinéma *underground*, notamment américain. Progressivement, à travers de nombreux déménagements et réajustements de tir, ce festival élargit son champ d'intérêt. Il devient le Festival international du nouveau cinéma, à sa neuvième édition (1980), puis le Festival international du nouveau cinéma et de la vidéo à sa treizième édition (1984). Au cours des premières années, parvenant difficilement à définir son orientation, il est souvent remis en question. La disparition du Festival international du film de la critique québécoise lui est bénéfique, puisque c'est en 1980 qu'il arrive à prendre son véritable envol et que la critique commence à s'y intéresser sérieusement. Dès lors, en compétition avec le FFM dont l'expansion en vient à occuper tous les créneaux, ce festival s'impose comme une manifestation d'importance, mais continue de connaître des problèmes d'organisation. Au fil des ans, on y fait connaître des œuvres comme celles de Jean-Marie Straub, Wim Wenders, Werner Schroeter, Chantal Akerman, Spike Lee et Jim Jarmusch. On y soutient la démarche de réalisateurs québécois comme Jean et Serge Gagné, et Pierre Goupil. L'événement n'est pas compétitif mais l'AQCC y remet des prix à partir de 1986. À partir de 1988, Claude Chamberlan assume seul la direction de ce festival.

Les années 80 marquent un changement considérable dans la situation des festivals de cinéma au Québec. Entre 1980 et 1988, plus de vingt festivals apparaissent, qui vont du Festival officiel du cinéma soviétique au Festival des grandes écoles de cinéma, mais tous ne parviennent pas à maintenir leurs activités au-delà des premières éditions. Le Festival international du film super 8 est lancé par l'Association pour le jeune cinéma québécois* en 1980, et devient le Festival international du jeune cinéma en 1988. Le Festival international des films sur l'art, festival compétitif fondé en 1981 par René Rozon, s'impose rapidement par la position unique qu'il occupe en Amérique, et par une programmation représentative de la production internationale. À partir de 1985, les Journées du cinéma africain présentent, en alternance, une sélection de films africains et antillais, ou une rétrospective consacrée à un cinéma national africain. Des films dont les sujets se rapportent à l'Afrique ou aux Antilles complètent la programmation. Lié à la maison de production InformAction, l'événement, jumelé aux festivals d'Amiens et de Ouagadougou, est dirigé par Gérard Le Chêne. Mis sur pied en 1985 par l'équipe de Cinéma Femmes, le Festival international des films et vidéos de femmes de Montréal (aussi appelé «Silence, elles tournent!») — dont le lointain ancêtre est l'événement La femme et le film, tenu une première fois en 1973 dans la foulée du programme En tant que femmes de l'ONF — présente, dès sa première édition, une rétrospective consacrée à Mai Zetterling. Il permet, entre autres, de découvrir les oeuvres de Christine Ehm, Jeanne Labrune, Sally Potter, Juliet Berto et Mira Nair. L'événement, auquel se joint Cinémama en 1987, remet un prix du public. Le premier festival consacré au cinéma des femmes, le Festival des filles des vues, se tient cependant à Québec. Il contribue à la découverte de nombreuses cinéastes. Organisé par l'équipe de Vidéo-femmes, il tient sa onzième édition en 1988, mais fait relâche en 1989.

Plusieurs festivals se développent en région au cours des années 80. Le Festival du cinéma international en Abitibi-Témiscamingue naît en 1982 à la suite de plusieurs semaines du cinéma régional et d'une semaine du jeune cinéma québécois. Animé par Jacques Matte, il fait une large place au cinéma québécois. Le Carrousel international du film de Rimouski, créé sous la présidence de Louis Landry en 1983, présente des films destinés au jeune public. Compétitif, son jury est constitué d'enfants. Les Sept jours du cinéma se tiennent en 1985 et en 1986 à Hull et à Ottawa. Quant au Festival du cinéma international de Sainte-Thérèse, dirigé depuis 1985 par les organisateurs du ciné-club du cégep Lionel-Groulx, il présente, à sa première édition, des films destinés aux jeunes adultes, avant de s'intéresser aux premières oeuvres. Les Rendez-vous du cinéma québécois*, qui tiennent autant du festival que de la rétrospective, présentent annuellement la totalité des films produits au Québec qui sont accessibles à un public francophone. (M.J.)

FILIATRAULT, Denise, actrice, scénariste (Montréal, 1931). Artiste de cabaret, elle devient une des vedettes les plus connues des Québécois grâce à la télésérie comique *Moi et l'autre* où, aux côtés de Dominique Michel, elle tient le rôle d'une intrigante capable de tout pour parvenir à ses fins. Ensemble, elles forment un duo comique qui, pendant des années, fait les belles heures de *Bye Bye*, revue de fin d'année présentée à la télévision de Radio-Canada, et qu'elles reprennent au

Denise Filiatrault dans Il était une fois dans l'Est, *d'André Brassard. (CQ)*

cinéma (*Je suis loin de toi mignonne*, C. Fournier, 1976). Contrairement à sa partenaire, Filiatrault, qui crée le rôle de Rose Ouimet dans *Les belles-sœurs* (1968), joue, dès ses débuts au cinéma, des rôles comiques aussi bien que dramatiques. Elle tourne d'abord une comédie initialement prévue pour la télévision, *Le p'tit vient vite* (L.-G. Carrier, 1972). Puis, on la voit tenir, dans *La mort d'un bûcheron* (G. Carle, 1973) et dans *Il était une fois dans l'Est* (A. Brassard, 1973), des rôles dramatiques qui font appel à son énergie explosive. Elle reprend ce type de personnage extroverti dans *Les beaux dimanches* (R. Martin, 1974) où elle compose un personnage de bourgeoise frustrée qui, pour combattre sa peur de vieillir, effectue un *striptease* désespéré pour son groupe d'amis. Des années plus tard, dans *Martha l'immortelle* (P. Gang, 1987, mm), elle interprète un personnage beaucoup plus retenu de femme qui fait face à l'inévitable vieillissement. À plusieurs occasions, Filiatrault, remarquée dans *La mort d'un bûcheron*, regarde du côté de la France et tourne dans quelques coproductions: *Par le sang des autres* (M. Simenon, 1974), avec Bernard Blier, Mylène Demongeot et Charles Vanel; *Le plumard en folie* (J. Lemoine, 1974), avec Alice Sapritch, Michel Galabru et Jean Lefebvre; *Au revoir... à lundi* (M. Dugowson, 1979), avec Carole Laure, Miou-Miou et Claude Brasseur; et *L'adolescente sucre d'amour* (J. Saab, 1985), caricature de coproduction où, méconnaissable sous son voile, elle parle arabe. Elle joue également dans un film de Claude Sautet, *Mado* (1976), où elle tient le rôle d'une aubergiste. Mais, c'est véritablement au Québec que Filiatrault imposera son immense talent d'actrice. Elle doit son plus beau rôle à Gilles Carle avec lequel, après *Fantastica* (1980), elle tourne *Les Plouffe* (1981). Remarquable, elle y com-

pose un personnage complètement différent de ceux qui marquent ses débuts au cinéma, celui de Cécile Plouffe, vieille fille tourmentée par un grand amour impossible. Filiatrault y rappelle combien elle peut faire preuve d'une présence extraordinaire à l'écran. Elle reprend ce rôle, relégué à l'arrière-plan, dans *Le crime d'Ovide Plouffe* (D. Arcand, 1984). Malgré la mauvaise expérience que constitue pour elle *Je suis loin de toi mignonne*, comédie qu'elle coscénarise et dont elle partage la vedette, elle tourne de nouveau avec Claude Fournier dans *Les tisserands du pouvoir* (1988). Elle campe le rôle d'Emma, une conseillère municipale qui cherche, tant bien que mal, à défendre les droits des francophones en Nouvelle-Angleterre. Filiatrault écrit des séries comiques pour la télévision (*Rosa, Chez Denise, 101, avenue des Pins*) et poursuit sa carrière au théâtre, notamment comme metteure en scène. (M.C.)

FLOQUET, François, réalisateur, chef opérateur, distributeur, producteur (Étréchy, France, 1939). Après quelques voyages et un doctorat en géographie à la Sorbonne (1967), il débarque à Montréal et fonde Les productions Via le monde avec Daniel Bertolino* (1967). Faisant équipe avec Anik Doussau, il réalise plusieurs épisodes de la série *Plein feu l'aventure* (1969-1970) tournée en Amérique du Sud et en Afrique. D'un séjour à Cuba, il tire *Nosotros Cubanos* (coréal. D. Bertolino, 1970, mm). Il collabore ensuite à la série «Les primitifs» en tant que chef opérateur et réalisateur des épisodes intitulés *Ces hommes qui viennent du ciel* (1971, mm) et *L'étrange énigme des Orang Kubus* (1973, mm). En même temps, il est producteur exécutif de la série «Des goûts, des formes et des couleurs» (1972), dont il réalise deux épisodes. Pour la série *Défi* (1974-1976), il organise une quinzaine de tournages dans le Pacifique Sud et en Afrique. Il travaille aussi à la série *Laissez passer* (1976) comme chef opérateur et réalisateur. *Ahô au cœur du monde primitif* (coréal. D. Bertolino, 1976) remporte le Canadian Film Award du meilleur long métrage documentaire en 1976. De 1978 à 1984, il travaille intensivement à la conception et à la production de la série *Le paradis des chefs*, dont il réalise de nombreux épisodes. Il est élu président de l'APFQ en 1979, mais il n'en poursuit pas moins son travail de réalisation avec *Le grand désert blanc* (1980, mm) et *Le château de Chapultepec* (1981, mm). Un festival de folklore d'Argentine est à l'origine de la réalisation de *Cosquin 83* (coréal. D. Bertolino, 1983). Depuis 1985, Floquet a produit et réalisé *Les aventuriers du grand écran* (1985, mm), en plus de produire *La guêpe* (G. Carle, 1986) et *Les explorateurs de la mort* (A. Doussau, 1988). (M.L-L.)

FORCIER, André, réalisateur, scénariste (Greenfield Park, 1947). C'est dans le cadre d'un cours de rhétorique qu'il tourne un petit film en 8 mm au titre évocateur, *La mort vue par...*, remarqué par Gilles Carle, membre du jury à l'émission *Images en tête*, présentée à Radio-Canada. Encouragé par ce succès et avec l'aide du personnel d'Onyx, il tourne, en 1967, un second court métrage, *Chroniques labradoriennes*. À certains égards parodie d'un film de Jean Pierre Lefebvre, *Le révolutionnaire* (J. P. Lefebvre, 1965), cet essai brouillon est l'occasion pour le jeune Forcier d'expérimenter la forme narrative. Il met ensuite quatre ans à réaliser son premier long métrage, *Le retour de l'Immaculée Conception* (1971), tourné en noir et blanc. La narration se fragmente ici en une série de tableaux présentant une jeunesse bien québé-

coise qui prend conscience de l'absurdité des problèmes économiques et culturels de sa société. *Bar salon* (1973), également tourné en noir et blanc, lui vaut un premier succès critique (Sirène d'Argent au festival de Sorrente 1974). L'histoire de Charles (Guy L'Écuyer, qui jouera souvent dans ses films par la suite), propriétaire d'un bar salon qu'il est sur le point de perdre, prend place dans un milieu irrigué par l'alcool où le pathétique surgit sans qu'on ait à lui forcer la main. Dans *Night Cap* (1974, mm), le style du cinéaste s'affine. La mort saugrenue du père dans la toilette d'une taverne provoque les retrouvailles d'une famille singulière où criminel et chômeur côtoient la diseuse de bonne aventure. Forcier jette un regard à la fois incisif et amoureux sur cette microsociété que la mort guette, impitoyable. Celle-ci frappe durement, à la fin du film: dans un geste imprévisible, le fils, chômeur, étrangle son ancienne copine, une prostituée, qui l'invite pourtant à une nuit de volupté. Vient ensuite *L'eau chaude l'eau frette* (1976), film dans lequel le réalisme, toujours présent, cède le pas à un baroque de plus en plus affiché. Ici, la famille s'agrandit pour ressembler, de plus en plus, à un peuple atteint d'une pauvreté contagieuse. Les figures du colonel retraité et homosexuel, du petit mafioso de quartier, de la fille-mère et de sa fille maintenue en vie par une pile électrique ou du fol et pur Julien composent une faune qui établit ses quartiers généraux dans une maison de chambres. La vie de ces marginaux est présentée à travers les préparatifs d'une fête, moment de réjouissance qui n'empêche cependant pas le meurtre accidentel d'un des convives ni le suicide de Julien. La fête précède ainsi la mort, qu'elle cherche vainement à repousser. En 1976, Forcier compte, avec François Brault, Jean Dansereau, Bernard

André Forcier et Guy L'Écuyer, pendant le tournage de L'eau chaude, l'eau frette. *(Le Devoir)*

Lalonde et Pierre Latour, parmi les fondateurs de Cinéma libre, maison de distribution qui se spécialise dans les films québécois d'auteur. Si le réalisme perd déjà des plumes dans *L'eau chaude l'eau frette*, *Au clair de la lune* (1982) rappelle parfois les paysages disneyens. Dans le plus pur style des années 80, décennie où l'artifice s'impose sur les écrans, ce film raconte la pseudo-résurrection d'un albinos devant réapprendre à vivre dans un milieu marqué par la médiocrité. Malgré le ton ironique, cette fois le portrait est plus optimiste. La mort, beaucoup plus douce, laisse notamment présager une Albinie rose où il fait froid, certes, mais où une amitié pleine de tendresse reste possible entre Bert et Frank. Forcier prépare son film suivant, *Kalamazoo* (1988), à l'ONF. Tant d'un point de vue thématique qu'esthétique, *Kalamazoo* constitue en quelque sorte l'aboutissement des œuvres précédentes. Comme Albert Bolduc (alias Bert) qui, dans *Au clair de la lune*, s'abandonne volontairement aux mensonges de François (alias Frank) pour oublier une arthrose trop douloureuse, l'écrivain de pacotille Félix Cotnoir (alias Feliciano Montenegro, interprété par Rémy Girard) vit de chimères. Pour combler une vie dépourvue de poésie et d'amour, il imagine une romance avec une sirène (Marie Tifo). Ses amis, issus d'un monde multiculturel où le quotidien prend des allures de mythe, participent au leurre et envient même ce fabricant de simulacres. Une fois de plus, Forcier propose un aller-retour entre le réel et l'imaginaire. La figure de l'artiste créateur d'utopie – latente dans *Au clair de la lune* – est centrale et dénonce le profond manque de poésie du réel.

Malgré une production restreinte (cinq longs métrages en vingt ans), Forcier, qui apparaît dans la majorité de ses films, occupe une place importante dans la cinématographie québécoise. Un film lui est d'ailleurs consacré: *Forcier: «en attendant»* (M.-A. Berthiaume et Y. Bélanger, 1988). Il est souvent vu comme l'enfant terrible du cinéma québécois, celui dont on ne sait jamais s'il terminera son film. Pourtant, il le finit toujours, et bien. Le portrait de famille qu'il renvoie à ses contemporains n'est pas toujours drôle. Il est souvent même difficile à accepter par un public qui s'y reconnaît trop. Sa poésie est cependant parfaitement adaptée à l'évolution du peuple qu'elle chante. Elle le représente dans ses contradictions dramatiques où les grands sentiments côtoient parfois l'absurde d'une culture hybride.

FILMS: *Chroniques labradoriennes* (1967, cm), *Le retour de l'Immaculée Conception* (1971), *Bar salon* (1973), *Night Cap* (1974, mm), *L'eau chaude l'eau frette* (1976), *Au clair de la lune* (1982), *Kalamazoo* (1988).

BIBLIOGRAPHIE: «André Forcier, entretien, témoignages et points de vue», *Copie Zéro* n° 19, Montréal, 1984. (J.D.)

FOREST, Léonard, réalisateur, monteur producteur (Chelsea, États-Unis, 1928). Peu après sa naissance, ses parents, d'origine acadienne, reviennent au Nouveau-Brunswick. Formé en journalisme écrit et radiophonique, il entre à l'ONF en avril 1953 comme recherchiste, scénariste et réalisateur.

Son premier film, dans la série «Silhouettes canadiennes», *La femme de ménage* (1954, cm), scénarisé avec Anne Hébert, se montre sensible à l'égard de celles qui pratiquent ce métier ingrat. Forest manifeste dès lors un intérêt particulier pour les sujets féminins; il collabore à *Midinette* (R. Blais, 1955, cm) et, surtout, réalise *Le monde des femmes* (1957, cm) qui reprend certaines idées féministes sur la place des femmes dans le monde moderne. Il est aussi attiré par son pays d'origine, l'Acadie. Scénariste et assistant-réalisateur des *Aboiteaux* (R. Blais, 1955, cm), c'est surtout *Pêcheurs de Pomcoup* (1956, cm) qui inaugure ce qui sera le thème privilégié de son œuvre. Il n'a pas encore trente ans lorsqu'il devient, en 1957, le plus jeune producteur francophone de l'ONF. C'est là qu'il fait principalement sa marque. Responsable un an plus tard du studio F, il doit non seulement diriger des producteurs et d'autres cinéastes et définir le cadre de l'émission *Temps présent*, mais alimenter leur réflexion. Les textes cadres qu'il écrit autour des séries «Panoramique» et «Profils et paysages» sont de bons exemples de son travail. Cette activité le rapproche de Fernand Dansereau avec qui il a d'ailleurs beaucoup de points communs. Après avoir mis plusieurs années à consolider l'équipe française, Forest renoue avec la réalisation. Il dépasse le film de circonstance avec *Mémoire en fête* (1964, cm) pour privilégier la situation de son sujet dans l'évolution de la société. C'est exactement la perspective qu'il adopte quand il retourne filmer en Acadie. Il veut en outre témoigner du nationalisme qui s'y développe. Son cinéma devient alors un cinéma d'interrogation, d'inquiétude, un cinéma de recherche d'images et de sons qui marquent la communication avec des lieux et des hommes. *Les Acadiens de la dispersion* (1967) ouvre ce cycle; voici

Forest à la recherche de la spécificité de ce peuple. Il fait appel à la créativité des Acadiens à qui il demande de raconter leur histoire collective et tourne avec eux *La noce est pas finie* (1971), une des premières réalisations du programme Société nouvelle. Dans *Un soleil pas comme ailleurs* (1972, mm), qui appartient au même programme, il se met à l'écoute des revendications sociales de l'Acadie. Cette trilogie aura un impact considérable dans cette région pour laquelle Forest est un peu l'équivalent de Pierre Perrault. Après un long silence et avant de prendre sa retraite, Forest renoue avec le cinéma en 1980, le temps de deux films terre-neuviens: *Portrait: Gerald Squires of Newfoundland* (cm) et *Saint-Jean-sur-ailleurs* (mm). (P.V.)

FORESTIER, Louise (née BELHUMEUR), actrice (Shawinigan, 1943). Après l'École nationale de théâtre, elle participe à la flambée créatrice de la chanson québécoise dont le point culminant sera l'*Osstidcho*, en 1968, où sa voix est indissociable de celle de Robert Charlebois dans *California* et *Lindberg*. Interprète magistrale et compositeure de talent, elle a peu de liens avec le cinéma mais on n'oubliera pas de sitôt, clin d'œil amusé aux *Parapluies de Cherbourg*, sa prestation comique dans *IXE-13* (J. Godbout, 1971). Elle incarne avec justesse une assistante sociale emprisonnée dans *Les ordres* (M. Brault, 1974). Elle tient aussi de petits rôles dans *Tiens-toi bien après les oreilles à papa...* (J. Bissonnette, 1971), *Vie d'ange* (P. Harel, 1979) et *Ti-cul Tougas* (J.-G. Noël, 1976). (F.L.)

FORGET, Michel, acteur (Montréal, 1942). Il est comédien depuis quelques années déjà lorsqu'il débute au cinéma, dans *Des armes et les hommes* (A. Melançon, 1973, mm), où il est l'agresseur de Marcel Sabourin. Puis, pendant près de dix ans, cet acteur de théâtre et de télévision se contente de brèves apparitions – *Bingo* (J.-C. Lord, 1974), *Les ordres* (M. Brault, 1974), *Une journée en taxi* (R. Ménard, 1981), *Contrecœur* (J.-G. Noël, 1982) – et d'un premier rôle dans un film érotique: *J'ai droit au plaisir* (C. Pierson, 1975). Il obtient son premier grand rôle dans *Bonheur d'occasion* (C. Fournier, 1983), où il campe le père d'une famille pauvre sur qui la vie pèse trop lourd. On le retrouve ensuite dans *Les Tisserands du pouvoir* (C. Fournier, 1988) dans un rôle semblable. (M.J.)

FORGET, Robert, producteur, réalisateur (Montréal, 1938). Considéré comme le «père de la vidéo» à l'ONF, il manifeste très jeune son intérêt pour le cinéma. Il a seize ans lorsque inspiré par *L'histoire du cinéma* de Georges Sadoul, il tourne ses premiers films en super 8. Il réalise en 1961 *La poursuite* (cm), film en pixillation dont Norman McLaren entend parler et qu'il demande à voir. Forget reste marqué par cette rencontre. Formé en biologie et en physiologie à l'Université de Montréal, il travaille d'abord à titre de recherchiste et de concepteur à la télévision éducative, qui relève du ministère de l'Instruction publique, de 1961 à 1963. Il entre à l'ONF en 1965 pour y réaliser des films éducatifs en biologie aux côtés de Michel Moreau (géographie), Jacques Parent (physique) et Jean Beaudin (mathématiques). On le voit alors déployer une intense activité. Devenu producteur, il se retrouve, en 1968, à la tête d'un groupe de travail sur le concept «petits écrans» avec Maurice Bulbulian, Michel Régnier et Fernand Dansereau. Il élabore un projet de télévision sur demande, formule que reprend et développe plus tard André Chagnon, qui deviendra le pdg de Vidéotron et de Télé-Métropole. En 1971, Forget, soutenu par le programme Société nouvelle, met sur pied le Vidéographe, atelier de production et de distribution de vidéogrammes communautaires indépendant de l'ONF. Le Vidéographe, qui doit se détacher complètement de l'ONF en 1973, constitue la contribution la plus marquante de Forget à l'audiovisuel de cette époque. Il fait ensuite un passage remarqué au service de la distribution de l'ONF où il développe, malgré la résistance qu'on lui oppose, un concept novateur de mise en marché de films sur support vidéo. En 1978, il prend la tête du studio français d'animation. Il en oriente la production pour donner, idéalement, des films «objets de programmation» pouvant répondre à des impératifs de diffusion (télévision, télévision payante, clubs vidéo) grâce, notamment, à la combinaison de l'animation et du documentaire (*L'affaire Bronswik*, R. Awad et A. Leduc, 1978, cm; *La solution*, A. Leduc et B. Longpré, 1985, cm). Puis, il mise à peu près tout sur l'animatique qui connaît à l'ONF un développement tel que même les studios Disney le consultent régulièrement. Forget et son équipe, qui s'imposent des échéanciers très exigeants, produisent d'abord le segment en animatique de *Transition* (C. Low, 1987, cm) pour l'Exposition internationale de Vancouver, puis celui d'un film Imax sur la santé, *Urgence* (C. Low et T. Ianzelo, 1988, mm). L'animatique, qui atteint des sommets en technologie de pointe, est signée Doris Kochanek, informaticienne. Forget s'entoure aussi des réalisateurs Michel Hébert et Marc Aubry qui réalisent *L'anniversaire* (1988, cm) à l'occasion du cinquantième anniversaire de l'ONF. La manipulation des images de synthèse permet notamment de concevoir un film en faisant abstraction du support final et de ne choisir

qu'en dernière étape entre le 16 mm, le 35 mm, le 70 mm et l'Imax. Cette caractéristique procure une plus grande souplesse à l'étape de la conception. Au studio d'animation, il produit tous les films et spectacles auxquels participe Pierre Hébert à partir de *Souvenirs de guerre* (1982, cm), mais aussi *Champignons* (P. Veilleux, 1984, tcm), *L'amuse-gueule* (R. Awad, 1984, cm), *L'heure des anges* (J. Drouin et B. Pojar, 1986, cm) et *Tocade* (M. Murray, 1987, cm). Pionnier de la vidéo et de l'animatique, modes d'expression qu'il cherche à rendre plus accessibles, il fait figure de visionnaire dans le champ de l'audiovisuel. (A.D.)

FORTIER, Monique, monteuse, réalisatrice (Montréal, 1928). Elle entre à l'ONF au début des années 60 comme assistante à la réalisation. En 1963, elle réalise un premier film, *À l'heure de la décolonisation* (cm). L'année suivante, elle récidive avec *La beauté même* (cm), documentaire où elle tente de cerner ce qu'est la beauté pour la femme. Ce film ne la convaincra pas de continuer sur cette voie, bien qu'il révèle un premier regard de femme à l'ONF. Mis à part la coréalisation de *Fermont, P.Q.* (coréal. C. Perron, 1980), Fortier se consacre ensuite exclusivement au montage. Sur ce terrain, elle contribue à faire l'histoire du cinéma québécois. Surtout avec Pierre Perrault et Michel Brault, Georges Dufaux et Bernard Gosselin, Denys Arcand et Robert Favreau, cette monteuse participe à l'élaboration des paramètres de fond du cinéma direct. À l'abondant matériau de tournage que rapportent les caméras baladeuses, Fortier donne forme et structure, mais aussi une rythmique indispensable, un phrasé, sans lesquels le direct n'est qu'une somme banalisante d'informations et d'impressions. Ce travail peaufine la dynamique de films comme

Les Montréalistes (D. Arcand, 1965, cm), *Les voitures d'eau* (P. Perrault, 1968), *L'Acadie l'Acadie?!?* (P. Perrault et M. Brault, 1971), *Chez nous c'est chez nous* (M. Carrière, 1972), *Jean Carignan violoneux* (B. Gosselin, 1975), *Le pays de la terre sans arbres ou le Mouchouânipi* (P. Perrault, 1980), *Le dernier glacier* (J. Leduc et R. Frappier, 1984), *Le déclin de l'empire américain* (D. Arcand, 1986), *Liberty Street Blues* (A. Gladu, 1988). À travers son imposante carrière, Fortier fait la preuve qu'un bon montage n'est pas qu'un travail technique, mais qu'il nécessite aussi des qualités de cinéaste. (R.L.)

FOURNIER, CLAUDE, réalisateur, chef opérateur, monteur, scénariste (Waterloo, 1931). Il fait des études classiques et travaille comme journaliste puis comme chef des nouvelles au quotidien *La Tribune*, à la fin des années 40. Il entre au service des nouvelles de la radio de Radio-Canada en 1952 et collabore à la mise sur pied du service des nouvelles de la télévision. Il tourne plusieurs séquences de film qui sont présentées dans le cadre du *Magazine*, émission dont il est un des créateurs. Au cours de cette période de grande activité, il publie deux recueils de poèmes, *Les armes à faim* et *Le ciel fermé*. De 1955 à 1961, il est scripteur pour la télémission pour enfants *Bim et Sol*. En 1957, il entre à l'ONF comme rédacteur au service de la publicité. Il veut faire des films, aussi a-t-il tôt fait de changer d'emploi. L'année suivante, il est scénariste à l'équipe française. En 1959, il écrit un téléthéâtre pour Radio-Canada, *Bonne nuit Mlle Hélène*, et publie des reportages photographiques relatant ses voyages dans plusieurs pays. Après avoir été assistant-réalisateur, il devient finalement réalisateur à l'ONF. Il signe d'abord deux portraits qui s'inscrivent dans la série «Profils», *Télesphore Légaré, garde-pêche* (1959, cm) et *Alfred Desrochers, poète* (1960, cm), puis coréalise *La France sur un caillou* (coréal. G. Carle, 1961, cm), tourné aux Îles Saint-Pierre-et-Miquelon, et un des films les plus importants des débuts du cinéma direct, *La lutte* (coréal. M. Brault, C. Jutra et M. Carrière, 1961, cm). Déjà, pour ces deux derniers films, il travaille à la caméra et au montage, des fonctions qui lui paraissent intimement liées au métier de cinéaste. Désireux d'exercer son métier comme il l'entend, il quitte l'ONF en 1961, c'est-à-dire bien avant la plupart de ses collègues de cette période d'effervescence. L'année suivante, il fait un stage à New York avec l'équipe de Filmmakers Associates, à la fois comme caméraman, monteur, ingénieur du son et réalisateur. Il travaille avec Robert Drew, Richard Leacock et D.A. Pennebaker et réalise *Midwestern Floods* (1962, mm). À son retour au Québec en 1963, il fait la caméra de *Nomades de l'Ouest* (A. C. Poirier, cm), et forme la compagnie Films Claude Fournier

Claude Fournier. (Le Devoir)

avec ses frères, Daniel et Guy, et Louis Portugais. Il est alors un des premiers à miser sur le développement d'une industrie privée au Québec. Il produit et réalise la série *Vingt ans express*, puis réalise la série *Cent millions de jeunes*. Dès 1966, il est actif à l'association des producteurs. Fournier fait alors plusieurs films pour la télévision. Il réalise notamment le portrait d'un chanteur à la mode, *Tony Roman* (1966, mm), suivi de *On sait où entrer Tony, mais c'est les notes* (1966, cm), film très remarqué qui porte le sceau de l'humour, très personnel, de Fournier. Comme Jean-Claude Labrecque, il réalise un film à l'occasion de la célèbre visite du général de Gaulle au Québec, *Du général au particulier* (1968, cm). Il tente enfin l'expérience du long métrage en tournant, pour l'OFQ, *Le dossier Nelligan* (1968). La vie du poète y est présentée sous forme de procès. La sortie du film est accueillie par un tollé de protestations. Une pétition, lourde d'accusations, est signée, notamment, par plusieurs personnalités du milieu du cinéma.

Fournier tourne encore quelques documentaires, puis il signe un premier long métrage de fiction, *Deux femmes en or* (1970), qui obtient un succès sans précédent et décide de l'orientation de sa carrière. Première production canadienne en technicolor et en techniscope, le film est vu, au Québec, par deux millions de spectateurs en salle. Fournier, également coscénariste, caméraman et monteur, raconte avec l'humour malicieux qui le caractérise (ainsi donne-t-il au syndicaliste Michel Chartrand le rôle d'un juge) l'histoire de deux banlieusardes (Monique Mercure et Louise Turcot) qui trompent leur mari avec tous les hommes qui frappent à leur porte. Fournier s'amuse ferme, entourant un portrait peu conformiste de la femme au foyer d'une bonne dose d'humour et d'un

zeste d'érotisme. Si le fil narratif est plutôt mince, c'est que le film est en fait une succession de sketches qui permettent à des comédiens connus du grand public (Yvon Deschamps, Gilles Latulippe, Réal Béland, Paul Berval, Paul Buissonneau) de faire un numéro qui, le plus souvent, paraît écrit sur mesure. Fort d'un tel succès, Fournier ralentit sa production documentaire et tourne encore trois films construits avec sensiblement les mêmes ingrédients. Le succès des clones n'atteindra jamais les dimensions de celui qui couronne le prototype. Pour *Les chats bottés* (1971), le réalisateur remplace les deux épouses de banlieue par deux aventuriers (Donald Lautrec et Donald Pilon) capables de tout pour soutirer un peu d'argent aux naïfs et pour séduire une femme. Cette fois encore, il fait flèche de tout bois, combinant une parodie des homosexuels d'un goût douteux à des mises en situation où les anglophones sont, invariablement, les têtes de Turc. Dans le même style, il tourne *La pomme, la queue... et les pépins!* (1974), puis, en anglais, *Hot Dogs* (1980). Si ces films vieillissent rapidement, c'est qu'ils sont à l'écoute des modes et des courants qui entourent le moment de leur réalisation. Tout de même, Fournier compte, avec Gilles Carle et Denis Héroux, parmi ceux qui développent, rapidement, une forme d'industrie québécoise du long métrage de fiction tournée vers le grand public. Au cours de cette décennie, il tourne deux autres longs métrages. D'abord *Alien Thunder* (1973), pour la Power Corporation avec un budget important et la participation de Donald Sutherland, Francine Racette et Jean Duceppe; le film est un échec. Ensuite, *Je suis loin de toi mignonne* (1976), comédie qui réunit pour la première fois au cinéma le duo formé de Dominique Michel et de Denise Filiatrault; le film, qui fait revivre les courses au mariage qui marquent la Deuxième Guerre mondiale, ne connaît pas le succès des comédies populaires du début de la décennie. Fournier collabore aussi au scénario de deux coproductions italo-canadiennes, *La notte dell'alta marea* (L. Scattini, 1977) et *Una giornata particolare* (E. Scola, 1977), film qui met en vedettes Sophia Loren et Marcello Mastroianni. Dans les années 80, il ralentit son rythme de production, délaissant la comédie, le film pour adultes et les thèmes à la mode pour s'attaquer à des sujets ayant plus d'épaisseur. Il adapte d'abord un roman de Gabrielle Roy, *Bonheur d'occasion* (1983), mais de telle façon qu'il met très peu de chances de son côté d'atteindre un achèvement esthétique, puisqu'il tourne, simultanément, la version française et la version anglaise, de même que le film et la série pour la télévision. Si Fournier semble décidé à raconter une histoire, celle plutôt sombre de Florentine Lacasse (Mireille Deyglun), le cinéma n'y trouve pas toujours son compte. Dans la lancée de ce film, il réalise *Les tisserands du pouvoir*, abordant de nouveau un sujet historique et mettant une fois encore l'accent sur les rapports de classes. Fonceur, il innove en associant deux films, lancés coup sur coup, à une série pour la télévision. Cette ambitieuse coproduction franco-canadienne raconte l'histoire de Québécois qui, au début du siècle, ont quitté leur patrie pour s'établir en Nouvelle-Angleterre. Le récit commence sur les revendications d'un vieil homme exaspéré (Gratien Gélinas) qui réclame des programmes en langue française à la télévision et qui remonte le fil de sa vie. Fournier retrouve trois acteurs qu'il avait déjà employés dans une dramatique tournée pour la télévision, *Page trois: un ordinateur au cœur* (1985, mm), Denis Bouchard, Michel Forget et Charlotte Laurier. À partir de 1985, il est

président de l'IQC. Il se fait alors l'un des porte-parole les plus fermes de l'industrie cinématographique québécoise, notamment dans les dossiers qui engagent un rapport de forces avec les États-Unis et lorsqu'il s'agit de défendre la place du français sur les écrans du Québec. *Alien Thunder* et *Hot Dogs* sont déjà très loin derrière lui. (M.C.)

FOURNIER, Édith, réalisatrice (Montréal, 1943). Docteur en psychologie, elle coréalise quelques films avec Michel Moreau*: *Les enfants de l'émotion* (1977, cm), les quatre courts métrages de la série «L'envers du jeu» (1978), *Le dur métier de frère* (1980, cm) et *Premières pages du journal d'Isabelle* (1980, cm). *Une naissance apprivoisée* (M. Moreau, 1979), qu'elle coscénarise, décrit la naissance de leur fille. (M.C.)

FOURNIER, Roger, scénariste, réalisateur (Saint-Anaclet, 1929). Réalisateur à Radio-Canada dès 1955, il se rend à Paris en 1957 où, inscrit en lettres à la Sorbonne, il préfère devenir l'assistant-réalisateur de Claude Autant-Lara, notamment pour *Le joueur* (1958). De retour au Québec en 1959, il réalise de nombreuses émissions de variétés à Radio-Canada. Il poursuit parallèlement une carrière d'écrivain, publiant cinq romans et un recueil de nouvelles, entre 1963 et 1970. Il écrit le scénario de *L'amour humain* (D. Héroux, 1970), qui s'inscrit dans la vague érotique marquant le début de cette décennie. L'année suivante, empêché à la dernière minute de réaliser *Le journal d'un jeune marié* d'après son propre roman, il se voit offrir la réalisation de *Pile ou face*, sur un scénario de Gérald Tassé, scripteur à Radio-Canada. Film de commande à la notoriété surfaite en raison de la saisie et du procès pour «immoralité, indécence et obscénité» dont il est l'objet, ce premier essai de Fournier au cinéma, qui met en vedette Nathalie Naubert et Jean Coutu, affiche ses limites. Après avoir réalisé, à l'ONF, pour Radio-Canada, le documentaire *Miroir de Gilles Vigneault* (1972), il scénarise, avec André Dubois, et réalise *Les aventures d'une jeune veuve* (1974), comédie bouffonne centrée sur Dominique Michel, qui reprend une formule télévisuelle éprouvée, enchaînant les sketches où le rire résonne aux dépens des «acteurs sociaux» (politiciens, chefs syndicaux, membres du clergé). Après ce passage au cinéma, Fournier poursuit sa double carrière de réalisateur à la télévision et d'écrivain, ne faisant exception que pour contribuer à l'adaptation au cinéma de son roman *Moi mon corps mon âme Montréal etc.* (*Au revoir... à lundi*, M. Dugowson, 1979). Romancier remarqué, Fournier semble plus à l'aise à la scénarisation qu'à la réalisation, pour développer des rapports chaleureux entre des personnages qu'il affectionne. (Y.P.)

FRAPPIER, Roger, producteur, monteur, réalisateur (Sorel, 1945). Bien qu'il ait commencé sa carrière comme monteur et réalisateur, c'est surtout comme producteur que Roger Frappier fait sa marque. À ce titre, il est associé à plusieurs des principaux succès du cinéma québécois de fiction des années 80: *Anne Trister* (L. Pool, 1986), *Le déclin de l'empire américain* (D. Arcand, 1986) *Sonia* (P. Baillargeon, 1986, mm) et *Un zoo la nuit* (J.-C. Lauzon, 1987).

À l'exception du *Dernier glacier* (coréal. J. Leduc, 1984), où la matière documentaire se mêle au tissu fictionnel, les documentaires que Frappier réalise témoignent tous d'un vif intérêt pour le phénomène de la création artistique. Portant sur la troupe de théâtre Le grand cirque ordinaire, *Le grand film ordi-*

Roger Frappier.

naire (1970) questionne le rôle et la place du comédien et du théâtre dans un Québec à l'heure des grands changements sociaux. Second long métrage du cinéaste, *L'infonie inachevée...* (1973) participe de la même démarche esthétique (recherche d'équilibre entre les extraits de spectacles et le reste des images documentaires) en montrant la fin de la collaboration entre le musicien Walter Boudreau et le poète Raoul Duguay. Ses trois premiers courts métrages et son seul moyen métrage portent sur les poètes Alain Grandbois et Gaston Miron, sur le musicien Yannis Xenakis et sur la gravure.

Frappier s'initie à la production en travaillant, avec Bernard Lalonde, au documentaire *On a raison de se révolter* (collectif sous la direction de Y. Patry, 1974). L'année suivante, il se rend aux États-Unis pour devenir l'assistant de Robert Altman qui réalise *Nashville*. De retour au pays, il se joint à l'équipe de l'ONF qui travaille à un important projet de coproduction avec le Mexique. C'est ainsi qu'il participe à la production de *Pre-*

mière question sur le bonheur (G. Groulx, 1977), réalisé dans le cadre de cet accord. Toujours pour l'ONF, il produit ensuite de nombreux films: *Kouchibouguac* (collectif sous la direction de G. Borremans, 1978), *La loi de la ville* (M. Bouchard, 1979), *La fiction nucléaire* (J. Chabot, 1979), *De la tourbe et du restant* (F. Bélanger, 1979), *Cordélia* (J. Beaudin, 1979) et *Le confort et l'indifférence* (D. Arcand, 1981). En 1984, il prend la direction du studio C de l'ONF. Il y produit notamment *Cinéma, cinéma* (W. Nold et G. Carle, 1985), *Une guerre dans mon jardin* (D. Létourneau, 1985, mm), *Haïti, Québec* (T. Rached, 1985, mm) et *La familia latina* (G. Guttierez, 1985, mm). Il coproduit *Anne Trister* et *Pouvoir intime* (Y. Simoneau, 1986) avec Claude Bonin, de même que *Le déclin de l'empire américain* avec René Malo. En 1986, il quitte l'ONF et s'associe à Pierre Gendron. Ils produisent *Un zoo la nuit*, film qui a tôt fait d'imposer le dynamisme de leur compagnie. Ils poursuivent leurs activités en produisant deux téléfilms (*Onzième spéciale*, M. Lanctôt, 1988; *Le chemin de Damas*, G. Mihalka, 1988), un film d'animation audacieux réalisé avec l'aide de l'ordinateur (*Ciel de métal*, D. Langlois et Y. Laferrière, 1989, cm) et *Jésus de Montréal* (D. Arcand, 1989). Ils développent aussi *La ruée vers l'art*, un scénario des humoristes Ding et Dong (Claude Meunier et Serge Thériault).

Par ses nombreuses interventions publiques, pour défendre le cinéma d'auteur ou dénoncer l'abolition des abris fiscaux, Frappier s'est acquis une réputation de frondeur qui, ajoutée à la qualité exceptionnelle de son travail, fait de lui une vedette de l'industrie cinématographique québécoise.

FILMS COMME RÉALISATEUR: *Le grand film ordinaire* (1970); *Alain Grandbois* (1971, cm); *Gaston Miron* (1971, mm); *La gravure*

(1973, cm); *L'infonie inachevée...* (1973); *Yannis Xenakis* (1974, cm); *Le ventre de la nuit* (coréal. J. Leduc, P. Bernier, J. Chabot et C. Grenier, 1975); *Voyage de nuit* (1980, cm); «L'habitation» (série de treize cm, 1981); *Le dernier glacier* (coréal. J. Leduc, 1984). (M.J.)

FRUND, Jean-Louis, réalisateur, chef opérateur, ingénieur du son (Saint-Édouard, 1935). Il réalise un premier film, *Jean-Gauguet Larouche, sculpteur* (1967, cm), portrait d'un créateur marginal et intense. Puis, il coréalise, avec Jean-Claude Labrecque, un moyen métrage sur le chansonnier et poète Félix Leclerc, *La vie* (1968). Il amorce ensuite une carrière de cinéaste animalier avec *La volée des neiges* (1974, cm), pour lequel il filme des oies blanches dans la réserve nationale de Cap-Tourmente. Puis, dans le *Le grand héron* (1979, cm), il livre des images inédites et évocatrices de cet oiseau filmé dans ses lieux de reproduction, dans l'estuaire du Saint-Laurent. Il commence ensuite la production et la réalisation de deux séries sur les animaux, où il porte une attention toute particulière aux espèces en voie d'extinction: «Connaissance du milieu» (1981-1984, douze cm) et «Faune nordique» (1985-1987, sept cm). C'est ainsi qu'il filme le bœuf musqué, les pingouins du Saint-Laurent, l'eider à duvet, le bison d'Amérique, le renard arctique et différents oiseaux pêcheurs. Il sillonne alors l'Amérique, de l'Arctique à l'Argentine, selon une technique d'observation qui l'oblige à travailler en solitaire, assumant l'entière réalisation de ses films. Fin connaisseur de la nature, il construit une œuvre personnelle caractérisée par des images uniques, un commentaire didactique discret, et un véritable sens de la construction dramatique. Ses films sont vendus dans une trentaine de pays, dont les États-Unis, la France et le Japon. En 1988, il entame la production d'une troisième série, «Faune nordique II», qui doit compter sept courts métrages. En 1984, Richard Lavoie filme Frund au travail dans le cadre de la série «Les belles folies» (*Une aventure de curiosité*, cm). (P.D.)

FUREY, Lewis (Lewis Greenblatt), acteur, musicien, réalisateur (Montréal, 1949). À onze ans, il est violoniste soliste de l'OSM, à l'occasion d'un concert destiné à la jeunesse. Il étudie ensuite au Conservatoire de musique de Montréal et à la Julliard School of Music de New York, avant de délaisser le classique au profit de la musique populaire. Entre 1974 et 1978, il enregistre trois microsillons de chansons dans un style hérité de Kurt Weill. Au cinéma, il signe la partition de *La tête de Normande St-Onge* (G. Carle, 1975), pour laquelle il remporte un Canadian Film Award. En 1977, il compose la musique de *L'ange et la femme* (G. Carle), où il fait ses débuts d'acteur avec Carole Laure comme partenaire. Déjà, on remarque qu'il a dans le regard le surprenant mélange de froideur et de passion qui caractérise sa musique. Il cumule les fonctions d'acteur et de compositeur pour deux autres longs métrages: *Au revoir... à lundi* (M. Dugowson, 1979) et *Fantastica* (G. Carle, 1980), des films où Carole Laure est en vedette. Pour la comédie musicale *Fantastica*, il compose une musique ample, aux harmonies complexes, qui demeure l'aspect le plus réussi du film. Il remporte ensuite un prix Génie pour la musique symphonique de *Maria Chapdelaine* (G. Carle, 1983), avant de passer à la réalisation avec *Night Magic* (1985), une fantaisie musicale écrite en collaboration avec Leonard Cohen. Le film raconte l'histoire d'une muse (toujours Carole Laure)

Lewis Furey. (ACPQ)

qui devient mortelle par amour pour un chanteur populaire (Nick Mancuso). Présenté au festival de Cannes, *Night Magic* est mal reçu, autant par le public que par la critique. En 1987, Furey réalise *Champagne for Two*, qui appartient à la collection «Shades of Love», une série de romances à l'eau de rose destinées au marché de la vidéocassette. Il compose d'ailleurs la musique originale des seize films de la série. Parallèlement, il entreprend, à Toronto, le tournage de *Shadow Dancing* dont l'anecdote est proche de celle de *Night Magic*: le fantôme d'une danseuse hante un vieux théâtre.

AUTRES FILMS COMME MUSICIEN: *The Rubber Gun* (A. Moyle, 1977), *Jacob Two Two Meets the Hooded Fang* (T.J. Flicker, 1977), *Agency* (G. Kaczender, 1980), *The Peanut Butter Solution* (M. Rubbo, 1985).

DISCOGRAPHIE: *Maria Chapdelaine*, Kébec-Disc KD-S81, 1983 • *Night Magic*, RCA Savarah PL 70743 (2), 1985. (M.J.)

GAGNÉ, Jacques, réalisateur, monteur, producteur (Montréal, 1936). Il fait des études classiques au collège Stanislas et étudie la géographie à l'Université de Montréal. Après des débuts comme monteur à Radio-Canada, il passe à la réalisation en 1964 (*Lettres à un funambule*, cm). Au cours des années 60 et au début des années 70, il est producteur pour différentes compagnies (Les films Claude Fournier, Onyx Films, Les productions Carle-Lamy) et il réalise de nombreux documentaires sur l'éducation (*L'entreprise de toute une vie*, coréal. J.-C. Labrecque, 1973, cm; *Moi j'aime tout*, 1973, cm), le monde du travail (*Trente mille employés de l'État*, 1968, trois cm), le tourisme (*La grande évasion*, 1974, cm) et la culture (*Chut...* 1971, cm). Profondément humaniste, il s'intéresse à tout ce qui touche la société, l'homme, ses rapports avec le milieu, le monde des animaux et la culture. En 1969, il signe *Situation du théâtre au Québec*, tenu pour son meilleur film à cause de l'honnêteté intellectuelle et de la pertinence de son propos. En 1972, il réalise *La conquête*,

un long métrage de fiction. Scénarisé par Michèle Lalonde et interprété par Michèle Rossignol et Gilles Renaud, le film reçoit un accueil indifférent. Gagné revient au documentaire pour son troisième long métrage, *Surtout l'hiver* (1977), dans lequel il revendique une reprise en main, par les Québécois, de la navigation commerciale sur le Saint-Laurent. En 1977 et 1978, il est producteur à l'ONF, où il est l'âme du programme Société nouvelle, d'ailleurs sur le point d'être abandonné. Producteur très en demande, il défend ses projets avec une conviction et une argumentation particulièrement efficaces. Il quitte ensuite l'ONF pour coréaliser, avec Aimée Danis, une série de treize films pour Radio-Canada: «L'âge de l'énergie» (1980). De retour à l'ONF, il entreprend la réalisation de deux longs métrages documentaires, en coproduction avec la fondation Cousteau: *Les pièges de la mer* (1981) et *Du grand large aux Grands lacs* (1982). Le projet voit le jour, bien que fortement contesté à l'intérieur de l'institution à cause de l'importance des sommes investies. Après cette expérience de réalisation sous-marine, Gagné revient au métier de monteur. Il travaille notamment avec Michel Brault (*Freedom to Move*, 1986, cm; *L'emprise*, coréal. S. Guy, 1988, mm), Jean Chabot (*La nuit avec Hortense*, 1988), Jacques Wilbrod Benoît (*Le diable à quatre*, 1988) et pour la série *Lance et compte*. Il réalise aussi des films de commande.

PRINCIPAUX AUTRES FILMS: COMME PRODUCTEUR: *Les vrais perdants* (A. Melançon, 1978), *Mourir à tue-tête* (A. C. Poirier, 1979), *Cordélia* (J. Beaudin, 1979); COMME MONTEUR: *Images de Chine* (M. Carrière, 1974), *Le temps de l'avant* (A. C. Poirier, 1975). (A.D. et M.J.)

GAGNÉ, Jean, monteur, réalisateur, scénariste (Jonquière, 1947). Dès le milieu des années 60, avec son frère Serge, il œuvre à divers titres dans l'organisation culturelle et la vie artistique au Saguenay-Lac-Saint-Jean. Attiré le premier par le cinéma, il tourne, en 1967-1968, *Saison cinquième* (mm), chronique intimiste des saisons du cœur d'un jeune homme timide et romantique. Le film, qui propose des angles de caméra insolites, se signale par l'utilisation de techniques telles que le collage, la surimpression et la pellicule grattée. En 1970, Jean s'installe à Montréal, suivi de son frère Serge en 1972, en plein cœur de la vague psychédélique et contre-culturelle dont leur cinéma sera la chronique audiovisuelle. En 1971, Jean Gagné entreprend *La tête au neutre*, un film qui porte un regard décapant sur la problématique amérindienne. Terminé en 1973, ce film carnavalesque utilise notamment les dessins de Winsor McKay comme leitmotiv visuel. Puis, il co-réalise *L' ou 'L* (coréal. S. Gagné, 1973), où l'on reconnaît des figures importantes du cinéma des frères Gagné, dont Patrick Straram, plus que jamais porte-parole de la lutte des classes, et le compositeur André Duchesne. *Une semaine dans la vie de camarades* (1975), que Serge produit et coscénarise avec lui, est un film fleuve de plus de quatre heures qui radiographie le territoire géographique, culturel et politique du Québec des années 70. Entrevues, spectacles, fiction, poésie, *road movie*, histoire et anarchie se fondent dans cette comédie humaine éclatée. L'image du microphone (spectacles et entrevues) y prend une valeur symbolique, celle de la prise de parole, de l'amplification d'une voix par la possession d'un outil. Dans ce cinéma où chaque image est arrachée à la pauvreté des moyens, la qualité technique est souvent sacrifiée, en particulier au mixage, masquant ainsi la richesse des bandes sonores et donnant

un côté brouillon à l'ensemble. *À vos risques et périls* (coréal. S. Gagné, 1980) est un montage d'extraits d'*Une semaine dans la vie de camarades* (que Radio-Québec avait refusé en raison de sa longueur), auquel s'ajoute du nouveau matériel. Sans renouveler la technique des frères Gagné, *La couleur encerclée* (1986) apporte cependant certaines des plus fortes images générées par l'animation informatique. Le film reçoit d'ailleurs une prime à la qualité de la SGCQ. Cette prime contribue au financement du film suivant de Jean et Serge Gagné, *Le royaume ou l'asile*. Il monte, avec Jean Saulnier, *Le grand remue-ménage* (F. Allaire et S. Groulx, 1978). (Y.R.)

GAGNÉ, Serge, réalisateur, animateur, producteur (Jonquière, 1946). Il travaille essentiellement en collaboration avec son frère, Jean Gagné*. Il est aussi producteur délégué d'un documentaire, *Une histoire à se raconter* (V. Castonguay, 1979). (Y.R.)

GAGNON, André, musicien (Saint-Pacôme, 1937). D'abord accompagnateur, il connaît, à partir du milieu des années 70, un succès inégalé comme pianiste soliste et homme de spectacle. Polyvalent, il passe aisément des musiques très rythmées aux pièces romantiques. Contre toute attente, Gagnon compose assez peu de musiques de film et travaille presque exclusivement à des films en langue anglaise. Il compose d'abord la musique, très efficace, de *Jeux de la XXIe Olympiade* (J.-C. Labrecque, J. Beaudin, M. Carrière et Georges Dufaux, 1977), qu'il reprend dans *Running* (S. H. Stern, 1979). Puis, il travaille avec John Huston (*Phobia*, 1980), Roger Vadim (*Hot Touch*, 1981) et Tzipi Trope (*Tell Me That You Love Me*, 1983). Il compose de la musique pour la version télévisée de *Kamouraska* montée par Claude Jutra en 1983. Laurent Gagliardi lui consacre un film, *André Gagnon* (1978, mm). (M.C.)

GAGNON, André, chef opérateur, acteur, réalisateur (Arndfield, 1947). Il débute comme assistant-caméraman, chez Onyx Films, en 1967. L'année suivante, il joue le jeune frère de Daniel et Donald Pilon dans *Le viol d'une jeune fille douce* (G. Carle). Il tient un petit rôle dans *Le retour de l'Immaculée Conception* (A. Forcier, 1971), film dont il signe quelques images. Ses vrais débuts de caméraman sont cependant associés à Roger Frappier (*Alain Grandbois*, 1971, cm; *L'infonie inachevée...*, 1973) et à Michel Bouchard (*Noël et Juliette*, 1973). Il travaille par la suite autant en documentaire (*15 nov*, H. Mignault et R. Brault, 1977; *La loi de la ville*, M. Bouchard, 1979; *Le choix d'un peuple*, H. Mignault, 1985) qu'en fiction (*L'homme à tout faire*, M. Lanctôt, 1980; *Au clair de la lune*, A. Forcier, 1982). Dans *Gina* (D. Arcand, 1975), il est de nouveau acteur, mais dans le rôle d'un caméraman. En 1981, il réalise un long métrage documentaire, *Métier: boxeur*, portrait convaincant du milieu de la boxe. Deux figures dominent le propos du film, celle de Gaétan Hart, boxeur sérieux qui va vers un combat de championnat du monde, et celle d'Eddie Melo, jeune pugiliste à la réputation surfaite, exploité par un entourage avide. Gagnon est par la suite associé à l'ouverture de la salle de spectacle le Club Soda. Il prend alors ses distances face au cinéma, tout en réalisant quelques vidéo-clips, des films publicitaires et, occasionnellement, des émissions de télévision. Avec Louis Saia, il travaille ensuite à un projet de comédie dramatique. (M.J.)

GAGNON, Charles, réalisateur (Montréal, 1934). Artiste visuel surtout connu comme peintre et photographe, il enseigne la photographie, le cinéma, la vidéo, le son et les techniques mixtes au Département des arts visuels de l'Université d'Ottawa. Son œuvre cinématographique consiste en trois films expérimentaux: *Le huitième jour* (1967, cm), *Le son de l'espace* (1968, cm) et *Pierre Mercure* (1970, mm). *Le huitième jour* est réalisé pour Expo 67. Film de montage dans la plus pure tradition de Bruce Conner, il constitue un pénétrant spectacle de destruction, les êtres humains étant traités comme les contenants jetables de la société de consommation. *Le son de l'espace*, tourné à la suite d'un voyage au Japon, est un film lent, dans l'esprit du zen, construit autour d'un canevas élémentaire: on sort un vélo de sa caisse et on le remonte dans le studio de l'artiste. Le film est silencieux et doit être projeté à vingt-quatre images par seconde. À la fin, la lampe du projecteur doit rester allumée et la bobine doit continuer à tourner, la pellicule clapotant contre le projecteur pendant une minute. Pour Gagnon, il s'agit d'une expérience religieuse et contemplative. *Pierre Mercure* rend hommage au célèbre compositeur en utilisant les images de ses funérailles, du cercueil et du corbillard, que Gagnon structure selon le modèle des films «structurels»: plans fixes, reprise en boucle, alternance positif/négatif, clignotements. La bande sonore est constituée d'une pièce musicale de Pierre Mercure et la durée du film (33 minutes, 33 secondes) correspond numériquement à la vitesse de rotation d'un long jeu.

Pour Gagnon, il n'y a aucune différence entre le film, la photographie, la sculpture, la pensée, ou même l'écriture, car l'importance de l'œuvre tient dans le concept qui est toujours le même malgré le changement de média. Il associe l'œuvre cinématographique à l'art qui traite de communion davantage qu'à un moyen de communication. Gagnon partage, avec Vincent Grenier, l'honneur d'être reconnu comme cinéaste expérimental d'importance dans les années 70, alors que les œuvres se rattachant à cette pratique non industrielle sont pour la plupart totalement méconnues au Québec. (M.L.)

GAGNON, Claude, réalisateur, distributeur, monteur, producteur, scénariste (Saint-Hyacinthe, 1949). Il se rend au Japon en 1970, et y exerce de nombreux métiers – professeur de français, acteur dans des films de série B – avant d'aborder la réalisation en 1974, avec un documentaire intitulé *Essai filmique sur musique japonaise* (cm). Il signe ensuite deux autres documentaires: *Geinin* (1976, mm), sur les troupes de théâtre ambulantes, et *Yui to Hi* (1977, cm), un film de commande tourné en deux jours pour un architecte suisse. En 1978, il réalise son premier film de fiction: *Keiko*. Déjà, il exerce un contrôle total sur ses films en étant aussi scénariste, monteur et producteur (sa femme, Yuri Yoshimura, participe à la production de tous ses films). *Keiko* connaît du succès au Japon. Il s'agit du portrait d'une jeune Japonaise indépendante qui, après avoir cherché longtemps l'amour, finit par accepter le mariage souhaité par sa famille. Gagnon devient, en 1979, le premier étranger à être nommé meilleur réalisateur de l'année par l'Association des réalisateurs de films japonais. *Larose, Pierrot et la Luce* (1982), qui marque son retour au Québec, et *Visage pâle* (1985), deux films interprétés par Luc Matte, le consacrent comme auteur, sans toutefois l'imposer auprès du public. Avec ces films se dessine la vision d'un humaniste, attentif aux gestes quotidiens (les trois amis rénovant la maison de Larose...) et sensible à la compréhension dans la différence (les rapports entre Larose et Pierrot; ceux

Claude Gagnon. (ACPQ)

entre l'Amérindienne et C.H. dans *Visage pâle*). Ces thèmes sont présents dans *The Kid Brother* (1987, Grand Prix des Amériques au FFM), son premier succès commercial au Québec. Coproduction avec le Japon et les États-Unis, cette œuvre de commande raconte, avec une grande justesse de ton, l'histoire d'un enfant sans jambes ni bassin vivant dans la banlieue ouvrière de Pittsburgh. Partisan de l'improvisation, Gagnon travaille souvent en fonction des acteurs, privilégiant le plan-séquence (*Keiko*) et assumant dans ses films une part d'attente parfois proche de la torpeur. S'aventurant du côté du film d'action (le début de *Visage pâle*), il abandonne le genre après quelques minutes pour revenir à ses préoccupations.

En 1988, Gagnon travaille à l'adaptation d'un roman de Ann Ireland: *A Certain Mister Tahahashi*. Depuis 1979, il diffère la réalisation d'une fiction autobiographique intitulée

Le p'tit Perron. Aussi distributeur avec Yuri Yoshimura – et depuis 1987 avec Jean Colbert – il est le premier à ouvrir le marché japonais au cinéma québécois. (M.J.)

GAGNON, J.-Léo, acteur (Tétreauville, 1907 – Montréal, 1983). En cinquante ans de carrière, il apparaît dans une quarantaine de longs métrages de fiction, les trois quarts tournés entre 1970 et 1980. Cela va du *Père Chopin* (F. Ozep, 1944) où on le voit en journaliste, aux *Plouffe* (G. Carle, 1981) où il joue le bedeau, en passant par *The 13ᵗʰ Letter* (O. Preminger, 1951), *La petite Aurore l'enfant martyre* (J.-Y. Bigras, 1951), *La piastre* (A. Chartrand, 1976), *L'eau chaude l'eau frette* (A. Forcier, 1976). À l'exception des *Dernières fiançailles* (J. P. Lefebvre, 1973), où Gagnon se montrera en tous points remar-

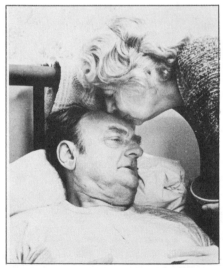

J.-Léo Gagnon et Marthe Nadeau dans Les dernières fiançailles *de Jean Pierre Lefebvre.*
(CQ)

quable, il obtiendra toujours des rôles de soutien. Le sourire rare, la voix forte et rude, la démarche lourde, il prête son physique à des personnages laconiques, ombrageux, autoritaires, soucieux de rester dignes au moment même où ils sont à deux doigts de fléchir sous le poids des responsabilités. En somme, avec sa générosité pleine de brusquerie, le taciturne Armand des *Dernières fiançailles* pourrait bien être considéré comme le modèle de cette galerie de portraits. Signalons que dans trois films, *On est loin du soleil* (J. Leduc, 1970), *On n'engraisse pas les cochons à l'eau claire* (J. P. Lefebvre, 1973) ainsi que *Les dernières fiançailles*, Gagnon a pour partenaire Marthe Nadeau qui incarne à ses côtés l'épouse aimante et discrète. Souvent cantonné dans les emplois de bon père de famille, on n'a pourtant jamais l'impression que Gagnon recommence le même numéro : c'est qu'il connaît parfaitement l'art de faire fond sur les nuances. Or, Gilles Carle (ne le traite-t-il pas un peu comme son acteur fétiche?) se plaît à imaginer pour lui des personnages excentriques et libidineux: le brasseur d'affaires dans *La mort d'un bûcheron* (1973) ou le sculpteur dans *La tête de Normande St-Onge* (1975). Denys Arcand lui offre également la possibilité de sortir des rôles auxquels le public est davantage habitué: Gagnon se révèle étonnant dans la peau de l'oncle Arthur, grippe-sou bourru et susceptible dans *La maudite galette* (1971) et surtout en Jacques Bouchard, ministre de la Voirie et des Travaux publics dans *Réjeanne Padovani* (1973). Carle, Lefebvre, Arcand, Forcier, Leduc ont utilisé cet acteur à de nombreuses reprises. On peut avec raison parler d'un exemple de fidélité mutuelle. (J.-M.P.)

GARAND, Jean-Marc, producteur (Victoriaville, 1934). Après des études en physique et en pédagogie, il enseigne au Collège de Saint-Laurent et crée une série d'outils pédagogiques pour la formation scientifique à l'élémentaire. Toute sa carrière en cinéma se déroule à l'ONF. Il y entre en 1966 au *filmstrip unit* et devient, l'année suivante, coordonnateur de la production de films éducatifs. De 1968 à 1970, il est chef du service de recherche en communication, puis responsable des projets spéciaux et, à partir de 1971, chef de studio et producteur exécutif à la production française. De 1979 à 1984, il est directeur de la production française. Il est ensuite nommé délégué européen, avec résidence à Paris, chargé de faire connaître le produit onéfien; il vend les droits de télévision de plus de six cents titres aux réseaux de France, de Belgique, d'Italie, d'Espagne, du Portugal, de Suisse et de Turquie. En 1987, il revient à Montréal pour prendre la direction du programme documentaire, désireux de renouveler ce genre alors en crise qui a fait la gloire de la maison, tout en assurant sa distribution à un plus large public, tant au Canada qu'à l'étranger.

En tant que producteur, son nom est associé à ce qui se fait de plus significatif et de plus progressiste dans les années 70 à l'ONF. Il s'insère dans le programme Société nouvelle et en devient le coordonnateur. Il travaille notamment avec Michel Régnier pour la série «Urba 2000», avec Pierre Maheu pour *Le Bonhomme* (1972, mm) et *L'interdit* (1976), avec Anne Claire Poirier pour presque toute la série «En tant que femmes», avec Yves Dion pour *Sur vivre* (1971, mm) et *Raison d'être* (1977) et avec Michel Gauthier pour *Débarque-moué au lac-des-vents* (1974). À la même époque, il produit *Des armes et des hommes* (A. Melançon, 1973, mm) et *Le soleil a pas d'chance* (R. Favreau, 1975), des films dans l'esprit de Société nouvelle. Il produit

en partie la série «La belle ouvrage», réalisée principalement par Léo Plamondon et Bernard Gosselin. C'est ensuite la grande aventure de *J. A. Martin photographe* (J. Beaudin, 1976), une fiction qui remporte de nombreux prix. Puis, Garand coordonne l'audacieux programme de coopération avec le Mexique (sur l'apport culturel des cultures indiennes, leurs problèmes et leurs liens avec la culture dominante dans les deux pays), qui avorte en cours de réalisation, mais n'en donne pas moins cinq films. Il est aussi producteur exécutif de trois de ces films: *Etnocidio* (P. Leduc, 1976), *Première question sur le bonheur* (G. Groulx, 1977) et *Jornaleros* (E. Maldonado, 1978). Garand est avant tout initiateur et supporteur de projets à larges visées sociales, préférant tout de même les démarches personnelles aux remises en question des structures. (Y.L.)

GARCEAU, Raymond, réalisateur, scénariste (Pointe-du-lac, 1919). Agronome de formation, il entre à l'ONF en 1945, après son service militaire. Il est bientôt affecté au studio que dirigent Lawrence et Evelyn Cherry, responsables des films à sujet agricole. Cela l'amène à tourner, surtout en anglais, beaucoup de films de commandite. L'embellissement de la ferme, la maladie de l'orme, la science au service du cultivateur, voilà les premiers sujets qu'il aborde; il a d'ailleurs évoqué avec humour cette époque dans ses mémoires inachevés, qui s'intitulent *Les carnets d'un p'tit Garceau* (publiés dans la revue *Objectif*). C'est néanmoins dans ses films en français que Garceau donne sa pleine mesure. La commande s'efface alors derrière la connaissance du sujet et la proximité que le cinéaste entretient avec le pays et les gens. Dans *Montée* (1949, cm), il confronte le passé et le présent pour souligner l'action bienfaitrice de l'Union catholique des cultivateurs.

Raymond Garceau et Francine Racette pendant le tournage du Grand Rock. *(ONF, coll. CQ)*

Dans *L'abatis* (1952, cm), il se joint à Bernard Devlin pour parler de la colonisation de l'Abitibi. Les épisodes qu'il réalise dans la série «Silhouettes canadiennes» et les portraits qu'il trace dans la série «En avant Canada» sont pleins de charme, surtout *Monsieur le maire* (1953, cm), qui décrit la vie d'une ville moyenne, Granby. Garceau pousse plus loin cette description attentive du Québec populaire dans une fiction savoureuse et drôle, *Référendum* (1953); c'est son premier film vraiment reconnu. Pourtant, les années qui suivent ne sont pas marquées par des films exceptionnels, comme si Garceau remplissait les commandes sans enthousiasme, que ce soit, au pire, pour la défense nationale ou, au mieux, pour donner une suite aux aventures du célèbre héros populaire Ti-Jean. Il tourne

aussi des documents de géographie humaine comme *Une île du Saint-Laurent* (1958, cm) ou *La Chaudière* (1961, cm). Il n'est pas réellement partie prenante du développement de l'équipe française de l'ONF, les cinéastes de sa génération étant carrément bousculés au cours de cette période.

Avec les années 60 et l'émission *Temps présent*, la situation de Garceau change. Il peut d'abord retrouver des sujets qu'il affectionne. Ancien chantre de l'agriculture, responsable de l'image agricole que certains collent abusivement aux productions de l'ONF d'avant 1960, il s'adapte aisément au nouveau contexte créé par la Révolution tranquille. Il fait son autocritique en mineur dans *Intégration* (1960, cm), où il traite de l'intégration verticale en agriculture. Mais c'est avec *Les petits arpents* (1962, cm) et *Une année à Vaucluse* (1964, cm) qu'il pousse plus loin son examen de la situation rurale et se prononce en faveur de la modernisation. Pas étonnant, alors, qu'on lui confie la réalisation des vingt-six films outils de la série «ARDA» (Aménagement rural et développement agricole – 1965-1966). Son amour des gens se manifeste dans de nouveaux portraits où il réalise la jonction entre son approche traditionnelle et celle que permet le direct. Cela donnera un de ses films les plus réputés, *Alexis Ladouceur, métis* / *L'homme du lac* (1962, cm). On peut inscrire dans la même lignée *Les diableries d'un sourcier* (1966, cm), *Guérissez-nous du mal* (1972, cm), sur les guérisseurs, et *Les petits inventeurs* (1975, cm). Voulant faire partager ses idées à un large public, Garceau se laisse emporter par la vague du long métrage de fiction qui gagne l'ONF dans les années 60. *Le grand Rock* (1967) relate la déchéance d'un jeune campagnard (Guy Thauvette) poussé au crime par la société et par une femme capricieuse. La critique trouve alors que ce film, mal scénarisé et moralisateur, esquisse à peine les personnages et les situations qu'il propose et, somme toute, fait reculer le cinéma québécois de quinze ans. Mais cet accueil ne décourage pas Garceau. Il récidive avec la comédie *Vive la France* (1969), une parodie pleine de clichés sur les relations entre les Français et les Québécois, qu'il tourne avec des comédiens non professionnels. Il y a amélioration dans *Et du fils* (1971), qui reprend la thématique de l'affrontement des valeurs traditionnelles et des valeurs modernes en la faisant passer à travers un conflit de générations. L'accueil est mitigé mais plus favorable que pour les films précédents. L'humanisme de Garceau et sa sensibilité à l'environnement y sont pour quelque chose. Après ce détour par le long

métrage, il revient au court métrage. Son dernier film, *Québec à vendre* (1977, mm), traite de la dépossession des terres arables aux mains de spéculateurs fonciers. La terre, qui est pour lui pays et parfois famille, subit la menace de l'aliénation. Ce film est l'ultime écho du discours qu'il tient depuis trente ans. (P.V.)

GARNEAU, Amulette (née Laurendeau), actrice (Montréal). Formée à l'École des beaux-arts de Montréal, elle s'oriente vers le théâtre. Elle suit les cours de Georges Groulx, Jean Gascon et Guy Hoffman puis étudie à New York à l'école de Uta Hagen. Connue surtout par la télévision (*Cré Basile, Grand-papa, L'héritage*, etc), elle joue, après 1970, dans quatorze films québécois sous la direction de réalisateurs comme Francis Mankiewicz, Clément Perron, André Théberge, Michel Brault, Jean-Claude Lord, Jean-Claude Labrecque et Jean-Claude Lauzon. Elle y tient surtout de petits ou de seconds rôles avec une présence et une justesse de ton uniques. Dans *Il était une fois dans l'Est* (A. Brassard, 1973), elle crée le bouleversant personnage de Bec-de-Lièvre et se révèle une actrice dramatique d'une très grande force. Dans *Maria Chapdelaine* (G. Carle, 1983), elle incarne une mère de famille d'une grande vérité, forte et émouvante. Autant au cinéma qu'à la télévision, elle impose peu à peu un personnage de femme québécoise entre deux âges, peu loquace, ni perdante ni fonceuse, plutôt belle, intelligente, sensible et drôle; un prototype de la femme citadine de classe moyenne. (D. B.)

GASCON, Gilles, chef opérateur, réalisateur (Montréal, 1929–1980). Après un baccalauréat ès arts (Montréal), il suit un cours de photographie commerciale et pratique ce métier pendant quelques années. En 1956, il entre à l'ONF, où il est d'abord assistant-caméraman et assistant-réalisateur. À la réalisation comme à la caméra, il témoigne d'un rare mélange de rigueur et de désinvolture. Il dirige la photographie de films comme *YUL 871* (J. Godbout, 1966), *C'est pas la faute à Jacques Cartier* (Georges Dufaux et C. Perron, 1967), *Tout le temps, tout le temps, tout le temps...* (F. Dansereau, 1969) et *L'homme et le froid* (M. Régnier, 1970). À titre de réalisateur, il débute avec *Québec en silence* (1969, cm), documentaire sur le peintre Jean-Paul Lemieux, avant de signer un long métrage sur Maurice Richard (*Peut-être Maurice Richard*, 1971). *C'est pas chinois* (coréal. P. Hébert, 1974, cm) est un documentaire sans parole sur la difficulté de la gymnastique, et *Papeterie Saint-Gilles* (1978, cm) s'intéresse à une entreprise de fabrication de papier fin fondée par Félix-Antoine Savard. Il participe aussi à la «Chronique de la vie quotidienne», notamment en coréalisant *Mercredi: «Petits souliers, petit pain»* (coréal. J. Chabot et J. Leduc, 1977, mm). Très proche du peintre Jean-Paul Riopelle, il s'apprête à tourner un film sur lui, à Paris, en 1980, lorsqu'il est terrassé par une crise cardiaque. Pierre Letarte et Marianne Feaver prennent la relève et tournent le film en hommage à ces deux hommes. Gilles Gascon est le frère des acteurs Gabriel et Jean Gascon. (A.D.)

GAUTHIER, Claude, acteur, musicien (Lac-Saguay, 1939). Il se fait connaître comme chansonnier dès la fin des années 50. Michel Brault, s'inspirant de sa vie sans y être tout à fait fidèle, tourne *Entre la mer et l'eau douce* (1967), l'histoire d'un chanteur qui s'installe à Montréal où il connaît le succès, et lui confie non seulement l'écriture de la musique mais aussi le premier rôle, face à Geneviève Bujold. Gauthier, qui n'a pas de formation d'acteur, se montre tout à fait à la hauteur du défi. Brault lui donne ensuite un des principaux rôles de son film sur les événements d'Octobre 1970, *Les ordres* (1974). Il y interprète un chômeur arrêté arbitrairement qui est victime de la cruauté de ses geôliers. Gauthier joue également dans *La piastre* (A. Chartrand, 1976), film pour lequel il écrit la chanson *Les beaux instants*. Dans *Partis pour la gloire* (C. Perron, 1975) et dans *Cordélia* (J. Beaudin, 1979), il tient le rôle d'un membre du clergé. Sauf un petit rôle dans *L'étaubus* (A. Chartrand, 1983, cm), il ne tourne plus pendant quelques années, se consacrant entièrement à la chanson. Puis il tient, coup sur coup, un rôle de soutien dans cinq films: *Le dernier havre* (D. Benoit, 1986), *Qui a tiré sur nos histoires d'amour?* (L. Carré, 1986), *La guêpe* (G. Carle, 1986), *Équinoxe* (A. Lamothe, 1986) et *Henri* (F. Labonté, 1986). Gauthier campe invariablement des hommes forts et bons, des personnages qui dégagent une grande humanité. Deux films viendront ensuite brouiller les pistes: *Danny* (Y. Dion, 1987, mm) et *L'emprise* (M. Brault et S. Guy, 1988, mm). Dans le premier, Gauthier, qui semble moins à l'aise qu'à l'habitude dans ce rôle inhabituel, compose un personnage de père obtus, incapable d'entrer en communication avec son fils qui glisse rapidement sur la pente de la délinquance. Dans le second, où il retrouve Geneviève Bujold, il est ce mari en apparence aimant qui valse cruellement entre les paroles réconfortantes et la violence. (M.C.)

GAUTHIER, Michel, assistant-réalisateur, monteur, producteur, réalisateur (Shawinigan, 1946). Il entre à l'ONF en 1967 comme assistant-réalisateur et monteur à l'équipe anglaise. Parallèlement, il exerce ces mêmes fonctions dans l'industrie privée, chez Ciné-clair. Il devient réalisateur à la production française de l'ONF et tourne *Qu'est-ce qu'on va devenir?* (1971, mm), *Débarque-moué au lac-des-vents* (1974), filmé dans la région de Chibougamau, et *L'anse-à-Valleau, un jour...* (1978, cm). Il est assistant-réalisateur pour de nombreux films dont *J. A. Martin photographe* (J. Beaudin, 1976), *The Lucky Star* (M. Fischer, 1980), *The Odyssey of the Pacific* (F. Arrabal, 1981), *Mario* (J. Beaudin, 1984) et *La femme de l'hôtel* (L. Pool, 1984). Il produit plusieurs films, à l'ONF comme dans le secteur privé, notamment *Richesse des autres* (M. Bulbulian, 1973), *L'étau-bus* (A. Chartrand, 1983, cm), *L'homme renversé* (Y. Dion, 1986), *La familia latina* (G. Gutierrez, 1985, mm) et *Sonia* (P. Baillargeon, 1986, mm). Il revient ensuite à son travail d'assis-tant-réalisateur (*Exit*, R. Ménard, 1986; série *Rock*, 1988) puis participe à la fondation des productions Québec/Amérique où il produit *Dans le ventre du Dragon* (Y. Simoneau, 1989). (B.L.)

GAUTHIER, Vianney, directeur artistique (Montréal, 1944). Diplômé de l'Institut des arts appliqués en 1966, ensemblier à la télé-vision de Radio-Canada, puis stagiaire en France auprès de l'ORTF et de trois théâtres nationaux (1968-1969), il décroche un pre-mier contrat au cinéma pour *IXE-13* (J. God-bout, 1971) lequel, avec ses vingt-sept décors en studio, conçus sous la direction de Claude Lafortune, attire sur lui l'attention du milieu. Il participe alors à de nombreux courts et moyens métrages de l'ONF. L'un d'eux, *Trois fois passera...* (1973, cm), inaugure une fruc-tueuse collaboration avec Jean Beaudin qui lui confiera, entre autres, la direction artistique de *J. A. Martin photographe* (1976), éminem-

ment vanté pour sa puissance visuelle. À travers d'autres reconstitutions d'époque (*Suzanne*, R. Spry, 1980; *L'affaire Coffin*, J.-C. Labrecque, 1979; *Les années de rêves*, J.-C. Labrecque, 1984), Gauthier décore ensuite quelques films aux thèmes contemporains (*Une journée en taxi*, R. Ménard, 1981). Puis, c'est la rencontre avec le cinéma de Léa Pool dont les protagonistes, souvent obsédés par une quête artistique, lui permettent d'accen-tuer la plasticité de ses univers visuels: *La femme de l'hôtel* (1984), *Anne Trister* (1986) et *À corps perdu* (1988). Stimulé par les défis d'ordre technique, il fait parfois des incursions du côté du cinéma d'animation (*Bino Fabule*, R. Taillon 1988). (M.-C.A.)

GEERSTEN, George, animateur, réalisateur, scénariste (Viborg, Danemark, 1938). Émigré au Canada en 1941, il étudie le dessin et la peinture au Ontario College of Arts. Après avoir fait du dessin publicitaire, il entre à l'ONF en 1966. Il travaille d'abord à des messages d'intérêt public. En 1971, Geersten réalise *The Men in the Park* (cm); ses croquis en noir et blanc de la vie dans un parc urbain donnent au film une rugosité particulière. Dans *Prison* (1975, cm), il raffine son art du croquis et travaille la trame sonore en utilisant les dialogues des prisonniers comme sons d'ambiance. Il réalise ensuite trois vignettes du Canada: *Newfoundland* (1977, tcm), *Land-bridge* (1978, tcm) et *Klondike Gold* (1980, tcm), qui lui vaut le deuxième prix au Festival du film d'animation d'Ottawa en 1982. *Jour-ney Through Time* (1983, cm), produit en collaboration avec les Musées nationaux du Canada et le Musée national de l'Homme, reconstitue les étapes de l'évolution menant à l'apparition de l'*homo sapiens*. La hachure du dessin, le bref coup de crayon et la photo-copie du dessin sur acétate donnent à *Diploma*

Dilemma (1987, cm), film de commande sur les jeunes diplômés à la recherche d'un emploi, une texture très riche, résultante des recherches artistiques de Geersten ces vingt dernières années. (É.D. et D.T.)

GÉLINAS, Gratien, acteur, administrateur, réalisateur (Saint-Tite, 1909). Comédien de radio, il crée en 1937 un personnage frondeur et insolent, Fridolin, autour duquel il monte, de 1938 à 1946, onze revues annuelles. C'est pour l'une d'elles qu'il tourne, avec les comédiens de sa troupe, *La dame aux camélias, la vraie* (1943, cm), une parodie de l'œuvre de Dumas, mais surtout une mise en contraste satirique de la culture «cultivée» et de la culture populaire. Le personnage de Fridolin est tellement connu et apprécié que Roger Blais décide de filmer les principaux sketches de la revue de 1945; *Fridolinons* (1945, mm) sera un des films les plus populaires de l'ONF dans les années 40. En 1947, Paul L'Anglais convainc Gélinas d'écrire un texte original pour le cinéma, dans la veine du sketch *Le retour du conscrit*, qui fait partie des «Fridolinades» de 1945. Ce texte devient une pièce de théâtre, *Tit-Coq*, qui connaît un succès impressionnant.

Lorsqu'en 1950 la loi qui régit l'ONF est modifiée, la composition du conseil d'administration est bouleversée; le seul Québécois qui y siège est Gratien Gélinas. Durant son mandat, Gélinas essaie de défendre la culture québécoise et dénonce l'image folklorique que l'ONF peut en donner. En 1952, il quitte son poste quand L'Anglais lui propose de tourner *Tit-Coq*, avec l'appui financier de J.-A. DeSève. On demande à René Delacroix, qui avait dès 1948 manifesté son désir de tourner cette pièce, d'en assurer la mise en scène cinématographique, Gélinas se réservant le crédit de la réalisation. Le succès de

Gratien Gélinas, à l'époque de Tit-Coq. *(CQ)*

scène se confirme au cinéma et, pour une fois, l'accueil du public coïncide avec celui de la critique. Tous en apprécient le rythme, les dialogues, l'émotion. «Le cinéma canadien sort des cavernes», écrit René Lévesque. Par la suite, Gélinas s'occupe surtout de théâtre et d'administration d'organismes culturels. De 1969 à 1977, il est président de la SDICC, poste qu'il quitte lorsque l'organisme envisage de prendre le virage télévisuel. À la SDICC, il a influencé le développement et l'orientation du cinéma québécois et s'est souvent fait le défenseur de la culture canadienne. Mentionnons enfin qu'il a joué dans *Red* (G. Carle, 1969), *Cordélia* (J. Beaudin, 1979) et *Agnes of God* (N. Jewison, 1985). Dans *Les tisserands du pouvoir* (C. Fournier, 1988), il tient un rôle de premier plan, celui de Baptiste, l'octogénaire franco-américain qui exige le retour des émissions de langue française à la télévision. Ses fils, Pascal et Yves, sont réalisateurs. (P.V.)

GÉLINAS, Pascal, réalisateur, monteur (Montréal, 1946). Dès 1964, il s'intéresse à la mise en scène de théâtre. Il débute au cinéma en 1967 avec un court métrage en 8 mm, *Toute la vérité sur la vie tumultueuse de Franz Schubert*, réalisé dans le cadre de l'émission *Images en tête*, de Radio-Canada. Il travaille ensuite avec Arthur Lamothe, pour qui il est assistant-monteur (*Ce soir-là, Gilles Vigneault...*, 1967) et assistant-réalisateur (*Au-delà des murs*, 1968, cm). Toujours avec Lamothe, il réalise et monte quelques courts métrages de la série «Actualités québécoises» (1968). C'est dans cette foulée qu'il réalise *Taire des hommes* (coréal. P. Harel, 1968,-mm), cinglant reportage sur les événements du 24 juin 1968, jour mieux connu sous le nom de «Lundi de la matraque». Il continue de travailler comme monteur et assistant-réalisateur puis, à partir de 1970, réalise des documentaires de commande, dont *L'histoire d'une réussite* (1970, cm), *En montagne* (1971, cm), et *La fête* (1971, cm). En 1972, il réalise *Montréal Blues* sur une création collective du Grand cirque ordinaire. Il travaille ensuite principalement pour la télévision. Avec Richard Boutet*, il coréalise cependant *La turlute des années dures* (1983), documentaire chanté sur la crise économique des années 30. Le film remporte le prix L.-E.-Ouimet-Molson. À titre de monteur, Gélinas collabore ensuite avec François Brault (*La journée d'un curé de campagne*, 1983) et avec son frère, Yves Gélinas (*Jean-du-sud autour du monde*, 1984). Son père est l'acteur et réalisateur Gratien Gélinas. (M.J.)

GENDRON, Pierre, producteur (Grand-Mère, 1952). Il fait des études en communication à l'Université Concordia, puis travaille comme assistant de production (*Parlez-nous d'amour*, J.-C. Lord, 1976), régisseur (*15 nov*,

H. Mignault et R. Breault, 1977), premier assistant-réalisateur (*Ça peut pas être l'hiver on n'a même pas eu d'été*, L. Carré, 1980) et directeur de production (*Le ruffian*, J. Giovanni, 1983). Il touche ensuite à la distribution aux films René Malo, puis s'oriente vers la production, toujours à l'emploi de René Malo,

Pierre Gendron. (Louise Oligny)

d'abord pour *Sonatine* (M. Lanctôt, 1983) qui remporte un Lion d'Argent à Venise. Il travaille ensuite à la production d'*Annapurna* (L. Craig, 1985, mm), *Lune de miel* (P. Jamain, 1985) et *Le déclin de l'empire américain* (D. Arcand, 1986). Fort du succès international du film de Denys Arcand, il s'associe au coproducteur du film à l'ONF, Roger Frappier, pour produire *Un zoo la nuit* (J.-C. Lauzon, 1987), qui reçoit un bon accueil au festival de Cannes et mérite treize Génies. Par la suite, ils produisent deux téléfilms (*Onzième spéciale*, M. Lanctôt, 1988; *Le chemin de Damas*, G. Mihalka, 1988) et un nouveau film de Denys Arcand, *Jésus de Montréal* (1989). (M.C.)

GENEST, Émile, acteur (Québec, 1921). Après avoir suivi des cours de diction et des cours d'anglais, il tient le rôle de Napoléon Plouffe à la radio et reprend ce personnage dans la série télévisée *La famille Plouffe*. Au cinéma, il apparaît d'abord dans quelques courts métrages, notamment pour Bernard Devlin (*Alfred J.*, 1956, deux cm). Il tient l'un des premiers rôles de *Nikki Wild Dog of the North* (J. Couffer et D. Haldane, 1961) une production de Walt Disney tournée dans les Rocheuses. L'année suivante, toujours pour Disney, il joue dans *Big Red* (N. Tokar, 1962), tourné à Pointe-au-Pic. Appuyé par Paul L'Anglais, il décide alors de s'installer à Hollywood. Il y demeure pendant huit ans, jouant de petits rôles dans quelques films (*The Cincinnati Kid*, N. Jewison, 1965) et, surtout, dans de nombreuses séries télévisées comme *Gunsmoke*, *Iron Side*, *The Man from UNCLE* et *The Fugitive*. Revenu au Québec à la fin des années 60, il joue un peu au cinéma. Dans *À nous deux* (C. Lelouch, 1979), c'est un chef de police américain. En 1981, Gilles Carle lui permet de boucler la boucle et lui offre le rôle du père dans *Les Plouffe*. Genest met alors sa longue expérience au profit de ce personnage de nationaliste bourru que vient terrasser une crise cardiaque. En 1988, il est nommé délégué général du Québec à Los Angeles. (M.J.)

GENTLEMAN, Wally, technicien en effets spéciaux (Viewsley, Angleterre, 1926). On le classe aujourd'hui parmi les grands dans le domaine des effets spéciaux. À partir de 1944, il acquiert sa formation technique aux studios Pinewood, en Angleterre, qui font partie, à l'époque, de la J. Arthur Rank Organization. En 1957, il entre à l'ONF à titre de directeur des effets spéciaux. Il collabore notamment à *Universe* (R. Kroitor et C. Low, 1960, cm),

Le festin des morts (F. Dansereau, 1965) et *Labyrinth*, produit pour le compte d'Expo 67. Cette année-là, il quitte l'ONF pour fonder sa propre compagnie d'effets spéciaux. Il travaille à plusieurs films publicitaires et participe, entre autres, à *2001: A Space Odyssey* (S. Kubrick, 1968). (A.D.)

GEOFFRION, Robert, scénariste (Ottawa, 1949). Il commence par scénariser en quatre jours la comédie-porno *Scandale* (G. Mihalka, 1982), inspirée par l'affaire des films de fesses tournés avec le matériel de l'Assemblée nationale. Ayant prouvé qu'il pouvait remplir une commande rapidement, il collabore aussitôt au scénario d'un film érotique, *Joy* (S. Bergon, 1983), scénarise un suspense plutôt insignifiant, *The Surrogate* (D. Carmody, 1984), et rédige les dialogues anglais d'un *thriller* français tourné à Montréal et censé se dérouler à New York, *Lune de miel* (P. Jamain, 1985). Puis, il élabore une histoire extravagante sur la parapsychologie, *The Blue Man* (G. Mihalka, 1986) et finalement *The Deep Sea Conspiracy* (M. Brun, 1986). Geoffrion signe en plus les scénarios de quelques courts métrages et l'adaptation d'une nouvelle de Jean-Yves Soucy, *Les bottes* (M. Poulette, 1987). Il participe au scénario de la série télévisée *Formule 1* (N. Castillo, 1988), qui se situe dans le milieu de la course automobile, et à celui de la série *Champagne Charlie* (A. Eastman, 1988), qui raconte la vie aventureuse et amoureuse d'un roi du champagne. (H.-P.C.)

GERMAIN, Nicole (Marcelle Landreau), actrice (Montréal). Dans sa famille, l'art dramatique est une tradition: son grand-père fonde, en 1908, le Conservatoire Lasalle, que son père dirige par la suite. Elle y étudie donc avant de débuter à la radio. Son charme naturel en fait rapidement la vedette féminine de Québec Productions. Après un premier rôle dans *La forteresse* (F. Ozep, 1947), elle trouve le personnage qui allait graver son nom dans les mémoires, celui de la belle et soumise Donalda, la femme de l'avare dans *Un homme et son péché* (P. Gury, 1949) et *Séraphin* (P. Gury, 1950). Après un dernier grand rôle, celui de la pianiste dans *Le rossignol et les cloches* (R. Delacroix, 1951), elle se tourne vers la télévision où une longue carrière d'animatrice l'attend. On ne la reverra au cinéma que brièvement dans *Le soleil des autres* (J. Faucher, 1970) où elle côtoie sa fille, Liette Desjardins. (M.J.)

GERVAIS, Suzanne, animatrice, réalisatrice (Montréal, 1938). Diplômée des Beaux- arts de Montréal en 1961, elle s'oriente vers la peinture et l'illustration. En 1969, elle entre au studio français d'animation de l'ONF, où elle travaille d'abord comme assistante à l'animation. Sa première réalisation, *Cycle* (1971, cm), comme une bonne partie de son travail ultérieur, porte l'empreinte de son travail pictural. Ainsi, dans *Climats* (1975, cm), *La plage* (1978, tcm) et *Premiers jours* (1980, cm), film qu'elle complète avec Lina Gagnon après le décès de Clorinda Warny, la technique de l'artiste, le trait vacillant et la coulante métamorphose dominent. Sa plume

La plage *de Suzanne Gervais. (*Le Devoir*)*

peut aussi être remarquée dans *Tchou-Tchou* (C. Hoedeman, 1973, cm), film pour lequel elle crée des personnages formés de blocs de bois. Dans sa filmographie, deux oeuvres se démarquent de l'ensemble: *Du coq à l'âne* (coréal. F. Desbiens et P. Hébert, 1973, cm), un film fantaisiste et énigmatique qui utilise le papier découpé, et *L'atelier* (1988, cm), où se superposent papier découpé et objets en pixillation pour donner vie au cadre de travail d'une créatrice. Tout comme *Trêve* (1983, cm), ce dernier film est construit autour d'un personnage féminin dont la cinéaste explore l'univers intérieur. Ses films font ressortir l'urgence pour les femmes de se défaire des schémas aliénants (*Cycle, Climats*), de secouer la torpeur dévastatrice (*La plage*), pour accéder enfin à une certaine quiétude (*Trêve*) en renouant avec le dynamisme créateur (*L'atelier*). Pour cela, Gervais adopte le ton de la confidence et, de plus en plus, tout à la fois, recourt à la distanciation. (M.-É.O.)

GIGUÈRE, Serge, chef opérateur, monteur, réalisateur (Arthabaska, 1946). En 1970, il débute simultanément une carrière professionnelle à la caméra et à la réalisation. Jusqu'en 1977, comme assistant-caméraman, il travaille avec Jean-Claude Labrecque, Pierre Perrault et Arthur Lamothe. Comme caméraman, on retrouve son nom au générique d'une quarantaine de films, dont *24 heures ou plus...* (G. Groulx, 1976), *De la tourbe et du restant* (F. Bélanger, 1979), *Jacques et Novembre* (J. Beaudry et F. Bouvier, 1984) et *Dancing Around the Table* (M. Bulbulian, 1988, deux mm). Comme réalisateur, il travaille d'abord avec Robert Tremblay*, avec qui il fonde, en 1974, Les films d'aventures sociales du Québec. Ils coréalisent trois films, dont deux fictions: *Pow pow té mort ou ben j'joue pu* (1979, mm), commencé en 1970, et *Toul*

Québec au monde sua jobbe (1978, mm), commencé en 1974. Tout en succombant à la langue de bois, ces deux films formulent une critique politique du système. *Belle famille* (1978), troisième film de cette collaboration, suit pendant six ans l'évolution d'une famille ouvrière qui cherche à la campagne un espace qu'on pourra humaniser. Avec Sylvie van Brabant*, Giguère coréalise deux autres films: *Depuis que le monde est monde* (1980) et *Le doux partage* (1982, cm). En 1987, il réalise *Oscar Thiffault*, un documentaire sur le célèbre chanteur de folklore. Le public réserve un accueil chaleureux à ce film qui remporte le prix André-Leroux et deux prix à Yorkton. De *Belle famille* à *Oscar Thiffault*, Giguère témoigne d'un intérêt constant pour les non-conformistes qui tentent d'aménager dans leur vie quotidienne un espace pour la liberté et l'imagination. En 1988, il termine *Le gars qui chante sua jobbe* (mm), un documentaire tourné entre 1978 et 1980. (N.O.)

GILL, François, chef opérateur, monteur. Il débute au cinéma en 1967 comme chef opérateur du premier film de André Forcier, *Chroniques labradoriennes* (cm). Par la suite, il continue à travailler avec ce dernier (*Le retour de l'Immaculée Conception*, 1971; *Bar salon*, 1973; *L'eau chaude l'eau frette*, 1976; *Au clair de la lune*, 1982; *Kalamazoo*, 1988). Sa collaboration est très active, puisqu'il participe, la plupart du temps, au découpage technique et, quelquefois, au montage. Gill se révèle très polyvalent. Il témoigne d'un goût prononcé pour le traitement expressionniste des couleurs dans *Au clair de la lune* et *Vie d'ange* (P. Harel, 1979), alors que ses nombreuses collaborations à des films documentaires prouvent son talent pour les techniques du direct. Il travaille notamment à *La vie rêvée* (M. Dansereau, 1972), *Enfants du*

Québec et alvéoles familiales (M. Moreau, 1979) et *On n'est pas des anges* (G. Simoneau et S. Guy, 1981). Avec les années, il travaille de plus en plus régulièrement comme monteur, entre autres de *Équinoxe* (A. Lamothe, 1986), *Grelots rouges sanglots bleus* (P. Harel, 1987) et *Élise et la mer* (S. Goulet, 1986, cm). (J.D.)

GIRALDEAU, Jacques, animateur, chef opérateur, monteur, producteur, réalisateur, scénariste (Montréal, 1927). Il fait des études en philosophie et en sciences sociales. Il est cofondateur du premier ciné-club au Québec, membre fondateur de la Commission étudiante du cinéma, de l'Association professionnelle des cinéastes et de la Cinémathèque québécoise, ainsi que rédacteur à la revue *Découpages* et au journal *Le front ouvrier*. Il entre à l'ONF en 1950 et y réalise son premier film, *La neige a neigé* (1951, tcm), suivi de *Montreurs de marionnettes* (1952, cm). De 1952 à 1962, il partage son activité professionnelle entre l'ONF, Radio-Canada et sa propre compagnie de production, Studio 7. Influencé par le cinéma direct, il oriente une grande partie de sa production vers le documentaire destiné à la télévision. On retient de cette période *Viendra le jour* (1957, cm), la série *En roulant ma boule* (1958) et *Le vieil âge* (1962, cm). Il assiste Nicholas Ray pendant le tournage de *The Savage Innocents* (1960). Il réintègre l'ONF en 1963 à titre de réalisateur et de scénariste. Il y signe plusieurs documentaires sur la situation des arts au Québec et sur leur intégration à la société, parmi lesquels *Les fleurs, c'est pour Rosemont* (1968, cm), *Bozarts* (1969, cm), *Faut-il se couper l'oreille?* (1970, cm), *La fougère ou la rouille* ou *Collage 2* (1974, cm) et *La toile d'araignée* (1979), qui se divise en cinq parties indépendantes. Dans un autre registre, il réalise un film d'animation sociale, *Gros-Morne* (1967), dans lequel il oppose la pauvreté morale et matérielle des habitants d'un village gaspésien à l'attitude indifférente des bien nantis montréalais. En 1972, il fait un stage au studio français d'animation où il réalise deux films traitant de l'avenir de la civilisation moderne: *Zoopsie* (1973, cm) et *Opéra zéro* (1984, cm). Giraldeau réalise ensuite *L'homme de papier* (1987, mm), qui explique les différentes techniques d'animation grâce à des démonstrations mais aussi à travers un personnage fantaisiste interprété par Denis Bouchard. Le film fait la synthèse de l'itinéraire de Giraldeau; le fond est didactique et la forme séductrice. Le cinéaste y entremêle fiction, documentaire et animation. Une fois encore Giraldeau témoigne de son intérêt pour l'activité artistique. Reprenant sa réflexion sur le rapport entre les artistes et la société développée dans *Bozarts*, il prépare ensuite un moyen métrage documentaire sur les rapports entre l'art et l'argent. (M.-É.O.)

GIRARD, Doris, productrice (Roberval). Elle fait des études universitaires en histoire de l'art, en cinéma et en administration des affaires. Parallèlement à ses études, elle commence à travailler en cinéma à titre de directrice de production sur des films de Richard Lavoie destinés à la télévision, dont *Une aventure de curiosité* (1978, cm), *La petite école à la maison* (1978, cm) et *À la recherche du grand teint* (1979, cm). En 1980, elle est productrice déléguée d'un premier documentaire, *Albertine ou l'éternelle jeunesse* (R. Lavoie, cm). L'année suivante, elle produit deux courts métrages de fiction, *Dernier voyage* (Y. Simoneau, 1981) et *Contretemps* (Richard Roy, 1981), de même qu'un projet ambitieux tourné avec un budget modeste, le drame policier *Les yeux rouges ou les vérités* *accidentelles* (Y. Simoneau, 1982). Très active dans la région de Québec, elle touche aussi bien à la distribution qu'à la production. Elle est à la fois directrice de production et productrice de *Réveillon* (F. Labonté, 1982), court métrage de fiction tourné à Montréal. En 1984 et 1985, installée à Montréal, elle occupe le poste de secrétaire générale de l'IQC. De retour à Québec, forte de son expérience du court métrage, elle travaille à Spirafilm à la production d'*Élise et la mer* (S. Goulet, 1986, cm) et du *Gros de la classe* (J. Bourbonnais, 1986, cm). Elle réactive ensuite sa compagnie, productions Septembre, fondée en 1983, et choisit d'exercer son métier à Montréal. Elle est productrice déléguée d'un film d'escalade, *Trinité* (Marc Hébert, 1987, mm), aux côtés d'Arthur Lamothe, et développe plusieurs projets avec Michèle Pérusse et Nicole Giguère, Helen Doyle, François Girard, Pierre-Alain Dostie et Robert Lombaerts. Toutefois, elle cède sa compagnie en 1988 pour devenir chef du programme fiction à l'ONF. Elle produit notamment *Sous les draps des étoiles* (J.-P. Gariépy, 1989). (M.C.)

GIRARD, Hélène, monteuse, réalisatrice, recherchiste (Montréal, 1945). Ouvrière de la première heure du programme En tant que femmes, mis sur pied à l'ONF, elle est recherchiste à la condition féminine et coorganisatrice du festival La femme et le film, en 1973. Puis, elle signe sa première réalisation, *Les filles c'est pas pareil* (1974, mm). Forte de son expérience de tutrice auprès de ses frères et sœurs et de son métier d'enseignante, elle aborde avec justesse le thème de l'identité féminine à l'adolescence. Elle poursuit dans le style du direct avec *La p'tite violence* (1977), étude sur le rapport de l'homme avec le travail, puis elle tourne *Fuir* (1979), documentaire sur la détresse et la tentation du suicide auquel elle intègre la fiction. Elle y fait preuve d'un sens aigu de l'observation, va au cœur du sujet et illustre de l'intérieur un suicide. Parallèlement à sa carrière de réalisatrice, elle s'impose de plus en plus comme monteuse, métier où elle alterne fiction et documentaire: *J. A. Martin photographe* (J. Beaudin, 1976), *Don't Forget/«Je me souviens»* (R. Spry, mm, 1979), *Suzanne* (R. Spry, 1978), *J'avions 375 ans* (P. Comeau, 1982, mm), *Possession* (A. Zulawski, 1983), *À propos de Naïrobi* (T. Horne, 1985, mm), *Le lys cassé* (A. Melançon, 1986, mm), *The Great Land of Small* (V. Jasny, 1986), *Basements* (R. Altman, 1987, mm), *La grenouille et la baleine* (J.-C. Lord, 1988). Son sens de l'engagement et sa capacité de travailler à tous les niveaux de la production l'amènent à réaliser, pour le Conseil du statut de la femme et le ministère de l'Éducation, des séries de vidéos-outils destinés à une clientèle de femmes et d'enfants. (L.N.)

GIRARD, Rémy, acteur (Jonquière, 1950). Ce tempérament comique se morfond d'abord sur les bancs d'une faculté de droit avant d'entreprendre une carrière théâtrale qui, à Québec dans les années 70 et à Montréal ensuite, le fait connaître comme comédien, mais aussi comme directeur-animateur (Théâtre du vieux Québec), revuiste (*La déprime*) et metteur en scène. Le cinéma le découvre tardivement. Jusqu'en 1986, sa filmographie se résume à deux apparitions (*La conquête*, Jacques Gagné, 1972; *Les beaux souvenirs*, F. Mankiewicz, 1981) et deux numéros d'acteur efficaces: le célibataire qui attribue au fer à repasser des vertus culinaires dans *Les yeux rouges ou les vérités accidentelles* (Y. Simoneau, 1982), puis l'expansif annonceur de radio dans *Le crime d'Ovide Plouffe* (D. Arcand, 1984). *Le déclin de l'empire améri-*

Monique Spaziani et Rémy Girard dans Les portes tournantes, *de Francis Mankiewicz, tiré du roman de Jacques Savoie. (ACPQ)*

cain (D. Arcand, 1986), dans lequel il campe un intellectuel érigeant en philosophie du bonheur le mensonge qui cimente sa vie familiale conventionnelle et son donjuanisme d'après-midi, l'impose enfin comme un acteur de premier plan, doué d'un réel sens du rythme et d'une profonde humanité. Dans *Kalamazoo* (A. Forcier, 1988), il incarne avec jubilation un puceau de quarante ans amoureux d'une sirène. Il tient aussi un premier rôle comique pour Yves Simoneau (*Dans le ventre du dragon*, 1989), celui d'un distributeur de circulaires entraîné dans le monde des cobayes. AUTRES FILMS: *Trouble* (Y. Simoneau, 1985, cm), *Le lys cassé* (A. Melançon, 1986, mm), *Les portes tournantes* (F. Mankiewicz, 1988),

Le chemin de Damas (G. Mihalka, 1988), *Jésus de Montréal* (D. Arcand, 1989). (M.-C.A.)

GIRARD, Renée, actrice (New York, États-Unis, 1927). Les cinéastes lui confient volontiers des personnages qui, à défaut d'être toujours sereins, cherchent pourtant à réconforter leurs proches. Mais il existe une exception, Berthe dans *La tête de Normande St-Onge* (G. Carle, 1975): abîmée par l'asile psychiatrique, obsédée par le temps qui s'écoule, d'abord démunie, puis de plus en plus intransigeante, presque tyrannique même, Berthe finit en quelque sorte par vampiriser sa fille. Il s'agit d'un rôle complexe, d'une interprétation tout en frémissements. Girard incarnera une seconde fois la mère de Carole Laure, en 1979, dans *Au revoir... à lundi* (M. Dugowson); quant à Carle, il l'emploiera de nouveau dans *Maria Chapdelaine* (1983). On a vu Girard dans une quinzaine de longs métrages: chez Denis Héroux (*Pas de vacances pour les idoles*, 1965), chez Jean-Claude Lord (*Parlez-nous d'amour*, 1976), chez Paul Tana (*Les grands enfants*, 1980), chez Jean-Claude Labrecque (*L'affaire Coffin*, 1979), chez Bruno Carrière (*Lucien Brouillard*, 1983), chez Mireille Dansereau (*Le sourd dans la ville*, 1987), chez Robin Spry (*Keeping Track*, 1986), chez Mike Hoffman (*Sisters*, 1988). (J.-M.P.)

GLADU, André, réalisateur (Ottawa, 1945). Après des études aux Beaux-arts et en graphisme au Québec et en Angleterre, puis en cinéma aux États-Unis, il met sur pied une télévision étudiante à l'Université de Montréal, en 1968. C'est là qu'il fait ses débuts, jusqu'à ce que la crise d'Octobre 1970 le décide à aller vers le cinéma. Influencé par une mère pianiste et un père critique d'art, il axera la plupart de ses films sur des sujets se rapportant soit à la musique, soit à la peinture. C'est ainsi que son premier film, *Le reel du pendu* (1972, mm), est un documentaire sur la musique populaire française en Amérique. De ce film lui vient l'idée de l'importante série «Le son des Français d'Amérique», pour laquelle il obtient la collaboration de Michel Brault qui coréalise la série avec lui. Après cette série, Gladu continue de faire œuvre d'ethnographe, cette fois avec un film de commande sur les moulins à vent (*La pointe du moulin*, 1979, mm) et un autre, plus personnel, sur les hommes qui y ont travaillé

Michael Smith, «Bird» Lionel Oubichon et André Gladu pendant le tournage de Liberty Street Blues. *(Martin Leclerc)*

(*Les dompteurs de vent*, 1981, mm). Puis, il met à profit sa formation artistique en réalisant *Marc-Aurèle Fortin (1888-1970)* (1983, mm), une biographie du grand peintre québécois où le documentaire et la fiction se trouvent astucieusement mélangés. Trois ans plus tard, Gladu signe un premier long métrage avec *Pellan* (1986), autre biographie de peintre qui témoigne encore une fois de sa bonne connaissance du sujet et de la passion qu'il lui porte. Mais, cette fois, si la partie documentaire est convaincante, les scènes de fiction s'intègrent moins bien à l'ensemble que dans le film sur Fortin et paraissent même redondantes par rapport au documentaire. Entre ces deux biographies, il termine son panorama de la musique française d'Amérique en abordant celle des Noirs cajuns de Louisiane dans *Zarico* (1984, mm) et son film-satellite *Noah* (1985, cm). Après *Liberty Street Blues* (1988), un long métrage sur le jazz de la Nouvelle-Orléans, Gladu décide de s'éloigner temporairement de la réalisation et développe, à la Cinémathèque québécoise, un important projet de musée de l'image en mouvement.

FILMS: *Le reel du pendu* (1972, mm), «Le son des Français d'Amérique» (coréal. M. Brault, 1974-1976, série I, treize épisodes, 1977-1980, série II, quatorze épisodes), *La pointe du moulin* (1979, mm), *Les dompteurs de vent* (1981, mm), *Marc-Aurèle Fortin (1888-1970)* (1983, mm), *Zarico* (1984, mm), *Noah* (1985, cm), *Pellan* (1986), *Liberty Street Blues* (1988). (M.J.)

GLOVER, Guy, producteur, réalisateur (Londres, Angleterre, 1909–Hudson, 1988). Arrivé au Canada en 1913, il étudie à l'Université de la Colombie-Britannique et œuvre dans le milieu théâtral canadien, de 1931 à 1939. Il entre à l'ONF en 1941, où il est directeur général de la production jusqu'en 1969. Après la guerre, il dirige l'équipe française. De 1954 à 1963, il s'occupe principalement de la télévision et, de 1969 à 1974, il siège au comité directeur de programmation de la production anglaise. Au cours de sa carrière à l'ONF, Glover supervise la programmation et dirige la production d'une centaine de documentaires sur la peinture, la musique, l'environnement, la santé, le multiculturalisme, etc. Il produit également des longs métrages de fiction de la section francophone, notamment *Les mains nettes* (C. Jutra, 1958) et *Les brûlés* (B. Devlin, 1958). Il travaille, en tant que producteur exécutif, à plusieurs films et séries: «Window on Canada/Regards sur le Canada» (1954 et 1955), «Passe-partout» (1956 et 1957) «Comparison/Comparaison» (1959 à 1964), «Lewis Mumford on the City» (1963), *Bethune* (D. Brittain et J. Kemeny, 1964, mm) et *Never a Backward Step* (D. Brittain, A. Hammond et J. Spotton, 1966, mm). Il réalise deux films d'animation (*Lining the Blues*, 1939, tcm; *Marching the Colours*, 1942, cm), un court métrage (*Main Street Canada*, 1945) et un film de montage en cinq parties sur la production cinématographique de l'ONF (1939-1960), *Self-Portrait* (1961). (M.-J.R.)

GOBEIL, Pierre, acteur (Grand-Mère, 1938). Il étudie à Strasbourg (France), puis revient au Québec et fonde le Théâtre de l'atelier, à Sherbrooke. Il débute au cinéma dans *La gammick* (J. Godbout, 1974), où il tient le rôle de Gaby. Sa solide carrure en fait un bon représentant de l'autorité: policier (*Mourir à tue-tête*, A. C. Poirier, 1979; *Une journée en taxi*, R. Ménard, 1981) ou chef d'entreprise (*L'île jaune*, J. Cousineau, 1974; *À corps perdu*, L. Pool, 1988). En plus de *Mourir à tue-tête*, Anne Claire Poirier lui donne des rôles dans *La quarantaine* (1982) et, surtout, dans *Le temps de l'avant* (1975), où il est particulièrement convaincant en marin dont la femme se fait avorter. Du côté anglophone, on le voit dans *Two Solitudes* (L. Chetwynd, 1978) et *The Lucky Star* (M. Fischer, 1980), où il est l'un des chefs de la résistance hollandaise pendant la Deuxième Guerre mondiale. Il renoue avec cette époque dans *La fuite* (R. Cornellier, 1985, mm), où il tient l'un des rôles principaux, celui d'un Allemand qui tente de s'échapper d'un camp de travail situé en Abitibi.

PRINCIPAUX AUTRES FILMS: *Partis pour la gloire* (C. Perron, 1975), *J. A. Martin photographe* (J. Beaudin, 1976), *Cordélia* (J. Beaudin, 1979). (M.J.)

GODBOUT, Claude, producteur, acteur, réalisateur (Montréal, 1941). Après des études au Conservatoire d'art dramatique, il débute comme acteur dans *Le chat dans le sac* (G. Groulx, 1964). «Je suis un Canadien français, donc je me cherche», affirme d'emblée son personnage, un jeune homme d'origine modeste qui vit la fin d'une liaison avec une Juive anglophone (Barbara Ulrich). Mais il a tôt fait de passer de l'autre côté de la caméra. En 1967, il collabore au montage de *C'est pas la faute à Jacques Cartier* (Georges Dufaux et C. Perron), et entreprend la réalisation d'un film en 70 mm, *L'homme multiplié* (coréal. Georges Dufaux, 1969, cm), documentaire à «images multiples» décrivant l'aventure d'Expo 67. En 1970, il fonde les

Barbara Ulrich et Claude Godbout dans Le chat dans le sac, *de Gilles Groulx. (ACPQ)*

productions Prisma avec André A. Bélanger et Guy Dufaux. Pour cette compagnie, qu'il dirige, il produit de nombreux films d'auteurs, notamment *On n'engraisse pas les cochons à l'eau claire* (J. P. Lefebvre, 1973), *Comme les six doigts de la main* (A. Melançon, 1978), *Les servantes du bon Dieu* (D. Létourneau, 1979), *Les bons débarras* (F. Mankiewicz, 1980), *Le plus beau jour de ma vie...* (D. Létourneau, 1981) et *On n'est pas des anges* (G. Simoneau et S. Guy, 1981). Dans les années 80, la compagnie s'oriente progressivement vers la commandite et les séries télévisées. Godbout en produit plusieurs, dont la série de treize demi-heures «Profession: écrivain» (1982-1983), qu'il réalise. En 1978, il réalise *Montréal* (mm), documentaire sur la plus grande ville française d'Amérique. De 1981 à 1983, il préside l'IQC. Son frère, Jacques Godbout, est aussi réalisateur. (M.J.)

GODBOUT, Jacques, réalisateur, scénariste, administrateur (Montréal, 1933). Après des études classiques, une maîtrise à l'Université de Montréal et trois ans d'enseignement au University College of Addis Abeba (Éthiopie), il entre à l'ONF en 1958 comme traducteur et préposé aux versions françaises. Écrivain, il a déjà à son crédit la cofondation de la revue *Liberté* (1959) et la publication de deux recueils de poèmes (*Carton-Pâte*, 1956, et *Les pavés secs*, 1958), lorsqu'il passe à la réalisation avec *Les dieux* (coréal. Georges Dufaux, 1961, cm), un documentaire où il dresse le portrait d'un étudiant en arts.

Essentiellement documentariste, Godbout réalise quelques films de fiction appartenant à des genres fort différents: hommage aux premiers films de la nouvelle vague (*Fabienne sans son Jules*, 1964, cm), drame existentiel à l'européenne (*YUL 871*, 1966), histoire de grands adolescents tournée dans le style du

direct (*Kid Sentiment*, 1967), parodie de film d'espionnage (*IXE-13*, 1971), thriller (*La gammick*, 1974), fantaisie comique (*Les troubbes de Johnny*, 1974, cm). De ces films se détache *Kid Sentiment*, où, à partir d'un canevas mettant en vedette les musiciens du groupe Les Sinners, Godbout jette un regard juste sur la jeunesse bourgeoise, francophone mais anglicisée, du Québec du milieu des années 60. Quant à *IXE-13*, dont le scénario

Jacques Godbout. (Dimedia)

s'inspire des romans de Pierre Saurel, il s'agit de son film de fiction le plus accompli, un récit parodique situé entre la comédie musicale et la bande dessinée. La qualité de la musique de François Dompierre, celle des décors de Claude Lafortune, le talent comique des Cyniques (employés comme acteurs), de même que la construction solide du scénario de Godbout font de ce film un temps fort du cinéma de fiction, au début des années 70.

Sans faire école sur le plan de l'image, les documentaires de Godbout témoignent, sur des contenus solides, d'une grande rigueur intellectuelle qui lui fait fuir la facilité au profit du respect de ceux qu'il filme. Insatiable curieux, il explore toutes les avenues qui se présentent à lui: nouvelles idées, changement des valeurs, politique internationale (*Un monologue Nord-Sud*, 1982, mm), communication, culture (*Paul-Émile Borduas*, 1962, cm; *Deux épisodes dans la vie d'Hubert Aquin*, 1979, mm), etc. Analyste chevronné, voire spécialiste des médias, il en fournit une brillante étude dans *Derrière l'image* (1978), première manifestation de sa collaboration avec le journaliste Florian Sauvageau*. Il poursuit son analyse des médias à travers deux autres films: *Feu l'objectivité* (1979, cm), une enquête sur le journalisme politique au Québec, et *Distorsions* (1981, mm), où il donne la parole à des Africains qui dénoncent l'impérialisme culturel de la presse internationale. À mi-chemin entre le reportage pour la télévision (en plus profond) et le film-enquête (en moins laborieux), le cinéma de Godbout propose une réflexion originale sur les thèmes qu'il aborde. *Aimez-vous les chiens?* (1975, mm) en est un bon exemple: à partir d'un prétexte, le chien, le cinéaste dresse un vaste portrait de la société de consommation nord-américaine. À l'affût de ce qui caractérise son époque, il saisit avec acuité les manifestations sociologiques et les expose avec éloquence: la prédominance de l'anglais dans la musique rock québécoise (*Québec Soft*, 1985, cm), l'influence du «nouvel âge» californien sur le Québec (*Comme en Californie*, 1983), le terrorisme (*En dernier recours*, 1987). Godbout rejette l'anecdote ou le traitement pittoresque comme pôles de son cinéma. Il préfère plutôt la singularité du regard et un langage clair, et ouvre ainsi une réflexion sur la société (québécoise/nord-américaine). *Alias Will James* (1988), un sommet à l'intérieur de sa démarche documentaire, est une enquête sur Ernest Dufault, un Québécois qui s'est fait connaître aux États-Unis en se faisant passer pour un Américain, et en signant, du pseudonyme Will James, des romans exaltant le monde des *cowboys*. Pour Godbout, ce portrait est l'occasion de mesurer l'impact d'un élément majeur de la mythologie américaine (la conquête de l'Ouest) sur bon nombre de Québécois. Il prépare ensuite, dans le cadre de la série «Parlez d'Amérique», un documentaire sur l'or.

Romancier de renom (*Salut Galarneau!*, 1967; *L'Isle au dragon*, 1976; *Une histoire américaine*, 1986), Godbout a reçu le prix Duvernay (1972), le prix Belgique-Canada (1978) et le prix Athanase-David (1985). Il est aussi président-fondateur de l'Union des écrivains québécois (1977-1978). De 1969 à 1970, il est directeur de la production française de l'ONF. Son frère, Claude Godbout, est producteur.

AUTRES FILMS: *Les administrateurs* (1961, mm), *Pour quelques arpents de neige* (coréal. Georges Dufaux, 1962, cm), *Rose et Landry* (coréal. J. Rouch, 1963, cm), *Le monde va nous prendre pour des sauvages* (1964, cm), *Huit témoins* (1965, mm), *Vivre sa ville* (1967, cm), *Les vrais cousins* (1970, mm), *Arsenal* (1976, mm), *L'invasion (1775-1975)* (1976, cm). (A.D.)

GODIN, Jacques, acteur (Montréal, 1930). Il apprend son métier à l'école du TNM avec Jean Gascon, Jean Dalmain et Guy Hoffmann, de même qu'à l'atelier de Georges Groulx. Ses débuts se confondent avec ceux du TNM. Il participe activement à la vie théâtrale montréalaise, jouant des textes de Beckett, Ionesco, Pirandello, Tchekhov, Molière et Shakespeare, mais aussi des textes d'auteurs québécois comme Jacques Languirand et Marcel Dubé. Son nom est également associé aux premières années de la télévision, aux feuilletons les

Jacques Godin, dans Équinoxe, *d'Arthur Lamothe. (ACPQ)*

plus populaires (*La famille Plouffe; 14, rue de Galais; Les belles histoires des Pays d'en Haut*) comme aux grands textes contemporains régulièrement mis en scène à Radio-Canada dans la série des téléthéâtres. On évoque encore son interprétation magistrale du rôle de Lenny dans *Des souris et des hommes*, de John Steinbeck, en 1971.

Au cinéma, il donne le plus souvent vie à un personnage d'homme très viril, habité par une force brutale, inquiétante ou rassurante, mais masquant presque toujours une sensibilité qui jaillit d'autant plus vive qu'elle est profondément enfouie. Il débute, en 1964, en apparaissant brièvement en policier dans *The Luck of Ginger Coffey* (I. Kershner). Il enchaîne avec *Le festin des morts* (F. Dansereau, 1965), où il tient le rôle d'un Amérindien. Après quelques apparitions espacées, il est remarquable dans *O.K. ...Laliberté* (M. Carrière, 1973), où il campe le personnage principal, un homme du peuple, avec drôlerie et émotion. C'est sans doute Yves Simoneau, douze ans plus tard, qui lui donne son plus beau rôle, dans *Pouvoir intime* (1986). Il y est Théo le récidiviste, le dur de dur éperdu d'inquiétude pour le sort de son fils dont la mort le plongera dans le désespoir absolu. Dans *Équinoxe* (A. Lamothe, 1986), il interprète un homme qui revient, avec sa petite-fille, sur les traces de sa jeunesse dans le pays où on l'a trahi. On sent la blessure derrière le laconisme: le mystère du personnage et l'angoisse que distille le film doivent beaucoup à la sobriété et à la retenue de Godin. François Labonté lui donne deux premiers rôles, dans les deux cas des hommes repliés sur eux-mêmes depuis la mort de leur femme; dans

Henri (1986), il interprète ce type de personnage sur le mode dramatique, et dans *Gaspard et fil$* (1988), il le fait sur le mode comique. PRINCIPAUX AUTRES FILMS: *Et du fils* (R. Garceau, 1971), *Par le sang des autres* (M. Simenon, 1974), *One Man* (R. Spry, 1977), *À nous deux* (C. Lelouch, 1979), *Yesterday* (L. Kent, 1979), *La quarantaine* (A. C. Poirier, 1982), *Mario* (J. Beaudin, 1984), *La guerre oubliée* (R. Boutet, 1987), *Salut Victor!* (A. C. Poirier, 1988). (F.L.)

GOLDSMITH, Sidney, animateur, réalisateur (Toronto, 1922). Technicien radar outremer pendant la Deuxième Guerre mondiale, il produit des croquis qui attirent sur lui l'attention du milieu des arts. Diplômé du Ontario College of Art, c'est comme décorateur qu'il débute, en 1948, une longue et fructueuse carrière à l'ONF. Après un bref passage aux effets visuels, il est, quelques mois plus tard, invité par Colin Low à joindre le studio d'animation. Sa participation à nombre de films de ce studio est remarquable. Souvent, il scénarise, dessine et crée le matériel nécessaire à la réalisation d'un film. De plus, Goldsmith signe les génériques de plusieurs séries destinées à la télévision. C'est notamment le cas pour «Pacificanada». Il collabore aussi au célèbre *2001: A Space Odyssey* (S. Kubrick, 1968), avec Wally Gentleman*. Toute son œuvre témoigne d'un intérêt marqué pour la science. Par le biais de l'animation, il cherche à la rendre plus accessible aux étudiants et aux spécialistes, sans pour autant exclure le grand public. Il rejoint ce dernier par sa manière bien personnelle de traduire en images claires des concepts mathématiques ou scientifiques abstraits. C'est ainsi qu'il tourne *Universe* (1960, cm), qui remporte vingt-trois prix; *Fields of Space* (1969, cm); *Satellites of the Sun* (1974, cm); *Comet*

(1985, cm). Par la force des choses, ces films vieillissent rapidement, la connaissance qu'a l'homme de l'astronomie ayant considérablement évolué au cours des dernières décennies, tout comme la maîtrise des techniques d'animation. Dans les années 80, Goldsmith met à contribution son expertise en animatique au studio français d'animation de l'ONF. (A.D.)

GOSSELIN, Bernard, réalisateur, chef opérateur, monteur (Drummondville, 1934). Encore jeune lorsque ses parents déménagent à Montréal, il étudie à l'Institut des arts graphiques, sous la direction d'Albert Dumouchel. Il fait un peu de dessin commercial et entre à l'ONF en 1956, au département des «titres», où il jongle avec les génériques de ses amis de l'équipe française, alors sur le point d'éclore. Il devient assistant-monteur, puis assistant-caméraman et, enfin, un peu pour dépanner Arthur Lamothe, caméraman (déjà très sensible) de *Bûcherons de la Manouane* (1962, cm). À partir de ce moment son nom devient inséparable de l'aventure naissante du cinéma québécois, à l'ONF comme hors de l'ONF; aux Cinéastes associés en 1969 et 1970, et dans des aventures aussi importantes que *Seul ou avec d'autres* (D. Arcand, D. Héroux et S. Venne, 1962), *À tout prendre* (C. Jutra, 1963), *Entre la mer et l'eau douce* (M. Brault, 1967) et *La visite du Général de Gaulle au Québec* (J.-C. Labrecque, 1967, cm). Précieux compagnon de route de Pierre Perrault* (*Le règne du jour*, 1966; *Les voitures d'eau*, 1968; *Un pays sans bon sens!* 1970; *Le pays de la terre sans arbre ou le Mouchouânipi*, 1980), Gosselin est plus que le simple continuateur de l'œuvre du maître québécois du direct. Certes, son attachement au passé québécois et sa curiosité pour les façons de vivre et de faire d'autrefois entretiennent cette impression. Pourtant, au-delà de la parenté spirituelle immédiate avec Perrault et de l'amitié qui lie les deux hommes, s'est constituée, peu à peu, une œuvre originale et hautement personnelle à laquelle convient parfaitement l'appellation de «documentaire d'auteur». C'est dans cette catégorie qu'il faut placer les réussites les plus marquantes de la riche carrière de réalisateur de Gosselin: *César et son canot d'écorce* (1971, mm), *Les raquettes des Atcikameg* (1973, mm), *Jean Carignan violoneux* (1975), *Le*

Bernard Gosselin. (ONF)

discours de l'armoire (1978, mm), et surtout *Le canot à Renald à Thomas* (1980, mm) et *L'Anticoste* (1986). Ces deux derniers titres livrent à eux seuls le secret de l'art de Gosselin: une maîtrise absolue de ses outils – qui fait oublier les difficultés mêmes du filmage – et une complicité non moins absolue avec les personnages qu'il choisit. Gosselin vit en intimité avec les hommes qu'il filme: le hangar des constructeurs hivernaux de barques de Baie Saint-Paul, ou l'île des Anticostois sont des lieux clos où le caméraman-réalisateur aime s'enfermer avec ses person-

nages. Dans le premier cas, comme le disait le critique français Raymond Borde, cet enfermement devient un véritable suspense (le «va-t-on réussir le canot» aussi fort que le «va-t-il la tuer» hitchcockien); dans le second, c'est un souffle naturellement épique qui passe et qui émeut celui qui écoute sans parti pris les harmonies de ce cinéma désormais presque contemplatif. Dans *L'Anticoste*, le documentaire strict est d'ailleurs dépassé et le film devient tantôt carnet de voyage, tantôt journal intime: tout s'articule à la première personne et le cinéaste est partout présent.

La dizaine de courts métrages que Gosselin filme ou coréalise avec Léo Plamondon, de 1977 à 1979, sur des métiers traditionnels (dans la séric «La belle ouvrage», 1977 à 1980), obéissent pour leur part à un parti pris plus objectif où l'urgence d'enregistrer les gestes est la règle. Ces agriculteurs de *Bœufs de labour* (1977, cm), ces *Meuniers de St-Eustache* (1978, cm) et autres charbonniers, tonneliers et cordonniers d'un Québec près de disparaître, sont les dignes frères des héros de Georges Rouquier. Ses talents de caméraman souple (au besoin acrobatique: se rappeler la veillée de cuisine dans *Jean Carignan violoneux*), ingénieux et sensible, sont au cœur même de dizaines de films québécois des années 60 et 70. Il est même un temps où ceux que passionnent ces films au ton nouveau ont le sentiment que Gosselin les tourne tous: de Gilles Groulx (*Voir Miami...* 1963, cm) à Denys Arcand (*Champlain*, 1964, cm; *Les Montréalistes*, 1965, cm) en passant par Claude Jutra (*Comment savoir...* 1966), Marcel Carrière (*Avec tambour et trompettes*, 1967, cm) et Jean Dansereau (*Parallèles et grand soleil*, 1964, cm), tous les cinéastes de ces années-là bénéficient de son œil malin. Documentariste avant tout, Gosselin est par ailleurs, par une joyeuse ironie, le premier

cinéaste québécois à avoir tenté profession-
nellement, et réussi, l'expérience du film pour
enfants. Annonciateur de *La guerre des
tuques* et autres *Bach et Bottine* (A. Melançon,
1984 et 1986), *Le Martien de Noël* (1970) est
une réussite complète dans le genre, malgré
ses limites budgétaires et des moyens techniques parfois approximatifs: l'énorme succès
public du film répond, pour une fois, à la
qualité de l'entreprise. En 1982 et 1983, il
occupe la présidence de la Cinémathèque
québécoise.
AUTRES FILMS: *Le jeu de l'hiver* (coréal. J.
Dansereau, 1962, cm), *Le beau plaisir* (coréal.
M. Brault et P. Perrault, 1968, cm), *Capture*
(1969, cm), *L'odyssée du Manhattan* (1970,
cm), *Passage au Nord-Ouest* (1970, cm), *Un
royaume vous attend* (coréal. P. Perrault,
1976), *La veillée des veillées* (1976), *Le goût
de la farine* (coréal. P. Perrault, 1977), *Gens
d'Abitibi* (coréal. P. Perrault, 1979). (R.D.)

GOULET, Stella, monteuse, réalisatrice, scénariste (Québec 1947). Membre de Spirafilm*
de 1980 à 1987, elle fonde, en 1987, sa propre
maison de production, Les films Plein-Cadre.
Elle réalise plus d'une douzaine de courts
métrages, autant en vidéo qu'en film, dont
Pic et pic et contre-danse (1980, tcm), *Trois
petits tours* (1983, cm), *Mélodie, ma grand-
mère* (1983, cm), interprétée par Olivette Thibault, et *Élise et la mer* (1986, cm), gagnant
d'une Gerbe d'or à Yorkton. En 1986, elle
scénarise *Le gros de la classe* (J. Bourbonnais,
cm), l'histoire d'un garçon qui, avec l'aide
de ses amis, gagne l'estime des élèves qui
jusque-là se moquaient de lui. Le film obtient
le prix de la meilleure émission de télévision
pour enfants à Banff en 1987. Elle termine,
en 1988, un portrait d'artiste, *Yves Goulet,
poésie d'ombre et de lumière* (cm).
    L'œuvre de Goulet est une exaltation du

monde de l'enfance dont les vertus (innocence, grâce et naïveté) sont souvent mises
en opposition avec les travers de l'âge adulte.
Il s'en dégage un parti pris affectueux qui
verse parfois dans la contemplation lyrique.
L'auteure réussit cependant à renforcer le ton
lorsque l'humour tempère la tentation de
céder aux bons sentiments. (D.Po.)

GOUPIL, Pierre, acteur, monteur, réalisateur (Montréal, 1950). Il débute en réalisant
Robert N. (1979, cm), une fiction qui rassemble une série de témoignages sur un jeune
homme qui se serait suicidé. Après une expérience en super 8 (*Le bruit des vagues*, 1983,
cm), il signe son premier long métrage, *Celui
qui voit les heures* (1985). En plus de jouer
dans ses propres films, il est acteur dans *90
Days* (G. Walker, 1985) et *La couleur encerclée* (Jean et S. Gagné, 1986). *Celui qui voit
les heures* est une œuvre très personnelle qui
se démarque de la production québécoise des
années 80, surtout par son ton subjectif.

Pierre Goupil, dans Celui qui voit les heures,
son premier long métrage. (Michel Lamothe)

Produit avec un budget de 85 000$, le film raconte les déboires d'un jeune réalisateur qui se voit dans l'impossibilité de produire son film. Ne vivant que pour le cinéma, le personnage est vite entraîné dans la déprime. Goupil trace un portrait sincère du quotidien d'un cinéaste québécois partagé entre son désir de filmer à tout prix, une attitude morale intransigeante et la difficulté de produire le film tant souhaité. Il assume totalement son réseau de références et les limites de ses moyens. Goupil prépare ensuite *La vérité est un mensonge*, dont le titre emprunte à Picasso. À travers le portrait de deux frères, un artiste et un homme d'affaires, il oppose deux visions du monde. (A.R.)

GRANA, Sam (Saverio), producteur, acteur, réalisateur, scénariste (San Nicandro Garganico, Italie, 1948). Arrivé au Québec en 1954, il fait des études en communication à Loyola et entre à l'ONF en 1968. Il occupe différents postes avant d'aller ouvrir avec Rex Tasker, en 1972, le bureau régional de production de l'ONF dans les Maritimes. Il produit notamment un vidéo de Fernand Dansereau, *Simple histoire d'amour* (1975), et une dizaine de films, dont deux documentaires qu'il réalise lui-même pour le compte du ministère de la Défense. Il s'agit de *SDL-1 Shakedown* (1977, cm), à propos de l'amenée d'une mine, et de *Diving Below Daylight* (1978, cm), un coup d'œil sur la plongée sous-marine militaire. De retour à Montréal, il produit *First Winter* (J. N. Smith, 1981, cm), mis en nomination pour l'Oscar du meilleur court ou moyen métrage de fiction. Par la suite, il produit plusieurs dramatiques destinées à la télévision et des documentaires, dont *Boulevard of Broken Dreams* (D. May, 1988, mm). En 1987, il produit avec Sally Bochner *Train of Dreams* (J. N. Smith), qu'il scénarise en

atelier d'écriture avec le réalisateur et la coproductrice; des acteurs non professionels improvisent à partir de ce canevas. Il fait aussi quelques incursions devant la caméra, tenant l'un des deux rôles principaux de la trilogie de Giles Walker sur la condition masculine: *The Masculine Mystique* (coréal. J. N. Smith, 1984), *90 Days* (1985) et *The Last Straw* (1987). Il y interprète Alex, un sympathique macho dont le sperme avait une valeur inestimable. (J.P.)

GRANDSAIGNES D'HAUTERIVES, Henry de (vicomte), exploitant (Pont-l'Abbé, France, 1869–Paris, France, 1929). Fils de Marie Tréourret de Kerstrat*, il est le projectionniste et le bonimenteur de l'Historiographe*. (G.L.)

GRAVEL, Robert, acteur (Montréal, 1944). Il est très actif au théâtre où il compte parmi les fondateurs de la LNI et du Nouveau théâtre expérimental. On le voit également à la télévision, dans la série *L'héritage*, scénarisée par Victor Lévy Beaulieu. Au cinéma, il tient d'abord de petits rôles, notamment des policiers dans *La tête de Normande St-Onge* (G. Carle, 1975) et dans *Au revoir ...à lundi* (M. Dugowson, 1979). On le revoit ensuite dans un des rôles principaux des *Grands enfants* (P. Tana, 1980), celui d'un gérant de librairie qui n'a pas de chance avec les femmes. Dans *Propriété privée* (L. Saia, 1981, cm), il n'a plus rien d'un intellectuel, donnant libre cours à son goût de la composition pour entrer dans la peau d'un inquiétant voisin digne d'un film d'épouvante. Son personnage d'*Au clair de la lune* (A. Forcier, 1983), un garagiste nommé Maurice Dieumegarde dont la fille crève des pneus pour lui bâtir une clientèle, est tout aussi inquiétant mais moins agressif. Il interprète, dans *Le dernier glacier*

(R. Frappier et J. Leduc, 1984), un personnage plutôt terne d'homme brisé, mari désavoué qui bat en retraite alors que la fermeture de sa ville, Shefferville, est imminente. On le retrouve enfin, pathétique, dans *Pouvoir intime* (Y. Simoneau, 1986), où il campe, très convaincant, cet agent de sécurité coincé dans le fourgon dont il a la responsabilité et qui se sait piégé par l'amour qu'il porte, secrètement, à un jeune homme. On y retrouve l'essence même du jeu de Gravel, à son meilleur dans des personnages en apparence solides qu'on sent toujours à deux doigts de craquer. (M.C.)

GREENBERG, Harold, administrateur, producteur (Montréal, 1943). Il quitte l'école à l'âge de treize ans pour travailler au magasin d'appareils photographiques de son oncle. En 1961, à l'inauguration de la chaîne Miracle Mart par Steinberg, il obtient la concession pour la vente d'appareils photographiques et de films. Il décroche ensuite la concession de la vente de films sur le site d'Expo 67, de même que les droits exclusifs sur les diapositives des pavillons de l'Expo, dont il négocie la diffusion mondiale avec Viewmaster. Il met alors sur pied une entreprise de développement de photographies en couleurs, grâce à l'appui financier de Peter et Edward Bronfman. Entre-temps, il achète la moitié des actions des laboratoires de développement de films Pathé Humphries. Dès 1968, il en devient le président. Quelques années lui suffisent pour acquérir plusieurs autres entreprises du même secteur. Lorsque la maison de distribution Astral Films est mise en vente, en 1973, les Bronfman et lui s'en portent acquéreurs. Peu de temps après, toutes ces compa-

Nick Mancuso et Carole Laure dans Maria Chapdelaine, *de Gilles Carle. (*Le Devoir*)*

gnies sont réunies sous la bannière Astral Bellevue Pathé, dont Harold Greenberg prend la tête. Ses frères, Harvey, Sidney et Ian, qui l'ont aidé dans sa vaste entreprise, en dirigent alors les différentes divisions. En 1972, Greenberg décide de se lancer en production. Il est d'abord producteur exécutif pour certains longs métrages que les laboratoires de sa compagnie développent et que sa maison distribue. En 1980, Astral Bellevue Pathé s'engage à fond dans la production, et participe à des films aussi variés que *Porky's* (B. Clark, 1981) et *Maria Chapdelaine* (G. Carle, 1983). La compagnie s'associe plus tard aux chaînes de télévision First Choice et Premier Choix. À la suite de cette association, le CRTC lui impose de ne plus produire de films: elle pourra toutefois participer au financement (en investissant sur des scénarios, par exemple). La compagnie s'engage ainsi dans «Shades of Love», une série de seize films destinés à la télévision payante et au marché de la vidéocassette, et dans la mini-série de télévision *Race for the Bomb*.

Aujourd'hui, Astral Bellevue Pathé compte trois secteurs d'activités: le secteur de la photographie (vente au détail et développement), le secteur de la télévision payante (First Choice et Premier Choix), et le secteur du film et de la vidéo (un laboratoire cinématographique à Montréal, un studio de mixage sonore à Toronto, des installations pour reproduire les vidéocassettes à Montréal et à Toronto, une maison de distribution de films en salles, une autre pour la télévision, et une troisième pour la vidéo à domicile). Ce secteur comporte aussi une division qui s'occupe de projets de films et qui fait l'acquisition de droits de télédiffusion, ainsi qu'une compagnie se chargeant de la vente en gros de vidéocassettes préenregistrées. (J.P.)

GRÉGOIRE, Richard, musicien (Montréal, 1944). Diplômé en musique de l'Université de Montréal, puis stagiaire au Groupe de recherches musicales de l'ORTF, il exerce, depuis 1970, une activité diversifiée dans l'industrie du disque (réalisateur et arrangeur), en même temps qu'en publicité, à la télévision et au cinéma, à titre de compositeur, d'orchestrateur et de directeur musical. En 1978, il obtient le prix de la meilleure musique originale décerné par le Conseil des arts du Canada pour son travail sur *Deuxième coup de feu* (J. Faucher), un téléthéâtre présenté à Radio-Canada. Au cinéma, il fait notamment l'orchestration de musiques de Lewis Furey (*Maria Chapdelaine*, G. Carle, 1983; *Night Magic*, L. Furey, 1985). Il compose la musique d'*Éclair au chocolat* (J.-C. Lord, 1978), celle de deux longs métrages d'Yves Simoneau (*Pouvoir intime*, 1986; *Les fous de Bassan*, 1986), de même que celle de *La ligne de chaleur* (H.-Y. Rose, 1988) et d'*Exit* (R. Ménard, 1986), notamment un concerto pour deux pianos, pierre angulaire de la scène finale. Sa musique des *Bottes* (M. Poulette, 1987, mm) lui vaut un prix Gémeaux. En 1988, il signe la musique des téléfilms *T'es belle Jeanne* (R. Ménard), *Cœur de nylon* (M. Poulette) et *Bonjour monsieur Gauguin* (J.-C. Labrecque) de même que celle de *Dans le ventre du dragon* (Y. Simoneau, 1989). Au carrefour des courants de la musique actuelle et du néo-classique, Grégoire, à l'image d'une nouvelle génération de musiciens, travaille essentiellement dans la production de musique médiatique (publicité, télévision, etc.). En 1987, il remporte le trophée SDE (Société des droits d'exécution) pour l'excellence des trames musicales de *Pouvoir intime*, *Exit* et *Les fous de Bassan*.

DISCOGRAPHIE: *Maria Chapdelaine*, Kébec-Disc KD-581, 1983 • *Night Magic*, RCA

Saravah PL 70743 (2), 1985. (R.L.)

GRENIER, Claude, réalisateur, producteur (Trois-Rivières, 1946). En 1971, après des études en lettres à l'Université Laval, il s'engage dans le cinéma. Il tourne dans le secteur privé, à l'ONF et pour la télévision, qu'il considère comme une excellente école. En 1983, il quitte le Québec. Alternant documentaire et fiction, Grenier poursuit une réflexion active sur le cinéma qu'il pratique. Au milieu d'éléments de recherche visuelle et formelle (éclairage, son), le comment-faire devient l'objet d'une véritable quête. D'une grande sensibilité, il cherche à pénétrer l'imaginaire de ses personnages et ce, depuis *La plus belle vie du monde* (1975, mm), regard sur la vie quotidienne d'un groupe de clochards, jusqu'à *L'épreuve du feu* (1987, cm), portrait d'une jeune femme transformée par la maladie. Ses films sont évocateurs, c'est pourquoi il attache une attention particulière aux atmosphères, aux formes et aux émotions. En 1985, il réalise à Winnipeg son film le plus ambitieux, *Le vieillard et l'enfant* (mm), à partir des souvenirs d'enfance de l'auteure manitobaine Gabrielle Roy; le film est interprété par Jean Duceppe et l'enfant par Lucie Laurier. Installé à Toronto, il y fonde sa propre maison de production. (A.D.)

GRENIER, Serge, machiniste (Montréal, 1948). Après des études en sciences politiques, il débute au cinéma avec un film de Jean Beaudin (*Le diable est parmi nous*, 1972). Ensuite, il travaille à plusieurs films de Jean-Claude Lord (*Bingo*, 1974; *Parlez-nous d'amour*, 1976; *Panique*, 1977; *Éclair au chocolat*, 1978; *Toby McTeague*, 1985) et à de nombreux autres longs métrages de fiction québécois ou coproduits avec l'étranger, notamment *Les bons débarras* (F. Mankie-

wicz, 1980), *Fantastica* (G. Carle, 1980), *The Hotel New Hampshire* (T. Richardson, 1984) et *Kalamazoo* (A. Forcier, 1988). (J.D.)

GRENIER, Vincent, réalisateur (Québec, 1948). Après des études de peinture et de photographie, il se rend en Californie où il obtient une maîtrise en arts, spécialisation en cinéma, au San Francisco Art Institute. Il passe quelques années à San Francisco puis s'installe à New York où il réalise la majeure partie de ses films. Exception faite de *Window Wind Chimes Part One* (1974, cm) qui présente une structure semi-documentaire, les premiers films de Grenier révèlent une pratique d'inspiration «structurelle», très moderniste. L'accent est mis sur la littéralité du médium, l'intérêt se porte sur la technique cinématographique jusque dans ses recoins les plus absolus: la lumière (*Puits de lumière/ Light Shaft*, 1975, cm), le diaphragme et la mise au point (*Toile/Shade*, 1975, cm), le hors foyer (*Le monde au focus*, 1976, cm), l'écran (*X*, 1976, cm), l'émulsion et le projecteur (*Levant/While Revolved*, 1976; qui représente l'aboutissement de cette tendance minimaliste). Avec *Intérieur Interiors (à A.K.)* (1978, cm), Grenier introduit la représentation (une main, une silhouette) tout en présentant l'illusion photographique tridimensionnelle. Il joue alors sur l'équivoque des mécanismes de la représentation cinématographique, ce qu'il ne cessera d'approfondir dans ses films ultérieurs. *Plus proche dehors/Closer Outside* (1981, cm), *Architecture* (1981, cm), *D'après Meg* (1982, cm), *Tremblements/Tremors* (1984, cm) et *Time's Wake* (1977-1987, cm) soulèvent chacun à leur manière l'ambiguïté de l'image cinématographique conçue comme *analogon* du réel – fondement de l'illusion esthétique parfaite de la réalité au cinéma – et en même temps produit d'une série de manipulations indispensables. Ces films inscrivent profondément cette tension de l'image-écran présentée à la fois comme un cache promené sur une réalité continue, et comme cadre, surface à deux dimensions composée de coordonnées (verticale et horizontale) et de limitations imposées à la vue (rectangle sur fond noir).

La présence de nombreux «micro-événements», la participation des spectateurs à ces «micro-événements», le jeu sur l'illusion tridimensionnelle et la recherche d'ambiguïtés visuelles demeurent les traits caractéristiques des films de Grenier. Ils donnent à l'ensemble de l'œuvre une allure périphérique en même temps qu'une portée philosophique indéniable. Plusieurs de ses films ont été primés lors de festivals. (M.L.)

GRIERSON, John, producteur, réalisateur, administrateur (Stirling, Écosse, 1898 – Bath, Angleterre, 1972). Fondateur de l'école documentariste anglaise, il crée l'ONF*. Roger Blais lui a consacré un documentaire: *Grierson* (1973, mm). (P.V.)

John Grierson, caricaturé par Mayo. (ONF, coll. CQ)

GRIGNON, Claude-Henri, scénariste (Sainte-Adèle, 1894–1976). C'est Grignon lui-même qui s'est chargé de l'adaptation de son roman *Un homme et son péché*, paru en 1933. À partir de la matière scénarisée, Paul Gury réalise deux films, *Un homme et son péché* (1948) et *Séraphin* (1949). Un troisième volet est prévu, axé sur le personnage de Donalda, l'épouse fragile et résignée; il n'est pas tourné. À cause de l'âpreté qui s'en dégage, les deux œuvres ont sans doute moins vieilli que beaucoup de productions de la même époque. La première, intensément mélodramatique, traite de la misère d'être cultivateur, de l'improductivité des terres et montre Séraphin s'ingéniant à assujettir ses voisins. Elle reçoit un accueil triomphal. Malgré un rythme plus alerte et une interprétation plus nuancée, le deuxième long métrage n'obtient pas autant de succès. «Le sordide avare reçoit la meilleure leçon de sa vie», dit la publicité; mais le public, semble-t-il, n'apprécie pas que le méchant homme soit puni de son vice. *Séraphin* va à l'encontre de l'esprit anticonformiste d'*Un homme et son péché* en faisant l'apologie du défrichement et de la colonisation. N'annonce-t-il pas ainsi le téléroman *Les belles histoires des Pays d'en Haut?* Détail significatif: Grignon fait une brève apparition dans *Séraphin,* il campe un révolté s'opposant avec véhémence à la doctrine agricole du curé Labelle. (J.-M.P.)

GROULX, Gilles, monteur, réalisateur, scénariste (Montréal, 1931). Il pratique plusieurs métiers, fréquente l'École des beaux-arts et commence une carrière de peintre avant de réaliser quelques films de commande pour la télévision et de devenir monteur d'actualités au service des nouvelles de Radio-Canada. En 1957, il publie un recueil de poèmes. Il entre comme monteur à l'ONF en 1956, puis devient réalisateur. L'organisme fédéral produira tous ses films à l'exception de *Québec...* (coréal. G. Godin, 1966, cm) et *Place de l'équation* (1973, cm). Il coréalise, avec Michel Brault, son premier documentaire, *Les raquetteurs* (1958, cm), qui marque également les véritables débuts de l'équipe française de l'ONF. À l'origine, le film doit être un reportage de quatre minutes destiné à la série «Coup d'œil» et il s'en faut de peu qu'il ne voie pas le jour puisque, dans un premier temps, la direction de l'ONF le refuse. C'est pourquoi Groulx le monte dans ses moments de loisirs. Tournage et montage vont à l'encontre des méthodes en cours jusqu'alors à l'ONF; les cinéastes se font francs-tireurs et leur esprit d'initiative sera le ferment de création et de révolte qui soufflera sur l'équipe française de l'ONF jusqu'au milieu des années 60. *Les raquetteurs* devient rapidement un classique du cinéma direct*. Pendant toute une journée, la caméra observe avec indiscrétion et ironie le comportement d'un groupe de raquetteurs réunis en congrès à Sherbrooke. Le film, un portrait lucide, subjectif et critique, est une véritable démystification de la sclérose de la société québécoise d'alors. Après ce documentaire alerte et vigoureux, Groulx tourne *Normétal* (1959, cm), du nom d'une petite ville minière du Nord-Ouest québécois. L'ONF oblige le réalisateur à revoir son film. Dégoûté, il refuse de le signer. Après *La France sur un caillou* (coréal. C. Fournier, 1960, cm), documentaire sur les îles Saint-Pierre-et-Miquelon, Groulx tourne *Golden Gloves* (1961, cm). Ce portrait sensible et précis d'un jeune boxeur noir, chômeur d'un quartier ouvrier montréalais, est considéré comme l'une des meilleures réussites du cinéma direct. Groulx y révèle plus que jamais ses talents de monteur et de réalisateur, allant au cœur du sujet d'une façon instinctive, mais

sans jamais trahir la réalité. *Golden Gloves* est exemplaire de sa démarche personnelle dans le documentaire. Sur un texte de l'écrivain Paul-Marie Lapointe, le cinéaste donne ensuite une fable poétique sur le monde moderne, *Voir Miami...* (1963, cm). Poétique n'est pas un mot trop fort pour qualifier ce documentaire sur le lieu idéal de vacances

Gilles Groulx. (ONF)

hivernales des Québécois. Le didactisme et la gravité attribués depuis longtemps au documentaire sont ici définitivement abolis et font place à la spontanéité et à la liberté. Par associations, le commentaire et le montage suivent la complexité et la modulation de l'improvisation en jazz, musique qui accompagne les très belles images en noir et blanc du film. Groulx signe ensuite un autre documentaire, *Un jeu si simple* (cm), beau film grave sur le hockey, d'où ne sont pas absentes encore une fois les préoccupations politiques

Entre tu et vous, *de Gilles Groulx. (ONF)*

du réalisateur; elles prendront tout leur poids dès son premier long métrage. *Un jeu si simple* obtient le Grand Prix du Festival de Tours de 1964. Par la suite, à la demande de son employeur, Groulx atténue la portée du commentaire et produit une nouvelle version de son film mise en circulation en 1965.

Le chat dans le sac (1964) fait figure d'exemple et de pionnier dans le cinéma québécois par l'extrême liberté de sa structure et la portée politique de son sujet. Avec le budget alloué et prévu pour un court métrage, Groulx tourne son premier long métrage, qui est aussi son premier film de fiction. Il met en scène un homme et une femme aux origines différentes: elle, Barbara, est juive et anglophone; lui, Claude, est Québécois de langue française et indépen-

dantiste, porté vers l'introspection et tenaillé par un vif désir de désaliénation. Accordant une grande place à l'improvisation, *Le chat dans le sac* est proche des premiers films de Godard et de Bertolucci. Cette chronique sensible d'une prise de conscience des problèmes québécois possède un charme poétique évident et un rythme musical apparenté au jazz. Recherche d'authenticité et de vérité morale, le film est révélateur des sentiments qui agitent la société québécoise des années 60. Le cinéma direct, appliqué à ce récit autocritique, acquiert toutes ses lettres de noblesse, qui sont ici synonymes de courage, de liberté et de sincérité. Groulx continue d'approfondir l'image de l'homme québécois abordée dans son premier long métrage avec *Où êtes vous donc?* (1968). À l'origine, le projet doit être une étude sur le phénomène de la chanson québécoise, mais il dérape vers une fiction insolite et provocatrice sur la révolte et la révolution, en mettant en scène deux gars et une fille aux prises avec la dure réalité citadine. Mêlant les couleurs monochromes et le noir et blanc, la voix *off* et les intertitres, la chanson et le commentaire chanté, les angles insolites des prises de vues et l'accéléré, le film, qu'on a comparé à un oratorio lyrique, tend un miroir désespéré de la condition des Québécois qui voient constamment leurs rêves se briser sur un réel qu'ils ne réussisent pas à s'approprier. *Entre tu et vous* (1969) présente, en sept tableaux, une chronique de la vie quotidienne dominée par les médias et la publicité. Un homme et une femme ne peuvent plus communiquer, soumis qu'ils sont au bombardement idéologique qui noie leur singularité. Intransigeant et pessimiste, *Entre tu et vous* est considéré à sa sortie comme un film difficile et hermétique, jugement que le temps a contredit: sa violence formelle correspond exactement à son propos sur la répression politique et sexuelle. Groulx entreprend ensuite, avec la collaboration du politicologue Jean-Marc Piotte, *24 heures ou plus...* (1976), réflexion libre et à voix haute sur l'état politique du Québec. À cause de son propos marxiste et indépendantiste, l'ONF juge le film politiquement inacceptable et sa sortie n'est autorisée que cinq ans plus tard. Interrogation à vif sur la société québécoise, *24 heures ou plus...* perd, par ce retard, de son efficacité, malgré le montage nerveux et sûr (de documents d'archives et de prises de vues au présent) qui donne au film un solide équilibre. Toujours dans la veine militante, Groulx réalise *Primera pregunta sobre la felicidad / Première question sur le bonheur* (1977), une coproduction avec le Mexique. Après ce

documentaire volontairement sobre et elliptique sur un groupe de paysans mexicains défendant la réforme agraire, Groulx tourne *Au pays de Zom* (1982), une fable récitée et chantée sur les vices et les vertus de la richesse. Très stylisé, ce film raconte une journée dans la vie d'un industriel étroit d'esprit et imbu de lui-même, Monsieur Zom. Le récit, divisé en neuf tableaux, renvoie à Brecht avec ses intertitres, sa distanciation affichée et sa critique acerbe de la bourgeoisie. La carrière de Groulx est interrompue par un très grave accident survenu en 1980, à la fin du tournage d'*Au pays de Zom*. En 1985, il obtient le prix Albert-Tessier.

FILMS: *Les raquetteurs* (coréal. M. Brault, 1958, cm), *Normétal* (1959, cm), *La France sur un caillou* (coréal. C. Fournier, 1960, cm), *Golden Gloves* (1961, cm), *Voir Miami...* (1963, cm), *Le chat dans le sac* (1964), *Un jeu si simple* (1965, cm), *Québec...* (coréal. G. Godin, 1966, cm), *Où êtes vous donc?* (1968), *Entre tu et vous* (1969), *Place de l'équation* (1973, cm), *24 heures ou plus...* (1976), *Primera pregunta sobre la felicidad/ Première question sur le bonheur* (1977), *Au pays de Zom* (1982).

BIBLIOGRAPHIE: «Cinéastes du Québec 1»: *Gilles Groulx*, Conseil québécois pour la diffusion du cinéma, 1969 • STRARAM le Bison Ravi, Patrick, PIOTTE Pio le fou, Jean-Marc, *Gilles Cinéma Groulx le Lynx inquiet*, Cinémathèque québécoise/Éditions québécoises, 1971 • GROULX, Gilles, *Propos sur la scénarisation,* Collège Montmorency/Cinémathèque québécoise, 1986. (A.R.)

GROULX, Sylvie, réalisatrice, distributrice, recherchiste (Montréal, 1953). Elle fait partie de la première génération de cinéastes à acquérir une formation en cinéma à l'université. En marge de ses études à Concordia, elle est

Danielle Bérard et Robert Gauthier dans Chronique d'un temps flou, *de Sylvie Groulx. (Alain Chagnon)*

membre du collectif de réalisation d'*Une bien belle ville* (1975, cm) qui traite des problèmes de logement dans les quartiers défavorisés de Montréal. Elle y travaille, entre autres, avec Francine Allaire*, avec qui elle s'associe pour réaliser *Le grand remue-ménage* (1978), un documentaire qui remet en question, avec une pointe d'humour, les rapports entre hommes et femmes et les stéréotypes tenaces que transmet l'éducation. De 1978 à 1981, on la retrouve agent de distribution chez Cinéma libre. En 1982, elle est une des trois signataires de la charte instituant les Rendez-vous d'automne du cinéma québécois. Après quoi elle participe à divers jurys, enseigne au cégep, fait de la recherche et collabore à quelques documentaires de l'ONF. Elle coréalise un vidéo avec Richard Boutet, *Entre deux vagues* (mm), à l'occasion de l'année internationale

de la jeunesse (1985). Elle revient à la réalisation de film en 1988 avec *Chronique d'un temps flou*. Ce documentaire, qui sait éviter les pièges de la compassion, trace d'une façon très juste le portrait de quelques jeunes de la génération des vingt à vingt-cinq ans, dans le Québec d'aujourd'hui. Elle entreprend ensuite la réalisation d'un documentaire sur la maternité et le travail. (J.P.)

GUEISSAZ, René, producteur (Berne, Suisse, 1939). Associé à l'ACPAV* depuis 1973, il collabore à titre de directeur de production ou de producteur à près d'une quinzaine de films dont ceux de Jean-Guy Noël. (P.J. et M. S.)

GUEISSAZ TEUFEL, Dagmar, réalisatrice, recherchiste (Tuttlingen, RFA, 1941).

Dagmar Gueissaz Teufel. (Le Devoir)

Émigrée en Suisse, elle s'intéresse au cinéma et travaille chez Nagra-Kudelski. Arrivée au Québec, elle fait la transcription, à l'ONF, des dialogues du *Règne du jour* (P. Perrault, 1966). Elle passe ensuite au montage de négatif ainsi qu'à divers travaux de traduction et de version autant à l'ONF que dans l'industrie privée. De 1974 à 1982, elle conjugue sa carrière en cinéma à celle de fermière. La vie en milieu agricole, et surtout le travail non reconnu des femmes collaboratrices de leur mari, devient le sujet de son premier documentaire, *Madame, vous avez rien!* (1982, mm). Ces femmes, ayant consacré de nombreuses années à la mise sur pied de l'entreprise familiale, se découvrent un jour dépossédées du fruit de leur travail, ne jouissant d'aucun statut devant la loi. Ce portrait vivant et réaliste de femmes d'action rompt avec les images traditionnelles du monde rural. Gueissaz Teufel privilégie une approche semblable dans *Le travail piégé* (1984, mm), témoignage sur l'isolement de femmes réduites à un travail à domicile, au noir, et mal

payé. Avec Fernand Bélanger*, elle réalise *Passiflora* (1985), un film singulier où le documentaire s'allie à la fiction dans un regard irrévérencieux et caricatural sur le culte des vedettes, le pape et autres superstars. Cette collaboration se poursuit avec *Les polissons* (1987, mm), un document sur des jeunes du Nord-Ouest québécois qui refusent la passivité face au chômage, au suicide et à la pollution industrielle. Après ces deux coréalisations, elle revient à des préoccupations plus personnelles et renoue avec l'analyse des conditions de vie des femmes en traitant, dans *L'intelligence du cœur* (1988, mm), de leur travail bénévole. (P.J. et M.S.)

GUÉRIN, André, administrateur (Montréal, 1928). Formé en philosophie, en sciences politiques et en administration (Harvard), il entreprend d'abord une carrière diplomatique. En 1957, il entre à l'ONF où il retrouve des amis qui gravitent autour de la revue *Liberté*, dont il compte parmi les fondateurs. Il s'occupe de distribution, au pays et à l'étranger. En 1963, il est nommé président du Bureau de censure du cinéma et directeur de l'OFQ, devenant ainsi le plus haut fonctionnaire du cinéma de l'État québécois. Le gouvernement lui confie la réforme de la censure cinématographique et l'élaboration d'une politique du cinéma. Il joue un rôle capital dans l'abolition de la censure et son remplacement par un système de classification. Il quitte l'OFQ pour présider le BSC de 1967 à 1983. À ce titre, il conseille le gouvernement dans l'adoption et la consolidation d'une loi-cadre du cinéma. En 1983, suivant les modifications de la nouvelle loi sur le cinéma, il devient président de la Régie du cinéma, poste qu'il occupe jusqu'en 1988. Grâce à un travail soutenu et rigoureux, il contribue à doter le Québec d'un système de classification libéral et d'un outil étatique de soutien à l'industrie du cinéma unique en Amérique du Nord. (P.V.)

GUERTIN, Fernand, réalisateur, chef opérateur, producteur (Saint-Jean-Baptiste-de-Rouville, 1902). Devenu avocat en 1926, il se spécialise bientôt en droit du travail. Intéressé par la photo et le cinéma, il commence à tourner, en 1939, pour son seul plaisir. Ce métrage servira au premier film qu'il réalise pour le SCP: *Journée de vacances* (1950, cm). À la demande du chef de cabinet de Duplessis, Georges Léveillé, il commence à tourner des films de commande pour le SCP; il fonde alors la Guernand Film. Il aide aussi les Rédemptoristes (*Le chant du Saguenay*, 1953, cm; *Le sanctuaire de Beaupré*, 1955, cm) et surtout les Oblats (à trois occasions, il monte et sonorise des images filmées par le père Lafleur). En 1962, après vingt et un films, il ne tourne plus que par goût personnel. Cela donnera quelques documentaires, comme son long métrage *Souvenirs d'un grand-père* (1979). Les films de Guertin sont de facture plutôt traditionnelle. On en retient surtout la photographie, toujours très soignée. PRINCIPAUX AUTRES FILMS: *Bons ou vénéneux* (1953, cm), *Castors de Québec* (1954, cm), *Au pays des Basotho* (1955, cm), *Les Oblats au Basutoland* (1956, cm), *Une journée à Sainte-Anne* (1956, cm), *Dans les bois du Québec* (1956, cm), *Les hôtes de nos bois* (1962, cm), *Le hobby* (1962, cm). (P.V.)

GUÈVREMONT, Paul, acteur (Montréal, 1902–1979). Ce n'est qu'aux abords de la quarantaine, après avoir été vingt ans comptable dans une banque, que Guèvremont décroche un premier rôle au cinéma, celui de Jean Leber, collégien inquiet de sentir naître en lui la vocation religieuse. Le film s'intitule *À la croisée des chemins* (1943). Avec Jean-Marie Poitevin, Guèvremont collabore même à la réalisation de ce film produit par la Société des missions étrangères en réglant la mise en scène du spectacle filmé. Suivent une dizaine de longs métrages, parmi lesquels *Le curé de village* (P. Gury, 1949), *The 13th Letter* (O. Preminger, 1951), *The Luck of Ginger Coffey* (I. Kershner, 1964) et *Poussière sur la ville* (A. Lamothe, 1965). Le jeu de Guèvremont reste toujours d'une sobriété extrême. Peu d'acteurs ont pu exprimer avec autant de justesse la résignation ou le désabusement. Dans *Le gros Bill* (R. Delacroix, 1949), il a pour partenaire Amanda Alarie, qui incarne son épouse. On retrouve le couple dans la fameuse série télévisée *La famille Plouffe*. D'ailleurs, c'est surtout par le truchement de son personnage de Théophile Plouffe, homme fébrile sous des dehors sereins, faux père tranquille, que Guèvremont demeurera dans la mémoire de générations de Québécois. (J.-M.P.)

GUILBEAULT, Luce, actrice, réalisatrice (Montréal, 1935). Formée au Conservatoire d'art dramatique, elle est une des grandes comédiennes de théâtre du Québec. Elle interprète certains des plus beaux rôles du répertoire international et québécois, jouant notamment Françoise Loranger, Réjean Ducharme, Michel Tremblay, Claude Gauvreau, Jovette Marchessault et Denise Boucher. À la télévision, elle joue dans des dramatiques comme *Des souris et des hommes* et dans des séries comme *La feuille d'érable* et *Des dames de cœur*. Au cinéma cependant, elle doit attendre 1971 pour jouer un des rôles principaux de *La maudite galette* (D. Arcand). On la voit ensuite dans *IXE-13* (J. Godbout, 1971), *Le temps d'une chasse* (F. Mankiewicz, 1972), *Françoise Durocher, waitress* (A. Brassard, 1972, cm), *Le grand sabordage* (A. Périsson,

1973), *Tendresse ordinaire* (J. Leduc, 1973), *O.K. ...Laliberté* (M. Carrière, 1973), *Souris, tu m'inquiètes* (A. Danis, 1973, mm), *Par une belle nuit d'hiver* (J. Beaudin, 1974, mm), *Les beaux dimanches* (R. Martin, 1974), *Mustang* (M. Lefebvre et Y. Gélinas, 1975), *Rappelle-toi* (V. Cholokian et M. Dansereau, 1975, mm), *J. A. Martin photographe* (J. Beaudin, 1976) *Angela* (B. Sagal, 1978), et *Bargain Basement* (J. N. Smith, 1976, cm). Elle tient le rôle titre de *Réjeanne Padovani* (D. Arcand, 1973), puis le rôle principal de *La dernière neige* (A. Théberge, 1973, mm). Paule Baillargeon et Guilbeault sont les protagonistes du *Temps de l'avant* (1975) d'Anne Claire Poirier, qui fera de nouveau appel à elles pour *Mourir à tue-tête* (1979) et *La quarantaine* (1982). Longtemps, au cinéma et à la télévision, elle devra accepter de s'enlaidir, pour jouer une mégère dans *La maudite galette* et encore dans *Albédo* (J. Leduc et Renée Roy, 1982, mm), ou d'être cantonnée dans les rôles de prostituée, de femme facile, de serveuse de bar, auxquels se prête un physique pulpeux (*Des souris et des hommes*, *Le temps d'une chasse*, *Le grand sabordage*, *O.K. ...Laliberté*). Cependant, elle réussit souvent à redonner une humanité à ces rôles en faisant percevoir, par un tremblement des lèvres, un regard traqué, un geste réprimé, sous la rudesse et le cynisme affectés, la fragilité, le besoin de tendresse du personnage. Échappent à ces stéréotypes ses rôles dans *Réjeanne Padovani* (où paradoxalement elle n'apparaît que brièvement dans le rôle titre); dans *Tendresse ordinaire* – la séquence où elle vient en voisine apprendre la recette du gâteau blanc à l'héroïne est une des plus belles, des plus tendres, justement, du film; dans *Le temps de l'avant*, où elle joue une mère de famille qui, de nouveau enceinte, envisage, douloureusement, un avortement...

Figure de proue du cinéma québécois des années 70, Guilbeault, qui s'est tenue à l'écart des films érotiques et des comédies populaires, est beaucoup moins présente par la suite. Elle tourne encore dans le vidéo *Pense à ton désir* (D. Poitras, 1984, cm) et interprète un personnage de voisine dans *Qui a tiré sur nos histoires d'amour?* (L. Carré, 1986).

L'habituée des grands rôles de la scène se met, quand elle passe derrière la caméra, au service des femmes, qu'il s'agisse d'une jeune comédienne qui, en attendant un rôle, s'occupe des loisirs des personnes âgées (*Denyse Benoit, comédienne*, 1975, cm), des personnalités les plus en vue du féminisme aux États-Unis (*Some American Feminists*, coréal. N. Brossard et M. Wescott, 1977, mm), ou de

Luce Guilbeault dans O.K. ...Laliberté*, de Marcel Carrière.*

nos/vos voisines (*D'abord ménagères*, 1978). *Some American Feminists* est le résultat du désir qu'avaient les réalisatrices de s'informer sur le féminisme américain et de rencontrer ses porte-parole, de Bella Abzug à Ty-Grace Atkinson. L'attention est concentrée sur les personnes, ce qu'elles ont à dire et leurs auditrices. Le souci du cinéma ne se révèle qu'épisodiquement dans quelques séquences d'extérieurs qui font la transition entre deux *meetings*, réunions ou entrevues. Galerie de portraits et anthologie du discours féministe, *Some American Feminists* est un film attentif, et qui suscite l'attention, à la fois sérieux et très vivant, parce que les personnages sont présentés «en action». Il y a plus de fantaisie, de bonne humeur, d'atmosphère et de chaleur dans *D'abord ménagères* puisque la caméra devait, pour traquer ce travail invisible, non comptabilisé, le travail ménager, entrer dans les maisons, pénétrer au cœur de la vie quotidienne. Une complicité féminine donne au film les meilleures qualités du direct québécois, dans lequel l'équipe de réalisation est de plain-pied avec les protagonistes. (M.E.)

GULKIN, Harry, producteur (Montréal, 1927). Photographe, journaliste, syndicaliste et conseiller en marketing, il apprend le métier de producteur en autodidacte. Il produit quelques courts métrages (*Penny and Ann*, F. Vitale, 1974), des films industriels et, surtout, quatre longs métrages. Croyant fermement en l'existence d'une culture canadienne de langue anglaise, Gulkin n'a produit que des longs métrages inspirés par la littérature de son pays. Qu'elle soit d'origine juive comme dans *Lies My Father Told Me* (J. Kadar, 1975), ou qu'elle vienne de Terre-Neuve comme dans *Bayo* (M. Ransen, 1985), la culture canadienne est pour Gulkin d'une grande diversité et fondamentalement différente de celle des États-Unis. Déplorant le manque de communication entre les anglophones et les francophones, il aborde cette question en produisant *Two Solitudes* (L. Chetwynd, 1978), adaptation du best-seller de Hugh MacLennan. Très actif à l'intérieur de la communauté juive (il dirige le centre culturel Saidye Bronfman de 1983 à 1987), Gulkin est aussi le producteur de *Jacob Two-Two Meets the Hooded Fang* (T. J. Flicker, 1978), d'après le roman homonyme de Mordecai Richler. Producteur «à l'américaine», revendiquant la paternité des films qu'il produit, Gulkin a souvent affirmé que s'il avait été francophone, il aurait été réalisateur. En 1987, il devient le premier anglophone à occuper un poste de directeur de projet à la SGCQ. Il conserve cette fonction lorsque l'organisme devient la SOGIC. (M.J.)

GURIK, Robert, scénariste (Paris, 1932). Il participe à la fondation du Centre d'essai des auteurs dramatiques (1965) et reçoit, à deux reprises, la médaille Massey pour la meilleure pièce de théâtre au Canada, d'abord avec *Le pendu* (1967), ensuite avec *Les louis d'or* (1969). Il enseigne la scénarisation à l'UQAM depuis une dizaine d'années. Dans son premier scénario, *Les vautours* (J.-C. Labrecque, 1975), écrit en collaboration avec Jacques Jacob, il construit autour des souvenirs du réalisateur l'histoire du jeune Louis Pelletier, coincé entre la mort de sa mère et celle de Duplessis. Avec la collaboration de Marie Laberge, il scénarise la suite de cette chronique, *Les années de rêves* (J.-C. Labrecque, 1984) en essayant d'intégrer l'itinéraire individuel de son personnage dans l'aventure collective du Québec des années 60. Mais l'évocation de la Révolution tranquille engendre plus une série d'anecdotes nostalgiques qu'une véritable narration. Il apporte ensuite sa collaboration à Michel Langlois pour le scénario de *La femme de l'hôtel* (L. Pool, 1984), réflexion sur la création et l'amour à travers la dérive de trois femmes. Auparavant, Gurik avait scénarisé un court métrage, *Le toasteur* (M. Bouchard, 1982), histoire amusante d'un ouvrier qui fait du zèle. Ses préoccupations sociales s'expriment mieux à la télévision, dans des séries comme *Jeunes délinquants* (1979), *La pépinière* (1984) ou *Comment acheter son patron* (1986), toutes réalisées par Jean-Paul Fugère et diffusées à Radio-Canada. (H.-P.C.)

GURY, Paul (Louis-Marie Le Gouriadec, dit Loïc), réalisateur, acteur, scénariste (Vannes, France, 1888 – Montréal, 1974). Il vient très tôt au théâtre, comme comédien et auteur. Il émigre au Canada en 1909, mais retourne épisodiquement travailler en France à titre d'acteur (notamment dans trois films d'Henry Wulschleger), scénariste et acteur (*Le mort en fuite*, A. Berthomieu, 1936 — le scénario de Gury sera d'ailleurs adapté, en 1938, par René Clair dans *Break the News*), ou scénariste (*La fugue de Monsieur Perle*, R. Richebé, 1952; *Les deux font la paire*, A. Berthomieu, 1954). Il est directeur du Théâtre national de 1918 à 1923, et plusieurs de ses

pièces y sont jouées. En 1949, il participe à la création du théâtre du Rideau vert, aux côtés de sa femme, Yvette Brind'Amour. Il écrit beaucoup pour la radio; on lui doit notamment les feuilletons *Rue principale* (1941-1959) et *Vies de femmes* (1952-1966). Lorsque Québec Productions cherche un réalisateur québécois pour tourner *Un homme et son péché* (1949), d'après le célèbre radioroman de Claude-Henri Grignon, on approche Gury qui est le seul homme disponible à posséder une expérience professionnelle de comédien et de scénariste. Le succès du film est énorme et la réalisation constitue un progrès par rapports aux fictions québécoises antérieures. On apprécie ce sujet typiquement québécois. Sur cette lancée, Québec Productions lui confie l'adaptation d'un autre radioroman, *Le curé de village* (1949), d'après Robert Choquette. Gury signe là sa meilleure réalisation: la direction d'acteur est maîtrisée, le récit bien mené, la vie du village évoquée avec charme. «Le cinéma québécois existe enfin», pense-t-on

Hector Charland et Nicole Germain dans Séraphin *de Paul Gury. (CQ)*

alors. Naturellement c'est Gury qui tourne la suite d'*Un homme et son péché, Séraphin* (1950). Cette fois, les grands quotidiens applaudissent et la presse plus intellectuelle siffle. Si, aujourd'hui, ce film lourd semble constituer un recul par rapport aux autres films de Gury, il intéresse tout de même les sociologues qui y voient une réintégration du mythe de la colonisation. Après ce film, Gury se consacre essentiellement au théâtre. (P.V.)

GUTIERREZ, German, réalisateur, assistant-réalisateur, chef opérateur, (Bogotá, Colombie, 1955). Il se passionne pour le théâtre dès ses études secondaires. Décidé à devenir acteur, il se joint, en 1969, à une troupe de théâtre expérimental. En 1971, la troupe est invitée à se produire au festival de Nancy (France). Gutierrez reste trois ans en France puis, faute de travail, abandonne le métier d'acteur. En 1975, il immigre au Canada et s'installe à Montréal. Trois ans plus tard, il compte parmi les fondateurs de Timana Films qui produit plusieurs films se rapportant à la Colombie. Puis, il étudie le cinéma au collège Algonquin (Ottawa). De retour à Montréal en 1981, il travaille comme assistant-réalisateur. Son premier film, *Café* (1983, mm), est une étude sociale sur la production et la distribution du café. *La familia latina* (1985, mm), qu'il réalise à l'ONF, lui vaut une certaine notoriété. Il y réunit les témoignages d'exilés et d'immigrants du Chili, d'Argentine, du Salvador et d'autres pays latino-américains chez qui il analyse les effets du dépaysement et, de manière plus générale, la sensation d'être *l'autre* dans la société québécoise. Ce bilan de recherches sur l'intégration des latino-américains au Québec lui vaut un prix à Yorkton. (J.A.)

GUY, Suzanne, réalisatrice (Québec, 1956).

Après avoir été tantôt assistante à la réalisation, tantôt scripte, elle coréalise, avec Guy Simoneau*, *On n'est pas des anges* (1981), documentaire émouvant sur la sexualité occultée des personnes handicapées. En 1984, elle poursuit seule son exploration des sujets en périphérie de la sexualité et aborde, dans *C'est comme une peine d'amour,* une question brûlante d'actualité, l'avortement. Évitant de prendre trop ouvertement parti, elle propose un habile dosage d'empathie et de froideur clinique: son film livre les témoignages de femmes avortées et montre un avortement. En 1985, elle réalise un film-clip sans toutefois souscrire aux règles qui régissent tacitement l'esthétique de ce genre envahissant. Elle met en images une chanson méconnue de Céline Côté, *Les enfants aux petites valises*, dont le propos, les enfants du divorce, convient parfaitement à ses préoccupations humanistes. Après avoir occupé le studio du Québec à New York, où elle prépare un film sur la réussite des Québécois dans la métropole américaine, elle réalise *Les bleus au cœur* (1987). Tourné à la maison Tanguay, le film, construit autour d'une série de témoignages révélateurs, pose un regard pénétrant sur la vie des femmes en milieu carcéral. Elle tourne ensuite, à Toronto, *L'enfant de la ville bleue* (1987, cm), film sur les maternités tardives qui s'inscrit dans le cadre de la série ontaroise «Transit 30/50». L'année suivante, elle assure la partie documentaire d'un téléfilm sur la violence conjugale, *L'emprise* (coréal. M. Brault, 1988, mm) qui obtient plusieurs prix à Yorkton. Guy, dont les films offrent toujours une image très soignée, oriente principalement son cinéma vers les femmes, sans opter pour une approche militante. Qu'ils s'intéressent au couple ou à la criminalité, les films de Guy privilégient l'émotion et explorent, sous différents angles, les rapports humains. (M.C.)

HALLIS, Ron, réalisateur, chef opérateur, preneur de son (Montréal, 1945). Il est, au Québec, un des principaux artisans du documentaire anglophone indépendant, et l'inlassable propagandiste en Amérique du Nord de la solidarité avec les mouvements de libération du tiers monde, particulièrement celui des Noirs d'Afrique du Sud.

Après des études à McGill, Hallis acquiert d'abord une bonne réputation de technicien, en particulier comme chef opérateur, plusieurs fois primé, de ses propres films. Ses documentaires, *Night Shift* (1970, cm) et *Toni, Randi & Marie* (1973) auquel est intégré *Night Shift* sont des portraits sensibles de personnages marginaux. Hallis enseigne également le cinéma au Québec et à l'étranger; cette seconde carrière est couronnée par l'invitation que lui fait l'Institut national du cinéma du Mozambique, en 1977, peu après la libération du pays, de venir former des techniciens et de mettre sur pied des services de production et de distribution. Suivent, au cours des cinq années suivantes, une série de documentaires (film et vidéo) sur le Mozambique, le Zimbabwe et le Moyen-Orient, qui combinent observation ethnographique et engagement politique, parmi lesquels *I Can Hear Zimbabwe Calling* (1981, mm) et *Iran, Adrift In a Sea of Blood* (1986, mm). Ces films véritablement internationalistes ont été mis à l'horaire de la plupart des télévisions occidentales et à la Cinémathèque québécoise, au Museum of Modern Art et au Séminaire Grierson. (T.W.)

HAREL, Pierre, réalisateur, acteur, monteur, musicien, scénariste (Sainte-Thérèse-de-Blainville, 1944). Après de brèves études à l'université, il réalise un documentaire intitulé *Taire des hommes* (coréal. P. Gélinas, 1968, mm) sur les événements sanglants qui marquent le défilé de la Saint-Jean de juin 1968. La même année, il tourne *Sombreros inutiles*, film inachevé qui met en vedette Robert Toupin, Louise Laparé, Robert Lalonde, Claude Maher et Pierre Harel; la pellicule est saisie pendant la crise d'Octobre 1970. Il travaille ensuite, en collaboration avec Arthur Lamothe, à deux films pilotes d'une série éducative à caractère politique intitulée «Actualités cinématographiques».

Au début des années 70, il participe à la création du groupe rock Offenbach dont il est alors l'auteur-compositeur et le chanteur. Ce groupe signe la musique de son premier long métrage de fiction, *Bulldozer* (1974). Sorte d'opéra-rock des gueux prenant place dans un dépotoir d'Abitibi, ce film présente le monde *underground* qui caractérisera toute la production de Harel. Les récupérateurs de carton, le cul-de-jatte, les partenaires incestueux constituent une faune ultra-marginale au sein de laquelle se retrouve l'essentiel du cinéma de Harel: un amour violent qui cherche par tous les moyens à se libérer. Entre

Pierre Harel et Paule Baillargeon dans Vie d'ange. *(CQ)*

1974 et 1979, il tourne son plus beau film: *Vie d'Ange* (1979). Ici, la poésie urbaine de la musique d'Offenbach ou de Corbeau, groupe dont il est aussi l'initiateur, éclate dans la représentation expressionniste d'un monde *punk* où l'être se révèle dans le drame. *Vie d'ange* décrit la rencontre d'un soir de Star Morgan et d'Elvis, chanteurs vedettes que leurs ébats amoureux soudent l'un à l'autre. Ils ne parviennent à se libérer qu'en abandonnant l'agressivité et la violence qui avaient jusque-là marqué leur relation pour leur préférer une tendresse qui les amène à laisser tomber masques et faux-fuyants. C'est ainsi qu'ils avouent enfin leurs véritables noms, Pierre et Paule (Pierre Harel et Paule Baillargeon). Persévérant malgré les nombreux problèmes qui accompagnent la production de ses films, Harel tourne ensuite un

vidéofilm, *Grelots rouges sanglots bleus* (1987). Dans un style volontairement théâtral, il met une fois de plus en scène les rapports violents qui déchirent un couple (Luc Matte et Magda Gaudreault). L'intérêt du film réside principalement dans l'interruption du récit par des performances picturales l'illustrant et des discussions du réalisateur avec les critiques Minou Petrowski et Richard Martineau. S'inspirant d'une légende amérindienne de la Côte Nord, Harel prépare ensuite *Kamikua Kushit*, l'histoire d'un Indien qui gagne l'amour d'une femme blanche, personnage qui doit être interprété par une Indienne.

Bien que présentant parfois des excès maladroits, le cinéma de Harel, sans compromis et, à certains égards, expérimental, est caractérisé par sa grande intégrité. (J.D.)

HART, Harvey, producteur, réalisateur (Toronto, 1928). Formé à la télévision (plusieurs dramatiques pour la CBC entre 1959 et 1963), il réalise à Hollywood *Bus Riley's Back in Town* (1965), son premier long métrage destiné aux salles. En 1970, il se rend à Québec afin de prendre en main le tournage de *Fortune and Men's Eyes* (1971), tiré de la pièce de John Herbert. Jules Schwerin avait déjà agi comme réalisateur pendant vingt-deux jours, mais Hart décide de tout recommencer. Après le tournage, à Kleinberg, en Ontario, de *Mahoney's Last Stand* (1971), qui ne sortira qu'en 1976, c'est à Montréal qu'il réalise *The Pyx* (1973), excellente adaptation du livre de John Buell. Tourné en anglais, les Québécois s'y expriment pourtant en français – chose suffisamment inusitée pour qu'elle mérite d'être signalée – donnant ainsi une œuvre quasi bilingue. À côté de la vedette hollywoodienne de service (Karen Black), et d'un Christopher Plummer au meilleur de sa forme, Donald Pilon, Jean-Louis Roux et Yvette Brind'Amour réussissent des compositions parfaites. Prolifique, Hart livre un film ou une mini-série par année, parfois d'origine canadienne – *Shoot* (1976), *Goldenrod* (1976), *The High Country* (1980), *Utilities / Getting Even* (1981) et *Stone Fox* (1987) – parfois d'origine américaine mais dont le tournage a lieu au Canada, tel *Reckless Disregard* (1984). (D.J.T.)

HARWOOD, Pierre, producteur, administrateur (Montréal, 1913 – 1967). Fils d'une riche famille montréalaise, il fait d'abord carrière dans le monde de la finance. Il s'intéresse au cinéma en s'occupant des appareils de projection de la Ligue antituberculose, dont sa mère est présidente. Ce violon d'Ingres devient son nouveau métier. Durant la guerre, il entre chez ASN à titre de chef des services Bell & Howell. C'est là qu'il rencontre Henri Michaud. Ensemble, ils fondent Phoenix Studios en février 1947. L'objectif de la compagnie est de tourner du film utilitaire ou commercial et d'offrir des services de postproduction en langue française. Leur première réalisation sera un court métrage pour Bell Téléphone. Imperial Oil, Massey Harris et Alcan seront parmi leurs clients. Lorsqu'en 1950, Michaud et Harwood fondent Omega Productions, ce dernier s'occupe davantage de l'administration de la compagnie. Jusqu'à son décès, il en sera le vice-président. (P.V.)

HAZANAVICIUS, Claude, ingénieur du son, réalisateur (Paris, 1939). Il apprend son métier à Paris et travaille à l'ORTF. Invité par l'ONF, il arrive à Montréal en 1967 et reste à l'emploi de l'institution jusqu'en 1979. Durant cette période, il collabore à une trentaine de longs métrages, notamment avec Jacques Godbout (*Kid Sentiment*, 1967; *IXE-13*, 1971; *Derrière l'image*, 1978) et Jean Pierre Lefebvre (*Jusqu'au cœur*, 1968; *La chambre Blanche*, 1969; *Q-Bec my love*, 1969; *Les fleurs sauvages*, 1982; *Le jour «S...»*, 1984), Francis Mankiewicz (*Le temps d'une chasse*, 1972; *Les beaux souvenirs*, 1981), Claude Jutra (*Wow*, 1969; *Mon oncle Antoine*, 1971) et Gilles Groulx (*Entre tu et vous*, 1969). Après 1979, il partage son temps entre les coproductions (*La guerre du feu*, J.-J. Annaud, 1981; *Au nom de tous les miens*, R. Enrico, 1983) et les séries télévisées (*Mount Royal*, 1987). Il a remporté trois Canadian Film Awards (*Mon oncle Antoine*; *Le temps d'une chasse; One Man*, R. Spry, 1977) et un prix Génie (*La guerre du feu*). En 1979, il réalise *L'enfant fragile* (coréal. T. Vamos), un documentaire sur l'importance de la communication entre parents et enfants. (Y.R.)

HÉBERT, Anne, scénariste (Sainte-Catherine de Portneuf, 1916). Quand elle entre à l'ONF en 1954, Hébert vient de publier *Le tombeau des rois*, son plus important recueil de poésie. À l'ONF, elle rédige les commentaires de films comme *La femme de ménage* (L. Forest, 1954, cm) et *Midinette* (R. Blais, 1954, cm). Le ton est volontiers lyrique, empreint d'un intérêt marqué pour les faits sociaux et d'une sollicitude aiguë à l'égard

Anne Hébert.

des êtres de modeste condition. En 1959, elle écrit, à partir de l'un de ses propres contes, le scénario de *La canne à pêche* (F. Dansereau, cm). On lui doit aussi le scénario de *Saint-Denys Garneau* (L. Portugais, 1960, cm). Au début des années 70, elle travaille avec Claude Jutra («une complicité diabolique», ironisera le cinéaste) à la rédaction du scénario de *Kamouraska*, inspiré de son roman le plus connu du public. De l'avis de la critique, le récit devient alors plus sentimental, moins résolument féministe, quelque peu édulcoré. Si le film demeure fidèle au livre quant à l'esprit, il faut en effet observer qu'il n'en a

pas la violente luxuriance. Le scénario des *Fous de Bassan* (d'après l'ouvrage édité en 1982) n'est pas d'Hébert mais, à la suite des démêlés entre Francis Mankiewicz et les producteurs, elle use de son droit de veto pour obliger ces derniers à engager un réalisateur qui lui convienne. S'estime-t-elle satifaite de l'adaptation tournée par Yves Simoneau? Il semble que oui. En 1983, dans la série «Profession: écrivain», Claude Godbout lui consacre un film intitulé *Anne Hébert: dompter les démons*. (J.-M.P.)

HÉBERT, Marc, réalisateur, monteur, scénariste (Montréal, 1938). Il débute comme monteur, à Radio-Canada (1961), puis à Niagara Films et à Hydro-Québec. Il participe au montage de *La terre à boire* (J.-P. Bernier, 1964), *De mère en fille* (A. C. Poirier, 1967) et *St-Jérôme* (F. Dansereau, 1968). Il réalise ses premiers films pour Hydro-Québec: *Manic, mon pays adoptif* (1962, cm), *Manic V* (1965, cm), *Montréal la nuit* (1966, cm) et *À l'échelle du Québec* (1966, cm). Ses films se distinguent par un souci de contribuer à l'inventaire visuel du paysage québécois, tout en appliquant les techniques du direct, surtout au niveau de la prise de son. Ses films les plus importants sont des films de montagne, et lui valent une réputation mondiale. Produit à l'ONF, *Les rochassiers* (1969, mm) est, dans l'histoire du cinéma, le premier film sur l'escalade tourné en son direct. *Le pilier de cristal* (1978, cm), magistral exercice visuel sur l'escalade de glace tourné aux chutes Montmorency, près de Québec, remporte une dizaine de prix. *Trinité* (1987, mm), produit dans l'industrie privée, montre l'escalade périlleuse du cap Trinité, un pic à la verticale de trois cents mètres situé sur le bord du fjord du Saguenay, par trois alpinistes. Ce film est tourné dans des conditions techniques hors du commun, les cinéastes étant suspendus avec les grimpeurs, entre ciel et mer. Pour l'ONF, Hébert a aussi réalisé *Ameshkuatan: les sorties du castor* (coréal. M. Bulbulian, 1978, cm), documentaire ethnographique en langue montagnaise tourné sur la Côte Nord, et *Kluane* (coréal. R. Rochat, 1981, mm), un reportage touristique sur ce parc national du Yukon. (P.D.)

HÉBERT, Paul, acteur (Thetford Mines, 1924). Après avoir joué au théâtre au Patro de Lévis, il se joint, en 1945, à la troupe les Comédiens, à Québec. En 1949, il part étudier trois ans en Europe grâce à des bourses. De retour au pays, il sera comédien, professeur de théâtre et metteur en scène. On peut l'entendre à la radio et le voir sur la scène et à la télévision, tant au réseau anglais que français. Au cinéma, on le voit d'abord dans un film d'Irvin Kershner, *The Luck of Ginger Coffey* (1964) puis dans *La vie heureuse de Léopold Z*. (G. Carle, 1965) où il interprète le rôle de Théophile Lemay, patron nouveau riche. On le revoit dans *C'est pas la faute à Jacques Cartier* (Georges Dufaux et C. Perron, 1967) où il compose un amusant personnage d'antiquaire philosophe et facétieux. Il dirige le Conservatoire d'art dramatique de Montréal et occupe la vice-présidence du Centre national des arts (1969). Il joue dans *Le Martien de Noël* (B. Gosselin, 1970) puis travaille essentiellement à Québec. Hébert dirige le Conservatoire d'art dramatique de Québec en 1970 et assure la direction artistique du Trident de 1970 à 1974 et de 1976 à 1978. Un prix d'interprétation remis chaque année à Québec porte d'ailleurs son nom. Il revient en force au cinéma dans les années 80, alors qu'on sait utiliser sa longue silhouette pour faire de lui le prototype de l'homme brisé, fatigué. Dans *Les beaux sou-*

venirs (F. Mankiewicz, 1981), il est ce mari abandonné, ce père soumis, écrasé par l'amour exigeant de sa cadette, Marie (Monique Spaziani). Dans *Pluie d'été* (F. D'Auteuil, 1985, cm), il est ce veuf inconsolable qui reprend contact avec une présence féminine grâce à un épouvantail (Linda Sorgini). Dans *Les fous de Bassan*, il est ce père fermé, à jamais brouillé avec son fils (Steve Banner). Dans *Le dernier havre* (D. Benoit, 1986), il est ce pêcheur mis à la retraite que le large rappelle. Il tient le rôle titre dans *Alfred Laliberté sculpteur, 1878-1953* (J. P. Lefebvre, 1987). Il joue également dans *Les yeux rouges ou les vérités accidentelles* (Y. Simoneau, 1982), dans le téléfilm *Des amis pour la vie* (A. Chartrand, 1988), dans *La nuit avec Hortense* (J. Chabot, 1988) et dans *Les tisserands du pouvoir* (C. Fournier, 1988). (M.C. et G.K.)

HÉBERT, Pierre, animateur, réalisateur, producteur (Montréal, 1944). Après des études en anthropologie, il débute de manière artisanale en gravant sur pellicule trois petits films drôles et corrosifs: *Histoire grise* (1962, tcm), *Histoire d'une bébite* (1962, cm) et *Petite histoire méchante* (1963, tcm). Il enchaîne avec *Opus 1* (1964, tcm), une œuvre abstraite explorant le phénomène de la persistance rétinienne. L'année suivante, il entre à l'ONF et poursuit ses recherches visant à provoquer chez le spectateur des réactions essentiellement physiques. S'ensuivent des films abstraits, construits à partir de répétitions combinatoires de séries d'images: *Op Hop* (1965, tcm); *Opus 3* (1967, cm); *Autour de la perception* (1968, cm). *Explosion démographique* (1967, cm), autre film abstrait, annonce malgré tout une seconde période dominée par l'utilisation de la technique du papier découpé. Refusant de faire un cinéma uniquement formel, Hébert cherche alors à donner à ses films une portée politique et historique. Il lorgne même vers la science à travers un film abstrait: *Notions élémentaires de génétique* (1971, tcm). Avec *Père Noël, Père Noël* (1974, cm), où il intègre l'animation de papier découpé à des images documentaires, il atteint un sommet et amorce une réflexion sur la commercialisation de Noël. L'année suivante, il participe au film collectif *Les Contes de la mère loi sur le cinéma*. Entre 1974 et 1979, il enseigne le cinéma d'animation et donne des ateliers dans le Bas Saint-Laurent et en Acadie. Sensible à la drôlerie et à l'émotion que l'on trouve dans la maladresse des films d'amateurs, il commence à se passionner pour une animation chaotique qui soit autre chose que la simulation de mouvements fluides. En 1978, il revient à la gravure sur pellicule avec *Entre chiens et loup* (cm), où il aborde la question du chômage. Puis, c'est *Souvenirs de guerre* (1982, cm), où alternent la gravure sur pellicule et le papier découpé. Autour d'une femme fredonnant une berceuse à son enfant se dessine un monde militarisé où l'agression est le lot du quotidien. À l'aide de couleurs tranchées, d'un montage brusque et de formes coupantes, Hébert dénonce la guerre avec virulence. Exploitant les oppositions musique folklorique-sonorités concrètes et papier découpé-gravure sur pellicule, il met en application son idée voulant qu'il faille «décider du style d'un film, de son imagerie, comme on décide d'un décor de théâtre, c'est-à-dire en faisant en sorte que le tout surgisse d'une réflexion dramaturgique». Après ce film, ses expérimentations l'obligent à sortir des cadres. D'une part, il cherche à réaliser des films qui réagissent à des situations concrètes, sacrifiant ainsi les longues périodes de réflexion et de fignolage qui vont de pair avec le cinéma

d'animation traditionnel. D'autre part, refusant le confort, il cherche le déséquilibre en confrontant son mode d'expression aux autres arts. C'est ainsi qu'*Étienne et Sara* (1984, cm) s'inspire de la naissance de deux enfants et de la rencontre du cinéaste avec le poète belge Serge Meurant. Dans cette lignée, *Ô Picasso (tableaux d'une surexposition)* (1985, cm) est une confrontation avec la peinture à

Pierre Hébert. (ACPQ)

l'occasion de l'exposition Picasso au Musée des beaux-arts de Montréal. Mais c'est surtout dans son rapport avec la musique qu'Hébert a cherché le métissage des arts. En 1984, voulant faciliter la diffusion de ses films, il a l'idée d'un spectacle où ceux-ci sont projetés pendant que trois musiciens improvisent une trame sonore. C'est ainsi que naît Chants et danses du monde inanimé, un groupe composé du cinéaste et des musiciens Jean Derome, Robert M. Lepage et René Lussier. *Le métro*, prix du meilleur court ou moyen métrage québécois en 1984, est issu de ce premier spectacle. Plusieurs performances et tournées suivent, Hébert cherchant constamment à augmenter la part d'improvisation à l'intérieur de son travail. Il remporte le Melkweg Cinema Award for Reality Research du centre multimédia Melkweg d'Amsterdam. Il commence à graver des films en direct en 1986, dans le spectacle *Confitures de Gagaku*. Il récidive l'année suivante avec *Adieu bipède* où il grave un film en boucle pendant le spectacle. Parallèlement à cela, il participe à des spectacles de danse (*The Technology of Tears*, de Rosalind Newman) et à des performances (*Mutations*, de Michel Lemieux). À la fin de 1987, toujours avec les mêmes musiciens, il réalise *Adieu Leonardo*, une performance où la référence à la vie de Léonard de Vinci le fait renouer avec une certaine trame narrative. Puis, il participe à Conversations, une série de performances où, à partir d'un thème choisi au hasard, quatre participants (une danseuse, un musicien, une écrivaine et un cinéaste) improvisent pendant environ une heure. Le spectacle épouse alors une forme évolutive axée sur l'interaction des moyens d'expression. À partir des boucles qu'il a gravées en direct, il réalise ensuite *La lettre d'amour* (1988, cm).

Hébert réalise des séquences d'animation pour les films de quelques cinéastes, notamment Jean Pierre Lefebvre (*Le révolutionnaire*, 1965), Tahani Rached (*Beyrouth! À défaut d'être morts*, 1983, mm) et Fernand Bélanger (*L'émotion dissonante*, 1984). En 1988, il entreprend la réalisation d'un premier long métrage. Producteur à l'ONF de 1969 à 1971, il travaille avec Suzanne Gervais (*Cycle*, 1971, cm), et Francine Desbiens (*Les bibites de Chromagnon*, 1971, cm). En 1988, ASIFA CANADA fait de lui le premier récipiendaire du prix Héritage-McLaren, prix remis annuellement à une personne ou à un organisme dont le travail se situe dans le prolongement de l'œuvre et de la pensée de Norman McLaren.

FILMS: *Histoire grise* (1962, tcm), *Histoire d'une bébite* (1962, cm), *Petite histoire méchante* (1963, tcm), *Opus 1* (1964, tcm), *Op hop* (1965, tcm), *Postez tôt* (1966, tcm), *Explosion démographique* (1967, cm), *Opus 3* (1967, cm), *Autour de la perception* (1968, cm), *Le renard et le corbeau* (coréal. F. Desbiens, M. Pauzé et Y. Leduc, 1970, tcm), *Notions élémentaires de génétique* (1971, cm), *Du coq à l'âne* (coréal. F. Desbiens et S. Gervais, 1973, cm), *C'est pas chinois* (coréal. G. Gascon, 1973, cm), *Père Noël Père Noël* (1974, cm), *Entre chiens et loup* (1978, cm), *Souvenirs de guerre* (1982, cm), *Étienne et Sara* (1984, cm), *Love Addict* (coréal. F. Bélanger, 1985, tcm), *Le métro* (1985, cm), *Ô Picasso (tableaux d'une surexposition)* (1985, cm), *Adieu bipède* (1987, cm) *La lettre d'amour* (1988, cm). (M.J.)

HÉBERT, Yves, producteur, réalisateur (Montréal, 1939). Il fait des études en architecture, puis se tourne vers le cinéma et fréquente l'IDHÉC (Paris). Au cours de son séjour en France, il est stagiaire en production auprès de Philippe Senne pour les films *2 ou 3 choses que je sais d'elle* (J.-L. Godard, 1967) et *L'écume des jours* (C. Belmont, 1967). De 1968 à 1970, il se consacre surtout à la réalisation chez Production 8/16 (série *Au grand air*, 1968, cm) et chez Mondo-Vision, où il signe une série sur le sport de même que des documentaires. Vice-président de Projex Films de 1970 à 1974, il y produit la série «Le Vieux Montréal» (R. Avon, 1971), ainsi que deux autres séries qu'il coréalise avec René Avon: «Les grands-mères» (1972) et «Mon pays mes amours» (1973). En 1974, il fonde sa propre compagnie de production et produit de nombreux documentaires et films publicitaires. Il est notamment producteur d'un long métrage pour enfants fait pour la télévision, *Le trésor de Nouvelle-France* (V. Davy, 1979). En 1986, il entreprend la production d'*Ann McNeil*, adaptation d'un roman historique, que doit réaliser Jean Beaudin. Le projet est abandonné, en raison de problèmes financiers, à quelques jours du tournage. (M.-J.R.)

HÉNAUT, Suzanne, productrice (Montréal, 1956). Elle débute en 1975, comme assistante-monteuse et assistante à la production de films publicitaires. En 1978, elle participe à la mise sur pied de l'Inuit Broadcasting Corporation. De 1978 à 1984, elle continue à travailler dans le domaine de la publicité à titre de directrice de production. Parallèlement, elle est régisseure (*Dirty Tricks*, A. Rakoff, 1980; *Hey Babe!*, R. Zielinski, 1982) et directrice de production (*Sonatine*, M. Lanctôt, 1983; *Lune de miel*, P. Jamain, 1985) pour quelques longs métrages. En 1985, elle s'associe à Jacques et Claude Bonin au sein des Films Vision 4, où elle produit ou coproduit *Henri* (F. Labonté, 1986), *Pellan* (A. Gladu, 1986), *Candy Mountain* (R. Frank et R. Wurlitzer, 1987), *Gaspard et fils* (F. Labonté, 1988) et *Sous les draps les étoiles* (J.-P. Gariépy, 1989). Très active dans le milieu du cinéma, elle a aussi travaillé à l'organisation du Festival international du nouveau cinéma et de la vidéo, ainsi qu'à celle du colloque Convergence. Sa mère, Dorothy Todd Hénaut, est productrice et réalisatrice. (M.J.)

HENRICHON, Léo, réalisateur (Newport, États-Unis, 1912 – Trois-Rivières, 1986). Il vient au Québec pour y faire ses études. Il obtient ensuite un premier emploi dans une compagnie forestière, puis un second dans une usine de guerre à Sorel. Il exploite ensuite, à Trois-Rivières, un important studio de photographie. Amant et défenseur inconditionnel de la nature, il multiplie les excursions en forêt, toujours à la recherche de nouveaux lacs, et il affectionne particulièrement les descentes de rivières. Au fil de ses nombreuses expéditions, muni de sa caméra Bolex, il tourne une quantité impressionnante de pellicule. Il fait lui-même le montage de ses films qu'il présente surtout dans les clubs de chasse et pêche. On lui doit, entre autres, la série «Hors sentiers» (treize émissions de trente minutes). En 1974, il réalise *Ungava: terre lointaine* (coréal. P. Marchand), un film qui démontre son talent d'explorateur et de coureur des bois. Plusieurs originaux de ses films sont détruits par l'inondation de son studio, dans les années '70.
PRINCIPAUX AUTRES FILMS: *Plaisirs de pêche* (1961, cm), *L'appel de la rivière du Loup* (1979, cm), *Journée de pêche au Québec* (1984, cm). (J.-L.D.)

HÉROUX, Claude, producteur (Montréal, 1942). Diplômé en sciences politiques de l'Université de Montréal, il est encore étudiant lorsqu'il collabore, comme assistant-producteur puis directeur de production, aux deux premiers films de son frère Denis. Par la suite, il est producteur délégué de *Pas de vacances pour les idoles* (D. Héroux, 1965) et producteur de *7 fois... (par jour)* (D. Héroux, 1971). Il fonde avec Denis Héroux la maison de production Cinévidéo, en 1970, où il produit les films que son frère réalise, d'*Un enfant comme les autres...* (1972) à *Pousse mais pousse égal* (1974). Des divergences d'opinions avec Justine Héroux l'amènent à quitter la compagnie en 1974. Il devient alors producteur chez Astral Bellevue Pathé, notamment de *In Praise of Older Women* (G. Kaczender, 1978). Puis, en 1979, il fonde Filmplan International avec Pierre David et le torontois Victor Solnicki. La compagnie se spécialise dans la production de films à diffusion internationale, et offre une structure de production aux maisons déjà existantes. *Visiting Hours* (J.-C. Lord, 1981), *Scanners* et *Vidéodrome* (D. Cronenberg, 1981 et 1983) comptent parmi les productions de la compagnie. Depuis 1986, il dirige les Communications Claude Héroux et produit, pour la télévision, des séries de prestige sur des sujets sportifs: *Lance et compte* (J.-C. Lord, 1987; R. Martin, 1988 et 1989) et *Formule I* (N. Castillo, 1988). (J.P.)

HÉROUX, Denis, producteur, réalisateur (Montréal, 1940). Diplômé de l'Université de Montréal en histoire et en études françaises, il s'initie au cinéma en participant à l'émission *Images en tête* de Jean-Yves Bigras à Radio-Canada. À l'université, il convainc l'association étudiante de remplacer la traditionnelle revue satirique de fin d'année par la projection d'un long métrage qu'il coréalise avec Stéphane Venne et Denys Arcand. Grâce à son esprit d'initiative, Héroux obtient la collaboration de techniciens de l'ONF (Brault, Groulx, Carrière, etc.) et *Seul ou avec d'autres* (1962) voit le jour. Le film, au ton sympathique, raconte la petite vie d'une étudiante en première année universitaire. L'année suivante, toujours pour l'association étudiante, avec la collaboration de l'ONF, il écrit et réalise seul *Jusqu'au cou* (1964), dans la veine de *Seul ou avec d'autres*.

Il enseigne peu de temps et entre ensuite chez Onyx Films où il produit des films commandités. En 1965, à la demande de J.-A. DeSève, il réalise un premier long métrage professionnel: *Pas de vacances pour les idoles*. Misant sur la popularité de quelques vedettes de la télévision (Joël Denis, Suzanne

Denis Héroux.

Lévesque, etc.), ce film aux visées commerciales claires s'adresse avant tout à un public jeune. Après avoir tourné quelques documentaires, il revient au long métrage et signe *Valérie* (1968), qui marque le départ d'une série de films érotiques, mais demeure tout de même rattaché aux valeurs traditionnelles. On y suit une orpheline devenue prostituée, sauvée par l'amour, la vie familiale et la maternité. Immense succès commercial, ce film fait naître l'espérance d'une production québécoise économiquement viable et propulse son réalisateur et son interprète principale, Danielle Ouimet, au rang de vedettes. Dans la foulée de *Valérie*, Héroux signe *L'initiation* (1969), *L'amour humain* (1970) et *7 fois... (par jour)* (1971, coproduction tournée en Israël et produite par son frère Claude Héroux – qui produira ensuite la majorité de ses films au sein de leur compagnie –, ce film témoigne déjà de la volonté de Héroux de dépasser les frontières du Québec. Il marque aussi le début de sa collaboration avec le producteur John Kemeny, avec qui il fondera

International Cinema Corporation en 1979. En 1972, Héroux profite de la fraîche popularité du petit René Simard et signe *Un enfant comme les autres*.... Situé entre la fiction et le documentaire, ce long métrage qui s'inspire de l'histoire familiale de «l'enfant à la voix d'or» est boudé par la critique mais remporte tout de même un succès commercial respectable. La même année, Héroux s'attaque à un projet plus ambitieux, *Quelques arpents de neige*, dont le titre est emprunté aux paroles de l'un des personnages du *Candide* de Voltaire. Avec, comme fond historique, la révolte des patriotes de Saint-Eustache, le film raconte une histoire d'amour à la façon d'un mélodrame épique. Même si cette production est la première du genre à être réalisée au Québec, la critique reproche à Héroux d'être un «piètre directeur d'acteurs» et d'avoir réalisé «un film aliéné sur l'aliénation». Retournant à un cinéma ouvertement commercial, il réalise ensuite *J'ai mon voyage!* (1973), comédie racontant l'histoire d'une femme qui, avec ses enfants et son mari d'origine française, traverse le Canada en automobile pour se rendre à Vancouver. Jouant sur la dualité linguistique canadienne et profitant de la popularité de Dominique Michel et de René Simard (lui et son frère Régis interprètent les deux enfants), le film obtient un gros succès en salle. Héroux enchaîne donc avec deux autres films du même type: *Y a toujours moyen de moyenner!* (1973) et *Pousse mais pousse égal* (1974). Prolifique, il réalise aussi *Jacques Brel Is Alive and Well and Living in Paris* (1974), une coproduction avec la France tirant son sujet du spectacle homonyme de Broadway. Par la suite, il réalise deux films d'horreur, coproductions internationales sans véritable intérêt: *Born for Hell* (1976) et *The Uncanny* (1977).

Héroux s'oriente ensuite vers la production, qu'il avait déjà abordée en 1974 avec *Y a pas d'mal à se faire du bien* (C. Mulot, 1974). Trop à l'étroit dans le marché québécois, il se spécialise rapidement dans les productions au financement international qui, sauf pour l'argent investi, n'ont parfois de québécois que quelques techniciens ou des acteurs de second rôle. On peut citer à titre d'exemples les trois films tournés par Claude Chabrol (*Les liens de sang*, 1977; *Violette Nozière*, 1978; *The Blood of Others*, 1984), ou encore *Atlantic City U.S.A.* (L. Malle, 1980), *La guerre du feu* (J.-J. Annaud, 1981) et *Hold-Up* (A. Arcady, 1985). Mais Héroux ne produit pas que des films de réalisateurs français; en 1981, avec *Les Plouffe* (G. Carle), il est à la tête de la première vraie superproduction de l'histoire du cinéma québécois. Avec son budget de 4,8 millions de dollars, le film donne le coup d'envoi à toute une lignée de tournages dont on tire simultanément un long métrage et une télésérie, dont plusieurs auxquels le nom de Héroux est associé: *Louisiana* (P. de Broca, 1983), *Le crime d'Ovide Plouffe* (D. Arcand, 1984), *The Blood of Others* (C. Chabrol, 1984) et *Le matou* (J. Beaudin, 1985). Très présent au sein de l'industrie cinématographique canadienne (il fait partie, entre autres, du conseil d'administration du FFM et il siège au Comité d'étude de la politique culturelle fédérale, formé en 1980, qui publie le rapport Applebaum-Hébert), il est la figure de proue d'une famille sur laquelle reposent plusieurs des projets ambitieux qu'a vu naître l'industrie depuis 1980 (sa femme Justine, de même que ses frères Claude et Roger sont aussi producteurs). En 1985, toujours dans une volonté d'accroître et de diversifier ses activités, il s'associe au torontois Robert Lantos pour créer Alliance Entertainment Corporation, compagnie qui devient actionnaire de l'important distributeur Vivafilm (qui devient alors Alliance-Vivafilm).

FILMS COMME RÉALISATEUR: *Seul ou avec d'autres* (coréal. D. Arcand et S. Venne, 1962); *Jusqu'au cou* (1964); *Pas de vacances pour les idoles* (1965); *Cent ans déjà* (1967, cm); *Mais où sont les Anglais d'antan?* (1967, cm); *Valérie* (1968); *L'initiation* (1969); *L'amour humain* (1970); *Les Acadiens* (1971, mm); *La fille du Roy* (1971, mm); *7 fois... (par jour)* (1971); *Un enfant comme les autres...* (1972); *Quelques arpents de neige* (1972); *J'ai mon voyage!* (1973); *Y'a toujours moyen de moyenner!* (1973); *Jacques Brel is Alive and Well and Living in Paris* (1974); *Pousse mais pousse égal* (1974); *La vallée-jardin* (coréal. J. Héroux, 1974, cm); *The Strikebreaker* (1975, mm); *Born for Hell* (1976); *The Uncanny* (1977). (M.J.)

HÉROUX, Justine (Denise Bouchard), productrice, assistante-réalisatrice (Montréal, 1942). Grâce à une bourse, elle fait en 1965 un stage de scripte en France, avant d'exercer ce métier à Radio-Canada. Elle travaille ensuite chez Cinévidéo, compagnie de production créée par les frères Claude et Denis Héroux. Sa rencontre avec ce dernier, sur le plateau de *L'initiation* (1969), marque le début d'une longue collaboration. Elle coréalise avec lui *La vallée-jardin* (1974, cm), un film sur le Richelieu commandé par le ministère du Tourisme, de la Chasse et de la Pêche. Elle devient rapidement deuxième, puis première assistante pour une douzaine de longs métrages. Elle est ensuite directrice de production, entre autres pour *Les liens de sang* (C. Chabrol, 1978) et *À nous deux* (C. Lelouch, 1979).

Lorsqu'en 1979 Denis Héroux fonde Inter-

Justine Héroux.

national Cinema Corporation, elle s'associe à lui. Elle devient ainsi productrice associée pour *Atlantic City, U.S.A.*(L. Malle, 1980). *Les Plouffe* (G. Carle, 1981) marque ses véritables débuts comme productrice, puisqu'elle a l'entière responsabilité du budget qui s'élève à près de cinq millions de dollars. Dans la même veine, *Le crime d'Ovide Plouffe* (D. Arcand, 1984), *Le matou* (J. Beaudin, 1985) et *Les fous de Bassan* (Y. Simoneau, 1986) sont trois films à gros budget, adaptés de succès de librairie, qu'elle coproduit avec la France. Elle travaille par la suite à une mini-série pour la télévision qui porte sur la vie de Coco Chanel. (J.P.)

HISTORIOGRAPHE. Appellation choisie par la comtesse Marie-Anne Tréourret de Kerstrat* et son fils, le vicomte Henry de Grandsaignes d'Hauterives*, pour le projecteur qu'ils ont baladé au Québec entre 1897 et 1905. Arrivé au Québec en octobre 1897, le duo breton entreprend aussitôt une série de représentations à Montréal, avec grand succès.

Ayant acquis la confiance du clergé par la présentation de films religieux ou historiques (*La passion, Épopée napoléonienne*), l'Historiographe est autorisé à pénétrer dans les écoles pour édifier les étudiants. Après quelques semaines à Montréal, son activité s'étend ensuite aux petites villes et à la campagne. Les films, muets, sont commentés par le vicomte qui se livre à un boniment grandiloquent, exaltant le catholicisme, la culture française et la morale de l'époque. Entre 1897 et 1905 s'échelonnent neuf tournées. À partir de 1900, l'activité de l'Historiographe est plus intense aux États-Unis, mais on le retrouve au Québec chaque automne. Aucune localité n'est oubliée sur son parcours: Montréal et Québec, Ottawa, des villes plus petites comme Sherbrooke et Trois-Rivières, mais aussi les campagnes les plus reculées d'alors: Sainte-Agathe, Roberval, Warwick, etc. La plupart des citoyens d'un Québec encore largement rural découvrent le cinéma grâce à l'Historiographe. Comportant d'abord des films historiques des frères Lumière, le répertoire s'étend ensuite à Méliès: *Le cauchemar* (1897, tcm), *Le château hanté* (1897, tcm), *Jeanne d'Arc* (1900, cm), *Le voyage dans la lune* (1902, cm). Au cours des années s'ajoutent les mélodrames Pathé: *Histoire d'un crime* (F. Zecca, 1901, cm), *Les victimes de l'alcoolisme* (F. Zecca, 1902, cm). On finit par y projeter aussi des films américains: *Life of an American Fireman* (E. S. Porter, 1903, cm), *The Great Train Robbery* (E. S. Porter, 1903, cm). L'Historiographe montre au public québécois la meilleure production de l'époque. La dernière tournée a lieu à l'automne 1905, moment où les salles permanentes se mettent à pousser comme des champignons et où apparaît le Ouimetoscope de Léo-Ernest Ouimet*, qui marque la naissance du cinéma au Québec. Cependant, avant son apparition,

c'est surtout l'Historiographe qui propage ici les premières images animées.

BIBLIOGRAPHIE: LACASSE, Germain, «L'Historiographe», *Dossiers de la cinémathèque*, 1985. (G.L.)

HOEDEMAN, Co, (Jacobus-Willen) animateur, caméraman, réalisateur (Amsterdam, Pays-Bas, 1940). Dès l'âge de quinze ans, il occupe un premier emploi comme préposé à la retouche de photographies. Il travaille ensuite successivement chez Multifilm et Cinecentrum où, pendant dix ans, il acquiert sa formation cinématographique. En complément, il suit des cours du soir aux Beaux-arts et à l'école de photographie de La Haye. À 25 ans, il s'établit au Canada et, peu de temps après son arrivée, est engagé à l'ONF comme assistant à la production. En 1968, il réalise son premier film, *Continental Drift* (cm). Intéressé par les marionnettes, ses premières tentatives, *Maboule* (1969, cm) et *Matrioska* (1970, cm) sont concluantes. En 1971, l'ONF l'envoie en Tchécoslovaquie pour un stage de quatre mois afin qu'il puisse étudier les techniques du cinéma de marionnettes. Revenu à l'ONF, il entreprend, en étroite collaboration avec des Inuit, *Le hibou et le lemming* (1971, cm), le premier de quatre films inspirés de leurs légendes. C'est en observant ses enfants jouer avec des blocs que l'idée de *Tchou-Tchou* (1972, cm) lui vient. Il s'agit d'un film ambitieux constitué uniquement d'un jeu de cubes, de cylindres et de cônes qui font office de personnages et d'éléments de décor. Hoedeman surmonte ce défi technique par ses prouesses à la caméra et sa capacité d'animer une matière fixe et rigide. Le film est primé à Annecy, Londres, New York, Los Angeles et Salerne. Après avoir illustré une autre légende inuit, *Le hibou et le corbeau* (1973, cm), il agit à titre de conseiller

Co Hoedeman, sur le plateau de Tchou-tchou. *(ONF, coll.* Le Devoir*)*

pour *Le mariage du hibou* (C. Leaf, 1974, cm), puis cumule les fonctions d'assistant-réalisateur et d'animateur, en plus d'être chargé des effets spéciaux, pour *Running Time* (M. Ransen, 1974). Retournant aux légendes, il réalise *L'homme et le géant* (1975, cm) et *Lumaaq* (1975, cm), toujours avec la participation des Inuit (qui est importante tant sur le plan graphique que sonore). Aux dires du cinéaste, ces deux derniers films sont plutôt des études sur la mythologie inuit. Hoedeman est ensuite conseiller et caméraman pour *Monsieur Pointu* (A. Leduc et B. Longpré, 1975, cm). *Le château de sable* (1977, cm) lui confère une réputation enviable. Cette fois, il utilise du sable comme matériau principal et fabrique de petites créatures bizarroïdes affairées à la construction d'édifices fragiles, jusqu'au jour où la nature réduit leurs efforts à néant. Loin d'inviter au défaitisme devant

la futilité des entreprises humaines, le film respire la joie de vivre et propose, en filigrane, de se remettre à l'œuvre. Une animation qui confine à la perfection, un humour exquis, une caractérisation remarquable des personnages en font un morceau de bravoure (vingt prix, dont un Oscar). Après ce succès mondial, c'est *Le trésor des Grotocéans* (1980, cm) dont l'action se situe dans les profondeurs de la mer. Plus qu'une fable pour enfants, le film est aussi une leçon d'écologie. Il se renouvelle complètement avec *Mascarade* (1984, cm), qu'il peuple de marionnettes en papier mâché évoluant dans un décor futuriste et où il traite de la créativité. Il aborde ensuite le thème du vieillissement et de la mort avec *Charles et François* (1987, cm), réalisé dans des décors innovateurs avec une multiplicité de techniques.

À la fois artiste, artisan et technicien,

Hoedeman crée un monde en miniature d'une infinie diversité pour lequel, la plupart du temps, il écrit les scénarios, fabrique et anime les marionnettes, construit les décors, règle les éclairages et opère la caméra. En 1981, le Musée des beaux-arts de Montréal lui consacre une exposition en reconnaissance de son talent. La même année, Nico Crama tourne un documentaire sur sa vie et son œuvre intitulé *Co Hoedeman, Animator* (cm). (L.B.)

HOMIER, Joseph-Arthur, producteur, réalisateur (Montréal, 1875 – 1934). Photographe professionnel renommé, dramaturge et cinéaste amateur, il tourne un premier film lancé en juin 1922 à Montréal: *Oh! Oh! Jean* (mm), une comédie burlesque où s'étalent les pitreries d'un domestique qui courtise une veuve. Encouragé par le succès du film, Homier fonde la firme Le bon cinéma national, avec le distributeur Arthur Larente et quelques associés. En décembre 1922, il lance un premier long métrage, *Madeleine de Verchères*, épopée historique scénarisée par la jeune journaliste Emma Gendron. Homier change le nom de sa compagnie pour Le cinéma canadien et produit *La drogue fatale*, qu'il dirige et qu'Emma Gendron scénarise. Il s'agit d'un drame plutôt moralisateur décrivant la criminalité engendrée par la drogue qui faisait déjà scandale à l'époque. Comme les précédents, ce film est bien accueilli mais rapporte peu à cause d'une distribution limitée au Québec. Premier réalisateur québécois de longs métrages de fiction, Homier abandonne alors le cinéma. (G.L.)

HOUDE, Germain, acteur (Petit-Saguenay, 1952). Il fait des études au Conservatoire d'art dramatique de Québec. Son physique le prédispose pour les rôles de dur. D'ailleurs, son premier grand rôle au cinéma est celui d'un violeur impitoyable perçu à travers les yeux de sa victime (Julie Vincent) dans *Mourir à tue-tête* (A. C. Poirier, 1979). Pareil rôle exigeait un courage certain, Houde se montre très convaincant. On le revoit dans *Les bons débarras* (F. Mankiewicz, 1980) où il interprète un pauvre d'esprit fasciné par une femme belle et riche (Louise Marleau), mais menacé par l'amour exclusif que Manon (Charlotte Laurier) porte à sa mère (Marie Tifo, dont il est le frère); ce rôle lui vaut le Génie du meilleur acteur de soutien. Il tient ensuite le rôle d'un policier brutal et antipathique dans deux films: *Lucien Brouillard* (B. Carrière, 1983) et *Un zoo la nuit* (J.-C. Lauzon, 1987). Ce dernier rôle, celui d'un représentant de l'ordre sans scrupule qui fait le commerce de la drogue, lui vaut de nouveau le Génie du meilleur acteur de soutien. On le voit dans quelques courts métrages: *Jeanne et Jeanne* (G. Côté, 1985), *Dernier voyage* (Y. Simoneau, 1981), *L'homme à la traîne* (J. Beaudin, 1986). Il tient le rôle titre dans *Lonely-Child – le monde imaginaire de Claude Vivier* (J. Silver, 1988) et un petit rôle dans *La nuit avec Hortense* (J. Chabot, 1988). (M.C. et G.K.)

HOWE, John, réalisateur, musicien, producteur, scénariste (Toronto, 1926). Il obtient un baccalauréat ès arts à l'Université de Toronto en 1950, puis se consacre, pendant trois ans, au théâtre. Il travaille à la radio et à la télévision, puis entre à l'ONF, en 1955. Il y donne une œuvre abondante et variée, tantôt comme réalisateur, tantôt comme scénariste, producteur, musicien ou parolier. Il passe aisément du documentaire à la fiction, travaillant parfois seul, parfois dans le cadre d'une série. Parmi ses réalisations on retrouve *Ducks, of Course* (coréal. W. Carrick, 1966, cm), description des différentes espèces de canards;

Do not Fold, Staple, Spindle, or Mutilate (1967, mm), l'histoire d'un chef syndical qui voit venir le moment de prendre sa retraite; *Why I Sing* (1972, mm), portrait du chanteur Gilles Vigneault; *Why Rock the Boat?* (1974), comédie romantique dont l'action se situe dans le milieu de la presse montréalaise dans les années 40; *A Star Is Lost!* (1974), comédie musicale destinée à l'apprentissage de l'anglais dont Howe écrit également la musique. (A.D.)

HOWELLS, Barrie, producteur, monteur, réalisateur (Londres, Angleterre, 1941). Il travaille pour Crawley Films et la CBC, puis entre à l'ONF comme monteur en 1964 *(Waiting for Caroli*ne, R. Kelly, 1967). Il réalise notamment *Trafficopte*r (1972, cm), qui jette un œil sur l'heure de pointe à Montréal à partir d'un hélicoptère, et *Small Is Beautiful – Impressions of Fritz Schumacher* (D. Brittain et D. Kiefer, 1978, cm), qui présente cet économiste et ses théories sur la technologie. À titre de producteur, il collabore à quelques séries («The Saul Alinsky Approach», 1967; «Pacificanada», 1975; «War», 1983), à plusieurs films tournés à l'étranger ou dans différentes régions du Canada, et à des films tournés au Québec, comme *Bookmaker's Progress* (D. Winkler, 1979, cm), portrait d'un éditeur anglo-québécois. Howells travaille aussi bien à des documentaires qu'à des fictions, à des télé-séries comme à des films Imax et Omnimax. (B.L.)

HUOT, Juliette, actrice (Montréal, 1912). Elle débute au théâtre dans *Les fridolinades*, aux côtés de Juliette Béliveau. Aussi ne s'étonnera-t-on pas de la voir dans *La dame aux camélias, la vraie* (G. Gélinas, 1942,

Juliette Huot dans Les Plouffe, *de Gilles Carle. (*Le Devoir*)*

cm). Elle joue des rôles de soutien dans *Le curé de village* (P. Gury, 1949), *Le rossignol et les cloches* (R. Delacroix, 1951), *The Luck of Ginger Coffey* (I. Kershner, 1964), *Le p'tit vient vite* (L.-G. Carrier, 1972) et *Pousse mais pousse égal* (D. Héroux, 1974). Abstraction faite de *Je suis loin de toi mignonne* (C. Fournier, 1975) où Huot incarne la mère, il lui faut attendre les années 80 pour que les producteurs lui offrent enfin de camper des personnages aussi imposants que ceux qu'elle a créés à la télévision ou à la scène: elle sera la Joséphine Plouffe des *Plouffe* (G. Carle, 1981) et du *Crime d'Ovide Plouffe* (D. Arcand, 1984). Et comme par un juste retour de manivelle, elle retrouve Gratien Gélinas dans *Les tisserands du pouvoir* (C. Fournier, 1988). Elle y interprète le rôle de sœur Bernadette, l'otage volontaire de Baptiste, un Franco-Américain qui exige des autorités le retour des émissions en langue française à la télévision. (J.-M.P.)

IANZELO, Tony, réalisateur, chef opérateur (Toronto, 1935). Diplômé du Ryerson Polytechnical Institute de Toronto, il est engagé à l'ONF en 1960. Sa carrière de réalisateur et de chef opérateur débute avec *Antonio* (1966, cm), le portrait d'un vieil immigrant italien qui vit au milieu de ses souvenirs. Ses films, qui remportent de nombreux prix, s'intéressent avant tout aux gens; le principal souci de Ianzelo est de les présenter avec honnêteté et sympathie. Cela est particulièrement évident dans les documentaires qu'il coréalise avec Boyce Richardson: *Cree Hunters of Mistassini* (1974, mm), *North China Commune* (1979), *North China Factory* (1980, mm), *China: a land Transformed* (1980, cm). Ses films *Blackwood* (coréal. A. Thomson, 1976, cm) et *High Grass Circus* (coréal. T. Schioler, 1976, mm), qui tracent le portrait d'un artiste terre-neuvien et d'un cirque canadien, sont mis en nomination pour un Oscar. En 1986, il coréalise *Transitions* (coréal. C. Low, cm), film en relief Imax présenté à l'Exposition internationale de Vancouver. Fort de sa connaissance de la Chine, il travaille ensuite à un moyen métrage Imax-Omnimax sur la découverte du tombeau du premier empereur chinois, *Tiger Emperor*. (B.L.)

IMBEAULT, Thomas-Louis (abbé), réalisateur (Saint-Firmin, 1899 – Saint-Siméon, 1984). Après des études à Chicoutimi, au séminaire puis au grand séminaire, il s'y installe en 1925. Il s'intéresse d'abord à la photographie puis, par l'entremise d'Albert Tessier qui lui procure sa première caméra, en 1928, il commence à faire du cinéma. C'est à la Société historique du Saguenay que commence sa carrière. Une quinzaine de films, pour la plupart tournés entre 1934 et 1938, voient le jour. Ce sont des films touristiques, ethnographiques et, surtout, des films portant sur des événements religieux. Ils sont tous muets et de court métrage, à l'exception du *Centenaire du Saguenay* (1938), son plus important, un long métrage avec intertitres. Images d'une région à une époque où l'idéologie cléricale triomphe, les films de l'abbé Imbeault ne possèdent pas les richesses de ceux d'un Maurice Proulx, d'un Albert Tessier ou d'un Louis-Roger Lafleur. Dans les années 40, il tourne d'autres images dans la région de Charlevoix. (A.B.)

INSTITUT QUÉBÉCOIS DU CINÉMA (IQC). La loi sur le cinéma annonce, en 1983, la création de l'IQC, désignant ainsi ce nouvel organisme du nom de l'organisme subventionneur qui, entré en opérations en 1977, disparaît avec l'application de la nouvelle loi (pour devenir la SGCQ, organisme qui disparaît également à la création de la SOGIC* en 1988). En 1983, le conseil d'administration de l'organisme est formé de douze membres, parmi lesquels huit sont les représentants mandatés de chacun des regroupements professionnels. L'IQC a pour fonction de «conseiller le ministre sur l'élaboration et la mise en œuvre de la politique du cinéma et d'en surveiller l'application». Il doit également déterminer les orientations de la SGCQ, dont il établit le plan d'aide et approuve les programmes. L'organisme a aussi une fonction de recherche. En plus de son travail en étroite collaboration avec la SGCQ, l'IQC est actif dans différents dossiers, que ce soit l'organisation de la Fête du cinéma, projet abandonné – ou du moins reporté à une date indéterminée – en 1987, ou la création d'une école de cinéma. Un loi modifiant la Loi sur le cinéma, sanctionnée en décembre 1987, touche l'IQC. Ainsi, le nombre des membres du conseil passe à onze. L'organisme a maintenant pour fonction de «conseiller le ministre sur l'élaboration et la mise en œuvre de la politique du cinéma». On ne lui demande plus d'en surveiller l'application. L'IQC garde sa fonction de recherche, jusque-là peu développée, et agit comme conseiller du ministre sur les orientations en matière de cinéma, le plan d'aide et les programmes de la SOGIC, de même que les projets de règlements du gouvernement ou de la Régie du cinéma. Ce renforcement du rôle de conseiller auprès du ministre des Affaires culturelles clarifie le mandat de l'IQC et traduit l'échec de ses rapports (de force) avec la SGCQ. Fernand Dansereau occupe la présidence de l'IQC en 1984 et 1985. Claude Fournier lui succède. (M.C)

JACKSON, Douglas, réalisateur, producteur, scénariste (Montréal, 1938). Il étudie à l'Université McGill, au Montreal Repertory Theatre et au Thomas More Institute. À dix-neuf ans, il voit sa pièce *Power to Destroy* présentée par la CBC, aussitôt suivie d'une autre pièce, *The Mistake of His Life*. En 1962, il entre à l'ONF où il réalise et produit des films documentaires et de fiction qui remportent de nombreux prix, notamment: *Danny and Nicky* (1969, mm), *Norman Jewison, Filmmaker* (1971, mm), *The Huntsman* (1972, cm), *The Sloane Affair* (1972, mm), *La gastronomie* (1973, cm), *The Heatwave Lasted Four Days* (1974) et *Why Men Rape* (1979, mm). En 1982, il réalise les épisodes 1, 3 et 4 de la série *Empire Inc.*, première collaboration entre l'ONF et la CBC pour la production de téléséries dramatiques.
PRINCIPAUX AUTRES FILMS COMME RÉALISATEUR: *Lacrosse* (1965, mm), *The Art of Acting* (1976, cm), *Bambinger* (1984, cm). COMME PRODUCTEUR: *Blake* (B. Mason, 1969, cm), *Wheat* (R. Nichol, 1972, cm). (B.L.)

JACOB, Jacques, scénariste (Vallée-Jonction, 1945). Il commence par scénariser des satires sociales très intéressantes, *Les indrogables* (1972, cm), *Trois fois passera...* (1973, mm) et *Par une belle nuit d'hiver* (1974, mm), puis une histoire plus intimiste et très chaleureuse, *Cher Théo* (1975, mm), toutes réalisées par Jean Beaudin*. Il apporte sa collaboration à Robert Gurik pour le scénario du film *Les vautours* (J.-C. Labrecque, 1975), histoire d'un jeune dépouillé de son héritage à la fin des années duplessistes. Avec la collaboration de Jacques Paris, il élabore *Lucien Brouillard* (B. Carrière, 1983), magnifique personnage de militant qui se retrouve malheureusement empêtré dans un complot qui le dépasse. Puis, il scénarise un film pour adolescents, *Henri* (F. Labonté, 1986), histoire d'un jeune beauceron qui court pour sortir son père de sa torpeur et gagner l'estime de son entourage. Parallèlement, Jacob écrit les scénarios de plusieurs courts métrages pour la série «Légendes du monde» et coscénarise la télésérie *Lance et compte II* et *III*. (H.-P.C.)

JOBIN, Daniel, chef opérateur (Saint-Raymond de Portneuf, 1949). Tout en travaillant sur de nombreux commerciaux et vidéo-clips, il participe à *15 nov* et *Le choix d'un peuple* (H. Mignault, 1977 et 1985), deux films nécessitant plusieurs opérateurs, et signe avec Georges Dufaux les images de *La femme de l'hôtel* (L. Pool, 1984). Seul, il excelle à créer les ambiances de nuit et d'enfermement dans *Trouble* (Y. Simoneau, 1985, cm), *Transit* (Richard Roy, 1986, cm), *Marie s'en va-t-en ville* (M. Lepage, 1987) et *La nuit avec Hortense* (J. Chabot, 1988). Il est aussi l'inventeur du *panaflasher*, qui permet d'appliquer la technique du *flashing* (seconde exposition touchant seulement la partie sombre de l'image) au moment même du tournage. (M.J.)

JOBIN, Louise, costumière, directrice artistique (Montréal, 1944). Venue du théâtre et de la télévision, elle débute au cinéma en 1970. Elle crée les costumes d'une cinquantaine de films, dont *Les ordres* (M. Brault, 1974), *Les vautours* (J.-C. Labrecque, 1975), *Pouvoir intime* (Y. Simoneau, 1986) et *À corps perdu* (L. Pool, 1988). En 1972, elle fonde les ateliers de costumes BJL, avec François Barbeau* et François Laplante. La qualité de son travail est soulignée par deux Génies, qu'elle obtient pour *Cordélia* (J. Beaudin, 1979) et pour *Joshua Then and Now* (T. Kotcheff, 1985). Elle ajoute à son métier de costumière celui de directrice artistique, fonction qu'elle assume pour les téléfilms *Des amis pour la vie* (A. Chartrand, 1988) et *Onzième spéciale* (M. Lanctôt, 1988). De 1975 à 1978, elle occupe la présidence du SNC. (J.P.)

JOBIN, Victor, administrateur, monteur, producteur (Ottawa, 1918). Après avoir été annonceur de radio et avoir passé deux ans dans l'armée, il entre à l'ONF en 1944, par curiosité et par goût du défi. Il y fait l'apprentissage du montage, et devient vite le dépanneur de nombreux réalisateurs aux prises avec un matériau imposant qu'ils ne savent pas organiser. Il monte *Les brûlés* (B. Devlin, 1958), *Les mains nettes* (C. Jutra, 1958), *Il était une guerre* (L. Portugais, 1958), *Les 90 jours* (1959), *YUL 871* (J. Godbout, 1966), ainsi que plusieurs courts métrages de Roger Blais et Raymond Garceau. Il forme de nombreux jeunes monteurs, dont Lucien Marleau et Gilles Groulx. En 1960, il est nommé producteur. Il s'occupe, entre autres, de la participation canadienne, réalisée par Michel

Brault, à la coproduction internationnale *La fleur de l'âge* (1965). En 1968, on lui confie la tâche de mettre sur pied et de diriger le bureau de coordination, véritable carrefour entre les productions françaises et anglaises et les services techniques. Il a pour mission de faire disparaître les pénibles et coûteuses surcharges qui viennent fréquemment enrayer la machine onéfienne. Jobin est à la retraite depuis 1978. (A.D.)

JODOIN, René, producteur, animateur, réalisateur (Hull, 1920). En 1943, jeune diplômé des Beaux-arts, il est recruté dans la première équipe rassemblée par Norman McLaren pour former un studio d'animation à l'ONF. Cette rencontre avec McLaren est déterminante pour Jodoin. Elle marque en profondeur sa conception du cinéma d'animation en l'aiguillant vers un travail artisanal de type expérimental ayant une fonction didactique. Il coréalise d'ailleurs deux films avec McLaren, *Alouette* (1944, tcm) et *Sphères* (1969, cm), projet entrepris à la fin des années 40. En 1949, après avoir assumé les fonctions

René Jodoin. (ONF)

de réalisateur et de producteur délégué, il quitte l'ONF pour travailler quelques années dans l'industrie privée, chez Audio Pictures à Toronto puis comme directeur artistique chez Current Publications. Il revient à l'ONF en 1954 comme responsable de l'animation pour des films destinés à la défense nationale. Il réalise *An Introduction to Jet Engine* (1959, mm), film réputé pour son ingéniosité sur le plan didactique. En 1963, il est nommé directeur du programme de films scientifiques. Trois ans plus tard, Marcel Martin lui confie la responsabilité de la mise sur pied d'un studio d'animation à la production française. Ce sera sa principale contribution à la production et l'occasion pour lui de mettre en pratique les leçons de McLaren. Ne disposant au début que de moyens limités, il favorise une conception artisanale du cinéma d'animation, aux antipodes de la division du travail de type disneyen, conception ouverte à l'expérimentation et à l'expression personnelle. Lorsque, en 1977, il quitte la direction du studio français d'animation pour se consacrer à la réalisation, il a produit vingt-neuf films et donné une structure au studio.

L'activité de réalisateur de Jodoin a plus d'importance que ne peut le laisser croire le nombre de ses films. Il réalise notamment, de 1961 à 1986, quatre films qui constituent un ensemble cohérent: *Dance Squared* (1961, cm), *Notes sur un triangle* (1966, cm), *Rectangle et rectangles* (1984, cm) et *Question de forme* (1985, tcm). À un premier niveau, ce sont des films didactiques construits autour de données géométriques: le carré, le triangle, le rectangle, les vecteurs et, par-dessus tout, la symétrie. Au Brésil par exemple, *Dance Squared*, réalisé avec l'aide d'un mathématicien, sert de fondement à un cours de mathématiques. À un autre niveau, ce sont des films théoriques proposant au spectateur, sous

une forme extrêmement concentrée, une expérience cinématographique à l'état pur: que peut-il arriver sur un écran à partir d'éléments graphiques minimaux qui se déploient dans un système de symétrie, puis qui reviennent à leur position initiale? Cela est particulièrement net dans *Rectangle et rectangles* où le rectangle de l'écran est le point de départ et d'arrivée du film. Derrière des apparences plaisantes, le cinéma de Jodoin est austère et exigeant.

En 1985, Jodoin prend sa retraite et se consacre à des expérimentations avec un micro-ordinateur. Son intérêt pour l'informatique date du début des années 70 alors qu'il établit une collaboration entre l'ONF et le Conseil national de recherches du Canada. Cette collaboration mène à l'installation d'un centre expérimental d'animation assistée par ordinateur à l'ONF, précurseur du centre d'animatique mis sur pied plus tard par Robert Forget*. C'est avec ce premier système que Jodoin produit *La faim* (P. Foldes, 1974, cm) puis réalise *Rectangle et rectangles*. Il tente chaque fois de mettre en valeur le caractère direct et interactif du travail avec l'ordinateur. (P.H.)

JOUTEL, Jean-Pierre, mixeur, monteur sonore (Pontoise, France, 1940). Il entre à l'ONF comme monteur sonore en 1958. Travaillant pour Coopératio, il signe, notamment, le montage sonore de *Entre la mer et l'eau douce* (M. Brault, 1967). Il commence à mixer en 1966 (*Labyrinthe*, C. Low, W. Koenig et T. Daly). Il cumule les deux fonctions jusqu'en 1969. En 1970, il quitte l'ONF pour Onyx films où il mixe, notamment, *Deux femmes en or* (C. Fournier, 1970) et *Les mâles* (G. Carle, 1970). L'année suivante, il retourne à l'ONF. Son nom apparaît au générique d'un millier de films, parmi lesquels se retrouvent

Le déclin de l'empire américain (D. Arcand, 1986) et *La veillée des veillées* (B. Gosselin, 1976), l'un des premiers films québécois mixés en stéréophonie. Gagnant de cinq prix Génies, il est le mixeur québécois ayant travaillé le plus fréquemment selon le procédé Imax (six films). (M.J.)

JUNEAU, Pierre, administrateur (Montréal, 1922). Il commence jeune à militer dans les mouvements d'action catholique et c'est là qu'il découvre son intérêt pour le cinéma. On le retrouve parmi les principaux collaborateurs de la revue *Découpages* que publie, de 1950 à 1955, la Commission étudiante du cinéma de la JÉC. Il fait aussi partie de l'équipe de la célèbre revue d'opinion *Cité libre*. En 1949, il entre au service de l'ONF à titre de représentant à Montréal. Il connaît alors une carrière ascendante au service de la distribution: directeur adjoint pour le Québec, directeur de la distribution internationale (1951), représentant à Londres (1952). Ce travail le conduit dans plusieurs pays où il prend conscience des possibilités de collaboration internationale en matière de production cinématographique, ce qui aura une influence sur ses projets ultérieurs.

En 1954, après vingt-deux mois d'attente, l'ONF décide de combler le vide laissé par le départ de Paul Thériault à titre de French Adviser. Le choix se porte sur Juneau qui devient adjoint au commissaire et conseiller auprès de ce dernier pour tout ce qui a trait aux questions françaises. Il occupe aussi le poste de secrétaire de l'ONF. Juneau a dorénavant des moyens d'action considérables, des responsabilités et une autorité réelles. C'est de lui que dépend le développement des politiques concernant la production française et la place des francophones à l'ONF. Il joue donc un rôle capital dans le déména-

gement de l'ONF à Montréal. Mais ce rôle prépondérant lui attire aussi des critiques, voire l'animosité de plusieurs. Lorsqu'en février 1957 éclate «l'affaire ONF», il est mis en cause comme piètre défenseur, depuis son accession à son nouveau poste, des droits des Canadiens français. Avec la nomination de Guy Roberge au poste de commissaire, sa position se renforce. En 1960, il devient adjoint en titre et est nommé directeur exécutif. Cette fonction lui donne autorité sur la distribution. Lorsqu'enfin, en 1964, la production française devient autonome, Juneau en est le premier directeur. Cela lui permet notamment de donner suite à ses rêves de coproductions et d'accords entre le Canada et l'étranger. Conscient de la nécessité et des avantages des échanges internationaux au niveau de la production, il jette des ponts vers l'Italie et la France; ses démarches ont quelques suites, dont *La fleur de l'âge* (M. Brault *et al.*, 1964) et *Cinéma et réalité* (Georges Dufaux, C. Perron, 1966, mm). Certains lui reprocheront d'ailleurs de préférer ces projets internationaux aux films liés de plus près à la dynamique socioculturelle québécoise. Son style de direction est aussi contesté. Alors que son vis-à-vis anglophone instaure un comité de programmation auquel les cinéastes peuvent participer, Juneau préfère l'approche hiérarchique. Plusieurs cinéastes décident alors de partir. Certains choisiront d'exprimer leurs doléances dans les revues *Parti Pris* et *Liberté*. En février 1966, son ami Pierre Trudeau lui propose la vice-présidence du CRTC. Il accepte. Il en devient rapidement le président. Au cours de son mandat, il se fera le défenseur des intérêts canadiens dans la propriété et le développement des médias. Dans la bataille de la juridiction sur la câblo-distribution, il défend les intérêts fédéraux contre ceux du Québec. En 1975, il est nommé ministre des Communications mais est défait quelques mois plus tard lors des élections fédérales. Trudeau le nomme alors président de la Commission de la capitale nationale. En 1982, il accède au poste de président de Radio-Canada où il procède au réaménagement de l'organisme selon les souhaits du gouvernement conservateur. (P.V.)

JUTRA, Claude, réalisateur, acteur, monteur, scénariste (Montréal, 1930 – 1986). Fils de médecin, il s'intéresse très tôt au cinéma mais doit poursuivre des études en médecine qu'il termine à vingt-deux ans. Cependant, il ne pratiquera jamais, le cinéma et les arts dramatiques le passionnant par-dessus tout. Adolescent, il réalise deux films avec Michel Brault[*]. D'abord, *Le dément du Lac Jean-Jeunes* (1948, cm), l'histoire tragique d'un curieux bonhomme qui, vivant caché dans les bois avec un enfant, se noie alors que des scouts parviennent à libérer le garçon qu'ils croient séquestré. Puis, *Mouvement perpétuel* (1949, cm), une œuvre esthétisante qui fait ressortir les préoccupations formelles du cinéaste qu'il est déjà. Dès les débuts de la télévision, il écrit *L'école de la peur* (1953), le premier téléthéâtre original diffusé à Radio-Canada. Associant le cinéma à la télévision, il anime une série de treize émissions, *Images en boîte* (1954), consacrée au septième art. Il répétera l'expérience avec la série *Cinéma canadien* (1961).

À partir de 1954, il est associé, de façon intermittente, à l'ONF où il réalise d'abord des films dans la tradition du documentaire onéfien, *Chantons maintenant* (1956, cm), *Jeunesses musicales* (1956, mm) et *Rondo de Mozart* (1956, cm). Ses premiers essais professionnels l'amènent à coréaliser *A Chairy Tale* (1957, cm) avec Norman McLaren, il y interprète le rôle d'un homme aux prises avec une chaise récalcitrante. Le traitement métaphorique du thème de la domination et l'originalité de la technique de pixillation ont rendu célèbre ce film qui remporte plusieurs prix. L'année suivante, il signe son premier long métrage, *Les mains nettes* (1958), d'après un scénario de Fernand Dansereau, film résultant d'un montage de quatre épisodes de la série télévisée «Panoramique». En plus de bien maîtriser la mise en scène, il y fait preuve d'un talent indéniable pour la direction d'acteurs. En cela, Jutra se distinguera toujours, étant lui-même comédien. *Félix Leclerc troubadour* (1959, cm) révèle un cinéaste accompli. Il réussit à rendre vivant le documentaire par une scénarisation au ton humoristique et sans prétention. Plusieurs projets plus personnels proposés à l'ONF n'ayant pas abouti, il part pour la France où François Truffault l'aide à produire *Anna la bonne* (1959, cm), dramatisation quelque peu exagérée d'un texte de Cocteau, interprété par Marianne Oswald. Avec Jean Rouch, il élabore un projet sur le Niger qu'il soumet à l'ONF. Il le tourne seul, une Bolex à la main, s'attachant particulièrement à capter des scènes de la vie quotidienne. Premier d'une série de films qu'il montera lui-même, *Le Niger, jeune république* (1961, mm) rend compte d'un nouveau travail sur la narrativité, marqué par un commentaire à la première personne. C'est également en 1961 qu'il est plongé dans l'aventure du cinéma direct avec *La lutte* (coréal. M. Brault, M. Carrière et C. Fournier, cm), exemple d'un travail d'équipe auquel Jutra ajoute une fine pointe d'ironie. Ses qualités de monteur sont manifestes dans *Québec U.S.A. ou l'invasion pacifique* (coréal. M. Brault, 1962, cm), film sur l'envahissement de la ville de Québec par les touristes américains. Aux images de Brault et de Gosselin, prises avec la plus folle des

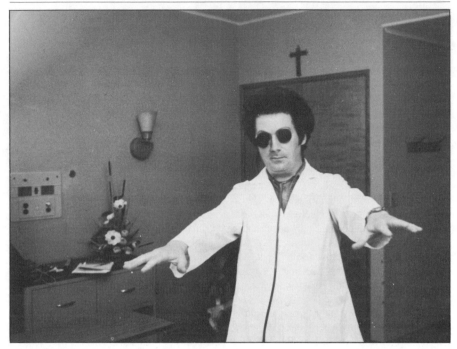

Claude Jutra, acteur dans On est loin du soleil, *de Jacques Leduc.*

libertés, Jutra donne tantôt une signification ironique, tantôt un caractère social et, tout en créant un rythme enlevé, en fait ressortir la poésie. La complicité entre Jutra et Brault trouve son accomplissement dans *Les enfants du silence* (1962, cm). Tourné en grande partie avec l'aide des membres de la famille de Brault et portant sur des enfants souffrant de surdité, le film témoigne d'une tendresse de regard que seul le cinéma direct pouvait atteindre.

Et puis vient *À tout prendre* (1963), première fiction de style direct et de nature autobiographique réalisée au Québec. À cause d'un esthétisme hors du commun, attaché à l'expression intimiste et libertaire des personnages de Claude et Johanne, ce film est, dans le contexte d'un Québec encore pudique et moralisateur, difficilement compris et accepté. Jutra ose revivre à l'écran son histoire d'amour avec une femme de race noire. Ils se livrent en toute liberté à une confession mutuelle dont le jeu de la vérité amène Johanne à s'enquérir de la possible homosexualité de Claude. Cette production indépendante, amateur dans le meilleur sens du terme, s'appuie sur un travail d'improvisation des comédiens basé sur leurs propres souvenirs. Le ton fantaisiste où le rire et le plaisir de se raconter sont essentiels, même dans les moments les plus graves, donne à cette œuvre une vitalité toujours actuelle. Le film obtient le Grand prix au Festival du cinéma canadien et le Canadian Film Award du meilleur long métrage de fiction. Ce dynamisme, Jutra le retrouve dans son empathie pour les jeunes qui se concrétise d'abord dans *Comment savoir...* (1966), un documentaire sur les nouvelles technologies scolaires. Si cette recherche sur les ordinateurs utilisés comme instruments pédagogiques était alors d'avant-garde, le progrès fulgurant en ce domaine l'a vite rendu caduque. Avec *Rouli-roulant* (1966, cm), dédié à toutes les victimes de l'intolérance, il dénonce les trop nombreuses restrictions imposées aux enfants dont celle de pratiquer ce sport. Dans *Wow* (1969), il poursuit son exploration du monde des adolescents en essayant d'illustrer leurs fantaisies et phantasmes, par des trucages rarement utilisés au cinéma et qu'une bonne connaissance technique lui permet de créer. Le film a le mérite de dépeindre les préoccupations d'une certaine jeunesse dorée. En 1971, il réalise, sur un scénario de Clément Perron, *Mon oncle Antoine*, le plus célèbre des films québécois. Il réussit le pari de conjuguer sa sensibilité d'auteur aux exigences du cinéma populaire et commercial. Ayant pour toile de fond la chronique d'une petite ville minière, le film se présente comme «un long zoom avant sur Benoît», cet adolescent qui, initié au monde adulte, découvre la sexualité et la peur de la mort. Jutra atteint un bel équilibre dans sa manière de raconter une histoire à la fois drôle et tragique. Jugé meilleur film canadien de tous les temps en 1984, le film obtient huit Canadian Film Awards, dont ceux du meilleur film et de la meilleure réalisation. Jutra y tient le rôle de Fernand; par la suite il jouera encore dans plusieurs films dont *Pour le meilleur et pour*

le pire (1975), *La fleur aux dents* (T. Vamos, 1975), *Two Solitudes* (L. Chetwynd, 1978) et *Bonheur d'occasion* (C. Fournier, 1983). Avec *Kamouraska* (1973), il s'attaque à l'adaptation cinématographique du roman d'Anne Hébert et est confronté aux aléas d'une coproduction avec l'étranger. Celle-ci l'assure néanmoins du plus imposant budget jamais atteint jusque-là par un film québécois, lui permettant ainsi de donner les rôles principaux à Philippe Léotard et Geneviève Bujold qu'il a déjà dirigée dans *Marie-Christine* (1970, cm), film de commande réalisé pour l'OFQ. Au-delà de la reconstitution historique, Jutra s'intéresse au monde intérieur de son héroïne et, utilisant le *flash-back*, tente de réanimer chez cette femme, devenue respectable et mère de nombreux enfants, la passion amoureuse qui jadis la déchira. La version finale du film est jugée trop longue par le coproducteur français qui en exige un remontage. De ce fait, le film perd probablement de son impact dramatique, d'où «l'éparpillement dans le temps» et «le manque de vraisemblance psychologique» que certains critiques lui reprochent. N'ayant pas eu droit de regard sur la coupe finale, Jutra refait, en 1983, une version vidéo de cent soixante-treize minutes, diffusée à la télévision, à partir d'un nouvel assemblage du négatif original. Son film suivant, *Pour le meilleur et pour le pire* (1975), une comédie acerbe et surréaliste sur le mariage et la vie de couple, s'avère l'une des fictions les mieux réussies sur le sujet. Elle est pourtant très mal reçue, autant par la critique que par le public. À présent, la dimension ironique et l'audace de la structure narrative (un couple, une journée, une vie, une époque) ressort davantage. À partir de 1975, Jutra reprendra épisodiquement ses activités théâtrales. Il joue, fait de la mise en scène, enseigne, et fonde même la compagnie du Teatro del Peperoni.

De nombreux projets bloqués chez les producteurs, une industrie cinématographique québécoise stagnante ainsi que des offres répétées de Ralph L. Thomas, de la CBC, amènent Jutra à accepter de travailler en anglais, à Toronto. Il réalise, dans la série «For the Record», deux téléfilms dont les personnages souffrent de troubles psychiques, *Ada* (1976, mm) et *Dreamspeaker* (1976). Il atteint une grande efficacité dramatique dans cette dernière histoire où un enfant, pyromane, emprisonné malgré des espoirs de guérison, en vient au suicide. Il obtient d'ailleurs le Canadian Film Award de la meilleure réalisation. La productrice torontoise Beryl Fox l'engage ensuite pour diriger deux longs métrages à gros budgets. Il renoue ainsi avec l'adaptation littéraire en abordant, dans *Surfacing* (1980), d'après un roman de Margaret Atwood, la dépendance émotionnelle d'une femme à la recherche de son père disparu depuis plusieurs années. Puis, dans *By Design* (1981), il dessine le portrait sensible, humoristique et exempt de sensationnalisme de deux lesbiennes qui, désirant un enfant, «utilisent» le photographe qui travaille pour leur agence de mode. De retour à Montréal, où il continue d'habiter, Jutra est financièrement contraint à réaliser des films publicitaires. Il réussit toutefois à tourner *La dame en couleurs* (1984), son dernier long métrage. Dans le Québec des années 40, des enfants orphelins ou abandonnés sont placés dans un asile d'aliénés et, inspirés par un peintre épileptique, ils se recréent un monde dans les souterrains de l'institution d'où certains s'échapperont. Pour traduire cet inéluctable enfermement, le film progresse comme un cauchemar avec sa suite de séquences morcelées et fortes au point de subjuguer l'ensemble du récit. En 1984, le gouvernement du Québec remet à Jutra le prix Albert-Tessier. Atteint d'une maladie affectant sa mémoire, il s'enlève la vie en 1986. La salle de projection de la Cinémathèque québécoise porte aujourd'hui son nom. Créée en 1988 par l'OFQJ et l'AQCC, une bourse remise à un jeune cinéaste prometteur porte également son nom.

AUTRES FILMS: *Pierrot des bois* (1956, cm), *Fred Barry comédien* (1959, cm), *Petit discours de la méthode* (coréal. P. Patry, 1963, cm), *Ciné Boum* (coréal. R. Russel, 1964, mm), *Au cœur de la ville* (1969, cm), *Québec fête juin 1975* (coréal. J.-C. Labrecque, 1976), *Arts Cuba* (1977, mm), *The Patriarch #1 et #2* (1978, deux cm), *Seer Was Here* (1978, mm), *The Wordsmith* (1979), *My Father, My Rival* (1985, mm).

BIBLIOGRAPHIE: CHABOT, Jean, *Claude Jutra*, Conseil québécois pour la diffusion du cinéma, Montréal, 1970. • JUTRA, Claude, *Mon oncle Antoine*, Art global, Montréal, 1979. • RINFRET, Louise, *La dame en couleurs*, Domino, Montréal, 1985. • VÉRON-NEAU, Pierre, *Kamouraska: étude du roman et de son adaptation cinématographique*, mémoire, Université du Québec à Montréal, 1976. • *Claude Jutra: filmographie et témoignages*, *Copie Zéro* n° 33, Montréal, 1987. (P.J. et M.S.)

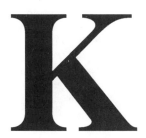

KACZENDER, George, réalisateur, monteur, producteur, scénariste (Budapest, Hongrie, 1933). Formé dans son pays natal, il entre à l'ONF en 1957 où il travaille à environ soixante-quinze films. Il exerce d'abord le métier de monteur, notamment pour *Nahanni* (D. Wilder, 1962, cm). Par la suite, il réalise de nombreux courts métrages – parmi lesquels se trouvent *Phoebe* (1964) et *You're No Good* (1965) – avant de signer un premier long métrage d'après un scénario qu'il écrit avec Timothy Findley: *Don't Let the Angels Fall* (1969). C'est le premier long métrage canadien de fiction sélectionné en compétition au festival de Cannes. Passant au secteur privé, il produit et réalise *U-Turn* (1973), d'après un scénario de Douglas Bowie. Le film est présenté au festival de Berlin sans grand succès. Kaczender doit ensuite attendre cinq ans, et le climat surchauffé du dégrèvement fiscal, pour se voir confier la réalisation, coup sur coup, de trois adaptations de romans à succès: *In Praise of Older Women* (1978), d'après Stephen Vizinczey, qui connaît une carrière honorable; *Agency* (1979), d'après Paul Gottlieb; et *Your Ticket Is No Longer Valid* (1981), d'après Romain Gary, qui est massacré au montage. Alexandra Stewart apparaît dans les trois films. Depuis, Kaczender travaille plutôt à Paris et à Hollywood, mais est revenu à Toronto pour réaliser *Prettykill* (1986) et quelques épisodes de la télésérie *Night Heat*. (D.J.T.)

KATADOTIS, Peter, administrateur, producteur (Sydney, Nouvelle-Écosse, 1937). Détenteur d'une maîtrise en service social, il œuvre d'abord au sein du Plan de réaménagement social et urbain de Montréal, du University Settlement of Montreal et de la Commission royale d'enquête sur la santé et les services sociaux de la province de Québec. De 1970 à 1976, il est directeur du Parallel Institute for Community and Regional Development. En 1976, il entre à l'ONF comme producteur délégué du studio responsable du programme Challenge for Change et, en 1980, il est nommé directeur de la production anglaise. Il entre à l'emploi de Téléfilm Canada en 1988 où il occupe le poste de directeur de la production et du développement.

PRINCIPAUX FILMS: *Cree Way* (T. Ianzelo, 1977, cm), *Our Health Is not for Sale* (B. Richardson et D. Newman, 1978, cm), *The Nearest Point to Everywhere* (R. Hart, 1978, cm), *Small Is Beautiful: Impressions of Fritz Schumacher* (D. Kiefer, B. Howells et D. Brittain, 1978, cm), *The Dionne Quintuplets* (D. Brittain, 1978). (B.L.)

KEMENY, John, producteur, monteur, réalisateur (Budapest, Hongrie, 1925). Après avoir travaillé pendant huit ans pour différents organismes voués à la distribution et à la promotion de films en Hongrie, il émigre au Canada en 1957. Il entre à l'ONF, où il occupe tour à tour les fonctions d'assistant-monteur, de monteur, de réalisateur et de producteur. Il monte, entre autres, *Drylanders* (D. Haldane, 1963) et une partie de la série «Canada at War» (coréal. S. Clish, P. Jones et D. Brittain, 1962). Par la suite, il fait la recherche, scénarise, réalise, monte et produit le documentaire *Bethune* (coréal. D. Brittain, 1964, mm). En 1964, il collabore à la réalisation de trois courts métrages sur le thème des Canadiens d'immigration récente: *Three Fishermen* (coréal. J. Biggs), *Three Country Boys* (coréal. J. Biggs et G. Burwash) et *The Visit*. Il produit ensuite des films de toutes sortes, notamment *Don't Let the Angels Fall* (G. Kaczender, 1969), sélectionné en compétition au festival de Cannes. En 1967 et 1968, il dirige l'important programme de l'ONF, Challenge for Change. En 1969, il fonde la compagnie de production International Cinemedia Center, avec Joseph Koenig et Donald Duprey, deux collègues de l'ONF. La compagnie se spécialise d'abord dans les courts métrages et les films éducatifs. Gerry Schneider et Morton Litvak se joignent à eux au moment de financer *The Apprenticeship of Duddy Kravitz* (T. Kotcheff, 1974). Entre temps, Kemeny s'associe aux Productions Héroux, pour *7 fois... (par jour)* (D. Héroux, 1971). Il conclut également une entente avec Columbia Pictures grâce à laquelle il est producteur associé de sept longs métrages.

En 1979, il fonde International Cinema Corporation avec Denis Héroux. Ils produisent une série de films à budget important: *Atlantic City U.S.A.* (L. Malle, 1980), *La guerre du feu* (J.-J. Annaud, 1981), *The Blood of Others* (C. Chabrol, 1984), *The Bay Boy* (D. Petrie, 1984) et *The Boy in Blue* (C. Jarrott, 1986). En 1985, Kemeny et Héroux s'unissent à Robert Lantos et Stephen J. Roth, de RSL Films, pour former Alliance Entertainment Corporation, dont le siège social est à Toronto. Kemeny produit *Bethune: The Making of A Hero* (P. Borsos, 1989) et poursuit ainsi, sur le mode de la fiction, un travail d'historien entrepris vingt-cinq ans plus tôt à travers le documentaire (*Bethune*). (J.P.)

KENT, Laurence L. (Larry), réalisateur, producteur, scénariste (Johannesburg, Afrique du Sud, 1937). En 1957, il émigre à Vancouver où il fait des études universitaires. Il y tourne une fable sur la vie étudiante, *The Bitter Ash* (1963), puis un deuxième long métrage sur une jeunesse en effervescence, *Sweet Substitute* (1964), et une étude pénétrante des problèmes auxquels fait face une femme au foyer, *When Tomorrow Dies* (1965). Ces premiers films débordent d'invention visuelle et d'énergie. Kent s'installe ensuite à Montréal, où il poursuit son travail de recherche avec un film sur la jeunesse irresponsable, *High* (1967), suivi du très novateur *Façade* (1969) et de *Fleur bleue* (1971), où on retrouve Steve Fiset, Susan Sarandon et Carole Laure. Kent produit lui-même ses cinq premiers films avec des moyens réduits, tandis que *Fleur bleue The Apprentice* est produit par Potterton Productions. Ces six films forment un ensemble cohérent, les trois premiers mettent en scène des personnages piégés par les conventions, les trois suivants des personnages qui tentent de différentes façons d'échapper aux conventions. Par la suite, Kent tourne de courtes dramatiques à l'ONF (*Cold Pizza*, 1972, cm). Son travail perd en valeur lorsqu'il s'insère dans le circuit commercial. Ainsi, la structure narrative de *Keep It in the Family* (1973) et de *Yesterday* (1979), une comédie et un film dramatique, est conventionnelle. Ses films suivants, *The Slavers* (1977) et *High Stakes* (1985), n'obtiennent pas de sortie commerciale. (P.Ha.)

KISH, Albert, réalisateur, chef opérateur, monteur, scénariste (Eger, Hongrie, 1937). Il étudie le cinéma à Budapest, puis quitte son pays au moment de l'insurrection de 1956. Arrivé au Canada en 1957, il travaille dans l'industrie privée à titre de caméraman et de monteur. Il réalise alors deux films indépendants. À partir de 1964, il travaille comme monteur à la CBC. Il entre à l'ONF en 1967. D'abord monteur (*Christopher's Movie Matinee*, M. Ransen, 1968; *Flight in White*, W. Cunning, 1968, cm; *Bighorn*, B. Schmalz, 1970, cm), il signe les images et écrit les commentaires de quelques films. En 1970, il monte et produit *Freeze-in* (F. W. Trecartin, cm) documentaire poétique sur l'hiver dans le port de Montréal. Comme réalisateur, il débute avec une série de documentaires historiques de commande, dont *Historic Sites* (1969, cm), *Time Piece* (1971, cm), *This Is a Photograph* (1971, cm) et *Louisbourg* (1972, cm). *Our Street Was Paved With Gold* (1973, cm) offre une vision historique plus personnelle: le réalisateur y visite le boulevard Saint-Laurent à Montréal et confronte ce qu'il y voit avec ses souvenirs, ceux d'un immigrant pour qui cette artère est le point de rencontre des nombreuses communautés ethniques. Réalisé en 1975, *Los Canadienses* (mm) est un documentaire sur les mille deux cents Canadiens qui prirent part à la guerre d'Espagne au sein des Brigades internationales. Passionnante analyse de la prise de conscience politique de ces hommes, ce film, qui remporte huit prix, mêle images d'archives et prises de vues contemporaines. À l'occasion du quarantième anniversaire de l'ONF, Kish réalise *The Image Makers* (1979), regard sur l'histoire de cette institution. Il signe ensuite *Bread* (1983, cm), documentaire muet sur le pain, et *The Age of Invention* (1984, cm), poème cinématographique sur la venue de l'âge de la machine au moment de la Première Guerre mondiale. Monteur de tous ses films sauf *Paper Wheat* (1979, mm), Kish continue de pratiquer ce métier tout au long de sa carrière, notamment pour *In Praise of Hands* (D. Winkler, 1974, cm), *Conspiracy of Silence* (N. Ghiran, 1981, cm) et *F. R. Scott: Rhyme and Reason* (D. Winkler, 1982, mm) et *Clair-obscur* (B. Chbib, 1988).
PRINCIPAUX AUTRES FILMS COMME RÉALISATEUR: *Ports Canada* (1969, cm), *Hold the Ketchup* (1977, cm) (M.J.)

KLEIN, Bonnie (Sherr), réalisatrice, monteuse, productrice (Philadelphie, États-Unis, 1941). Après avoir obtenu une maîtrise en communication à Stanford, elle filme la première manifestation de la United Farm Workers menée par le leader syndical Cesar Chavez. En 1967, elle entre à l'ONF où, dans le cadre du programme Challenge for Change, elle écrit des commentaires, travaille comme monteuse et réalise *The Alinsky Approach: Organizing for Power* (1968), un court et quatre moyens métrages décrivant les méthodes de l'activiste Saul Alinsky. Elle réalise également *VTR St-Jacques* (1969, cm) où elle met en application, aux fins du programme, une idée qu'elle a développée avec Dorothy Todd Hénaut et qui consiste à fournir de l'équipement vidéo aux gens afin qu'ainsi outillés ils puissent intervenir dans leur communauté. C'est une clinique communautaire pour gens à faibles revenus qui est le sujet de son film suivant, *Citizen's Medicine* (1970, cm). Klein s'installe ensuite à Rochester dans l'État de New York. Elle y fonde Portable Channel, un centre vidéo communautaire et produit *Homemade TV*, une émission bihebdomadaire destinée à la télévision publique. De retour à Montréal en 1975, elle travaille au studio D de l'ONF (le studio anglais des femmes). Dans ses films, Klein donne le point de vue des femmes. C'est le cas par exemple dans *Patricia's Moving Picture* (1978, cm), portrait d'une femme qui, arrivée au milieu de sa vie, traverse une crise personnelle, ayant besoin d'indépendance après s'être mariée et avoir élevé sept enfants. *The Right Candidate for Rosedale* (coréal. A. Henderson, 1979, cm) décrit les enjeux sociaux et politiques qui entourent la campagne de la libérale Anne Cools dans Rosedale. En 1981, Klein, réalise un des plus grands succès de l'histoire de l'ONF, *Not a Love Story,* car le regard que pose le film sur la pornographie fait l'objet d'une vive controverse. Klein construit son film autour d'une ancienne effeuilleuse qui propose au spectateur un tour guidé des lieux pornographiques. Elle fait tantôt appel aux émotions, notamment lorsqu'elle bombarde le spectateur d'images agressantes, tantôt à l'esprit d'analyse, en proposant une réflexion sur l'impact de la pornographie. Elle reprend cette formule dans *Speaking Our Peace* (coréal. T. Nash, 1985, mm), un film en faveur de la paix mondiale. En 1986, elle produit trois films sur ce même sujet. (M.A.-G.)

KOENIG, Wolf, chef opérateur, monteur, producteur, réalisateur, scénariste (Dresde, Allemagne, 1927). Arrivé au Canada en 1936, il entre à l'ONF en 1948. Il aurait eu l'idée de la série «Candid Eye» (*voir* CINÉMA DIRECT). Il réalise notamment *City of Gold* (coréal. C. Low, 1957, cm), *Lonely Boy* (coréal. R. Kroitor, 1961, cm), et *You're Under Arrest* (coréal. D. Arioli, 1979, cm). (G.M.)

KOTCHEFF, Ted, réalisateur, producteur, scénariste (Toronto, 1931). Diplômé en littérature de l'Université de Toronto, il entre comme technicien à la CBC en 1952, juste avant les débuts de la télévision. À vingt-quatre ans, il écrit et réalise des dramatiques produites par Sidney Newman, qu'il retrouve en Angleterre, à la BBC, en 1957. C'est aussi en Angleterre qu'il tourne son premier long métrage, *Tiara Tahiti* (1962). Avec Norman Jewison comme producteur, autre transfuge de la CBC, Kotcheff réalise deux films: W*ake in Fright Outback* (1971) en Australie et *Billy Two Hats* (1973) en Israël. Le premier fait le tour des festivals et représente l'Australie en compétition au festival de Cannes en 1971. Jewison et Kotcheff sont souvent considérés comme les ambassadeurs du cinéma canadien d'expression anglaise à Hollywood, mais sans doute plus en raison de leur réussite que de leur talent. Kotcheff entretient avec l'écrivain montréalais Mordecai Richler une longue et fructueuse collaboration, commencée en Angleterre avec la collaboration de Richler au scénario de *Life at the Top* (1965), suite du film de Jack Clayton, *Room at the Top* (1958). Kotcheff essaie longtemps de réaliser en Angleterre des adaptations de deux romans de Richler, *Cocksure* et *St. Urbain's Horseman*, mais sans succès. C'est au Canada qu'il parvient à tourner *The Apprenticeship of Duddy Kravitz* (1974) et *Joshua Then and Now* (1985), d'après des scénarios adaptés par Richler de ses propres romans. *The Apprenticeship of Duddy Kravitz* remporte l'Ours d'or du festival de Berlin, le Canadian Film Award du meilleur film de l'année, et reste l'un des grands succès de l'histoire du cinéma canadien. *Joshua Then and Now*, peut-être parce qu'il est tourné simultanément en version télévision de quatre heures et en film, ne connaît pas le même succès

Richard Dreyfuss, Jack Warden, Henry Ramer et Zvee Scooler, dans The Apprenticeship of Duddy Kravitz. *(*Le Devoir*)*

critique et public, bien qu'il ait été invité en compétition au festival de Cannes. Ces deux films représentent ce qui se fait de mieux comme productions « internationales » au Canada. Ils cherchent à rejoindre l'universel (problèmes familiaux et sentimentaux, volonté de sortir du ghetto) à travers le particulier (un jeune juif de la rue Saint-Urbain à Montréal). Ils sont tournés là où se déroule l'action, à Montréal et dans les Cantons de l'Est. Si les principaux rôles masculins sont confiés à des acteurs étrangers, des actrices québécoises jouent les rôles de soutien féminins (Richard Dreyfus et Micheline Lanctôt* dans *The Apprenticeship of Duddy Kravitz* ; James Wood et Gabrielle Lazure dans *Joshua Then and Now*). Dans les deux cas, le récit est bien mené, la réalisation habile.

Kotcheff part pour Hollywood en 1974. Il y réalise *Fun with Dick and Jane* (1977) – Richler collabore au scénario – qui a du succès. Il y assoit sa réputation de réalisateur consciencieux, spécialiste de la comédie (*Someone's Killing the Great Chefs of Europe*, 1978) et du film d'aventures (*First Blood*, 1982; *Uncommon Valor*, 1983). À l'exception de *North Dallas 40*, qu'il coscénarise, ses meilleurs films sont le résultat d'une collaboration avec un bon scénariste. (J.A.)

KRAMER, John, producteur, monteur, réalisateur (Allemagne, 1947). Arrivé au Canada en 1956, il étudie la sociologie, la littérature anglaise et le théâtre, en Ontario et au Québec. Il entre à l'ONF en 1970 et, dès

1971, effectue le montage de plusieurs films importants tels *Grierson* (R. Blais, 1973, mm), *Dreamland: A History of Early Canadian Movies 1895-1939* (D. Brittain, 1974) et *One Man* (R. Spry, 1977), son travail pour ce dernier film lui méritant un Canadian Film Award. Il coréalise et monte *Volcano – An Inquiry into the Life and Death of Malcolm Lowry* (coréal. D. Brittain, 1976), vaste enquête sur l'écrivain canadien, qui remporte le Canadian Film Award du meilleur documentaire. Toujours dans une perspective historique, il tourne *Has Anybody Here Seen Canada?* (1978). Puis, il est l'auteur d'un documentaire remarqué, *The Inheritance* (1980, mm), sur la dynastie politique des Johnson au Québec. Kramer produit aussi *Class of Promise* (B. Sears, 1985, cm) et l'important documentaire *Final Offer: Bob White and the Canadian Auto Workers' Fight for Independance* (S. Gunnarsson, 1985). (A.D.)

KROITOR, Roman, monteur, producteur, réalisateur (Yorkton, Saskatchewan, 1927). Il entre à l'ONF en 1949 et y travaille à de nombreux films (*Universe*, coréal. C. Low, 1960, cm; *Lonely Boy,* coréal. W. Koenig, 1961, cm; *Above the Horizon*, coréal H. O'Connor, 1964, cm; *In the Labyrinth*, coréal,

C. Low et H. O'Connor, 1979, cm). Il joue un rôle important au sein du *Candid eye* (*voir* CINÉMA DIRECT). (G.M.)

KROONENBURG, Pieter, producteur, réalisateur (Castricum, Pays-Bas, 1942). Après des études à l'Académie du film d'Amsterdam, il réalise, puis produit des courts métrages, des films de commande, des téléséries et des messages publicitaires, successivement à Amsterdam, Los Angeles, Bruxelles, Rome et Paris. En 1979, invité à produire *The Lucky Star* (M. Fischer, 1980) à Montréal, il décide de s'y établir. Il coproduit ensuite *Heartaches* (D. Shebib, 1981) avec David J. Patterson. L'année suivante, ils fondent Filmline Productions, compagnie qui se spécialise dans la gestion de films étrangers tournés au Canada comme *The Hotel New Hampshire* (T. Richardson, 1984). Lorsque le Français Nicolas Clermont se joint à eux, la compagnie devient Filmline International. *The Blue Man* (G. Mihalka, 1986) et *Toby McTeague* (J.-C. Lord, 1985) figurent parmi les films qu'ils produisent, avant d'entreprendre la superproduction *Bethune: The Making of A Hero* (P. Borsos, 1989). Kroonenburg produit exclusivement des films en langue anglaise. (J.P.)

LABONTÉ, François, réalisateur, monteur, producteur (Robertsonville, 1949). Il apprend le métier de monteur à l'ONF aux côtés de Werner Nold avec qui il travaille au montage du *Temps d'une chasse* (F. Mankiewicz, 1972) puis au sein de l'équipe du film olympique (*Jeux de la XXIe Olympiade,* J.-C. Labrecque, J. Beaudin, M. Carrière et Georges Dufaux, 1977). Il abandonne peu à peu ce métier, n'y revenant qu'occasionnellement (*Les douces*, A. Chartrand, 1980, mm; *Les traces d'un homme*, M. Moreau, 1981; *Les années de rêves*, J.-C. Labrecque, 1984), pour se consacrer entièrement à la réalisation. Comme réalisateur, Labonté met un certain temps à trouver son créneau. Après avoir été assistant-réalisateur d'André Melançon pour *«Les oreilles» mène l'enquête* (1974, cm) et *Les tacots* (1974, cm), il cherche d'abord du côté des films pour enfants. Associé à la comédienne et scénariste Marthe Boisvert, il tourne *Babiole* (1975, cm) et *Le château de cartes* (1979). Qu'il raconte l'histoire d'une poupée ou les

aventures de personnages très colorés à la recherche d'un professeur disparu, il paraît influencé par le style fantaisiste propre aux émissions de la grande période du service jeunesse de la télévision de Radio-Canada. On retrouve d'ailleurs Kim Yaroshevskaya, inoubliable Fanfreluche du petit écran, en sorcière-détective Varicelle dans *Le château de cartes*. Loin du réalisme cher à Melançon, il propose un cinéma pour enfants sans enfants. Entre ces deux films, il tourne un documentaire d'atmosphère, *Samedi soir* (1978, mm), où il observe le va-et-vient des Beaucerons un samedi soir, entre le Noël du campeur et la discothèque. Puis, il tente un exercice de style, *Réveillon* (1982, cm), film humoristique sans dialogue écrit pour Rodrigue Chocolat Tremblay, acteur clownesque avec lequel il travaille aussi au théâtre. En 1982, Labonté coréalise un documentaire, *En passant par Mascouche* (coréal. M. Moreau, cm). Il est producteur associé des *Années de rêves* (J.-C. Labrecque, 1984) et réalise des séries pour la télévision, avant de revenir à la réalisation de films. Il déplace

François Labonté.

légèrement son champ d'intérêt de l'enfance vers l'adolescence et tourne *Henri* (1986), sur un scénario de Jacques Jacob. Ce film pour toute la famille le ramène à la Beauce de *Samedi soir*. Centrant son récit sur un adolescent aux prises avec des problèmes familiaux, il mise cette fois sur un certain réalisme. Le film réunit les acteurs Jacques Godin et Éric Brisebois, déjà père et fils dans *Pouvoir intime* (Y. Simoneau, 1986). Labonté tourne ensuite deux épisodes de la série pour la télévision «Traquenards», destinée aux adolescents, et enchaîne avec une comédie grand public scénarisée par Monique Proulx, *Gaspard et fil$* (1988). Comme dans *Henri*, il décrit l'évolution d'une relation père-fils qui avance vers la réconciliation. La course du village qui concluait *Henri* fait place à une course au billet de loterie gagnant qui entraîne les deux personnages principaux à New York et au Venezuela. Labonté y retrouve Godin mais aussi Gaston Lepage, qui tient le rôle de Bazooka 22 dans *Le château de cartes*. S'il n'a pas connu de grand succès, Labonté compte parmi les quelques réalisateurs québécois qui cherchent clairement à rejoindre un public, le plus large qui soit. Sans prétention, son cinéma veut divertir. (M.C.)

LABRECQUE, Jean-Claude, réalisateur, chef opérateur, scénariste (Québec, 1938). Deux fois orphelin (ses parents adoptifs meurent prématurément), il gagne sa vie à dix-huit ans en photographiant des mariages et en travaillant à l'OFQ, où Paul Vézina, son premier professeur, lui enseigne les rudiments de la caméra. Il apprend son métier à l'ONF où, pendant deux ans, il traverse le Canada, de la Gaspésie aux territoires glacés du Yukon, à titre d'assistant-caméraman. Cette formation première fera

de lui un technicien exigeant et précis, audacieux et innovateur. Après cet apprentissage, il devient chef opérateur et travaille avec Claude Jutra (*À tout prendre*, 1963), Gilles Carle (*La vie heureuse de Léopold Z.*, 1965; *Les corps célestes*, 1973), Gilles Groulx (*Le chat dans le sac*, 1964; *Un jeu si simple*, 1965, cm), Don Owen (*Notes for a Film About Donna & Gail*, 1966, six cm; *The Ernie Game*, 1967), Anne Claire Poirier (*De mère en fille*, 1967), Larry Kent (*Fleur bleue*, 1971) et quelques autres, avec une pointe jusqu'en Italie où il tourne, pour Gian Franco Mingozzi, un documentaire sur Michelangelo Antonioni. En 1965, à la suggestion de Jacques Bobet, il réalise son

Jean-Claude Labrecque. (Bertrand Carrière)

premier film, *60 cycles* (cm), brillant compte rendu visuel du tour cycliste du Saint-Laurent, dont les prouesses techniques lui valent un premier prix du court métrage à Moscou. Dès lors et tout au long de sa carrière de réalisateur, Labrecque s'attache, avec une fidélité obstinée, à fixer sur la pellicule des moments significatifs de l'histoire du Québec (qu'elle soit sportive, culturelle ou politique). C'est sa caméra qui immortalise le «Vive le Québec libre!», dans un reportage inspiré sur *La visite du Général de Gaulle au Québec* (1967). Pour *La nuit de la poésie 26 mars 1970* (coréal. J.-P. Masse, 1970), il imagine de toutes pièces un événement: au théâtre du Gesù, à Montréal, devant un public enthousiaste, il donne la parole aux poètes qui s'en emparent avec ferveur dans la plus vivante des anthologies. Dix ans plus tard, il donne suite à cette première expérience avec *La nuit de la poésie 28 mars 1980* (coréal. J.-P. Masse). S'il s'écarte une seule fois de ses sources privilégiées d'inspiration, c'est pour la réalisation d'un film expérimental, *Essai à la mille* (1970, cm), d'après une œuvre de musique concrète du compositeur français Pierre Henry. Avec ses images brûlantes et hallucinées sur un texte incantatoire (l'Apocalypse selon saint Jean), le film remporte un Canadian Film Award. Réalisateur-coordonnateur du film officiel des Jeux olympiques de Montréal, Labrecque organise un traitement qui privilégie l'être humain avant la performance sportive. *Jeux de la XXIᵉ Olympiade* (coréal. J. Beaudin, M. Carrière et Georges Dufaux, 1977) est un film «à hauteur d'homme». Avec ses deux films sur Paul Provencher (*Le dernier des coureurs de bois*, mm, et *Les Montagnais*, 1979, mm), il revient au portrait intimiste qu'il a déjà pratiqué avec son film sur Félix Leclerc (*La vie*, coréal. J.-L. Frund, 1968). Mais Labrecque atteint un sommet dans ce genre de films avec *Marie Uguay* (1980), sur une jeune poète talentueuse dont le témoignage est d'autant plus émouvant qu'il est livré au seuil de la mort (elle entrera à l'hôpital la troisième journée du tournage pour y mourir d'un cancer, à vingt-six ans).

Chef opérateur de tous ses documentaires, Labrecque est coscénariste de toutes ses fictions. Il s'y aventure pour la première fois avec *Les smattes* (1972), qui raconte le drame provoqué par la fermeture, décrétée par les fonctionnaires du BAEQ, d'un village gaspésien. Bien qu'il s'agisse d'un fait divers authentique, le dosage fiction/documentaire et l'intégration des comédiens (Daniel et Donald Pilon) aux vrais Gaspésiens ont quelque chose de forcé. C'est avec *Les vautours* (1975) que Labrecque trouve un style qui lui est propre pour raconter une histoire plus proche de lui. Dans la ville de Québec, vers la fin des années 50, des tantes (Carmen Tremblay, Monique Mercure et Amulette Garneau) dépouillent leur neveu, Louis Pelletier (Gilbert Sicotte), du maigre héritage que sa mère lui a laissé. Derrière l'anecdote, un indéniable sens du comique, la découverte d'un comédien (c'est le premier rôle important de Sicotte au cinéma), la description d'une jeunesse impatiente de vivre et brimée par l'incompréhension des aînés, l'atmosphère étouffante d'une société en voie d'extinction, le ton juste et l'écriture personnelle font des *Vautours* le meilleur film de Labrecque. *L'affaire Coffin* (1979), avec August Schellenberg, s'inspire de l'ouvrage de Jacques Hébert pour lever le voile sur une erreur judiciaire commise par le pouvoir duplessiste. Après ce film, Labrecque reprend son personnage des *Vautours*, Louis Pelletier, qu'il installe à Montréal avec sa femme (Anne-Marie Provencher). Commençant par un mariage et se terminant aux jours sombres d'octobre 1970, *Les années de rêves* (1984) est le constat doux-amer des espoirs trahis d'une génération. Film de commande, *Le frère André* (1987) n'est pas, comme on aurait pu le craindre, l'édifiante hagiographie d'un personnage falot, mais plutôt un film sobre et émouvant interprété par Marc Legault et Sylvie Ferlatte. En 1988, Labrecque réalise *Bonjour monsieur Gauguin*, un téléfilm sur un scénario de Jacques Savoie, et prépare deux films: *Le fou du prince*, première partie de l'histoire de Louis Pelletier, ainsi qu'un documentaire sur trois étudiants qui, à la fin des années 50, ont assiégé le bureau de Maurice Duplessis pendant trois mois dans le but d'obtenir l'éducation gratuite. Ces projets sont dans la continuité de l'œuvre cinématographique de Labrecque, qui manifeste, depuis *Les vautours*, un intérêt soutenu pour l'histoire récente du Québec. Par son travail de documentariste, Labrecque nourrit la mémoire visuelle du Québec. De 1976 à 1978, il occupe la présidence de la Cinémathèque québécoise.

FILMS COMME RÉALISATEUR: *60 cycles* (1965, cm), *La guerre des pianos* (coréal J. Dansereau, 1965, cm), *La visite du Général de Gaulle au Québec* (1967, cm), *The land* (Osaka 70) (coréal. R. Tasker, 1968, cm), *La vie* (1968, mm), *Hiver en froid mineur* (1969, cm), *Les canots de glace* (1969, cm), *La nuit de la poésie 27 mars 1970*, (coréal. J.-P. Masse, 1970), *Essai à la mille* (1970, cm), *Images de la Gaspésie* (1972, cm), *Hochelaga* (1972, cm), *Université du Québec* (1972, cm), *Les smattes* (1972), *Entreprise de toute une vie* (coréal. Jacques Gagné, 1973), *Les notes de la vie* (1973, cm), *Claude Gauvreau, poète* (1975, mm), *Québec en fête, juin 75* (coréal. C. Jutra, 1975, mm), *On s'pratique... c'est pour les Olympiques* (1975, mm), *Les vautours* (1975), *Les jeux de la XXIᵉ Olympiade* (coréal. J. Beaudin, M. Carrière et Georges Dufaux, 1977), *Pierre à coton* (1978, cm), *Le dernier des coureurs des bois* (1979, mm), *Les Montagnais* (1979, mm), *L'affaire*

Coffin (1979), *Paroles du Québec* (1980, cm), *La nuit de la poésie 28 mars 1980* (1980), *Marie Uguay* (1982, mm), *Les années de rêves* (1984), *Le frère André* (1987), *Bonjour Monsieur Gauguin* (1988). (F.L.)

LACHAPELLE, Jean-Pierre, chef opérateur, ingénieur du son, réalisateur (Granby, 1937). En 1956, à sa sortie de l'Institut de télétechnique, il débute une carrière de caméraman et de preneur de son. Il entre à l'ONF en 1963, puis devient caméraman permanent en 1965. Fidèle collaborateur de Jacques Godbout (*La gammick*, 1974; *Aimez-vous les chiens?*, 1975, mm; *Derrière l'image*, 1978; *Comme en Californie*, 1983; *Alias Will James*, 1988), il signe les images d'une vingtaine de longs métrages, parmi lesquels on compte *Ti-Mine, Bernie pis la gang...* (M. Carrière, 1976), *La laine du pays* (L. Plamondon, 1979), *La surditude* (Y. Dion, 1981) et *Ô Picasso* (G. Carle, 1985). Particulièrement à l'aise en documentaire, où son style discret et léger est d'une grande efficacité, il est aussi l'un des caméramans pour les films que Jean-Claude Labrecque consacre aux deux nuits de la poésie (coréal. J.-P. Masse, 1970 et 1980). En 1975, il coréalise *Les sciences de la mer* (coréal. S. Jovanovic et D. Keifer, cm), un film de vulgarisation scientifique sur le travail accompli par le ministère des Pêches et Océans. (M.J.)

LACHAPELLE, Pierre, producteur, réalisateur (Montréal, 1960). Il fait des études en informatique à l'Université de Montréal, où il travaille comme coscénariste (avec Daniel Langlois et Bernard Guénette) et assistant à la conception du film *Vol de rêve* (D. Thalmann, N. Magnenat-Thalmann, P.

Bergeron, 1981, cm). En juillet 1982, il s'associe à l'ONF et au centre de calcul de l'Université de Montréal pour produire et coréaliser *Tony de Peltrie* (coréal. P. Bergeron, D. Langlois, P. Robidoux, 1985, cm). Il s'occupe ensuite du laboratoire Taarna, un puissant système informatique, et travaille surtout à la production de commerciaux réalisés à l'aide de l'ordinateur. (M.L.)

LACOURSE, Danièle, réalisatrice, scénariste (Montréal, 1949). Après avoir travaillé comme journaliste à la télévision à des reportages sur l'actualité internationale, elle entreprend, en 1980, une collaboration suivie avec Yvan Patry*. Elle coréalise la série «Le choc des Amériques» (coréal. Y. Patry, 1982-1983) de même que les films *Nicaragua/Honduras entre deux guerres* (coréal. Y. Patry et J. Reiter, 1983) et *Nicaragua la guerre sale* (coréal. Y. Patry, 1985). Elle scénarise la série «Eritrea and the Horn of Africa» (Y. Patry, 1987). (D.P.)

LADOUCEUR, Jean-Paul, animateur, réalisateur (Montréal, 1921). Gagnant d'un concours visant à la formation de cinéastes d'animation à l'ONF, l'étudiant de l'École des beaux-arts de Montréal est recruté par Norman McLaren en mai 1942. L'activité est fébrile et, au milieu de séries prestigieuses et de documentaires à caractère militaire, Ladouceur donne, entre autres films, *Envoyons d'l'avant nos gens* (1944, tcm), dans la série «Chants populaires». Il touche à toutes les techniques et devient bientôt le spécialiste de la marionnette. En 1951, il réalise *Sur le pont d'Avignon* (cm), illustration d'une chanson folklorique à l'aide de marionnettes. Puis il partage, avec Grant Munro, la vedette de – le mot est de lui – «l'essoufflant» *Neighbours* (N. McLaren,

Jean-Paul Ladouceur, l'un des voisins de Neighbours, *de McLaren. (ONF)*

1952, cm) où deux voisins, jusque-là paisibles, s'arrachent la propriété d'une fleur. En 1952, il tente l'aventure du côté de la télévision naissante, à Radio-Canada, où il crée les inoubliables marionnettes de l'émission *Pépinot*. En 1959, la grève des réalisateurs l'amène, avec cinq collègues, à participer à la fondation de Télé-Métropole qu'il quitte définitivement en 1980 pour prendre sa retraite. (A.D.)

LAFERRIÈRE, Yves, musicien, réalisateur (Montréal, 1943). Il gagne déjà sa vie comme musicien depuis près de dix ans lorsque, en 1972, il fonde le groupe Contraction. L'année suivante, il participe au collectif rock Ville Émard Blues Band qui signe la musique de *Noël et Juliette* (M. Bouchard, 1973). En 1977, il fait ses vrais débuts au cinéma en composant la musique d'*Anastasie oh ma chérie* (P. Baillargeon, cm). Viennent ensuite *Fuir* (H. Girard, 1979) et *La cuisine rouge* (P. Baillargeon et F. Collin, 1979). Musicien polyvalent, il passe avec facilité des rythmes *new wave* de *Bleue Brume* (B. Sauriol, 1982, cm) aux mélodies tropicales de *Sonia* (P. Baillargeon, 1986, mm). Il est aussi à l'aise lorsque vient le temps de suggérer le doute et l'errance, comme dans *La femme de l'hôtel* (L. Pool, 1984) et dans *Transit* (Richard Roy, 1986, cm). Il coscénarise et coréalise *Ciel de métal* (1989, cm) avec Daniel Langlois, une brève histoire du monde racontée à l'aide de musique (qu'il compose) et de graphisme réalisé par ordinateur. (M.J.)

LAFLAMME, Claude, réalisateur (Granby, 1948). Après un premier film, *Roméo et Juliette* (1971, cm), illustrant l'histoire d'amour du célèbre couple avec des dessins d'enfants révélant les stades de l'évolution graphique, il réalise deux fictions comiques: *Les aventures de Running Shoe* (1974, cm), qui présente un personnage tentant de dérober un livre sur la sexualité dans une bibliothèque, et *Running Shoe rides again* (1975, mm), satire de la crise d'Octobre 1970, le héros devenant communiste-séparatiste, responsable d'enlèvements et d'assassinats. Il réalise ensuite le documentaire *Les candidats* (1981, mm), infiltration dans les coulisses de l'industrie du hockey mineur québécois, puis coréalise, avec George Léonard*, *Splash* (1981, cm) et *État 1* (1984, cm). Primés au Festival international des films sur l'art de Montréal, ces films performances sont des documentaires sur l'art qui se transforment eux-mêmes en œuvres d'art. La démarche de Laflamme, non conventionnelle, cherche à explorer des sentiers autres que ceux délimités par les valeurs de la société contemporaine. (M.L.)

LAFLEUR, Jean, monteur, réalisateur (Ottawa, 1937). Il débute comme monteur pour la CBC à la fin des années 50. Il y demeure pendant six ans pour ensuite monter, chez Onyx Films, plusieurs commerciaux et documentaires. À la fin des années 60, il devient directeur de production et monte ses premiers longs métrages de fiction. *Valérie* (1968), *L'initiation* (1969) et *L'amour humain* (1970), trois films de Denis Héroux, marquent ses débuts.

Tout en poursuivant une carrière de monteur, il passe à la réalisation en 1972 avec *Beware, Beware my Beauty Fair* (coréal. P. Svatek, cm) et signe ensuite deux longs métrages. Le premier, *The Mystery of the Million Dollar Hockey Puck* (coréal. P. Svatek, 1975), est un film pour enfants dont l'intrigue fait appel aux joueurs du Canadien de Montréal. Le second, *Ilsa the Tigress of Siberia* (1977), reprend le personnage d'Ilsa, la tortionnaire plantureuse et lubrique déjà vue dans deux films américains. (M.J.)

LAFLEUR, Louis-Roger (o.m.i.), réalisateur, monteur, producteur (Montréal, 1905 – Amos, 1973). Entré en communauté chez les Oblats de Marie-Immaculée, il est ordonné prêtre en 1932. Il réalise ses premiers films en 1936 à titre de responsable du recrutement des nouveaux missionnaires. Il parcourt le Québec pour donner des conférences et tourne des milliers de mètres de pellicule qui servent à illustrer ses propos: *Le Témiscamingue agricole* (cm), *Vie des Indiens dans le Nord du Québec* (cm), *Les missions oblates chez les Indiens* (cm). De 1942 à 1944, procurateur au vicariat du McKenzie, en Alberta, Lafleur tourne toujours: *Gray Nuns at the McKenzie's Missions* (cm), *Winter Trip at the McKenzie's Missions* (cm), *A Week in the Polar Region* (cm). En 1944, il tourne quelques films pour l'ONF. Il entame, à la même époque, une collaboration avec le SCP qui durera à peu près jusqu'en 1958. Sa nomination au poste de responsable de l'organisation des pèlerinages au sanctuaire de Notre-Dame-du-Cap, en avril 1946, l'amène à diminuer la fréquence de ses voyages en milieu amérindien. Sa filmographie s'enrichit cependant de films purement de propagande: *Notre-Dame-du-Cap* (cm), *Congrès marial d'Ottawa: 1947* (1947, cm). De 1953 à 1966, Lafleur s'associe, faute de moyens techniques, à Fernand Guertin. Trois films coréalisés voient le jour: *Apôtre du Grand Nord* (mm), *Les Indiens du Haut-Saint-Maurice* (1959, cm) et *Le pensionnat* (1959, mm). Des problèmes de santé et de nombreuses affectations viennent ralentir considérablement, à partir de 1952, sa production cinéma-tographique. Il a tout de même réalisé une quarantaine de films. Lafleur est le premier cinéaste-ethnographe québécois. En pleine époque duplessiste, ses films font preuve d'une vision progressiste de l'Amérindien et de sa culture. (L.Bo.)

LAFONTAINE, Rita, actrice (Trois-Rivières). Secrétaire, elle n'ambitionne rien de plus que de pratiquer le théâtre en amateure lorsque, vers 1966, André Brassard la découvre et l'associe bientôt à la création de plusieurs pièces de Michel Tremblay. C'est aussi à ce tandem qu'elle doit son unique premier rôle au cinéma puisque, curieusement, outre ce personnage de vieille fille ultimement comblée par un amour sans éclat mais sincère, dans *Le soleil se lève en retard* (A. Brassard, 1976), on ne la confronte guère qu'à une multitude de silhouettes du type «l'épouse de» (*La gammick*, J. Godbout, 1974), «l'amie de» (*Je suis loin de toi mignonne*, C. Fournier, 1976), «l'admiratrice de» (*Parlez-nous d'amour*, J.-C. Lord, 1976), «une religieuse» (*La dame en couleurs*, C. Jutra, 1984) ou «la mère de» (*Le matou*, J. Beaudin, 1985; *Les portes tournantes*, F. Mankiewicz, 1988); cela, malgré l'indéniable vérité de son jeu qui laisse présager davantage. C'est tout naturellement qu'on la retrouve dans *Les trois Montréal de Michel Tremblay* (1989), film que Michel Moreau consacre à l'univers du romancier et dramaturge montréalais. (M.-C.A.)

LAJEUNESSE, Jean, acteur (Montréal, 1921). Dès 1945, on l'aperçoit dans *Le père Chopin* (F. Ozep). En 1947, on le retrouve en reporter dans *La forteresse* (F. Ozep); en 1951, il apparaît brièvement dans *La petite Aurore l'enfant martyre* (J.-Y. Bigras). Très actif à la scène, à la radio et à la télévision,

Margot MacKinnon, René Caron, Frédérique Collin et Jean Lajeunesse dans Réjeanne Padovani. *(CQ)*

il lui faudra ensuite attendre les années 70, exception faite des *Brûlés* (B. Devlin, 1958) où il incarne un curé opiniâtre et débordant d'énergie, pour obtenir un rôle à la mesure de son talent, celui de l'impérial Vincent Padovani, parrain aux gestes hiératiques et aux sentences implacables, dans *Réjeanne Padovani* (D. Arcand, 1973). On le revoit en procureur de la Couronne dans *Le crime d'Ovide Plouffe* (D. Arcand, 1984). Dans *Le frère André* (J.-C. Labrecque, 1987), on a pu l'apprécier en religieux revêche, adversaire déclaré du thaumaturge. Enfin, dans *La grenouille et la baleine* (J.-C. Lord, 1988), Lajeunesse joue le personnage du grand-père, capitaine de navire. (J.-M.P.)

LALIBERTÉ, Morgane (Nathalie Barton), productrice, réalisatrice (Londres, Angle-terre, 1948). Elle fonde, avec Jean-Claude Burger et Gérard Le Chêne (Alain d'Aix*), la maison de production InformAction. Elle coréalise un premier film en 1971, *Anyanya* (coréal. G. Le Chêne, 1971, cm). C'est en 1976, à l'occasion du tournage de *Contre-censure* (A. d'Aix et J.-C. Burger, cm) au Cameroun, qu'elle choisit le pseudonyme de Morgane Laliberté pour éviter de se voir limiter l'accès aux pays africains. Par la suite, elle signe toutes ses réalisations de ce nom. En 1985, elle produit seule un premier film dont elle est aussi la coréalisatrice, *Justice blanche* (coréal. F. Wera, mm), un documentaire qui remet en question le système judiciaire blanc qu'on impose, sous forme de cour itinérante, aux autochtones du Nord québécois. Forte de cette expérience, elle s'intéresse de plus près à la production (*Nous près, nous loin*, A. d'Aix, 1986, mm; *Les îles ont une âme*, A. d'Aix, 1988, cm). (M.C.)

LALIBERTÉ, Roger, réalisateur, distributeur, monteur, producteur, scénariste (Jonquière, 1933). Cinéaste saguenéen autodidacte, il produit et réalise, avec ses propres moyens financiers et l'aide du clergé local, les premiers films pour enfants québécois. Dès 1950, il réalise deux courts métrages de fiction en super 8, *L'étoile rouge* et *Le carrefour*. Sa carrière de cinéaste pour enfants débute cependant en 1956, avec *Le diamant bleu*, qui raconte l'histoire de deux adolescents qui tentent de découvrir un trésor enfoui dans une caverne pendant leurs vacances estivales. Malgré des maladresses techniques inévitables (surtout au niveau de la postsynchronisation), Laliberté prouve déjà qu'il possède un indéniable sens du récit d'aventures. Son film suivant, *Les aventures de Ti-ken* (1960), montre un jeune gymnaste et son frère à la poursuite de voleurs de cigarettes américaines, sur les routes du Saguenay-Lac-Saint-Jean. Les séquences montrant des groupes d'enfants chassant les délinquants sont plutôt surprenantes pour l'époque, et la direction des jeunes acteurs annonce déjà les films d'André Melançon. Toujours en 1960, Laliberté signe *La critique est aisée* (cm), où un jeune étudiant se moque des tics de son professeur en l'absence de celui-ci. En 1963, il devient monteur à Radio-Canada. C'est alors qu'il tourne, à Montréal, *Les plans mystérieux* (1965), qui montre le tandem de jeunes héros saguenéens luttant contre des espions russes et le sosie de Nikita Khrouchtchev. Mais, le film est moins crédible que le premier. Laliberté signe ensuite le montage de deux longs métrages de Guy Bouchard tournés au Saguenay (*Carnaval en chute libre*, 1965; *Opération parapluie*, 1967). En 1968, il fonde une maison de distribution de films pour jeunes publics, Ciné-Loisirs. Il réalise ensuite *Au boutt'* (1973), racontant les démêlés d'un groupe de motards avec la justice. (P.D.)

LALONDE, Bernard, producteur, acteur, assistant-réalisateur, scénariste (Montréal, 1940). Il fait ses premières armes comme assistant-réalisateur et régisseur des longs métrages *Trouble-fête* (P. Patry, 1964), *La corde au cou* (P. Patry, 1965), *Caïn* (P. Patry, 1965) et *Poussière sur la ville* (A. Lamothe, 1965), tous produits par Coopératio, une compagnie pionnière de l'industrie cinématographique québécoise. Puis, il devient superviseur technique du doublage à Columbia Pictures et, à l'ONF, coordonnateur de la production française. Il se spécialise dans la direction de production, d'abord pour la télésérie *La feuille d'érable* (1970-1971), produite par Onyx Films pour Radio-Canada, et pour *Le temps d'une chasse* (F. Mankiewicz, 1972). Aux productions Prisma, il est producteur délégué de deux films majeurs des années 70, *Les dernières fiançailles* (J. P. Lefebvre, 1973) et *Les ordres* (M. Brault, 1974). Il se joint à l'ACPAV en 1974 et en préside le conseil d'administration de 1978 à 1980. Fidèle à l'esprit de cette coopérative, il y produit des films d'auteur, impossibles à réaliser dans un contexte strictement commercial: des fictions comme *Bulldozer* (P. Harel, 1974), *La piastre* (A. Chartrand, 1976), *L'eau chaude l'eau frette* (A. Forcier, 1976), *Vie d'ange* (P. Harel, 1979), et des documentaires tels *15 nov* (H. Mignault et R. Brault, 1977) et *Les voleurs de job* (T. Rached, 1980). Grâce à son acharnement, il mène à terme la production des films *Au clair de la lune* (A. Forcier, 1982) et *Le choix d'un peuple* (H. Mignault, 1985) au scénario desquels il a également collaboré. Son engagement au sein du SNC et, par la suite, comme administrateur de Cinéma libre (il compte parmi les fondateurs de cette maison de distribution) confirme son parti pris pour la création et la diffusion d'un cinéma différent. Il se révèle parfois bon comédien, notamment dans *Celui qui voit les heures* (P. Goupil, 1985) où il incarne un producteur. (P.J. et M.S.)

LAMB, Derek, animateur, musicien, producteur, réalisateur, scénariste (Bromly, Angleterre, 1936). Il entre à l'ONF en 1959 comme animateur. Il devient réalisateur puis, de 1976 à 1982, producteur exécutif au studio anglais d'animation. Sa carrière onéfienne est cependant ponctuée d'interruptions. En 1965, il est réalisateur aux studios Halas and Batchelor, à Londres, et producteur de plusieurs films d'animation pour la BBC. De 1966 à 1970, il dirige des ateliers et enseigne l'animation à l'Université Harvard. Au cours de la même période, il enseigne également aux universités McGill et Sir George Williams (Concordia). Il travaille à divers titres sur plus de deux cents films, parmi lesquels *The Great Toy Robbery* (J. Hale, 1963, cm) et *The Shepherd* (J. Biggs, 1971, cm). Il réalise aussi *Why Me* (coréal. J. Perlman, 1978, cm), film humoristique sur l'imminence de la mort, qui remporte de nombreux prix. Entre 1977 et 1983, Lamb scénarise et produit une série de films publicitaires pour la prévention des incendies: «The Old Lady». Deux de ses productions, *Special Delivery* (J. Weldon et E. Macauley, 1978, cm) et *Every Child* (E. Fedorenko, 1980, cm) obtiennent un Oscar. Il ouvre son propre studio et, en 1986, il produit une série de quarante films animés sur les sports pour la télévision allemande. La même année, il retourne à Harvard à titre de professeur invité. Lamb compose et interprète également des musiques pour la série télévisée *Sesame Street*, ainsi que pour plusieurs films pour enfants. Il dirige une maison de production avec sa femme, Janet Perlman*. (É.D. et D.T.)

LAMBART, Evelyn, animatrice, réalisatrice (Ottawa, 1914). Formée à l'Ontario College of Arts, mais aussi en mathématique et en physique, elle saura mettre à profit sa formation éclectique tout au long de sa carrière. Dès son entrée à l'ONF en 1942, elle est assignée à des travaux graphiques et cartographiques pour la série «The World in Action». Forte de cette expérience, elle réalise *The Impossible Map* (1947, cm), pour démontrer les difficultés et les principes de la cartographie. Elle devient la plus proche collaboratrice de Norman McLaren* avant d'être réalisatrice à part entière. Elle travaille quotidiennement avec lui de 1944 à 1965. Parmi les nombreux films de McLaren auxquels elle collabore, *Begone Dull Care* (1949, cm), *Rythmetic* (1956, cm), *Lines Vertical* (1960, cm), *Lines Horizontal* (1961, cm) et *Mosaic* (1965, cm) sont ceux qu'elle coréalise. Elle anime partiellement *Le Merle* (1958, tcm) ainsi que *Short and Suite* (1959, tcm), et est entièrement responsable de l'animation de la chaise pour *A Chairy Tale* (1957, cm). Elle se penche aussi, avec McLaren, sur les problèmes de la stéréoscopie, contribue largement au développement de son système de fiches pour le son synthétique et met au point un appareil pour photographier les «notes» synthétiques. Dans bien des cas, elle perfectionne l'instrumentation de McLaren.

À compter de 1965, elle se consacre entièrement à ses propres films. Son premier sera *Fine Feathers* (1968, cm), qui est suivi de *The Hoarder* (1969, cm) et de *Paradise Lost* (1970, tcm), un film à caractère écologique qui plaide en faveur d'un environnement non pollué. *Mr. Frog Went A-Courting* (1974, cm) illustre une vieille chanson folklorique écossaise sur une loi de la nature qui veut que le gros mange le petit. Retraitée en 1974, elle n'abandonne pas ses activités cinématographiques et travaille désormais chez elle. C'est ainsi qu'elle réalise *The Lion and the Mouse* (1976, tcm) et *The Town Mouse and the Country Mouse* (1980, cm), d'après une fable d'Ésope. Tous ces films charmants s'adressent aux enfants sans exclure les adultes et sont réalisés avec la technique des éléments découpés. Pionnière dans son domaine au Canada, elle est, pendant près de vingt-cinq ans, la seule femme à réaliser des films d'animation à l'ONF. AUTRES FILMS: *Maps in Action* (1945, tcm), *Ô Canada* (1951, tcm), *Forest Fire Clips* (1971, tcm), *The Story of Christmas* (1973, cm). (L.B.)

LAMOTHE, Arthur, réalisateur, monteur, producteur, scénariste (Saint-Mont, France, 1928). Issu d'une famille paysanne de Gascogne, il émigre au Canada en 1953. Au retour d'un séjour en Abitibi comme bûcheron, il entame l'année suivante des études en économie politique à l'Université de Montréal. Au terme de ses études, en 1957, il entre au service des nouvelles de Radio-Canada à titre de recherchiste et rédacteur. Dès cette époque, il est intéressé par le cinéma. Il participe à la fondation de la revue *Images* (1955-1956) et rédige des chroniques cinématographiques pour *Cité Libre*,

Liberté (1959) et le *Ciné-club* de Radio-Canada (1961). En 1961, il amorce à l'ONF sa véritable carrière cinématographique comme recherchiste et scénariste de trois courts métrages: *Manger* (L. Portugais, 1961), *Dimanche d'Amérique* (G. Carle, 1961) et *Pour quelques arpents de neige* (Georges Dufaux et J. Godbout, 1962). La même année, il signe sa première réalisation, *Bûcherons de la Manouane* (1962, cm), que l'ONF égratigne de sa censure. Le film fait le tour du monde et gagne quantité de prix dont le Voile d'argent à Locarno (1963) et le Grand prix du Festival du cinéma canadien (1963). Devenu un classique du cinéma québécois, ce film marque les débuts du cinéma socialement engagé. Par le biais d'un documentaire sur un camp de bûcherons de la CIP, Lamothe révèle la misère de ces hommes déracinés et exploités, tout en demeurant sensible à la dignité des indiens Attikameks et à la poésie des bûcherons. Avant de quitter définitivement l'ONF en 1966, il réalise quatre autres films parmi lesquels on compte *La moisson* (1966, cm), ainsi qu'un premier film de fiction, *La neige a fondu sur la Manicouagan* (1965, mm), qui met en scène un couple sur le point de se séparer. Désireux de protéger sa liberté d'expression, il fonde, en 1964, la Société générale cinématographique, une entreprise pilote de production de films pédagogiques, sociopolitiques et d'actualité. Pour Coopératio, Lamothe tourne un second long métrage de fiction, *Poussière sur la ville* (1965) d'après le roman d'André Langevin. La critique accueille plutôt froidement ce film qui troque le propos philosophique du livre pour une lecture sociale de la désintégration d'un couple. Lamothe poursuit avec un documentaire: *Ce soir-là, Gilles Vigneault...* (1967, mm). Il entame ensuite une seconde période (1967 à 1973) dominée par un cinéma documentaire de commandite pour l'OFQ, la CEQ et la CSN. Durant cette période, il travaille dans plusieurs directions. Il réalise des films d'actualité et des films pédagogiques, et aide Gilles Carle à scénariser *La mort d'un bûcheron* (1973) et *Les corps célestes* (1973). Toujours en 1967, il obtient le soutien financier de Gaumont

Arthur Lamothe. (ACPQ)

international pour réaliser *Le train du Labrador* (cm), film dans lequel il aborde pour la première fois la réalité montagnaise. En 1969, il obtient une commandite du Conseil central de Montréal de la CSN, qui accepte de financer un court métrage sur les accidents du travail dans le secteur de la construction. Bénéficiant d'une entière liberté de création, Lamothe détourne le projet et réalise, à ses frais, un long métrage très personnel sur la condition ouvrière à Montréal. Sélectionné dans neuf festivals internationaux, *Le mépris n'aura qu'un temps* (1969) atteint un public important malgré des moyens de diffusion artisanaux.

Le film présente des manifestations de l'exploitation économique, politique et judiciaire des travailleurs, à la suite de la mort de sept ouvriers. La gauche reproche au cinéaste de céder à la sensiblerie, de cultiver l'ambiguïté et de limiter la réflexion au simple constat des problèmes de la classe ouvrière. En tant qu'artiste, Lamothe ne peut cependant souscrire à l'impératif de livrer des messages. Il lui préfère une honnêteté morale qui seule peut infléchir ses choix esthétiques. En 1970, il fonde les Ateliers audiovisuels du Québec afin de garantir son autonomie désormais menacée à l'intérieur de la Société générale cinématographique. Outre ses propres réalisations, souvent produites par Nicole Lamothe*, cette nouvelle maison produit une cinquantaine de documentaires, dont *Une histoire de femmes* (S. Bissonnette, M. Duckworth et J. Rock, 1980).

De 1973 à 1983, Lamothe réalise, avec la collaboration de Rémi Savard*, la «Chronique des Indiens du Nord-Est du Québec», une série de treize films divisée en deux volets: «Carcajou et le péril blanc» (huit films) et «La terre de l'Homme» (cinq films). Cette série de dix-heuf heures est projetée dans plus de vingt-cinq manifestations internationales. Elle mérite le prix L.-E.-Ouimet-Molson (pour l'épisode *Ntesi Nana Shepen 2*, intitulé en français *On disait que c'était notre terre*) et la Sesterce d'or à Nyon (Suisse). Les thèmes qui y sont traités peuvent être regroupés en trois catégories: la culture, les problèmes de dépossession et de discrimination, ainsi que l'avenir de la nation montagnaise. Avec intelligence, Lamothe évite les pièges du manichéisme qui aurait ramené la série à un discours sur la mauvaise conscience blanche. *Mémoire battante* (1983), l'œuvre la plus forte de sa carrière, vient coiffer cette série d'une présentation de l'univers spirituel des Montagnais, ultime rempart contre l'assimilation. Esthétiquement, cette œuvre tranche quelque peu par rapport aux films précédents. Lamothe y utilise une mise en scène de fiction qui illustre les écrits du père Lejeune (Gabriel Arcand) et, pour la première fois, commente à l'écran ses propres images. Il écrit et tourne ensuite *Équinoxe* (1986), renouant ainsi avec le long métrage de fiction qu'il avait délaissé en 1968. Le film, qui raconte l'histoire d'un homme (Jacques Godin) qui, après des années de prison et d'exil, retourne au pays de sa jeunesse où il a été trahi, reçoit un accueil mitigé.

Dès son premier film, Lamothe apporte au documentaire québécois une conscience éthique qui lui servira énormément lorsqu'il mettra en images une culture foncièrement différente de la sienne. Ainsi, il est en mesure, avec *Mémoire battante*, non pas de nommer ou de montrer, mais de communiquer au spectateur une «différence ontologique» à travers les fibres de son film. Une telle prouesse esthétique exige du cinéaste un total engagement qui dépasse la simple solidarité rationnelle. La séquence de scapulomentie de la seconde partie de *Mémoire battante* représente, à ce titre, un moment unique «d'ethno-cinéma». Monté à la façon d'une intrigue hollywoodienne, le déroulement précis d'un augure de chasse est mis en images, tel que l'avait préalablement organisé une cérémonie de scapulomencie, défiant du même coup, sous nos yeux, nos conceptions rationnelles de l'entendement. Bref, les choix esthétiques de Lamothe sont toujours motivés par un impératif éthique, imprimant à la conception du cinéma engagé qu'il véhicule un sens original, à l'épreuve des réductions conceptuelles qui ont tenté d'identifier son cinéma à un regard empiriste ou spéculaire. D'ailleurs, les célèbres plans séquences de la «Chronique des Indiens du Nord-Est du Québec», ne serait-ce que par la durée limite de certains d'entre eux, signalent déjà l'antiréalisme fondamental de l'esthétique du cinéaste. C'est au-delà de la forme que ses documentaires renvoient au réel. Le cinéma de Lamothe, par l'émotion, arrive à transcender l'anecdote. De 1984 à 1988, au terme de l'odyssée montagnaise, Lamothe se lance dans une entreprise monumentale pour l'anthropologie visuelle: il cède l'ensemble de sa documentation audio-visuelle à un organisme culturel attikamek-montagnais, sous forme d'un fonds d'archives composé de quatre-vingt vidéocassettes thématiquement organisées. En 1980, il devient le premier titulaire du prix Albert-Tessier. Lamothe participe à la fondation de l'Association professionnelle des cinéastes du Québec (1964), à celle de l'APFQ (1966) et à l'organisation de la Première rencontre internationale pour un nouveau cinéma (1974). Dans son milieu et dans ses films, il témoigne d'une rigueur professionnelle et d'un engagement social qui ne se sont jamais démentis. Il prépare un film sur l'ascension du K2, et un autre sur le photographe Ernest Livernois

PRINCIPAUX FILMS: *Bûcherons de la Manouane (1962, cm), La neige a fondu sur la Manicouagan* (1965, mm), *Poussière sur la ville* (1965), *Ce soir-là, Gilles Vigneault...* (1967, mm), *Le train du Labrador* (1967, cm), *Le mépris n' aura qu' un temps* (1969), «Chronique des Indiens du Nord-Est du Québec» (1973-1983, série de treize films de long et de moyen métrages), *Mémoire battante* (1983), *Équinoxe* (1986).

BIBLIOGRAPHIE: *Arthur Lamothe*, Conseil québécois pour la diffusion du cinéma, Montréal, 1971 • LAMOTHE, Arthur, et

Jean-Daniel LAFOND, *Images d'un doux ethnocide*, Les Ateliers audiovisuels du Québec, 1981 • BARIL, Gérald, *Les Amérindiens du Québec dans le cinéma documentaire*, mémoire déposé à l'Université Laval, 1984. (N.O.)

LAMOTHE, Nicole (née Rodrigue), monteuse, productrice (Montréal, 1941). Collaboratrice d'Arthur Lamothe*, elle monte, avec Francine Saia, et produit la plupart des films de la «Chronique des Indiens du Nord-Est du Québec» (1973-1983), ainsi que *Mémoire battante* (1983). Toujours pour Arthur Lamothe, elle produit *Équinoxe* (1986), au sein de la maison de production qu'ils exploitent: les Ateliers audiovisuels du Québec. Elle y produit aussi *La nuit avec Hortense* (J. Chabot, 1988). On lui doit l'intuition du montage de la merveilleuse séquence sur la scapulomencie dans la seconde partie de *Mémoire battante*. (N.O.)

LAMOTHE, Willie (Joachim Guillaume), acteur, musicien (Saint-Hugues, 1920). Quand, en 1970, le cinéma décide de faire appel à lui, Lamothe est déjà une vedette du western. *On est loin du soleil* (J. Leduc) le révèle en tant qu'acteur. Suivent une dizaine de longs métrages, parmi lesquels *Les colombes* et *Bingo* (J.-C. Lord, 1972 et 1974), *Je t'aime* (P. Duceppe, 1973) et *Mustang* (M. Lefebvre et Y. Gélinas, 1975). Faisons une place à part à trois personnages imaginés par Gilles Carle: Antoine, le facteur, dans *La vraie nature de Bernadette* (1972); Armand, le propriétaire du cabaret, dans *La mort d'un bûcheron* (1973) – dont Lamothe a d'ailleurs composé la musique; Octave, le vendeur de machines à écrire, dans *L'âge de la machine* (1978, cm). C'est

en effet Carle qui sait le mieux utiliser les dons et l'instinct de ce comédien gaillard, truculent, capable de cadencer, de moduler sur tous les tons la réplique la plus banale. Car, mal dirigé, Lamothe peut facilement devenir cabotin. Un accident cérébro-vasculaire met brutalement fin à sa carrière en 1978. *Je chante à cheval avec Willie Lamothe* (J. Leduc et L. Ménard, 1971, mm) rend hommage au talent de même qu'aux qualités de cœur de celui qu'on a surnommé le *cowboy* chantant. (J.-M.P.)

LAMOUREUX, Roger, mixeur (Lachine, 1930). Il étudie au Collège de Montréal puis, pendant deux ans, en philosophie au Séminaire de Montréal. En 1955, Jos Champagne l'engage à l'ONF. Il s'occupe d'enregistrement sonore pendant deux ans avant de devenir mixeur. Il suit alors de près l'évolution technique du métier. De 1980 à 1986 (date de sa retraite), il est successivement nommé responsable du contrôle de la qualité du son et chef du département du son. En trente et un ans passés à l'ONF, Lamoureux voit son nom apparaître au générique de près de deux mille films, dont *Les raquetteurs* (M. Brault et G. Groulx, 1958), son premier film mixé, *Mon oncle Antoine* (C. Jutra, 1971) et *IXE-13* (J. Godbout, 1971). Il travaille souvent en tandem avec Ron Alexander. (A.D.)

LAMY, André, administrateur, producteur (Montréal, 1932). Témoin des changements de politique au sein des institutions cinématographiques canadiennes, il est tour à tour à la tête de l'ONF et de Téléfilm Canada. Après des études à l'Université de Montréal et à McGill, il devient, en 1962, directeur des ventes, puis producteur chez Niagara Films. En 1964, il fonde Onyx Films avec son frère, Pierre Lamy. Cette maison de production se spécialise d'abord dans les films publicitaires et les émissions de télévision, avant de toucher au long métrage de fiction. Il y occupe différentes fonctions, dont celle de réalisateur, pour la télévision, des *Insolences d'une caméra*, adaptation de la populaire émission américaine *Candid Camera*. Il est aussi producteur du *Viol d'une jeune fille douce* (G. Carle, 1968). De 1970 à 1979, l'ONF fait appel à ses services. Il est d'abord adjoint au président et commissaire, Sydney Newman*. En 1975, c'est avec un certain soulagement que le personnel de l'ONF apprend que Lamy est nommé président et commissaire à la cinématographie canadienne. En effet, un climat de morosité s'est installé chez les cinéastes francophones de l'ONF au cours de la présidence de l'unilingue Newman. Bien que Lamy reste solidaire des décisions prises lorsqu'il était adjoint au président, les ardeurs se calment. Il est, par ailleurs, le premier commissaire à avoir autant d'expérience dans la production privée de longs métrages de fiction. Ses années à la présidence coïncident avec la perte du pouvoir économique de l'ONF au profit de la SDICC. Durant son mandat, Lamy met en avant une politique de régionalisation qui change le visage de l'ONF, jusque-là très centralisé à Montréal. Il met ainsi l'accent sur la production locale au Canada anglais. Il favorise également le libre accès aux productions de l'ONF, en se servant des infrastructures déjà existantes, comme les bibliothèques publiques. Il ne termine cependant pas son mandat et remet sa démission en septembre 1978. Il quitte l'ONF au moment où le gouvernement impose des coupures budgétaires draconiennes à l'organisme, à la suite des dépassements budgétaires de l'année précédente.

André Lamy. (ONF, coll. CQ)

Tous les projets de films sont alors bloqués.

En 1979, Lamy devient vice-président aux relations publiques de Radio-Canada, poste qu'il occupe pendant un an. Il est alors nommé directeur général de la SDICC (qui devient Téléfilm Canada en février 1984). Il y arrive tout juste après le boom provoqué par la politique fédérale en matière d'abris fiscaux, qui stimule considérablement l'investissement dans les productions cinématographiques. Le volume de la production canadienne passe ainsi de 7,6 millions $ en 1975 à 150 millions $ en 1979. Au cours de la même période, le budget de la SDICC connaît une hausse faramineuse. Lamy doit faire le point sur cette expansion rapide générée par les abris fiscaux, sur le rôle beaucoup plus important que doit jouer la SDICC dans la production et la distribution des longs métrages, de même que sur l'aide apportée à la télévision. Il doit aussi faire face aux critiques qui dénoncent la baisse de qualité et l'américanisation des films canadiens. À la suite du changement de gouvernement, à Ottawa, en 1985, Lamy est relevé de ses fonctions. En 1986 et 1987, il est producteur chez Stanké-Lamy; il y réalise de nouveau la télésérie qui a marqué ses débuts, *Les insolences d'une caméra*. Il passe ensuite chez Ciné-Groupe, comme directeur de la recherche et du développement. Tout au long de sa carrière, Lamy siège à de nombreux conseils d'administration d'organismes publics, dans le domaine du cinéma et de la télévision. (J.P.)

LAMY, Pierre, producteur (Montréal, 1926). Figure incontournable dans le paysage cinématographique québécois, il a contribué à établir l'infrastructure économique nécessaire à la production de longs métrages au Québec, en étant mêlé à la production de près de vingt-cinq longs métrages importants. Son travail exceptionnel est d'ailleurs souligné par le gouvernement du Québec qui lui remet le prix Albert-Tessier en 1981. L'année suivante, l'Académie canadienne du cinéma lui attribue le prix Air Canada.

Lamy s'occupe déjà d'un ciné-club au collège, puis aux HÉC où il est président de la Société artistique des étudiants. En 1948, il est secrétaire comptable de la famille Trapp, au Vermont. De retour au Québec, il entre à Radio-Canada, en 1956, à titre de responsable de la section jeunesse. Le domaine de la production d'émissions de télévision est tout nouveau, et Lamy fait figure de pionnier. Il produit la série *Radisson* avant de quitter Radio-Canada, en 1958, pour se joindre à Niagara Films, fondé par Fernand Seguin. Il y produit des films publicitaires et des téléséries (*Le roman de la science*, *Par le trou de la serrure*, *Les insolences d'une caméra*). En 1962, il fonde Onyx Films avec son frère, André Lamy. Il y produit d'abord des films publicitaires, des

séries éducatives et des émissions de télévision (*Les insolences d'une caméra*, *Jeunesse oblige*, *Place à Olivier Guimond*). Il réunit autour de lui une équipe dynamique, dont font partie les frères Denis et Claude Héroux. L'atmosphère est à l'entraide, et il donne même un coup de main à Claude Jutra pour terminer son premier long métrage, *À tout prendre* (1963). Après la production de *Pas de vacances pour les idoles* (D. Héroux, 1965), la compagnie s'oriente vers le long métrage de fiction. Gilles Carle (1966), ainsi que Claude et Guy Fournier (1968), se joignent à l'équipe. À partir de 1968, année de création de la SDICC, Lamy produit successivement *Le viol d'une jeune fille douce*, *Red* et *Les mâles* (G. Carle, 1968, 1969 et 1970), et *Deux femmes en or* (C. Fournier, 1970). Onyx Films prend alors de l'expansion et Lamy rajuste son tir. Il décide de restreindre ses activités et, en 1971, s'associe à Gilles Carle pour fonder Les productions Carle/Lamy, dont font partie Jacques Gagné et Louise Ranger. En cinq années, qui correspondent à l'effervescence du cinéma québécois, la compagnie produit onze longs métrages, où la qualité n'est jamais sacrifiée aux critères de rentabilité. Parmi ces films figurent *La maudite galette* et *Gina* (D. Arcand, 1971 et 1975), *Les smattes* (J.-C. Labrecque, 1972), *La conquête* (Jacques Gagné, 1972), *La vraie nature de Bernadette*, *La mort d'un bûcheron*, *La tête de Normande St-Onge* (G. Carle, 1972, 1973 et 1975), *Il était une fois dans l'Est* (A. Brassard, 1973) et *Pour le meilleur et pour le pire* (C. Jutra, 1975). En 1973, la compagnie est aussi à l'origine d'une importante coproduction avec la France, *Kamouraska* (C. Jutra), dont le budget de 875 000$ est, à l'époque, nettement supérieur aux coûts de production d'un film québécois moyen. La même année, elle lance une autre coproduction entre le Québec et la France, *Les corps célestes* (G. Carle).

En 1975, Carle et Lamy se séparent, et ce dernier fonde Les productions Pierre Lamy. La SDICC fait appel à lui pour terminer la production de *The Far Shore* (J. Wieland, 1976) et de *Who Has Seen the Wind* (A.W. King, 1977), deux films alors en difficulté. En 1976, il est responsable de la télédiffusion des cérémonies d'ouverture et de fermeture des Jeux olympiques. Il produit aussi *Le soleil se lève en retard* (A. Brassard, 1976), le deuxième volet de la «Chronique des Indiens du Nord-Est», la série «La terre de l'homme» (A. Lamothe, 1980) et *Contre-cœur* (J.-G. Noël, 1980). Il touche ensuite, pour la première fois, au financement par abri fiscal en coproduisant *Les beaux souvenirs* (F. Mankiewicz, 1981) avec l'ONF. Enfin, il apporte une dernière fois son soutien à Claude Jutra en coproduisant *La dame en couleurs* (1984), toujours avec l'ONF. De 1984 à 1988, il est membre de la Régie du cinéma, où il est chargé de l'élaboration des règlements. Il délaisse la production durant cette période, mais y revient dès la fin de son mandat. (J.P.)

LANCTÔT, Micheline, réalisatrice, actrice, animatrice, scénariste (Montréal, 1947). Elle travaille au studio d'animation de Gerald Potterton lorsque Gilles Carle lui offre le rôle principal de *La vraie nature de Bernadette* (1972). Elle y incarne une bourgeoise qui abandonne la ville pour la campagne et qui, prônant le retour à la nature et offrant gîte et amour aux démunis, en vient à frôler la sainteté. D'emblée, elle impose un personnage de femme complexe, à la fois énergique et sensuelle, agressive et douce, décidée et désemparée, mère et maî-

tresse. C'est le début d'une carrière importante pour cette actrice à la personnalité forte et à la voix inimitable. Elle tient un premier rôle dans *Souris, tu m'inquiètes* (A. Danis, 1973, mm). Après avoir joué une maquerelle dans *Les corps célestes* (G. Carle, 1973), elle retrouve Reynald Bouchard, l'un de ses partenaires de *La vraie*

Micheline Lanctôt. (ACPQ)

nature de Bernadette, dans *Noël et Juliette* (M. Bouchard, 1973), où elle est l'amante du jeune rêveur. Elle poursuit dans ce registre en étant, à plusieurs reprises, la compagne du personnage central d'un film: dans *The Apprenticeship of Duddy Kravitz* (T. Kotcheff, 1974), elle donne la réplique à Richard Dreyfuss et campe avec brio sa petite amie francophone; dans *Ti-cul Tougas* (J.-G. Noël, 1976), elle aide Rémi Tougas (Claude Maher) à subtiliser une grosse somme; dans *Blood & Guts* (P. Lynch, 1978), elle s'occupe de la carrière du lutteur professionnel avec lequel elle vit; tandis que dans *L'affaire Coffin* (J.-C. Labrecque, 1979), elle est la maîtresse de cet anglophone condamné pour meurtre qui n'a de cesse de clamer son innocence (August Schellenberg). Elle tourne aussi avec les Français Jean-Charles Tacchella (*Voyage en grande Tartarie*, 1973) et Claude Chabrol (*Les liens de sang*, 1977), avant de tenir le rôle d'une cinéaste dans *Mourir à tue-tête* (A. C. Poirier, 1979). Lanctôt met ensuite sa carrière d'actrice en sourdine pour se consacrer davantage à la réalisation.

Dès 1978, elle aborde ce métier en signant *A Token Gesture* (cm), un film d'animation humoristique sur les stéréotypes féminins produit à l'ONF. Mais, c'est en 1980 qu'elle fait ses vrais débuts de cinéaste en réalisant *L'homme à tout faire*, qui est primé à San Sebastian. Le film, dont elle écrit le scénario, raconte l'histoire d'un homme bonasse (Jocelyn Bérubé), dont la naïveté et la galanterie d'un autre âge sont à l'origine de nombreux déboires sentimentaux, tout particulièrement lorsqu'il s'amourache d'une belle bourgeoise (Andrée Pelletier), dont il est l'homme à tout faire. Cette comédie douce-amère témoigne d'une étonnante sobriété et d'un véritable talent pour la direction de comédiens. Son second long métrage, *Sonatine* (1983), projet plus audacieux, marque un réel progrès et remporte le Lion d'argent à Venise. D'une structure rigoureuse (trois mouvements qui sont autant de rythmes et de mélodies), le film est solidement ancré dans la réalité et la topographie montréalaises (le port, le réseau de transport en commun) et met à profit une bande sonore riche pour décrire le désespoir de deux adolescentes qui préparent et mettent à exécution leur suicide dans l'indifférence générale. D'une grande justesse psychologique, d'une mise en scène maîtrisée de la première à la dernière image, *Sonatine* reçoit l'appui de la critique mais essuie un cruel échec public. Pendant les années qui suivent, Lanctôt se consacre à l'écriture d'un scénario, *Le grand air de Louise*, pour lequel elle n'arrive pas à trouver de producteur. En 1987, elle réalise, à l'ONF, un documentaire dans la collection «l'Américanité»: *La poursuite du bonheur*. Elle y aborde la question du bonheur à l'intérieur de la société de consommation, sans toutefois retrouver la sensibilité et la rigueur de l'approche qui caractérisent son travail en fiction. Elle poursuit avec la réalisation d'un téléfilm, *Onzième spéciale* (1988), sur un scénario de Louise Roy et Marie Perreault, où la tenue d'une soirée de retrouvailles entre anciennes collègues de classe est l'occasion, pour une peintre dans la trentaine, de s'interroger sur l'échec de sa vie. Lanctôt est aussi coscénariste de *La ligne de chaleur* (H.-Y. Rose, 1988).

Autre film comme actrice: *Child Under a Leaf* (G. Bloomfield, 1974). (M.J.)

L'ANGLAIS, Paul, producteur, administrateur (Québec, 1905 – Montréal, 1982). Il fait ses études de droit à l'Université McGill et pratique quelques années. En 1932, il entre dans le monde de la radio (CHLP, CKAC, CBF, CKVL) où il s'occupe de publicité, de production et, bientôt, de réalisation. Il a à son crédit plusieurs radioromans, des émissions de variétés et des radiothéâtres: près de trois cents émissions différentes de 1934 à 1957. Il fonde en 1943 sa propre compagnie de production, Radio Programme Producers. Bien qu'il soit colonel, il n'est pas mobilisé car l'armée reconnaît l'importance de sa contribution pour le maintien du moral de la population. Quand, en 1945, l'idée de la télévision s'impose peu à peu, L'Anglais demande un permis d'exploitation. Cela lui est refusé. Il opte donc pour le cinéma. Après quelques déboires, il fonde Québec Productions, en 1946, avec le financier René Germain. Son premier projet, *Whispering City/La forteresse* (F. Ozep, 1947), vise le marché local et international. Son objectif est de créer une industrie canadienne du cinéma et de la télévision. L'Anglais espère mettre à profit le statut bilingue du Canada pour collaborer avec la France, l'Angleterre et les États-Unis. Mais ses projets n'aboutissent pas; le protectionnisme étranger y est pour quelque chose. Il modifie donc son approche en produisant pour le marché local. En 1950, il plaide devant la Commission Massey pour que le Canada aide le développement de la culture canadienne en imposant aux Américains l'obligation de réinvestir une partie de leurs profits dans la production locale. Les compagnies qui vivent de la présence américaine n'approuveront évidemment pas son point de vue. L'Anglais met en chantier une nouvelle production. Il se tourne vers un genre qui lui est familier, le radioroman. Il sait le public québécois friand de ces aventures radiophoniques et estime que les adapter au cinéma amènera automatiquement le succès. Il se lance dans la production d'*Un homme et son péché* (P. Gury, 1948). En trois mois, le film est tourné et prend l'affiche. L'accueil du public est délirant et le film remporte un prix spécial lors de la première édition des Canadian Film Awards. L'Anglais a gagné son pari: il tourne dorénavant du film canadien pour le marché canadien. Il approche Gratien Gélinas, à qui il offre d'adapter *Tit-Coq*, qui fait un malheur au théâtre; mais celui-ci trouve le projet prématuré. Il se tourne donc vers un autre radioroman populaire, *Le curé de village*, qu'adapte Paul Gury en 1949. Nouveau succès et nouvelle reconnaissance du jury des Awards. Il profite du succès d'*Un homme et son péché* pour en produire la suite, *Séraphin* (P. Gury, 1950). L'Anglais, qui n'a pas renoncé au marché étranger, monte donc une coproduction avec la France, *Son copain* (J. Devaivre, 1950). Mais le succès n'est pas à la mesure des espérances du producteur. Au moment où Québec Productions prépare le tournage du *Rossignol et les cloches* (R. Delacroix), en mai 1951, L'Anglais démissionne de la compagnie pour se consacrer entièrement à la radio et à la télévision. Il n'abandonne quand même pas définitivement le cinéma, car il garde en tête l'idée d'adapter *Tit-Coq*. Et quand Gélinas et J.-A. DeSève seront prêts à tourner, à l'été 1952, c'est L'Anglais qui sera le producteur. DeSève et L'Anglais sont d'ailleurs de proches collaborateurs depuis longtemps, France Film distribuant les films de Québec Productions. En 1952, L'Anglais fonde une compagnie, Télé-International, pour produire des émissions de télévision. Il est aussi producteur à Radio-Canada. Conscient de l'immense potentiel de la

Paul L'Anglais. (CQ)

télévision, il s'allie à DeSève en 1959 pour demander le permis d'exploitation de CFTM-TV. Dès lors, son activité sera liée à cette compagnie, Paul L'Anglais Productions étant une filiale à part entière de Télé-Métropole. Totalement dévoué aux communications de masse, L'Anglais aura été le premier grand producteur du cinéma québécois. Il publie une partie de ses mémoires sous le titre *Ma belle époque*. (P.V.)

LANGLOIS, Daniel, producteur, réalisateur (Jonquière, 1957). Employé de l'ONF de 1980 à 1985, il anime et réalise plusieurs séquences d'animation pour des films documentaires et de fiction, dont le film d'ouverture de la télésérie *Science-Réalité* de Radio-Canada. Parallèlement à ses activités à l'ONF, il est directeur artistique et coréalisateur de *Tony de Peltrie* (coréal. P.

Bergeron*, P. Lachapelle et P. Robidoux, 1985, cm) dont il signe le scénario avec Pierre Lachapelle et Bernard Guénette. En 1986, il fonde Softimage, une compagnie de production et de développement de logiciels 3D pour l'animation par ordinateur. Il réalise et anime la séquence spatiale pour le film stéréoscopique *Transitions* (C. Low et T. Ianzelo, 1986, cm), présenté à l'Expo de Vancouver: c'est le premier cas d'animation 3D par ordinateur en Imax. Il travaille ensuite à la réalisation d'un autre film totalement généré par ordinateur, *Ciel de métal* (coréal. Y. Laferrière, 1989, cm), présentant plusieurs phénomènes naturels totalement synthétisés. (M.L.)

LANGLOIS, Michel, scénariste, réalisateur (Montréal, 1945). Diplômé de l'École des beaux-arts de Québec, il touche d'abord

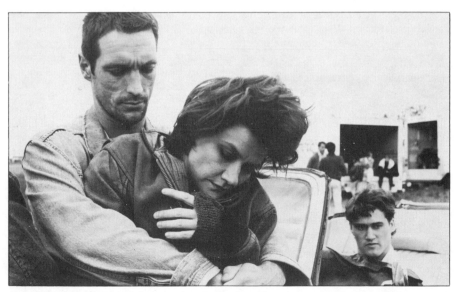

Jean L'Italien, Élyse Guilbault et Roy Dupuis dans Sortie 234. *(Catherine Martin)*

à la peinture. Puis, il tourne un premier court métrage, *Mais comment le dire...* (coréal. G. Desgagnés, 1972) et s'oriente vers l'écriture dramatique. En 1975, il obtient un deuxième prix au concours des œuvres dramatiques radiophoniques de Radio-Canada pour *Les arbres, Billie*, texte qui servira de matériau à l'écriture de *Strass Café*, premier long métrage de Léa Pool (1980). Il coscénarise le film suivant de la cinéaste, *La femme de l'hôtel* (1984), portrait de trois femmes qui sont autant de facettes d'une même personne. Le succès du film auprès de la critique et dans les festivals lui permet de s'affirmer rapidement comme scénariste. Il travaille donc avec Paul Vecchiali, Luce Guilbeault, Laurent Gagliardi, Marcel Simard et Diane Poitras. Il coscénarise un long métrage de Jacques Leduc, *Trois pommes à côté du sommeil* (1988), qui décrit par petites touches une journée dans la vie d'un homme (Normand Chouinard) qui, parvenu à la quarantaine, revient, au hasard des associations d'idées, sur des moments de son passé et, de façon plus particulière, sur ses rapports avec les femmes. Il travaille aussi aux dialogues d'un film de François Girard, *Mourir* (1988, cm). Il reprend sa collaboration avec Léa Pool en mettant la dernière main aux dialogues d'*À corps perdu* (1988). Le film décrit la confusion de Pierre Kurwenal qui découvre, au retour d'un reportage-photo troublant au Nicaragua, que la femme et l'homme qu'il aime l'ont quitté. De manière générale, Langlois préfère l'exploration de la psychologie de ses personnages aux intrigues et aux rebondissements. En 1988, il tourne *Sortie 234* (cm), qui raconte le désir de Renaud (Roy Dupuis) pour Frank (Jean L'Italien) qu'aime toujours Lucille (Élyse Guilbeault). (M.C.)

LANGLOIS, Yves, monteur, réalisateur, producteur (Montréal, 1941). À l'instar de plusieurs techniciens de sa génération, il fait ses premières armes à l'ONF comme assistant-monteur, puis chez Onyx Films où il monte, entre autres films, *Le viol d'une jeune fille douce* (G. Carle, 1968). Il travaille ensuite à un autre film de Carle (*Red*, 1969) et à plusieurs films réalisés ou produits par Denis Héroux dont *7 fois... (par jour)* (1971), *Quelques arpents de neige* (1972) et *Y a toujours moyen de moyenner!* (1973). Cette expérience des productions commerciales l'amène à œuvrer régulièrement pour des coproductions. Il travaille entre autres avec Claude Chabrol (*Les liens de sang*, 1978; *Violette Nozière*, 1978; *The Blood of Others*, 1984). Il monte aussi *The Lucky Star* (M. Fischer, 1980), *Les Plouffe* (G. Carle, 1981), *La guerre du feu* (J.-J. Annaud, 1981), *The Tin Flute* (C. Fournier, 1983), *Toby McTeague* (J.-C. Lord, 1986), *The Morning Man* (D. Suissa, 1986) et *Bethune : The Making of a Hero* (P. Borsos, 1988). Langlois réalise et produit des vidéos au Vidéographe. (J.D.)

LANTOS, Robert, distributeur, producteur (Budapest, Hongrie, 1949). En 1957, il quitte la Hongrie avec sa famille pour s'établir en Uruguay, puis émigre au Canada en 1963. Diplômé de l'Université McGill, il y obtient une maîtrise en communication en 1972. Il aborde le cinéma par la distribution et connaît son premier gros succès avec *The Best of the New York Erotic Film Festival* (K. Gaul, 1973). Il s'associe ensuite à l'avocat Stephen J. Roth pour fonder, en 1975, la maison de production RSL Films. *L'ange et la femme* (G. Carle, 1977) est le premier long métrage qu'ils produisent. Peu de temps après, Lantos obtient les droits d'adaptation de *In Praise of Older Women*, un roman de Stephen Vizinczey. Réalisé par George Kaczender et coproduit par Astral Bellevue Pathé (Harold Greenberg), le film remporte un vif succès commercial dès sa sortie, en 1978. Il détient même, à l'époque, le record du film canadien ayant rapporté le plus d'argent sur le territoire local, des problèmes avec la censure ontarienne contribuant à mousser sa popularité, comme cela avait été le cas pour *L'ange et la femme*. Puis, *Agency* (G. Kaczender, 1979) est le premier long métrage canadien à être financé par des actions lancées dans le grand public et, ainsi, à jouir de la nouvelle politique fédérale en matière d'abris fiscaux. *Suzanne* (R. Spry, 1980), *Your Ticket Is No Longer Valid* (G. Kaczender, 1981), *Joshua Then and Now* (T. Kotcheff, 1985) et *Night Magic* (L.

Furey, 1985) figurent parmi les films que la compagnie produit par la suite. En 1985, RSL Films devient partenaire de International Cinema Corporation (D. Héroux* et J. Kemeny*) pour former Alliance Entertainment Corporation. Lantos devient producteur pour la télévision, entre autres, des mini-séries *Sword of Gideon* (1986) et *Mount Royal* (1988). (J.P.)

LAPOINTE, Jean, acteur (Price, 1935). Chanteur, humoriste et imitateur, il connaît une grande popularité grâce au duo les Jérolas qu'il quitte dans les années 70 pour faire carrière seul. Mis à part *YUL 871* (J. Godbout, 1966), où il joue aux côtés de Jérôme Lemay, son partenaire des Jérolas, sa carrière d'acteur de cinéma tient dans une décennie, s'ouvrant en 1970 avec *Deux*

Luce Guilbeault, Jacques Godin et Jean Lapointe dans O.K. ...Laliberté. *(ACPQ)*

femmes en or (C. Fournier) pour s'interrompre en 1980 avec *Hot Dogs* (C. Fournier). Curieusement, si Lapointe tient quelques rôles comiques au cinéma, il s'agit le plus souvent de personnages secondaires, principalement dans des films de Claude Fournier: un sergent détective dans *Deux femmes en or*, un policier agressif dans *Les chats bottés* (1971), un libraire homosexuel dans *La pomme, la queue... et les pépins!* (1974), Don Parchesi dans *Hot Dogs*. Ce dernier rôle est caractéristique de l'emploi qu'on réserve souvent à Lapointe, celui d'un homme sans grande envergure aux activités illicites. Il campe ce type de personnage dans *O.K. ...Laliberté* (M. Carrière, 1973), *Ti-Mine, Bernie pis la gang* (M. Carrière, 1976) et *L'eau chaude l'eau frette* (A. Forcier, 1976). Lapointe révèle l'étendue de son talent d'acteur dramatique dans *Les ordres* (M. Brault, 1974), où, surprenant, il donne beaucoup d'intensité à son personnage, un ouvrier du textile et délégué syndical arrêté en même temps que sa femme (Hélène Loiselle) en pleine crise d'Octobre. Il retrouve ce registre dans *J. A. Martin photographe* (J. Beaudin, 1976) où, parlant peu, jouant avec économie, il traduit pourtant avec force le désarroi d'Adhémar, complètement démuni face à Rose-Aimée (Monique Mercure). Dans *Tout feu tout femme* (G. Richer, 1975), une comédie, il fait un pompier qui a peur des femmes. En plus de *Hot Dogs*, il tourne dans deux autres films en langue anglaise, *One Man* (R. Spry, 1977) et *Angela* (B. Sagal, 1978). Son rôle dans *One Man* lui vaut le Canadian Film Award du meilleur acteur de soutien. En 1978, il impressionne par son interprétation truculente de Maurice Duplessis, figure colorée de la politique québécoise, dans la télésérie *Duplessis*. Il est longtemps question d'un

film qu'il prépare avec Yvon Deschamps; le projet ne se concrétise jamais. (M.C.)

LARKIN, Ryan, animateur, réalisateur (Montréal, 1943). Dès sa jeunesse, il acquiert une formation classique en arts plastiques, d'abord avec Arthur Lismer à l'école du Musée des beaux-arts de Montréal, puis à l'École des beaux-arts. Il y développe un talent de dessinateur qui marquera tous ses films. C'est en 1963 qu'il entre à l'emploi de l'ONF, dans le cadre d'un programme de films pour la Défense nationale. En 1965, il suit des ateliers de formation cinématographique avec Norman McLaren dont il devient un ami proche. Guidé par McLaren, il réalise un premier film, *Cityscape* (1965, tcm). Utilisant à nouveau le dessin au fusain transformé image par image et les fondus enchaînés, il réalise *Syrinx* (1966, cm). Ce film, qui reprend un thème de la mythologie grecque, le consacre comme cinéaste. Son film suivant, *Walking* (1968, cm), propose une observation de la marche humaine. Réalisé avec des techniques très variées, le film prend une dimension poétique, s'organisant autour du personnage transfiguré qui le traverse. Mis en nomination pour un Oscar en 1969, *Walking* fait connaître Larkin à l'échelle internationale. Il obtient le même succès avec *Street Music* (1970, cm). On retrouve dans ce film l'inspiration psychédélique, caractéristique des années 60, déjà présente dans *Walking*. Débutant sur des images réelles de musiciens de rue, ce film est constitué d'une série de petits tableaux où l'onirisme est teinté d'humour. Après avoir passé plusieurs années à réaliser des séquences d'animation et d'effets spéciaux pour *Running Time* (M. Ransen, 1975), il entreprend un nouveau film, *Lady Mozart and Other Conversations*, qui restera

Syrinx. *(ONF)*

inachevé. Il s'agissait d'un film sur la parole, une sorte de suite à *Walking*. En 1977, Larkin démissionne de l'ONF et devient réalisateur d'effets spéciaux et concepteur de *story-boards* de longs métrages, à Montréal et à Toronto, et de films publicitaires. Parallèlement à ses activités cinématographiques, il pratique la musique et la peinture. À partir de 1973, il anime, en tant que batteur, plusieurs groupes de rock punk expérimental (Bango, Billy and the Bats) pour lesquels il compose les textes et fait les arrangements. Dans les années 80, la peinture devient son activité principale. (P.H.)

LAROCHELLE, Denis, musicien (Sherbrooke, 1947). Même s'il amorce des études à l'École de musique Vincent-d'Indy à la fin des années 60, il demeure un compositeur essentiellement autodidacte. Assistant de François Dompierre pendant quelques années, accompagnateur de Monique Leyrac et de Clémence Desrochers, ce claviériste débute au cinéma en signant la musique de *Sports divers* (J. Klein, 1974, cm) et de *Trois exercices sur l'écran d'épingles d'Alexeïeff* (J. Drouin, 1974, tcm). Il travaille ensuite à plusieurs reprises au studio français d'animation de l'ONF: *Le paysagiste* (J. Drouin, 1976, cm), *Caninabis* (K. Pindal,

1979, cm), *Premiers jours* (C. Warny, S. Gervais et L. Gagnon, 1980, cm), *Trèves* (S. Gervais, 1983, cm) et *Nocturne* (F. Aubry, 1988, cm). Musicien polyvalent, il collabore notamment avec Marc Hébert (*Kluane*, coréal. R. Rochat, 1981, mm; *Trinité*, 1987, mm), Diane Létourneau (*Une guerre dans mon jardin*, 1985, mm), Jean-Thomas Bédard (*Le combat d'Onésime Tremblay*, 1986, mm; *À force de bras*, 1988, mm) et François Labonté (*Henri*, 1986; *Gaspard et fils*, 1988). (M.J.)

LAROSE, Paul, producteur (Montréal, 1938). Après des études en lettres et en philosophie, il entre à l'ONF en 1965 comme rédacteur au service français de l'information. Puis, il devient adjoint au directeur de la distribution en 1967, producteur des versions françaises en 1968 et, finalement, producteur de plein droit de 1969 à 1978. Il est responsable d'une cinquantaine de titres de toutes durées, surtout des documentaires. Il travaille à plusieurs reprises avec Pierre Perrault, produisant *L'Acadie l'Acadie?!?* (coréal. M. Brault, 1971), *Un pays sans bon sens!* (1970) et presque tout le cycle abitibien. Il produit également des films de Gilles Groulx (*24 heures ou plus...*, 1973), Jacques Leduc (*On est loin du soleil*, 1970), Denys Arcand (*Québec: Duplessis et après...*, 1972), Bernard Gosselin (*Jean Carignan violoneux*, 1975), Jacques Godbout (*Aimez vous les chiens?*, 1975, mm) et Jean Beaudin (*Cher Théo*, 1975, mm).

C'est le film outil, selon la visée de Grierson, bien documenté, bien «enquêté», socialement et même politiquement engagé, et utilisant le direct le plus pur qui intéresse avant tout Larose. Quand le documentaire entre en crise, quand les restrictions budgétaires l'empêchent de produire ce qu'il aime,

comme il n'apprécie guère la façon trop restreinte dont le documentaire est distribué, il quitte l'ONF pour accepter un poste de producteur à Radio-Canada, à la section des affaires publiques. Il devient responsable, entre autres, de *Ce soir*, *Repères*, *Noir sur blanc*, *Dossiers* et *Actuel*. (Y.L.)

LAURE, Carole, actrice (Shawinigan, 1948). De toutes les actrices québécoises, elle est avec Geneviève Bujold l'une des seules à avoir mené une véritable carrière internationale. Découverte par Jean Chabot (*Un bicycle pour Pit*, (coréal. C. Durand, 1968, cm); *Mon enfance à Montréal*, 1970), c'est la rencontre de Gilles Carle (*La Mort d'un bûcheron*, 1973) qui la révèle. Avec lui, elle tourne pas moins de six longs métrages qui constituent sans doute la plus célèbre collaboration entre un cinéaste et une actrice que le cinéma québécois ait connue. De son travail avec Carle, on retient surtout sa prestation dans *La tête de Normande St-Onge* (1975), où elle fait preuve

Carole Laure dans La tête de Normande St-Onge, *de Gilles Carle. (*Le Devoir*)*

d'un véritable talent de comédienne dans le rôle d'une femme qu'un monde aliénant accule progressivement à la folie. Mais, ses rapports avec Carle tenant autant de la fascination qu'elle exerce sur le cinéaste que de la collaboration, elle se voit offrir des films (*L'ange et la femme*, 1977; *Fantastica*, 1980), qui sont de véritables hommages à sa beauté et qui n'exigent d'elle qu'assez peu de ressources dramatiques. Elle se révèle tout de même excellente chanteuse dans *Fantastica*, de même que dans *Night Magic* (L. Furey, 1985), ce que viennent confirmer les spectacles qu'elle donne en compagnie de Lewis Furey, ou l'écoute d'*Alibis*, son microsillon.

C'est la montée des coproductions au Québec qui lance, dès 1974, la carrière internationale de Laure. On la retrouve alors dans *Sweet Movie*, du Yougoslave Dusan Makavejev, et le parfum de scandale qui entoure ce film où on la voit se rouler dans le chocolat fondu lui procure une solide publicité, tout en l'incitant à l'avenir à choisir des films plus conformes à l'image qu'elle veut donner d'elle-même. Parallèlement à cela, la découverte à Paris des films de Carle pave la voie de sa venue en France. Elle aligne donc les coproductions: *Born for Hell* (D. Héroux, 1975), *Special Magnum* (A. de Martino, 1975), *La menace* (A. Corneau, 1977) et *Au revoir... à lundi* (M. Dugowson, 1979). Quant à son véritable travail en France, il s'effectue notamment avec Bertrand Blier (*Préparez vos mouchoirs*, 1977), Joyce Bunuel (*La jument-vapeur,* 1977), Michel Vianey (*Un assassin qui passe*, 1981), Jean-Charles Tacchella (*Croque la vie*, 1981), Jean-Pierre Mocky (*À mort l'arbitre*, 1984) et Michel Drach (*Sauve-toi, Lola*, 1986). Elle est aussi amenée à côtoyer Michael Caine, Sylvester Stallone et Max

von Sydow dans *Escape to Victory* (1981), une étrange réalisation signée John Huston. Désormais, la présence de Laure, actrice mondialement connue, sera une sorte de caution permettant à une coproduction d'exister. C'est ainsi qu'on la retrouve dans *Maria Chapdelaine* (G. Carle, 1983), où pour une rare fois son physique harmonieux et son visage «moderne» seront un handicap et feront de sa Maria un personnage assez peu crédible. On peut lui préférer la Maria Chapdelaine contemporaine et naïve qu'elle incarnait dans *La mort d'un bûcheron*. En 1988, elle retrouve Jean Chabot en tenant le rôle-titre de *La nuit avec Hortense*.

AUTRES FILMS: *Fleur bleue The Apprenticeship* (L. Kent, 1971), *Inside Out* (G. Parker, 1971, cm), *IXE-13* (J. Godbout, 1971), *Série 4* (N. Grégoire, 1972, cm), *Les corps célestes* (G. Carle, 1973), *A Thousand Moons* (G. Carle, 1975, cm), *L'eau chaude l'eau frette* (A. Forcier, 1976), *The Surrogate* (D. Carmody, 1984), *Stress* (J.-L. Bertucelli, 1984). (M.J.)

LAURIER, Charlotte, actrice (Montréal, 1966). Elle n'a que onze ans lorsque Francis Mankiewicz la découvre après maintes auditions, frappé par l'intensité et l'intériorité dont elle fait preuve. Il la choisit pour incarner la Manon des *Bons débarras* (1980), petit être tiraillé entre l'enfance et l'adolescence et qui voue à sa mère un amour exclusif. L'interprétation fougueuse qu'elle donne du personnage imaginé par Ducharme déconcerte et fascine tout à la fois. On lui prédit déjà un grand avenir. Elle joue ensuite la jeune victime d'un livreur attardé dans *Piwi* (J.-C. Lauzon, 1981, cm), et Yvonne, la sœur cadette de Florentine, qui souhaite se consacrer à la vie religieuse dans *Bonheur d'occasion* (C. Fournier, 1983).

Guillaume Lemay-Thivierge et Charlotte Laurier (à l'avant-plan) dans La dame en couleurs, *de Claude Jutra. (Bertrand Morin)*

En 1984, Claude Jutra la dirige dans *La dame en couleurs*, où elle campe une Agnès volontaire mais fragile, à la tête d'un groupe d'orphelins cantonnés dans un asile. Puis, elle tient un premier rôle dans *Entre temps* (Jeannine Gagné, 1986, cm), avant d'interpréter une jeune ouvrière du textile qui devient l'épouse du propriétaire de l'usine dans *Les tisserands du pouvoir* (C. Fournier, 1988). D'une certaine manière, elle pave la voie aux nombreux enfants-acteurs qui, par la suite, apparaîtront d'une façon régulière dans le cinéma québécois. Elle tient un premier rôle dans *Le grand jour* (J.-Y Laforce, 1988), celui d'une jeune mariée entraînée dans une noce opulente où elle suit les directives sans enthousiasme, et dans *Le vent de Galerne* (B. Favre), superproduction franco-canadienne qui fait revivre les guerres de Vendée à travers l'action des villageois de la chapelle St-André. Sa jeune sœur, Lucie Laurier (*Anne Trister*, L. Pool, 1986; *Henri*, F. Labonté, 1986), suit d'ailleurs ses traces. (J.P.)

LAUZON, Jean-Claude, réalisateur, scénariste (Montréal, 1953). Il quitte l'école à dix-huit ans et exerce divers métiers (ouvrier dans les champs de tabac, plongeur sous-marin...). Il étudie ensuite la photographie et le design, puis complète un baccalauréat en communication à l'UQAM. Entre-temps, il signe un recueil de poésie. Lors de son passage à l'université, il réalise *Super Maire L'homme de 3 milliards* (1979, cm), avec lequel il remporte le Grand prix Norman-McLaren au Festival du cinéma étudiant canadien. Son premier film professionnel, *Piwi* (1981, cm), présente, à travers les fantasmes d'un pauvre livreur (Gaston Lepage), l'imaginaire torturé de son auteur. Le film remporte le Prix du jury, la même année, au FFM. Après avoir réalisé plusieurs films publicitaires, il entreprend *Un zoo la nuit* (1987), récit de retrouvailles entre un fils (Gilles Maheu) et son père (Roger Le Bel) sur fond d'intrigue policière. Mené rondement à coup d'images fortes, et jouant habilement la carte de la violence mêlée à la tendresse, le film a beaucoup de succès auprès du public et de la critique. Il remporte un nombre record de treize prix Génies, propulsant ainsi Lauzon à l'avant-scène du cinéma québécois. (M.J.)

LA VEAUX, Michel, chef opérateur, producteur, réalisateur (Montréal, 1955). Il débute en travaillant aux films de Louis Dussault (*Le facteur*, 1975, cm; *Les états généraux du cinéma artisanal*, 1978, cm), avec qui il fonde les Films du Crépuscule en 1976 (*voir* DISTRIBUTION). Défenseur d'une conception artisanale du cinéma, il œuvre notamment avec Georges Léonard (*Splash*, coréal. C. Laflamme, 1980, cm; *Le retour des Jacquemarts*, 1987, cm), Pierre Goupil (*Robert N.*, 1978, cm; *Celui qui voit les heures*, 1985) et Sylvie Groulx (*Chronique d'un temps flou*, 1988) et travaille de nouveau avec Louis Dussault (*Une fiction d'amour*, 1989). C'est ce cinéma qu'il défend lorsqu'il préside le STCQ de 1984 à 1986. Par ailleurs, il poursuit une importante carrière d'assistant-caméraman, travaille sur des documentaires nécessitant plusieurs opérateurs (*Passiflora*, F. Bélanger et D. Gueissaz-Teufel, 1985), ainsi que pour le National Geographic. Il coréalise *Pour le*

luxe des autres (coréal. D. Morin, P. Prévost et F. Spadari, 1978, mm) et produit *Celui qui voit les heures*. (M.J.)

LAVOIE, Herménégilde, réalisateur (Saint-Jérome, 1908 – Québec, 1973). Après des études au séminaire de Chicoutimi, il s'ins-

Herménégilde Lavoie. (CQ)

talle à Québec en 1927. Il travaille pendant vingt ans comme cinéaste et photographe pour le compte de l'Office du tourisme et de publicité du Québec. Il est congédié par Duplessis en 1947, ce qui l'amène à fonder sa propre maison de production: Documentaire Lavoie. Il retourne à la fonction publique en 1962, au ministère des Affaires municipales, où il s'occupe jusqu'à sa retraite, en 1972, de questions reliées à l'environnement et au patrimoine.

La production de Lavoie est diversifiée. Elle comprend plusieurs documentaires, comme la série «Les beautés de mon pays» (douze cm), réalisée alors qu'il est à l'Office du tourisme et de publicité, à partir d'images tournées un peu partout au Québec. De facture plutôt classique, les films de cette série sont bien faits. La qualité généralement remarquable des images en font une documentation visuelle inestimable sur le Québec et la vie québécoise de cette époque. Entre 1947 et 1960, Lavoie réalise plus d'une trentaine de documentaires industriels et de reportages pour la télévision (*L'histoire d'un pain*, 1947, cm; *Fabrication d'un ascenseur*, 1948, mm; *L'isolation thermique*, 1958, mm). Grâce à sa maîtrise technique, il parvient la plupart du temps à surmonter avec succès les limites et les contraintes qu'impose ce genre de productions. On y sent constamment la recherche de la qualité, ce qui constitue un de ses traits distinctifs. Parallèlement, Lavoie produit et réalise d'autres documentaires particulièrement intéressants, dont trois avec l'historien Adrien Pouliot, s.j., *Tadoussac terre d'histoire et de beauté* (1947), *De l'Acadie à Sillery* (1947-1961, cm) et *Les Hurons de Lorette* (court métrage commencé en 1955, mais demeuré inachevé). On trouve aussi deux courts métrages réalisés avec le géographe Michel Brochu: *L'homme et l'hiver au Canada français* et *L'homme et le sol au Canada français* (1947). Pendant la même période, il réalise ou coréalise avec son jeune fils Richard, pour le compte de communautés religieuses québécoises, huit films, mêlant fiction et documentaire, qui retracent leur fondation et leur œuvre (*Le Bon Pasteur à Québec*, 1949; *La moisson d'une vie*, 1949; *Franciscaines missionnaires de Marie*, 1950; *L'âme d'une grande dame*, 1954). Même si certains considèrent qu'il ne s'agit pas toujours de la partie la plus intéressante de l'œuvre de Lavoie – on leur reproche leur caractère parfois hagiographique – ils portent cependant tous le signe distinctif du cinéaste: images d'une

très grande qualité, piste sonore particulièrement soignée et excellent montage.

Avec son œuvre abondante placée sous le signe de la commandite et du patrimoine québécois, Lavoie prend place dans l'histoire du cinéma québécois aux côtés de pionniers du documentaire comme l'abbé Maurice Proulx et Mgr Albert Tessier. Son fils, Richard, qui a longtemps été son collaborateur, a pris progressivement la relève. En 1976, il réalise un hommage touchant à son père: *Herménégilde, vision d'un pionnier du cinéma québécois 1908-1973* (mm). (F.B.)

LAVOIE, Louis-Paul, réalisateur, chef opérateur, monteur (Plessisville, 1929). Spécialiste de la photographie aérienne, il fonde Rimouski Production en 1950. Il y réalise, pour le SCP et d'autres commanditaires, des films caractéristiques des productions du SCP des années 50: simples, promotionnels, réalisés en 16 mm avec de modestes moyens. Ses réalisations possèdent d'indéniables qualités photographiques et la plupart constituent des documents appréciables sur la Côte Nord. Il abandonne le cinéma en 1974.

PRINCIPAUX FILMS: *Développement minier aux Sept-Îles* (1953, cm), *Barrage sur la Bersimis* (1955, cm), *Développement minier de Havre-Saint-Pierre* (1955, cm), *Fer du nord* (1956, cm), *La lutte à la tordeuse des bourgeons de l'épinette* (1956, cm), *Avant d'être capitaine* (1957, cm), *La tourbe du Québec* (1958, cm), *Promesses du nord* (1959, cm), *Le pont-tunnel Lafontaine* (1968, cm). (P.V.)

LAVOIE, Richard, réalisateur, chef opérateur, distributeur, mixeur, monteur, ingénieur du son, producteur, scénariste (Québec,

1937). Dès l'âge de douze ans, il s'initie aux différents aspects de la production cinématographique auprès de son père, Herménégilde Lavoie. Il complète son apprentissage lors de séjours à l'étranger où il tourne quelques films. En 1963, il ouvre un studio à Tewkesbury, près de Québec, où sont offerts, pendant une vingtaine d'années, des services de production et de réalisation. Il participe ainsi à la formation de plusieurs cinéastes et techniciens. Artisan du cinéma, il réalise, en trente ans, plus de cent films, dont plusieurs à la suite de commandes. En 1958, il fait montre d'intérêt pour le documentaire éducatif métissé de fiction avec son deuxième film, *Rencontres dans l'invisible* (cm), où les images de la nature côtoient le monde microscopique des cellules. Il faut aussi insister sur *Noël à l'Île aux Grues* (1963, cm), qui dépeint les efforts déployés par les habitants de cette île, à l'époque des traversées sur les glaces du Saint-Laurent, et qui reste un très beau témoignage sur les gens de ce pays.

Les titres des films de Lavoie sont révélateurs de la variété des sujets qu'il aborde: *La maternelle esquimaude de Fort-Chimo* (1966, cm), *Le poste de La Baleine* (1968, cm) et *Katak et Kuktuk se racontent* (1971, cm), traitent des Inuit; *L'avale-mots* (1970, cm) et *Pathologie et linguistique* (1970, cm) abordent la langue orale; *La cabane* (1973, mm), *Guitare* (1974) et *Drôle de ballade* (1977, mm), sont destinés à un jeune public et sont réalisés avec la collaboration d'enfants. Cinéaste dont la démarche confine souvent à l'ethnologie, Lavoie a signé, entre autres, *Voyage en Bretagne intérieure* (1978), où il s'intéresse aux mœurs et aux coutumes de cette région. En 1976, il réalise un film de montage en hommage à son père: *Herménégilde, vision d'un pionnier du cinéma québécois 1908-1973* (mm). Sa filmographie contient également des séries de courts métrages: «Des voiles et des hommes» (1985) et «Les belles folies» (1980, Gerbe d'or à Yorkton pour un des films de la série: *Une aventure de curiosité*). Ses films, pour la plupart des documentaires, ne sont pas dépourvus d'imagination et restent des instruments pédagogiques rafraîchissants. Révélant la face cachée du quotidien, sa caméra est toujours attentive et la narration est souvent soutenue par un commentaire, des témoignages ou des récits en voix *off*. En 1986, Lavoie reçoit le prix de l'Alliance de la vidéo et du cinéma indépendants du Canada «pour l'ensemble de son œuvre et pour sa contribution au cinéma». Il ouvre un bureau à Montréal la même année et réalise, pour le producteur Daniel Bertolino, deux films de la série «Légendes du monde»: *Le trésor de Maestro Lukas* (1986, cm) et *Comment Samba devint vice-roi* (1987, cm), tournés respectivement à Chypre et au Mali. En 1988, il tourne *La face cachée de la terre*, un documentaire sur la spéléologie au Québec. (M.-J.R.)

LEAF, Caroline, animatrice, réalisatrice (Seattle, États-Unis, 1946). Si elle compte aujourd'hui parmi les figures marquantes de l'animation au pays, c'est un peu grâce au hasard d'un atelier donné par Derek Lamb au Radcliff College, près de Boston, où elle étudiait. De 1964 à 1971, Leaf travaille comme pigiste, animant et réalisant plusieurs films pour la télévision. En 1969, dans son premier film animé, *Sand ou Peter and the Wolf* (cm), elle utilise le sable comme matériau, développant ainsi une technique qu'elle maîtrisera jusqu'à la perfection dans ses films suivants. Dès ses premières réalisations, on perçoit son goût marqué pour les mythes et les légendes qui mettent en scène des animaux. En 1972, dans *Orfeo* (cm), elle expérimente la couleur appliquée à la brosse, peignant directement sous la caméra l'histoire d'un Orphée perdant son amante. Dans *How Beaver Stole Fire* (1972, cm), elle s'inspire une fois de plus d'une légende, indienne cette fois. La même année, elle se joint au studio anglais d'animation de l'ONF. C'est à cette époque qu'elle découvre un recueil de récits inuit et qu'elle décide de partir pour le Grand Nord canadien. À son retour, elle réalise *Le mariage du hibou* (1974, cm) au studio français d'animation de l'ONF. Elle anime les figures mythologiques inuit avec du sable sur une plaque de verre pour raconter les amours contrariées d'une oie coquette et d'un hibou maladroit. Elle amène ainsi une réflexion sur la patience des femmes et sur la difficulté qu'ont les hommes à s'engager à fond dans la vie familiale. La bande sonore fait appel aux chants de gorge des femmes inuit. Si le film est d'inspiration inuit, l'adaptation en est très personnelle. *Le mariage du hibou* remporte une dizaine de prix, notamment à Annecy et à Hollywood. Ses deux films suivants, *The Street* (1976, cm) et *The Metamorphosis of Mr. Samsa* (1977, cm) lui valent une renommée internationale. Avec *The Street*, adapté d'une nouvelle de Mordecai Richler, elle s'attache moins à décrire la rumeur urbaine et la vie de quartier montréalaise qu'à évoquer l'attente de la mort d'une aïeule et l'impatience du jeune Juif qui veut récupérer une chambre bientôt vacante. Les dessins profitent d'une vieille technique qui consiste à ajouter de la glycérine à la peinture, ce qui l'empêche de sécher. Leaf peut ainsi faire bouger la peinture comme elle déplacerait du sable. Cela accroît la fluidité des mouvements, d'autant plus qu'elle apporte un soin minutieux aux raccords entre les plans et au développement des métamorphoses elles-mêmes. Leaf privilégie le travail manuel. L'illusion de mouvements de caméra vient du changement progressif de grandeur des esquisses. Le film, qui obtient de nombreux prix, se classe deuxième au palmarès des cinquante meilleurs films d'animation au monde aux Olympiades

Caroline Leaf. (ONF)

de l'animation à Los Angeles en 1984. La réalisatrice pousse plus loin encore l'expérimentation avec *The Metamorphosis of Mr. Samsa*, d'après une œuvre de Kafka, film qu'elle avait entrepris des années plus tôt grâce à une bourse de l'American Film Institute. Les jeux de sable y traduisent un monde angoissé traversé par la culpabilité et la folie. S'il n'y a aucune couleur, un choix d'éclairages très tranchés rend parfaitement les mouvances de l'univers de Gregor Samsa et les terribles transformations qui l'affectent. Les ombres envahissantes, la pluie contre les fenêtres, le bruit du réveille-matin font ressentir la désolation et la solitude humaine, des thèmes chers à Leaf. Dans *Interview* (1979, cm), associée avec Veronika Soul, elle adopte un ton plus fantaisiste. Les deux cinéastes utilisent différentes techniques et matériaux, le cinéma direct, l'animation, les photos, les dessins, les diapositives pour se décrire l'une l'autre. Cela donne un film de collages très texturé. Dans les années 80, Leaf réalise plusieurs courts métrages, touchant tantôt au documentaire avec *Kate and Anna McGarrigle* (1981), film sur deux chanteuses anglo-québécoises, tantôt à la docufiction avec *The Right to Refuse* (1981) et *Equal Opportunity* (1982), des films didactiques sur la lutte des femmes contre la discrimination au travail. En 1986, elle revient aux légendes et à l'animation avec *The Fox and the Tiger* (cm) et *A Dog's Tale* (cm), respectivement d'inspiration chinoise et mexicaine. En 1988, elle entreprend un film en 70 mm au studio français d'animation.

FILMS: *Sand ou Peter and the Wolf* (1969, cm), *Orfeo* (1972, cm), *How Beaver Stole Fire* (1972, cm), *Le mariage du hibou* (1975, cm), *The Street* (1976, cm), *The Metamorphosis of Mr. Samsa* (1977, cm), *Interview* (1979, cm), *Kate and Anna McGarrigle* (1981, cm), *The Right to Refuse* (1981, cm), *Equal Opportunity* (1982, cm), *The Fox and the Tiger* (1986, cm), *A Dog's Tale* (1986, cm). (L.C.)

LE BEL, Roger, acteur (Rivière-du-Loup, 1923). Ayant acquis une formation d'acteur auprès de René Arthur à Québec, il démarre sa carrière à la fois au théâtre et à la radio. Il connaît très vite le succès: en 1949, il reçoit le trophée du meilleur acteur au festival de Calgary et, dès l'année suivante, le titre de l'annonceur le plus populaire de Québec. Arrivé à Montréal en 1953, il continue son travail à la radio et entreprend une longue carrière d'acteur à la télévision. Pendant une trentaine d'années, il participe aux téléromans les plus populaires, y jouant surtout des personnages comiques. Il quitte définitivement la radio en 1972 et revient au théâtre, avec la compagnie Jean Duceppe, où il se révèle un acteur dramatique étonnant. C'est le cinéma qui lui permettra de révéler toute l'étendue de son talent. Entre 1953 et 1987, il participe à seize films. Acteur plein de ressources et d'invention, sa présence remarquable l'impose. Même dans des personnages à peine esquissés, il ne passe jamais inaperçu. Sa carrière cinématographique, entreprise à la fin des années 50 (*Les mains nettes*, C. Jutra, 1958) démarre

Roger Le Bel. (Lyne Charlebois)

véritablement avec *Réjeanne Padovani* (D. Arcand, 1973) où il campe avec brio un conseiller municipal véreux, loin des personnages sympathiques et drôles qu'on l'a vu interpréter jusque-là. Par la suite, il joue souvent des hommes de pouvoir: procureur (*L'affaire Coffin*, J.-C. Labrecque, 1979), député (*Les années de rêves*, J.-C. Labrecque, 1984), ministre (*Bingo*, J.-C. Lord, 1974), avocat (*Le crime d'Ovide Plouffe*, D. Arcand, 1984) ou policier (*Les bons débarras*, F. Mankiewicz, 1980). Perfectionniste, il incarne avec un même bonheur grands bourgeois, nouveaux riches ou prolétaires et se montre un des acteurs les plus constants du cinéma québécois. Instinctif, économe et généreux, il s'adapte à tous les rôles avec la même vérité. Jouant avec virtuosité sur les émotions et le rire, il sait réinventer les personnages les plus traditionnels. Son rôle de Maurice dans *Les bons débarras*, un policier bonne pâte touchant et ridicule, marque un moment fort de sa carrière. Mais c'est avec *Un zoo la nuit* (J.-C. Lauzon, 1987), dans lequel il joue enfin un premier rôle, qu'il crée le plus beau personnage de sa carrière, Albert, un travailleur en usine vieilli et malade qui renoue avec son fils après des années de silence. Le Bel donne un Albert fragile, drôle, pathétique et bouleversant, un personnage inoubliable. Ce rôle lui vaut le prix Guy-L'Écuyer attribué pour la première fois aux sixièmes Rendez-vous du cinéma québécois et le Génie du meilleur acteur. (D.B.)

LE BOURSIER, Raymond, réalisateur, scénariste, acteur, monteur (Paris, France, 1917). Il débute au cinéma en 1932 comme acteur. On retrouve notamment son nom au générique de films de Cocteau et de Clair. Il a tôt fait de passer à la réalisation, métier où ses qualités d'artisan se vérifient dans des films comme *Les petits riens* (1941), *Naïs* (1945) et *Le furet* (1949). Il dirige notamment Fernandel, Raimu, Claude Dauphin et Pierre Renoir. Lorsqu'en 1956 l'ONF décide de renforcer l'équipe française en engageant des cinéastes français, Le Boursier est du lot. Ses premières affectations sont des fictions documentaires traditionnelles sur le monde du travail: *Le contremaître* (1958, cm) et *L'ouvrier qualifié* (1958, cm). Son portrait d'*Henri Gagnon organiste* (1959, cm) se compare avantageusement aux autres films de la série «Profils». Il tournera ses films les plus intéressants sur des scénarios de Gilles Carle: *Tout l'or du monde...* (1959, cm) et *Le prix de la science* (1960, cm). En 1961, il coréalise avec Bernard Devlin une fiction sur les problèmes de l'entreprise familiale, *Dubois et fils* (mm). Il rentre ensuite en France où sa carrière se poursuit à vitesse réduite.

AUTRES FILMS: *Mort au touriste* (1959, cm), *Interview: Pierre Dansereau* (1962, cm). (P.V.)

LE BRODEUR, René (Brodeur), réalisateur (Shawinigan, 1950). Il débute au sein d'un collectif qui réalise un documentaire pour le compte du Syndicat des employés de la pétrolière Gulf de Shawinigan: *Y'a toujours un maudit boutte* (1972, mm). Ensuite, il se tourne vers la fiction avec *Spasmes et pulsions* (1974, cm), dont l'action se situe dans un hôpital psychiatrique, et *Gobital* (1975), dont le propos recoupe celui de son premier film puisqu'il montre un milieu concentrationnaire où des sujets subissent une série d'expériences génétiques. Son film suivant, *Le gueux et le revenant* (1978, cm), raconte l'histoire d'un quêteux comme on en rencontrait dans les campagnes québécoises dans les années 30. En 1982, Le Brodeur réalise *Sursis ou effet boomerang: 1918* (mm), une fiction historique axée sur la lutte d'un vieux médecin de campagne à l'époque de l'épidémie de grippe espagnole. Produits avec de faibles budgets et réduits à une diffusion symbolique, les films de Le Brodeur sont caractéristiques du cinéma régional. Mais, le fait de n'utiliser que des techniciens et des comédiens provenant de sa région lui confère une place à part. (A.B.)

LECLERC, Martin, chef opérateur, réalisateur (Montréal, 1945). Après des études en photographie, il entre à l'ONF en 1971 comme assistant-caméraman. C'est à ce titre qu'il travaille sur *Tendresse ordinaire* (J. Leduc, 1973), *La gammick* (J. Godbout, 1974) et de nombreux documentaires. Peu à peu, il devient caméraman et signe les images d'un premier long métrage en 1977 (*Arctique: défi de tous les temps*, M. Blais). En 1979, il devient caméraman permanent à l'ONF. Il se spécialise en documentaire et se signale particulièrement par sa collaboration avec Pierre Perrault (*La bête lumineuse*, 1982; *Les voiles bas et en travers*, 1983, mm; *La grande allure*, 1985). Parallèlement, il ne dédaigne pas le cinéma artisanal et accomplit un travail remarquable pour *La couleur encerclée* (Jean et S. Gagné, 1986). En 1975, il réalise un court métrage consacré à une équipe féminine d'aviron: *Les avironneuses*. Il est le fils du poète Félix Leclerc.

PRINCIPAUX AUTRES FILMS: *Debout sur leur terre* (M. Bulbulian, 1982), *Marie Uguay* (J.-C. Labrecque, 1982, mm), *Une guerre dans mon jardin* (D. Létourneau, 1985, mm), *Les traces du rêve* (J.-D. Lafond, 1986) *Liberty Street Blues* (A. Gladu, 1988). (Y.R.)

L'ÉCUYER, Guy, acteur (Montréal, 1931–1985). Alerte et vif en dépit de sa claudication (en 1965, il est victime d'un très grave accident de voiture), il a promené sa silhouette trapue et sa figure rondelette dans une quarantaine de films – dont nombre de premières œuvres (G. Carle, J.-G. Noël, J. Chabot, F. Mankiewicz, etc.), ce qui témoigne de son goût du risque et de sa volonté renouvelée de se remettre en question. Malgré ses succès à la scène (certains auteurs dramatiques lui ont dédié des pièces) et à la télévision (les enfants des années 60 se rappelleront avec plaisir son docteur Macaroni), jamais L'Écuyer ne s'est considéré comme un homme arrivé. À cet égard, plusieurs de ses personnages lui ressemblent: impulsifs (ce que traduit à merveille l'abrupt de sa diction), déconcertants, toujours en quête d'un mieux ou d'un ailleurs, et dotés d'une faculté d'étonnement qui paraît sans limites. Certes, il s'agit, la plupart du temps, de perdants, mais de perdants gaillards, enjoués, au regard espiègle, au sourire narquois, de perdants pudiques et réservés, peu enclins à l'indignation, de «personnages condamnés à être heureux», comme le comédien les définira lui-même. Parmi les films dans lesquels il est apparu, citons *Les mains nettes* (C. Jutra, 1958), *Les 90 jours* (L. Portugais, 1958), *Le Martien de Noël* (B. Gosselin, 1970), *Cold Journey* (M. Defalco, 1975), *Lies My Father Told Me* (J. Kadar, 1975), *Une nuit en Amérique* (J. Chabot, 1974), *Élisa 5 ou les inquiétudes d'Élisa* (J. Leclerc, 1972, cm), *Les indrogables* (J. Beaudin, 1972, cm), *Trois fois passera...* (J. Beaudin, 1973, cm), *Les vautours* (J.-C. Labrecque, 1975), *La fleur aux dents* (T. Vamos, 1975), *Ti-Mine, Bernie pis la gang...* (M. Carrière, 1976), *J. A. Martin photographe* (J. Beaudin, 1976),

Guy L'Écuyer dans La vie heureuse de Léopold Z. *de Gilles Carle. (ACPQ)*

Parlez-nous d'amour (J.-C. Lord, 1976), *L'heure bleue* (H.-Y. Rose, 1976, mm), *Jacob Two Two Meets the Hooded Fang* (T. J. Flicker, 1978), *The Lucky Star* (M. Fischer, 1980).

Il convient de classer à part les œuvres de trois réalisateurs qui ont employé l'acteur à quelques reprises: Jean-Guy Noël, Gilles Carle et André Forcier. Dans *Ti-Cul Tougas* (1976), L'Écuyer est amusant en livreur de *barbecues*, mais c'est davantage dans *Tu brûles... Tu brûles...* (1973) du même Jean-Guy Noël qu'il a l'occasion de donner la juste mesure de son talent. Cumulant les fonctions de chef des pompiers et de pre-

mier magistrat, le notable qu'il campe ici doit convaincre son rejeton, ermite en herbe, de rentrer au plus vite à la maison pour éteindre l'incendie qui menace de détruire le village en entier. Et L'Écuyer rend magnifiquement l'allure ubuesque des épuisantes négociations que mène le père-maire auprès de son fils rebelle. On l'a vu dans *Maria Chapdelaine* (1983) et dans *Les mâles* (1970); c'est cependant à *La vie heureuse de Léopold Z.* (1965) qu'on songe spontanément lorsqu'on évoque la collaboration entre Carle et L'Écuyer. Impossible d'oublier le jovial et candide Léopold Z. Tremblay, déneigeur de profession, faisant son entrée à l'Oratoire Saint-Joseph, en pleine messe de minuit, avec sous le bras le cadeau de Noël destiné à sa femme, un manteau de fourrure acheté à crédit. Impossible en effet d'oublier Léopold Z. tout simplement parce que L'Écuyer possède déjà à fond cet art mystérieux qui consiste à provoquer d'emblée l'identification du spectateur. En 1979, il participe à l'élaboration du scénario d'*Au clair de la lune* de André Forcier. On l'y retrouvera dans la peau du héros, Bert, ancien champion de bowling devenu homme-sandwich, Bert qui, bien que perclus d'arthrite, n'a jamais renoncé à l'espoir de reconquérir son titre. C'est Forcier qui a tiré le maximum de cette attirance de l'interprète pour les personnages excessifs, lui qui a su le mieux utiliser le caractère paradoxalement grégaire et méfiant de l'individu, qui a compris que sa débonnaireté redoutait de s'exprimer sans artifice aucun. Dans *L'eau chaude l'eau frette* (1976), L'Écuyer est Panama, le cuisinier; dans *Night Cap* (1974, mm), il est Félix, qui tombe raide mort dans les toilettes de la taverne après avoir gagné une dinde de Noël au tirage au sort. Dans *Bar salon* (1973), il incarne Charles, propriétaire d'un bar qui périclite, pas assez roublard en affaires pour réussir et qui se console en s'enivrant. La séquence de la danse avec Leslie (Françoise Berd), en même temps gauche et gracieuse, mérite de rester gravée dans la mémoire des cinéphiles. L'Écuyer montre ici qu'il excelle à représenter les êtres soucieux de conserver une étincelle de dignité, même au plus noir de la déchéance. Signalons enfin un autre gros buveur joué par L'Écuyer, le Willie du *Temps d'une chasse* (F. Mankiewicz, 1972). Hanté par la peur de vieillir, Willie entend prouver à tous qu'il est encore assez vaillant pour abattre son orignal. S'il se moque de ses camarades, son ironie n'a en réalité rien d'agressif: elle s'avère trop ingénue, trop diffuse, en un mot trop lunaire pour cela; elle n'est qu'un moyen de défense. Bref, Willie raille de bon cœur. Et il en est de même de la plupart des personnages auxquels L'Écuyer prête son souffle et sa voix.

«Il avait du génie, écrit à son sujet Jean-Claude Germain. La preuve, c'est qu'on se souvient déjà un peu moins de lui que des personnages qu'il a créés.» Un important prix d'interprétation remis aux Rendez-vous du cinéma québécois porte aujourd'hui son nom. (J.-M.P.)

LEDUC, André, animateur, réalisateur (Montréal, 1949). Il acquiert une formation en arts appliqués et en animation culturelle. Il est clown à Terre des Hommes durant trois saisons. Vivement intéressé par le cinéma d'animation, il signe trois films en super 8, puis gagne un concours organisé par l'ONF en 1971. Il collabore d'abord à la réalisation d'un film de Ron Tunis, *Le vent* (1972, cm). Parallèlement, il expérimente diverses techniques (le papier découpé, la pixillation, le tournage à haute vitesse, les particules animées, les silhouettes avec lumière en surface et le dessin animé classique) pour un film commencé plus tôt, *Oasis*. Leduc puise avec un plaisir évident dans l'humour, la musique, le côté comique des gens et des choses, l'absurde même. Tous ses films portent la marque de ce regard amusé et amusant et lui fournissent l'occasion d'expérimenter plus avant les possibilités de la technologie. Il illustre, en se servant de la pixillation, une chanson de Robert Charlebois, *Tout écartillé* (1974, tcm), puis une chanson de Monsieur Pointu, *Chérie, ôte tes raquettes* (1976, tcm). Il travaille souvent, en collaboration, à des films qui remportent plusieurs prix, que ce soit avec Robert Awad (*L'affaire Bronswik*, 1978, cm), Bernard Longpré (*Monsieur Pointu*, 1975, cm; *La solution*, 1985, cm) ou Jean-Jacques Leduc (*Zea*, 1981, cm). Il fait partie du collectif qui réalise *Les contes de la mère Loi sur le cinéma* (1975, cm). Il signe également des vidéo clips, des génériques d'ouverture, de courtes promos, des insertions, des séquences animées pour des films. À partir de son enseignement à l'Université Concordia, il développe la formule des animathons et propose ainsi à des amateurs une initiation éclair au cinéma d'animation. Il organise des animathons dans différentes régions du Québec et à l'étranger. (A.D.)

LEDUC, Jacques, réalisateur, chef opérateur (Montréal, 1941). Alors qu'il est un des animateurs de la revue *Objectif* (1960-1967), il entre à l'ONF, où il devient assistant-caméraman en 1962. Il ne sera assistant-réalisateur que sur un seul film, *YUL 871* (J. Godbout, 1966), avant de devenir lui-même réalisateur. Depuis maintenant plus de vingt ans – *Chantal en vrac* (mm), son premier film, date de 1967 – il édifie, sous des dehors de nonchalance, une véritable œuvre cinématographique. Elle compte des films très différents les uns des autres, certains proches du cinéma direct (la série «Chronique de la vie quotidienne», 1977-1978), des documentaires engagés (*Cap d'espoir*, 1969, mm) ou sociaux (*Charade chinoise*, 1988), des films hybrides combinant des éléments en apparence épars (*Nominingue... depuis qu'il existe*, 1967; *Albédo*, coréal, Renée Roy, 1982, mm; *Le dernier glacier*, coréal. R. Frappier, 1984), ainsi que des films de fiction rigoureusement construits et conduits (*On est loin du soleil*, 1970; *Tendresse*

ordinaire, 1973). Mineurs ou majeurs, plus ou moins achevés, les films de Leduc demeurent toujours aventureux et singuliers. Celui-ci cherche toujours à saisir la vie quotidienne au plus près, soit en en captant le flux spontané et la richesse anarchique, soit, dans les fictions, en rendant exemplaires, par élimination, concentration ou épuration, des situations et des personnages ordinaires. Dans *On est loin du soleil*, une jeune fille cherche à apprivoiser sa mort prochaine en s'éloignant de sa famille, dont les membres poursuivent leurs occupations, mais dans l'ombre de cette mort. Dans *Tendresse ordinaire*, une jeune femme, dans une maison au bord du fleuve, attend le retour de son mari en se livrant à de banales occupations ménagères, tandis qu'il revient de la Côte Nord, et que des séquences intercalées évoquent leur vie commune. Dans ce film, l'utilisation du plan séquence et la rareté des gros plans situent toujours très précisément les occupations des personnages dans l'espace et dans le temps; l'émotion (la tendresse) naît, au terme d'une

Jacques Leduc. (ACPQ)

attente, du rapport qui s'établit entre l'espace et le temps individuels (donc restreints) et le temps et l'espace illimités du monde. Ayant alors atteint un point limite dans son travail en fiction, Leduc ensuite refusera l'ascèse, les formats conventionnels et les sujets circonscrits d'avance auxquels il s'est astreint dans *On est loin du soleil* et dans *Tendresse ordinaire*. «Chronique de la vie quotidienne», qui l'occupe pendant quatre ans, est une suite de sept plus un films de longueurs différentes (de dix à quatre-vingts minutes), correspondant aux jours de la semaine: *Lundi: une chaumière et un cœur* (coréal. R. Frappier, 1977, mm), *Mardi: un jour anonyme* (coréal. J. Chabot et J.-G. Noël, 1978, cm), *Mercredi: petits souliers, petit pain* (coréal. J. Chabot, G. Gascon, 1977, mm), *Jeudi: à cheval sur l'argent* (1977, cm), *Vendredi: les chars* (1978, cm), *Samedi: le ventre de la nuit* (coréal. P. Bernier, J. Chabot, R. Frappier et C. Grenier, 1977), *Dimanche: granit* (1977, cm) et *Le plan sentimental* (1978, cm). Sans intention apparente, sans préméditation perceptible, Leduc tourne des films où il s'agit de voir ce que les gens vivent et de le vivre à côté d'eux. À travers des visites au bingo, à Blue Bonnets, au salon de l'auto ou dans une agence de rencontres, il montre ce qu'ils acceptent, les accompagne dans leur acceptation et, en même temps, se révolte contre elle. En effet, au fil des rapports qui s'établissent progressivement entre les séquences et entre les films, la compassion, et excluant toute velléité sentimentale, la révolte contre ce qui aliène, s'ajoutent à la tendresse immédiate. La révolte anarchique, l'extrémisme, le goût de la provocation qui éclatent par moments dans les films de jeunesse de Leduc se font, dans ces films de sa première maturité, souterrains, clandes-tins. Ils communiquent simplement une vibration secrète à la sérénité angoissée qui les a remplacés. Le cinéaste et le cinéma sont quasi invisibles: une visée abstraite (la tendresse, la vie quotidienne) s'incarne dans le plus concret, dans la présence, l'évidence des objets, des corps, des sentiments. Une nouvelle fois, il va aussi loin que possible dans une direction, celle du cinéma impressionniste, proche de la «tranche de vie» et inexploitable commercialement parce qu'il n'entre dans les grilles ni du grand ni du petit écran. Ses films se situent dans la mouvance de ceux d'un Jean Pierre Lefebvre, dont il est le caméraman pour quatre films (dont *Il ne faut pas mourir pour ça*, 1967, et *Mon amie Pierrette*, 1967) et avec qui il partage un double goût paradoxal pour la recherche de l'essentiel et pour l'observation «ethnographique» des pratiques et du tempérament québécois.

La démarche, dans *Albédo* et *Le dernier glacier*, est de nouveau différente. Le sujet est moins diffus, plus facile à identifier: la vie et l'œuvre d'un photographe méconnu dans le premier film, la fermeture de Schefferville et le sort de ses habitants dans le second. Mais la forme est plus complexe. Dans *Albédo*, ce sont des scènes du passé reconstituées, avec décors (incomplets) et acteurs, des documents d'archives, incluant les photos de David Marvin mais aussi des documents sur Griffintown, le quartier où il vécut, et un couple d'aujourd'hui dont la présence n'est expliquée qu'à la fin du film lorsqu'il visite, par hasard, une exposition de photos de Marvin. Dans *Le dernier glacier*, ce sont des acteurs mêlés à des non-acteurs, l'emploi de l'écran divisé, de documents d'archives et d'entrevues. Il s'agit là de films essais constituant des jalons dans les tentatives actuelles de renouvellement

du documentaire. Dans les années 70 engagées et militantes, Leduc pouvait sembler
faire des films idéalistes. Dans la période de
désengagement actuel, il se préoccupe de
faire un cinéma «civique» en essayant, par
exemple dans *Charade chinoise*, d'établir
une continuité nécessaire, de jeter un pont
entre la génération des vingt à vingt-cinq
ans et celle des quarante à quarante-cinq
ans. En 1988, il termine un long métrage de
fiction, *Trois pommes à côté du sommeil*,
dans lequel un homme de quarante ans
s'interroge sur son existence. Dans les
années 80, il se consacre davantage à son
activité de caméraman pour, notamment,
Tahani Rached (*Beyrouth! «À défaut d'être
mort»*, 1983, mm; *Haïti, Québec,* 1985,
mm), Jean Chabot (*Voyage en Amérique
avec un cheval emprunté*, 1987, mm) et
Johanne Prégent (*La peau et les os*, 1988).
FILMS; *Chantal en vrac* (1967, mm) *Nominingue depuis qu'il existe* (1967), *Là ou
ailleurs* (coréal. P. Bernier, 1969, cm), *Cap
d'espoir* (1969, mm), *On est loin du soleil*
(1970), *Je chante à cheval avec Willie
Lamothe* (coréal. L. Ménard, 1971, mm),
Alegria (1973, cm), *Tendresse ordinaire*
(1973), «Chronique de la vie quotidienne»
(1977-1978, série de huit films de différents
métrages réalisée avec la collaboration de
plusieurs cinéastes), *Albédo* (coréal. Renée
Roy, 1982, mm), *Le dernier glacier* (coréal.
R. Frappier, 1984), *Charade chinoise* (1988),
Trois pommes à côté du sommeil (1988).
BIBLIOGRAPHIE: *Jacques Leduc*, Conseil
québécois pour la diffusion du cinéma, 1974.
(M.E.)

LEDUC, Yves, réalisateur, administrateur,
monteur, producteur (La Providence, 1942).
Après avoir terminé son baccalauréat ès arts
en 1961, il étudie à l'IDHÉC (Paris) où il
obtient, en 1963, un diplôme avec mention
spéciale en montage. Là-bas, il signe un
premier documentaire, *Quand l'IDHÉC
regarde l'IDHÉC* (1963, cm). À son retour
de Paris, il travaille comme monteur à Radio-
Canada. En 1964, il entre à l'ONF où il
signe le montage de plus de quarante films,
réalise cinq documentaires, produit de nombreux films et occupe des fonctions administratives. Dès 1964, il réalise deux courts
métrages de montage sur des événements
sportifs: *Corps agiles* et *Appuis et suspen-
sions*. En 1968, il signe *Les nouveaux fonctionnaires* (cm), documentaire sur la fonction publique canadienne. L'année suivante,
il coréalise un film d'animation inspiré d'un
fable de La Fontaine, *Le corbeau et le renard*
(coréal. F. Desbiens, P. Hébert et M. Pauzé,
1969, tcm). Il tourne ensuite *Les philhar-
monistes* (1971, mm), sur les musiciens de
la Société philharmonique de Saint-
Hyacinthe, qui remporte deux Canadian Film
Awards. En 1972, il réalise un dernier film
qu'il tourne en France, *Saint-Urbain de
Troyes* (cm), documentaire sur l'église gothi-
que du même nom. Parallèlement à son
travail de réalisateur, Leduc monte de nombreux films (documentaire, fiction, animation), parmi lesquels on compte trois longs
métrages: *Le règne du jour* (P. Perrault,
1966), *Un pays sans bon sens!* (P. Perrault,
1970) et *Les allées de la terre* (A. Théberge,
1973). De 1972 à 1976, il interrompt ses
activités de monteur et de réalisateur pour
occuper la fonction de directeur de la section
française de l'ONF. Il revient ensuite au
montage, notamment pour la série «Les
enfants des normes» (Georges Dufaux,
1979), et pour *Les héritiers de la violence*
(T. Vamos, 1977, mm), *L'enfant fragile* (C.
Hazanavicius et T. Vamos, 1980), *Les gossi-
peuses* (P. Comeau, 1978, mm), *Les adeptes*

(G. Blais, 1981), *On est rendus devant le monde!* (A. A. Bélanger, 1981), *Jouer sa vie* (G. Carle et C. Coudary, 1982) et *Moi, je pense* (R. Tunis, 1979, cm). À partir de 1982, Leduc est producteur au studio français d'animation de l'ONF. Il y produit notamment *Caméléon* (S. Anastasiu, 1984, cm) *Sylvia* (M. Murray, 1985, cm), *Kaspar* (S. Anastasiu, 1986, cm), *Charles et François* (C. Hoedeman, 1987, cm). Il assume aussi la responsabilité du concours annuel Cinéaste recherché(e). De 1983 à 1985, il est le concepteur et le producteur de Portrait d'un studio d'animation, exposition itinérante sur le cinéma d'animation. En 1987, il produit *L'homme de papier* (J. Giraldeau, mm), en plus de concevoir, avec René Berthiaume et François Aubry, le manuel d'accompagnement du film qui est aussi un coffret d'initiation à l'histoire et aux techniques du cinéma d'animation. (C.C.)

LEFEBVRE, Jean Pierre, réalisateur, acteur, producteur, scénariste (Montréal, 1941). Contrairement aux Jutra, Carle, Groulx, Brault et Perrault, ses aînés immédiats, il ne fait pas ses classes dans le documentaire et le direct, à l'ONF ou ailleurs. En effet, il passe directement de l'écriture de poèmes, de la fréquentation des ciné-clubs et de la critique (*Objectif*, 1960-1967) à la réalisation. De 1964 à 1984, Lefebvre tourne vingt films de long métrage (sauf *L'homoman*, 1964, cm) et de fiction (sauf *Au rythme de mon cœur*, 1983). Véritable performance qui s'explique par l'obsession de la continuité, personnelle – «Je ne crois pas à l'œuvre unique, déclare-t-il en 1966, je ne crois qu'à la continuité des œuvres » – et collective: «Je n'ai aucun motif de continuer à créer si ce que je fais n'engendre pas d'autres créateurs.» C'est ainsi que,

pendant la période, assez brève, où il travaille à l'ONF, non seulement il réalise *Mon amie Pierrette* (1967) et *Jusqu'au cœur* (1968), mais il produit, dans la série «Premières œuvres», plusieurs films de fiction de jeunes réalisateurs (*Mon enfance à Montréal*, J. Chabot, 1970; *Les allées de la terre*, A. Théberge, 1973).

En fondant ses propres compagnies de production, Les films J. P. Lefebvre puis Cinak (1969) avec sa femme Marguerite Duparc*, productrice et monteuse, Lefebvre se donne les moyens de tourner (à condition de tourner selon ses moyens). Ses films ressemblent donc alors à ceux de la nouvelle vague française. Aux mêmes problèmes, solutions comparables: pellicule 16 mm, tournage «léger» en extérieur et décors naturels, un appartement, une maison à la campagne (souvent la sienne); longs plans, peu de mouvements d'appareil; personnages jeunes, peu nombreux, récits montrant comment ils se débrouillent avec la vie, la société, etc. Ce sont des films perméables aux événements, à certains aspects de la vie sociale, à l'esprit du temps. L'agitation indépendantiste, les premières bombes, les premiers morts, la crise d'Octobre 1970 trouvent un écho dans *Le révolutionnaire* (1965), *Mon œil* (1970), *Jusqu'au cœur*, *Ultimatum* (1973). Le développement des techniques médiatiques (publicité, radio, télévision) et, parallèlement, des techniques policières (surveillance électronique en particulier) envahit l'existence et perturbe la vie et le caractère des personnages de *Jusqu'au cœur* et de *L'amour blessé* (1975). L'usage, la vente, le trafic de la marijuana sont au centre d'*On n'engraisse pas les cochons à l'eau claire* (1973). *Q-bec my love* (1969) prend à contre-pied la «sexploitation» *made in* Québec de *Valérie* (D.

Jean Pierre Lefebvre. (CQ)

Héroux, 1968) et de *Deux femmes en or* (C. Fournier, 1970). Cependant, malgré le côté provocateur et violent de films comme *Jusqu'au cœur, Mon œil* ou *Q-bec my love*, Lefebvre est moins le cousin de Godard que le neveu de Bresson; il a fait sienne la conception de Bresson selon laquelle «l'art cinématographique est l'art de ne rien montrer, je veux dire l'art de ne rien représenter. L'image ne doit pas être une représentation, elle doit être un signe». Comme celui de Bresson, le cinéma de Lefebvre est en conséquence un cinéma non psychologique, à peine narratif, presque sans action. L'essentiel, particulièrement dans *La chambre blanche* (1969), y est la présence, dans une certaine qualité de lumière, du corps et du regard des comédiens, de la texture de certains objets, d'un champ, du ciel. C'est pourtant un cinéma très québécois, même un cinéma «ti-pop»; la dérision attendrie du mode de vie, du décor de la vie, des comportements «canadiens-français» donne le ton de *Patricia et Jean-Baptiste* (1966) et de *Q-bec my love*, mais elle se manifeste aussi, à des degrés et dans des proportions variables, dans *Il ne faut pas mourir pour ça* (1966), *Mon amie Pierrette, Les dernières fiançailles* (1973) et *Le vieux pays où Rimbaud est mort* (1977). Deux personnages sont à la fois l'objet de cette dérision et l'incarnation de ces comportements, Jean-Baptiste, dans *Patricia et Jean-Baptiste,* et Abel, dans *Il ne faut pas mourir pour ça.*

Jean-Baptiste, célibataire retranché dans les bastions masculins traditionnels, la *shop*, la taverne, le hockey, la télévision, et dans la vie duquel survient, corps étranger, la jeune Française Patricia: il est simultanément attiré et méfiant, sensible mais buté, vulnérable et sur la défensive. Abel, plus bourgeois et plus intellectuel, moins appauvri de cœur et d'esprit, fils à maman, de bonne volonté où l'autre l'est plutôt de mauvaise. Tous deux précocement vieux garçons, Abel un peu curé, Jean-Baptiste un peu bedeau, comme les «révolutionnaires» du *Révolutionnaire* évoquent des séminaristes en retraite fermée. Il n'est pas indifférent que Jean-Baptiste soit joué par Lefebvre lui-même: «C'est pour qu'un certain diagnostic soit implicitement porté. Être le malade et le médecin.» Le diagnostic? C'est celui d'une blessure, d'une douleur; longtemps, les personnages des films de Lefebvre ont été des hommes blessés et souffrants (les femmes y ont, avant *L'amour blessé*, des rôles assez conventionnels de mères, de victimes, de fiancées idéales, d'épouses consolatrices). Ce sont d'abord, banalement, les blessures infligées par la vie: la maladie et la mort d'une mère (*Il ne faut pas mourir pour ça*), le départ d'un mari (*L'amour blessé*). Mais ce sont aussi celles infligées par le monde et la société – lavage de cerveau des médias, surveillance et brimades policières (*Jusqu'au cœur*, *Mon œil*, *Ultimatum*, *L'amour blessé*) – ou par les diverses formes de la violence, de l'exploitation, de l'humiliation (*Q-bec my love*).

Ce sont ensuite des blessures, une douleur diffuses, moins facilement repérables, spécifiquement québécoises ou plutôt canadiennes-françaises: un sentiment d'impuissance lié à la pesanteur et à l'immobilité du climat, physique et social; lié au printemps

dans *Patricia et Jean-Baptiste*, «ce faux printemps du Québec, ce dur printemps qui, paradoxalement, arrête la vie pour plusieurs semaines...». Que dire alors de l'hiver du *Révolutionnaire* et même de *La chambre blanche* ? Lié à l'histoire aussi: dans *Les maudits sauvages* (1971), film «presque historique» qui se passe en 1670, le coureur des bois et trafiquant de fourrures Thomas Hébert enlève une jeune Amérindienne et, bravant les convenances, l'amène à Montréal – le Montréal de 1971 – où il se trouve aussi malheureux et perdu qu'elle.

Personnages mal dans leur peau et comme paralysés de l'intérieur, Jean-Baptiste et Abel affrontent la réalité chacun à sa manière. Le premier ne veut pas voir la réalité en face, le second, conscient, veut changer, être heureux. L'homme de *La chambre blanche* n'est pas Abel mais, interprété par le même Marcel Sabourin*, acteur fétiche de Lefebvre qu'on peut considérer comme son *alter ego* cinématographique, c'est un amoureux payé de retour. Quand on le retrouve dans *Le vieux pays où Rimbaud est mort*, s'il est toujours célibataire, il a pris de la carrure et de l'assurance, et s'en va d'un bon pied à la chasse au bonheur. Peut-être atteindra-t-il au moins la sérénité des vieux époux (Marthe Nadeau et J.-Léo Gagnon) des *Dernières fiançailles*, le film de Lefebvre qui, d'ailleurs, obtient le plus important succès populaire.

À partir de *Patricia et Jean-Baptiste*, les films de Lefebvre peuvent ainsi être répartis sur deux versants: versant de la violence et de la souffrance héritées et intériorisées, ou contemporaines: versant de la découverte de valeurs humaines et du bonheur possible. Les circonstances, l'évolution politique, économique, sociale, culturelle et intellectuelle du Québec d'une part, sa propre évolution, et la mort prématurée de Marguerite Duparc de l'autre, ont ouvert pour Lefebvre une période de «remise en question et de remise en vécu» au cours de laquelle il a réalisé des films qui, sans doute, élargissent son répertoire mais qui semblent avoir été tournés sans grande passion: *Le gars des vues* (1976), *Avoir 16 ans* (1979), proche des films outils d'animation sociale, *Les fleurs sauvages* (1982, prix de la presse internationale à Cannes), film sur les rapports familiaux qui reprend à sa façon des thèmes plus d'une fois traités dans des téléséries, et le docudrame *Laliberté Alfred Laliberté sculpteur 1878-1953* (1987). D'une auto-ironie courageuse mais qui manque de punch, *Le jour «S...»* (1984) présente la chronique amusée des rapports d'un Québécois d'une quarantaine d'années (Pierre Curzi), moins marginal mais aussi égoïste que Jean-Baptiste et aussi distrait qu'Abel, avec les femmes – avec, en fait, toujours la même femme, interprétée par Marie Tifo; ce film constitue la dixième participation de Lefebvre au festival de Cannes. *Au rythme de mon cœur*, film essai, journal intime en images fixes et animées, va jusqu'au bout de l'idée, toujours présente chez Lefebvre, que «moins c'est plus»; moins de cinéma – pas d'éclairage, pas de montage, presque pas de son synchrone, le noir et blanc – c'est encore, c'est plus que jamais du cinéma. Cependant, Lefebvre amorce, à la fin des années 80, «un nouveau virage» avec *La boîte à soleil* (1988), un long métrage de fiction qu'il appelle son «deuxième homoman». Malgré l'inflation qui s'empare de l'industrie cinématographique québécoise, il reste fidèle à ses habitudes en privilégiant, à contre-courant, les productions à petit budget.

Pendant des années, Lefebvre s'est fait le porte-parole des cinéastes québécois, la voix de leurs revendications. Il est d'ailleurs président de l'ARRFQ pendant quatre ans. Il est aussi très présent au Canada anglais, où il anime de nombreux ateliers. Ce rapport privilégié avec les créateurs canadiens lui vaut plusieurs prix: le prix Wendy Michener en 1971, le prix spécial d'excellence cinématographique de l'Ontario Film Institute et le prix de l'Alliance du cinéma indépendant en 1984. Il obtient également un diplôme honorifique du Ryerson Poytechnical Institute en 1987.

FILMS: *L'homoman* (1964, cm), *Le révolutionnaire* (1965), *Patricia et Jean-Baptiste* (1966), *Il ne faut pas mourir pour ça* (1967), *Mon amie Pierrette* (1967), *Jusqu'au cœur* (1968), *La chambre blanche* (1969), *Q-bec my love* (1969), *Mon œil* (1970), *Les maudits sauvages* (1971), *Les dernières fiançailles* (1973), *On n'engraisse pas les cochons à l'eau claire* (1973), *Ultimatum* (1973), *L'amour blessé* (1975), *Le gars des vues* (1976), *Le vieux pays où Rimbaud est mort* (1977), *Avoir 16 ans* (1979), *Les fleurs sauvages* (1982), *Au rythme de mon cœur* (1983), *Le jour «S...»* (1984), *Laliberté Alfred Laliberté sculpteur 1878-1953* (1987), *La boîte à soleil* (1988).

BIBLIOGRAPHIE: *Jean Pierre Lefebvre*, Conseil québécois pour la diffusion du cinéma, Montréal, 1970 • LEFEBVRE, Jean Pierre, *Parfois quand je vis*, HMH, Montréal, 1971 • BÉRUBÉ, Rénald et Yvan PATRY, *Jean Pierre Lefebvre*, Presses de l'Université du Québec, Montréal, 1971 • LEFEBVRE, Jean Pierre, *Les machines à effacer le temps*, Scriptomédia, Montréal, 1977 • MARSOLAIS, Gilles, *Les dernières fiançailles* (de Jean Pierre Lefebvre), VLB, Montréal, 1977 • HARCOURT, Peter, *Jean Pierre Lefebvre*, Canadian Film Institute, Ottawa, 1981 •

BARROWCLOUGH, Susan, *Jean Pierre Lefebvre: the Quebec Connection*, British Film Institute, 1982. (M.E.)

LÉGARÉ, Ovila, acteur (Montréal, 1901 – 1978). Folkloriste et conteur prodigieux, comédien extraverti, démonstratif, Légaré adorait cependant jouer les silencieux et les taciturnes. On l'a vu dans une douzaine de longs métrages, la moitié entre 1944 et 1951. Il campe avec dignité les démunis, notamment le père Laloge dans *Un homme et son péché* (P. Gury, 1949), et avec autorité les crapules, par exemple le maître chanteur dans *I Confess* (A. Hitchcock, 1953). Portant déjà la soutane dans *Le père Chopin* (F. Ozep, 1945), c'est lui *Le curé de village* (P. Gury, 1949), le débonnaire pasteur de Saint-Vivien, enjoué, bien nourri, modèle du prêtre que la plupart des catholiques d'alors rêvent d'avoir à la tête de leur paroisse. En 1971, on retrouve Légaré dans *Et du fils* (R. Garceau), tourné dans le décor de l'Île-aux-Grues. Faut-il considérer son interprétation du vieux Godefroy comme un adieu à l'inoubliable Didace Beauchemin de la télésérie *Le survenant*? Sans aucun doute. Détail éloquent: c'est, de son aveu même, après avoir utilisé Légaré dans *Solange dans nos campagnes* (1964, cm) que Gilles Carle, inspiré par la prestation de l'acteur, imagine le personnage de Léopold Z. (J.-M.P.)

LEGAULT, Marc, acteur (Mont-Rolland, 1937). Membre du théâtre Quotidien de Québec au tournant des années 70, il crée les rôles titres de plusieurs pièces de Jean Barbeau, notamment *Goglu* qui le fait connaître à Montréal et préfigure le type d'anti-héros qu'il incarnera plus d'une fois au cinéma. D'ailleurs, ces personnages issus de milieux populaires, proies souvent évi-

dentes de quelque marché de dupes, il sait en interpréter l'envers comme l'endroit, avec un accent urbain ou paysan, dans un registre dramatique ou léger. Ainsi est-il un petit tueur à gages nerveux et colérique dont l'exploit se tourne bientôt contre lui dans *La gammick* (J. Godbout, 1974) ou, au contraire, un mari tendre et gentil mais naturellement berné, dans *Je suis loin de toi mignonne* (C. Fournier, 1976). Après une série de petits rôles (*One Man*, R. Spry, 1977; *Cordélia*, J. Beaudin, 1979; *Le matou*, J. Beaudin, 1985; *Le dernier havre*, D. Benoit, 1986), il est à nouveau en vedette dans *Le frère André* (J.-C. Labrecque, 1987) où, avec l'humanité que confère le poids du vécu, il compose un personnage dont l'entêtement l'emporte sur les événements, bien que, ayant fait profession d'humilité, il doive lui aussi se comporter en anti-héros. (M.-C.A.)

LEGAULT, Raymond, acteur (Boston, États-Unis, 1953). Sorti de l'École nationale de théâtre, il fait ses débuts professionnels en 1977, jouant au théâtre, à la télévision et à la LNI. C'est André Melançon qui le fait connaître au cinéma en le distribuant, coup sur coup, dans deux films très différents, *Bach et Bottine* (1986) et *Le lys cassé* (1986, mm). Dans le premier, un film pour toute la famille, il interprète un célibataire endurci qui, à prime abord, préfère l'orgue à l'exubérance de sa nièce et au charme de sa collègue de travail. Dans le second, une dramatique tournée pour la télévision, c'est un père incestueux, ramené à la vie par sa fille qui ne parvient pas à oublier la relation coupable qu'ils ont entretenue; Legault rend parfaitement le trouble qui envahit son personnage. Il poursuit dans le registre dramatique avec *La ligne brisée* (R. Favreau, 1986, cm), où il tient le rôle d'un médecin qui doit annoncer à sa soeur qu'elle est atteinte d'une maladie incurable. (M.C. et G.K.)

LÉGER, Francine, animatrice, productrice, réalisatrice (Montréal, 1944). Diplômée de l'École des beaux-arts en peinture et en gravure en 1967, elle expose ses œuvres, monte des expositions, est recherchiste, photographe et productrice en design graphique. En 1974, elle obtient un diplôme en design graphique à l'UQAM. Membre fondateur du studio Les films Québec Love, elle coréalise avec ce groupe, entre autres films, *Je suis moi* (coréal. M. Raymond et N. Robert, 1974, cm). Tout en continuant ses premières activités artistiques, elle préside, depuis 1978, Les films Québec Love. En 1982, elle réalise et produit son premier film personnel, *Réveille* (cm), d'après une chanson militante du Louisianais Zachary Richard, et en conçoit l'affiche, couronnée par un Hugo de bronze au Festival de Chicago. Elle produit et réalise également des indicatifs pour Radio-Québec. Ensuite, elle travaille aux États-Unis et en France, où elle coréalise *Un jour en Chine* (coréal. ADa Xiu Jinda, D. Ehrlich, 1983, tcm). Elle y travaille aussi en tant qu'animatrice à *Gwen ou le livre de sable* (J.-F. Laguionie, 1984). Puis, elle effectue un stage en Hongrie et réalise *Solo* (1985, tcm), son deuxième film à part entière. De retour à Montréal, en 1986, elle reprend ses activités en design graphique et en peinture et entreprend un nouveau film. (L.B.)

LÉGER, Raymond-Marie, administrateur, producteur, réalisateur (Montréal, 1929). Diplômé en lettres, en histoire et en philosophie, il entre à l'ONF en 1951 et s'initie à différents métiers techniques. En 1955, il passe à la section francophone du service des relations publiques et de la publicité. En 1957, il devient délégué de l'ONF en Europe (Bruxelles, Londres, Paris). À ce titre, il participe à la négociation des premiers accords de coproduction entre le Canada et des pays étrangers. C'est durant ce séjour qu'il met en scène quelques courts métrages, dont *La route sur les toits* (1962), *Una donna* (1963) et *Le festin* (1964). À l'occasion d'Expo 67, il devient adjoint au commissaire général du Pavillon du Québec, chargé plus spécifiquement des questions audiovisuelles. Il entre à l'OFQ en 1967 à titre de directeur de la production, au moment où cet organisme est intégré au ministère des Affaires culturelles. Léger veille à ce que les productions de l'OFQ reflètent davantage le dynamisme du cinéma québécois. À cette époque, il est élu président de l'APCQ et est membre de la direction de la Fédération québécoise de l'industrie du cinéma, qui milite pour l'adoption d'une loi-cadre sur le cinéma. C'est à la fin de son mandat que l'APCQ publie son célèbre manifeste: *Le cinéma: autre visage du Québec colonisé*. Nommé directeur général de l'OFQ en 1971, il occupe ce poste jusqu'à ce que l'organisme soit aboli, en 1976, au profit de la DGCA. Il assure la direction de ce nouvel organisme puis devient conseiller gouvernemental en matières culturelles et participe à la conception des grands énoncés de politiques en ces matières. En 1982, après un passage à l'IQRC, il entre à la Régie du cinéma à titre d'adjoint au président. Il quitte ce poste en 1986. Par sa personnalité colorée et dynamique, par ses interventions diverses, Léger marque le cinéma gouvernemental des années 60 et 70. Il a largement contribué à la réflexion globale sur le cinéma québécois. (P.V.)

LEMAY-THIVIERGE, Guillaume, acteur (Saint-Jérôme, 1976). Jamais au Québec enfant n'aura connu, si jeune, un tel succès au cinéma. Lemay-Thivierge fait ses débuts en 1984 dans deux films où il impose sa présence et son naturel, *Les années de rêves* (J.-C. Labrecque) et *La dame en couleurs* (C. Jutra). Dans le premier, il est la victime accidentelle du terrorisme; dans le second, il est prisonnier d'un hôpital psychiatrique. Rapidement, il fait carrière et on le voit

Guillaume Lemay-Thivierge dans Le sourd dans la ville, *de Mireille Dansereau. (Attila Dory)*

tantôt dans une série télévisée, tantôt dans une publicité. Jean Beaudin lui donne un premier rôle dans son adaptation du roman de Yves Beauchemin, *Le matou* (1985). Il y sera un Monsieur Émile énergique, enfant agité, en mal d'amour, perturbé par l'alcool.

Puis, il obtient de petits rôles dans *Hold-up* (A. Arcady, 1985) et dans *Le frère André* (J.-C. Labrecque, 1987). Il donne sa performance la plus nuancée, la plus étonnante dans un film de Mireille Dansereau adapté d'un roman de Marie-Claire Blais, *Le sourd dans la ville* (1987). Son interprétation de Mike, enfant malade que sa mère berce de rêves californiens pour l'éloigner de la mort et lui faire oublier le quotidien banal de l'hôtel de troisième classe où ils habitent, montre qu'il peut faire mieux que le cabotinage auquel l'entraîne parfois la télévision. Dans *Cœur de nylon* (M. Poulette, 1989), il tient le rôle d'un fugueur de bonne famille qui fait la rencontre d'un étrange clochard (Yves Desgagné) au passé mystérieux avec lequel il se lie d'amitié. Curieusement, Lemay-Thivierge n'apparaît pas dans les films pour jeune public. (M.C.)

LEMELIN, Pierre, monteur, producteur, réalisateur (Les Becquets, 1933). Il entre à l'ONF en 1958 et agit d'abord comme assistant-monteur de nombreux courts métrages documentaires dont *Normétal* (G. Groulx, 1959), *La France sur un caillou* (G. Groulx et C. Fournier, 1961) et *À Saint-Henri le 5 septembre* (H. Aquin, 1964, mm). Il devient monteur avec *Foires agricoles* (J. Roy, 1962, cm), puis travaille avec Arthur Lamothe (*Bûcherons de la Manouane*, 1962, cm), Léonard Forest (*À la recherche de l'innocence*, 1964, cm; *Mémoire en fête*, 1964, cm) et Raymond Garceau (*Les petits arpents*, 1962, cm; *Une année à Vaucluse*, 1964, cm). C'est d'ailleurs avec ce dernier film qu'il passe momentanément à la réalisation pour une série de quatorze films d'intervention touchant le développement régional; ces films sont tournés en Gaspésie et dans le Bas Saint-Laurent, en 1964 et 1965, dans le cadre du projet ARDA. Il monte ensuite deux films de Fernand Dansereau, *Le festin des morts* (1965) et *Ça n'est pas le temps des romans* (1966, cm), et le premier film de Michel Moreau, *Trois lecteurs en difficulté* (1968, mm). Sa formation en arts l'amène à s'intéresser au documentaire sur des sujets artistiques et à l'animation. Il monte la majorité des films de Jacques Giraldeau, qui tourne plusieurs films de ce genre, dont *Les fleurs c'est pour Rosemont* (1968, mm), *Bozarts* (1969, mm), *Faut-il se couper l'oreille?* (1970, cm), *Zoopsie* (1973, cm), *La fougère et la rouille* (1974, mm), *Puzzle* (1976, cm), *La toile d'araignée* (1979) et *Opéra zéro* (1984, cm). Parmi les nombreux films d'animation auxquels il participe, on retrouve *Le bleu perdu* (P. Driessen, 1972), *Le mariage du hibou* (C. Leaf, 1974), *Les naufragés du quartier* (B. Longpré, 1980) et *Mascarade* (C. Hoedeman, 1984). Sa longue carrière à l'ONF l'amène d'autre part à travailler avec Clément Perron (*Taureau*, 1973; *Partis pour la gloire*, 1975), Jacques Godbout (*Les troubbes de Johnny*, 1974, cm), Maurice Bulbulian (*Cissin... 5 ans plus tard*, coréal. K. M. Djim, 1982, mm), Georges Dufaux (*Les enfants des normes POST-SCRIPTUM*, 1983). En 1988, il passe à la production pour une série télévisée, *La course des Amériques*, dont il supervise aussi le montage. (J.D.)

LEMELIN, Roger, scénariste (Québec, 1919). Lemelin livre ses grands romans (*Au pied de la pente douce*, *Les Plouffe*) avant le début des années 50, puis il se jette à corps perdu dans l'écriture pour la télévision. Entre ces deux périodes d'activité, il prend néanmoins le temps de composer, pour l'ONF, le scénario d'un savoureux petit film, *L'homme aux oiseaux* (B. Devlin et J. Palar-dy, cm, 1952). Il ne reviendra au cinéma proprement dit que vers les années 80. Ce sera alors pour travailler aux scénarios des *Plouffe* (G. Carle, 1981) et du *Crime d'Ovide Plouffe* (D. Arcand, 1984). Accessoirement, son nom se trouvera aussi au générique de quelques productions comme *Odyssey of the Pacific* (Arrabal, 1981), *L'adolescente sucre d'amour* (J. Saab, 1985), etc. Remarquable dialoguiste, Lemelin prend plaisir à exalter la verve populaire et, sans conteste, ce plaisir est communicatif. Il ne craint guère d'utiliser les vieilles formules du mélodrame, seulement le fait-il avec un esprit gouailleur et facétieux. Au plan politique, ses personnages sont aliénés. D'ailleurs, l'auteur, héritier de la pensée sociale du père Lévesque, le suggère parfois au moyen d'un geste, d'une réplique, mais c'est pour aussitôt se dérober, feignant d'être hors de propos. Le monde qu'il dépeint (la famille, la paroisse) est certes appelé à subir des transformations radicales; délaissant les thèses, Lemelin se contente, au risque d'être taxé de frivolité, de le montrer grouillant, enjoué, capricieux. La plupart de ses héros sont robustes, campés avec autant d'autorité que d'allégresse. Pourtant, Lemelin aime beaucoup analyser les êtres qui présentent une fêlure, comme c'est le cas d'Ovide Plouffe ou du collectionneur d'oiseaux. Reprenant son association avec Gilles Carle, il travaille aussi à un scénario consacré à un personnage qui appartient à la mémoire populaire québécoise, la Corriveau. (J.-M.P.)

LÉONARD, Georges, décorateur, réalisateur (Montréal, 1945). Après avoir été décorateur pour de nombreux films (*IXE-13*, J. Godbout, 1971; *J. A. Martin photographe*, J. Beaudin, 1976), il collabore, en 1979, avec Marie Beaulieu, Lucienne Tremblay et Hughes Tremblay, à la série «Gaspésie». C'est ainsi qu'il coréalise avec l'équipe un des quatre documentaires de la série, *On a été élevé dans l'eau salée...*, sur l'organisation de la pêche. Il s'oriente ensuite vers le film sur l'art en coréalisant *Splash* (coréal. C. Laflamme*, 1981, cm), documentaire «clandestin» et film performance sur une performance du groupe Inter X Section, qui se veut une «représentation du tracé pictural de l'automatisme urbain». *État 1* (coréal. C. Laflamme, 1984, cm), sur une performance de Pierre Pépin et du groupe Sonde, sur la grande place de l'UQAM, est dans la même veine. Les deux films sont primés au Festival international des films sur l'art de Montréal. Il poursuit en réalisant *Ram dix-sept II et son temps* (1985, cm), sur un autre événement créé par l'artiste Pierre Pépin, et *Le retour des Jacquemarts* (1987, cm). Dans cette «performance multi-média» à la structure éclatée où se mêlent fiction, films d'archives, effets vidéo..., le texte récité par les personnages provient d'*Anamazarud*, de Claude Gauvreau. Léonard semble avoir trouvé dans le film sur l'art le mode qui traduit le mieux ses préoccupations, et sa recherche en ce domaine est très novatrice. (M.L.)

LEPAGE, Gaston, acteur (Saint-Félicien, 1949). Diplômé du Conservatoire d'art dramatique de Montréal en 1974, il est la preuve, si besoin est, que le style de jeu extérieur de mise dans les émissions de télévision exploitant la veine burlesque (*Les Brillant*) ne gâte pas un talent. Au cinéma, la sensibilité de son interprétation est remarquée dès ses débuts alors qu'il incarne, dans *Cordélia* (J. Beaudin, 1979), un garçon de ferme victime d'une justice mesquine. Son physique efflanqué et son visage au nez avantageux le prédisposent d'ailleurs aux rôles de composition: livreurs s'identifiant à des *cowboys* (*Piwi*, J.-C. Lauzon, 1981, cm; *Au clair de la lune*, A Forcier, 1982), grand timide (*Les yeux rouges,* Y. Simoneau, 1982), marmiton homosexuel (*Le matou*, J. Beaudin, 1985), libraire puceau (*Gaspard et fil$*, F. Labonté, 1988).
AUTRES FILMS: *L'affaire Coffin* (J.-C. Labrecque, 1979), *Le château de cartes* (F. Labonté, 1979), *Les grands enfants* (P. Tana, 1980), *Au pays de Zom* (G. Groulx, 1982), *Kalamazoo* (A. Forcier, 1988), *Lamento pour un homme de lettres* (P. Jutras, 1988, cm). (M.-C.A.)

LEPAGE, Marquise, réalisatrice (Chénéville, 1959). Pendant ses études en communication à l'UQAM, elle réalise un premier court métrage, *Prince pas prince...* (1981). Elle est ensuite directrice de production et adjointe à la réalisation de *Jacques et Novembre* (1984), que réalisent Jean Beaudry et François Bouvier, ses associés aux productions du Lundi matin. En 1987, elle signe un long métrage de fiction dont elle a écrit le scénario, *Marie s'en va-t-en ville*, l'histoire d'une jeune fugueuse qui débarque à Montréal et que recueille une prostituée vieillissante. Mis en scène sobrement et interprété avec brio par Frédérique Collin, le film est remarqué par la critique. Lepage enchaîne avec un documentaire sur les enfants atteints de maladies incurables, *J'aimerais mieux mourir tout de suite que d'être jamais née* (1989, mm). (M.J.)

LEPAGE, Robert M., musicien (Montréal, 1951). Diplômé en composition de l'Université de Montréal, il est membre du groupe Chants et danses du monde inanimé, dont font aussi partie Jean Derome* et René

Lussier*. Ce groupe participe à plusieurs spectacles avec le cinéaste Pierre Hébert* et signe la trame musicale de plusieurs de ses films, dont *Étienne et Sara* (1984, cm), *Le métro* (1985, cm) et *Ô Picasso (tableaux d'une surexposition)* (1985, cm). Poursuivant une carrière en solo, il compose la musique du *Grand Jack* (H. Chiasson, 1987, mm), de *Alias Will James* (J. Godbout, 1988), de *Comme deux gouttes d'eau* (D. Létourneau, 1988, mm), de *La lettre d'amour* (P. Hébert, 1988) et de *J'aimerais mieux mourir tout de suite que d'être jamais née* (M. Lepage, 1989, mm). Il travaille ensuite à des films de Francine Desbiens et Claude Cloutier. (R.L.)

LÉPINE, Emmanuel, machiniste (Montréal, 1953). Fondateur des productions Molignak et de Moli-Flex, compagnie de location d'équipement qu'il dirige avec Daniel Chrétien, il s'illustre rapidement comme inventeur en cherchant à donner une plus grande autonomie, une plus grande souplesse à la caméra. En 1979, à la demande de Jean-Claude Labrecque qui tourne *L'affaire Coffin*, il dessine et construit, avec Jacques Pâquet*, le prototype de «La grue», une grue de taille intermédiaire qu'il vend ensuite à l'ONF et à Radio-Canada. Plus tard, Robert Altman, avec qui il travaille pour *Quintet* (1978) et *OC and Stiggs* (1983), en achète une. En 1984, c'est au tour de Michel Brault de lui commander un outil pour le tournage, en Omnimax, de *A Freedom to Move* (1986): la «Multi-Purpose-Crane», qui se révèle d'une étonnante souplesse. Ce talent d'inventeur amène Lépine à collaborer principalement à des coproductions d'envergure (*La guerre du feu*, J.-J. Annaud, 1981; *Louisiana*, P. de Broca, 1983) et à des films publicitaires dans lesquels il se sent, évidem-

ment, à l'aise. En 1988, il conçoit, avec Daniel Chrétien, une génératrice complètement insonorisée. (J.D.)

LESAUNIER, Daniel, producteur, réalisateur (Paris, France, 1950). Il se fait connaître avec *2 pouces en haut de la carte* (coréal. J. Augustin, 1976), qui parle d'une région méconnue, la Côte Nord. Par ses méthodes de production et son approche de la réalité régionale, ce film marque le mouvement du cinéma régional des années 70. En donnant la parole aux jeunes désireux de sortir de la passivité, de l'ennui, de l'isolement et de l'anonymat qui les guettent, LeSaunier dresse un solide portrait de ce coin de pays. Il réalise ensuite la série «Vers un pays à notre goût» (1976-1978, six cm), où il aborde différents aspects de la vie sur la Côte Nord: économie, culture, enracinement, histoire, communications. Tourné lors de la fermeture des chantiers hydro-électriques de Manic-Outardes, *Le temps de la Manic* (coréal. J. Augustin, 1980, mm) brosse le portrait plein de tendresse des travailleurs partagés, après seize années de labeur, entre la fierté et la nostalgie. De 1978 à 1982, il tourne *Habitant glorieux* (coréal. J. Augustin, cm), documentaire sur Pierre Harel et son passage dans le groupe de musique rock Corbeau. Au début des années 80, comme une bonne partie des cinéastes régionaux de la dernière décennie, il se tourne vers la télévision. Il réalise alors *Le projet d'aménagement de l'archipel Mingan* (1981, cm) et *Gens d'ici* (coréal. J. Augustin, 1982, trois cm). Depuis quelques années, il s'oriente davantage vers la production (*Grelots rouges sanglots bleus*, P. Harel, 1987). (A.B.)

LETARTE, Pierre, chef opérateur, réalisateur (Saint-Hyacinthe, 1946). Il est d'abord homme à tout faire chez Ciné-Film (1965), puis il entre à l'ONF où le programme Société Nouvelle/Challenge for Change lui ouvre ses portes et lui donne l'occasion de faire des images sur une multitude de sujets. Il est, entre autres, caméraman pour Marcel Carrière (*Chez nous, c'est chez nous*, 1972; *De Grâce et d'Embarras*, 1979), Maurice Bulbulian (*Richesse des autres*, 1973), Robert Favreau (*Le soleil a pas d'chance*, 1975), Bonnie Sherr Klein (*Not a Love Story*, 1981) et Gilles Carle (*L'âge de la machine*, 1978, cm; *Jouer sa vie*, coréal. C. Coudari, 1982). Technicien sensible, préoccupé par la mise en valeur des émotions qu'il sait voir chez ceux qu'il filme, il donne un bon exemple de son talent dans la série «Chronique de la vie quotidienne» (J. Leduc *et al.*, 1977-1978). Homme de documentaire, il ne travaille que rarement en fiction (*Sous les draps les étoiles*, J.-P. Gariépy, 1989). À deux reprises, il remplace quelqu'un au pied levé et devient réalisateur. D'abord pour *Chemin faisant* (1981, cm), sur les francophones de Terre-Neuve, puis pour *Riopelle* (coréal. M. Feaver, 1982, mm), un portrait du célèbre artiste québécois. Au milieu des années 80, il passe quelque temps à la direction du service de la caméra et du programme d'aide artisanale de l'ONF. (A.D.)

LETONDAL, Ginette, actrice (Montréal). C'est elle, l'adolescente aux longues tresses du *Père Chopin* (F. Ozep, 1945). Puis, elle tient un des rôles principaux dans *Le gros Bill* (R. Delacroix, 1949). Elle joue par la suite dans *Étienne Brûlé gibier de potence* (M. E. Turner, 1951), *Il était une guerre* (L. Portugais, 1958), *Le festin des morts* (F. Dansereau, 1965) et *Caïn* (P. Patry, 1965). Légèrement voilée, sa voix envoûtante suffit

à l'identifier entre mille. À partir du milieu des années 60, Letondal abandonne le cinéma québécois et fait carrière en France, notamment à la scène, sous la direction de Roger Planchon. (J.-M.P.)

LÉTOURNEAU, Anne, actrice (Montréal, 1957). Encore très jeune, elle participe à des émissions télévisées pour enfants. Au cinéma, elle débute dans *Taureau* (C. Perron, 1973), aux côtés de sa mère, la comédienne Monique Lepage. Elle tient de petits rôles

Anne Létourneau et Gabriel Arcand dans Le crime d'Ovide Plouffe, *de Denys Arcand. (*Le Devoir*)*

dans *Parlez-nous d'amour* (J.-C. Lord, 1976) et *L'arrache-cœur* (M. Dansereau, 1979), avant d'être Rita Toulouse, la belle et volage amoureuse d'Ovide Plouffe, dans *Les Plouffe* (G. Carle, 1981) et *Le crime d'Ovide Plouffe* (D. Arcand, 1984). Sensuelle, attachante malgré son étourderie, sa Rita la fait connaître du public. Portée par ce succès, elle tente une percée en France où elle joue dans quelques films, dont *Elsa, Elsa* (D. Haudepin, 1985) et *Flag* (J. Santi, 1986). Dans *Les tisserands du pouvoir* (C. Fournier, 1988), elle incarne Fidélia, une artiste aux mœurs libres qui exerce une certaine influence sur son amie Simone (Gabrielle Lazure). (M.J.)

LÉTOURNEAU, Diane, réalisatrice, recherchiste (Sherbrooke, 1942). Venue des soins infirmiers, elle aborde le cinéma en collaborant avec plusieurs cinéastes à titre de recherchiste. Elle travaille notamment avec Georges Dufaux pour trois longs métrages: *À votre santé* (1974), *Les jardins d'hiver* (1976) et *Au bout de mon âge* (1975). Après avoir fait l'apprentissage de la réalisation en signant deux courts documentaires – *Les oiseaux blancs de l'île d'Orléans* (1977, cm) et *Les statues de monsieur Basile* (1978, cm) – elle réalise *Les servantes du Bon Dieu* (1979), qui est remarqué à la Semaine de la critique du festival de Cannes. Simple, discret, d'une grande justesse de

Diane Létourneau.(ONF)

ton, ce film s'intéresse aux membres d'une communauté religieuse qui ont consacré leur vie au service des prêtres. Sans ironie aucune, Létourneau porte sur ces femmes le regard respectueux et franc qui marquera ses films suivants. *Le plus beau jour de ma vie...* (1981) interroge l'institution du mariage, à la fois industrie et choix de vie. En trois volets où elle présente autant de couples de situations et d'âges différents, elle observe le rôle et la place du mariage dans le Québec d'aujourd'hui. Devenue réalisatrice permanente à l'ONF, Létourneau réalise un moyen métrage sur la danse comme phénomène artistique et social (*La passion de danser*, 1982) et un court métrage: *En scène...* (1982). En 1985, elle signe *Une guerre dans mon jardin* (mm), où sont reconstitués les événements entourant la mort accidentelle d'un homme. Demandant aux membres de la famille de celui-ci de revivre ces moments tragiques (lors d'un feu de la Saint-Jean, en 1980, un obus militaire est malencontreusement jeté dans les flammes...), Létourneau livre un vibrant plaidoyer pacifiste tout en participant au renouvellement du documentaire à l'ONF. Le film remporte le prix du meilleur court ou moyen métrage québécois. *À force de mourir...* (1987, cm), lui permet de renouer avec ses origines médicales en traitant d'euthanasie sous le mode d'une fiction conçue dans le cadre d'une série sur la bio-éthique. Elle poursuit en reprenant un projet développé cinq ans plus tôt: *Comme deux gouttes d'eau* (1988, mm), où elle s'intéresse à la gémellité. (M.J.)

LINK, André, distributeur, producteur, scénariste (Budapest, Hongrie, 1932). Il quitte la Hongrie, fait ses études à Paris et émigre au Canada en 1954. En 1962, il s'associe à John Dunning qui vient de fonder Cinépix, une maison de distribution. Six ans plus tard, la compagnie se lance aussi dans la production. À plusieurs reprises, les deux associés sont à l'origine des films qu'ils produisent (*L'initiation* et *L'amour humain*, D. Héroux, 1969 et 1970; *Hot Dogs*, C. Fournier, 1980) ou participent à leur écriture. Ainsi, ils scénarisent *Valérie* (D. Héroux, 1968) avec le réalisateur et Louis Gauthier. Ils signent également le scénario du *Diable est parmi nous* (J. Beaudin, 1972), qui exploite à la fois le filon érotique et la vogue des sujets à caractère diabolique. Pendant près de vingt ans, Cinépix produit plus de trente longs métrages commerciaux, tous alignés sur les modes cinématographiques. Se succèdent le film érotique (*Pile ou face*, R. Fournier, 1971), le film profitant de la popularité du hockey (*The Mystery of the Million Dollar Hockey Puck*, J. Lafleur et P. Svatek, 1975), la comédie (*Tout feu tout femme*, G. Richer, 1975) et le film d'horreur (*Rabid*, D. Cronenberg, 1977; *My Bloody Valentine*, G. Mihalka, 1981). Après avoir produit et distribué des films destinés au public québécois, Cinépix, qui obtient un énorme succès avec *Meatballs* (I. Reitman, 1979), s'oriente vers la production de films commerciaux destinés d'abord au marché américain (*The Vindicator*, J.-C. Lord, 1985). C'est sous un pseudonyme, Julian Parnell, que Link et Dunning dissimulent leur participation au scénario du *Diable est parmi nous*, de même que leurs fonctions de producteurs ou d'initiateurs au générique de plusieurs autres films, dont *Ilsa the Tigress of Siberia* (J. Lafleur, 1977). Personnalité très active dans l'industrie du cinéma, Link a été président de diverses associations professionnelles: ACDIF, AQDF, APSQ. De 1981 à 1982, il fait partie de la Commission d'étude sur le cinéma et l'audiovisuel formée par le gouvernement du Québec.(J.P.)

LIPSETT, Arthur, réalisateur, scénariste, animateur, monteur (Montréal, 1936–1986). Après des études en art, il est engagé à l'ONF en 1958 et affecté à des travaux d'animation. Il connaît une période créatrice des plus fécondes. Il compose la bande sonore de son premier film, *Very Nice Very Nice* (1961, cm), à partir de bandes qu'il récupère dans les chutiers puis qu'il assemble. Son travail sur l'image, subordonné au son, fait presque exclusivement appel à des photographies fixes. Lipsett produit ainsi un tourbillon d'associations sonores et visuelles. Le film est une véritable bombe, qui annonce à la fois le vidéo clip, les trente canaux de télévision et la télécommande avec, en plus, l'inquiétude et le désarroi propres aux années 80. Tourné avec un budget très modeste, il reçoit un accueil triomphal et une nomination pour un Oscar. Après avoir vu *Very Nice Very Nice*, Stanley Kubrick offre à Lipsett de réaliser la bande-

Arthur Lipsett. (ONF)

annonce de *Dr. Strangelove*, projet malheureusement abandonné. Son second film, *21-87* (1962, cm) reprend sensiblement la même technique, en approfondissant les thèmes de la dépersonnalisation et de la paranoïa. Il présente une dimension religieuse de type mystique qui occupe une place importante dans l'œuvre de Lipsett. George Lucas affirme que *21-87* est un des films-phares de ses années à USC et s'en inspire pour *THX 1138*, son film le plus personnel. Lipsett met deux ans à terminer son film suivant: *Free Fall* (1964, cm), qui utilise davantage les techniques en mouvement. Le film débute par des plans saisissants d'une fourmi transportant un immense grain de sable; suivent des photos fixes de visages humains, puis des singes de laboratoire, et d'autres figures où les attitudes de l'homme et de l'animal sont mises dos à dos. Les documents d'archives finissent par créer une fiction inquiétante sur la réalité du monde contemporain.

Lipsett commence à avoir des problèmes avec l'administration de l'ONF. On lui reproche de toujours faire le même film, mais, surtout, d'être incapable de présenter à l'avance des projets très structurés et de ne pas coopérer avec la bureaucratie. Nerveux, angoissé, hypersensible, Lipsett se défend mal, mais il est soutenu par ses producteurs, Colin Low et Tom Daly. *A Trip Down Memory Lane* (1965, cm) souffre de toutes ces tensions. Lipsett semble ne plus savoir où il va. Pendant deux ans il monte des films pédagogiques. Il revient à la réalisation avec *Fluxes* (1968, cm), produit par Guy Glover. Situé en pleine guerre du Viêt-Nam, le film confronte le spectateur à une série de recherches scientifiques produisant une technologie axée sur les moyens de destruction. Des extraits sonores tirés de films de science-fiction des années 50 accentuent le côté abominable des actes et des paroles: «Our only morality is survival» y entend-on. *N-Zone* (1970, mm) est le dernier film de Lipsett produit par l'ONF. C'est un film très réaliste sur la banalité des relations humaines. À partir de 1970, l'état mental de Lipsett se détériore rapidement; il coupe les ponts avec l'ONF et ses projets n'aboutissent pas. Les quinze années qui vont suivre seront particulièrement sombres, à peine éclairées par trois films: *Secret Codes* (1972, cm), *Blue And Orange* (coréal. T. Ballantyne-Tree, 1975, inachevé) et *Traffic Flow* (1978, inachevé). En avril 1986, il met fin à ses jours. Lipsett demeure, à l'échelle mondiale, un des plus importants cinéastes expérimentaux des années 60. (Y.R.)

LOIS SUR LE CINÉMA. Dès le début des années 60, le milieu cinématographique québécois revendique une intervention législative favorisant le développement d'une cinématographic nationale et réduisant la mainmise étrangère sur la distribution et l'exploitation. Le ministre des Affaires culturelles du Québec, G.-É. Lapalme, fait rédiger un projet de loi mais le premier ministre Lesage le met de côté. Le gouvernement fédéral est donc le premier à réagir. Le 3 mars 1967, le Sénat adopte un projet de loi créant la Société de développement de l'industrie cinématographique canadienne (SDICC), une sorte de banque spécialisée, disposant d'un capital de dix millions de dollars pour cinq ans, chargée d'encourager l'émergence d'une industrie du long métrage au Canada. (*Voir* TÉLÉFILM CANADA)

Inspirés principalement par les exemples suédois et français, et surtout animés par la ferveur nationaliste qui caractérise les années

60 et 70, les cinéastes québécois veulent davantage. Ils multiplient les mémoires, rapports et interventions pour que le gouvernement québécois adopte une véritable loi-cadre du cinéma, qui traiterait de tous les aspects d'une politique cinématographique et, surtout, qui respecterait et affirmerait la spécificité culturelle du Québec. La progression des moyens de pression conduit à l'occupation, le 22 novembre 1974, du Bureau de surveillance du cinéma (BSC) par l'Association des réalisateurs de films du Québec, à laquelle se joignent rapidement les producteurs, techniciens et artistes-interprètes. Bien qu'ils soient expulsés *manu militari* douze jours plus tard, sans gain apparent, une loi sur le cinéma est effectivement adoptée en juin 1975. De cette loi, on retient surtout la création de la Direction générale du cinéma et de l'audiovisuel (DGCA), qui remplace l'Office du film du Québec (OFQ), et celle de l'Institut québécois du cinéma (IQC), une société d'aide administrée par des représentants de l'industrie et dotée de crédits annuels d'environ quatre millions de dollars pour stimuler la production et la diffusion de films québécois de tous genres et de toutes durées. La plupart des autres volets de la loi ne seront jamais mis en application. C'est le cas, fort heureusement d'ailleurs, des dispositions prévoyant la création d'une Cinémathèque nationale (inutile étant donné le travail de la Cinémathèque québécoise*), ainsi que de celles prévoyant le démantèlement du BSC, dont la disparition aurait pu avoir de nombreux effets pervers: ingérence politique dans la classification des films, remise des pouvoirs de censure aux mains des autorités locales, etc. Si elle avait été entièrement appliquée, la loi de 1975 aurait conféré au ministre responsable une gamme étendue de pouvoirs discrétionnaires, dont la mise sous tutelle de l'IQC sur simple requête de deux membres. Elle lui aurait aussi conféré des droits d'intervention dans les secteurs de la distribution et de l'exploitation, droits mal définis, souvent excessifs ou inapplicables, et confinant à l'arbitraire. En janvier 1981, le gouvernement québécois crée une Commission d'étude sur le cinéma et l'audiovisuel chargée de revoir la problématique d'ensemble. Les recommandations contenues dans son rapport, déposé en juin 1982, servent de base à la loi 109, elle-même déposée en décembre de la même année et adoptée en juin 1983. Cette loi conserve à l'IQC*, dont la représentation est élargie, son rôle de conseiller privilégié du ministre, et crée un organisme autonome pour la gestion des programmes d'aide: la Société générale du cinéma (SGCQ), dont les crédits gouvernementaux annuels sont portés de quatre à dix millions de dollars. La loi transforme le BSC en Régie du cinéma*, qui se voit dotée de nombreux pouvoirs réglementaires, dont celui de recueillir des informations d'ordre économique, d'émettre des permis, d'exiger le réinvestissement d'une part des profits de la distribution dans le financement de productions québécoises. Un des éléments clés de la loi est d'ailleurs l'établissement d'un double régime de permis de distribution: permis général pour les entreprises québécoises, permis spécial pour les autres distributeurs qui ne les autorise qu'à distribuer un film dont ils sont les producteurs ou les détenteurs de droits mondiaux. L'objectif poursuivi est de réduire la mainmise étrangère sur la distribution et d'établir un partage plus équitable du marché entre les entreprises québécoises et étrangères. (*Voir* DISTRIBUTION) Malheureusement, ces dispositions connaissent un sort

similaire à celles de la loi de 1975. Après bien des tergiversations et des délais administratifs et malgré des audiences publiques de la Régie du cinéma, les projets de règlements ne sont pas adoptés. Un nouveau gouvernement est élu et après des négociations avec le président de la MPEAA, Jack Valenti, une entente hors cadre est signée, qui ne fait que confirmer le *statu quo*.

En décembre 1987, un nouveau projet de loi vient amender la loi de 1983; il retire à la Régie du cinéma l'ensemble de ses pouvoirs réglementaires, qui sont remis au gouvernement, et raffermit par ailleurs les dispositions visant l'exploitation simultanée en version française des films présentés en d'autres langues. La nouvelle loi consacre également la fusion de la SGCQ et de la Société de développement des industries de la culture et des communications (SODICC), qui deviennent la Société générale des industries culturelles* (SOGIC). À l'automne 1987, le gouvernement fédéral annonce son intention de déposer un projet de loi sur la distribution qui reprend pour l'essentiel les dispositions de la loi québécoise de 1983 et vise, lui aussi, un nouveau partage du marché à l'échelle canadienne. Mais, dans un contexte marqué par la signature d'un traité de libre-échange entre le Canada et les États-Unis, les *majors* et le gouvernement américain multiplient encore une fois les pressions; le projet de loi, finalement déposé en mai 1988, est largement édulcoré et, à toutes fins utiles, sans effet réel sur la répartition du marché entre les entreprises de distribution étrangères et canadiennes. En contrepartie, une aide financière substantielle est accordée aux distributeurs canadiens. (*Voir* TÉLÉFILM CANADA) D'autre part, il faut signaler que plusieurs lois touchent directement le cinéma, comme, par exemple, celles concernant la censure*. (M.H.)

LOISELLE, Hélène, actrice (Montréal, 1928). Elle a comme professeurs François Rozet et Lucie de Vienne, et débute à la scène en 1945. Pendant huit saisons, elle fait partie de la troupe des Compagnons de Saint-Laurent, avant d'étudier l'art dramatique à Paris pendant deux ans. Sa carrière, riche et variée, est essentiellement théâtrale. Elle passe allègrement de Shakespeare à Tennessee Williams et à Michel Tremblay. On l'a aussi souvent entendue à la radio, et vue à la télévision dans de nombreux téléthéâtres et quelques feuilletons. Au cinéma, Michel Brault lui confie le rôle de Marie Boudreau dans *Les ordres* (1974), et elle confère au personnage une poignante intensité dramatique. Elle témoigne de la même capacité d'émouvoir dans *Mon oncle Antoine* (C. Jutra, 1971), où elle campe une mère désespérée par la mort de son fils aîné. Dans un autre registre, elle prouve avec son rôle dans *Réjeanne Padovani* (D. Arcand, 1973) qu'elle peut manier ironie et humour avec aisance. On peut regretter que sa contribution au cinéma ne soit pas plus importante.

AUTRES FILMS: *Il était une guerre* (L. Portugais, 1958), *Tiens-toi bien après les oreilles à papa...* (J. Bissonnette, 1971), *La maudite galette* (D. Arcand, 1972), *Le p'tit vient vite* (L.-G. Carrier, 1972), *Doux aveux* (F. Dansereau, 1982), *Sous les draps les étoiles* (J.-P. Gariépy, 1989). (F.L.)

LOMEZ, Céline, actrice (Montréal, 1953). À l'âge de onze ans, elle commence sa carrière artistique comme chanteuse de cabaret. Elle entreprend plus tard des études en art dramatique à New York et à Los Angeles. Ses débuts au cinéma coïncident avec la vague des films érotiques. Ce sont d'abord *L'initiation* (D. Héroux, 1969) et *Après-ski* (R. Cardinal, 1970), puis on la voit dans *Loving and Laughing* (J. Sone, 1970) et *L'apparition* (R. Cardinal, 1971). Elle amorce un changement de cap en tournant dans deux films de Denys Arcand, *Réjeanne Padovani* (1973) et *Gina* (1975), dont elle tient le rôle titre, celui d'une danseuse exploitée qui n'en reste pas moins une femme lucide. Elle retrouve ensuite Denis Héroux dans une comédie scénarisée par Marcel Gamache, *Pousse mais pousse égal* (1974), dont elle partage la vedette avec Gilles Latulippe, Denis Drouin et Suzanne Langlois. Par la suite, elle travaille en anglais, jouant d'abord dans *The Far Shore* (J. Wieland, 1975), puis dans *The Silent Partner* (D. Duke, 1978), aux côtés

d'Elliott Gould, Christopher Plummer, John Candy et Susannah York, et dans *Plague* (E. Hunt, 1978). En 1980, on la revoit dans un film francophone, *Ça peut pas être l'hiver on n'a même pas eu d'été* (L. Carré); elle y tient le rôle d'une jeune femme émancipée qui aide sa mère (Charlotte Boisjoli) à profiter pleinement de la vie après la mort de son mari. Après quoi, elle cesse de faire du cinéma. (M.C. et G.K.)

LONGPRÉ, Bernard, animateur, réalisateur (Montréal, 1937). Ses préoccupations premières sont d'ordre esthétique. Dès l'Institut des arts graphiques à Montréal, sous la direction d'Albert Dumouchel, il touche au dessin, à la lithographie et à la photographie. Plus tard, il s'essaye même à la sculpture. En 1957, il se joint à l'ONF: René Jodoin

Céline Lomez, qui tient le rôle titre, et Serge Thériault dans Gina, *de Denys Arcand. (Le Devoir)*

cherche alors un artiste qui puisse faire du dessin technique exigeant une très grande précision et à caractère *top secret*. Puis, les mathématiques, l'ordinateur et la didactique intéressent Longpré qui donne ainsi son premier film *Test 0558* (1965, cm). Suivront une douzaine de films qui cherchent tous à expérimenter diverses techniques d'animation. L'œuvre de Longpré, faite en solo ou en collaboration, compte des films comme *L'évasion des carrousels* (1967, cm), essai visuel où des chevaux de bois jouissent d'une nuit de liberté avant de rentrer au manège; *Monsieur Pointu* (coréal. A. Leduc, 1975, cm) qui, comme *Tête en fleurs* (1969, tcm), illustration d'une chanson de Jean-Pierre Ferland, utilise le patrimoine culturel québécois comme matériau; *Les naufragés du quartier* (1980, cm), qui dresse un dur constat de l'alcoolisme en milieu populaire; et *Itinéraire* (1987, cm), film autobiographique qui trace le portrait d'un peintre angoissé. Les films de Longpré obtiennent de nombreux prix. (A.D.)

LORD, Jean-Claude, réalisateur, producteur, scénariste (Montréal, 1943). Il débute à Coopératio où il est surtout assistant-réalisateur (*Caïn*, P. Patry, 1965; *Poussière sur la ville*, A. Lamothe, 1965), mais aussi scénariste (*Trouble-fête*, P. Patry, 1964) et réalisateur (*Délivrez-nous du mal*, 1965). Déjà, à cette époque, il s'intéresse aux thèmes sociaux qu'il exploite dans une forme hollywoodienne. En témoigne le scénario mélodramatique de *Trouble-fête*, écrit avec Pierre Patry, qui s'attaque au clergé et aux mœurs rigides d'avant la Révolution tranquille. Dans la même veine, *Délivrez-nous du mal*, qu'il adapte du roman de Claude Jasmin, montre un homosexuel mal dans sa peau (Yvon Deschamps), humilié par un séducteur qui se suicidera. Le film ne sera exploité commercialement qu'en 1969. Entre-temps, Lord retourne à l'assistanat, puis s'éloigne temporairement du cinéma pour diriger un centre culturel à Vaudreuil. En 1969, il devient chroniqueur de cinéma à l'émission *Bon dimanche*, à Télé-Métropole. Son franc-parler et son ton cinglant lui valent alors la sympathie du public. Il occupe cette fonction jusqu'en 1972, puis revient à la réalisation avec un autre mélodrame, *Les colombes*, qui remporte un bon succès auprès du public. D'une construction schématique, le film oppose deux familles, l'une ouvrière et vivant dans l'Est de Montréal, l'autre bourgeoise et vivant dans l'Ouest. Son film suivant, *Bingo* (1974), connaît un succès public retentissant. Premier long métrage de fiction à s'inspirer (mais très librement) des événements d'Octobre 1970, le film est pris à partie par les intellectuels de gauche qui lui reprochent d'être démobilisateur et de montrer que le terrorisme sert la droite. Construit comme un *thriller*, Bingo raconte l'histoire d'un cégépien, François (Réjean Guénette), qui se joint à un groupe de grévistes manipulés par un activiste à la solde de la droite (Gilles Pelletier). Alors que les grévistes kidnappent des hommes d'affaires et font éclater une affaire de mœurs impliquant un ministre, c'est la crise: la répression commence, la police assassine François et la droite sort gagnante. Fort d'un succès public considérable, Lord enchaîne avec *Parlez-nous d'amour* (1976), sur un scénario de Michel Tremblay. Le film, mettant en vedette l'animateur de télévision Jacques Boulanger, prétend dénoncer le processus d'aliénation des masses mis en place par les émissions de variétés, mais il dresse plutôt un triste portrait de leur public. Choisissant encore une fois un sujet politique, Lord réa-

Manda Parent, Jean-Claude Lord, Anne-Marie Provencher, Jean Duceppe et Janine Fluet pendant le tournage de Bingo. *(Le Devoir)*

lise ensuite *Panique* (1977), un *thriller* abordant la question de la pollution industrielle. Une fois encore, le désir d'efficacité prend le pas sur l'analyse politique. Avec *Éclair au chocolat* (1978), où il continue d'exploiter les problèmes sociaux (les familles monoparentales, l'avortement), Lord change de ton et livre un film intimiste renouant avec les structures mélodramatiques qui ont marqué ses débuts. Mais, pour la première fois depuis *Les colombes*, le public boude un de ses films. Il est ensuite producteur délégué de *L'homme à tout faire* (M. Lanctôt, 1980). Il amorce après coup une carrière en anglais, où il enchaîne quatre films clairement destinés au marché américain. Le pre-

mier d'entre eux, *Visiting Hours* (1981), un film d'horreur avec Michael Ironside et Lee Grant, est projeté sur plus de mille écrans aux États-Unis et remporte un franc succès commercial. Tourné à Montréal et à New York en 1981, *Covergirl,* une comédie en forme de conte de fées, est remonté à trois reprises et ne sort aux États-Unis et au Canada anglais qu'en 1984, sans succès. Renié par le cinéaste, le film n'est jamais exploité commercialement au Québec. Achevé en 1985, *The Vindicator*, un film d'horreur reprenant le mythe de Frankenstein, connaît un sort semblable. En 1985, trois jours avant le début du tournage, Lord accepte de réaliser *Toby McTeague*, un film destiné à toute la famille qu'il tourne, en anglais, dans la région de Chicoutimi. Racontant l'histoire d'un garçon passionné par les courses de traîneaux à chiens, ce dixième long métrage du cinéaste connaît un échec sans appel. Lord poursuit en réalisant la télésérie *Lance et compte*, dont le succès retentissant bouscule les données dans le monde de la télévision québécoise. En 1988, il revient au grand écran avec un film tourné en français. C'est *La grenouille et la baleine*, sur un scénario de Jacques Bobet, qui constitue le sixième volet de la série des «Contes pour tous» produite par Rock Demers. Le film, qui raconte l'histoire d'une petite fille vivant en harmonie avec un dauphin et des baleines, donne l'occasion au cinéaste de reprendre, sous un autre angle, le discours à tendance écologiste de *Panique*. Il remporte un succès public imposant. Lord y donne un rôle à sa femme, Lise Thouin, qu'on a aussi pu voir dans *Les colombes*, *Panique*, *Éclair au chocolat* et *Lance et compte*. Elle signe avec lui le montage de *Parlez-nous d'amour* et de *Visiting Hours*, et collabore au scénario de *Bingo*.

Lord représente un cas à part dans le cinéma québécois commercial: il n'est pas issu de la télévision, ne se tourne pas vers la production, et ne cède ni à la vague de films érotiques ni à celle des comédies. Il préfère plutôt demeurer sensible aux sujets d'actualité (de la crise d'Octobre 1970 dans *Bingo* à l'ère du Verseau dans *La grenouille et la baleine*, en passant par la pollution dans *Panique*). Il est aussi, de tous les cinéastes francophones, celui qui a choisi l'anglais de la façon la plus marquée.

FILMS: *Délivrez-nous du mal* (1965), *Les colombes* (1972), *Bingo* (1976), *Parlez-nous d'amour* (1976), *Panique* (1977), *Éclair au chocolat* (1978), *Visiting Hours* (1981), *Covergirl* (1984), *The Vindicator* (1985), *Toby McTeague* (1985), *La grenouille et la baleine* (1988). (M.J.)

LOW, Colin, réalisateur, chef opérateur, producteur (Cardston, Alberta, 1926). Il est l'une des figures importantes de l'histoire de l'ONF. Fils de *cowboy*, il étudie les arts et entre à l'ONF en 1945, sur les recommandations de Norman McLaren. Il coréalise notamment un film de marionnettes, *Cadet Rousselle* (coréal. J. Dunning, 1967, cm). Il étudie le dessin à Stockholm en 1949, puis devient directeur du service d'animation de l'ONF en 1950. En 1954, caméra au poing, il réalise *Corral* (coréal. W. Koening, cm), important documentaire sur un ranch de l'Alberta. Il poursuit en réalisant de nombreux films. *City of Gold* (coréal. W.Koenig, 1957, cm), documentaire sur la ruée vers l'or réalisé à l'aide de photographies d'époque, remporte vingt et un prix. *Universe* (coréal. R. Kroitor, 1960), combine photographies, animation et effets spéciaux pour offrir au spectateur un voyage à travers l'univers. Le film remporte vingt-trois prix. En 1967, il est l'un des initiateurs du programme Challenge for Change. Il est producteur à partir de 1972 et, à partir de 1976, il dirige la production régionale au studio anglais. Passionné de nouvelles technologies, il coréalise, avec Roman Kroitor et Hugh O'Connor, le film à écrans multiples du labyrinthe d'Expo 67. *In the Labyrinth* (1979, cm), est réalisé à partir de cette expérience. En 1980, il réalise *Atmos* (cm), devenant ainsi l'un des pionniers de la technologie Omnimax. Il poursuit dans cette voie tout au long des années 80 et réalise, en 1986, *Transitions* (coréal. T. Ianzelo, cm), film en relief Imax présenté à l'Exposition internationale de Vancouver et, en 1988, *Urgence/Emergency* (coréal. T. Ianzelo, mm), film de fiction bilingue combinant l'animatique et le procédé Imax.

PRINCIPAUX AUTRES FILMS COMME RÉALISATEUR: *Age of the Beaver* (1951, cm), *The Romance of Transportation in Canada* (1952, cm), *Circle of the Sun* (1960, cm), *The Hutterites* (1963, cm), «Fogo Island» (1968, série de vingt-huit cm), *Pete Standing Alone* (1982, cm).

PRINCIPAUX FILMS COMME PRODUCTEUR: *My Financial Career* (G. Potterton, 1962, cm), *Very Nice Very Nice* (A. Lipsett, 1961, cm), *Cree Hunters of Mistassini* (B. Richardson et T. Ianzelo, 1974, mm), *The Forest Watchers* (P. Raymont, 1965, cm), «Path of the Paddle» (B. Mason, 1977, quatre cm). (M.J.)

LUSSIER, René, musicien (Montréal, 1957). Né à la musique en 1976, dans le groupe Conventum, il passe rapidement au cinéma comme compositeur et interprète. Avec Conventum, il participe à quelques films, dont *15 nov* (H. Mignault et R. Brault, 1977) et *Le grand remue-ménage* (S. Groulx et F. Allaire, 1978). En collaboration avec André Duchesne*, Jean Derome* ou Robert M. Lepage*, il collabore aussi aux partitions musicales d'*À vos risques et périls* (Jean et S. Gagné, 1980), *Albédo* (J. Leduc et Renée Roy, 1982, mm), *Beyrouth à défaut d'être mort* (T. Rached, 1983, mm), *L'émotion dissonante* (F. Bélanger, 1984), *Passiflora*

(F. Bélanger et D. Gueissaz-Teufel, 1985), *Charade chinoise* (J. Leduc, 1987), *Voyage en Amérique avec un cheval emprunté* (J. Chabot, 1987, mm) et *Trois pommes à côté du sommeil* (J. Leduc, 1988). Lussier est à un carrefour où sont métissées les musiques «expressionnistes», jazz, contemporaines, *big band* et électro-acoustiques. Au cinéma, il collabore au développement progressif d'une méthode originale d'intégration du travail musical à tout le processus de production des films. Cela permet une homogénéité plus serrée des rapports image-musique, en même temps que des combinaisons dynamiques entre improvisations et compositions. À partir de leur travail avec le cinéaste Pierre Hébert* sur *Étienne et Sara* (1984, cm), Lussier, Derome et Lepage se regroupent dans Chants et danses du monde inanimé et entreprennent une expérience moderne cinéma/musique parmi les plus audacieuses. Cette création prend la double forme du spectacle en direct et de la bande sonore de film, cette dernière enrichie de la performance *live*. Cette collaboration a donné *Chants et danses du monde inanimé: Le métro* (1984, cm), *Ô Picasso (tableaux d'une surexposition)* (1985, cm), *Adieu bipède* (1986, cm) et *Adieu Leonardo* (1987). DISCOGRAPHIE: *Chants et danses du monde inanimé*, Ambiances Magnétiques, AM-001, 1984 • *Soyez vigilant, restez vivant* vol. 1, Ambiances Magnétiques, AM-005, 1986 • *Le retour des granules*, Ambiances Magnétiques AM 006, 1987. (R.L.)

MACEROLA, François N., administrateur (Montréal, 1942). Bachelier ès arts (1963) de l'Université de Montréal et licencié en droit (1970), il entre à l'ONF en 1971, à titre d'adjoint administratif au directeur de la distribution. Successivement, il est nommé chef du service commercial (1974), directeur

François Macerola. (ONF)

de la production française (1976), puis commissaire adjoint du gouvernement à la cinématographie et directeur général de l'ONF (1979). À ce titre, il est l'adjoint de James de B. Domville, commissaire du gouvernement à la cinématographie et président de l'ONF. Il lui succède en 1984, devenant ainsi le plus haut fonctionnaire fédéral dans le domaine du cinéma. Son mandat est marqué par les suites du rapport du comité d'étude de la politique culturelle fédérale (Applebaum-Hébert), qui propose une redéfinition du rôle de l'ONF. Au cours de sa carrière à l'ONF, Macerola est étroitement lié à l'élaboration de nombreux programmes, dont la consolidation des politiques de vente et la mise en marché des films en vidéocassettes. (M.J.)

MAGNENAT-THALMANN, Nadia, réalisatrice (Neuchâtel, Suisse, 1946). (*Voir* THALMANN, DANIEL)

MAGNY, Michèle, actrice (Montréal, 1946). Après ses études à l'École nationale de théâtre, elle fait ses débuts au cinéma dans un film en langue anglaise, *Don't Let the Angels Fall* (G. Kaczender, 1969), où elle tient le rôle d'une jeune chanteuse québécoise qui a une liaison avec un Canadien anglais. Elle tourne ensuite *La chambre blanche* (J. P. Lefebvre, 1969), dont elle est la seule interprète avec Marcel Sabourin. Puis, elle joue dans *Ô ou l'invisible enfant* (R. Duguay, 1973), *Taureau* (C. Perron, 1972) et *La piastre* (A. Chartrand, 1976), défendant toujours des rôles de premier plan. Elle participe à une coproduction anglo-canadienne, *The Disappearance* (S. Cooper, 1981). Moins présente à l'écran à partir de la fin des années 70, Magny se fait encore l'interprète de deux films de Jean Pierre

Lefebvre, *Avoir 16 ans* (1979) et *Les fleurs sauvages* (1982). Dans ce dernier film, elle rend avec beaucoup de sensibilité et de finesse son personnage d'une femme qui vit une relation difficile avec sa mère (Marthe Nadeau) qui vient passer, comme chaque été, quelques jours chez elle. Magny joue également dans *Portraits* (Jacques Gagné, 1968, cm) et *L'heure bleue* (H.-Y. Rose, 1976 , mm). En plus de son métier d'actrice, elle est metteure en scène. (M.C.)

MAHER, Claude, acteur (Montréal, 1947). Deux ans avant de compléter ses études à l'École nationale de théâtre en 1970, il tourne *Sombreros inutiles*, un film inachevé de Pierre Harel dont la pellicule est saisie durant les événements d'Octobre 1970. Après de petits rôles dans *Les corps célestes* (G. Carle, 1973) et *Les vautours* (J.-C. Labrecque, 1975), il compose un benêt amoureux, théâ-tral mais attachant, dans *Le soleil se lève en retard* (A. Brassard, 1976). Puis, la même année, il tient le rôle titre de *Ti-Cul Tougas* (J.-G. Noël), où son interprétation d'un macho d'opérette parti avec le tiroir-caisse d'une fanfare au nom de son rêve californien est prometteuse. Pourtant, s'il jouera encore dans *La cuisine rouge* (P. Baillargeon et F. Collin, 1979), *L'affaire Coffin* (J.-C. Labrecque, 1979), *Contrecœur* (J.-G. Noël, 1980) et *Cher monsieur l'aviateur* (M. Poulette, 1984, cm), il se consacre de plus en plus au théâtre et, depuis son stage au BBC Television Centre de Londres, en 1985, à la réalisation de comédies de situation (*Poivre et sel, Manon*). (M.-C.A.)

MAHEU, Pierre, producteur, réalisateur (Montréal, 1939 – 1979). Il étudie en lettres, enseigne quelques années et travaille ensuite dans de grandes agences de publicité

Louise Maheu et Claude Lachapelle dans Le bonhomme, *de Pierre Maheu. (*Le Devoir*)*

jusqu'en 1969. En 1963, il fonde et dirige la revue *Parti Pris*, «front intellectuel de libération» pour un Québec laïc, socialiste et indépendant. Après 1969, pigiste très en demande, il fonde In-Media avec Fernand Dansereau et Michel Maletto, anime une série à Radio-Québec, fait de la traduction. Au moment de sa mort, accidentelle, il rédige le livre blanc sur le référendum pour le gouvernement du Québec. Il entre à l'ONF en 1969 en tant que producteur, entre autres films, de *Cap d'espoir* (J. Leduc, 1969, mm) et d'*On est au coton* (D. Arcand, 1970). Il est l'instigateur de la série «Les quatre Grands»: *Québec: Duplessis et après...* (D. Arcand, 1972), *On est loin du soleil* (sur le frère André, J. Leduc, 1970), *Je chante à cheval avec Willie Lamothe* (J. Leduc et L. Ménard, 1971, mm) et *Peut-être Maurice Richard* (G. Gascon, 1971). En 1972, dans le cadre de Société nouvelle, il réalise *Le bonhomme* (mm), portrait paroxystique de Claude Lachapelle, décrocheur de Saint-Henri qui quitte sa femme et ses enfants pour aller vivre dans une commune. Pour Maheu, Lachapelle apparaît comme un double, un mythe miroir. En 1976, il signe *L'interdit*, documentaire choc sur une commune antipsychiatrique. Marquée d'abord par Sartre, Fanon, Memmi et Berque, puis par le mouvement hippie, son œuvre est une perpétuelle recherche de voies alternatives, dans la politique d'abord, puis dans la contre-culture. Son idéal est de «réinventer l'homme», avec comme paramètres l'écologie, la vie communautaire, de nouvelles spiritualités et une conscience sociale planétaire. (Y.L.)

MAINFILM. Fondée à Montéal en 1982 par un groupe de jeunes réalisateurs, la plupart finissants de l'Université Concordia, MainFilm est une coopérative de production. Au départ, la coopérative a pour objectifs de fournir, d'entretenir et de gérer de l'équipement pour les cinéastes indépendants. Elle élargit son champ d'action en organisant des visionnements pour ses propres productions, dans ses locaux ou dans différentes salles de Montréal, en développant des échanges qui permettent la diffusion de ses productions et celle du cinéma indépendant en général, au Canada ou même à l'étranger, en offrant des ateliers auxquels participent des professionnels comme Jean Pierre Lefebvre, Denys Arcand et Marcel Sabourin, et en créant une vidéothèque du film indépendant.

Un comité de huit personnes élues par les membres choisit les projets qui peuvent passer à l'étape de la production. La faisabilité des projets soumis est alors prise en considération. Peu importe le projet, sa forme doit demeurer sous l'entier contrôle du créateur. Aussi MainFilm est-elle d'abord et avant tout une coopérative de réalisateurs. Si MainFilm produit des longs métrages et des vidéos, son travail est particulièrement reconnu dans le champ des courts métrages où elle est très active. Les films sont tantôt narratifs, tantôt lyriques: des fictions aussi bien que des documentaires et des films expérimentaux ou politiques. Des cinéastes aussi différents que Raphael Bendahan (*When the Light Grey Man Carries Our Luggage*, 1986, cm), Jean-Claude Bustros (*La queue tigrée d'un chat comme un pendentif de pare-brise*, 1983, cm), Bachar Chbib (*Seductio*, 1987), Pierre Grégoire (*Adramélech*, 1985), Rick Raxlen (*Jaffa Gate*, 1982, cm), Marie Potvin (*Du pain et des jeux*, 1986, cm) et Peter Sandmark (*No Ordinary Bomb*, 1984, cm) profitent, à une étape ou une autre de leur travail, des services de MainFilm. La coopérative réunit des créateurs de langue française et de langue anglaise. (J.A.)

MALLET, Marilú, réalisatrice, monteuse (Santiago, Chili, 1944). Après des études en architecture puis en cinéma, elle réalise ses premiers films au Chili sous le régime de l'Unité populaire. Elle se réfugie au Québec en 1973. Ses meilleurs films sont inspirés par la situation de l'immigrant, du réfugié, par la tension, voire le déchirement entre passé et présent, ailleurs et ici, fidélité et assimilation. *Les «Borges»* (1978, mm) est un documentaire sur une famille d'immigrants portugais à Montréal. Le père, qui ne peut communiquer avec ses compagnons de travail faute d'une langue commune, se sent en exil et rêve de retourner finir ses jours dans la petite maison qu'il possède au Portugal. La mère, plus réaliste, se sait attachée à Montréal par ses enfants et petits-enfants. Des deux fils, l'un est devenu anglophone, l'autre francophone. Les protagonistes représentent chacun une des attitudes possibles face à l'installation dans un nouveau pays et spécifiquement au Québec. C'est le fils francophone, et non une quelconque voix *off*, qui fournit les explications, les informations et les commentaires sur l'histoire de la famille. La caméra sait être à la fois familière et respectueuse. *Journal inachevé* (1982, mm) est un film plus directement personnel: ni documentaire ni vraiment fiction, il tient de la correspondance privée, du journal intime, des mémoires. Il consiste en une saisie et une reprise têtues de différentes séries d'images appelées par le manque, par le désir et le besoin de recomposer une vie encore écartelée entre l'enfance et l'adolescence au Chili, les années de l'Unité populaire et le traumatisme du putsch – un

passé présent encore à Montréal, en la personne (et dans les gravures) de la mère et d'amis chiliens sans permis de séjour, tracassés par l'Immigration et la vie présente, un mariage fragile, un enfant difficile, la problématique insertion dans la société québécoise. Les trois langues, l'espagnol maternel, l'anglais conjugal, le français avec l'enfant et au travail, chevauchent et se répondent en paroles, en chansons, en musiques.

Marilú Mallet. (ACPQ)

Des séries d'images alternent et se combinent: images du passé, fixes, en noir et blanc, en séquences reconstituées, photos, tableaux, gravures; images d'intérieurs, de lieux habités pleins d'objets et de souvenirs, d'un espace intime, à la fois clos, chaleureux, protégé et ouvert à la circulation des êtres; images d'extérieurs, de vastes espaces froids et vides, rues et routes parcourues en voiture desquelles maisons et paysages semblent s'écarter; images de lieux intermédiaires qui sont les chaînons de l'insertion sociale. Elles composent une fiction autobiographique qui récupère ce qu'auraient exclu l'ordre linéaire de la narration conventionnelle (la fiction) ou le déroulement à sens unique du temps réel et de la vie vécue (le documentaire). En 1986, elle réalise *Mémoires d'une enfant des Andes* (mm), joli film sur la vie d'un village péruvien vue par les yeux d'une petite fille que son infirmité place en position d'observatrice. Cette chronique villageoise quelque peu idéalisée n'est cependant guère différente d'un reportage télé de type *National Geographic*. En 1988, Mallet entreprend à l'ONF la réalisation d'un documentaire qui propose la rencontre d'une Québécoise et d'une néo-Québécoise d'origine portugaise dans la série «Parlez d'Amérique». Elle a également publié deux recueils de nouvelles, *Les compagnons de l'horloge-pointeuse* et *Miami trip*.

AUTRES FILMS: *Amuhuelai-Mi* (1971, cm), *A E I* (1972, cm), *La première année* (collectif sous la direction de Patricio Guzman, 1972), *Il n'y a pas d'oubli* (coréal. R. Gonzalez et J. Fajardo, 1975), *L'évangile à Solentiname* (1979, cm). (M.E.)

MALLETTE, Yvon, animateur, décorateur, réalisateur (Montréal, 1935). Après l'École des beaux-arts de Montréal, il travaille à l'ONF sous la direction de Pierre L'Amare. En 1965, Robert Verrall, de la production anglaise (ONF), lui commande des décors d'animation. À sa suggestion, il entreprend ensuite la réalisation d'un premier film, *Boomsville* (1968, cm). Il réalise quelques clips et, en 1973, *The Family that Dwelt Apart* (cm), qui raconte la curieuse histoire d'une famille de pêcheurs insulaires que les habitants du continent croient en détresse. En 1975, il rejoint le studio français d'animation. Sa réflexion sur le cinéma l'amène à se spécialiser dans la réalisation de décors et de séquences d'animation à insérer dans des films documentaires ou de fiction. C'est ainsi qu'il collabore à *IXE-13* (J. Godbout, 1971), *Marie Uguay* (J.-C. Labrecque, 1982, mm), *L'Anticoste* (B. Gosselin, 1986) et *À force de bras* (J.-T. Bédard, 1988). Pendant quelques années, il enseigne le cinéma d'animation aux détenus de l'Institut Archambault et à l'UQAM. (A.D.)

MALO, René, distributeur, producteur (Joliette, 1942). Il touche d'abord à la chanson populaire en convertissant, à l'âge de dix-huit ans, une vieille grange de la région de Joliette en boîte à chansons. Cette salle, le Cabestan, sert notamment de tremplin à Claude Dubois et au groupe Offenbach. En 1967, avec un budget de 400 000$, Malo produit les deux mille six cents heures de spectacles du pavillon de la Jeunesse à l'Expo. Il est ensuite directeur des services administratifs à Radio-Québec, avant de se tourner plus sérieusement vers la production de spectacles et de disques. Au début des années 70, il fonde Kébec-Spec, Kébec-Disque et Kébec-Film avec Guy Latraverse.

René Malo.

À la même époque, il fonde la corporation Image M & M, une maison de production de films. Il y produit plus de cent cinquante courts et moyens métrages, pour la plupart des films publicitaires et des documentaires. En 1973, il se sépare de Latraverse et concentre ses activités sur le cinéma. L'année suivante, il fonde Les films René Malo, qui distribueront de très nombreux longs métrages. En 1975, avec un partenaire français, Christian Fechner, il profite de la politique américaine d'abri fiscal pour investir dans la production de films américains. Lorsque les exemptions fiscales sont supprimées, les deux associés se retrouvent criblés de dettes. Pour se sortir du pétrin, ils réussissent, à coût modique, à faire signer un contrat à Louis de Funès, devenu inassurable à la suite de sérieux problèmes cardiaques. De Funès tourne *L'aile ou la cuisse* (C. Zidi, 1976) et le film connaît un succès retentissant. Malo et Fechner poursuivent sur cette lancée en produisant *L'animal* (C. Zidi, 1977) qui met en vedette Jean-Paul Belmondo. Là encore, le succès est considérable. Fort de cette expérience, Malo commence à produire des longs métrages de fiction québécois: *Panique* (J.-C. Lord, 1977), *L'homme à tout faire* et *Sonatine* (M. Lanctôt, 1980 et 1983). Il produit également, avec des partenaires français, *Le ruffian* (J. Giovanni, 1983) dont Lino Ventura, Bernard Giraudeau et Claudia Cardinale sont les têtes d'affiche, et *Lune de miel* (P. Jamain, 1985), qui met en vedette Nathalie Baye.

Décidé à contrôler, au cinéma, la production, la distribution et la promotion – intégration verticale qui faisait déjà sa marque dans le domaine de la chanson – il renforce sa position sur le marché de la distribution en achetant, en 1983, le plus important distri-buteur indépendant du Canada, Films Mutuels. Il acquiert par le fait même 50% de New World Mutual, une compagnie américaine de distribution. La même année, pour prévenir le manque à gagner provoqué par la baisse de fréquentation des salles, il fonde deux compagnies de distribution de cassettes vidéos: René Malo Vidéo, qui dessert le Québec, et New World Vidéo, qui fait de même pour le Canada. Pour consolider ses assises et ouvrir de nouveaux marchés, il crée, en 1987, de concert avec la firme torontoise Nelvana et le producteur Pierre David*, Image Organisation, un service de commercialisation de films dont les bureaux sont situés à Montréal, Toronto, Los Angeles et Paris. Malo met aussi sur pied Lance Entertainment, une compagnie de production destinée au marché anglophone mondial. Une restructuration administrative, en 1987, donne naissance au Groupe Malofilm, qui comprend Malofilm Distribution (Les films René Malo), Malofilm Production (Image M & M), Malofilm Vidéo (René Malo Vidéo), New World Video, Image Organisation et Lance Entertainment. Après le succès phénoménal du *Déclin de l'empire américain* (D. Arcand, 1986), dont il est le coproducteur (avec l'ONF), le distributeur et l'exportateur, Malo revient en force dans la production québécoise en produisant ou coproduisant *Tinamer* (J.-G. Noël, 1987), *Les tisserands du pouvoir* (C. Fournier, 1988), *Les portes tournantes* (F. Mankiewicz, 1988) et *Trois pommes à côté du sommeil* (J. Leduc, 1988). (J.P.)

MANCUSO, Nick, acteur (Italie, 1949). Acteur anglophone aussi actif au cinéma qu'au théâtre et à la télévision, Mancuso se fait connaître grâce à *Ticket to Heaven* (R. L. Thomas, 1980), un film canadien qui condamne les sectes à travers l'histoire d'un jeune professeur que sa famille et ses amis parviennent à «déprogrammer». Son interprétation du personnage principal lui vaut un prix Génie. Il retrouve ensuite dans deux films québécois sa partenaire de *A Thousand Moons* (G. Carle, 1975, mm), l'actrice Carole Laure, avec laquelle son physique avantageux s'accorde parfaitement. On le voit d'abord en François Paradis, promis à la mort lente, dans *Maria Chapdelaine* (G. Carle, 1983), puis en chanteur amoureux d'un ange dans *Night Magic* (L. Furey, 1985). Dans le premier film, il parle avec la voix de Claude Gauthier; dans le second, il chante avec celle de Lewis Furey. Mancuso tient aussi un petit rôle dans une coproduction franco-canadienne, *Paroles et musique* (E. Chouraqui, 1984). Il fait carrière aux États-Unis. (M.C.)

MANKIEWICZ, Francis, réalisateur, scénariste (Shanghaï, Chine, 1944). Ses parents émigrent à Montréal peu après sa naissance. Après des études en géologie, il suit des cours à la London School of Film Technique de 1966 à 1968. Pendant son séjour en Angleterre, il travaille comme caméraman pour six courts métrages documentaires. De retour au Québec en 1969, il gagne sa vie comme assistant-réalisateur, directeur de production et caméraman. En 1972, il réalise à l'ONF un premier long métrage dont il est aussi le scénariste, *Le temps d'une chasse*. Le film remporte trois Canadian Film Awards. À travers l'histoire de trois travailleurs de l'Est de Montréal qui partent pour une fin de semaine de chasse, le film y va d'une série de fines observations. Sont ainsi dévoilées les failles et les frustrations de ces hommes, sous le regard indifférent de l'enfant qui les accompagne. Lorsqu'à la toute

fin, l'un d'entre eux est tué accidentellement, c'est tout l'aspect dérisoire de leur existence qui saute aux yeux. Habilement construit, interprété avec naturel par Guy L'Écuyer, Marcel Sabourin et Pierre Dufresne, filmé avec légèreté par Michel Brault, *Le temps d'une chasse* annonce un véritable talent de cinéaste. Mais, au cours des années qui suivent, Mankiewicz ne réalise que des films

Francis Mankiewicz. (CQ)

de commande, le plus souvent pour la télévision. Il est aussi producteur délégué pour *Les allées de la terre* (A. Théberge, 1972). En 1978, il signe *Une amie d'enfance*, adaptation d'une comédie de banlieue de Louis Saia et Louise Roy. Le film passe pratiquement inaperçu. La même année, l'écrivain Réjean Ducharme*, qui a vu *Le temps d'une chasse*, lui fait parvenir le scénario des *Bons débarras* (1980), qui remporte huit Génies et qui révèle les comédiennes Marie Tifo et Charlotte Laurier. Transposant au cinéma l'univers et la sensibilité de Ducharme, le film présente une fillette machiavélique qui voue à sa mère un amour exclusif. Crue, naturaliste, proche des comédiens, la mise en scène de Mankiewicz donne à cette galerie d'êtres déclassés une dimension exceptionnelle. L'accueil réservé au film est très favorable, et le cinéaste retourne à l'ONF pour réaliser *Les beaux souvenirs* (1981), à partir d'un autre scénario de Ducharme. Si, dans *Les bons débarras*, l'absence du père déterminait les rapports entre Manon et sa mère, le schéma est inversé dans *Les beaux souvenirs*, et c'est l'absence de la mère qui est à l'origine du trauma affectant le père et ses deux filles. Dans ce drame familial, dont l'action est située à l'Île d'Orléans, un père devenu presque muet (Paul Hébert) refuse de voir sa fille aînée (Julie Vincent) parce qu'elle ressemble trop à sa femme, partie avec un Anglais. Sous les yeux de la cadette (Monique Spaziani), femme-enfant au comportement à la fois diabolique et angélique, le père et la fille se déchirent jusqu'à ce que celle-ci soit poussée au suicide. D'une construction manquant de rigueur, le film, qui rappelle à plus d'un égard le précédent, est accueilli plutôt froidement. En 1983, toujours à l'ONF, Mankiewicz entreprend l'adaptation d'un roman d'Anne Hébert, *Les fous de Bassan*. L'année suivante, dans le but d'en accélérer la production, il quitte l'ONF. Une mésentente avec le producteur privé l'oblige cependant à abandonner le projet en 1985. Engagé par la CBC, il tourne alors *The Sight* (cm), adaptation d'une nouvelle de Brian Moore. Toujours pour la télévision torontoise, il réalise *And Then You Die* (1986), un film d'action sur la pègre irlandaise de Montréal. Il revient au grand écran avec *Les portes tournantes* (1988), adaptation d'un roman de Jacques Savoie. Coproduit avec la France, le film raconte l'histoire de Madrigal Blaudelle (Gabriel Arcand), peintre au naturel timide qui ap-

prend à connaître sa mère, la pianiste Céleste Beaumont (Monique Spaziani), en explorant le contenu d'une vieille valise qui recèle, entre autres objets, son journal. D'abord témoin ennuyé des fouilles de son père, c'est le fils de Madrigal (François Méthé) qui viendra clore le récit en allant retrouver sa grand-mère à New York.

Depuis *Le temps d'une chasse*, où l'enfant était témoin de la mort de son père, le thème de l'enfance traverse l'œuvre de Mankiewicz. Dans les trois films personnels qu'il réalise par la suite (*Les bons débarras*, *Les beaux souvenirs* et *Les portes tournantes*), l'enfant souffre toujours d'un besoin d'amour inassouvi, et n'a de cesse d'essayer de reconstituer un idéal familial où la mère occupe la place centrale. Mankiewicz, qui avait rencontré la scénariste française Colo Tavernier alors qu'il scénarisait *Les fous de Bassan*, prépare avec elle un film dont le tournage est prévu en France: *Daddy Nostalgie*.
FILMS: *Le temps d'une chasse* (1972), *Un procès criminel* (1973, cm), *Une cause civile* (1973, cm), *Valentin* (1973, cm), *L'orientation* (1974, cm), *Expropriation* (1975, mm), *What We Have Here Is a People Problem* (1976, mm), *I Was Dying Anyway* (1977, cm), *Une amie d'enfance* (1978), *Une journée à la Pointe Pelée* (1978, cm), *A Matter of Choice* (1978, mm), *Les bons débarras* (1980), *Les beaux souvenirs* (1981), *The Sight* (1985, cm), *And Then You Die* (1987), *Les portes tournantes* (1988).
BIBLIOGRAPHIE: Marsolais, Gilles, *Le temps d'une chasse*, VLB, Montréal, 1978.(M.J.)

MARCHAND, Pierre, réalisateur (Trois-Rivières, 1952). Il étudie en archéologie puis en communication à l'Université d'Ottawa. Il doit sa passion pour le cinéma à Léo

Henrichon* qui lui communique aussi son amour de la nature. Tous ses films puisent leur inspiration dans les voyages et l'exploration. Il réalise des films conférences, selon la formule des Grands explorateurs. Son long métrage *Kébec sauvage* (1974), traitant des Amérindiens et, surtout, des espèces animales du Moyen-Nord québécois, connaît une vaste diffusion au Québec et fait l'objet d'une tournée en Europe. Il réalise aussi *Ungava: terre lointaine, Galapagos îles de la préhistoire* (1978) et *Expédition Galapagos* (1988, mm). (J.-L.D.)

MARCOTTE, Jacques, scénariste, acteur (Québec, 1948). En 1967, alors qu'il flâne à la cafétéria du cégep Édouard-Montpetit, André Forcier* lui offre de jouer dans *Le retour de l'Immaculée Conception* (1971). Par la suite, Marcotte l'aide à scénariser *Bar salon* (1973), puis collabore, comme scénariste, à presque tous ses autres films:

Jacques Marcotte, acteur dans Bar salon.
(ACPQ)

L'eau chaude l'eau frette, 1976; *Au clair de la lune*, 1982; *Kalamazoo*, 1988. Il joue dans la plupart des films de Forcier, tantôt jeune marié d'une noce pas très heureuse (*Bar salon*), tantôt employé d'hôtel ridicule amoureux du garçon d'ascenseur (*Kalamazoo*). Il n'est sans doute pas étranger à la poésie qui marque toute l'œuvre de Forcier, avec qui il forme un tandem d'un genre unique au Québec. (J.D.)

MARLEAU, Louise, actrice (Montréal, 1945). Elle débute à la télévision à huit ans, au théâtre à quinze ans et au cinéma à dix-sept ans, lorsque Gilles Carle lui offre le rôle de la belle fille de la campagne dans *Solange dans nos campagnes* (1964, cm). Quelques mois plus tard, elle donne la réplique à Geneviève Bujold dans *Geneviève* (M. Brault, 1964, cm), qui constitue le volet canadien du film à sketches *La fleur de l'âge*. Elle obtient ensuite un petit rôle dans *YUL 871* (J. Godbout, 1966). Après une éclipse de quatre ans, elle revient avec un premier rôle dans *L'amour humain* (D. Héroux, 1970) et un autre dans *Le diable est parmi nous* (J. Beaudin, 1972), deux films de type érotique n'exploitant guère ses dons de comédienne. Elle poursuit au théâtre une importante carrière qui en fait l'interprète de Williams, Ibsen, Strindberg et Tchékov. Au festival de Stratford, où elle joue Shakespeare, elle est remarquée dans le rôle de Juliette. Il faut attendre *L'arrache-cœur* (M. Dansereau, 1979) pour qu'elle soit enfin révélée au cinéma. Elle y incarne une jeune femme dont la vie de couple est perturbée par le conflit qui l'oppose à sa mère (Françoise Faucher). Ce rôle lui vaut le prix d'interprétation féminine au FFM. Ensuite, dans *Les bons débarras* (F. Mankiewicz, 1980), elle est la belle Madame

Louise Marleau dans La femme de l'hôtel, *de Léa Pool. (*Le Devoir*)*

Viau-Vachon, femme inaccessible qui matérialise les fantasmes de Guy, l'attardé interprété par Germain Houde. Après une apparition dans *Girls* (J. Jaeckin, 1980) et un premier rôle en anglais dans *Black Mirror* (P.-A. Jolivet, 1981), elle rencontre Léa Pool, qui lui offre, coup sur coup, deux beaux personnages, dans *La femme de l'hôtel* (1984) et *Anne Trister* (1986). Dans le premier film, Marleau est cette femme errante et mystérieuse qui inspire la cinéaste (Paule Baillargeon); ce rôle lui vaut un prix d'interprétation au festival de Chicago. Dans le second, elle est le médecin spécialisé en psychiatrie enfantine sur qui Anne (Albane Guilhe) jette son dévolu. En 1986, elle campe une pianiste aux prises avec le fantôme de son ancien amour dans *Exit* (R. Ménard).

À travers peu de grands rôles au cinéma, Marleau a réussi à imposer une image singulière auprès du public, image finalement assez proche de son rôle dans *Les bons débarras*. Sa beauté distinguée, ses gestes lents, son regard évanescent et sa voix profonde lui donnent une aura proche de celles des *stars*. Devant la caméra, chacun de ses mouvements, chacune de ses expressions laissent croire que la lumière l'aime. Léa Pool, qui a le mieux exploité son talent, a bien su le percevoir. Marleau se montre d'ailleurs fidèle à la réalisatrice en apparaissant brièvement dans *À corps perdu* (1988) (M.J.)

MARLEAU, Lucien, monteur, réalisateur, scénariste (Hull, 1921). Après avoir été comptable et gérant d'un commerce en gros dans l'Outaouais, il entre à l'emploi de l'ONF en 1953, organisme qu'il ne quittera qu'en 1986. Il y travaille essentiellement comme monteur de plusieurs documents de formation pour l'armée canadienne, de films didactiques, de séries pour la télévision et de films comme *Get Wet* (W. Canning, 1966, cm), *A Matter of Fat* (W. Weintraub, 1969), *Le journal de Madame Wollock* (G. Blais, 1979, cm) et *Le trésor des Grotocéans* (C. Hoedeman, 1980, cm). Son montage de *Fields in Space* (S. Goldsmith, 1969, cm) lui vaut un Canadian Film Award. Il travaille tantôt en anglais, tantôt en français. Marleau exerce également le métier de monteur dans le secteur privé, notamment à Coopératio où il est associé à trois films de Pierre Patry, *Trouble-fête* (1964), *La corde au cou* (1965) et *Caïn* (1965). Il monte aussi des séries pour la télévision comme *Le courrier du roy* et *Les enquêtes Jobidon*. Formé en technologie de l'enseignement, Marleau, qui se spécialise dans les productions audiovisuelles de commande, scénarise et réalise plusieurs diaporamas et vidéos. Au fil des ans, il est actif au sein de la Fédération des cinéastes amateurs canadiens, de l'Association des cinéastes amateurs québécois, de l'ADATE et de l'AQÉC. Il anime de nombreux ateliers portant sur différents aspects de l'audio-visuel et enseigne au niveau universitaire à partir de 1972. (M.C.)

MARTIN, Richard, acteur, réalisateur (Montréal, 1938). D'abord comédien à la radio, au théâtre, à la télévision et au cinéma (*La corde au cou*, P. Patry, 1965), puis metteur en scène de théâtre, il entre à Radio-Canada à titre de régisseur, en 1965, et devient réalisateur dès l'année suivante. Son premier film, *Finalement...* (1971), est une histoire d'amour superficielle, sorte de long «scopitone» construit autour du tandem formé de Chantal Renaud et Jacques Riberolles. Il continue ensuite de travailler pour la télévision et signe des mises en scène de théâtre remarquées avant de réaliser *Les beaux dimanches* (1974), adaptation de la pièce de Marcel Dubé. Il choisit, dans un effort pour dissimuler les origines théâtrales du projet, d'aérer le drame et de rajeunir ces quatre couples bourgeois piégés par leur réussite. De retour à la télévision, il est pressenti, en 1985, pour réaliser *Les fous de Bassan*, que tournera Yves Simoneau. Il réalise ensuite les téléséries *Lance et compte II* et *III*. (Y.P.)

MASON, Bill, réalisateur (Winnipeg, 1929). Il est, dans l'âme, un artiste-peintre. Amant de la nature, il essaie, dans ses films, d'en témoigner avec un respect et une connaissance que peu de cinéastes, sauf peut-être Jean-Louis Frund, partagent avec lui. Son œuvre est marquée par deux sujets qu'il affectionne tout particulièrement: le canotage (*Paddle to the Sea*, 1966, cm; *The Rise and Fall of the Great Lakes*, 1968, cm; la série «Path of the Paddle», 1977, quatre courts métrages) et les loups (*Death of a Legend*, 1971, mm; *Cry of the Wild*, 1972; *Wolf Pack*, 1974, cm). Parmi ces films, *Cry of the Wild* demeure célèbre par l'audace de la réalisation et la détermination de son auteur à transmettre ce que lui a enseigné sa connaissance intime des animaux. Documentariste sans autre prétention que celle de contribuer à la bonne compréhension des choses, il réalise aussi des films sur des sujets comme l'introuvable baleine franche (*In Search of the Bowhead Whale*, 1974, mm), le relief terrestre (*Face of the Earth*, 1975, cm) et la sécurité aquatique (*Coming Back Alive*, 1980, cm). En 1984, il termine *Waterwalker*, film impressionnant sur les lacs, le canotage et l'écologie, qu'il a tourné sur une période de douze ans. (A.D.)

MASSE, Jean-Pierre, réalisateur (Montréal, 1941). Professeur en communication à l'UQAM, il coréalise *La nuit de la poésie 27 mars 1970* et *La nuit de la poésie 28 mars 1980* avec Jean-Claude Labrecque*. Il réalise aussi *Swing la baquaise* (1968, cm), sur la célèbre chanteuse populaire Madame Bolduc.
AUTRES FILMS: *FLQ* (1967, cm), *La guérilla, les gars* (1970, mm). (F.L.)

MATHIEU, Jean, acteur (Montréal, 1924). Connu par la radio comme annonceur et fantaisiste, Mathieu viendra assez tardivement au cinéma. Mais il mettra les bouchées doubles. Ainsi, en 1974-1975, il tournera dans pas moins de sept longs métrages. Avec *Partis pour la gloire* (C. Perron, 1975), Mathieu fait ses débuts à l'écran et se révèle être un comédien d'excellente trempe. Jean-Claude Labrecque l'utilise ensuite à plusieurs reprises, notamment dans *Les vautours* (1975) et dans *Les années de rêves* (1984) où il incarne l'oncle John. Paul Tana lui confie le rôle de Léo dans *Les grands enfants* (1980). Son personnage le plus émouvant, il lui faut attendre *Jacques et Novembre* (F. Bouvier et J. Beaudry, 1984) pour le trouver: il s'agit d'Hervé, le père de Jacques, homme d'aspect pataud et débonnaire, à peu près incapable d'extérioriser les sentiments qui le consument. Dans *Les tisserands du pouvoir* (C. Fournier, 1988), Mathieu joue un ecclésiastique, Monseigneur Bourgoin. (J.-M.P.)

MATTE, Luc, acteur (Saint-Hyacinthe, 1951). Il fait de brèves études de théâtre avant que Claude Gagnon, un ami d'enfance, lui offre de jouer dans *Larose, Pierrot et la Luce* (1982). Il campe alors avec un certain naturel un personnage de buveur attardé que l'amitié et la rénovation d'une maison ramènent dans le droit chemin. Il fait encore une fois preuve de naturel dans le rôle principal de *Visage pâle* (C. Gagnon, 1985), où son physique athlétique est mis à profit. Il y incarne un homme qui, après en avoir tué un autre, se réfugie dans le bois avec une Amérindienne. Il paraît ensuite moins à l'aise dans la comédie sentimentale *Claire... cette nuit et demain* (N. Castillo, 1986), avant de tenir l'un des rôles-titres de *Grelots rouges sanglots bleus* (P. Harel, 1987). (M.J.)

MAUFFETTE, Guy, acteur (Montréal, 1915). Déjà connu comme homme de radio, Mauffette joue les jeunes premiers dans quelques films regroupés dans l'immédiat après-guerre: *Le père Chopin* (F. Ozep, 1945), *Le curé de village* (P. Gury, 1949), *Les lumières de ma ville* (J.-Y. Bigras, 1950), *Son copain* (J. Devaivre, 1950). Deux remarques s'imposent. *Primo*, la présence de Mauffette à l'écran est toujours faite d'un

Guy Mauffette et Huguette Oligny dans Les lumières de ma ville, *de Jean-Yves Bigras. (CQ)*

mélange d'exaltation et d'évanescence qui relève du plus pur paradoxe; *secundo*, les génériques sont sans pitié pour l'orthographe de son nom. (J.-M.P.)

MAY, Derek, réalisateur, monteur, scénariste (Londres, Angleterre, 1932). Jeune peintre désireux de tenter l'aventure américaine, il quitte la Grande-Bretagne en 1953 mais, en bon citoyen britannique, il aboutit au Canada l'année suivante. Il poursuit sa carrière de peintre à Montréal, où son nom s'impose. En 1965, pour répondre à une suggestion qui, selon ses propres termes, lui vient de la peinture, il entre à l'ONF, sans statut précis mais avec l'espoir de devenir rapidement cinéaste. Peintre en instance de cinéma, May entame sa nouvelle carrière avec un film de peintre, *Angel* (1966, cm). Ce ballet hautement graphique, s'il témoigne d'une habileté évidente et du plaisir de jouer avec le cinéma, n'évite pas pour autant les pièges d'une esthétique décorative. Son film suivant, *Niagara Falls* (1967, cm), brouillon, presque bâclé, est pourtant beaucoup plus riche de promesses, beaucoup plus personnel aussi. Misant sur le comique charmeur de Michael J. Pollard (récemment découvert dans *Bonnie and Clyde*, de l'Américain Arthur Penn), le film affiche une indolence irrespectueuse qui tranche avec les documentaires traditionnels consacrés aux célèbres chutes. *McBus* (1969, cm), tente de reprendre les mêmes éléments pour décrire un «tour de ville» cauchemardesque. La nature métaphorique du propos demeure malheureusement assez mystérieuse. Reste le ton de triste rire jaune et déjà une véritable habileté à créer un espace proprement cinématographique. On peut passer rapidement sur *Pandora* (1971, cm), film quasi expérimental où la tentation du décoratif l'emporte

sur la qualité de la performance technique. *A Film for Max* (1971) est d'une tout autre importance: journal intime plein de ratures et assurément de complaisances, il annonce l'arrivée d'un type de films dont May fera sa spécialité. La complicité avec le caméraman Martin Duckworth est pour beaucoup dans le ton du film, qui célèbre son jeune fils, la vie de famille et de commune, et l'amitié. Le cinéaste s'y met lui-même en scène et, en quelque sorte, regarde son film en train de se faire. Commandites gouvernementales, les deux films suivants, des films sur l'art, se présentent à première vue comme des produits standards de l'ONF. Le premier, *Sananguagat: Inuit Sculpture* (1973, cm), filmage très soigné d'une grande exposition d'art esquimau, magnifie les œuvres tout en rappelant leur espace géographique originel; le second, *Pictures from the 1930's* (1977, mm), plus personnel et du coup plus percutant, est une réflexion critique (parfois teintée de nostalgie) sur des peintres et des événements des années 30. May, se rappelant qu'il est lui-même peintre, s'y investit totalement. De même se livrera-t-il, jusqu'à l'indécence, dans son magnifique *Off the Wall* (1981, mm), portrait du monde de l'art de Toronto, tracé à la première personne sans autre distance que celle de la sensibilité écorchée du cinéaste. L'investissement est plus intime encore dans les deux *home movies* que sont *Mother Tongue* (1979, mm) et *Other Tongues* (1984, mm). Chroniques de la vie privée du cinéaste, ces deux films proposent une recherche du bonheur qui se conjugue sur le mode bilingue, à travers un Montréal filmé avec beaucoup de justesse. La ville devient en effet la toile de fond d'une fiction documentaire à travers laquelle s'impose l'originalité du talent de May. En 1987, il tourne

Boulevard of Broken Dreams (mm), portrait impressionniste des musiciens, acteurs, clowns et autres funambules d'un grand spectacle hollandais itinérant qui fait les beaux soirs des Torontois et des Montréalais à l'été de 1987. (R.D.)

McLAREN, Norman, animateur, réalisateur (Stirling, Écosse, 1914 – Montréal, 1987). À dix-huit ans, il s'inscrit à la Glasgow School of Art. Après avoir adhéré à la Glasgow Film Society, il découvre la pertinence du cinéma comme moyen d'expression à travers les films d'Eisenstein, de Poudovkine et d'Oskar Fischinger. Sans argent, sans caméra ni projecteur, il trouve le moyen de se procurer de la pellicule usagée, enlève l'émulsion et peint des dessins abstraits directement sur le support devenu transparent. Il ne connaît pas encore les travaux de Len Lye. Il devient membre de la Glasgow School of Art Film Group, ce qui lui permet de réaliser son premier film, *Seven Till Five* (1933, cm), un documentaire stylisé sur les activités quotidiennes de l'école, tourné en direct. Premier prix du Scottish Amateur Film Festival à Glasgow, ce succès lui vaut un appui financier de son école et il peut ainsi entreprendre *Camera Makes Whoopee* (1934, cm), une combinaison d'animation d'objets, d'effets optiques et de prises de vues réelles décrivant le bal de Noël. En 1935, il réalise quelques courts métrages, dont *Colour Cocktail*, présenté au Third Scottish Amateur Film Festival. Un membre du jury, John Grierson, alors directeur du General Post Office Film Unit de Londres (GPOFU), le remarque, lui accorde un prix et l'invite à joindre le GPOFU. Avant d'accepter la proposition, il termine, en collaboration avec Helen Biggar, son dernier film en tant qu'amateur, *Hell*

Unlimited (1936, cm), une protestation contre la guerre, réalisée avec des marionnettes et des diagrammes, filmée en animation et en prises de vue réelles. Peu de temps après son entrée au GPOFU, McLaren est mis en disponibilité pour accompagner, à titre de caméraman, Ivor Montagu qui se rend en Espagne pour tourner *Defence of Madrid* (1936, cm), en pleine guerre civile. De retour au GPOFU, il poursuit son apprentissage en

Norman McLaren. (ONF)

réalisant quatre films sous la supervision d'Alberto Cavalcanti, notamment *Love on the Wing* (1937, cm) dessiné directement sur pellicule. C'est par sa découverte du surréalisme et de la technique des métamorphoses telle que pratiquée par Émile Cohl, que germe dans l'esprit de McLaren la conception de ce film publicitaire destiné à la promotion du service postal aérien du Royaume-Uni. En outre, il est confirmé dans cette voie par la révélation d'un film peint à même la pellicule, *A Colour Box* (L. Lye, 1935, tcm). À la fin des années 30, il s'enthousiasme en voyant pour la première fois

Une nuit sur le mont Chauve (A. Alexeïeff, 1933, cm). La possibilité de jouer avec l'ombre et la lumière le séduit. Cette idée produira sur lui un effet progressif et détourné qui aura pour aboutissement *La poulette grise* (1947, cm). Cohl, Lye et Alexeïeff marqueront le jeune McLaren profondément.

Toujours vers la fin des années 30, il commence ses essais sur le son synthétique. Détaché auprès du Film Centre de Londres en 1938, il réalise *The Obedient Flame* (1939, cm), un documentaire sur les avantages de la cuisinière à gaz. Il émigre aux États-Unis en 1939 et se fixe à New York. Quelques mois plus tard, la chaîne NBC lui commande un message de bons vœux pour la Saint-Valentin. Il entre ensuite au service de Caravelle Films. À titre personnel, il produit plusieurs films en traçant des motifs abstraits à même la pellicule: *Scherzo* (1939, tcm), *Allegro* (1940, tcm), *Stars and Stripes* (1940, tcm), *Dots* (1940, tcm), *Loops* (1940, tcm) et *Boogie-Doodle* (1940, tcm). Le Guggenheim Museum of Non-Objective Art fait l'acquisition de ces films. John Grierson, devenu Commissaire à la cinématographie canadienne, lui propose en 1941 de venir travailler à l'ONF, nouvellement fondé à Ottawa. La plupart de ses premiers films sont destinés à stimuler l'effort de guerre: *V for Victory* (1941, tcm), *Five for Four* (1942, tcm), *Hen Hop* (1942, tcm), *Dollar Dance* (1943, cm), *Keep Your Mouth Shut* (1944, tcm). À la fin de 1942, Grierson lui confie la mise sur pied d'un service d'animation. Après quatorze mois de travail à cet effet, il peut à nouveau se consacrer pleinement à la réalisation et apporte sa contribution à la série «Chants populaires» en signant *C'est l'aviron* (1944, tcm) et *Là-haut sur ces montagnes* (1945, tcm). Coréalisé avec Evelyn Lambart, *Begone Dull Care* (1949, cm) apparaît sur les écrans. Toutes les images du film ont été dessinées, peintes ou gravées sur pellicule cadrée et non cadrée. McLaren interprète l'esprit de la musique de jazz d'Oscar Peterson et la met en couleurs en un magistral contrepoint, matérialisant ainsi un rêve qu'il entretient depuis qu'il a vu *Studie #7* (O. Fischinger, 1931, cm). La même année, il part pour la Chine où il participe à un projet d'éducation audiovisuelle sous l'égide de l'UNESCO. Il réalise, pour le Festival of Britain, *Around Is Around* (1950, cm) et *Now Is the Time* (1951, tcm) en stéréoscopie (3D), une technique qu'il songe depuis longtemps à aborder, mais qu'il ne touchera plus après ces deux expériences. Encore là, il fait œuvre de pionnier. Toujours tourmenté par ses souvenirs de guerre en Chine, il tourne *Neighbours* (coréal. G. Munro, 1952, cm), une parabole sur la fureur destructrice, avec des personnages réels animés par pixillation, technique qu'il porte à sa perfection. Le film est couronné d'un Oscar. L'année suivante, McLaren se rend en Inde pour prendre part à un projet semblable à celui de la Chine. De retour au pays, il termine bientôt *Blinkity Blank* (1955, cm), film entièrement gravé sur pellicule opaque et dont les images sont animées par intermittence, selon un procédé propre au cinéaste. *Blinkity Blank* remporte la Palme d'or du court métrage au festival de Cannes. McLaren poursuit son œuvre dans les nouveaux studios de l'ONF à Montréal et utilise des éléments découpés pour *Rythmetic* (1956, cm), petite leçon d'arithmétique peu orthodoxe, et pour *Le merle* (1958, tcm), illustration d'une autre chanson folklorique. Entre les deux, il revient à la pixillation pour animer le personnage de *A Chairy Tale* (1957, cm), en l'occurrence Claude Jutra, qui en est le coréalisateur. Il reprendra cette même technique pour s'animer lui-même, aux prises avec un micro récalcitrant, dans *Opening Speech* (1960, cm). Avec audace, il prend comme point de départ de simples lignes (*Lines Vertical*, 1960, cm), puis les renverse à quatre-vingt-dix degrés (*Lines Horizontal*, 1961, cm) et obtient un résultat différant complètement du film original. Par la suite, il combine les deux et fait se rencontrer toutes ces lignes à la croisée de leur chemin (*Mosaic*, 1965, cm). C'est l'art «Op», en mouvement et en couleurs clignotantes. Après quoi il se tourne vers la danse, qu'il a toujours affectionnée. En utilisant l'image chronophotographique, il crée un poème visuel d'une ineffable beauté, *Pas de deux* (1967, cm); il filme au ralenti *Ballet Adagio* (1972, cm) et met un terme à sa prodigieuse carrière avec *Narcissus* (1983, cm), ballet filmé reprenant une légende de la mythologie grecque.

L'œuvre de McLaren est caractérisée par l'éclectisme de ses innovations tant techniques, esthétiques qu'artistiques. Pendant un demi-siècle, il peaufine, invente ses instruments. Par ses expérimentations inédites sur le son synthétique, le clignotement (*flicker*), la visualisation sonore (*Synchromy*, 1971, cm), il défie toutes les conventions de son art. Le raffinement de son humour, le brio de son imagination et ses appels à la fraternité ont conquis même les non-initiés, cas rarissime pour un cinéaste expérimental. Inclassable, unique, il reste le premier et le dernier dans le créneau imprenable qu'il s'est forgé. D'innombrables prix, honneurs et récompenses sont venus souligner les dons de ce ciné-magicien exceptionnel. Evelyn Lambart* a coréalisé plusieurs de ses films, dont *Around is Around, Horizontal Lines et Rythmetic*. Le festival du film étudiant canadien remet, chaque année, le prix Norman-McLaren. En 1988, ASIFA-Canada crée un prix Héritage-McLaren.

FILMS: *Seven till five* (1933, cm) *Camera Makes Whoopee* (1934, cm), *Colour Cocktail* (1935, cm), *Polychrome Phantasy* (1935, tcm), *Hell Unlimited* (coréal H. Biggar, 1936, cm), *Love on the Wing* (1937, cm), *Book Bargain* (1937, cm), *News for the Navy* (1938, cm), *Mony a pickle* (1938, cm), *NBC Greeting* (1939, tcm), *The Obedient Flame* (1939, cm), *Scherzo* (1939, tcm), *Allegro* (1940, tcm), *Stars and Stripes* (1940, tcm), *Dots* (1940, tcm), *Loops* (1940, tcm), *Boogie-Doodle* (1940, tcm), *V for Victory* (1941, tcm), *Mail Early* (1941, tcm), *Five for Four* (1942, tcm), *Hen Hop* (1942, tcm), *Dollar Dance* (1943, tcm), *Keep Your Mouth Shut* (1944, tcm), *C'est l'aviron* (1944, tcm), *Alouette* (1944, tcm), *Là-haut sur ces montagnes* (1945, tcm), *A Little Phantasy on a Nineteenth Century Painting* (1946, tcm), *Hoppity Pop* (1946, tcm), *Fiddle-de-dee* (1947, tcm), *La poulette grise* (1947, cm), *Begone Dull Care* (coréal. E. Lambart, 1949, cm), *Around is Around* (1950, cm), *Now Is the Time* (1951, tcm), *Neighbours* (1952, cm), *Two Bagatelles* (coréal. G. Munro, 1953, tcm), *A Phantasy* (1948-1953, cm), *Blinkity Blank* (1955, cm), *Rythmetic* (coréal. E. Lambart, 1956, cm), *Le merle* (1958, tcm), *A Chairy Tale* (coréal. C Jutra, 1957, cm), *Short and Suite* (1959, tcm), *Serenal* (1959, tcm), *Mail Early for Christmas* (1959, tcm), *Jack Paar Credit Titles* (1959, tcm), *Opening Speech* (1960, cm), *Lines Vertical* (coréal. E. Lambart, 1960, cm), *Lines Horizontal* (coréal. E. Lambart, 1961, cm), *New York Lightboard* (1961, cm), *New York Lightboard Record* (1961, cm), *Canon* (1964, cm), *Mosaic* (coréal. E. Lambart,

1965, cm), *Pas de deux* (1967, cm), *Spheres* (1969, cm), *Synchromy* (1971, cm), *Ballet Adagio* (1972, cm), *Pinscreen* (1973, mm), *Animated Motions parts 1-5* (coréal G Munro, 1976-1978, cinq cm), *Narcissus* (1983, cm). BIBLIOGRAPHIE: «Spécial Norman McLaren», *Séquences* n° 82, Montréal, octobre 1975 • COLLINS, Maynard, *Norman McLaren,* Canadian film Institute, Ottawa, 1976 • *McLaren,* Office National du film, 1980 • VALLIÈRE, Richard T., *Norman McLaren: Manipulator of the Movement,* Associated University Press, Toronto, 1982. (L.B.)

McPHERSON, Hugo, administrateur (Sioux Lookout, Ontario, 1921). Docteur en littérature, il enseigne dans plusieurs universités, aussi bien à McGill qu'à Yale et à Toronto. Il est l'auteur d'une dizaine de livres et de nombreux articles. De 1967 à 1970, il occupe le poste de commissaire du gouvernement à la cinématographie et de président de l'ONF. Son mandat est marqué par l'établissement de la SDICC, créée pour encourager le développement d'une industrie du long métrage au Canada, de même que par des compressions budgétaires qui entraînent une diminution du personnel à l'ONF, et par l'attente d'une politique fédérale du cinéma doublée de la crainte de voir diminuer l'autonomie et le rôle de l'ONF. C'est aussi sous sa direction que l'ONF met sur pied, dans le cadre du programme de lutte contre la pauvreté mis de l'avant par le secrétariat d'État, le programme Challenge for Change (1967) et son équivalent francophone Société nouvelle (1969). Financés conjointement par les ministères concernés et par l'ONF, ces programmes permettent la production de films qui deviennent, grâce à une distribution spécialisée, des outils de réflexion importants permettant de mesurer les changements sociaux, mais aussi des catalyseurs invitant les citoyens à se prendre en main. Le mandat de McPherson marque aussi le début de la censure qui affecte des films controversés comme *Cap d'espoir* (J. Leduc, 1969, mm) et *On est au coton* (D. Arcand, 1970). (B.L.)

MELANÇON, André, réalisateur, acteur, scénariste (Rouyn-Noranda, 1942). Formé en psycho-éducation, il travaille pendant cinq ans à l'Institut de rééducation de Boscoville où il organise un atelier de cinéma et réalise un premier documentaire, *Le camp de Boscoville* (1967, mm). La réalisation a tôt fait de prendre le pas sur le travail auprès des jeunes. Après une expérience de deux ans à titre d'animateur au CQDC, le tournage du portrait d'un felquiste, *Charles Gagnon* (1970, mm), et la réalisation, à l'invitation de Jean Dansereau, de films didactiques – *L'enfant et les mathématiques* (1971, cm) et *Le professeur et les mathématiques* (1971, cm) – il tourne une première fiction, *Des armes et les hommes* (1973, mm). Melançon explore non seulement le rapport des hommes avec les armes à feu mais aussi les possibilités du cinéma, mêlant l'absurde au dramatique, le documentaire à la fiction. Puis, dans le cadre de la série «Toulmonde parle français», produite par l'ONF, il tourne trois courtes fictions qui décident de l'orientation de sa carrière: *Les tacots* (1974), *«Les oreilles» mène l'enquête* (1974) et *Le violon de Gaston* (1974). Ces films, qui connaissent un grand succès, traduisent bien la démarche de Melançon qui continuera de faire des films de style réaliste destinés aux enfants, des films résolument urbains dans lesquels les enfants évoluent souvent dans un monde parallèle. Dès lors, tous ses films se raccrochent, d'une manière ou d'une autre, à l'enfance. En 1978, il tourne *Les* *vrais perdants*, un documentaire percutant qui révèle le désir qu'ont nombre de parents de voir leurs enfants réussir dans un sport ou une discipline artistique, quel que soit le prix à payer, quels que soient l'effort exigé et le fardeau de la compétition. Dans ce film, Melançon donne la parole aux enfants. La même année, il signe un long métrage pour enfants, *Comme les six doigts de la main*, qui, pour répondre aux exigences de la télévision, se divise en trois segments autonomes. Le film, au rythme enlevé, raconte les aventures estivales d'une bande de jeunes. La justesse des dialogues et la remarquable direction d'acteurs installent Melançon à l'avant-plan des cinéastes qui travaillent pour les enfants. Le film remporte le prix du meilleur long métrage québécois, décerné par l'AQCC. Malgré le succès obtenu, il met six ans avant de tourner

un autre long métrage de fiction. Refusant de se laisser enfermer dans une formule unique et définitive, Melançon, qui appuie sa démarche créative sur l'expérimentation, revient au documentaire. Il tourne notamment la série «La parole aux enfants» (1980, quarante-trois tcm) qui rassemble les témoignages d'enfants sur des sujets aussi divers que la cigarette, les extra-terrestres, l'amour et la mort. Avec une équipe légère, il passe tout un été à suivre les faits et gestes d'une bande de garçons d'un quartier ouvrier de Montréal (*L'espace d'un été*, 1980). Après quoi, il prépare longuement son retour à la fiction: six portraits d'enfants qui forment la série «Zigzags» (1983). Cette fois, fin pédagogue, il met l'accent sur les émotions des jeunes, que ce soient les émois d'un gros garçon amoureux ou l'isolement d'une jeune fille nouvellement arrivée à Montréal.

André Melançon et Harry Marciano, pendant le tournage de Bach et Bottine. *(ACPQ)*

Il coscénarise un film d'animation fantaisiste, *Mascarade* (C. Hoedeman, 1984, cm), puis réalise le premier long métrage de la série «Contes pour tous» lancée par Rock Demers*, *La guerre des tuques* (1984). Cette histoire, construite autour de la rivalité entre deux clans d'enfants, se conclut sur un vibrant plaidoyer pour la paix. Elle amène Melançon à s'éloigner un temps des enfants de Montréal et, dans la foulée de son travail avec Danyèle Patenaude et Roger Cantin, à collaborer de plus en plus systématiquement avec des scénaristes. Ce film est vite couvert de prix: Grand prix du public au Festival du cinéma international en Abitibi-Témiscamingue, Grand prix du Festival du cinéma jeune public de Laon, Palme d'or à la section jeunesse du Festival international du film de Moscou, Grand prix du public au Chicago International Festival of Children's Film, etc. Deux ans plus tard, il tourne *Bach et Bottine* (1986), qui appartient à la même série. Le film raconte avec humour l'entreprise de séduction d'une jeune orpheline qui veut être adoptée par son oncle, célibataire endurci. Les «Zigzags» ne sont pas très loin. Même succès, même abondante moisson de prix. Cherchant à échapper aux étiquettes, il tourne aussitôt *Le lys cassé* (1986, mm), d'après un scénario de Jacqueline Barrette, entouré d'une partie de l'équipe de *Bach et Bottine*. Le film remporte notamment le prix de la meilleure production à Yorkton. Ce dramatique retour à l'enfance d'une jeune femme victime de l'inceste se distingue par sa justesse de ton et témoigne de l'immense talent de Melançon pour la direction de comédiens. D'ailleurs, non seulement tourne-t-il des films, mais il travaille aussi au théâtre (il dirige longtemps une équipe à la LNI). Il coscénarise avec Jacques Bobet *La grenouille et la baleine*

(J.-C. Lord, 1988), l'histoire d'une petite fille très décidée qui vit en harmonie avec la nature. En 1988, il met de côté son projet de long métrage pour adultes (*Rafales*, l'histoire d'un vol à main armée qui se transforme en prise d'otage et amène une confrontation entre deux hommes complètement isolés en plein cœur de la ville) et entreprend la réalisation d'un troisième film de la série «Contes pour tous», *Ruano l'indomptable*, coproduit avec l'Argentine et tourné en espagnol.

Melançon poursuit également une carrière d'acteur. Sa haute stature et son jeu naturel lui valent généralement des emplois liés à son physique: militaire, géant, policier, pirate, truand. Il fait des débuts très remarqués dans le premier rôle de *Taureau* (C. Perron, 1972). Il tient de petits rôles dans *Les allées de la terre* (A. Théberge, 1973) et *Réjeanne Padovani* (D. Arcand, 1973). Son interprétation impressionnante de l'impitoyable lieutenant Laroche dans *Partis pour la gloire* (C. Perron, 1975) ne semble pas consolider sa carrière d'acteur qui ne reprend que dans les années 80 avec *Odyssey of the Pacific* (F. Arrabal, 1981), *Doux aveux* (F. Dansereau, 1982), *Pouvoir intime* (Y. Simoneau, 1986), *Équinoxe* (A. Lamothe, 1986), *The Great Land of Small* (V. Jasny, 1987) et *Les tisserands du pouvoir* (C. Fournier, 1988). Il s'agit invariablement de rôles secondaires. Dans son téléfilm *Onzième spéciale* (1988), Micheline Lanctôt élargit la palette de Melançon en lui donnant le rôle d'un peintre coloré, un artiste qui, comme lui, connaît un succès enviable.

AUTRES FILMS: *Un jeu dangereux* (1977, cm), *Une job à plein temps* (1977, cm), *Observation 1 «Comme une balle de ping pong»* (1978, cm), *Observation 2 «La fièvre de la bataille»* (1978, cm), *Observation 3*

«*Ah, les filles*» (1978, cm), *La séance de la rue du couvent* (1979, cm), *Planquez-vous les Lacasse arrivent* (1979, cm). BIBLIOGRAPHIE: «André Melançon», *Copie Zéro*, n° 31, Montréal, 1987. (M.C.)

MÉNA, José, administrateur, chef opérateur, producteur, monteur (Santander, Espagne, 1925). Émigré en France dès l'âge de dix ans, il participe à l'installation des studios de l'abbé Vachet*. C'est là que J.-A. DeSève vient le recruter pour mettre sur pied le studio de Renaissance. Pour cette compagnie, il est à la caméra du *Gros Bill* (R. Delacroix, 1949) et des *Lumières de ma ville* (J.-Y. Bigras, 1950). Mais il travaille aussi pour d'autres compagnies, souvent en faisant équipe avec Roger Racine: *Forbidden Journey* (R. Jarvis et C. Maiden, 1950), *The Butler's Night Off* (R. Racine, 1950), *La petite Aurore l'enfant martyre* (J.-Y. Bigras, 1951), *Tit-Coq* (G. Gélinas et R. Delacroix, 1952), *Cœur de maman* (R. Delacroix, 1953). Vers 1951, il devient directeur de Trans-World (qui deviendra Sonolab), un laboratoire qui dessert principalement la télévision. Technicien hors pair, c'est dans ce domaine qu'il fait sa marque. En 1957, il entre aux laboratoires Mont-Royal, comme responsable technique et vice-président. Il y met en place les services de développement et de doublage, allant même jusqu'à fabriquer les machines nécessaires. Devenu président de la compagnie, il y demeure jusqu'à la fermeture, en 1987. Durant les années passées au sein de cette compagnie, il ne renoue avec la production que pour monter *Nahanni vallée des hommes sans têtes* (J. Poirel, 1974). (P.V.)

MÉNARD, Robert, réalisateur, producteur (Montréal, 1947). Après des études à l'École polytechnique de Montréal, il entre à Radio-Canada en 1968 comme assistant-technicien. Il écrit un scénario, *Au revoir Stéphanie*, qui lui vaut l'appui du producteur Pierre David mais qui est refusé par les institutions. David l'engage alors aux productions Mutuelles. En cinq ans, il y est producteur délégué ou producteur exécutif de cinq longs métrages: *Les aventures d'une jeune veuve* (R. Fournier, 1974), *Mustang* (M. Lefebvre et Y. Gélinas, 1975), *Parlez-nous d'amour* (J.-C. Lord, 1976), *Special Magnum* (A. de Martino, 1976) et *Éclair au chocolat* (J.-C. Lord, 1978). C'est pour cette compagnie qu'il réalise son premier film, *Portrait de femme: Monique Proulx* (1976, cm), documentaire sur une coureuse automobile. En 1979, il fonde Vidéofilms, où il produit *L'arrache-cœur* (M. Dansereau, 1979) et *L'affaire Coffin* (J.-C. Labrecque, 1979). Il réalise ensuite un premier long métrage, *Une journée en taxi* (1981), qu'il coproduit avec la France. Mettant en vedettes Jean Yanne et Gilles Renaud, ce drame psychologique décrit la rencontre d'un chauffeur de taxi et d'un prisonnier qui, lors d'une journée de sortie, veut se venger de celui qui l'a trahi. Ménard travaille ensuite à un scénario sur Maurice Richard, mais le projet n'aboutit pas. En 1984, il réalise une télésérie, *Un amour de quartier*, pour laquelle il utilise plusieurs acteurs de cinéma (Olivette Thibault, Pierre Curzi, Jacques Godin, Roger Le Bel). Il enchaîne avec un second long métrage, *Exit* (1986), produit et scénarisé par Monique H. Messier. Racontant l'histoire d'une pianiste (Louise Marleau) hantée par le fantôme du passé, ce film à l'esthétisme glacé reçoit un accueil mitigé. Ménard met de l'avant un important projet de production de téléfilms pour lequel il s'associe à trois autres compagnies de production, l'ONF et Radio-Québec. Il réalise l'un de ces téléfilms, *T'es belle, Jeanne* (1988), sur un scénario de Claire Wojas, sa collaboratrice d'*Un amour de quartier* et du projet sur Maurice Richard. Il est lui-même coproducteur de ce film, centré sur la réadaptation d'une jeune institutrice (Marie Tifo) et d'un motard (Michel Côté) handicapés à la suite d'accidents, et producteur de *Cœur de nylon* (M. Poulette, 1989). Il prépare ensuite *Cruising Bar,* une comédie à sketches illustrant les différentes approches de la séduction masculine. Les principaux rôles masculins sont tenus par Michel Côté. (M.J.)

MERCURE, Marthe, actrice (Drummondville, 1931). Elle étudie à Montréal avec Lucie de Vienne et à l'École d'art dramatique du TNM, de même qu'à Paris avec Jacques Lecoq, Alejandro Jodorowski et Berthe Bovy. Refusant tout compromis, elle a envers sa carrière des exigences qui l'honorent mais la marginalisent. Elle n'en interprètera pas moins, dès 1959, la femme fantasme dans *La femme image* (G. Borremans, mm). On la retrouve, intense et juste, dans le beau personnage de Rita la sauvagesse (*Équinoxe*, A. Lamothe, 1986).
AUTRES FILMS: *L'homme qui a perdu sa tête* (A. Jodorowski, 1955, cm), *Taureau* (C. Perron, 1972), *Les allées de la terre* (A. Théberge, 1973), *Yesterday* (L. Kent, 1979). (F.L.)

MERCURE, Monique (née Hémond), actrice (Montréal, 1930). Elle fait de très modestes débuts au cinéma puisqu'on la voit pour la première fois à l'écran, assise, de dos, dans *Tit-Coq* (R. Delacroix et G. Gélinas, 1952). En fait, sa carrière d'actrice se dessine lentement. Mercure, qui étudie le violoncelle à l'école Vincent-d'Indy et

obtient un baccalauréat en musique en 1949, monte une première fois sur les planches en 1947, au collège Saint-Laurent, dans *Le roi cerf* de Carlo Gozzi. Il lui faut tout de même attendre les années 60 et des pièces comme *L'opéra de quat'sous* et *Le soulier de satin* pour vraiment s'imposer à la scène. À la même époque, elle joue dans *À tout prendre* (C. Jutra, 1963), film où son personnage doit s'ajuster à sa condition et porter, comme elle, un plâtre à la jambe. Fernand Dansereau lui donne ensuite un rôle dans *Le festin des morts* (1965), puis le premier rôle de *Ça n'est pas le temps des romans* (1966, cm), où, resplendissante, elle donne vie à l'imaginaire d'une femme prisonnière de son foyer, mère avant d'être femme ou épouse. Mercure joue également dans des films tournés en anglais, comme elle le fera tout au long de sa carrière: *Waiting for Caroline* (R. Kelly, 1967), *Don't Let the Angels Fall* (G. Kaczender, 1969), *Love in a 4 Letter World* (J. Sone, 1970), *Quintet* (R. Altman, 1978), *Stone Cold Dead* (G. Mendeluk, 1980), *The Third Walker* (T. C. McLuhan, 1980), *Christmas Lace* (G. Mendeluk, 1980), *Odyssey of the Pacific* (F. Arrabal, 1982), *The Blood of Others* (C. Chabrol, 1984) et *Tramp at the Door* (A. Kroeker, 1985). Sa carrière d'actrice de cinéma est véritablement lancée au début des années 70 alors qu'elle tourne dans deux films qui marquent, chacun à leur manière, l'histoire du cinéma québécois: *Deux femmes en or* (C. Fournier, 1970) et *Mon oncle Antoine* (C. Jutra, 1971). Dans le premier, fulgurant succès d'assistance, elle interprète avec drôlerie une banlieusarde qui trompe son ennui avec tous les hommes qui frappent à sa porte. Dans le second, d'un rare achèvement, elle fait preuve de beaucoup de présence dans le rôle, secondaire, d'une veuve mystérieuse

Monique Mercure remporte un prix d'interprétation à Cannes pour son rôle dans J. A. Martin photographe, *de Jean Beaudin. (ACPQ)*

et désirable. Dans nombre d'autres films encore Mercure sait tirer le meilleur d'un petit rôle. Elle tourne ensuite *Finalement...* (R. Martin, 1971), *Françoise Durocher, waitress* (A. Brassard, 1972, cm), *Le temps d'une chasse* (F. Mankiewicz, 1972), *Il était une fois dans l'Est* (A. Brassard, 1973) et *Pour le meilleur et pour le pire* (C. Jutra, 1975). Elle tient, dans *Les vautours* (J.-C. Labrecque, 1975), un des plus beaux rôles de sa carrière, celui de la tante Yvette, femme de caractère qui entretient avec son neveu (Gilbert Sicotte), orphelin et démuni, des rapports troubles. Elle reprend ce personnage dans *Les années de rêves* (J.-C. Labrecque, 1984). Son rôle dans *J. A. Martin photographe* (J. Beaudin, 1976), lui vaut un prix d'interprétation à Cannes, un Canadian Film Award et la consécration. Mercure y est remarquable dans le rôle de Rose-Aimée

Martin, une femme du siècle dernier qui, pour arriver à prendre ses distances par rapport à son rôle de mère après quinze ans de mariage, décide de partir en tournée avec son mari, photographe itinérant et homme peu communicatif. Complexe derrière des allures de grande simplicité, ce personnage prend, grâce au travail de l'actrice, une dimension symbolique, marchant devant toutes ces femmes anonymes, besogneuses et aimantes qui peuplent le Québec, celui d'aujourd'hui comme celui d'hier. Il se situe tout à fait dans la continuité de la mère de *Ça n'est pas le temps des romans*. Dans *J. A. Martin photographe*, Mercure retrouve Marcel Sabourin, acteur dont elle était également la femme dans *Deux femmes en or*. Le rôle de Rose-Aimée diffère sensiblement de ces personnages forts et autoritaires qu'on propose souvent à Mercure. Elle tourne encore un film mis en scène par Jean Beaudin, *L'homme à la traîne* (1986, cm) où elle reprend justement pareil rôle.

Après le succès qu'elle obtient à Cannes, on lui prévoit une carrière internationale. Cette carrière se limitera en fait à *La chanson de Roland* (F. Cassenti, 1978), *Quintet* (R. Altman, 1978) et quelques coproductions avec l'étranger. Toujours active au théâtre où elle crée notamment des pièces de Michel Tremblay, Jovette Marchessault et Michel Garneau, Mercure joue encore dans *L'absence* (B. Sauriol, 1975), *Parlez-nous d'amour* (J.-C. Lord, 1976), *La cuisine rouge* (P. Baillargeon et F. Collin, 1979), *Une journée en taxi* (R. Ménard, 1982) et *Contrecœur* (J. G. Noël, 1980). Jutra lui propose un petit rôle, celui d'une mère supérieure, dans *La dame en couleurs* (1984), ce qui met un point final à une complicité amorcée vingt-cinq ans plus tôt avec le tournage de *Félix Leclerc troubadour* (1959, cm), complicité qui passe par *Pour le meilleur et pour le pire* où, saluant sa passion pour la musique, le réalisateur lui fait jouer une violoncelliste. Mercure tourne à l'occasion avec des réalisatrices et deux d'entre elles lui donnent un rôle de premier plan, celui, quelque peu piégé, de leur *alter ego*. D'abord, Anne Claire Poirier qui fait d'elle une femme forte au discours cohérent, la meneuse de jeu des retrouvailles dans *La quarantaine* (1982). Ensuite, Louise Carré lui donne le rôle d'une réalisatrice qui, son projet de film ayant été refusé, anime une émission à la radio de Sorel dans *Qui a tiré sur nos histoires d'amour?* (1986). Poirier et Carré renforcent l'image cinématographique qu'on associe le plus souvent à Mercure, celle d'une femme de carrière ou d'une bourgeoise distinguée, volontaire et cultivée qui est l'antithèse même de la discrète Rose-Aimée Martin. Michel Poulette contourne quant à lui cet emploi dans un film fantastique, *Les bottes* (1987, mm), puisqu'il la transforme en employée des douanes tout à fait quelconque, victime d'une situation sur laquelle elle n'a aucun contrôle. Elle interprète enfin un personnage inquiétant, ange noir d'un mystérieux laboratoire pharmaceutique, dans un film d'Yves Simoneau, *Dans le ventre du dragon* (1989). Si Mercure a indéniablement un statut d'actrice de cinéma, ce n'est pas qu'elle ait tenu un grand nombre de premiers rôles: ceux-ci sont plutôt rares. C'est surtout qu'à travers la quarantaine de films dans lesquels elle joue, Mercure sait tirer le meilleur de chacun des personnages qu'on lui propose et réussit à leur donner vie. Elle occupe, à partir de 1987, la présidence des Rendez-vous du cinéma québécois. Sa fille, Michèle Mercure, est actrice (notamment dans *La cuisine rouge*, P. Baillargeon et F. Collin, 1979) et réalisatrice (*Bouches*, coréal. J. Trépanier, 1984, cm). (M.C.)

MESSIER, Monique H., productrice, scénariste (Montréal, 1946). Pendant plus de quinze ans, elle occupe le poste de directrice de production, notamment pour *Les bons débarras* (F. Mankiewicz, 1980) et *Pour le meilleur et pour le pire* (C. Jutra, 1975). À partir de 1981, elle se lance en production avec un premier long métrage, *Le futur intérieur* (1982) de Yolaine Rouleau et Jean Chabot. Dans la même foulée, en 1982, elle participe, avec trois autres producteurs, à la fondation des Films Vision 4. Puis, c'est l'aventure de *Rien qu'un jeu* de Brigitte Sauriol (1983). Elle scénarise, avec la réalisatrice, et produit, avec Ciné Groupe, ce film qui a pour sujet l'inceste. Par la suite, elle réitère cette double expérience avec *Exit*, de Robert Ménard (1986). Elle en écrit le scénario – l'histoire d'une pianiste hantée par le fantôme de son amant – et le coproduit avec Vidéofilms. Elle est une des rares personnes, au Québec, à cumuler ces deux rôles, en apparence inconciliables pour un même long métrage, sans assumer également sa réalisation. En 1987, elle devient présidente des productions Québec/Amérique. Parallèlement à cette fonction, elle poursuit son travail de scénariste avec une mini-série de cinq heures destinée à la télévision, *Rock*, qui suit l'itinéraire d'un jeune en fuite à travers le milieu de la drogue et de la prostitution. (J.P.)

MÉTHÉ, Jacques, assistant-réalisateur, réalisateur (Québec, 1949). Dès le début des années 70, il est un assistant-réalisateur très en demande. Son abondante filmographie compte *Réjeanne Padovani* (D. Arcand, 1973), *Noël et Juliette* (M. Bouchard, 1973), *Les beaux dimanches* (R. Martin, 1974), *Gina* (D. Arcand, 1975), *Les vautours* (J.-C. Labrecque, 1975), *Le soleil se lève en retard* (A. Brassard, 1976) et *Les Plouffe* (G. Carle, 1981). Parallèlement à cette activité, il est le producteur délégué du long métrage documentaire *Métier: boxeur* (A. Gagnon, 1981) et il réalise plusieurs émissions de télévision, dont certaines tournées sur support film. Il réalise aussi *Aux pieds de la lettre* (1983), un moyen métrage très réussi qui ne sera pourtant jamais distribué par la DGME, qui en avait fait la commande. En faisant une grande place à l'improvisation chez les comédiens, Méthé y trace avec doigté le portrait singulier d'un analphabète de dix-neuf ans (Alain Zouvi). (M.J.)

MICHAUD, Henri, réalisateur, chef opérateur, producteur (Gastonia, États-Unis,

1915). Entré comme opérateur chez ASN en 1938, il a bientôt l'occasion de réaliser ses premiers films, des commandites pour le gouvernement du Québec et l'armée de l'Air. Dès lors, l'orientation principale de sa carrière est tracée: le film de commandite. Avec Pierre Harwood, il fonde Phœnix Studios en 1947, une filiale de Renaissance qui devient Omega Productions en 1950. Cette compagnie produira plus de sept cents émissions pour Radio-Canada (dont les téléséries *Pépinot*, *Rue de l'Anse* et *D'Iberville*). Au moment d'Expo 67, et par la suite pour Terre des hommes, il est directeur technique de plusieurs pavillons et réalise certaines des productions qui y sont présentées. En 1968, Omega devient Les productions SDA. Michaud y poursuit sa carrière de producteur et de réalisateur, et ajoute les films à caractère éducatif à l'éventail de sa production. Il compte plus de cent films à son actif. Il est certainement le pionnier et le principal représentant du cinéma commandité et publicitaire au Québec. Plusieurs prix consacrent sa carrière.

PRINCIPAUX FILMS: *La vocation des mains* (1939, cm), *Coup d'œil au studio* (1949, cm), *Ils sont tous nos enfants* (1952, cm), *Magie des fibres* (1953, cm), *Merveille rurale* (1955, mm), *Québec, puissance industrielle* (1961, cm), *Skidoo* (1964, tcm), *L'eau+* (1967, cm), *Kébékio au pays de convoitise* (1979, série de cm), *Le saumon de l'Atlantique* (1980, cm) (P.V.)

MICHEL, Dominique (Dominique Sylvestre), actrice, scénariste (Sorel, 1932). Artiste de cabaret, elle acquiert une grande popularité grâce à sa présence soutenue à la télévision et reçoit, régulièrement, des prix qui lui témoignent l'affection du public. Elle connaît un énorme succès avec la télésérie

Dominique Michel et Jean-Louis Paris dans Les aventures d'une jeune veuve *de Roger Fournier.* (Le Devoir)

comique *Moi et l'autre* où elle compose, avec Denise Filiatrault, un duo irrésistible qu'elles reprendront avec bonheur dans plusieurs revues de fin d'année à Radio-Canada (les *Bye Bye*), puis au cinéma. Petite, nerveuse, Dominique Michel, dont les mimiques et les imitations ont vite fait d'être connues du public, impose un personnage de femme capable de tout pour se sortir du pétrin. Sa popularité est telle qu'on lui écrit des films sur mesure, privilège rare pour un acteur au Québec. Au début des années 70, longtemps après avoir joué dans *Les nouveaux venus* (B. Devlin, 1957, cm), elle tourne coup sur coup cinq comédies de qualité inégale: *Tiens-toi bien après les oreil-*

les à papa... (J. Bissonnette, 1971), *J'ai mon voyage!* (D. Héroux, 1973), *Y a toujours moyen de moyenner!* (D. Héroux, 1973), *Les aventures d'une jeune veuve* (R. Fournier, 1974) et *Je suis loin de toi mignonne* (C. Fournier, 1976). Elle coscénarise ce dernier film avec le réalisateur et Denise Filiatrault. Puis, le filon de la comédie s'essouffle et Dominique Michel s'éloigne du cinéma. Elle tient toujours des premiers rôles dans des séries à la télévision (*Dominique, chère Isabelle*) et monte sur scène pour donner des spectacles solo où elle chante et exploite toutes les ressources de son talent de fantaisiste. C'est grâce à Denys Arcand qu'elle fait un retour au cinéma. Il lui donne d'abord un petit rôle dans *Le crime d'Ovide Plouffe* (1984), celui d'une agente de voyages déconcertante, assez peu disposée à conseiller un voyage en France. Très douée pour les effets comiques, elle trouve là un rôle qui convient parfaitement à son style de jeu. Arcand lui propose ensuite d'explorer un tout nouveau registre dans *Le déclin de l'empire américain* (1986). Étonnante de justesse, elle se montre tout à fait à la hauteur, composant avec beaucoup d'aplomb un personnage d'intellectuelle très articulée qui ne tolère pas l'inconscience et choisit les hommes qui passent dans sa vie. Elle tient ensuite un petit rôle, celui d'une sorte de Madame, dans *Un zoo la nuit* (J.-C. Lauzon, 1987). Puis, elle interprète une bonne bourgeoise de Montréal dont les enfants vont s'établir sur la Côte Est américaine dans *Les tisserands du pouvoir* (C. Fournier, 1988). (M.C.)

MICHEL, Éric, administrateur, producteur (Bourg-en-Bresse, France, 1942). Il débute ses études en Algérie avant d'être admis à l'IDHÉC, puis d'étudier le génie à Paris. En 1964, il entre à l'ORTF, où il est tour à tour assistant-réalisateur, réalisateur et cinéaste journaliste au service des actualités. Arrivé au Canada en 1969, à titre de cinéaste correspondant, il y demeure et quitte l'ORTF en 1971. Cinéaste et caméraman pigiste pour la télévision, il enseigne le cinéma à l'Université de Moncton (1974) et devient consultant pour l'ONF qui souhaite implanter des services de production en région. En 1980, devenu permanent à l'ONF, il est nommé producteur responsable pour l'Est du Canada. À ce titre, il supervise la production française en Acadie. Il produit notamment *Massabielle* (J. Savoie, 1983, cm) et *De l'autre côté de la glace* (S. Morin et Guy Dufaux, 1983,

cm). Peu à peu, il étend son action et produit des films au Québec: *Québec Soft* (J. Godbout, 1985, cm), *10 jours... 48 heures* (Georges Dufaux, 1986). En 1986, il est nommé producteur responsable du studio B à Montréal, où il gère une grande partie des fonds alloués au documentaire à l'ONF. Il lance la collection «l'Américanité», à l'intérieur de laquelle il produit cinq films personnels qui jettent un regard sur l'Amérique: *Le grand Jack* (H. Chiasson, 1987, mm), *La poursuite du bonheur* (M. Lanctôt, 1987), *Voyage en Amérique avec un cheval emprunté* (J. Chabot, 1987, mm), *Le voyage au bout de la route ou la ballade du pays qui attend* (J.-D. Lafond, 1987), et *Alias Will James* (J. Godbout, 1988). Il produit aussi *L'amour... à quel prix?* (S. Bissonnette, 1988) et *Liberty Street Blues* (A. Gladu, 1988). Il travaille ensuite à la production d'une série qui prolonge «l'Américanité», «Parler d'Amérique». (M.J.)

MIGNAULT, Hughes, réalisateur, ingénieur du son (Montréal, 1944). D'abord organisateur de ciné-club, il débute en 1969 chez Onyx Films et y devient preneur de son. De 1971 à 1975, il exerce ce métier sur onze longs métrages, travaillant notamment avec André Forcier (*Bar salon*, 1973; *L'eau chaude l'eau frette*, 1976), Arthur Lamothe (*Mistashipu*, 1976; *Ntesi Nana Shepen 2*, 1976), Pierre Perrault (*Gens d'Abitibi*, 1979), Martin Duckworth (*Temiscaming Québec*, 1975) et Jean-Guy Noël (*Ti-cul Tougas*, 1976). Il passe ensuite à la réalisation en signant une trilogie documentaire sur l'histoire récente du Québec: *15 nov* (coréal. R. Brault, 1977), *Le Québec est au monde* (1979) et *Le choix d'un peuple* (1985) De l'élection du Parti québécois, le 15 novembre 1976 (*15 nov*), à la défaite référendaire du

20 mai 1980 (*Le choix d'un peuple*), ces trois films sont liés à la grande époque du parti de René Lévesque derrière lequel ils se rangent sans partage. Toujours sur des sujets touchant l'histoire politique (les expropriés de Mirabel, le rapatriement de la Constitution), Mignault réalise aussi des courts métrages documentaires pour la télévision. (M.J.)

MIGNOT, Pierre, chef opérateur, réalisateur (Montréal, 1944). Il est la *star* des chefs opérateurs québécois. Passionné d'images depuis l'enfance (il développe ses photos à onze ans), il débute au cinéma en 1965 et obtient la consécration avec *J. A. Martin, photographe* (J. Beaudin, 1976). Robert Altman, après avoir vu le film, sollicite sa collaboration. Cette réussite ne tombe pas du ciel, car douze ans de pratique à l'ONF l'ont fait passer par tous les métiers touchant à la caméra: assistant-caméraman (*Jusqu'au cœur*, J. P. Lefebvre, 1968; *Entre tu et vous*, G. Groulx, 1969; *Un pays sans bon sens!*, P. Perrault, 1970); caméraman pour des documentaires (*C'est votre plus beau temps!*, A. Dostie et S. Beauchemin, 1974; *Ntesi Nana Shepen 1*, A. Lamothe, 1975); chef opérateur pour des films de fiction (*Une nuit en Amérique*, J. Chabot, 1974); réalisateur d'un documentaire sur une course de voiliers (*Sous le vent*, 1973, mm). En 1979, il quitte l'ONF et devient pigiste, mais continue de choisir ses films en fonction des mêmes critères: intelligence du scénario et complicité avec le réalisateur. Voilà qui explique ses longues collaborations avec quelques réalisateurs: Jean Beaudin (neuf films, dont *J. A. Martin photographe*, pour lequel il remporte un Canadian Film Award, *Cordélia*, 1979, et *Mario*, 1984), André Melançon (six films dont *Les vrais perdants*,

1978, et *L'espace d'un été*, 1980), Robert Altman (une dizaine de films depuis *Come Back to the Five & Dime, Jimmy Dean*, 1981). Mignot partage avec Altman ce regard de documentariste qui exige un effort particulier du directeur de la photographie. Celui-ci doit suivre les acteurs au cours de longs plans nécessitant de nombreux déplacements, lumière et caméra se pliant à leur jeu. Mignot est tout aussi à l'aise avec les éclairages sophistiqués demandés par Léa Pool (*Anne Trister*, 1986) ou Robert Ménard (*Exit*, 1986), et est très recherché pour le tournage de films publicitaires. La qualité de son travail, son perfectionnisme et sa capacité d'adaptation à différents types de projets lui font trouver la lumière juste pour *À corps perdu* (L. Pool, 1988), comme pour *Maria Chapdelaine* (G. Carle, 1983), pour lequel il remporte un prix Génie. (Y.R.)

MIHALKA, George, réalisateur (Budapest, Hongrie, 1952). Arrivé au Canada en 1961, il réalise de nombreux films pédagogiques et publicitaires et fonde, en 1979, SFC Corporation. La même année, il signe *Pinball Summer*, un film pour adolescents, intitulé en français *L'arcade des cinglés*. En 1980, il enchaîne avec un film d'horreur, *My Bloody Valentine*, suivi de *Scandale* (1982), qui exploite l'affaire des films pornographiques prétendument tournés avec le matériel de l'Assemblée nationale. Son film suivant, *The Blue Man* (1986), où il est question de voyages astraux, est primé au festival du film fantastique d'Avoriaz. En 1988, il tourne *Le chemin de Damas*, téléfilm sur un scénario de Marcel Beaulieu qui raconte les aventures d'un ancien hippie devenu curé de village. Très actif, Mihalka travaille aussi à l'étranger et pour la télévision. (M.J.)

MILLER, Monique, actrice (Montréal). Dès l'âge de douze ans, elle joue dans des séries radiophoniques. Sa carrière théâtrale l'amène ensuite à interpréter les plus grands auteurs. On ne la voit que rarement au cinéma. À sa première expérience cinématographique, dans *Tit-Coq* (R. Delacroix et G. Gélinas, 1952), elle interprète le rôle de Marie-Ange Désilets, la petite amie de Tit-Coq, qui en épouse un autre alors qu'il est à la guerre. En 1964, elle incarne la femme universelle, une femme soucieuse de plaire, dans *La beauté même* (M. Fortier, cm). On la revoit, dix ans plus tard, dans une étude sur la vie de couple, *Pour le meilleur et pour le pire* (C. Jutra), où elle est la partenaire de Claude Jutra. Puis, dans *Mourir à tue-tête* (A. C. Poirier, 1979), elle est l'*alter ego* de la réalisatrice, celle qui, dans le film, supervise le montage d'un film sur le viol. Neuf ans plus tard, dans un tout autre registre, elle met à contribution son talent pour la comédie et interprète l'excentrique propriétaire d'un centre thérapeutique pour bien nantis dans *Gaspard et fil$* (F. Labonté, 1988). (M.C. et G.K.)

MILLETTE, Jean-Louis, acteur (Montréal,1937). Interprétés par Millette, les clowns se font étranges, inquiétants – et les scélérats exercent sur le spectateur une troublante fascination. Au long des années, on l'a donc souvent vu dans de tels emplois, aussi bien à la télévision qu'à la scène. Il est apparu au cinéma de façon épisodique: *Amanita pestilens* (R. Bonnière, 1964), *Le festin des morts* (F. Dansereau, 1965), *La corde au cou* (P. Patry, 1965), *Ti-Cul Tougas* (J.-G. Noël, 1976), *Covergirl* (J.-C. Lord, 1981), *Trouble* (Y. Simoneau, 1985, cm), *Pellan* (A. Gladu, 1986), *Lamento pour un homme de lettres* (P. Jutras, 1988, cm),

Some Girls (M. Hoffman, 1988) et *Jésus de Montréal* (D. Arcand, 1989). Sa participation à quatre longs métrages d'Yves Simoneau mérite une place à part: *Pourquoi l'étrange monsieur Zolock s'intéressait-il tant à la bande dessinée?* (1983), *Pouvoir intime* (1986), *Les fous de Bassan* (1986) et *Dans le ventre du dragon* (1989). Le premier est une pochade résolument loufoque; Millette y joue le rôle titre, celui de l'antisuperman, du vilain, de l'énergumène qui ambitionne de dominer l'univers. Dans le deuxième, il campe avec une austérité presque janséniste le personnage de Meursault, policier perfide dont les rêves de retraite dorée viennent bien près de se concrétiser. Quant aux *Fous de Bassan*, il y incarne le héros vieillissant, obnubilé par la faute commise autrefois. *Dans le ventre du dragon* lui offre, dans le même esprit, le rôle d'un mégalomane inquiétant à la tête d'un consortium pharmaceutique. On a entendu sa voix dans une infinité de films, Millette s'étant très tôt spécialisé dans le doublage. (J.-M.P.)

MILLS, Michael, animateur, producteur, réalisateur (Londres, Angleterre, 1942). Il étudie au High Wycombe Technical College, puis débute en 1959 dans un studio de films fonctionnels, pour ensuite devenir pigiste jusqu'en 1963. Au cours de cette période, il réalise près de deux cents films publicitaires pour divers pays. En 1964, il travaille chez Halas & Batchelor Cartoon Films et produit la série télévisée *The Lone Ranger*, pour le marché américain.

Arrivé au Canada, il entre à l'ONF en 1966 et réalise deux films de commande, *Tax Is Not a Four-letter Word* (1967, cm) et *In a Nutshell* (1971, cm), suivis d'un film personnel, *Evolution* (1971, cm), une fable comique sur l'évolution des espèces qui est primé vingt-huit fois. Il fonde son propre studio en 1974. Il scénarise, réalise et coproduit, avec Potterton Productions, *The Happy Prince* (1974, mm). Pour l'ONF, il réalise et produit deux «Vignettes Canada»: *The Horse, Westerlies Anthem* (1979, tcm) et *S.P.L.A.S.H.* (1980, cm). Entre-temps, il conçoit et produit *The History of the World in Three Minutes Flat* (1980, tcm), un film d'auteur récompensé à Berlin et à l'American Film Festival. Les films publicitaires réalisés dans son studio remportent régulièrement des prix. Les films de Mills, qui empruntent le ton humoristique, sont réalisés à partir de la technique du cellulo. (L.B.)

MITCHELL, Lucie, actrice (1911). Le coup d'envoi de sa carrière au cinéma, c'est le rôle de Marie-Louise, la terrifiante marâtre de *La petite Aurore l'enfant martyre* (J.-Y. Bigras, 1951), rôle qui la marque définitivement en tant qu'interprète. Mitchell aura beau ensuite jouer dans *Les brûlés* (B. Devlin, 1958), dans *Les mains nettes* (C. Jutra, 1958), dans *Trouble-fête* et dans *La corde au cou* (P. Patry, 1964 et 1965), dans *La vraie nature de Bernadette* (G. Carle, 1972), dans *Parlez-nous d'amour* (J.-C. Lord, 1976), dans *Ça peut pas être l'hiver on n'a même pas eu d'été* (L. Carré, 1980), dans *La quarantaine* (A. C. Poirier, 1982) ainsi que dans plusieurs séries télévisées, pendant plus de trente-cinq ans on continuera presque d'instinct à identifier la comédienne à la méchante belle-mère du film de Bigras. (J.-M.P.)

MONDERIE, Robert, réalisateur (Rouyn, 1948). C'est en fondant la compagnie de production Abbittibbi Blue Print avec Richard Desjardins*, en 1974, qu'il débute au cinéma. Il coréalise ensuite *Comme des chiens en pacage* (1977, mm) et *Mouche à feu* (1983, cm) avec Desjardins, puis *Noranda* (1984, mm), un cinglant portrait de la ville minière aux prises avec les conséquences de la pollution industrielle, avec Daniel Corvec. (A.B.)

MOREAU, Michel, réalisateur, producteur (Joigny, France, 1931). Après plusieurs années de travail en publicité, il émigre au Canada en 1960. À l'été 1962, il est engagé à l'ONF, où il travaille aux adaptations françaises et réalise quelques films fixes. Au moment de la création de la production française, Pierre Juneau décide de développer le film pédagogique et le nomme producteur du studio chargé de ce secteur. Ses premières réalisations sont alors des séries de films en boucle. Il tourne ensuite son premier vrai film, *Trois lecteurs en difficulté* (1968, mm). D'emblée, on reconnaît les qualités qui caractériseront son travail: rigueur d'approche, exposition claire du sujet, mises en situation à forte charge émotive. Son intérêt pour les personnes marginales, en difficulté, s'affirme déjà. C'est alors qu'il quitte l'ONF pour travailler pour le gouvernement du Québec. Voulant donner plus d'assises à sa démarche psychopédagogique, il s'inscrit aussi à un programme de maîtrise en psychologie de l'enfant; sa thèse lui permet de faire le bilan de ses expériences filmiques antérieures et d'élaborer des modèles d'intervention qui vont guider ses réalisations futures. Plusieurs des films que Moreau réalise par la suite s'inscrivent en effet dans cette démarche psychopédagogique et ont trait au développement de l'enfant. Se succèdent des séries comme «Mathématiques à l'élémentaire» (1969) et «Sensibilisation» (1970), et des films autonomes desquels se dégagent

Quatre jeunes et trois boss (1972, mm), l'une de ses rares approches du monde du travail, et *Au seuil de l'opératoire* (1972, mm), application des théories de Piaget sur l'apprentissage. C'est à cette occasion qu'il rencontre Édith Fournier*, avec qui il co-réalisera plusieurs films. En 1972, il fonde Éducfilm, où il produira tous ses films jusqu'en 1987.

L'année 1974 marque un tournant dans la carrière de Moreau. Il réalise son premier long métrage, *La leçon des mongoliens*, et obtient, grâce à la diffusion du film à la télévision, une certaine notoriété en dehors des milieux spécialisés. Le film amorce une réflexion sur un problème et une situation mal connus. Moreau met en production quelques séries utilitaires: «Le combat des sourds» (1974) et «Besoins cachés» (1975), cette dernière sur l'insertion des jeunes dans la société et le monde du travail. Avec la série «Les exclus» (1975-1977), dont il réalise neuf épisodes, Moreau démontre encore sa maîtrise de la mise en situation, maîtrise qui lui permet de contrôler les improvisations et de rendre intéressant, dramatique, un moment qui autrement pourrait être banal. Dans cette série, c'est son deuxième long métrage, *Jules le magnifique* (1976), qui illustre le mieux cette approche. À partir de 1978, son travail est plus varié. Il renoue avec le film strictement pédagogique, avec la série «L'envers du jeu» (coréal. É. Fournier, 1978), et confirme sa position de chef de file de ce genre de cinéma. Il renoue aussi avec les gens en difficulté avec la série «Les chocs de la vie» (1982-84) dont il réalise cinq épisodes. Avec *Une naissance apprivoisée* (1979), il suit jusqu'à l'accouchement la grossesse de sa femme (Édith Fournier) et interroge certains comportements liés à cette situation. Il prolonge

cette réflexion par deux courts métrages coréalisés avec elle: *Le dur métier de frère* (1980) et *Premières pages du journal d'Isabelle* (1980). *Enfants du Québec et alvéoles familiales* (1979) ouvre une perspective ethnographique nouvelle, mais latente dans son œuvre, en examinant les habitudes de vie des familles québécoises. Ce film est suivi des *Traces d'un homme* (1981) qui, en abordant le thème de la mort, poursuit l'analyse du Québec contemporain entreprise par Moreau dans son long métrage précédent. Dans les années 80, Moreau, qui semble arriver au bout de sa démarche documentaire, est tenté par une fiction qui lui permettrait d'amplifier la réalité documentaire. *Le million tout-puissant* (1985), sur le phénomène de la loterie dans notre société, s'inscrit dans ce courant du documentaire renouvelé qui intègre des passages de fiction. Mais, dans ce cas-ci, le parti pris fantaisiste des séquences de fiction nuit à l'ensemble. Moreau travaille ensuite à la scénarisation, pour lui-même et pour les autres. Il réalise néanmoins une télémission sur les femmes immigrantes au Québec, *Les voisines venues d'ailleurs* (1986, mm). Il prépare ensuite un film sur la vie et l'œuvre de l'écrivain Michel Tremblay. En vingt-cinq ans, Moreau réalise soixante-dix films. S'il pratique souvent un cinéma d'apparence utilitaire, il cherche toujours à dépasser cette dimension prosaïque pour aller, avec sensibilité, au fond des choses. En 1988, il tourne *Les trois Montréal de Michel Tremblay*.

AUTRES FILMS: *En passant par Mascouche* (coréal. F. Labonté, 1982, cm), *Les coulisses de l'entraide* (coréal. R.Favreau, 1984, mm).

BIBLIOGRAPHIE: «Michel Moreau», *Copie Zéro*, n° 27, Montréal, 1986 • MOREAU, Michel, *Tentative de systématisation de l'utilisation de la rétroaction dans l'élaboration de films destinés à provoquer un changement de comportement dans une population donnée*, Thèse déposée à l'UQAM, 1974. • FOURNIER, Édith et Michel MOREAU, *Une naissance apprivoisée*, éditions de l'Homme, Montréal, 1979. (P.V.)

MORETTI, Pierre, animateur, producteur, réalisateur (Montréal, 1931). Après des études classiques, il s'inscrit en décoration à l'Institut des arts appliqués. D'abord homme de théâtre (décorateur, costumier, auteur), il travaille principalement à la conception de décors (près de vingt-cinq spectacles entre 1960 et 1964). Il crée, en 1967, *Équation pour un homme seul*, événement théâtral pour lequel il conçoit une scénographie novatrice, apportant ainsi sa contribution au renouvellement des formes d'expression visuelle.

Il entre à l'ONF en 1964. Il s'initie à l'animation et réalise son premier film, *Un enfant... un pays* (1967, cm). En 1969, il participe aux «Chansons contemporaines» avec *Cerveau gelé* (tcm), illustrant la chanson de Claude Dubois. Il tourne en prises de vues réelles *Bronze* (1970, cm), centré sur le sculpteur Charles Daudelin, et *N'ajustez pas* (1970, tcm). De 1970 à 1977, période où il réalise un film expérimental, *Modulo: variations sur un design* (1974, cm), il agit surtout comme producteur. Parallèlement, il travaille au programme de recherche en animation avec ordinateur ainsi qu'à la mise sur pied de l'atelier de conception sonore. En 1977 et en 1978, il assume la direction du studio français d'animation. Après avoir effectué des recherches sur le système de communication informatisé Télidon, il réalise *Variations graphiques sur Télidon*

(1981, cm). Avant de prendre sa retraite, en 1985, il termine *Bioscope* (1984, cm). Il poursuit ses recherches en animation par ordinateur. (L.B.)

MORIDE, Roger, chef opérateur, réalisateur, script (Landervenn, France, 1922). Diplômé de l'IDHÉC et de l'École de cinématographie (Paris), il occupe le poste d'assistant à la caméra pour *Jour de fête* (J. Tati, 1949). De 1947 à 1955, il réalise des documentaires qui l'amènent en Scandinavie, au Brésil, au Laos, au Cambodge, au Viêt-Nam et au Sahara. En 1955, l'un d'eux, *Bahia de tous les saints*, remporte le Grand prix de la ville de Paris. À partir de 1955, on le retrouve régulièrement à l'ONF comme caméraman pour certains films de Roger Blais et Bernard Devlin. Parmi les films dont il signe les images, citons *Boulevard Saint-Laurent* (J. Zolov et M. Beaudet, 1962, cm). En 1961 et en 1962, il travaille pour Radio-Canada. Pendant le reste des années 60, il est surtout recherchiste, script et caméraman d'actualités pour diverses chaînes de télévision. Au début des années 70, il signe les images de plusieurs films commerciaux (*La maîtresse*, A. Van de Water, 1973; *Les deux pieds dans la même bottine*, P. Rose, 1974). Mais il faut surtout souligner sa présence à la caméra pour les films de la série «Chronique des Indiens du Nord-Est du Québec» (A. Lamothe, 1973-1983), alors qu'il réussit des images impeccables dans des conditions difficiles (à l'intérieur d'une tente exiguë, travaillant avec une lentille à très courte focale). Directeur de la photographie de talent, il travaille peu pour le cinéma dans les années 80.
PRINCIPAUX AUTRES FILMS: *Le trésor de Nouvelle-France* (V. Davy, 1978), *Gala* (J. N. Smith, 1982, mm). (N.O.)

MORIN, Joseph, administrateur, producteur, réalisateur (L'Islet, 1896 – Québec 1964). Agronome de formation, il entre au service du gouvernement québécois où on lui confie, au début des années 20, la diffusion des films du ministère de l'Agriculture. Il sillonne alors la province. En 1921, il produit *L'industrie du sucre et du sirop d'érable* (cm) et *La mise des porcs sur le marché* (cm). Comme directeur de la section des vues animées de ce ministère, il se fait l'avocat du développement de l'éducation populaire par le film et de l'amélioration des services gouvernementaux de production et de distribution. Il n'est que naturel que lorsque son appel est entendu, il devienne, en 1941, le premier directeur du SCP. Il en préside les destinées jusqu'au moment où, en 1961, le SCP devient l'OFQ. En 1960, les Canadian Film Awards reconnaissent ses riches états de service et lui remettent un prix spécial. (P.V.)

MOUFFE (Claudine Monfette), actrice, scénariste (Montréal, 1947). Si son passage dans le paysage du cinéma québécois au tournant des années 70 est assez rapide, elle laisse le souvenir tangible d'un type bien particulier: celui de la jeune femme émancipée, dégourdie face aux protagonistes masculins, mais encore instable. À sa sortie de l'École nationale de théâtre, elle joue dans deux films de Jean Pierre Lefebvre, *Il ne faut pas mourir pour ça* (1967) et *Jusqu'au cœur* (1968). Elle prend les traits d'une jeune marginale happée par les artifices de la ville dans *Où êtes-vous donc?* (G. Groulx, 1968). Puis, elle collabore au scénario de *Bulldozer* (P. Harel, 1972), fable où s'entremêlent le grotesque et le drame. Elle y tient le rôle de Solange, l'amoureuse de Peanut (Donald Pilon), employé du dépo-

toir familial qui finira par tout niveler, son entourage comme son environnement, à l'aide d'un bulldozer. Elle délaisse ensuite le cinéma pour devenir animatrice de radio et metteur en scène de spectacles. (J.P.)

MOYLE, Allan, réalisateur, acteur, producteur, scénariste (Arvida, 1947). Il commence sa carrière au cinéma en tant qu'acteur dans *Montreal Main* (F. Vitale, 1974). Par la suite, il joue également dans *East End Hustle* (F. Vitale, 1976), *Rabid* (D. Cronenberg, 1976), *Outrageous!* (R. Benner, 1977) et *The Mourning Suit* (L. Yakir, 1975), où il tient le rôle principal. En 1977, il produit, réalise et coscénarise, avec Steve Lack et John Laing, *The Rubber Gun*, reprenant la distribution de *Montreal Main*. Lui-même tient le rôle d'un étudiant en sociologie qui rédige une thèse sur un groupe montréalais du milieu contre-culturel. Comme *Montreal Main*, le film de Moyle est influencé par le cinéma vérité et s'apparente à une docufiction. Les acteurs, qui ne sont pas des professionnels, tiennent des rôles qui correspondent à ce qu'ils sont dans la vie. L'intrigue de *Rubber Gun* tourne autour d'une valise pleine de drogue qui a été mise en consigne à la gare. La police est alertée, aussi la récupération de la drogue devient-elle ardue. Cette situation difficile n'est en fait qu'un prétexte pour faire surgir les tensions à l'intérieur du groupe des trafiquants dont les rêves utopiques s'évanouissent sous la pression qu'entraîne l'affaire. Faiblement diffusé, le film est tout de même bien reçu par la critique. Après quoi, Moyle s'installe aux États-Unis où il réalise *Times Square* (1980), dont il écrit également le scénario, en collaboration avec Leanne Hunger et Jacob Brackman. Le film, qui raconte la fugue de deux adolescentes et leurs aventures à New York, n'obtient pas le succès escompté. (M.A.-G.)

MUNRO, Grant, réalisateur, acteur, animateur, producteur, scénariste (Winnipeg, Manitoba, 1923). Toute sa vie, il aura été le compagnon d'armes de Norman McLaren avec lequel il a travaillé comme acteur (*Neighbours*, N. McLaren, 1952, cm), monteur, animateur, producteur et scénariste. Il produit notamment la série «Le mouvement image par image» (1976 à 1978), cours d'initiation aux techniques de base en animation donné par McLaren. Munro travaille essentiellement en animation. Il entre à l'ONF en 1944 pour animer des séquences comprises dans d'importantes séries. Puis,

il part pour le Mexique. Au retour, on le retrouve chez Crawley Films à Ottawa. Un bref passage à l'ONF précède un séjour de trois ans à Londres, après quoi il s'attache définitivement à l'ONF. Sans quitter l'animation, domaine dans lequel il donne bon nombre de films (*Two Bagatelles*, coréal. N. McLaren, 1953, tcm; *My Financial Career*, coréal. G. Potterton, 1962, cm; *Toys*, 1966, cm), il touche aussi au documentaire (*Tour en l'air*, 1973, mm; *Boo Hoo*, 1975, cm). Munro aime beaucoup travailler avec et pour les enfants. Il partage avec eux un certain imaginaire et un sens aigu de l'observation. Personne ressource recherchée lorsqu'il est question de McLaren, il participe à de nombreux colloques. (A.D.)

NADEAU, Marthe, actrice (Montréal, 1910). Ce ne sera que la soixantaine atteinte que Nadeau verra son talent reconnu au cinéma. Auparavant, elle aura exercé son métier à la radio et fait quelques figurations. Ainsi aura-t-on pu la remarquer dans *Manette (la folle et les dieux de carton)* (C. Adam, 1965), dans *La maîtresse* (A. Van de Water, 1972), dans *O.K. ...Laliberté* (M. Carrière, 1973). En 1973, après avoir été impressionné par ses qualités de comédienne dans *On est loin du soleil* (J. Leduc, 1970), aux côtés de J.-Léo Gagnon, Jean Pierre Lefebvre décide de lui faire tourner *On n'engraisse pas les cochons à l'eau claire* (1973) et, par la suite, de lui confier un des rôles principaux des *Dernières fiançailles* (1973), celui de Rose, épouse au tempérament précautionneux, créature très terrienne et très éthérée à la fois. Elle y donne une fois de plus la réplique à J.-Léo Gagnon. À juste titre, plusieurs critiques emploient alors le mot transparence pour caractériser son jeu, jeu qui lui vaut un prix d'interprétation

au festival de Sorrente. Nadeau excelle à suggérer l'entêtement doux; Lefebvre s'en souviendra quand, en 1982, il fera de nouveau appel à elle pour incarner le personnage de Simone, la mère dans *Les fleurs sauvages*. Entretemps, elle aura campé la tante Aline de *J. A. Martin photographe* (J. Beaudin, 1976). Enfin, elle fait une brève apparition dans *Le jour «S...»* (J. P. Lefebvre, 1984). Sa filmographie comprend une quinzaine d'œuvres. (J.-M.P.)

NEWMAN, Sydney, administrateur, réalisateur, producteur (Toronto, 1917). Formé en photographie et en graphisme, il entre à l'ONF en 1941 comme réalisateur, pour les films militaires et le service de l'information. Il tourne notamment *Trainbusters* (1943, cm), *Trans-Canada Express* (1944, cm) et *Suffer Little Children* (1945, cm). Après la guerre, il devient producteur de la série «Canada Carries On», puis chef du studio C, dont relèvent les films destinés aux salles. Il y produit plus d'une trentaine de films. Il passe à la CBC en 1952, où il s'occupe surtout des dramatiques. Installé en Angleterre de 1958 à 1970, il poursuit une carrière de producteur. Il revient ensuite au Canada pour travailler au CRTC. Mais, toujours en 1970, on lui offre le poste de président et de commissaire à la cinématographie, à l'ONF. Il arrive à une période turbulente de l'histoire québécoise et de celle de l'institution fédérale. Les revendications politiques, sociales et nationalistes sont à l'ordre du jour. Les aspirations des cinéastes et le mandat de l'ONF étant incompatibles, de fréquents conflits éclatent. Newman applique alors une politique procanadienne et procapitaliste. Il n'hésite pas à censurer *On est au coton* (D. Arcand, 1970) et *24 heures ou plus...* (G. Groulx, 1971) et modère les ardeurs revendicatrices de ceux qui travaillent au programme Challenge for Change / Société nouvelle. Tout cela crée beaucoup de controverses. Il met a profit son expérience des dramatiques et de la télévision pour encourager le tournage de longs métrages de fiction (*Mon oncle Antoine*, C. Jutra, 1971), et pour signer des ententes de diffusion avec Radio-Canada (il siège d'ailleurs au conseil d'administration de cette société). Il quitte son poste en 1975, pour devenir conseiller en cinéma auprès du Secrétaire d'État. En 1977, il devient consultant en scénarisation et, en 1979, il entre à la SDICC pour occuper un poste analogue, celui de créateur conseil. Il prend sa retraite l'année suivante, tout en restant lié au cinéma, étant par exemple producteur associé pour *Utilities Getting Ever* (H. Hart, 1981). (P.V.)

NOËL, Jean-Guy, réalisateur, scénariste (Saint-Laurent, 1945). Après son cours classique, il se rend en Belgique pour étudier la philosophie, qu'il abandonne pour suivre des cours de cinéma à l'INSAS. De retour au Québec, il produit ses premiers courts métrages de manière artisanale et se distingue par son style original. *Zeuzère de Zégouzie* (1970, cm) est un film allégorique et dadaïste que Noël interprète lui-même. *Elle était une fois, une autre fois* (1971, cm) met en scène une enfant adulte qui oppose son univers imaginaire au réel. Déjà, Noël marque son goût pour le conte. À l'ACPAV, il tourne un premier long métrage, dans le cadre de la politique des productions à petit budget de la SDICC. *Tu brûles... tu brûles...* (1973) met en scène un décrocheur en révolte, interprété avec brio par Gabriel Arcand, que tout le village cherche à récu-

Micheline Lanctôt et Claude Maher dans Ti-Cul Tougas *le deuxième long métrage de Jean-Guy Noël. (CQ)*

pérer. Le film transcende l'anecdote en plongeant dans un univers farfelu et insolite, plein de fantasmes, d'imagination, et de gags visuels et sonores. L'humour et l'anarchie de *Tu brûles... tu brûles...* se retrouvent dans son deuxième long métrage, *Ti-cul Tougas* (1976), qui reçoit un accueil très favorable et obtient le prix de la critique québécoise. Racontant l'histoire de Rémi Tougas (Claude Maher), qui, après avoir subtilisé une grosse somme, veut partir pour la Californie avec trois copains, le film répond à la sensibilité de la jeunesse du milieu des années 70, imbue de nationalisme, survivant grâce à des projets à court terme et rêvant d'américanité. La construction du film, plus classique, contribue à son succès. Peu après, Noël tourne une séquence de «Chronique de la vie quotidienne», celle du magasin de vélo *Mardi: Un jour anonyme* (coréal. J. Chabot et J. Leduc, 1978, cm). Avec *Contrecœur* (1980), il joue la carte du réalisme fantastique pour parler de psychologie, de dérive et d'amour. Comme dans *Ti-cul Tougas*, où les quatre amis étaient isolés aux Îles-de-la-Madeleine, les trois personnages de *Contrecœur* (un camionneur malade et deux femmes qui vont régler des comptes avec leurs maris) doivent se définir dans un espace clos (le camion pris au cœur d'une tempête de neige) et rêvent d'un ailleurs pour se retrouver. Exigeant sur le plan formel, à contre-courant des récits hachurés et des personnages tout en extériorité, le film reçoit un accueil sévère. *Tinamer* (1987) subit un sort semblable. Adaptation d'un roman de Jacques Ferron (*L'amélanchier*), le récit est centré sur l'imaginaire d'une enfant dont l'univers est polarisé entre le principe de réalité (la mère) et celui de la subjectivité (le père), un univers métaphorique remémoré en catharsis par l'enfant devenue adulte.

Film poétique, qui tente de marier littérature et cinéma, *Tinamer* montre une fois de plus que Noël pense le cinéma d'une manière unique qui rend son œuvre difficile et qui la situe loin de l'industrie dominante.

AUTRE FILM: *Grief 81* (1982, cm).

BIBLIOGRAPHIE: NOËL Jean-Guy, *Tu brûles... Tu brûles...*, Conseil québécois pour la diffusion du Cinéma, 1974. (P.V.)

NOLD, Werner, monteur, chef opérateur, réalisateur (Samaden, Suisse, 1933). Il arrive au Québec en 1955 avec, en poche, une maîtrise en photographie. Aussitôt, il travaille au SCP comme caméraman, photographe, puis réalisateur de séries pour la télévision. À l'emploi de Nova Films, il fait notamment le montage sonore de films de l'abbé Maurice Proulx. Toutefois, Nold a tôt fait d'opter pour le montage visuel, métier qu'il exerce à l'ONF dès 1961. Par la suite, il travaille à peu près exclusivement pour cet organisme. Il complète d'abord le montage de *Manger* (L. Portugais, 1961, cm),

Werner Nold. (ONF)

puis monte le premier film de Gilles Carle, *Dimanche d'Amérique* (1961, cm), de même que *Champlain* (1964, cm) et *La route de l'Ouest* (1965, cm) de Denys Arcand. Il apporte sa contribution à un film qui marque l'histoire du documentaire à l'ONF, *Pour la suite du monde* (M. Brault et P. Perrault, 1963), mais qui n'en emprunte pas moins la construction d'une fiction. Déjà, Nold prend plaisir à insérer dans la structure des séquences autonomes, petits films dans le film (le circuit fermé à la fin de *60 cycles*, J.-C. Labrecque, cm; la séquence des poulets dans *La poursuite du bonheur*, M. Lanctôt, 1987). Puis, il monte *La vie heureuse de Léopold Z.* (1965), le premier long métrage fiction de Carle, un réalisateur avec lequel il travaille à plusieurs reprises. De la même façon, il collabore régulièrement avec Jacques Godbout, (*IXE-13*, 1971; *Derrière l'image*, 1978; *Distorsions*, 1981, mm; *En dernier recours*, 1987). Il est aussi associé de près à l'œuvre de Marcel Carrière dont il monte notamment *Avec tambours et trompettes* (1967, cm) et *St-Denis dans le temps...* (1969). De temps à autre, Nold revient au métier de caméraman, par exemple pour *Rouli-Roulant* (C. Jutra, 1966, cm). Dans les années 70, après avoir été étroitement associé au cinéma direct, il soutient l'arrivée de la fiction à l'ONF et monte: *Le temps d'une chasse* (F. Mankiewicz, 1972), *O.K. ...Laliberté* (M. Carrière, 1973), *La gammick* (J. Godbout, 1974), *La fleur aux dents* (T. Vamos, 1975) et *Ti-Mine, Bernie, pis la gang...* (M. Carrière, 1976). Il relève son défi le plus important en coordonnant le montage du film olympique, *Jeux de la XXIᵉ Olympiade* (J.-C. Labrecque, J. Beaudin, M. Carrière et Georges Dufaux, 1977), travail colossal qui est complété en cinq mois et qui permet de détacher l'histoire de quelques

athlètes des deux cents heures de matériel filmique mis à sa disposition. Il s'attaque à un autre défi de taille en prenant en charge le montage de la série «Gui Daò – sur la voie» (Georges Dufaux, 1980), surmontant avec aisance le handicap important que constitue forcément sa méconnaissance de la langue chinoise. En 1987, il monte un premier film d'animation, *Charles et François* (C. Hoedeman, 1987, cm).

À l'ONF, il touche très peu à la réalisation. D'abord, il réalise au montage un film multi-écrans présenté au pavillon du Québec dans le cadre de l'Exposition universelle, *L'eau* (1967, cm). Puis, à la suite d'un désaccord avec la direction de Crawley Films, il reprend les chutes du film que tourne Michel Brault pour cette même exposition, *Conflit/Conflict* (1967, tcm), y ajoute quelques journées de tournage et réalise *Préambule* (1969, cm). Ce film, qui joue sur les contrastes, dresse un portrait très moderne de la Nouvelle-France. La narration est assurée par Claude Jutra. Il coréalise enfin *Cinéma, cinéma* (coréal. G. Carle, 1985), un film où sa connaissance exceptionnelle du cinéma francophone produit à l'ONF et son sens du rythme complètent admirablement l'humour débridé et l'abattage de son partenaire. Peu après, dans le même style, il monte *Ô Picasso* (G. Carle, 1985). Si Nold choisit le montage plutôt que la réalisation, c'est qu'il avoue préférer «être un grand soliste plutôt qu'un petit chef d'orchestre obscur». Ce choix s'avère judicieux puisqu'il monte plus d'une centaine de films, parmi lesquels plusieurs œuvres qui comptent parmi les plus réussies de la production québécoise. Nold, qui ne s'isole pas dans sa salle de montage, occupe différentes fonctions. De 1961 à 1967, il est responsable de la qualité technique au Festival international du film de Montréal. Il enseigne le cinéma à l'École normale d'enseignement technique. Il participe à la création du CQDC, dont il est le vice-président. En 1978 et 1979, il préside la Commission de la qualité professionnelle à l'ONF. De 1985 à 1987, il est président des Rendez-vous du cinéma québécois. En 1987, il prépare pour l'ONF un projet d'école de cinéma qui ne se concrétise pas, puis il retourne à la pratique du montage. Peu d'artisans du cinéma québécois auront soutenu son développement et sa diffusion avec autant d'énergie. (M.C.)

NOLIN, Patricia, actrice. Remarquable au théâtre où, sensible et intelligente, elle se fait la voix de Jovette Marchessault aussi bien que de Marguerite Duras, elle joue peu au cinéma. Elle fait ses débuts à l'écran dans *La terre à boire* (J.-P. Bernier, 1964) et dans *Solange dans nos campagnes* (G. Carle, 1964, cm), où elle tient le rôle d'une jeune animatrice de la télévision, un personnage de femme moderne et décidée. Puis, elle joue dans *La piastre* (A. Chartrand, 1976). Anne Claire Poirier lui offre un rôle à sa mesure dans *La quarantaine* (1982).

Très fine, Nolin y tire avantage d'un personnage effacé et serein qui parle avec émotion de sa vie de femme trompée. Toute la force de Nolin se retrouve dans ce film, habile mélange de demi-teintes, de gestes à peine esquissés, de regards inquiets. Elle joue dans *An Equal Opportunity* (C. Leaf, 1982, cm), film didactique sur les femmes en milieu de travail, puis dans une docufiction de même nature, *L'ordinateur en tête* (D. Beaudry, 1984, cm), où elle est la mère d'une jeune femme interprétée par Charlotte Laurier. Dans *La dame en couleurs* (C. Jutra, 1984), elle reprend, à un âge plus avancé, le rôle d'Agnès, tenu par Laurier, marquant de sa présence un épilogue aussi bref que désespéré. Elle joue une médium dans *Exit* (R. Ménard, 1986), un rôle sans éclat qui rappelle qu'elle a besoin qu'on fasse vraiment appel à sa sensibilité pour se dépasser. Elle tient le rôle d'une haute fonctionnaire qui fait enquête sur la fécondation *in vitro* à la suite du décès des parents dans *Une portion d'éternité* (R. Favreau, 1989). Dans un tout autre registre, elle apparaît dans les films autobiographiques de son mari, Derek May. (M.C.)

OBOMSAWIN, Alanis (surnommée «Ko-li-la-wato», celle qui nous rend heureux), productrice, réalisatrice (Réserve d'Odanak, 1932). Membre de la tribu abénaquise, elle fait connaître la culture, l'histoire et les aspirations de son peuple d'abord par la musique et la chanson. Dès 1960, elle entreprend d'importantes tournées au Canada, aux États-Unis et en Europe. En 1967, elle agit comme conseillère pour un film sur les autochtones à l'ONF. Dès lors, elle partage son temps entre les spectacles et la réalisation ainsi que la production de films à l'ONF. En 1971, elle signe son premier film, *Christmas at Moose Factory* (cm). Elle réalise et produit deux autres films en 1977: *Amisk* (mm), un documentaire sur un festival organisé par un groupe montréalais en vue de soutenir les Indiens Cris s'opposant au projet de développement du potentiel hydro-électrique de la baie de James; et *Mother of Many Children* (mm), un album de témoignages d'Indiennes et d'Inuit qui rappelle le rôle primordial de la femme dans la transmission de la tradition, dans une société

où il faut apprendre à s'adapter aux changements sans perdre son identité. Ce dernier film remporte le Grand Prix au premier Festival international du film arctique, à Dieppe (France). En 1979, Obomsawin réalise et produit une série de six émissions destinées à la télévision éducative canadienne intitulée *Sounds from Our People*. Elle tourne en 1984 *Incident at Restigouche* (mm), documentaire relatant l'affrontement survenu, en juin 1981, entre les Indiens Mic Mac de la réserve de Restigouche et la Sûreté du Québec. Le désaccord concerne les droits de pêche des Indiens de cette réserve. Le film dépeint avec ironie le combat du gouvernement péquiste pour assurer son autonomie alors qu'il réprime les droits fondamentaux des Indiens sur leur propre territoire. En 1986, elle signe *Richard Cardinal: Cry from a Diary of a Metis Child* (mm), documentaire traitant d'un adolescent métis qui s'est suicidé après avoir erré de maison d'accueil en maison d'accueil. Elle tourne, en 1987, *Poundmaker's Lodge – A Healing Place* (mm), qui relate la vie de ceux qui, après des abus d'alcool, l'usage de drogues et des privations liées à de nombreuses années d'errance, vont à Saint-Albert, en Alberta pour récupérer. Obomsawin voue ses efforts à la défense des intérêts de son peuple. Elle fait connaître les coutumes et traditions des autochtones, donne la parole aux siens et pose un regard amérindien sur son temps. En 1983, elle est décorée de l'Ordre du Canada. (D.P.)

OFFICE DES COMMUNICATIONS SOCIALES (OCS). Appelé à l'origine Centre catholique national du cinéma, de la radio et de la télévision, il est créé à l'automne 1956 par une décision de la Conférence catholique canadienne, qui en fait un organisme chargé de coordonner les efforts de tous les diocèses français du Canada pour la solution des problèmes moraux et spirituels posés par le cinéma, la radio et la télévision. L'abbé Jean-Marie Poitevin* et Léo Bonneville, directeur-fondateur de la revue *Séquences*, font partie du premier bureau de direction. Des transformations structurelles marquent l'histoire de l'OCS. La plus importante a lieu en 1973. Il devient alors une société à but non lucratif, catholique, d'expression française, autonome mais reconnue officiellement par la Conférence des évêques catholiques du Canada. L'OCS est alors une société composée de membres corporatifs (les offices diocésains, les organismes d'enseignement), de membres individuels (des experts en communication sociale, en pastorale, en éducation) et de membres associés.

Le champ d'action de l'OCS couvre pratiquement tous les moyens de communication sociale (cinéma, télévision, presse, livres, chanson, télématique). Il est régi par des objectifs spécifiques: contribuer à la formation de la conscience chrétienne et du sens critique du public en regard des *mass media*; promouvoir les meilleures productions dans ce domaine; aider les utilisateurs des *mass media* dans leur travail d'information religieuse; assurer une présence de l'Église dans le monde des communications et celui des institutions qui peuvent les influencer. Côté cinéma, l'OCS est responsable de plusieurs publications. La principale est la revue bimensuelle *Films à l'écran*, créée en 1957, qui fait l'évaluation sur fiches de tous les longs métrages présentés à Montréal. Depuis 1968, Robert-Claude Bérubé dirige la rédaction de ces fiches. *Les Recueils de films*, publiés annuellement, regroupent les textes de *Films à*

l'écran. L'OCS publie aussi *Les Films à la TV* (un service de presse hebdomadaire), *Sélection de films en 16 mm*, *Le bulletin Inter* et des *Cahiers d'étude et de recherche sur le cinéma*. D'autres activités s'ajoutent aux publications: collaboration avec les instituts et les départements de cinéma des collèges et des universités; assistance aux associations qui en font la demande; animation de rencontres entre experts, éducateurs et consommateurs sur des questions relatives aux valeurs chrétiennes dans le cinéma; présentation de mémoires aux pouvoirs publics; maintien d'un important centre de documentation, dont la section cinéma (la plus développée) est constituée de près de trente mille dossiers (reproduits sur microfilms) sur les longs métrages, et de plusieurs milliers de références aux articles sur le cinéma parus dans les journaux et revues du monde francophone et anglophone. L'OCS dispose d'un service de relations publiques qui l'amène à collaborer avec des organismes provinciaux et internationaux (notamment l'OCIC, dont l'OCS est membre). Sur le plan international, il fait entendre sa voix dans les congrès de l'OCIC et participe aux festivals internationaux de cinéma (notamment Cannes, Venise, Berlin et Montréal), où un de ses représentants siège aux jurys œcuméniques. Dirigé par l'abbé Lucien Labelle (qui est associé à sa fondation), l'OCS contribue, depuis trois décennies, à la promotion d'un cinéma «respectueux de la dignité de l'homme et du sens spirituel de sa vie», ainsi qu'à l'animation de groupes de réflexion sur le cinéma. (G.B.)

OFFICE DIOCÉSAIN DES TECHNIQUES DE DIFFUSION. D'abord appelé Centre diocésain du cinéma de Montréal, il est fondé à l'automne de 1953 par le cardinal Paul-Émile Léger. Il prête une assistance technique aux ciné-clubs étudiants qui relevaient, auparavant, de la JÉC. Il organise aussi des stages de formation pour les étudiants des collèges classiques et les éducateurs, et il publie la revue *Séquences* (*voir* REVUES). Il est dissout en avril 1970. (G.B.)

OFFICE DU FILM DU QUÉBEC (OFQ). (*Voir* DIRECTION GÉNÉRALE DES MOYENS DE COMMUNICATION)

OFFICE NATIONAL DU FILM DU CANADA (ONF). En 1938, le documentariste britannique John Grierson* est invité par le gouvernement canadien à venir étudier la production cinématographique canadienne. À la suite de son étude, il dépose un rapport qui préconise la création d'un Office national du film, parallèle au Bureau du cinématographe officiel qui existe déjà. L'ONF est créé en 1939. Ses bureaux sont à Ottawa. Grierson, qui en est le premier commissaire, n'engage aucun Canadien français parmi le personnel de production. Si l'on excepte les francophones qui sont membres du conseil d'administration de l'organisme, seul Philéas Côté, responsable de la distribution, est en position de sensibiliser Grierson au fait français. Grierson croit qu'un film doit servir l'ensemble de la population et il estime que le doublage répond aux besoins des francophones. Mais les francophones qui siègent au conseil d'administration arrivent à le convaincre du contraire. En décembre 1941, peu de temps après l'intégration du Bureau du cinématographe à l'ONF, il engage donc un premier réalisateur francophone, Vincent Paquette*. Progressivement, d'autres cinéastes viennent l'entourer, parmi lesquels on compte Jean

Palardy*, Maurice Blackburn*, Jean-Paul Ladouceur*, Jean-Yves Bigras* et René Jodoin*. En 1943, l'ONF a une première équipe française, le studio 10. Elle compte une quinzaine de membres mais ne regroupe pas tous les effectifs canadiens-français. Dès son entrée en service, Paquette est responsable de la série «Actualités canadiennes» que diffuse France Film à travers son réseau de salles. Mis à part «Actualités canadiennes», les autres films français sont surtout diffusés dans les circuits communautaires. En 1943, ce magazine (d'abord mensuel, puis bimensuel) change de nom et devient «Les reportages». Lorsqu'elle est abolie, en 1946, cette série compte cent dix-huit épisodes qui forment la première chronique cinématographique québécoise. À côté d'elle, on doit signaler une série de films d'animation, «Chants populaires», à laquelle travaillent Norman McLaren*, René Jodoin et Jean-Paul Ladouceur.

Dans les mois qui suivent la fin de la guerre, le groupe français s'enrichit de nouvelles recrues: Paul Thériault, chargé de conseiller le commissaire en matière canadienne-française, Victor Jobin*, Pierre Petel*, Raymond Garceau*, Roger Blais* et, en 1946, Bernard Devlin*. Grierson quitte la direction de l'ONF en 1945, et Ross McLean lui succède, avec le mandat de mettre en place une politique de restrictions budgétaires. Peu de temps après, l'équipe française est démantelée et les cinéastes sont affectés à des studios «bilingues». La production francophone connaît alors des jours difficiles. À nouveau, on croit que les versions françaises suffisent. Quelques films en français se distinguent néanmoins durant cette période: *Saguenay* (R. Blais, 1948, cm), *Au parc Lafontaine* (P. Petel, 1947, cm) *Terre de Caïn* (P. Petel, 1949, cm), *Montée* (R. Garceau, 1949, cm),

Contrat de travail (B. Devlin, 1950, cm) et la série «Vigie». À cette époque, le gouvernement Duplessis, dont les rapports avec l'ONF sont tendus depuis longtemps (on l'accuse de produire des films de propagande communiste, etc.) se brouille avec l'organisme et limite la diffusion de ses films dans les institutions qui sont sous sa juridiction. L'ONF va donc développer ses propres canaux de distribution tout en confiant à certains distributeurs commerciaux la diffusion des séries destinées aux salles, comme «Coup d'œil».

En 1950, Arthur Irwin succède à Ross McLean. C'est lui qui voit, cette même année, à la mise en application de la nouvelle loi qui régit l'ONF et qui comprend le désormais célèbre mandat: «Faire connaître et comprendre le Canada aux Canadiens et aux autres nations». La situation des cinéastes francophones est alors déplorable; ils s'en plaindront d'ailleurs devant la commission Massey sur les arts et les sciences au Canada. Le combat pour mener à terme la réalisation de *L'homme aux oiseaux* (B. Devlin et J. Palardy, 1952, cm), jugé trop cher pour un film destiné uniquement aux francophones, illustre bien la difficulté de travailler en français, à l'ONF. En 1953, Albert Trueman devient commissaire. On crée, au même moment, le studio E, chargé de la réalisation de films français destinés à la télévision. Bernard Devlin en est le premier directeur. Quelques mois plus tard, on crée le studio F, spécialement consacré à la production de films en français. Roger Blais y est nommé producteur. On y réalise notamment des épisodes de la série «Silhouettes canadiennes». Bientôt, certains cinéastes, dont Blais, commencent à affirmer que le développement d'une production respectant la culture québécoise passe par la création d'une section française. Mais la direction de l'ONF conçoit la chose autrement. Tout de même, au printemps de 1953, elle exproprie des terrains pour déménager l'ONF à Montréal et le rapprocher du milieu français. Dans cet esprit, on engage, en 1954, un conseiller spécial français, Pierre Juneau*.

L'entrée en ondes de la télévision a un impact considérable sur la production. Après des années de stagnation, on embauche neuf personnes dont Anne Hébert*, Marc Beaudet*, Marcel Martin et Louis Portugais*. Si les ciné-reportages de la série «Sur le vif» (1954-1955) sont assez décevants, les émissions de «Passe-Partout» (1955-1956) comprennent des films plus intéressants: *Les aboiteaux* (R. Blais, 1955, cm), *Alfred J.* (B. Devlin, 1956, mm). On y trouve des documentaires classiques, des docufictions et des fictions, bref un éventail de styles remarquable. Réalisateurs et producteurs cherchent dans toutes les directions des sujets susceptibles d'intéresser les Québécois et de refléter leur réalité.

L'année 1956 marque un point tournant dans l'histoire de la production française. Juneau renforce sa position en devenant directeur exécutif. On crée un studio spécial pour les versions françaises, dont la responsabilité est confiée à Jacques Bobet*. L'ONF déménage à Montréal en septembre. Les journaux québécois amorcent alors une campagne qui va prendre de l'ampleur au début de 1957: on revendique une section française à l'ONF, et on étale au grand jour tous les malheurs des francophones. C'est «l'affaire ONF». En pleine campagne de presse, on annonce la nomination de Guy Roberge* au poste de commissaire. Tous ces facteurs institutionnels favoriseront l'essor de la production, ainsi que l'engage-

Guy Roberge et John Grierson lors du 25ᵉ anniversaire de l'ONF. (ONF, coll. CQ)

ment de nouveaux cinéastes: Claude Jutra*, Fernand Dansereau* et Léonard Forest*.

Pour donner suite à la série «Passe-Partout», les cinéastes optent pour une série d'envergure qui serait un reflet socio-historique et introspectif de la société canadienne-française. C'est «Panoramique» (1957-1958) qui comprend six films en plusieurs épisodes: *Les brûlés* (B. Devlin), *Il était une guerre* (L. Portugais), *Le maître du Pérou* (F. Dansereau, mm), *Les mains nettes* (C. Jutra), *Les 90 jours* (L. Portugais) et *Pays neuf* (F. Dansereau, mm). La critique et le public accueillent avec enthousiasme la diffusion de ces émissions; l'équipe française affirme ainsi sa présence et sa force et manifeste son besoin de produire des longs métrages de fiction. «Passe-Partout» et «Panoramique» témoignent de la compétence grandissante et de l'originalité des cinéastes francophones, ainsi que de leur capacité à prendre la parole avec vigueur et talent.

Même si «Panoramique» enclenche le débat autour de la fiction, c'est une série de documentaires fictionnalisés qui lui succède: «Profils et paysages». On y dresse notamment des portraits de Félix Leclerc, Germaine Guévremont, Fred Barry, Marius Barbeau, Pierre Beaulieu et Lionel Groulx. Par le choix des personnalités interviewées, les cinéastes affirment un dynamisme culturel et national trop longtemps occulté au sein de l'ONF. À la même époque, certains cinéastes tirent les leçons du *candid eye* que pratiquent leurs collègues anglophones, et se démarquent des autres approches documentaires de l'équipe française. C'est ainsi que naît le cinéma direct*, dont *Les raquetteurs* (M. Brault et G. Groulx, 1958, cm) est le coup d'envoi. Les films tournés par Claude Fournier*, Gilles Groulx* et Michel Brault* entre 1959 et 1961 sont les classiques du direct. Mais ces cinéastes se heurtent à la résistance de certains de leurs confrères. Si, bientôt, la majorité de l'équipe française adopte les méthodes du tournage en direct, tous ne souscrivent pas aux approches et aux sujets mis de l'avant par les éclaireurs du cinéma direct. La diversité et même la divergence sont plutôt à l'ordre du jour.

Ces années-là, on procède à l'embauche d'un personnel francophone considérable: Jean Dansereau*, Gilles Groulx, Pierre Patry*, Clément Perron*, Gilles Gascon*, André Belleau*, Jacques Godbout*, Jean-Claude Labrecque*, Hubert Aquin*, et plusieurs autres. Un peu plus tard, au début des années 60, on engage Anne Claire Poirier*, Gilles Carle*, Arthur Lamothe*, Michel Moreau*, Jacques Leduc* et Jacques Giraldeau*, sans compter de nombreux pigistes. L'équipe française se consolide avec Fernand Dansereau, André Belleau et Jacques Bobet comme producteurs. Son dynamisme explose dans toutes les directions. Empruntant une voie différente de celle tracée par le direct, le cinéma des scénaristes-réalisateurs s'applique à interroger la collectivité québécoise à travers tous les secteurs de son activité: art, science, administration, agriculture. Ce projet se concrétise autour de la série «Le défi», d'où sortent des films aux styles fort différents comme *Les bacheliers de la cinquième* (C. Perron et F. Séguillon, 1961, cm), *Les petits arpents* (R. Garceau, 1962, cm). *Les dieux* (J. Godbout et Georges Dufaux*, 1961, cm) et *Dimanche d'Amé-*

rique (G. Carle*, 1961, cm). Tous ces films passent à la télévision, à l'émission *Temps présent*. «Le défi» marque la dernière manifestation tangible de cette école de pensée qui souhaitait établir, à l'aide de recherchistes, des projets de grande envergure donnant un sens et une cohésion à la majeure partie de la production d'une année. Dorénavant, les projets seront mieux circonscrits et, parfois, inclus dans les séries qui réunissent les productions française et anglaise. Ainsi, on lance les séries «Comparaisons» et surtout, «Les artisans de notre histoire». Cette dernière, réalisée dans le cadre des préparatifs du centenaire de la Confédération, est à l'origine de films comme *Louis-Joseph Papineau* (L.-G. Carrier*, 1960, cm), *Louis-Hippolyte Lafontaine* (P. Patry, 1962, cm), *Champlain* (D. Arcand*, 1964, cm) et *Les Montréalistes* (D. Arcand, 1965, cm). Plus significative encore est la série «Ceux qui parlent français», dont le but est de cerner l'espace français dans le monde et la mentalité de ceux qui l'habitent. Parce qu'elle correspond aux préoccupations nationalistes et culturelles de beaucoup de cinéastes, et qu'elle leur fournit un cadre de réalisation souple où direct et documentaire «classique» peuvent coexister sans problème, cette série séduit plusieurs cinéastes. Six films en font partie, dont *De Montréal à Manicouagan* (A. Lamothe, 1963, cm), *Petit discours de la méthode* (C. Jutra et P. Patry, 1963, cm) et *Rose et Landry* (J. Godbout et J. Rouch, 1963, cm). À y regarder de près, on voit bien que le cinéma de l'équipe française va dans tous les sens en ce début des années 60. De plus en plus nombreux, des projets surgissent, fort différents, qui veulent se démarquer du direct ou du documentaire traditionnel en soignant la scénarisation, ou encore qui veulent dépasser le cadre du court

Léonard Forest, Bernard Devlin, Fernand Dansereau et Louis Portugais. (ONF, coll. CQ)

métrage. Dans le premier cas, cela donne une série comme «La femme hors du foyer», dont le sujet est presque un prétexte à des expériences formelles qui permettent de résorber en partie l'antagonisme entre le direct et le documentaire traditionnel qui divise l'équipe française. Les quatre films de la série, réalisés par Gilles Carle (*Solange dans nos campagnes*, 1964, cm), Jacques Godbout (*Fabienne sans son Jules*, 1964, cm), Pierre Patry (*Il y eut un soir, il y eut un matin*, 1964, cm), ainsi que par Georges Dufaux et Clément Perron (*Caroline*, 1964, cm), proposent des portraits de femme qui donnent prise à la contestation. Ce retour de la scénarisation est aussi à l'origine de fictions où, pour la première fois, des femmes ont l'occasion de développer une problématique et une écriture qui leur soient propres. C'est le cas de *La beauté même* (M. Forticr*, 1964, cm) et de *La fin des étés* (A. C. Poirier, 1964, cm).

C'est en janvier 1964 que la direction de l'ONF accepte officiellement de tourner des longs métrages en français, avec la coproduction du film à sketches *La fleur de l'âge* (1964, la partie canadienne, *Geneviève*, est réalisée par Michel Brault) et, surtout, avec *Le festin des morts* (F. Dansereau, 1965), une reconstitution historique inspirée des relations des missionnaires jésuites chez les Amérindiens, au temps de la Nouvelle-France. Auparavant, l'ONF avait néanmoins autorisé le tournage de *Pour la suite du monde* (P. Perrault* et M. Brault, 1963), le grand classique du cinéma direct qui en synthétise les expériences antérieures tout en l'élargissant à un cinéma de la parole éblouissant. Mais, pour les cinéastes, long métrage signifie avant tout fiction. C'est pourquoi ils détournent le projet d'une série sur l'hiver qui devait permettre de développer des fictions héritant de la tradition documentaire, et tournent trois films qui demeurent cruciaux dans le développement de la fiction au Québec: *La vie heureuse de Léopold Z.* (G. Carle, 1965), *La neige a fondu sur la Manicouagan* (A. Lamothe, 1965, mm) et, surtout, cette œuvre emblématique de la période, *Le chat dans le sac* (G. Groulx, 1964).

Tout ce dynamisme créatif, toutes ces affirmations d'une spécificité culturelle et nationale remettent à l'ordre du jour la question d'une équipe française autonome. Le vent de réforme qui souffle sur le Québec au début des années 60, ainsi que la réflexion qui se fait sur le bilinguisme et le biculturalisme, amène l'ONF à créer, le premier janvier 1964, une production française autonome, dirigée par Pierre Juneau, bientôt entouré par quatre producteurs exécutifs: Jacques Bobet, André Belleau, Marcel Martin et Michel Moreau. Au cours des années qui suivent, les successeurs de Juneau sont Marcel Martin (1966-1969), Jacques Godbout (1969-1970), Gilles Dignard (1970-1971), Pierre Gauvreau (1971-1972), Yves Leduc* (1972-1976), François Macerola* (1976-1979), Jean-Marc Garand* (1979-1984), Daniel Pinard (1984-1986) et Georges Dufaux (1986-). Mais cette réforme administrative ne guérit pas tous les maux des cinéastes francophones. C'est pourquoi plusieurs quittent alors l'ONF pour l'industrie privée, qui commence tout juste à se structurer: Claude Jutra, Pierre Patry, Gilles Groulx, Jean Dansereau, Arthur Lamothe, Gilles Carle, Denys Arcand et Bernard Gosselin*. Certains cinéastes trou-

vent, dans les revues *Parti Pris* et *Liberté*, une tribune pour rendre leurs griefs publics. En fait, la création de la production française est à la fois l'aboutissement d'un processus historique et l'occasion de nouveaux débats. À la différence de la production anglaise, qui met en place une structure aux responsabilités décentralisées (dont un *pool system* pour les cinéastes et un comité du programme où ils participent), Juneau choisit une voie plus hiérarchique pour la production française, ce qui ne fait pas l'affaire de plusieurs. Quand celui-ci quitte la direction, en mars 1966, Marcel Martin lui succède et instaure une structure participative similaire à celle adoptée par les anglophones. Fonctionnel à partir de 1968, le comité de programme, où siègent réalisateurs, producteurs, techniciens, administre toutes les productions originales à l'exception des commandites et des versions françaises.

Dans la structure bipartite adoptée par l'ONF, chaque section administre son budget, supervise ses opérations de production et de distribution, et est responsable des programmes qu'elle instaure. Outre les films de commandes, les œuvres originales, les versions et adaptations françaises, ainsi que les coproductions, plusieurs types de documents audiovisuels sont réalisés: films fixes, films en boucle, vidéos, jeux de diapositives, etc. Avec le projet Société nouvelle (1969-1979), entrepris dans le cadre du programme de la lutte contre la pauvreté du Secrétariat des plans spéciaux, une autre dimension s'ajoute à la production, à la diffusion et à la distribution: l'animation sociale. Société nouvelle permet de développer un dispositif spécifique de l'ONF: les documents produits sont utilisés comme outil de discussion et, dans certains projets, le citoyen peut participer à l'élaboration d'une œuvre cinéma-

Pierre Dufresne, Rolland d'Amour, Aimé Major et Félix Leclerc dans Les brûlés, *de Bernard Devlin. (ONF, coll. CQ)*

tographique ou vidéographique. La démarche de Société nouvelle rejoint celles de Raymond Garceau (série «Arda», 1965) et du Groupe de recherche sociale qui a notamment produit les films *St-Jérôme* (F. Dansereau, 1968), *L'école des autres* (M. Régnier*, 1968) et *La p'tite Bourgogne* (M. Bulbulian*, 1968, mm). Deux projets importants voient le jour au début des années 70: au Lac-Saint-Jean, une expérience communautaire de télédistribution (le projet Normandin), à Montréal, un centre de production et de distribution ouvert aux citoyens, le Vidéographe. Du côté des séries, Régnier s'intéresse aux questions urbaines en réalisant vingt-cinq films dans le cadre d'«Urbanose» et d'«Urba 2000». Le programme En tant que femmes — qui, sous la direction

d'Anne Claire Poirier, permet la réalisation de six films de femmes entre 1972 et 1975 — est sûrement l'une des plus importantes activités de Société nouvelle, tant du point de vue de la production que de celui de son impact social, particulièrement à la suite de la diffusion des films par Radio-Canada. Les années 70 coïncident d'ailleurs avec l'accession des femmes à la réalisation. Ce mouvement est très clairement perceptible à travers la production documentaire de l'ONF, qui profite notamment de l'arrivée de Mireille Dansereau*, Diane Beaudry*, Diane Létourneau*, Dagmar Gueissaz Teufel*, Marilú Mallet*, Hélène Girard* et Francine Prévost*. Parmi les nombreuses productions réalisées dans le cadre de Société nouvelle, mentionnons deux films de Léonard Forest, *La noce n'est pas finie* (1971) et *Un soleil pas comme ailleurs* (1972, mm), qui s'intéressent aux Acadiens; *Les héritiers de la violence* (T. Vamos*, 1977, mm), *Les vrais perdants* (A. Melançon*, 1978) et *Famille et variations* (M. Dansereau, 1977), qui traitent de la famille et de l'enfant; *Raison d'être* (Y. Dion*, 1977) et *Fuir* (H. Girard, 1979), qui abordent des problèmes d'ordre moral et social; ainsi que *Les «Borgès»* (M. Mallet, 1978), film traitant de l'adaptation d'immigrants portugais à la société québécoise. L'année même de la création de Société nouvelle, en 1969, le gouvernement Trudeau étend sa politique d'austérité économique à l'ONF. Le commissaire Hugo McPherson procède alors à plusieurs licenciements, ce qui installe une situation de crise. Le 16 décembre, cette année-là, les cinéastes organisent une marche sur Ottawa.

Régulièrement depuis la création de la section française, plusieurs films documentaires sont réalisés dans le cadre de séries spécifiques et dans des perspectives thématiques liées aux préoccupations de la société canadienne. Ainsi, la section française produit beaucoup de films sur des personnalités qui ont marqué l'histoire de la société québécoise. Denys Arcand, par exemple, réalise *Champlain* (1964, cm), *Les Montréalistes* (1965, cm), *La route vers l'Ouest* (1965, cm) et *Québec: Duplessis et après...* (1972), Jacques Leduc et Lucien Ménard réalisent *Je chante à cheval avec Willie Lamothe* (1971), Gilles Gascon* réalise *Peut-être Maurice Richard* (1971) et Jean-Daniel Lafond *Les traces du rêve* (1986), ce dernier film sur Pierre Perrault. Les séries «La belle ouvrage», «Les arts sacrés au Québec», ainsi que les deux films sur les nuits de la poésie (J.-C. Labrecque et J.-P. Masse*,

1970, 1980) et *La veillée des veillées* (B. Gosselin, 1976), constituent un important corpus consacré à des artistes, à l'art traditionnel et à des manifestations culturelles marquantes. La question nationale est un sujet fréquemment abordé; quelques films en font leur propos principal: *Saint-Denis dans le temps* (M. Carrière*, 1969) mélange reconstitution historique et manifestation indépendantiste contemporaine; *Un pays sans bon sens!* (P. Perrault, 1970) donne la parole à différents groupes minoritaires au Canada et en France; dix ans plus tard, *Le confort et l'indifférence* (D. Arcand, 1981) s'intéresse à la société québécoise post-référendaire. La lutte des classes et la condition des travailleurs sont également des sujets qu'affectionnent les cinéastes. Denys Arcand, avec *On est au coton* (1970), et Gilles Groulx, avec *24 heures ou plus...* (1973), réalisent deux longs métrages qui prennent une position claire, le premier sur la situation des travailleurs de l'industrie du textile, le second sur la condition de la classe ouvrière dans son ensemble et les revendications des principaux syndicats présents sur la scène québécoise. Le retard important dans la distribution officielle de ces deux films politiques démontre que, bien que l'ONF fasse preuve d'ouverture à l'étape de la production, l'institution exerce malgré tout un contrôle quant au traitement des sujets. Le commissaire Sydney Newman* est à l'origine de l'interdit qui frappe ces films. Il quitte la direction de l'organisme en 1975. André Lamy* lui succède et lève l'interdit qui frappe *Cap d'espoir* (J. Leduc, 1969, mm), *On est au coton* et *24 heures ou plus...* Dix années plus tard, la menace de censure pèse cette fois au-dessus de *Passiflora* (F. Bélanger et D. Gueissaz-Teufel, 1985), qui offre une image peu orthodoxe

IXE-13, *de Jacques Godbout. (ONF)*

du pape Jean-Paul II. En 1971, Maurice Bulbulian signe *Dans nos forêts*, sur l'industrie forestière; il récidive en 1973 avec *Richesse des autres*, sur la situation des mineurs chiliens et québécois, puis en 1977 avec *Les gars du tabac* (cm), sur la vie des ouvriers agricoles. Avec *De la tourbe et du restant* (1979), Fernand Bélanger* dépeint la situation qui entoure l'exploitation des tourbières du Bas Saint-Laurent: situation des ouvriers, échanges économiques entre le Canada et les États-Unis, pénétration culturelle américaine. Dans les années 80, *Le travail piégé* (D. Gueissaz-Teufel, 1984, mm) donne la parole aux femmes travaillant à domicile, *L'ordinateur en tête* (D. Beaudry, 1984, cm), coproduit par le programme fédéral des femmes, s'intéresse aux réper-

cussions des changements technologiques, tandis que *10 jours... 48 heures* (Georges Dufaux, 1986) décrit l'industrie de la pêche à Terre-Neuve. En plus des nombreux films conçus comme des outils destinés à l'enseignement (comme la série «Toulmonde parle français»), plusieurs documentaires sur l'éducation sont réalisés, notamment la série de huit films «Les enfants des normes» (1979) de Georges Dufaux, à laquelle s'ajoute un neuvième film, *Les enfants des normes – POST-SCRIPTUM* (1983), regard attentif posé sur la jeunesse des années 80.

Les différentes régions du Québec sont représentées dans la production de l'ONF, dont l'activité reste tout de même centralisée à Montréal. Pierre Perrault, avec ses deux cycles consacrés respectivement à l'Île-aux-Coudres et à l'Abitibi, contribue notamment à faire connaître les régions. Dans les années 80, deux longs métrages rendent particulièrement bien compte des aléas liés au développement régional du territoire québécois: *Fermont, P.Q.* (C. Perron et M. Fortier, 1980) et *Le dernier glacier* (R. Frappier* et J. Leduc, 1984). Enfin, Bernard Gosselin réalise *L'Anticoste* (1986), film sur une île du Saint-Laurent mal connue des Québécois. Rejoignant à la fois le thème des régions et celui des communautés ethniques, quelques films portent sur les Amérindiens. Outre les films à saveur folklorique, il faut noter le film de Marcel Carrière, *L'Indien parle* (1967, mm), qui pose la question de la survie de la race. Plusieurs années après, Maurice Bulbulian et Marc Hébert* réalisent un film en langue montagnaise, sous-titré en français, *Ameshkuatan – Les sorties du castor* (1978, cm). Bulbulian va ensuite donner la parole aux dissidents inuit qui dénoncent les accords de la baie de James dans *Debout sur leur terre* (1982). Pierre Perrault, dans *Le goût de la farine* (coréal. B. Gosselin, 1977) et dans *Le pays de la terre sans arbre ou le Mouchouânipi* (1980), soulève la question des rapports entre Blancs et Indiens, et trace notamment un parallèle entre l'Indien imaginaire des Québécois et la réalité du peuple montagnais. La section française de l'ONF contribue à la mission de l'institution d'informer les Canadiens sur la réalité internationale en envoyant des cinéastes à l'étranger et en coproduisant des films avec d'autres pays et avec des organismes de développement international. L'ONF ouvre ses portes aux immigrants récents, pour qu'ils puissent témoigner de leurs préoccupations, et produit des documents relatifs aux communautés culturelles et ethniques vivant au

Canada. *Il n'y a pas d'oubli* (R. Gonzalez, J. Fajardo* et M. Mallet, 1975), triptyque réalisé par trois cinéastes chiliens en exil, raconte leurs souvenirs tout en illustrant leur adaptation à la société canadienne. Les difficultés d'intégration des Juifs nord-africains francophones sont abordées par Jacques Bensimon* dans *20 ans après...* (1977, mm). En 1984, ce cinéaste retourne dans son pays pour filmer *Carnets du Maroc: mémoire à rebours* (1984, mm) et, en 1988, il ajoute deux autres volets à ces carnets africains. Michel Régnier, préoccupé des questions touchant au tiers monde, tourne plusieurs films à l'étranger: *Un mois à Woukang* (1980) en Chine populaire, *La vie commence en janvier* (1980) au Cambodge, *La casa* (1986) en Équateur et *Sucre noir* (1987) en République Dominicaine. Régnier participe également à la production de films didactiques destinés à des pays en développement, dans le cadre de coproductions avec l'ACDI. Guy L. Coté* décrit la Bolivie par le biais du voyage d'un missionnaire oblat dans *Les deux côtés de la médaille* (1974). C'est aussi en 1974 que Marcel Carrière trace le portrait de quatre grandes villes de la République populaire chinoise dans *Images de Chine*. En 1980, Georges Dufaux rapporte d'autres images de la Chine avec la série «Gui Daó – Sur la voie». Les cinq longs métrages documentaires de la série «Canada-Mexique» (1976-1980), une coproduction entre ces deux pays, portent sur différents aspects de la réalité sociale mexicaine. Cinq cinéastes y participent: Gilles Groulx et Maurice Bulbulian pour l'ONF, Paul Leduc, Bosco Arochi et Eduardo Maldonado pour le Mexique. Dans la lignée des films qu'il réalise sur les médias et le journalisme (*Derrière l'image*, 1978 et *Feu l'objectivité*, 1979, cm), Jacques Godbout s'intéresse à l'image des Africains dans la presse internationale avec *Distorsions* (1981, mm). En 1982, *Un monologue Nord-Sud* (mm) aborde la question des relations internationales à partir du cas d'Haïti. Tahani Rached* s'intéresse elle aussi à Haïti: elle tourne d'abord *Haïti Québec* (1985, mm), sur les Haïtiens qui vivent à Montréal, puis, *Bam Pay A! Rends-moi mon pays!* (1986, mm), regard d'un éxilé haïtien sur son pays après le départ de Jean-Claude Duvalier. *Comme en Californie* (J. Godbout, 1983) rend compte de l'internationalisation de certains courants de pensée; les pratiques culturelles des Québécois s'y révèlent fortement influencées par le «nouvel âge californien». Parmi les autres thèmes privilégiés par la section française, mentionnons les sports (notamment dans *Jeux de la XXIᵉ Olympiade*, J.-C. Labrecque, J. Beaudin, M. Carrière et Georges Dufaux, 1977), les personnes âgées (notamment dans *Au bout de mon âge* et *Les jardins d'hiver*, Georges Dufaux, 1975 et 1976) et les questions liées à l'écologie (illustrées dans *La fiction nucléaire*, J. Chabot*, 1978, et dans *Les pièges de la mer*, Jacques Gagné*, 1981).

À partir des années 70, la section française aide les francophones du Manitoba, de l'Ontario et du Nouveau-Brunswick à réaliser leurs propres films. Avant cette date, les francophones hors Québec, principalement les Acadiens, sont le sujet de quelques films: Léonard Forest signe *Les Acadiens de la dispersion* (1967), Michel Brault tourne *Éloge du chiac* (1969, cm) et, en collaboration avec Pierre Perrault, *L'Acadie l'Acadie?!?* (1971). C'est en 1974 que la production française crée trois centres de production hors Québec, à Moncton, à Toronto et à Winnipeg.

En 1966, la production française crée le studio français d'animation. René Jodoin en est le premier directeur. La création de ce studio stimule la production de films d'animation par des francophones, et un noyau de cinéastes se forme, qui regroupe Pierre Hébert*, Jacques Drouin*, Suzanne Gervais*, Francine Desbiens*, Jean-Thomas Bédard*, Co Hoedeman*, Robert Awad*, Bernard Longpré*, Vivianne Elnécavé* et Pierre Moretti*. S'y retrouvent aussi des cinéastes étrangers, comme Bretislav Pojar et Peter Foldès. Les films du studio utilisent une grande diversité de techniques et remportent de nombreux prix. C'est notamment le cas de *La faim* (P. Foldès, 1974), du *Mariage du hibou* (C. Leaf*, 1975), du *Paysagiste* (J. Drouin, 1976), du *Château de sable* (C. Hoedeman, 1977, cm) et de *L'affaire Bronswik* (R. Awad et A. Leduc*, 1978). Fondé par le producteur Yves Leduc, le concours Cinéaste recherché(e) permet la réalisation de premiers films d'animation. C'est grâce à ce concours que débutent, entre autres, Michel Murray (*Sylvia*, 1984, cm), François Aubry* (*Concerto Grosso Modo*, 1985, cm) et Luce Roy (*Téléphone*, 1985, cm).

Si le documentaire prend une grande place dans la production onéfienne, les films de fiction sont de plus en plus nombreux à partir des années 60. Jusqu'en 1967, année de création de la SDICC, aucun organisme canadien ou québécois ne soutient la production de fictions. La jeunesse est souvent mise en scène pendant les années 60, que ce soit dans *Geneviève* (M. Brault, 1964, cm), dans *Kid sentiment* (J. Godbout, 1967), dans *Mon amie Pierrette* et *Jusqu'au cœur* (J. P. Lefebvre*, 1967 et 1968) ou dans *Wow* (C. Jutra, 1969). Les films de Gilles Groulx expriment bien le climat sociopolitique de l'époque, l'héritage d'une jeunesse confrontée à une évolution rapide et «tranquille» du

Québec. Outre *Le chat dans le sac* (1964), *Où êtes-vous donc?* (1968) et *Entre tu et vous* (1969) sont représentatifs de l'oeuvre très personnelle de Groulx. En 1969 est créé, à la production française, un studio des premières œuvres. Dirigé par Jean Pierre Lefebvre, ce studio produit cinq films: *Ti-cœur* (F. Bélanger, 1969, cm), *Jean-François Xavier de...* (M. Audy*, 1970), *Mon enfance à Montréal* (J. Chabot, 1970), *Question de vie* (A. Théberge*, 1970) et *Ainsi soient-ils* (Y. Patry*, 1970).

Au début des années 70, le nouveau studio de fiction de la section française produit l'un des grands films de l'histoire du cinéma québécois, *Mon oncle Antoine* (C. Jutra, 1971). Clément Perron, qui scénarise ce film et coréalise *C'est pas la faute à Jacques Cartier* (1967) avec Georges Dufaux, signe deux films ayant pour cadre le milieu rural: *Taureau* (1973) et *Partis pour la gloire* (1975). Il est d'ailleurs l'un des principaux promoteurs de la fiction à l'ONF. L'organisme permet aussi la réalisation d'œuvres singulières qui auraient difficilement trouvé un financement dans l'industrie privée. C'est le cas pour *Le temps d'une chasse* (F. Mankiewicz*, 1972) et *Tendresse ordinaire* (J. Leduc, 1973). Jacques Godbout explore, quant à lui, deux genres cinématographiques peu usuels au Québec: *IXE-13* (1971), s'inspirant d'un roman feuilleton populaire, est traité sous le mode de la comédie musicale, tandis que *La gammick* (1974), emprunte au film policier américain. Marcel Carrière tourne deux comédies de mœurs: *O.K. ...Laliberté* (1973) et *Ti-Mine, Bernie pis la gang...* (1976). Jean Beaudin*, l'un des cinéastes de fiction les plus prolifiques à l'ONF dans les années 70, s'intéresse dès ses premiers films aux relations interpersonnelles: l'amitié masculine dans *Trois fois*

passera... (1973, mm), l'amitié féminine dans *Cher Théo* (1975, mm), les relations de couple dans *Stop* (1971) et *J. A. Martin photographe* (1976). En 1979, Anne Claire Poirier tourne un important film sur le viol, *Mourir à tue-tête*. Dans les années 80, le nombre de films de fiction produits par l'ONF diminue considérablement au profit des coproductions avec le secteur privé. D'ailleurs, dès 1977, l'organisme annonce qu'il n'entend produire que des films qui ne peuvent pas l'être dans le secteur privé. C'est ainsi que sont produites des œuvres non commerciales comme *Albédo* (J. Leduc et Renée Roy, 1982, mm) et *Au pays de Zom* (G. Groulx, 1982). Mais, alors que la tendance est de ne plus engager de permanents et de faire appel à un nombre grandissant de pigistes, la section française continue de soutenir la démarche de cinéastes travaillant depuis plusieurs années pour l'institution: c'est le cas d'Anne Claire Poirier qui tourne *La quarantaine* (1982) et de Jean Beaudin qui réalise *Mario* (1984). Parmi les nombreuses coproductions qui voient le jour, on compte *Au clair de la lune* (A. Forcier*, 1982), *Les beaux souvenirs* (F. Mankiewicz, 1981), *La dame en couleurs* (C. Jutra, 1984), *Anne Trister* (L. Pool*, 1986), *Pouvoir intime* (Y. Simoneau, 1986) *Le déclin de l'empire américain* (D. Arcand, 1986) et *Kalamazoo* (A. Forcier, 1988). En 1982, le rapport du comité d'étude de la politique culturelle fédérale (rapport Applebaum-Hébert) recommande la transformation de l'ONF «en centre de recherche et de formation artistique et scientifique pour la production de films et de vidéos». Ce rapport entraîne un important mouvement de protestation dans le milieu cinématographique et force les créateurs et administrateurs qui sont associés à l'organisme à réfléchir sur son rôle et son avenir. James de B. Domville* est alors commissaire du gouvernement à la cinématographie. François Macerola lui succède en 1984. En 1986 est créé le programme Regards de femmes, dirigé par Josée Beaudet*, qui se consacre à la production de films réalisés par des femmes (*Singulier pluriel*, N. Chicoine, 1988, mm; *D'un coup de pinceau* M. Crouillère*, 1988, cm). En 1987, l'ONF se joint à quatre maisons de production pour produire un ensemble de dix téléfilms, dont *Salut Victor* (A. C. Poirier, 1988). En 1989, l'ONF célèbre son cinquantième anniversaire, événement marqué par la tenue d'une rencontre internationale sur le documentaire.

En plus de toutes ses activités de production, l'ONF aide de nombreux cinéastes indépendants et diverses activités cinématographiques (festivals, colloques, etc.) en fournissant des services qui vont du prêt d'équipement de tournage au développement de pellicule, en passant par l'impression de programmes ou d'affiches et le prêt de locaux.

BIBLIOGRAPHIE: CARRIÈRE, Louise, *La série de films Société nouvelle dans un Québec en changement: 1969-1979*, mémoire déposé à l'UQAM, 1983 • FAUCHER, Carol, *La production française à l'ONF, 25 ans en perspectives*, Cinémathèque québécoise, Montréal, 1984 • GRIERSON, John, *Rapport sur les activités cinématographiques du gouvernement canadien (juin 1938)*, Cinémathèque québécoise, Montréal, 1978 • LEDUC, Yves, *Portrait d'un studio d'animation, l'art et le cinéma image par image*, Office national du film du Canada, Montréal, 1983 • VÉRONNEAU, Pierre, *L'Office national du film l'enfant martyr*, Cinémathèque québécoise, Montréal, 1979

• VÉRONNEAU, Pierre, *Résistance et affirmation: la production française à l'ONF – 1939-1964*, Cinémathèque québécoise, Montréal, 1987 • «40 ans de cinéma à l'Office national du film». *Copie Zéro*, n° 2, Montréal, 1978. (P.V., M.C. et C.C.)

OUIMET, Danielle, actrice (Montréal, 1947). Elle est d'abord mannequin, Miss Québec à dix-neuf ans, hôtesse à la télévision. Lorsque Denis Héroux cherche une jeune inconnue, blonde, pas trop sophistiquée, capable de jouer mais non «polie» par une école de théâtre, pour interpréter le rôle-titre de *Valérie*, c'est elle qui décroche le rôle. Elle pourra jouer cette jeune fille jolie sans trop impressionner, distante tout en restant abordable, familière sans jamais paraître vulgaire, cette Valérie un peu surprenante par sa liberté et le sans-gêne avec lequel elle montre son corps, mais qui donne l'impression qu'on peut lui parler comme à la petite voisine. La sortie de *Valérie* en mai 1969 en fait une *star* qui joue presque le même rôle avec les médias que dans le film. Un peu comme pour les grandes *stars* hollywoodiennes du passé, le personnage tend à se confondre avec la vie privée, à tel point que les gens s'adressent à elle en tant que «Valérie». Elle perd son nom pour gagner un prénom, lequel devient typologique comme l'avaient été les «Séraphin» ou les «Aurore» avant lui. Toute sa réputation ne tient qu'à ce seul rôle. Son manque de métier y est compensé par un bon talent naturel et une spontanéité qui convient bien au personnage. Dans le film suivant, *L'initiation* (sorti en 1970), que Héroux tourne rapidement pour profiter au maximum des retombées de *Valérie*, il devient plus évident. On utilise ensuite Ouimet dans des petits rôles, pour mousser la pro-

Danielle Ouimet. (CQ)

motion de films qui se veulent provocants, mais qui font «pétard mouillé»: *Le rouge aux lèvres* (H. Kumel, 1970), *Le diable est parmi nous* (J. Beaudin, 1972), *Y a toujours moyen de moyenner!* (D. Héroux, 1973), *La pomme, la queue... et les pépins!* (C. Fournier, 1974), *Y a pas d' mal à se faire du bien* (C. Mulot, 1974) et *Tout feu tout femme* (G. Richer, 1975).

En 1974, elle accepte de jouer pour Anne Claire Poirier la séquence «Valérie » des *Filles du Roy*, moment capital dans cette histoire filmée des femmes, pour démystifier leur utilisation dans le cinéma. Pour Ouimet, momie que la réalisatrice met à nu, cette séquence constitue une sorte d'autocritique très courageuse car, même ainsi offerte à tous les regards, elle n'a plus rien ici de la *star* érotique. Sa popularité comme vedette du cinéma lui ouvre les portes de la radio où elle travaille comme animatrice. Elle ne joue plus ensuite que de petits rôles dans des séries télévisées. (Y.L.)

OUIMET, Léo-Ernest, distributeur, exploitant, producteur, réalisateur (Saint-Martin-de-Laval, 1877 – Montréal, 1972). Fils d'agriculteurs, il devient électricien et prépare pour le théâtre National et le parc Sohmer de Montréal d'ingénieux éclairages et trucages pour des spectacles. Son travail pour la scène le met en contact avec divers projectionnistes ambulants. Vers 1904, il achète un projecteur et présente lui-même des spectacles. En janvier 1906, il ouvre le premier vrai cinéma de Montréal, le Ouimetoscope. Le succès est phénoménal. De nombreux concurrents l'imitent, mais c'est chez lui qu'ils doivent se procurer films et appareils, car il est aussi devenu distributeur. Toujours à l'avant-garde, il se procure une caméra et se fait producteur dès l'automne 1906 en filmant d'abord sa famille (*Mes espérances*, 1908), puis l'actualité montréalaise: compétitions sportives, assemblées politiques, célébrations religieuses et faits divers sont projetés au Ouimetoscope et vendus aux autres exploitants. Les plus connues de ces bandes d'actualité sont *L'incendie de Trois-Rivières* (cm), *La chute du pont de Québec* (cm) et *Le congrès eucharistique de Montréal* (cm). Son activité se bute toutefois à deux obstacles: l'autorité ecclésiastique, qui juge le cinéma immoral, et les magnats du cinéma américain. Ces derniers fournissent presque tous les films vus au Québec, et Ouimet est forcé de leur vendre son commerce de distribution en 1908. Quant au clergé, il essaie de lui tenir tête en se lançant dans une lutte judiciaire qui durera des années. En effet, ce n'est qu'en 1912 que la Cour suprême du Canada finit par autoriser les spectacles de cinéma le dimanche au Québec. Pour gagner sa cause, Ouimet s'est cependant ruiné.

En 1914, lorsqu'est démantelé le *trust*

américain du cinéma, il revient à la distribution en mettant sur pied Pathé's Famous Film Syndicate of Québec, qui deviendra ensuite Specialty Film Import. La firme a des bureaux dans toutes les grandes villes canadiennes et distribue les films Pathé. Ouimet y ajoute des films d'actualité tournés par ses opérateurs: *Inauguration du port de Québec* (cm), *Visite du maréchal Joffre* (cm), *Explosion dans le port d'Halifax* (cm), etc. En 1918, il élargit ses opérations en fondant British Canadian Pathé News, qui produit des dizaines de films sur l'actualité canadienne: *Funérailles de Laurier* (cm), *Visite du Prince de Galles* (cm), *Construction du barrage Gouin* (cm), *Procession de l'armistice* (cm), etc. Il produit également de nombreux films publicitaires et trois docufictions tournées en 1918. Le premier, *The Call of Freedom* (mm), montre la vie d'une recrue à l'entraînement. Une intrigue faite de scènes de fiction relie les images filmées dans des camps comme Valcartier. Le deuxième docufiction, *Le feu qui brûle* (mm), est une comédie où se mêlent une intrigue policière et des images prises lors d'interventions des pompiers montréalais. Le film est destiné à promouvoir une levée de fonds pour le service des incendies. Quant au troisième film, *Sauvons nos bébés* (mm), il est destiné à appuyer une campagne contre la mortalité infantile. Un enfant d'une famille miséreuse y retrouve la santé grâce à l'intervention d'une infirmière dont les conseils d'hygiène apparaissent en intertitres.

Ouimet ne croyait pas qu'il était possible de produire des longs métrages de fiction au Québec. C'est en Californie que sera donc tourné le seul qu'il ait produit: *Why get married* (P. Cazeneuve, 1922). L'intrigue du film compare la vie de deux jeunes filles dont l'une trouve le bonheur dans le mariage et la vie au foyer, tandis que l'autre préfère poursuivre une carrière qui la mène au divorce. Il est mal reçu par la critique et le public qui ont déjà vu des dizaines d'histoires semblables. 1922 et 1923 sont des années de déconfiture pour Ouimet qui doit vendre Specialty Film Import à la firme américaine Famous Players, dont l'emprise sur les salles canadiennes se consolide rapidement. Il survit en s'occupant de distribution en Californie, puis à Toronto. En 1933, il revient à Montréal où l'on commence à exploiter le film parlant français. Il collabore avec les films des éditions Édouard Garand. Cette entreprise ayant été achetée par France Film, Ouimet loue en 1934 le cinéma Impérial pour y présenter du film français et du théâtre. Il doit abandonner en 1936 lorsqu'un incendie à l'Impérial fait deux victimes dont les parents le poursuivent devant les tribunaux. Ruiné, Ouimet en est réduit à user de ses relations politiques pour se trouver, en 1937, un emploi de gérant dans une succursale de la Commission des liqueurs du Québec. Il y travaillera jusqu'à ses 80 ans, en 1957. Il continuera toujours à s'intéresser au cinéma, expérimentant même un procédé de projection en trois dimensions pour lequel il veut obtenir un brevet d'invention.

Ouimet est un homme hors du commun, un pionnier dans tous les domaines de l'industrie cinématographique au Canada. Ses succès sont le fruit de son esprit novateur, et ses revers sont dus à la concurrence américaine et au peu de soutien des politiques nationales à l'égard de la culture. Chaque année, l'AQCC remet un prix qui porte son nom au réalisateur du meilleur long métrage québécois, le prix L.-E.-Ouimet-Molson.
BIBLIOGRAPHIE: BÉLANGER, Léon, *Les Ouimetoscopes*, VLB éditeur, Montréal.

1978 • LACASSE, Germain, *L'Historiographe*, Cinémathèque québécoise, Montréal, 1985. (G.L.)

OWEN, Don, réalisateur, chef opérateur (Toronto, 1935). Après des études en anthropologie, il entre à l'ONF en 1960. Son intérêt pour les arts est manifeste (*Toronto Jazz*, 1964, cm; *Ladies and Gentlemen: Mr. Leonard Cohen*, coréal. D. Brittain, 1965, mm); *Snow in Venice*, 1971, cm; *Cowboy and Indian*, 1972, cm). Bien qu'il soit essentiellement un cinéaste ontarien, il travaille au Québec à quelques occasions. Il est, notamment, l'un des caméramen de deux importants jalons du cinéma direct: *La lutte* (M. Brault, M. Carrière, C. Fournier et C. Jutra, 1961, cm) et *À Saint-Henri le 5 septembre* (H. Aquin, 1962, mm). Comme réalisateur, il signe *Notes for a Film About Donna & Gail* (1966, cm) et, surtout, *The Ernie Game* (1967), où il reprend les personnages de son film précédent. Il se dégage une réelle authenticité de ces deux films qui dépeignent la jeunesse des années 60 avec un soupçon de poésie psychédélique. Ernie (Alexis Kanner), personnage central de *The Ernie Game*, est le cousin américain de Pierrot le fou, personnage instable vagabondant à travers Montréal. En 1969, Owen quitte l'ONF et s'installe à Toronto. (M.J.)

OZEP, Fédor (Alexandrovitch), réalisateur, scénariste (Moscou, 1895 – Hollywood, 1949). Pionnier du cinéma soviétique, il collabore avec Protazanov et Barnet avant de voler de ses propres ailes. Une coproduction l'amène en Allemagne, *Zhivoitrup Der lebende Leichnam* (1929); il décide d'y rester. Sa carrière sera dorénavant celle d'un cinéaste en exil, internationale et cosmopolite, souvent avec une saveur russe en arrière-plan. Ainsi, il adapte Dostoïevski avec *Der Mörder Dimitri Karamasoff* (1931). Chassé par les nazis, il s'établit en France où sa *Dame de pique* (1937), d'après Pouchkine, sera sa meilleure réalisation. La guerre l'amène aux États-Unis. Il y tourne un *remake* d'un film soviétique de 1941, *Three Russian Girls* (1943), qui est bien accueilli. C'est là que le contacte Charles Philipp, un Français d'origine russe qui vient de fonder, à Montréal, Renaissance Films* et qui recherche un réalisateur d'expérience parlant français. Ozep arrive à Montréal en 1944 pour tourner *Le père Chopin* (1945), dialogué par Jean Desprez. Le public fait un malheur à ce conte moral qui oppose les valeurs de l'esprit et de l'amour à celles de l'argent et de l'égoïsme; pour la première fois du parlant, le Québec est à l'écran dans un film de fiction. Mais la saveur locale est diluée et folklorisée, passée au moule de la série B et du parler français de France. Le succès du film et la maîtrise technique d'Ozep amènent Québec Productions* à s'adresser à lui pour sa première réalisation, un film tourné simultanément en versions française et anglaise, *Whispering City/La forteresse* (1947). Autant le film précédent était de facture européenne, autant celui-ci est américain. Le sujet, un drame policier dont les trois rôles sont interprétés par des Américains dans la version anglaise, s'y prête. Dans l'ensemble, la presse est tout aussi bonne que pour *Le père Chopin*. On peut trouver les deux films d'Ozep insipides et déplorer le jeu théâtral des acteurs et l'écriture conventionnelle du cinéaste, mais il faut reconnaître qu'ils se comparent avantageusement aux produits diffusés sur les écrans québécois dans les années 40. Ils contribuent à jeter les bases d'une industrie cinématographique québécoise. (P.V.)

PALARDY, Jean, réalisateur, chef opérateur, scénariste (Fitchburg, États-Unis, 1905). Peintre de formation, il s'intéresse tôt à l'étude de la civilisation traditionnelle québécoise. En 1942, à l'ONF, il vient seconder Vincent Paquette à titre de caméraman réalisateur et est affecté surtout à la série «Les reportages». Après la guerre, il est transféré à la série «Canada Carries On». Durant les années 50, Palardy devient pigiste, toujours au service de l'ONF. Il fait de rares incursions dans l'industrie privée: pour scénariser *Le gros Bill* (R. Delacroix, 1949) et pour fonder Les productions Orléans, dont on ne connaît qu'une réalisation (*Pour l'amour de nos enfants*, 1957, cm).

L'œuvre de Palardy est très diversifiée. Certains films de commande sont plutôt banals, surtout ceux qui traitent d'industrie, de travail. Par contre certains thèmes l'inspirent. Il ne rate pas une occasion de mettre en valeur l'aspect positif du coopératisme comme moyen de régénérescence et d'affirmation pour le Canada français. Cela transparaît dans *La moisson de la mer* (1943, cm), *Chantier coopératif* (1955, cm), *Agronomie* (1955, cm) et *Charles Forest, curé-fondateur* (1959, cm). Mais ce sont *Les caisses populaires Desjardins* (1945, mm) et *The Rising Tide / La marée montante* qui sont ses œuvres les plus achevées sur ce thème. Palardy montre également un intérêt constant pour la connaissance, la préservation et la présentation de la vie traditionnelle et de la culture populaire québécoises (peinture, musique, artisanat); ses films contribueront en partie à l'image folklorisante du cinéma onéfien francophone des années 40 et 50. Mentionnons *Moisson de la glaise* (1945, cm), *The Singing Pipes / Le vent qui chante* (1945, cm), *Là-haut sur ces montagnes* (1946, cm), *Peintres populaires de Charlevoix* (1946, cm), *Artisans du fer* (1951, cm) et *Soirée de chantiers* (1955, cm). Il faut faire une place spéciale à trois de ses films: *Îles de la Madeleine* (1952, cm) pour la qualité de la photo et l'expérimentation d'un commentaire poétique (en désaccord avec ce film, Maurice Duplessis demande à l'abbé Proulx de lui «répondre»); *Ti-Jean s'en va-t-aux chantiers* (1953, cm), un film pour enfants tiré d'un conte populaire (longtemps un des films les plus demandés à l'ONF); et *Correlieu* (1959, cm) sur le peintre Ozias Leduc. On lui attribue la coréalisation, avec Bernard Devlin, de *L'homme aux oiseaux* (1952, cm), mais il faut rappeler qu'il n'est intervenu qu'à l'étape du montage. Ayant mis le cinéma de côté à la fin des années 50, il consacre plus de temps à l'ethnologie, domaine pour lequel il s'est passionné tout au long de sa vie. En 1963, il publie un ouvrage de référence, *Meubles anciens du Canada français*. Sa carrière d'historien et d'expert en reconstitution historique, qu'il poursuit depuis plus de vingt-cinq ans, lui vaut plusieurs reconnaissances nationales.

PRINCIPAUX AUTRES FILMS: *Métropole* (1947, cm), *Film and You* (1949, cm), *Le médecin du nord* (1954, cm), *Sorel* (1954, cm), *Carnaval de Québec* (1956, cm), *Les ingénieurs* (1957, cm). (P.V.)

PÂQUET, Jacques, chef électricien (Saint-Georges de Beauce, 1948 – Montréal, 1982). Il acquiert une formation d'électricien puis occupe différents emplois avant de débuter au cinéma chez Onyx, en 1971, pour la télésérie *La feuille d'érable*. Par la suite, on retrouve son nom au générique de nombreux commerciaux et long métrages dont *Gina* (D. Arcand, 1975), *Quintet* (R. Altman, 1978), *Les bons débarras* (F. Mankiewicz, 1980), *Les fleurs sauvages* (J. P. Lefebvre, 1982). En 1980, il fonde sa propre compagnie, Flexibles. Il est l'inventeur, avec Emmanuel Lépine*, de «La grue». (J.D.)

PAQUETTE, Vincent, réalisateur, producteur (Montréal, 1915). Après son cours classique, il entre à Radio-Canada à Ottawa comme annonceur bilingue. En 1941, alors que l'ONF ne voit pas encore la nécessité de tourner en français, Philéas Côté, un adjoint de Grierson, prépare un rapport sur cette question. L'ONF convient alors d'engager immédiatement un francophone; ce sera Paquette. Après un court stage aux versions et au montage, on lui confie la responsabilité du bureau de l'ONF à Montréal et de la production française en général, qui comprend la série «Les actualités canadiennes» et les versions. Paquette trouve néanmoins le temps de tourner un film qui dépasse le cadre strict et la durée des actualités: *La Cité de Notre-Dame* (1942, cm),

sur le tricentenaire de Montréal. Paquette lit cet événement à la lumière de l'histoire officielle qui s'y rapporte. La différence entre les versions française et anglaise de ce film démontre qu'un Canadien français, à l'ONF, peut, à cette époque, trouver le moyen de faire valoir la spécificité de son regard. Le changement, en mars 1943, des «Actualités canadiennes» en «Les reportages» amène un renforcement de l'équipe française. Paquette dirige bientôt une quinzaine de personnes, dont Maurice Blackburn, Jean Palardy et Jean-Yves Bigras. Il participe, d'une manière ou d'une autre, aux cent dix-sept films de la série «Les Reportages», en réalise plusieurs et coordonne les autres. En 1944, l'équipe française passe sous la direction de Guy Glover et Paquette devient producteur du programme «Santé, réhabilitation et bien-être», où ne se tourne aucun film en français. Il réalise quand même quelques films: *Training Industry's Army* (1945, cm), *Let's Look at the Water* (1947, cm) et *Your Morning Milk* (1947, cm). Il crée par ailleurs un précédent à l'ONF en réalisant dans les deux langues, avec deux équipes de comédiens et de médecins, *Maternité/ Mother and Her Child* (1947, mm). En mars 1948, comme Bigras et Roger Racine, Paquette quitte l'ONF pour s'occuper de production de films industriels et publicitaires (chez CIL). Passant ensuite à la fonction publique fédérale, il termine sa carrière à la direction des affaires publiques du ministère des Transports. (P.V.)

PARENT, Jacques, réalisateur, producteur (Montréal, 1925). Son importance, largement méconnue, se situe au niveau du cinéma scientifique et pédagogique. Formé dans l'aéronautique et l'électronique après la Deuxième Guerre mondiale, il entre à l'ONF en 1958. Entre 1963 et 1967, il est surtout le maître d'œuvre du «Harvard Project Physics» (coproduction ONF et Université Harvard), une série de cinquante films conçus pour les cours de physique. Durant la même période, Parent scénarise, pour Radio-Canada, les séries pour jeunes *Rue de l'Anse* et *Les enquêtes Jobidon*. En 1968, à l'OFQ, il réalise deux films de long métrage: *Un entretien sur la mécanologie I* et *Un entretien sur la mécanologie II*. De 1969 à 1981, toujours à l'OFQ (devenu la DGCA en 1976), il est producteur délégué du ministère de l'Éducation, puis directeur de production pour plusieurs centaines de documents de formation et d'information sur les sciences, le français, les auteurs québécois, les métiers d'art, le système scolaire, etc. Son nom apparaît notamment, à titre de producteur délégué, au générique de *La leçon des mongoliens* (M. Moreau, 1974), et, à titre de producteur délégué, à celui de *Québec fête juin 75* (J.-C. Labrecque et C. Jutra, 1975). Toujours à l'OFQ, il s'occupe aussi de la cinémathèque et des acquisitions audio-visuelles. Durant les années 70, Parent travaille activement à l'Association canadienne du cinéma scientifique, de même qu'à la Cinémathèque scientifique internationale (Bruxelles). Son travail de réalisateur est alors mieux connu et apprécié, notamment dans les cours de pédagogie audiovisuelle, à l'Université de Montréal, où son œuvre est amplement discutée. Jean-Claude Boudreault pouvait écrire, à la suite de ces échanges: «Quand j'ai vu pour la première fois les films réalisés par Jacques Parent, j'ai su que le cinéma éducatif ne le cédait en rien au film de fiction, qu'il était même à l'avant-garde dans l'invention de nouvelles formes de participation du spectateur» (*Cinéma-Québec*). Le travail de Parent est couronné

par un Canadian Film Award pour *The Perception of Orientation* (coréal. G. Parker, 1965, cm). (R.L.)

PARENT, Manda, actrice (Montréal, 1907). Imposante figure du vaudeville, Manda [ainsi que le public se plaît à l'appeler affectueusement] n'apparaît que fort tard sur les écrans. On la voit surtout chez Jean-Claude Lord: elle joue la mère dans *Les colombes* (1972), la grand-mère dans *Bingo* (1974), Mignonne dans *Parlez-nous d'amour* (1976); elle fait également partie de la distribution d'*Éclair au chocolat* (1978). Signalons, en outre, sa participation à *L'apparition* (R. Cardinal et C. Adam, 1972) et à *Suzanne* (R. Spry, 1980). Mais c'est André Brassard qui lui offre l'occasion de donner sa pleine mesure dans *Il était une fois dans l'Est* (1973) où elle incarne Germaine Lauzon, personnage coloré tout droit sorti des *Belles-sœurs*. (J.-M.P.)

PARIS, Jacques, scénariste (Ottawa, 1929). Il étudie la scénarisation en Californie, l'enseigne à l'UQAM depuis 1982 et à l'Université Concordia depuis 1985. Il apporte sa collaboration à Jacques Jacob pour le scénario de *Lucien Brouillard* (B. Carrière, 1983), histoire d'un Robin des bois poussé au désespoir par la police et trahi par son frère. En collaboration avec Arlette Dion, il adapte ensuite un roman de Claude Jasmin, *La sablière*, qui devient *Mario* (J. Beaudin, 1984). Le scénario approfondit les liens entre l'adolescent et son jeune frère semi-autistique et crée un univers merveilleux qui intègre parfaitement le paysage des Îles-de-la-Madeleine. Il scénarise aussi des documentaires, *La mer et ses princes* (J.-P. Plouffe, 1984, mm) et *Annapurna* (L. Craig, 1985, mm). Paris écrit ensuite le scénario d'un nouveau long métrage de fiction de Bruno Carrière, *Au bout du vent*. (H.-P.C.)

PATEL, Ishu, animateur, réalisateur (Jabsan, Inde, 1942). Jeune étudiant, il dessine beaucoup, toujours plus d'une esquisse du même modèle. Il fréquente l'université, puis l'Institut des arts graphiques où il se familiarise avec le cinéma, celui de l'ONF en particulier. Après un séjour en Suisse, il retourne travailler en Inde d'où il entreprend des démarches pour entrer à l'ONF. Ses efforts constants portent fruit: il obtient une bourse qui lui permet de mettre en chantier son premier film, *How Death Came to Earth* (1971, cm). Depuis lors, il travaille comme animateur et concepteur de techniques, utili-

sant des matériaux aussi différents que la plasticine, les perles, le papier perforé, l'acétate et le papier découpé. Un intérêt poussé pour la recherche formelle joint à un imposant bagage culturel lié à ses origines lui permettent d'inscrire sur pellicule une matière visuelle et sonore diversifiée, ce dont témoignent, entre autres, *Bead Game* (1977, cm), *Afterlife* (1978, cm), *Top Priority* (1981, cm) et *Paradise* (1985, cm). Ses films obtiennent de nombreux prix à travers le monde, notamment à Berlin, Annecy et Montréal. Patel s'inspire du modèle indien (conception de vie, musique, mythologie), sans jamais le réduire à sa seule dimension géopolitique. Au contraire, les problématiques qu'il illustre avec tant de couleurs et un grand souci du détail prétendent avan-

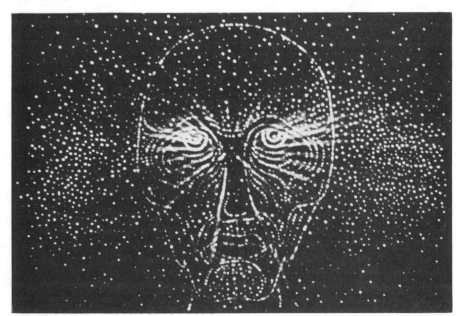

Bead Game, *de Ishu Patel. (ONF)*

tageusement à l'universalité. Patel anime des ateliers de formation de cinéastes d'animation aux États-Unis et au Japon. Il prépare un film intitulé *Divine Faith* (cm). (A.D.)

PATENAUDE, Danyèle, directrice de *casting*, réalisatrice, scénariste, scripte (Saint-Hyacinthe, 1952). Après un baccalauréat en enfance inadaptée à l'UQAM, elle enseigne en orthopédagogie de 1978 à 1981. Ces préoccupations se reflètent clairement dans ses premiers films super 8, *Les caractériels* (1970, cm) et *Jean-Marie* (1970, cm), le premier portant sur une classe de prédélinquants, le second sur un jeune homme qui a passé sept ans en prison et dans les foyers d'accueil. Associée à Roger Cantin*, elle coréalise avec lui, entre 1972 et 1984, trente-trois très courts ou courts métrages (*Le terroriste*, 1972; *L'autobus*, 1973; *La nuit*, 1976) et un moyen métrage (*Le guérillero urbain*, 1972). Parmi leurs réalisations, on compte trois séries d'interludes pour Radio-Canada où ils expérimentent la pixillation. Ils consacrent d'ailleurs un film à cette technique, *Pixillation* (1978, cm), qui constitue l'aboutissement d'un long travail d'expérimentation. Fantaisistes et inventifs, leurs films sont tournés avec des moyens artisanaux. Patenaude travaille aussi comme scripte, à des films de Jean Pierre Lefebvre (*Le gars des vues*, 1976) et de Richard Boutet (*La maladie c'est les compagnies*, 1979). En 1984, elle coscénarise et coréalise un dernier film avec Roger Cantin, *L'objet* (cm), une histoire fantaisiste qui se termine par une gigantesque tarte à la crème. Le film obtient un prix Gémeaux. Ensemble, ils scénarisent le premier film de la série des «Contes pour tous», *La guerre des tuques* (A. Melançon, 1984), qui raconte l'histoire de deux groupes d'enfants qui se disputent

un château de neige. Ce film amène Patenaude à se spécialiser dans le *casting* d'enfants, fonction qu'elle occupe pour les films *The Peanut Butter Solution* (M. Rubbo, 1985), *Le jeune magicien* (W. Dziki, 1986), *Bach et Bottine* (A. Melançon, 1986), *Ruano l'indomptable* (A. Melançon, 1989) et *Simon les nuages* (R. Cantin, 1989). Elle ne s'en tient pas à la simple sélection des jeunes acteurs, puisqu'elle les encadre aussi sur le plateau. Elle étend son activité de directrice de *casting* aux adolescents et aux adultes en travaillant à la série «Les enfants de la rue» (R. Tétreault et Y. Dion, 1987, trois mm) de même qu'aux films *La peau et les os* (J. Prégent, 1988) et *La rivière* (B. Samuels, 1988, cm). Patenaude écrit deux scénarios de longs métrages pour enfants, *L'Odyssée de Poum* et *Le Noël de Clodibule*, ce dernier sur une idée originale de Claude Léveillée. Elle compte réaliser ces films en solo. (M.C.)

PATRY, Pierre, réalisateur, scénariste, producteur (Hull, 1933). Après des études classiques, il se tourne vers la radio et le théâtre. Il met en scène plus de quarante spectacles, dont, en 1960, une pièce du producteur Jacques Bobet. Il est membre fondateur de l'Association canadienne du théâtre amateur. En mai 1957, alors qu'il faut renforcer l'équipe française pour répondre aux besoins de la télévision, il entre à l'ONF à titre d'assistant-réalisateur. Il réalise rapidement son premier film, *La roulotte* (1957, cm), pour la série «Passe-Partout». Il travaille ensuite à la série «Profils et paysages» pour laquelle il assure la réalisation de deux films. *Germaine Guèvremont, romancière* (1959, cm) est un portrait classique d'écrivain dont les qualités cinématographiques sont appréciables, tandis que les deux parties de *Chanoine Lionel Groulx, historien* (1959, mm) tâchent de concilier des objectifs divergents: évoquer la vie de l'homme par son témoignage et rappeler ses thèses, sans parler de leurs éléments nationalistes, qui peuvent faire litige dans un organisme fédéral. Patry y adopte une attitude prudente mais sympathique. Avec *Les petites sœurs* (1959, cm), il obtient la reconnaissance tout en évitant les controverses religieuses. Comme Diane Létourneau plus tard dans *Les servantes du bon Dieu* (1979), il est à l'écoute. Il tente de cerner un monde intérieur dans ses manifestations extérieures, et un sentiment d'authenticité se dégage de l'œuvre. Parmi les documentaires qu'il tourne par la suite (*Collège contemporain*, 1960, cm; *Loisirs*, 1961, cm), on remarque surtout *Petit discours de la méthode* (coréal. C. Jutra, 1963, cm). À cette époque, Patry se montre davantage enclin à la fiction. Dans la série «Les artisans de notre histoire», il tourne un *Louis-Hippolyte Lafontaine* (1962, cm) fort honnête. Son *Il y eut un soir, il y eut un matin* (1964, mm), de la série «La femme hors du foyer», traduit une même approche traditionnelle de la fiction. Il participe aussi au tournage de *Luciano* (G. V. Baldi, 1962) dans le cadre de la collaboration entre l'ONF et l'Italie.

En 1963, ne croyant pas pouvoir mener ses projets à terme au sein de l'ONF, Patry quitte l'organisme et fonde Coopératio avec plusieurs techniciens de l'ONF. L'arrivée de la compagnie constitue un moment clé dans la renaissance de l'industrie du long métrage au Québec. Sa première réalisation, *Trouble-fête* (1964), se situe dans le milieu étudiant où, comme dit la publicité du film, «la révolution tranquille est en marche». Ce film controversé connaît un grand succès qui permet à Patry de réaliser d'autres films qui reprennent et amplifient le mélange de

mélodrame, de symbolisme et de moralisme de ce premier film. *La corde au cou*, d'après un roman de Claude Jasmin et *Caïn* (1965), d'après un roman inédit de Réal Giguère, n'obtiennent pas le même succès. La critique est sévère. Elle reconnaît le courage du producteur Patry, mais est déçue par le réalisateur. Il arrête donc de tourner. Coopératio produit *Poussière sur la ville* (A. Lamothe, 1965), *Délivrez-nous du mal* (J.-C. Lord, 1965) et *Entre la mer et l'eau douce* (M. Brault, 1967), puis ferme boutique au moment où le gouvernement crée des structures pour appuyer l'industrie nationale. Amer, dégoûté de l'ONF et des fonctionnaires qui régissent le cinéma et qui «assassinent les initiatives privées», Patry quitte le cinéma pour travailler à la Maison des jeunes de Vaudreuil. Il produit tout de même *A Great Big Thing* (E. Till, 1967) et *Les colombes* (J.-C. Lord, 1972). Au milieu des années 70, il se réoriente vers la télévision éducative. Il devient directeur du bureau de coopération extérieure de Télé-Université, un secteur de l'Université du Québec. Il a aussi été animateur à Radio-Canada (*Images en tête*) et à Radio-Québec (*Portraits*).

AUTRES FILMS: *Crossbreeding for Profit* (1961, cm), *L'infirmière de nuit* (1966, cm), *Trois hommes au mille carré* (coréal. J. Kasma, 1966, cm), *Shapp for Governor* (coréal. M. Parker, 1966, cm). (P.V.)

PATRY, Yvan, réalisateur, producteur (Iroquois Falls, Ontario, 1948). C'est une émission présentée à Radio-Canada, *Les temps changent*, qui lui donne sa première chance. Il réalise un premier long métrage de fiction à l'ONF en 1969: *Ainsi soient-ils*, essai sur les nouvelles mentalités culturelles issues de 1968. Au cours des années 70, il signe plusieurs documents audiovisuels d'animation pédagogique dans le cadre de son poste de professeur réalisateur au cégep Montmorency. Il contribue activement aux activités du Vidéographe en réalisant des vidéos sur des conflits ouvriers. Dans le même esprit, il dirige la réalisation d'un collectif militant, *On a raison de se révolter* (1974), qui regroupe notamment Bernard Lalonde, Roger Frappier, Guy Bergeron et André Gagnon. Dès 1980, il séjourne à plusieurs reprises au Nicaragua où il filme dans des conditions de guerre et avec les moyens du bord. En 1982, il fonde Alter-Ciné, un collectif formé de cinéastes, de journalistes et de techniciens spécialisés dans le documentaire et le reportage international, travaillant en étroite collaboration avec des groupes de production et d'éducation du tiers monde. Concevant le cinéma comme un instrument de conscientisation, Patry se tourne vers le documentaire politique de style direct, et se spécialise dans les questions centro-américaines. Avec la scénariste Danièle Lacourse, il signe la série «Le choc des Amériques», sur la situation en Amérique centrale. En 1983, il reprend, dans *Nicaragua/Honduras : entre deux guerres* (coréal. D. Lacourse et J. Reiter), trois des huit épisodes de cette série. Deux ans plus tard, il signe *Nicaragua: la guerre sale* (coréal. D. Lacourse, 1985), portrait implacable de la guerre livrée par les Contras contre la population du Nicaragua. Produit par Alter-Ciné, ce film fait appel à une nouvelle technologie vidéo, le Betacam. En 1987, Patry tourne une série de trois films intitulée «Eritrea and the Horn of Africa», dossier retraçant l'histoire et l'actualité du conflit qui oppose l'Érythrée à l'Éthiopie. Il prépare ensuite, avec Magnus Isacsson, une série documentaire en cinq épisodes, «Le

monde selon Élie Wiesel», bilan prospectif du XXe siècle. Le travail de Patry est de plus en plus clairement orienté vers la télédiffusion. (D.P.)

PAYEUR, Bernadette, productrice (Laprairie, 1952). Œuvrant à l'ACPAV* depuis 1972, elle devient productrice en 1978 et, à ce titre, est associée notamment à *La femme de l'hôtel* (L. Pool, 1984) et à la trilogie des *Elvis Gratton* (coréal. P. Falardeau et J. Poulin, 1981-1985). (P.J. et M.S.)

PELLETIER, Andrée, actrice, scénariste (Montréal, 1951). Fille de la scénariste Alec Pelletier et de Gérard Pelletier, journaliste et politicien, elle est étudiante en histoire de l'art à l'UQAM lorsque Gilles Carle la découvre chez Onyx Films où elle est venue auditionner pour un rôle de figurante dans la série *La feuille d'érable*. Sur le point de tourner *Les mâles* (1970), Carle lui propose d'incarner Rita Sauvage, sorte d'Ève universelle, candidement pudique, plus fantasme que personnage. Suivent quelques films peu marquants: *Mustang* (M. Lefebvre et Y. Gélinas, 1975), *Born for Hell* (D. Héroux, 1975) et *East End Hustle* (F. Vitale, 1976). Puis, elle interprète avec sensibilité une banlieusarde désœuvrée séduite par son *Homme à tout faire* (M. Lanctôt, 1980), mais incapable de quitter son mari pourvoyeur. D'ailleurs, l'indécision, la douceur et la vulnérabilité sur une note tantôt dramatique (l'Israélienne battue par son mari dans *Tell Me That You Love Me*, T. Trope, 1983), tantôt légère (la vieille fille timide dans *Bach et Bottine*, A. Melançon, 1986), caractérisent la plupart des rôles que tient Pelletier. Depuis 1980, elle est scénariste aussi bien au cinéma (*The Peanut Butter Solution*, M. Rubbo, 1985) qu'à la télévision (*Mount Royal*, 1988). Dans les années 80, elle tient un rôle de premier plan dans un série produite par TV Ontario. (M.-C.A.)

PELLETIER, Victorin (dit Vic), producteur, réalisateur (Sainte-Anne-des-Monts, 1948). Il est, avec Alban Arsenault, un des rares cinéastes gaspésiens à être resté actif dans sa région dans les années 80. Contrairement à plusieurs cinéastes régionaux des années 70, il réussit à y maintenir une structure de production. Son premier film, *Ce que gens pensent* (1976, cm), est un documentaire sur un symposium de sculpture tenu à Matane. Son film suivant, *Les bûcheronnes* (1978, cm), aborde la coupe du bois en forêt de manière peu conventionnelle en donnant la parole à deux femmes vivant de ce travail. *Une saison aux lots renversés* (1980, mm) tente de décrire, par le moyen de la fiction, la dure réinsertion d'un jeune homme dans son milieu d'origine. Face à la difficulté de produire un film en région, Pelletier a, le plus souvent, travaillé en vidéo. (A.B.)

PERLMAN, Janet, animatrice, réalisatrice (Montréal, 1954). En 1970, elle se rend en Suisse pour y étudier la photographie, l'art dramatique, le cinéma, la peinture et la littérature à l'institut Montesano. Revenue au pays, elle s'inscrit à l'École des beaux-arts où elle acquiert sa formation en animation. Encore étudiante, elle réalise trois films. Elle fait ses débuts à l'ONF en 1973 avec deux films éclairs sur le multiculturalisme et, en 1976, réalise *Lady Fishbourne's Complete Guide to Better Table Manners* (cm). Puis, elle illustre deux poèmes, *The Bulge* et *From the Hazel Bough* (1977, tcm) pour la série «Poets on Films». Alliant son talent d'humoriste à celui de Derek Lamb, elle coréalise *Why Me?* (1978, cm). Par ailleurs, elle a à son crédit plusieurs séries d'intérêt public dont «Man of Might Nutrition Clips» (1979, huit tcm). En 1981, elle exerce de nouveau son sens du comique et produit *The Tender Tale of Cinderella Penguin* (cm), version hautement fantaisiste du conte classique de *Cendrillon*. Une trentaine de prix couronnent ses films. Elle travaille aux États-Unis, notamment pour *Sesame Street*, Home Box Office et collabore à *The Soldier's Tale* (R.O. Bleckman, 1984). Elle prend également part au film collectif *Anijam* (1984), produit par Marv Newland. En 1983, elle forme avec Derek Lamb une maison de production, Lamb Perlman Productions. Elle dirige plusieurs films publicitaires et industriels. Elle travaille à son premier livre, un roman illustré: *Penguins Behind Bars*. (L.B.)

PERRAULT, Pierre, réalisateur (Montréal, 1927). Après ses études, il pratique le droit jusqu'en 1956. D'abord homme de radio, il réalise plusieurs séries à Radio-Canada: *Au pays de Neufve-France*, *Chronique de terre et de mer*, *Le chant des hommes*, *Destination inconnue*, *J'habite une ville*. Ces émissions le mettent en contact avec des réalités et des gens qu'il a bientôt envie d'enregistrer aussi sur film. En collaboration avec René Bonnière, il réalise une série de treize émissions de télé, «Au pays de Neufve-France» (1959-1960). Certains de ces films se déroulent sur la Côte Nord, d'autres à l'Île-aux-Coudres. Il installe dès ses débuts plusieurs données — des lieux, des personnages, une thématique — déterminantes pour son œuvre cinématographique. En 1962, l'ONF lui propose de tourner un long métrage sur les habitants de l'Île-aux-Coudres: ce sera *Pour la suite du monde* (1963). Coréalisé avec

Michel Brault, ce film donne la parole aux Tremblay et aux Harvey, qui sont pour Perrault des figures de l'authenticité québécoise. Le filmage est subordonné à l'expression de leur parole, ce qui est particulièrement évident dans ce qui constitue le point nodal du film, la «pêche à marsouin». Cette occupation traditionnelle, reprise à l'initiative des cinéastes, après plusieurs années d'abandon, est un exemple parfait de l'approche paradoxale qu'a Perrault du direct. Comme Flaherty, il filme de l'intérieur une situation qu'il a lui-même provoquée. Les paroles et les gestes filmés par Perrault ont, comme toujours par la suite, une portée symbolique. En proposant un trait d'union entre la civilisation traditionnelle et le présent, le cinéaste redonne racine et voix à un peuple dépossédé, qui avait néanmoins laissé partout des traces de sa singulière poésie: les récits des pêches traditionnelles sur le fleuve, les «voitures d'eau», etc. Le direct, particulièrement celui de Perrault, s'inscrit au cœur de la résurgence du nationalisme québécois. Le cinéaste prolonge sa réflexion dans ses deux films suivants, *Le règne du jour* (1966) et *Les voitures d'eau* (1968), et complète ainsi sa trilogie de l'Île-aux-Coudres. Le premier aborde la quête des origines à travers le voyages des Tremblay au pays de leurs ancêtres, la France, tandis que le second interroge les perspectives d'avenir en parlant de la construction des goélettes de bois.

Cinéaste et poète (*Portulan*, 1961; *Toutes Isles*, 1963; *Chouennes*, 1975) à la conscience nationale vive, Perrault délaisse temporairement le lyrisme pour aborder deux sujets politiques d'une grande actualité: le séparatisme québécois (*Un pays sans bon sens!*, 1970) et l'affirmation des Acadiens (coréal. M. Brault, *L'Acadie l'Acadie?!?*,

1971). Si le premier film est dans la lignée du travail de Perrault et se fait l'écho direct du discours du Parti québécois, le second fait exception, car l'événement (un soulèvement étudiant à l'Université de Moncton), n'est pas provoqué par les cinéastes. Pour ce film où le direct est mis à contribution de

Pierre Perrault. (ONF)

manière exemplaire, l'équipe de réalisation réagit à l'actualité avec empathie, vitalité et un grand souci de l'éthique. Perrault entreprend ensuite deux cycles, concurremment, l'un sur l'Abitibi, l'autre sur les Amérindiens. Ces cycles conditionnent sa production dans les années 70. Le premier veut interroger le passé et le présent de l'Abitibi, faire le procès de la colonisation et des promesses qu'elle a fait miroiter. Dans *Un royaume vous attend* (coréal. B. Gosselin, 1975), Perrault se centre d'abord sur Hauris Lalancette, personnage haut en couleur mais qui n'a ni le charisme ni la dimension emblématique d'Alexis Tremblay. Lalancette parle de l'homme en mal de royaume, du royaume dont les Québécois sont évincés et de la décolonisation dont il est toujours question au pays de la colonisation. Dans son film suivant, *Le retour à la terre* (1976, mm), Perrault développe son point de vue en confrontant le discours d'*En pays neufs* (M. Proulx, 1937) avec celui énoncé quarante ans plus tard par Lalancette. Puis, le réalisateur veut retrouver la magie du *Règne du jour* en amenant son héros en France dans *C'était un Québécois en Bretagne, Madame!* (1977, mm). Mais le parallèle entre ces deux «pays» abandonnés, l'Abitibi et la Bretagne, masque mal le côté artificiel des mises en situation qui sentent le procédé. Perrault clôt le cycle abitibien avec un poème politique, *Gens d'Abitibi* (coréal. B. Gosselin, 1979), et lui donne ainsi une portée contemporaine plus grande, tout en donnant de l'envergure à son héros. En présentant le politicien Lalancette, ex-créditiste et candidat péquiste défait en 1973, en faisant entendre ses envolées oratoires qui conviennent si bien au cinéma de la parole qu'il pratique, Perrault retrouve le ton d'*Un pays sans bon sens*! et articule un plaidoyer passionné à la défense d'un pays spolié. Au moment de sa sortie, en période préréférendaire, le film prend une saveur nationaliste évidente. D'ailleurs, l'ONF empêche, puis limite sa diffusion.

Le cycle amérindien, qui compte moins de films, se révèle tout aussi important dans l'œuvre du cinéaste. La thématique amérindienne est d'ailleurs déjà présente dans deux films d'«Au pays de Neufve-France». Le sujet est délicat: l'effet de la civilisation blanche sur les Montagnais. Dans *Le goût de la farine* (coréal. B. Gosselin, 1977), Perrault montre les effets négatifs, tragiques, de la présence blanche sur la société amérindienne. Poète d'un Québec dépossédé, le cinéaste se retrouve cette fois du côté des dépossesseurs, des génocidaires. Il

tente d'ailleurs d'expliquer cette situation paradoxale dans un livre, *Discours sur la condition sauvage et québécoise* (Lidec, 1977). Pris dans un dilemme, piégé par le potentiel «réactionnaire» de certaines de ses images (détresse, beuveries), Perrault tâche d'en sortir en produisant un film de facture complexe et contradictoire, *Le pays de la terre sans arbre ou le Mouchouânipi* (1980), et en proposant une meilleure écoute de la culture amérindienne. Ce voyage mythique inspire manifestement le cinéaste et son opérateur Bernard Gosselin*, qui donnent certaines des plus belles images qu'ils aient tournées.

Abandonnant la problématique amérindienne, Perrault s'associe à un nouvel opérateur, Martin Leclerc*, et filme ensuite une partie de chasse chez les Blancs. Malgré l'apparente hétérodoxie du film dans son œuvre, *La bête lumineuse* (1982) y appartient d'emblée. Le thème de la nourriture – et des paradigmes qui s'y rattachent: chasse, terre, nature, coutumes, survie – central dans l'œuvre de Perrault, renvoie directement à celui de la culture. En introduisant, pour la première fois dans ses mises en situation, un poète «en titre», Stéphane Albert Boulais, Perrault met en relief la portée dionysiaque de l'événement qu'il filme, où nourritures terrestres et poésie se complètent, et explique par le fait même la position et le rôle de cet «être de parole» qu'est le poète dans la société. Dans ce film, qui se déroule en grande partie dans un camp de chasse de la région de Maniwaki, Perrault profite de l'isolement de ses personnages pour aller plus avant dans son exploration des rapports des hommes entre eux et, de manière sous-jacente, dans la critique des rituels masculins.

Il poursuit en se mesurant au fleuve Saint-Laurent, qu'il aborde comme un grand poème écrit par ceux qui en prennent possession depuis 450 ans, particulièrement les marins. Sur les traces de Jacques Cartier, déjà évoqué au temps de l'Île-aux-Coudres, il met à contribution aussi bien Boulais que le fils Tremblay et retourne en France pour la troisième fois, confrontant de nouveau Français et Québécois. *Les voiles bas et en travers* (1983, mm) amorce cette quête. Œuvre de circonstance précédant les célébrations du 450ᵉ anniversaire de la découverte du Canada par Cartier, le film s'interroge sur les liens qui rattachent le célèbre Malouin au Nouveau Monde et à la France. Perrault développe ce projet dans *La grande allure* (1985), en reconstituant une traversée de l'Atlantique en voilier, inspirée par le journal de Cartier. Sont notamment du voyage: le poète Michel Garneau et le philosophe Michel Serres. Imposant discours sur les traces de ce qui constitue le berceau de la nation québécoise et du pays à revendiquer, le film reprend et synthétise les approches et les thèmes du cinéaste. Poursuivant son inventaire du pays, Perrault tourne ensuite, dans le Grand Nord québécois, un film poème sur le bœuf musqué.

Cinéaste de la parole, qui met de l'avant l'objectivité de la scène filmée, maître du direct, Perrault dépasse le réalisme par des mises en situation — certains diraient sa fictionnalisation du direct — et un montage qui composent un univers singulier, dicté par une écriture personnelle et une pensée politique engagée. À travers l'imaginaire et la parole d'autrui, il impose sa propre vision du monde. Il interroge certains mythes québécois, en propose des variantes nouvelles, sans craindre l'ambiguïté et la controverse. Son goût du superlatif l'entraîne naturellement sur cette voie. Son œuvre cinématographique est intimement liée à son travail

d'écrivain. De nombreuses études, au Québec et en France, lui sont consacrées. Jean-Daniel Lafond lui dédie un long métrage, *Les traces du rêve* (1986), et en tire un livre. L'Université Laval lui décerne un doctorat honorifique en 1986.

FILMS: *Pour la suite du monde* (coréal. M. Brault, 1963), *Le règne du jour* (1966), *Les voitures d'eau* (1968), *Le beau plaisir* (coréal. B. Gosselin et M. Brault, 1968, cm), *Un pays sans bon sens!* (1970), *L'Acadie l'Acadie?!?* (coréal. M. Brault, 1971), *Tickets, svp* (1973, cm), *Un royaume vous attend* (coréal. B. Gosselin, 1976), *Le retour à la terre* (1976, mm), *C'était un Québécois en Bretagne, Madame!* (1977, mm), *Le goût de la farine* (coréal. B. Gosselin, 1977), *Gens d'Abitibi* (coréal. B. Gosselin, 1980), *Le pays de la terre sans arbre ou le Mouchouânipi* (1980), *La bête lumineuse* (1982), *Les voiles bas et en travers* (1983, mm), *La grande allure* (1985).

BIBLIOGRAPHIE: *Le règne du jour*, Lidec, Montréal, 1968 • *Les voitures d'eau*, Lidec, Montréal, 1969 • *Pierre Perrault*, Conseil québécois pour la diffusion du cinéma, Montréal, 1971 • *Un pays sans bon sens!*, Lidec, Montréal, 1972 • LACROIX, Yves, *Poète de la parole; Pierre Perrault*, mémoire déposé à l'Université de Montréal, 1972 • BRULÉ, Michel, *Pierre Perrault ou un cinéma national*, Presses de l'Université de Montréal, Montréal, 1974 • BOUTHILLIER-LÉVESQUE, Jeannine, *Quand l'idéologie se fait utopie pour la suite du monde: une analyse sociologique de l'œuvre de Pierre Perrault*, mémoire déposé à l'Université de Paris, 1975 • BÉRUBÉ-TRUDEL, Suzanne, *Analyse sémiotique d'un genre cinématographique: Un pays sans bon sens! de Pierre Perrault*, mémoire déposé à l'Université de Montréal, 1979 • PERRAULT, Pierre,

Caméramages, Édilig, Paris, 1983 • *Écritures de Pierre Perrault*, Cinémathèque québécoise, Montréal, 1983 • DORLAND, Michael, Seth FELDMAN, Pierre VÉRON-NEAU, *Dialogue, cinéma canadien et québécois*, Cinémathèque québécoise/Médiatexte, Montréal, 1986. (P.V.)

PERRON, Clément, réalisateur, producteur, scénariste (East-Brompton, 1929). Il passe sa jeunesse en Beauce, puis fait des études classiques à Québec, chez les Jésuites, avant d'obtenir une licence en lettres et en philosophie à l'Université Laval. De 1955 à 1957, il se rend en France (Poitiers, Sorbonne) où il poursuit des études littéraires et cinématographiques à l'Institut de filmologie. Il entre à l'ONF en 1957, à titre de scénariste, fonction où il connaît ses heures de gloire avec *Mon oncle Antoine* (C. Jutra, 1971). Personnalité forte, homme de plume et de parole éloquentes, il est de la vague de fond autonomiste qui marque la production française un peu avant 1964; il prépare en coulisses la fondation du comité du programme, qui assurera la libre création et l'appropriation par les cinéastes de la gestion de leurs films plutôt que de la laisser entre les mains de la seule administration. Il est membre fondateur de l'APC (1964) et, quatre ans plus tard, du SGCT-ONF.

Dès 1960, il aborde la réalisation avec *Georges-P. Vanier, soldat, diplomate, gouverneur général* (cm). Mais, c'est avec *Jour après jour* (1962, cm), où il expose les conditions des travailleurs dans l'industrie du papier, qu'il se fait remarquer. Il poursuit avec des films comme *Caroline* (coréal. Georges Dufaux, 1964, cm), où une jeune femme s'interroge sur sa vie, et *C'est pas la faute à Jacques Cartier* (coréal. Georges Dufaux, 1967), rare comédie de long métra-

ge sortie de l'ONF à cette époque. Le spectateur y est témoin des mésaventures d'un groupe de touristes américains accompagnés dans leur visite du Québec par un guide fantaisiste (Jacques Desrosiers). De 1967 à 1969, il agit à titre de producteur pour *Les Acadiens de la dispersion* (L. Forest, 1967), *Mon amie Pierrette* (J. P. Lefebvre, 1967), *Jusqu'au cœur* (J. P. Lefebvre, 1968) et *Kid sentiment* (J. Godbout, 1967), dont il va jusqu'à interrompre le tournage, histoire de replacer tous les éléments dans une perspective qui devrait mieux servir le film. Producteur, il est exigeant, directeur du comité du programme (de 1975 à 1978 et de 1980 à 1982), il ne l'est pas moins. Après avoir signé le scénario de *Mon oncle Antoine*, il enchaîne avec ceux de deux autres longs métrages: *Stop* (J. Beaudin, 1971) et *Les smattes* (J.-C. Labrecque, 1972). En 1973, Perron réalise un premier long métrage de fiction, *Taureau*, sur son propre scénario. Il récidive, deux ans plus tard, avec *Partis pour la gloire*. Tous deux se situent dans le

Clément Perron. (ONF)

milieu rural de la Beauce. Le premier est centré sur une famille qui subit les foudres et la persécution des villageois, tandis que le second raconte la résistance à la conscription à l'époque de la Deuxième Guerre mondiale. En 1980, Perron revient à la réalisation avec un documentaire, *Fermont, P.Q.* (coréal. M. Fortier). Par la suite, il se rend dans l'Ouest canadien pour prêter main-forte à la production française hors Québec. C'est à cette occasion qu'il signe le scénario du *Vieillard et l'enfant* (C. Grenier, 1985, mm), d'après une nouvelle de Gabrielle Roy. En 1986, il quitte l'ONF. Il poursuit alors son travail de scénariste dans l'industrie privée et écrit, notamment, *C'est ton droit* (quatre émissions pour TVO) et *Le marchand de jouets* (P. Tana, 1989, mm), d'après une nouvelle de Naïm Kattan.

AUTRES FILMS COMME RÉALISATEUR: *Loisirs* (coréal. P. Patry, 1961, cm), *Les bacheliers de la cinquième* (coréal. F. Séguillon, 1961, cm), *Marie-Victorin* (1963, cm), *Salut Toronto* (1965, cm), *Cinéma et réalité* (coréal. Georges Dufaux, 1967, cm). (A.D.)

PETEL, Pierre, réalisateur, musicien (Montréal, 1920). Peintre de formation, cet artiste polyvalent entre à l'ONF, en décembre 1944, au moment de la deuxième vague de recrutement de francophones. Il est affecté à la série «Les reportages» dont il réalise deux épisodes: *École de la victoire* (1945, cm) et *Les fraises de l'Île d'Orléans* (1945, cm). La fiction documentaire *École N° 8* (1946, cm), sortie en version écourtée sous le titre *Conte de mon village*, se démarque du conservatisme duplessiste par la façon dont le cinéaste parle des écoles rurales. *Vieux métiers, jeunes gens* (1947, cm), dont la version courte s'intitule *La*

«belle ouvrage», le ramène à l'École du meuble où il a été formé. Il joue un rôle important dans la production de «Vigie», une série de films spécifiquement québécois que l'ONF destine aux salles. Il y tourne *Au parc Lafontaine* (1947, cm), *Promesses* (1948, cm), *Gala artistique* (1949, cm) et *La terre de Caïn* (1949, cm). *Au parc Lafontaine* se distingue par l'absence de commentaire – remplacé par une chanson de l'auteur – et la romance amoureuse qui sert de liaison aux images documentaires, tandis que *La terre de Caïn* mérite qu'on s'y arrête à cause de l'utilisation d'un commentaire poétique, aux multiples narrateurs, dont les voix s'harmonisent à une bande musicale exceptionnelle. Ces deux exemples traduisent autant une volonté d'affirmation culturelle et nationale (dans un environnement anglophone), qu'un souci d'expression personnelle. Après un film banal sur les courses sous harnais, *Silk and Sulkies* (1950), Petel quitte l'ONF et le cinéma. Il n'aura fait, entre-temps, que la musique et les chansons des *Lumières de ma ville* (J.-Y. Bigras, 1950). En 1957, lors de «l'affaire ONF», on le cite en exemple des persécutions de la part des anglophones dont les francophones sont victimes. Après un séjour comme réalisateur d'émissions de variétés à Radio-Canada, il crée une compagnie, Hudson Production, puis travaille pendant dix ans pour des agences de publicité dans le domaine de la radio et de la télévision. En 1963, il revient à Radio-Canada où il occupe divers postes de direction. Aussi écrivain, il publie des poèmes ainsi qu'un ouvrage sur les vins. (P.V.)

PETTIGREW, Jacques, producteur, réalisateur (L'Isle-Verte, 1949). Il débute comme assistant-monteur, puis devient caméraman à la CTV et à Télé-Métropole de 1971 à 1973, puis cinéaste à Radio-Canada de 1973 à 1979. À cette époque, il réalise également quelques films industriels et éducatifs, ainsi qu'un court métrage sur la bande dessinée québécoise, *BD* (1976). Il fonde Ciné-Groupe en 1979. Sa compagnie offre des services techniques de production et de postproduction. Il produit et réalise, avec Marie-Ève Thibault, un film sur l'expédition du voilier J. E. Bernier II: *Cap au nord* (1979). Ciné-Groupe produit notamment *Piwi* (J.-C. Lauzon, 1981, cm), *Rien qu'un jeu* (B. Sauriol, 1983), *Jean-du-Sud autour du monde* (Y. Gélinas, 1984, gagnant de nombreux prix, notamment à La Rochelle, Toulon, Turin et Rome) ainsi que des films industriels et des films d'animation. Ciné-Groupe est la première maison d'animation traditionnelle et infographique au Québec et la troisième en importance au Canada. On y réalise une série de soixante-cinq films d'animation destinés à la télévision, *La bande à Ovide* (1987), coproduite avec Kid Cartoons de Belgique; un long métrage d'animation en 3D, *Bino Fabule* (R. Taillon, 1988), coproduit avec la Belgique et la France; une série en animation coproduite avec la France, *Sharky et George*; et une série en animation coproduite avec la Yougoslavie, *Les oursons volants*. (M.-J.R.)

PICARD, Béatrice, actrice (Montréal, 1929). Elle débute sur les planches en 1948 et y mène, depuis, une carrière fructueuse. On la retrouve également à la télévision, notamment dans *Le survenant* (1954-1957) et *Cré Basile!* (1964-1969). À partir de 1958, se succèdent plusieurs petits rôles au cinéma, entre autres dans *Les 90 jours* (L. Portugais, 1958), *Taureau* (C. Perron, 1973) et *Il était une fois dans l'Est* (A. Brassard, 1973). *Le*

sourd dans la ville (M. Dansereau, 1987) lui offre un personnage plus complexe mais presque muet, celui d'une bourgeoise vieillissante que son mari a quittée. Picard peut passer avec aisance de la comédie légère au drame le plus noir. (J.P.)

PIERSON, Claude, réalisateur, producteur (Paris, France, 1932). Il débute en signant de nombreux courts métrages ainsi que plusieurs séries télévisées, dans son pays d'origine et au Québec. Dès 1965, il profite du premier accord de coproduction signé avec la France (1963) pour réaliser *Ils sont nus*, sa seule coproduction officielle qui, comme tous ses longs métrages, est tournée en France. La plupart de ses films ont des sujets érotiques. Des neuf films fait avec le Canada, Pierson en produit cinq. Sa femme, Huguette Boisvert, scénarise sept de ses films, dont une adaptation de D.A.F. de Sade, *Justine* (1972), et une autre de *L'heptaméron* de Marguerite de Navarre, devenu à l'écran *Ah! si mon moine voulait...* (1973). Pierson signe deux de ses films coproduits du pseudonyme Andrée Marchand: *Un amour comme le nôtre* (1974) et *J'ai droit au plaisir* (1975). Après *La Grande récré* (1976), un film pour enfants, il se consacre exclusivement au porno *hard* en France et signe ses films Andrée Marchand ou Caroline Joyce.

AUTRES FILMS: *À propos de la femme* (1969); *Une fille libre* (1971); *Donnez-nous notre amour quotidien* (1974). (M.J.)

PILON, Daniel, acteur (Montréal, 1940). À part un physique avantageux, rien ne semblait le prédisposer à une carrière d'acteur au cinéma. Pourtant, en 1967, il est découvert par Gilles Carle qui le lance, avec son frère Donald, dans *Le Viol d'une jeune fille* *douce*. Leur prestation, dans cette critique satirique de la société québécoise, est remarquée. C'est, du coup, la naissance d'une double vocation: l'on retrouvera le désormais célèbre tandem des frères Pilon dans *Red* (G. Carle, 1969), puis dans *Les Smattes* (J.-C. Labrecque, 1971). Ils empruntent par la suite des voies différentes, et c'est principalement à la télévision américaine que Daniel Pilon poursuit une carrière florissante consacrée par le succès de son interprétation du machiavélique Max dans la série *Ryan's Hope*, au réseau ABC de 1984 à 1987, et sa participation à la série *Dallas*. Au Québec, il joue les jeunes premiers à quelques reprises (*Après-Ski*, R. Cardinal, 1970; *Le Diable est parmi nous*, J. Beaudin, 1972; *Quelques arpents de neige*, D. Héroux, 1972),

avant de camper un François Paradis amusant, aux côtés de Carole Laure, dans *La Mort d'un bûcheron* (G. Carle, 1973).

PRINCIPAUX AUTRES FILMS: *Malpertuis* (H. Kumel, 1972), *Par le sang des autres* (M. Simenon, 1974), *Starship Invasions* (E. Hunt, 1977), *Plague* (E. Hunt, 1978), *Hot Dogs* (C. Fournier, 1980) *Obsessed* (R. Spry, 1988). (F.L.)

PILON, Donald, acteur (Montréal, 1938). En 1967, il est commis voyageur lorsqu'il fait la rencontre de Gilles Carle qui lui offre aussitôt un rôle dans *Le viol d'une jeune fille douce* (1968) où, flanqué de son frère Daniel, il incarne l'un des deux frères Lachapelle. Cette rencontre sera déterminante pour la carrière de Pilon puisque Carle l'em-

Daniel Pilon dans Quelques arpents de neige *de Denis Héroux.* (Le Devoir)

Donald Pilon et Andrée Pelletier dans Les mâles. *(CQ)*

ploiera à huit reprises, lui offrant des premiers rôles dans *Red* (1969), *Les mâles* (1970) et *Les corps célestes* (1973). Son allure nonchalante et son naturel correspondent d'ailleurs tout à fait à l'aspect rustre et décontracté de l'univers de Carle pour qui il est presque un *alter ego*. On a un bon exemple du registre de Pilon dans *Les mâles*, où il interprète Saint-Pierre, l'un des deux exilés de la civilisation, personnage se situant quelque part entre la sauvagerie, la sagesse, la folie et la naïveté. De 1968 à 1974, Pilon est au générique d'une douzaine de longs métrages, le plus souvent dans des

premiers rôles, ce qui fait de lui l'acteur le plus en vue du cinéma québécois. C'est ainsi qu'on le retrouve dans *Deux femmes en or* (C. Fournier, 1970), *Les chats bottés* (C. Fournier, 1971), *Les smattes* (J-C. Labrecque, 1972) et *Bulldozer* (P. Harel, 1974). En 1972, il reçoit le Canadian Film Award du meilleur acteur de soutien pour son rôle dans *La vraie nature de Bernadette* (G. Carle, 1972), où il est Thomas Carufel, le voisin cultivateur pragmatique qui voudrait bien ramener Bernadette à la raison et sortir son vieux père de la maison de celle-ci. Après avoir été surexposé, Pilon poursuit sa carrière en anglais. Il apparaît dans *The pyx* (H. Hart, 1973), *Child Under a Leaf* (G. Bloomfield, 1974), *I Miss You, Hugs and Kisses* (M. Markowitz, 1978) et *A Man Called Intrepid* (P. Carter, 1979). À cette époque, on le voit aussi régulièrement à la télévision, notamment dans la série *Duplessis* (M. Blandford, 1977). Il renoue avec le cinéma québécois dans *Fantastica* (G. Carle, 1980) et, surtout, dans *Les Plouffe* (G. Carle, 1981) et sa suite *Le crime d'Ovide Plouffe* (D. Arcand, 1984), deux films où il incarne avec un bonheur presque pervers le vil Stan Labrie, à la fois amant de Rita Toulouse, adversaire de Guillaume au *baseball* et manipulateur de premier ordre. On a pu ensuite voir Pilon dans *Keeping Track* (R. Spry, 1986), *La guêpe* (G. Carle, 1986) et *Les tisserands du pouvoir* (C. Fournier, 1988). Avec son côté terrien, son ton naturel et sa forte carrure, Donald Pilon représente tout un pan du cinéma québécois de fiction des années 70. (M.J.)

PINDAL, Kaj, animateur, réalisateur (Copenhague, Danemark, 1927). Entré à l'ONF en 1957, il y réalise un premier film, *The Peep Show* (cm), en 1962. Destiné aux enfants, ce dessin animé raconte l'histoire d'un poussin orphelin qui fait connaissance avec le monde. En 1966, il réalise *What on Earth!* (coréal. L. Drew, cm), dans lequel se retrouvent les composantes de ses films à venir: humour grinçant, critique sociale un brin moralisatrice, graphisme simple mais coloré, rythme rapide. Dans cette parodie de documentaire, des Martiens découvrent que la terre est habitée par une forme de vie étonnamment évoluée: l'automobile. *King Size* (1968, cm) est une publicité antitabac destinée aux jeunes adolescents. En 1973, Pindal signe *Horsing Around* (cm), film étourdissant où un cheval tente de se mesurer à un cheval-vapeur. Plus tard, dans l'esprit de *King Size*, il réalise *Caninabis* (1979, cm), film humoristique antidrogue où un chien narcomane connaît une brève mais étincelante carrière dans les forces policières avant de sombrer dans la déchéance. Pindal quitte ensuite l'ONF. En 1988, à Toronto, il fait un retour sur le film qui a marqué ses débuts et réalise une série de trois courts métrages vidéo destinés aux très jeunes enfants: *Peep and the Big Wide World*. (M.J.)

PLAMONDON, Léo, réalisateur (Trois-Rivières, 1928). À vingt-six ans, il commence une carrière d'enseignant à l'École normale technique de Montréal. À partir de 1970, il enseigne au Cégep de Trois-Rivières. Il occupe ses loisirs à l'organisation de stages de cinéma et à l'animation d'un ciné-club. Ses premiers films sont produits par le service audiovisuel de l'Université du Québec à Trois-Rivières: *Armand Felx, faiseur de violon*, réalisé en collaboration avec Robert-Lionel Séguin, 1973, mm; *Émile Asselin, forgeron*, 1974, cm; *La pêche à l'anguille*, 1975, cm. L'ONF l'em-

ploie de 1976 à 1981 pour lui permettre de poursuivre la réalisation de la série «La belle ouvrage», sur les métiers traditionnels du Québec. Il y réalise quinze courts ou moyens métrages, dont *Le fromage à l'Île d'Orléans* (1978, cm), *La toile de lin* (1979, mm), *La voiture des dimanches* (1980, mm), *Une tannerie artisanale* (1981, cm) et *Parole de boulanger* (1981, mm). Il coréalise cinq des films de cette série avec Bernard Gosselin: *Les bœufs de labour* (1977, cm), *Léo Corriveau, maréchal-ferrant* (1977, cm), *Le pain d'habitant* (1977, mm), *Damase Breton, cordonnier* (1977, mm) et *Les meuniers de Saint-Eustache* (1978, cm). Outre de nombreux interludes pour Radio-Canada, Plamondon réalise aussi quelques émissions et, en 1980, un moyen métrage consacré à l'historien Robert-Lionel Séguin. Depuis 1981, il prépare surtout des documents de formation et d'information pour le Cégep de Trois-Rivières (*Technologue en métallurgie... toute une carrière*, 1986, cm; *Faire du carton*, 1986, mm). En plus de leur contenu documentaire, les films de Plamondon ont valeur de témoignage humain attachant. (J.-L.D.)

POIRIER, Anne Claire, réalisatrice, monteuse, productrice (Saint-Hyacinthe, 1932). Après une licence en droit et des études au Conservatoire d'art dramatique, elle entre à Radio-Canada où elle est tour à tour comédienne, animatrice et scripteuse. En 1960, elle passe à l'ONF où elle est affectée au service des versions. Elle devient adjointe au montage et à la réalisation, puis monteuse, notamment pour *Jour après jour* (C. Perron, 1962, cm). Le producteur Jacques Bobet, qui croit qu'elle a l'étoffe d'une réalisatrice, lui donne sa chance. C'est *30 minutes, Mr. Plummer* (1963, cm), un documentaire sur l'acteur Christopher Plummer, destiné à la télévision et tourné dans le cadre du festival de théâtre de Stratford. L'année suivante, elle enchaîne avec *La fin des étés* (cm), une fiction qu'elle coscénarise avec Hubert Aquin. Par son côté littéraire, sa construction temporelle complexe et son parti pris pour l'analyse psychologique, le film se distingue de l'ensemble du cinéma québécois de l'époque. En 1965, elle revient à ses préoccupations théâtrales avec *Les*

Anne Claire Poirier. (ACPQ)

ludions (cm), un film sur l'École nationale de théâtre qui, aux dires de Poirier, appartient plus au monteur Éric de Bayser qu'à elle-même. Son premier long métrage, *De mère en fille* (1967), donne le coup d'envoi du cinéma féministe au Québec. Réflexion sur la grossesse et, plus largement, sur la maternité, *De mère en fille* inscrit clairement le cinéma de Poirier comme étant parfaitement synchrone avec les revendications des femmes du Québec. Débouché logique de ce premier long métrage, le

texte *En tant que femmes nous-mêmes* est soumis à l'ONF par Poirier, Jeanne Morazin et Monique Larocque le 29 mars 1971. Elles y manifestent, pour la première fois, le désir des femmes de coordonner un programme de films, ce qui se concrétisera à l'ONF avec la création d'En tant que femmes. À l'intérieur de ce programme pour lequel elle s'est battue avec acharnement, Poirier devient productrice, notamment pour *J'me marie, j'me marie pas* (M. Dansereau, 1973), *Souris, tu m'inquiètes* (A. Danis, 1973, mm) et *Les filles, c'est pas pareil* (H. Girard, 1974, mm). De retour à la réalisation, elle signe *Les filles du Roy* (1974, mm), important film collage où se dessine, à travers une construction fort élaborée d'où ressortent huit personnages, l'histoire de la servitude des femmes au Québec. Dans ce film composite apparaissent les cassures, les brisures de rythme et la distanciation qui font la marque de Poirier et qui caractériseront ses fictions à venir, à commencer par *Mourir à tue-tête* (1979), qui se penche essentiellement sur la question du viol. S'y côtoient l'hyperréalisme (le viol) et la stylisation (la séquence du tribunal), les images d'archives (sur la clitoridectomie) et les discussions fictives entre une réalisatrice et une monteuse travaillant sur le film que le spectateur est en train de voir. *Mourir à tue-tête* a un très grand impact. Plus linéaire, *La quarantaine* (1982), qui raconte les difficiles retrouvailles d'un groupe d'amis d'enfance arrivés à la quarantaine, contient tout de même des procédés de distanciation (images d'archives, acteurs s'adressant à la caméra, etc.). Mais ce film ambitieux est un relatif échec. Le récit le plus classique de Poirier, *Le temps de l'avant* (1975), est produit dans le cadre d'En tant que femmes. Abordant la question de l'avortement à travers l'histoire d'une famille de milieu populaire, le film est l'objet d'une distribution communautaire visant tout particulièrement à recueillir les réactions du public masculin. On remarque, à l'époque, qu'il est «un outil d'intervention efficace auprès d'auditoires masculins parce qu'il fait choc, est insécurisant et fait une percée dans un réseau de clichés masculins». En 1976 et 1977, Poirier participe à la production de neuf films, parmi lesquels on compte *Raison d'être* (Y. Dion, 1977).

L'écriture singulière de Poirier s'inscrit à la fois dans une perspective féministe large et dans la meilleure lignée du cinéma d'intervention, comme en témoigne la réussite de *Mourir à tue-tête*. Après avoir travaillé plusieurs années à un projet centré sur l'amitié entre deux femmes (*Les instants privilégiés*), elle tourne un téléfilm intitulé *Salut Victor!* (1988), écrit en collaboration avec Marthe Blackburn* (scénariste de tous ses films depuis *Les filles du Roy*) , interprété par Jacques Godin et Jean-Louis Roux. En 1988, le Gouvernement du Québec lui décerne le prix Albert-Tessier.

FILMS COMME RÉALISATRICE: *30 minutes, Mr. Plummer* (1963, cm); *La fin des étés* (1964, cm); *Les ludions* (1965, cm); *De mère en fille* (1967); *L'impôt de tout ... de tout* (1969, quatre tcm); *Le savoir-faire s'impose* (1971, mm); *Les filles du Roy* (1974); *Le temps de l'avant* (1975); *Mourir à tue-tête* (1979); *La quarantaine* (1982); *Salut Victor!* (1988).

BIBLIOGRAPHIE: VÉRONNEAU, Denise, *Analyse de l'effet d'un document cinématographique sur l'attitude de citoyens québécois concernant le rôle et le statut de la femme du Québec*, thèse de doctorat, Université de Montréal, 1976 • «Anne Claire Poirier, entretien, témoignages et points de

vue», *Copie Zéro*, n° 23, Montréal, 1985. (M.J.)

POIRIER, Gérard, acteur (Montréal, 1930). D'abord enseignant, il aborde la comédie par le théâtre amateur. Autodidacte, il se taille une place de choix au théâtre et à la télévision. Il débute au cinéma à la fin des années 60. Son allure altière et sa diction classique l'orientent le plus souvent vers un type de rôles bien défini: bourgeois (*Le soleil des autres*, J. Faucher, 1970; *Les beaux dimanches*, R. Martin, 1974), premier ministre (*Panique*, J.-C. Lord, 1977), ecclésiastique (*Les Plouffe*, G. Carle, 1981; *Pellan*, A. Gladu, 1986), patron d'entreprise et séducteur maladroit (*Qui a tiré sur nos histoires d'amour?*, L. Carré, 1986). En 1988, il rompt avec son image habituelle dans *Bonjour Monsieur Gauguin* (J.-C. Labrecque), où il campe un accordéoniste aveugle qui est mêlé au vol d'un tableau. (M.J.)

POITEVIN, Jean-Marie (p.m.é.), réalisateur, administrateur (Saint-Ours, 1907 – Laval, 1987). Entré à la Société des missions étrangères en 1929, il est missionnaire en Mandchourie de 1933 à 1939. Il rapporte de son séjour chinois plusieurs séquences documentaires dont certaines sont regroupées dans *Premiers missionnaires canadiens en Mandchourie* (1934, cm) et *Péripéties d'une randonnée en Mongolie intérieure* (1938, cm). Économe général de la Société de 1939 à 1958, il s'occupe aussi de propagande missionnaire. C'est à l'occasion du tricentenaire de Montréal, qui se déroule sous le thème «Montréal missionnaire», qu'il réalise *À la croisée des chemins* (1942). Ce film de propagande pour le recrutement de nouveaux missionnaires intègre images de

Chine, images de la pièce *La folle aventure* et fiction originale. Contesté par certains – car le jeune homme hésite entre l'amour et la vocation – il connaît une bonne diffusion; il s'agit du premier film de fiction sonore québécois. Poitevin, qui apporte souvent sa caméra 16 mm en voyage, tire parfois des films du matériel qu'il tourne. Ainsi, *Cubaniana* (1944, cm) est un documentaire historique sur Cuba. *Mystère sur ma route* (1957, mm) se passe encore à Cuba et intègre fiction et documentaire. En 1953, le cardinal Léger le charge de créer le Centre catholique du cinéma de Montréal dans le but de coordonner et de promouvoir tous les efforts des catholiques dans le domaine du cinéma. Poitevin est membre du comité de rédaction des revues (dont *Séquences*) que parraine le Centre. De 1957 à 1973, il est directeur du Secrétariat missionnaire de l'OCIC (Rome) et de leur revue, *Filmis*. À l'occasion du concile Vatican II, il agit à titre d'expert à la Commission pontificale des communications. Louis Ricard lui consacre un film, *La folle aventure* (1977, mm).

AUTRES FILMS: *Après 25 ans* (1946, cm), *L'heure de l'Inde* (1964, cm), *Le concile s'achève* (1965, cm), *Merveille des Rocheuses* (1967, cm). (P.V.)

POOL, Léa, réalisatrice, scénariste (Soglio, Suisse, 1950). Alors qu'elle enseigne en Suisse, elle est entourée d'amis qui travaillent dans le secteur audiovisuel et c'est ainsi qu'elle touche au cinéma en amateur. En 1978, elle quitte son pays natal pour s'installer au Québec. Après avoir réalisé plusieurs vidéos, quelques courts métrages (notamment à l'UQAM) ainsi que des émissions de télévision, elle scénarise, tourne et produit, en 1979, un premier long métrage de fiction: *Strass Café* (1980). Produit avec

Léa Pool. (ACPQ)

un petit budget, ce film en noir et blanc est primé dans quatre festivals, dont celui de Sceaux en France (1981). Pool ne cache pas sa filiation avec le style de Marguerite Duras. *Strass Café* parle de désir, de solitude, de vide, d'exil, de femmes et d'hommes qui se cherchent sans jamais se rencontrer. Le montage du film repose sur un écart multiple entre les images et le son et sur une utilisation souveraine de la voix (notamment celle de la réalisatrice) comme élément moteur de la narration. De 1978 à 1983, parallèlement à ses activités de cinéaste, elle donne des cours sur le cinéma et la vidéo à l'UQAM et travaille au FFM. De 1980 à 1983, elle réalise pour Radio-Québec dix émissions sur les minorités culturelles. En 1984, elle scénarise et réalise un deuxième film de fiction, *La femme de l'hôtel*, qui aborde une thématique semblable à celle de son premier film. Accueilli avec enthousiasme par la critique et le public, il remporte sept prix dont le prix de la presse internationale au FFM, le prix L.-E.-Ouimet-

Molson, le Génie de la meilleure actrice pour Louise Marleau et le prix du public pour la fiction, à Créteil (France). Le film est construit autour de trois personnages féminins: une cinéaste (Paule Baillargeon) noue des liens d'amitié avec une femme étrange (Louise Marleau), en proie à l'errance, et s'inspire de sa vie pour mettre en scène son personnage (Marthe Turgeon), une artiste chanteuse en pleine crise existentielle. Le film amorce de façon dynamique une réflexion sur le cinéma et la vie, sur le travail de création. *Anne Trister* (1986) constitue le dernier volet du triptyque. Il combine à la fois les problèmes liés à l'exil et la difficile quête d'identité des femmes. Ce film, dont l'image est très soignée, la consacre comme auteure et l'impose auprès du public. Elle a recours à des comédiens de talent, dont Louise Marleau et une jeune comédienne francaise, Albane Guilhe. Film en partie autobiographique, il relate l'histoire d'une Juive qui, après la mort de son père, rompt avec ses assises natales (la Suisse), sentimentales et artistiques et s'installe au Québec chez une amie. Pour combler le vide créé par l'absence de son père, Anne tente de réinventer son espace intérieur, son identité, en se lançant dans un projet de peinture environnementale démesuré et dans une histoire d'amour sans lendemain. Le film questionne le travail de l'artiste et les rapports entre l'art et le réel. Comme la peinture y joue un rôle important, Pool s'entoure de collaborateurs chevronnés: Daniel Sirdey, artiste-architecte, et Geneviève Desgagnés, peintre environnementaliste. En 1988, elle signe *À corps perdu*, une adaptation d'un roman d'Yves Navarre, *Kurwenal*. Le film est coproduit avec la Suisse. Cette fois, elle centre son récit sur un personnage masculin, Pierre (Matthias

Habich), un photographe. Abandonné par l'homme et la femme qu'il aimait et marqué par le reportage qu'il vient d'effectuer au Nicaragua, il panse ses blessures en photographiant sa ville (Montréal), sous tous les angles et en cherchant l'affection chez un jeune homme sourd-muet. À travers le personnage de Pierre, Pool reprend sa réflexion sur les rapports entre l'art et le réel, pousse plus avant son exploration de Montréal et montre plus franchement qu'à l'habitude une relation homosexuelle. Le film confirme l'intérêt de la cinéaste pour les différents accents nationaux. L'œuvre de Pool donne un nouveau souffle au cinéma québécois en combinant une thématique de l'errance et une quête de l'identité féminine. En 1988, elle prépare un documentaire sur les médias comme dernier décor de l'Amérique dans la série «Parlez d'Amérique». (D.P.)

PORTAL, Louise (née Lapointe), actrice (Chicoutimi, 1950). À peine sortie du Conservatoire d'art dramatique de Montréal, elle obtient un petit rôle dans *La vie rêvée* (M. Dansereau, 1972) et un second rôle dans *Taureau* (C. Perron, 1973). Ce personnage de Gigi Gilbert, jolie fille volontaire bien décidée à suivre les traces de sa mère prostituée, lance Portal dans le milieu cinématographique. On prédit une carrière fulgurante à cette actrice jeune, talentueuse, fonceuse, voire frondeuse, et qui ne semble pas craindre les étiquettes. Après ce premier succès, on la voit dans des films de qualité inégale, dont *Les deux pieds dans la même bottine* (P. Rose, 1974) et *Vie d'ange* (P. Harel, 1979), aux côtés de ses trois sœurs. Elle continue de travailler à la télévision et au théâtre, et aborde la chanson et l'écriture. Elle impose peu à peu l'image d'une artiste des émotions, d'une femme en évolution qui entend parler haut et fort et exprimer l'âme de sa génération. En 1979, elle revient en force au cinéma dans le rôle de Cordélia Viau (*Cordélia*, J. Beaudin), qui lui vaut un succès personnel dépassant la carrière du film et fait d'elle une véritable vedette. La jeune actrice de *Taureau* a vieilli. Elle incarne avec une intensité et une vivacité remarquables cette femme dont le procès pour meurtre et la pendaison, à la fin du siècle dernier, avaient fortement impressionné l'imagination populaire. Puis, elle continue d'alterner entre ses différents métiers. Elle tente une nouvelle expérience en tournant dans *Larose, Pierrot et la Luce* (C. Gagnon, 1982), un film qui fait appel à l'improvisation. Sa générosité et son émotivité y sont mises en relief. Elle attendra cinq ans avant d'obtenir de nouveau un premier rôle. Dans *Le déclin de l'empire américain* (D. Arcand, 1986), elle joue une universitaire inquiète qui entretient une relation masochiste. Ce film confirme la vigueur et la maturité de son talent. Elle ne connaîtra pas le même succès avec ses films suivants, *Exit* (R. Ménard, 1986) et *Tinamer* (J.-G. Noël, 1987). Elle tourne ensuite un clip, *Histoire infâme* (N. Giguère, 1987, cm) où elle se fait la voix des femmes dans l'Histoire. (D.B.)

PORTUGAIS, Louis, réalisateur, producteur, monteur (Montréal, 1932 – 1982). Après son cours classique, il fréquente le monde du théâtre, participe à la fondation des éditions de l'Hexagone puis entre à l'ONF en 1954. Il tourne quelques courts métrages, dont trois dans la série «Passe-Partout». Lorsque celle-ci se transforme en «Panoramique», Portugais a deux projets, *Il était une guerre* (1958, cinq épisodes devenus un long métrage) et *Les 90 jours* (1958,

quatre épisodes devenus un long métrage) qui lui permettent de sortir du rang. Le premier énonce le point de vue des Québécois sur la Deuxième Guerre mondiale et évoque leurs réticences à y participer. Le second met en scène une grève et dénonce le syndicalisme collaborateur, les collusions d'intérêts pour écraser les ouvriers ainsi que la violence de l'État. Il s'oppose ainsi radicalement à l'idéologie duplessiste. Portugais accède ensuite au poste de producteur. Avec Fernand Dansereau et Léonard Forest, il est l'âme dirigeante de l'équipe française. Il tourne moins et certaines de ses réalisations sont moins personnelles. Mais quelques-unes demeurent proches du cinéaste, notamment *Je* (1960, cm), film expérimental sur l'expression corporelle, et *Manger* (1961, cm). *Saint-Denys Garneau* (1960, cm), que scénarise Anne Hébert, démontre son intérêt pour la modernité dans la culture québécoise, tout comme *Voir Pellan* (1968, cm) et le vidéo *Bobo-z-arts* (coréal. C. Binamé et N. Thériault, 1971, cm). Ses films sur l'Afrique (*Algérie 1962 – chronique d'un conflit*, coréal. M. Martin, 1962, mm; *Afrique libre*, coréal. M. Beaudet, 1967, mm) témoignent de son sens critique et de sa lucidité. Comme, d'ailleurs, *Jeunesse année 0* (1964, mm), commandé par le parti libéral du Québec, qui nous montre une jeunesse pessimiste en pleine Révolution tranquille, *Notes sur la contestation* (1970, mm), ainsi que les deux vidéos qu'il réalise en 1970 pour le programme Société nouvelle. Ayant quitté l'ONF en 1961, Portugais tourne aussi des films et des émissions à des fins alimentaires. Miné par des problèmes personnels, il est actif quelque temps dans l'ARRFQ et termine sa carrière comme professeur de cinéma dans un cégep. Il demeure, comme Claude Jutra et Fernand Dansereau, un cinéaste à la pensée solidement articulée, qui cherche à secouer et à mettre en mouvement la société.

AUTRES FILMS: *Le chauffeur de taxi* (1954, cm), *Château de cartes* (1956, cm), *Du choc des idées* (1956, cm), *Pas un mot* (1957, cm), *Jour de juin* (réal. collective, 1958, cm), *Urbanisme – Le plan d'aménagement* (1958, cm), *Wilfrid Pelletier, chef d'orchestre et éducateur* (1960, cm), «Vingt ans express» (1963-1964, six cm), *Au Canada* (1964, cm), *Montreal Second French City in the World* (1965, cm), *Catégories de détenus* (1965, cm), *Une auto sur deux* (1965, cm), *L'homme et l'alimentation* (cm, 1967), *Pavillon du Québec, Industrie 1* (1967, cm). (P.V.)

POTHIER, René, assistant-réalisateur, producteur (Saint-Tite, 1945). Après des études universitaires, il enseigne le cinéma, puis cherche, dès 1971, à passer à la pratique. Il est d'abord adjoint au directeur de production sur divers films publicitaires et documentaires, puis régisseur (*Les ordres*, M. Brault, 1975), deuxième assistant (*Gina*, D. Arcand, 1974) et, enfin, assistant-réalisateur (*Les vautours*, J.-C. Labrecque, 1975). Il travaille souvent avec Labrecque par la suite: *Jeux de la XXIᵉ Olympiade* coréal. J. Beaudin, M. Carrière et Georges Dufaux, 1977; *L'affaire Coffin*, 1979; *Les années de rêves*, 1984. Parmi les nombreux cinéastes qu'il a secondés, on compte Pierre Falardeau et Julien Poulin (*Elvis Gratton*, 1981, cm; *Pas encore Elvis Gratton!*, 1985, cm), Brigitte Sauriol (*Rien qu'un jeu*, 1982), Mireille Dansereau (*Le sourd dans la ville*, 1987) et Jean-Pierre Gariépy (*Sous les draps les étoiles*, 1989). De 1972 à 1981, il collabore, à divers titres, à la Semaine du cinéma québécois. Il produit deux courts métrages,

Petite fleur (G. Noël, 1984) et *Sacré tango* (F. Le Flaguais, 1984). De plus, il entreprend la production d'un film sur les tempêtes de neige qui reste inachevé. (J.D.)

POTTERTON, Gerald, animateur, producteur, réalisateur, scénariste (Londres, Angleterre, 1931). Il reçoit sa formation à la Hammersmith School of Art de Londres. Après avoir servi dans la RAF, il débute chez Halas & Batchelor Cartoon Films et travaille, durant deux ans, à *Animal Farm* (J. Halas et J. Batchelor, 1954), comme assistant-animateur. Il s'installe au Canada en 1954 et est engagé à l'ONF. Il entreprend aussitôt son premier film, *Huff and Puff* (coréal. G. Munro, 1954, cm). En 1957, il retourne à Londres pour diriger des films publicitaires. De retour à l'ONF en 1958, il produit des films éclairs pour la télévision et les salles commerciales. Il quitte de nouveau l'ONF en 1960 pour devenir directeur artistique chez Lars Colonius Productions à New York. Il revient à l'ONF et se révèle avec *My Financial Career* (coréal. G. Munro, 1962, cm), marqué au coin d'un humour qu'on retrouvera dans tous ses films. Artiste aux multiples facettes, il est toujours partagé entre l'animation et la prise de vues réelle. Il exprime avec humour le monde clos du *big business* dans *The Ride* (1963, cm) où il interprète lui-même le rôle du chauffeur. *The Railrodder* (1965, cm), film sans paroles qui met en vedette Buster Keaton, emporté dans un voyage loufoque, redit l'allégeance de Potterton au cinéma muet. Sa perception subtile de la psychologie des êtres et son sens du *gag* explosif sont toujours présents, et leur qualité souvent soulignée par des prix (Outstanding Film of the Year, London Film Festival). En congé sans solde, il repart pour Londres et participe à *Cool McCool*

(1966), une série télévisée pour enfants.

Il ouvre, en 1968, une importante maison de production à Montréal et tourne aussitôt un *TV special* pour la NBC, *Pinter People* (1968, mm), d'après l'œuvre de Harold Pinter. Ce complexe assemblage d'animation et de prises de vues sur le vif entremêle savamment Pinter lui-même, Londres et les Londoniens et paraphrase, en cinq sketches, les personnages du dramaturge. Le film rappelle le goût de Pinter pour les situations absurdes. La même année, il apporte sa contribution et celle de son studio à *Yellow Submarine* (G. Dunning, 1968), un film qui met en vedette les Beatles, et dont il anime et dirige certaines séquences. Puis il réalise *Tiki Tiki* (1971), un curieux mélange d'images réelles et d'animation. Les séquences d'animation sont entrecoupées de scènes dramatiques tirées de *Ajbolit 66* (R. Bykov, 1966). Ce film original permet à Potterton d'exercer son esprit satirique sur le milieu cinématographique. Il est surtout reconnu pour ses séquences d'animation dont le graphisme, la virtuosité et le rythme sont saisissants. *The Remarkable Rocket* (1974, cm) sera sa dernière réalisation avant la fermeture du studio. Devenu pigiste, il est appelé à Los Angeles en tant que réalisateur adjoint pour *Raggedy Ann and Andy* (R. Williams, 1977). Produit à Montréal pour Columbia Pictures, *Heavy Metal* (1981) est l'œuvre majeure de Potterton. Inspiré et adapté de bandes dessinées du magazine du même nom, cet affrontement apocalyptique entre les forces du Bien et du Mal se déroule dans un déferlement d'images fantastiques créées par des animateurs à l'imagination délirante. L'aspect visuel, parfois éblouissant, la dimension humoristique et le climat cataclysmique de ce troisième long métrage dans l'histoire de l'animation au Québec,

lui valent un grand succès public. Par la suite, il réalise *The Awful Fate of Melpomenus Jones* (1983, cm), d'après Stephen Leacock, à l'ONF. Il travaille aussi pour la télévision: *George and the Star* (1985, cm) et *The Ghost Stop* (1986, cm). Il est coréalisateur et producteur de *The Smoggies* (1986), une télésérie coproduite par la France, le Canada et l'Allemagne.

AUTRES FILMS: *Fish Spoilage Control* (1955, cm), *It's a Crime* (1956, cm), *Follow That Car* (1957, cm), *The Energy Picture* (1957, cm), *Christmas Cracker* (1964, cm), *The Quiet Racket* (1967, cm), *The Trade Machine* (1968, cm), *Superbus* (1969, cm), *The Charge of the Snow Brigade* (1970, cm), *The Rainbow Boys* (1971). (L.B.)

POULETTE, Michel, réalisateur (Sainte-Elizabeth de Joliette, 1950). Il apprend son métier de réalisateur à Radio-Québec où il tourne des émissions de la série *Neuf et demi* de même que plusieurs capsules humoristiques. Son premier film, *Pierre Guimond: entre Freud et Dracula* (1979, cm), met en valeur le travail du réputé spécialiste du photomontage dont l'œuvre foisonnante allie le baroque au politique. Il remporte des prix à Rome, Paris et Melbourne. Poulette tourne ensuite *Cher monsieur l'aviateur* (1984, cm), une fiction qui l'amène à Québec, sur les traces du *Petit prince* de Saint-Exupéry. Puis, il signe *L'inconduite* (1985, mm), dans la série «Prendre la route». Très à l'aise dans la commande, il parvient à donner à de savantes reconstitutions l'allure de prises de vues directes. En 1986, il tourne deux films dans le cadre de la série ontaroise «20 ans express», *Le voleur de feu* (cm) et *Toronto, P.Q.* (cm). Revenant à la fiction, il réalise *Les bottes* (1987, mm), film fantastique dont le sujet, la menace que représente une paire de bottes assassine, est tiré d'une nouvelle de Jean-Yves Soucy. Il tourne enfin *Cœur de nylon* (1989), un téléfilm scénarisé par Jean Barbeau qui met en scène la rencontre entre un jeune fugueur (Guillaume Lemay-Thivierge) et un clochard (Yves Desgagnés) qui, comme lui, a besoin d'amour. Souple, inventif, perfectionniste, Poulette, qui sait s'entourer de collaborateurs compétents, travaille également pour la télévision. Il réalise l'émission d'humour *Rock et Belles oreilles*. (M.C.)

POULIN, Julien, acteur, monteur, réalisateur (Montréal, 1946). Comédien et metteur en scène de formation, il est membre de la Roulotte et enseigne le théâtre dans différentes écoles secondaires au cours des années 60. Il aborde le cinéma en 1972, en montant le court métrage inachevé de Pierre Falardeau*, *À mort*. Sa collaboration avec Falardeau s'étend sur plusieurs films et vidéos qu'ils coréalisent au cours des années 70 ct 80.

Julien Poulin, alias Elvis Gratton. (ACPQ)

En 1973, Poulin joue dans *Réjeanne Padovani* (D. Arcand) et apparaît dans *Tu brûles... tu brûles...* (J.-G. Noël). L'année suivante, il joue dans *La gammick* (J. Godbout, 1974), puis dans *M'en revenant par les épinettes* (F. Brault, 1975) et *Ti-Mine, Bernie pis la gang...* (M. Carrière, 1976). Parallèlement, il devient membre du Théâtre de la veillée. Lorsqu'en 1981, Falardeau et lui abordent la fiction avec *Elvis Gratton* (cm), il prête son physique singulier ainsi que son visage à la fois jovial et inquiétant à ce petit entrepreneur obèse qui remporte un concours d'imitateurs d'Elvis Presley. Son *Elvis Gratton* devient un pur symbole d'aliénation dans un Québec «quétaine» au possible. La popularité de ce personnage qu'il incarne à deux autres reprises (*Les*

vacances d'Elvis Gratton*, 1983, cm; *Pas encore Elvis Gratton*, 1985, cm) donne un second souffle à sa carrière d'acteur. C'est ainsi qu'il interprète ensuite une série de personnages pittoresques dans *Amuse-gueule* (R. Awad, 1984, cm), *Lucien Brouillard* (B. Carrière, 1982), *L'objet* (R. Cantin et D. Patenaude, 1984, cm), *Les années de rêves* (J.-C. Labrecque, 1984), *Le crime d'Ovide Plouffe* (D. Arcand, 1984) et *Gaspard et fil$* (F. Labonté, 1988). On retient surtout deux rôles à travers ses nombreuses apparitions: Rosario Gladu, le journaliste lâche mais sympathique qui passe d'un camp à l'autre dans *Le matou* (J. Beaudin, 1985), et le chauffeur d'autobus d'*Henri* (F. Labonté, 1986), qui engage avec l'adolescent une course inégale. (Y.P.)

PRÉVOST, Francine, réalisatrice, productrice, scénariste (Montréal, 1944). Après l'obtention d'un doctorat en philosophie, matière qu'elle enseigne pendant six ans au cégep Maisonneuve, elle commence des études en cinéma à l'Université Concordia en 1979. Elle est adjointe à la réalisation pour un documentaire sur les handicapés physiques, *Comme les autres et un peu plus* (P. Svatek, 1980, cm), produit par Téléscène. En 1981, elle coproduit *Va t'rincer l'œil* (G. Bowie, cm), un film sur les danseurs nus. En 1983, elle assiste à la réalisation et au montage des *Enfants des normes – POST-SCRIPTUM* (Georges Dufaux, 1983). Puis, elle réalise, avec la collaboration de Dufaux, *J'ai toujours rêvé d'aimer ma mère* (1984, mm). Ce documentaire jette un regard passionné sur la relation mère-fille. Trois femmes, la réalisatrice, sa mère et une fille adoptée, se tournent vers leur passé pour explorer leur rapport avec leur mère. En 1986, elle signe *L'amour en famille* (mm), avec la collaboration de Claudia Kür qu'on voyait dans *J'ai toujours rêvé d'aimer ma mère*. Ce second film s'inscrit dans la lignée du premier en adoptant une caméra intimiste saisissant sur le vif des témoignages déchirants qui révèlent l'éclatement d'une famille et l'absence de communication. Prévost s'intéresse de près à la famille, thème qu'elle aborde de manière très personnelle. Elle travaille ensuite à un projet de long métrage de fiction. (D.P.)

PRITCHARD, Anne, costumière, décoratrice, directrice artistique (Stratford, Ontario). Venue de Toronto, elle est responsable de la conception des décors et des costumes du premier film pour lequel elle travaille, *The Act of the Heart* (P. Almond, 1970), dont les décors lui valent un Canadian Film Award. Elle obtient alors une bourse de la SDICC pour se perfectionner aux studios Universal, à Hollywood. Elle collabore ensuite à de nombreux longs métrages, pour la plupart canadiens-anglais (notamment *The Apprenticeship of Duddy Kravitz*, T. Kotcheff, 1974), et à quelques films pour la télévision américaine. Elle se montre exigeante et soucieuse du détail. Des prix Génies viennent couronner les décors qu'elle conçoit pour *The Far Shore* (J. Wieland, 1976), *Atlantic City, U.S.A.* (L. Malle, 1980) et *Joshua Then and Now* (T. Kotcheff, 1985), ainsi que ses costumes pour les séquences de spectacles de *Fantastica* (G. Carle, 1980). PRINCIPAUX AUTRES FILMS: *Les mâles* (G. Carle, 1970), *Journey* (P. Almond, 1972), *Obsession* (B. de Palma, 1976), *Les liens de sang* (C. Chabrol, 1977), *Threshold* (R. Pearce, 1980), *Les portes tournantes* (F. Mankiewicz, 1988). (J.P.)

PRIX. Chaque année, plusieurs prix, d'importance inégale, sont remis à des films ou à des artisans de la cinématographie québécoise. Parmi les plus connus, on peut retenir les suivants.
Prix Albert-Tessier. Créé en 1980, ce prix est décerné pour la première fois lors de la Semaine du cinéma québécois. Dès 1981, il devient l'un des prix du Québec. Il s'agit de la plus haute distinction cinématographique québécoise. Elle est remise annuellement à un artiste ou à un administrateur pour l'ensemble de sa carrière. Chaque année, le ministre des Affaires culturelles fait appel aux organismes œuvrant dans le domaine du cinéma afin qu'ils soumettent des candidatures. Après quoi, un jury indépendant est constitué pour choisir le lauréat. Depuis sa création, ce prix a été attribué à Arthur Lamothe (1980), Pierre Lamy (1981), Nor-

man McLaren (1982), Maurice Blackburn (1983), Claude Jutra (1984), Gilles Groulx (1985), Michel Brault (1986), Rock Demers (1987), Anne Claire Poirier (1988).

Prix L.-E.-Ouimet-Molson. Remis par la critique au début de chaque année, ce prix récompense le meilleur long métrage réalisé au Québec lors de l'année précédente. Ses origines remontent à 1974, alors que l'AQCC crée, en collaboration avec le journal *Le Soleil*, le prix de la Critique québécoise, qui sera décerné jusqu'en 1980. L'année suivante, à la suite d'une nouvelle collaboration entre l'AQCC et la Brasserie Molson, son appellation est changée en prix L.-E.-Ouimet-Molson, en hommage à l'illus-tre pionnier du cinéma québécois, Léo-Ernest Ouimet*. Le prix est décerné par l'ensemble des membres de l'AQCC. Il a été attribué, depuis sa création, aux films suivants: *Les ordres* (Michel Brault) en 1974, *On disait que c'était notre terre/Ntesi nana shepen* (Arthur Lamothe) en 1975, *Ti-cul Tougas* (Jean-Guy Noël) en 1976, *24 heures ou plus...* (Gilles Groulx) en 1977, *Comme les six doigts de la main* (André Melançon) en 1978, *L'hiver bleu* (André Blanchard) en 1979, *Une histoire de fem-mes* (Sophie Bissonnette, Martin Duckworth et Joyce Rock) en 1980, *Les Plouffe* (Gilles Carle) en 1981, *Le confort et l'indifférence* (Denys Arcand) en 1982, *La turlute des*

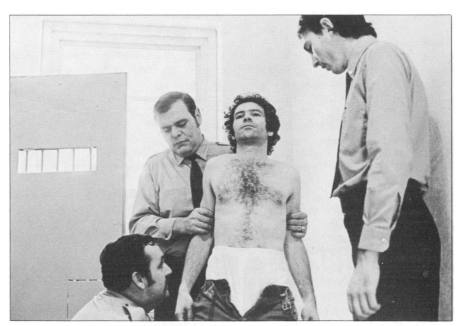

Le prix L.-E.-Ouimet-Molson pour le meilleur long métrage fut remis à Michel Brault pour Les ordres; *ici, au centre, Claude Gauthier. (CQ)*

années dures (Richard Boutet et Pascal Gélinas) en 1983, *La femme de l'hôtel* (Léa Pool) en 1984, *Caffè Italia, Montréal* (Paul Tana) en 1985, *Le déclin de l'empire américain* (Denys Arcand) en 1986, *Train of Dreams* (John N. Smith) en 1987.

Prix du court et moyen métrage. Dans le but «d'encourager de nouveaux talents de cinéastes au Québec et de promouvoir la production de même que la diffusion des films de court et moyen métrages dans le cinéma québécois», l'AQCC crée ce prix en 1978. Il est attribué annuellement par un jury composé de membres de l'AQCC. En 1986, les membres de l'AQCC divisent ce prix en deux et créent le prix Normande-Juneau (pour le court métrage) et le prix André-Leroux (pour le moyen métrage). Les films lauréats du prix du court et moyen métrage sont: *Au bout du doute* (Laurier Bonin, cm) en 1979, *Le petit pays* (Bertrand Langlois, cm) en 1980. Le prix n'est pas attribué en 1981. *Les bleus... la nuit* (Daniel Rancourt, cm) en 1982, *Marc-Aurèle Fortin* (André Gladu, mm) et *Journal inachevé* (Marilú Mallet, mm) en 1983, *Chants et danses du monde inanimé – le métro* (Pierre Hébert, cm) en 1984, *Une guerre dans mon jardin* (Diane Létourneau, mm) et *Téléphone* (Luce Roy, cm) en 1985.

Prix André-Leroux. Ainsi nommé à la mémoire du critique de cinéma du journal *Le Devoir* (de 1973 à 1978), décédé en 1984, ce prix est créé par l'AQCC, en 1986. Il est attribué au meilleur moyen métrage de l'année par un jury composé de membres de l'AQCC. Depuis sa création, il a été remis au film *Sonia* (Paule Baillargeon) en 1986, et à *Oscar Thiffault* (Serge Giguère) en 1987.

Prix Normande-Juneau. Créé par l'AQCC en 1986, ce prix récompense le meilleur court métrage de l'année. Il porte le nom de la critique de cinéma du *Journal de Montréal* et de *Châtelaine*, décédée accidentellement en août 1980. Il est attribué par le même jury que le prix André-Leroux. Depuis sa création, il a été remis au film *Transit* (Richard Roy) en 1986, et à *L'homme qui plantait des arbres* (Frédérick Back) en 1987.

Prix des Rendez-vous. Créé en 1983 par les Rendez-vous du cinéma québécois et décerné annuellement par son comité d'organisation, ce prix récompense l'auteur de la meilleure critique consacrée à un film québécois. Il a été attribué à Michel Euvrard (*Format Cinéma*) en 1983, à Réal La Rochelle (*Copie Zéro*) en 1984, à Michael Dorland (*Cinema Canada*) en 1985, à François Bilodeau (*Liberté*) en 1986, et à Marcel Jean (*Le Devoir*) en 1987.

Primes à la qualité. Créées par la SGCQ en 1985, ces primes sont attribuées à deux réalisateurs pour la qualité de leur long métrage de fiction. Chacun d'eux consiste en un investissement de 100 000$ dans la production d'un prochain long métrage de fiction. Pour être éligibles, les films doivent être sortis en salle commerciale ou avoir été présentés lors d'un festival au cours de l'année précédant la remise des prix. Il doivent aussi avoir été réalisés dans le secteur privé et répondre aux critères de la SGCQ définissant une production québécoise. Ces primes sont remises par un jury autonome dont les membres sont choisis par la SGCQ. Elles ont été remportées par les cinéastes suivants: André Melançon (*La guerre des tuques*) et Jean Beaudry et François Bouvier (*Jacques et novembre*) en 1985; Denys Arcand (*Le déclin de l'empire américain*), Yves Simoneau (*Pouvoir intime*) ainsi que Jean et Serge Gagné (*La* *couleur encerclée*) en 1986 (Simoneau et les Gagné se partagent la seconde prime); Jean-Claude Labrecque (*Le frère André*) et Jean-Claude Lauzon (*Un zoo la nuit*) en 1987 (Lauzon refuse le prix).

Primes au succès. Remises annuellement par la SGCQ, ces deux primes, d'une valeur de 50 000$, sont octroyées à un long métrage de fiction et à un film autre qu'un long métrage de fiction. Elles sont attribuées aux producteurs des œuvres affichant le meilleur rapport entre la part de revenus allant aux producteurs et les coûts de production. Depuis leur création, elles ont été versées aux Productions La Fête (*La guerre des tuques*) et aux Productions de la Marée montante (*Images perdues*) en 1986, ainsi qu'aux Films René Malo (*Le déclin de l'empire américain*) et aux Productions du Verseau (*Manon 1*) en 1987.

Prix Guy-L'Écuyer. Créé en 1987 par les Rendez-vous du cinéma québécois à l'initiative de la présidente, Monique Mercure, il est décerné au début de chaque année au meilleur acteur ou à la meilleure actrice ayant joué dans un film québécois de l'année précédente. C'est le comité organisateur des Rendez-vous qui attribue, au nom du commanditaire, France Film, ce prix nommé en hommage au comédien Guy L'Écuyer*. Le premier lauréat fut, en 1987, Roger Le Bel (*Un zoo la nuit*).

Prix de la photographie de plateau. Créé en 1987 par les Rendez-vous du cinéma québécois et décerné par un jury indépendant, ce prix récompense la meilleure photographie de plateau à l'intérieur d'une année de production. Les premiers lauréats sont, en 1987, Pierre Crépô (*Voyage en Amérique avec un cheval emprunté*) et Jean Demers (*The Great Land of Small*).

Bourse Claude-Jutra. Créée en février 1988 par l'AQCC et l'Office franco-québécois pour la jeunesse, cette bourse vise à encourager un jeune cinéaste québécois ayant réalisé un court ou un moyen métrage. Elle consiste en une somme d'argent qui doit être consacrée à un stage en France. Elle est attribuée par le même jury que les prix Normande-Juneau et André-Leroux. Le premier lauréat fut, en 1987, Denis Laplante (*Un trou au cœur*, cm). (M.J.)

PRODUCTIONS RENAISSANCE (LES). *Voir* RENAISSANCE FILMS.

PROTAT, François, chef opérateur (Paris, 1945). Fils de technicien, il étudie de 1964 à 1966 à l'école de cinéma fondée par Louis Lumière, rue de Vaugirard, à Paris. Assistant-caméraman dès sa sortie de l'école, il émigre au Québec en 1969 et assiste, entre autres, Michel Brault pour *Le temps d'une chasse* (F. Mankiewicz, 1972) et *Kamouraska* (C. Jutra, 1973). Avec *Bingo* (J.-C. Lord, 1974), il passe à la direction de la photographie. C'est cependant son travail sur *Les ordres* (M. Brault, 1974), où il utilise le noir et blanc et la couleur avec la même intelligence, qui le fait connaître. Il poursuit avec *Jos Carbone* (H. Tremblay, 1975) et *La tête de Normande St-Onge* (G. Carle, 1975), qui confirment son statut de technicien de premier plan. Il collabore avec Lord à deux autres reprises (*Panique*, 1977; *Éclair au chocolat*, 1978), ainsi qu'avec Carle quatre autres fois (*L'ange et la femme*, 1977; *Fantastica*, 1980; *Les Plouffe*, 1981; et la télésérie *Le crime d'Ovide Plouffe*, 1984) et signe les images colorées de *La guerre des tuques* (A. Melançon, 1984). Protat voit pourtant sa carrière s'orienter peu à peu vers le cinéma de langue anglaise, voire même le cinéma hollywoodien. Son nom apparaît au générique de films comme *Hot Touch* (R. Vadim, 1980), *Running Brave* (D. Shebib, 1983) et *The Surrogate* (D. Carmody, 1984). *Joshua Then and Now* (1985) marque les débuts de sa collaboration avec Ted Kotcheff, qui se poursuit avec *Switching Channels* (1988) et *Winter People* (1988), deux productions américaines d'importance. (M.J.)

PROULX, Denise, actrice (Montréal, 1929). Elle fait ses débuts en 1944 à la radio, où elle est de la distribution des principaux radioromans. Dès 1947, on la voit régulièrement au théâtre où elle obtient de nombreux rôles de soutien. À la même époque, elle apparaît dans trois films: *Le gros Bill* (R. Delacroix, 1949), *Le curé de village* (P. Gury, 1949) et *Les lumières de ma ville* (J.-Y. Bigras, 1950), où elle interprète une jeune fille vive et en santé. Il faut ensuite attendre les années 70, alors que *Les belles-sœurs*, pièce événement de Michel Tremblay, relancent sa carrière, pour la retrouver au cinéma. Elle joue d'abord dans *L'amour humain* (D. Héroux, 1970), et *Les chats bottés* (C. Fournier, 1971), puis profite naturellement de la vague des comédies populaires et tient un petit rôle dans *J'ai mon voyage!* (D. Héroux, 1973), *Les deux pieds dans la même bottine* (P. Rose, 1973) et *Je suis loin de toi mignonne* (C. Fournier, 1976). Elle est l'un des visages de la serveuse dans *Françoise Durocher, waitress* (A. Brassard, 1972, cm). On la voit également dans *O. K. ...Laliberté...* (M. Carrière, 1973), *Les vautours* (J.-C. Labrecque, 1975), *Ti-Mine, Bernie pis la gang* (M. Carrière, 1976), *J. A. Martin photographe* (J. Beaudin, 1976), *Hey Babe!* (R. Zielinski, 1982) et *Les yeux rouges ou les vérités accidentelles* (Y. Simoneau, 1982). Proulx est toujours choisie pour des rôles de soutien, particulièrement, en raison de son physique rassurant, de sa jovialité et de son naturel familier, des rôles de femme de milieu populaire, une mère, une voisine, une hôtelière ou même une Madame. Robert Awad met à contribution toutes ses qualités dans *Amuse-gueule* (1984, cm), conte fantaisiste où elle interprète la mère suralimentée d'un fils qui ne mange pas. (M.C. et G.K.)

PROULX, Maurice, réalisateur, chef opérateur, monteur (Saint-Pierre-Montmagny, 1902 – La Pocatière, 1988). Ordonné prêtre en 1928, il fait des études en agronomie aux universités Laval et Cornell (États-Unis). C'est là qu'il découvre le cinéma en 16 mm. Revenu au Québec en 1933, il enseigne l'agronomie à Sainte-Anne-de-La-Pocatière. Son directeur lui demande de participer au travail de la Société de colonisation. C'est donc pour vanter les mérites de la colonisation que, dès 1934, il va régulièrement en Abitibi suivre un groupe de colons. Il en ramène des images qu'il monte et sonorise à New York en 1937. *En pays neufs* (1934-1937), dont la suite est *En pays neufs – Sainte-Anne de Roquemaure* (1942, cm), est le premier long métrage documentaire sonore réalisé au Canada. Dès ce moment, son œuvre s'articule autour de trois pôles principaux: l'agriculture, la religion et le tourisme. Ses films ruraux, les plus didactiques, trahissent son métier de professeur; ils répondent souvent aux besoins des ministères de l'Agriculture ou de la Colonisation. Proulx met en valeur les méthodes de travail modernes: *Le labour Richard* (1939, cm), *Défrichement motorisé* (1946, cm), *La chimie et la pomme de terre* (1949, cm). Il explique certains modes de culture: *La betterave à sucre* (1942, mm), *Les couches chaudes* (1942, cm), *Le miel nectar* (1942, cm)

Maurice Proulx, Maurice Duplessis et la mère de Maurice Proulx. (CQ)

et *Le lin du Canada* (1947, mm), un de ses meilleurs films sur le plan anthropologique, exemple parfait de ses grandes qualités de caméraman. Dans cette veine, il tourne aussi *La culture de la betterave à sucre* (1949, mm), *Le tabac jaune du Québec* (1951, mm) et *La culture maraîchère en évolution* (1961, cm). Il présente également certaines espèces: *La vache canadienne* (1938, cm) et *Le percheron* (1946, cm). Le documentariste Proulx veut aussi vanter les attraits touristiques du Québec. L'Office du tourisme du Québec fait souvent appel à ses services. Son second long métrage, *En pays pittoresque* (1939), montre les beautés et les mœurs de la Gaspésie et décrit deux colonies récentes. L'attraction touristique s'y mêle à l'éloge de la colonisation. Il consacre d'ailleurs plusieurs films à la Gaspésie, notamment *Les ailes sur la péninsule* (1950, cm). Par ailleurs, la pêche et les sports d'hiver sont des plaisirs touristiques qui attirent son attention. En tant que prêtre cinéaste, Proulx ne peut manquer de filmer la vie et les événements religieux qui l'entourent: congrès eucharistique, congrès marial, messe pontificale, bénédictions, prise d'habit, etc. Quelques films s'arrêtent à des événements qui offrent un intérêt historique, comme *Marguerite Bourgeoys* (1954, cm) tourné au moment de sa béatification, ou *La béatification de Mère d'Youville* (1960, cm). Proulx s'intéresse également à l'organisation de la société québécoise et signe des films qui véhiculent sa vision sur le coopératisme, l'éducation, etc. La Fédération des caisses commandite *Le cinquantenaire des caisses populaires* (1951, cm) et *Penser avant de dépenser* (1958, mm). La question des jeunes l'intéresse: *Jeunesse rurale* (1951, cm) et *Vers la compétence* (1955, mm) en témoignent. La caméra de Proulx s'attarde d'ailleurs souvent à la jeunesse, particulièrement aux enfants. Soulignons qu'en 1953 il met sur pied le service social de son diocèse où il s'occupe, jusqu'en 1966, d'adoption.

La plupart des films de Proulx sont commandés par le gouvernement. Même s'il fait ses débuts sous Godbout et contribue à la fondation du SCP en 1942, on identifie davantage son œuvre au gouvernement Duplessis et à l'idéologie de conservation que véhiculent les élites traditionnelles associées au duplessisme. On ne peut contester que Proulx soit le grand cinéaste gouvernemental des années 40 et 50. Lorsque Duplessis veut répondre à un film «offensant» que l'ONF aurait commis (*Îles de la Madeleine*, J. Palardy, 1952, cm), c'est à Proulx qu'il fait appel et celui-ci tourne *Îles de la Madeleine* (1956, cm). Proulx filme assemblées politiques et réalisations de Duplessis: écoles, routes, hôpitaux, ponts, etc. Il ira jusqu'à tourner *Film politique de Roméo Lorrain* (1960) pour remplacer le député malade au moment de la campagne électorale de 1960; c'est un document remarquable sur les mœurs politiques de l'époque. Proulx tourne son dernier film sonore en 1961 et abandonne presque la caméra. Il aura été un des témoins importants de trente ans de vie québécoise. En 1974, le gouvernement du Québec acquiert toute son œuvre. Il reçoit plusieurs distinctions dont un doctorat *honoris causa* de l'Université Concordia en 1979, l'Ordre du Canada en 1986

et l'Ordre du Québec en 1987. En 1984, Radio-Canada lui consacre deux émissions de quatre-vingt-dix minutes intitulées *Maurice Proulx, le cinéaste d'un Québec oublié*. Dans les années 80, il met en valeur son travail de cinéaste dans les salles d'exposition du musée François-Pilote, à La Pocatière. En 1987, l'ADATE crée un prix Maurice-Proulx, remis annuellement au meilleur document présenté au Festival de l'ADATE.

AUTRES FILMS: *Congrès eucharistique de Québec* (1938, mm), *Une journée à l'Exposition provinciale de Québec* (1942, cm), *Congrès marial Ottawa* (1947), *Les ennemis de la pomme de terre* (1949, cm), *Congrès marial Ottawa juin 1947* (1950, cm), *Ski à Québec* (1950, cm), *Sucre d'érable et coopération* (1950, repris en 1955, cm), *Les routes du Québec* (1951, mm), *Waconichi* (1955, cm), *Au royaume du Saguenay* (1957, cm), *La Gaspésie pittoresque* (1957, cm), *Médecine d'aujourd'hui* (1959, cm), *Le bas du Saint-Laurent* (1959, cm). (P.V.)

PROVENCHER, Anne-Marie, actrice (Victoriaville, 1950). Après une formation en théâtre et des débuts au TNM, elle tient le rôle de Geneviève, l'amoureuse du jeune terroriste de *Bingo* (J.-C. Lord, 1974). Dans le même registre, Jean-Claude Labrecque lui demande à deux reprises de personnifier Claudette, la flamme timide de Louis dans *Les vautours* (1975), puis l'épouse trop à l'étroit aux côtés de ce rêveur de révolution dans *Les années de rêves* (1984). Par ailleurs, elle participe à la création du Nouveau théâtre expérimental et de l'Espace libre en 1979, où elle mène une carrière très active. (J.P.)

PROVENCHER, Paul, réalisateur (Trois-Rivières, 1902 – Baie-d'Urfé, 1981). Ingénieur forestier, il passe plus de cinquante ans «à parcourir la forêt, à déjouer ses embûches, à découvrir ses ressources, à l'aimer et à la comprendre». Conteur expressif et intarissable doté d'une mémoire phénoménale, vulgarisateur scientifique chevronné, il explore notamment le territoire des Montagnais de la Côte Nord, toujours muni de sa boîte d'aquarelle, d'un Rolleiflex et, à partir de 1935, d'un appareil cinématographique. Cette année-là, Provencher, déjà mordu de photographie, accepte immédiatement quand l'anthropologue Marius Barbeau, au service du gouvernement fédéral, lui propose de filmer la vie des Amérindiens de la Côte Nord. Les quarante mille pieds de pellicule qu'il tourne entre 1935 et 1960, montés de façon rudimentaire ou simplement mis en bout à bout autour de certains thèmes, traitent des Amérindiens (*Les Montagnais*, 1935, mm; *Les scènes montagnaises*, 1936, cm), de la vie en forêt (*Labrador*, 1936, mm; *Live and Let Live*, 1938, cm; *Scènes de vie de Paul Provencher*, 1940, cm; *Military Woodcraft Course*, 1945, cm) et de l'observation de la nature (*Bears, Goats, Deers*, 1942, cm; *Fleurs boréales et mousses à caribou*, 1950, cm; *Man and Insects in the Forest*, 1952, cm). On y retrouve aussi divers reportages, notamment sur de terribles incendies en forêt, et des scènes de vie de famille à Baie-Comeau, au Lac-Saint-Jean et à Baie-d'Urfé. Sa contribution cinématographique tient à son regard d'ethnologue méticuleux lorsqu'il filme la vie des Montagnais en pleine nature et se fait l'observateur attentif de leurs gestes traditionnels.

D'autre part, dès 1935, il améliore ses conditions de tournage en montant son appareil cinématographique sur une crosse de fusil pour en faciliter le maniement. Conférencier recherché lorsqu'il n'est pas en forêt, il commente ses films lui-même, de «vive voix». En 1979, Jean-Claude Labrecque réalise un touchant portrait de Provencher, *Le dernier des coureurs de bois* (mm), et un remodelage sensible des *Montagnais* (mm), qui obtient la même année une mention spéciale à Nyon. (M.Le.)

PROVOST, Guy, acteur (Hull, 1925). Le rôle d'Alexis Labranche dans *Un homme et son péché* et dans *Séraphin* (P. Gury, 1949 et 1950) en fait immédiatement une vedette à travers le Québec. Puis, tandis qu'il exerce son métier en France, on le remarque dans *Un sourire dans la tempête* (R. Chanas, 1950), *Trapèze* (C. Reed, 1955), *Si Paris nous était conté* (S. Guitry, 1956). C'est ensuite le retour au pays où il se consacre au théâtre et à la télévision. On verra par ailleurs Provost dans des productions comme *Louis-Joseph Papineau le demi-dieu* (L. G. Carrier, 1960, cm), *Le misanthrope* (L. G. Carrier, 1964), *Les aventures d'une jeune veuve* (R. Fournier, 1974), *Gapi* (P. Blouin, 1981), *Hold-up* (A. Arcady, 1985), *Le frère André* (J.-C. Labrecque, 1987), *Perversion* (Y. Dion, 1988, cm), etc. Mais les cinéphiles se souviendront surtout de lui dans *Les ordres* (M. Brault, 1974) où, avec une sobriété extraordinaire, il incarne le personnage de Jean-Marie Beauchemin, médecin d'une clinique de quartier dont l'engagement social entraîne la détention pour activités subversives. (J.-M.P.)

QUÉBEC PRODUCTIONS. Au printemps 1946, Paul L'Anglais* et le financier René Germain discutent avec Charles Philipp, le fondateur de Renaissance Films*, de la production d'un film intitulé *Rendez-vous au Château Frontenac*, pour lequel ils approchent le réalisateur Fédor Ozep*. L'Anglais et Germain créent alors Québec Productions (QP), qui aménage ses studios dans des casernes de Saint-Hyacinthe. Dès septembre, tout est prêt pour le tournage du film, maintenant intitulé *La forteresse/Whispering City*. Tournée en soixante et onze jours, cette première production bilingue exige un investissement de près d'un million de dollars, incluant l'aménagement des studios. QP, qui espérait d'abord conquérir les marchés étrangers, doit cependant modifier ses objectifs et viser plutôt le marché local. Après dix-

huit mois d'inactivité, la compagnie annonce, en novembre 1948, la production de *Un homme et son péché* (1949), sous la direction de Paul Gury*. Le film fait de gros profits. QP joue donc de nouveau la carte de l'adaptation d'un radioroman et tourne *Le curé de village* (P. Gury, 1949). Simultanément, on prépare une suite à *Un homme et son péché: Séraphin* (P. Gury, 1950). En deux ans, QP réussit à se constituer une équipe de production québécoise et à rentabiliser ses entreprises sur le marché local. Mais L'Anglais rêve encore du marché international. Il met sur pied une coproduction avec la France, *Son copain* (J. Devaivre, 1950), et prépare son lancement avec l'imposant concours Miss Cinéma 1950. Malgré tout ce battage publicitaire, le film est un échec. En mai 1951, L'Anglais quitte QP, et est remplacé par Richard J. Jarvis. Germain, avec l'appui de J.-A. DeSève, monte une dernière production, *Le rossignol et les cloches* (R. Delacroix, 1951). C'est, de loin, le moins bon film de la compagnie, qui cesse alors ses activités. Le studio de QP a aussi servi au tournage de plusieurs films: *Sins of the Fathers* (R. J. Jarvis et P. Rosen, 1948), *Forbidden Journey* (R. J. Jarvis, 1950) et *The 13th Letter* (O. Preminger, 1951).

BIBLIOGRAPHIE: VÉRONNEAU, Pierre, *Le succès est au film parlant français*, Cinémathèque québécoise, Montréal, 1979 • TREMBLAY-DAVIAULT, *Un cinéma orphelin*, Québec/Amérique, Montréal, 1981. (P.V.)

RACHED, Tahani, réalisatrice (Le Caire, Égypte, 1947). Après avoir tourné des vidéos pour SUCO et Carrefour international de 1973 à 1975, elle coréalise *Les mesures de contrôle et une nouvelle société* (M. Duckworth, 1976, cm). Puis, elle tourne notamment un documentaire pour le front commun syndical (*Leur crise on la paye pas*, 1976, cm) et, pour Radio-Canada, *Les frères ennemis* (1979, cm). *Les voleurs de job*, son premier long métrage, date de 1980. En 1980 et en 1981, elle tourne six films pour l'émission *Planète* de Radio-Québec. Engagée à l'ONF en 1981, elle tourne successivement *La phonie furieuse* (1982, cm), *Beyrouth! «À défaut d'être mort»* (1983, mm), *Haïti-Québec* (1985, mm) et *Ban pay a! Rends-moi mon pays* (1986, mm).

Marquée pendant son adolescence en Égypte par l'esprit internationaliste de Bandoeng (ville d'Indonésie qui reçoit, en 1955, les représentants de vingt-neuf pays du tiers monde qui inaugurent une politique de coopération et définissent une attitude anti-

colonialiste), Rached fait connaître au Québec les problèmes du tiers monde et suscite, contre la tentation de la xénophobie, la compréhension et la sympathie envers ces populations, dans leur pays respectif ou en tant qu'immigrants. Ses films reposent sur la conviction que lorsqu'on connaît les autres, leurs mœurs, leurs peines et leurs espoirs, on les comprend et on les accepte mieux. Dans *Les voleurs de jobs* et *Haïti-Québec*, tournés à Montréal, les entrevues dominent. Elles contribuent à rapprocher les travailleurs immigrés du spectateur. Dans *Beyrouth! «À défaut d'être mort»* et *Ban pay a! Rends-moi mon pays*, situés respectivement au Liban et en Haïti, Rached donne plus de place aux lieux, aux milieux, aux situations. Son film le plus achevé, *Beyrouth! «À défaut d'être mort»*, est à la fois un document d'actualité très intense sur la vie quotidienne dans un quartier dévasté de Beyrouth et un remarquable document ethnologique sur la façon dont les individus réagissent à des événements exceptionnels avec les moyens fournis par leur culture et leurs traditions. Enfin et surtout, le film est un émouvant poème construit sur le corps et la voix. Il est ponctué et rythmé par les apparitions et le cri d'une mère dont le fils a été tué, et par les arrêts sur image au cours desquels les visages photographiés sont transformés, par le cinéaste d'animation Pierre Hébert, en dessins expressionnistes qui, soulignant leur expression dramatique et hiératique, rendent manifeste le travail de la mort. (M.E.)

RACICOT, Marcel, producteur, réalisateur (Montréal, 1929). Il acquiert sa formation à l'École des beaux-arts. De 1949 à 1962, il travaille à l'ONF et collabore, à titre d'artiste animateur, à la réalisation de nombreux films à caractère éducatif. Pendant ses loisirs, il produit et coréalise *Le village enchanté* (coréal. R. Racicot, 1955), premier dessin animé québécois de long métrage. Puisé dans les légendes du folklore québécois, ce conte édifiant se situe au temps héroïque de la colonisation et raconte la fondation d'un village en terre québécoise. Imparfaite mais sympathique, cette initiative vaut surtout par le courage et la ténacité de ses auteurs. Par la suite, Racicot est producteur indépendant pour le compte de diverses sociétés et s'occupe surtout de films publicitaires pour la télévision.

AUTRES FILMS: *Les fiorettis de saint François d'Assise* (1973, cm), *Le verbe divin* (1988, cm). (L.B.)

RACICOT, Réal, chef opérateur, producteur, réalisateur, scénariste (Montréal, 1933). Formé à l'École des beaux-arts et à l'ONF, en qualité de caméraman d'animation, il

(CQ)

scénarise et coréalise *Le village enchanté* (coréal. M. Racicot*, 1955). Il poursuit sa carrière comme producteur indépendant. En 1961, il laisse derrière lui l'animation et devient adjoint réalisateur à Radio-Canada. (L.B.)

RACINE, Roger, chef opérateur, producteur, réalisateur (Ottawa, 1924). Il fait des études de lettres à l'Université d'Ottawa et s'initie à la photo dans le laboratoire de son frère, photographe professionnel. En 1943, alors que l'ONF cherche du personnel, il présente quelques bobines 8 mm à John Grierson, qui l'engage sur-le-champ comme assistant de Graham McInnis. Il devient assistant-monteur et, un jour qu'un opérateur est malade, il fait sortir le matériel par un ami et tourne à sa place. Le tournage étant réussi, c'est le début d'une carrière à la caméra. Il tourne une trentaine de films et travaille avec la plupart des réalisateurs de l'ONF, dont Roger Blais, Bernard Devlin et Stanley Jackson. Il quitte l'ONF et entre à Renaissance Films où il est opérateur pour *Le gros Bill* (R. Delacroix, 1949) et directeur de la photographie pour *Les lumières de ma ville* (J.-Y. Bigras, 1950). Chez Québec Productions, il est directeur de la photographie pour *Le curé de village* (P. Gury, 1949) et opérateur pour *Le rossignol et les cloches* (R. Delacroix, 1951). Il est aussi directeur de la photographie pour *Forbidden Journey* (R. J. Jarvis et C. Maiden, 1950) et *La petite Aurore l'enfant martyre* (J.-Y. Bigras, 1951). En 1950, il produit, réalise, dirige la photographie et monte un long métrage de fiction, *The Butler's Night Off*, qui ne sera pas distribué. En 1952, il devient réalisateur à Radio-Canada et y demeure jusqu'en 1966. Puis il revient au cinéma, où il signe les images de plusieurs films, dont *Le soleil des autres* (J. Faucher, 1970), dont il est aussi producteur, et *Après-ski* (R. Cardinal, 1970). Il réalise aussi un deuxième long métrage, *Ribo ou «Le soleil sauvage»*

Roger Racine. (CQ)

(coréal. J. H. Nama, 1978), tourné au Cameroun. Les images de Racine ont toujours été caractérisées par leur grande qualité esthétique, particulièrement à cause du raffinement du détail, de la gamme extrêmement étendue des nuances qui s'y trouvent et des remarquables éclairages qu'il parvient à façonner tout en subtilités, en coups de pinceaux d'une grande finesse. (F.B.)

RANGER, Louise, productrice, administratrice (Montréal, 1939). Après des études à Montréal, elle commence sa carrière cinématographique en 1964, comme coordonatrice et secrétaire à l'administration chez Delta Films. En 1967, elle passe chez Onyx Films où elle est successivement adjointe à la production et à la réalisation pour *Le Québec à l'heure de l'Expo* (G. Carle, 1967, cm), productrice déléguée pour les cinq films du pavillon du Québec (1967) et directrice de production pour *Red* (G. Carle, 1969) et *Les mâles* (G. Carle, 1970). En 1970, elle participe à la fondation des productions Carle-Lamy, où elle est tour à tour directrice de production, productrice déléguée et productrice, pour *Les smattes* (J.-C. Labrecque, 1972), *La conquête* (Jacques Gagné, 1972), *Les corps célestes* (G. Carle, 1973), *Gina* (D. Arcand, 1975) et six courts métrages produits pour le compte de l'OFQ. Elle agit aussi comme productrice déléguée pour Les productions Mutuelles (*Bingo*, J.-C. Lord, 1974) et comme directrice de production pour Ciné-Art Films (*Les beaux dimanches*, R. Martin, 1974), l'ACPAV (*L'absence*, B. Sauriol, 1975) et Far Shore (*The Far Shore*, J. Wieland, 1976). Elle voit, à titre de productrice déléguée, à la postproduction de *L'eau chaude l'eau frette* (A. Forcier, 1976). Elle travaille de nouveau avec Jean-Claude Labrecque, d'abord comme productrice (*Les vautours*, 1975; *Québec fête, juin 75*), puis comme régisseure en chef des *Jeux de la XXIe Olympiade* (1977). Entre 1977 et 1982, elle fonde les Films du train secret et y produit *Les voyages du tortillard*, cinquante-deux courts films d'animation pour enfants réalisés par Peter Sander. Après avoir été directrice générale de l'IQC de 1981 à 1984 (année de la création de la SGCQ), elle s'associe aux productions Prisma, où elle s'oriente de plus en plus vers la télévision. Elle est productrice déléguée de la série *Livre ouvert III* (1986-1987) et du premier *soap* quotidien québécois, *La maison Deschênes* (1987-1988). Productrice à la réputation enviable, elle compte parmi les premières femmes à s'être imposées dans ce domaine, au Québec. (F.B.)

RANSEN, Mort, réalisateur, acteur, monteur, scénariste (Montréal, 1933). Entré à l'ONF en 1961, il y réalise de nombreux courts métrages sur les problèmes sociaux, en particulier ceux des jeunes. Dans *Jacky Visits the Zoo* (1962, cm), le héros se fait chasser du zoo pour mauvaise conduite; dans *No Reason to Stay* (coréal. B. Pojar, 1966, cm), il abandonne l'école; *The Circle* (1967, mm) aborde le problème de la drogue. Dans *You Are on Indian Land* (1969), Ransen associe une équipe amérindienne au tournage. *Christopher's Movie Matinée* (1968), un long métrage réalisé sans scénario préalable, combine le direct et la fiction: de jeunes Torontois tournent pendant l'été 1967 un film sur eux-mêmes. Tentative de saisir l'image qu'une génération se fait d'elle-même, le film est souvent comparé à *Wow* (1969) de Claude Jutra. Ransen écrit ensuite le scénario et les chansons d'une comédie musicale dont il sera également le réalisateur et le monteur, *Running Time* (1974), projet aussi ambitieux que le précédent, mais d'une réalisation moins convaincante. Dans les années 80, ses films n'ont pas la même originalité: *Bayo* (1985), peinture sensible des rapports entre un jeune garçon et son grand-père, reçoit un accueil flatteur, mais *Sincerely, Violet* (1987), *Emerald Tear* (1987) et *Tangerine Taxi* (1988) ne sont guère autre chose que d'habiles romans Harlequin cinématographiques. Ransen travaille beaucoup à la télévision, comme réalisateur et comme acteur. (J.A.)

RATHBURN, Eldon, musicien (Queenstown, Nouveau-Brunswick, 1916). Licencié en musique de l'Université McGill (1937), il travaille à l'ONF de 1947 à 1976, et signe la trame musicale d'environ cent quatre-vingt-cinq films, parmi lesquels on compte *Les aboiteaux* (R. Blais, 1955, cm), *Drylanders* (D. Haldane, 1963), *Nobody Waved Good-bye* (D. Owen, 1964), *Le grand Rock* (R. Garceau, 1967), *L'homme et le*

Eldon Rathburn. (ONF)

froid (M. Régnier, 1970), *Who Has Seen the Wind* (A.W. King, 1977), *In the Labyrinth* (R. Kroitor, C. Low et H. O'Connor, 1979, cm) et *Canada's Sweetheart* (D. Brittain, 1985). La partition de *Fields of Space* (S. Goldsmith, 1969, cm) lui vaut un Canadian Film Award, tandis que celle de *City of Gold* (W. Koenig et C. Low, 1957, cm) est le point de départ d'une suite symphonique du même titre. La musique de Rathburn se caractérise par son dépouillement, ainsi que par une apparente simplicité et une texture légère, souvent aérienne. Rathburn est aussi l'auteur d'une importante œuvre orchestrale (dont *Symphonette*, 1943) et de musique de chambre (*The Metamorphic Ten*, 1971). Il est, avec Maurice Blackburn, le plus grand compositeur de musiques de films issu de l'ONF.
DISCOGRAPHIE: *Musiques de l'ONF volume 1*, ONF, Montréal, 1977. (M.J.)

RAXLEN, Rick, réalisateur (Toronto, 1945). Bien qu'il réalise de nombreux courts métrages à l'ONF, de 1968 à 1976, il est surtout connu pour ses œuvres expérimentales indépendantes, tant cinématographiques que vidéographiques. Après quelques réalisations en super 8, il réalise plusieurs films en 16 mm (*Jaffa-gate*, 1982, cm; *15 Soldiers, 11 Machines, 8 Cows*, cm; *Pea Pea Caw Caw*, 1984, tcm), tous marqués par le courant «structurel» qui met l'accent sur la matérialité du média. Ainsi, *Jaffa-gate* et *15 Soldiers, 11 Machines, 8 Cows* présentent les traits types de cette orientation du cinéma expérimental: refilmage, reprise en boucle, clignotements, alternance positif-négatif, etc. Son œuvre vidéographique apparaît en continuité avec ses films quant aux procédés utilisés, l'exploration du média vidéo l'emportant sur l'exploitation de la fiction. Ainsi, *Self-portrait (with fish)* (1983, cm), *Duck-talk* (1983, tcm), *The Polytechnic World* (1983, cm), *Flagman's Nightmare* (1984, tcm), *Grey's Lullaby* (1984, tcm) et *Pure-mutation* (1984, tcm) présentent tous des éléments du cinéma structurel. Mais à ces caractéristiques s'ajoutent les recherches sur l'image électronique, qui est bien souvent le sujet même de l'œuvre. Raxlen est un des premiers à vouloir exploiter les possibilités des nouvelles technologies. L'équipement sophistiqué requis pour son travail n'étant pas encore accessible à Montréal, il se rend de nombreuses fois au centre de télévision expérimentale d'Oswego, dans l'état de New York. Ses dernières œuvres vidéo introduisent toutefois des bribes de narration: un narrateur qui «raconte une histoire» dans *The Divine Right* (1985, cm), une interview documentaire (altérée, modifiée) dans *Views of Fuji* (1985, cm). Son intérêt pour la recherche sur le média l'incite à produire des métissages: il réalise deux nouvelles versions, en vidéo, de *Jaffa-Gate* (1982 et

1985), et une nouvelle version de *15 Soldiers, 11 Machines, 8 Cows* (1984). Et son film *The Divine Right* a été obtenu à partir de l'œuvre vidéo portant le même titre (1985). Dans la plupart de ses autres vidéos, l'utilisation du support film prend aussi une place importante. En 1988, il signe un long métrage sur son enfance, *Horses in Winter* (coréal. P. Vallely). La structure narrative du film est construite en fonction des perceptions reliées à l'enfance. L'œuvre de Raxlen dégage une poésie profonde fortement reliée aux nouvelles perceptions rendues possibles par l'expérimentation. Elle apparaît aussi fort intéressante pour l'étude des métissages qui proviennent de la rencontre cinéma/vidéo et qui sont déterminants pour la compréhension des nouvelles images. (M.L.)

RAYHER, Robert, musicien, réalisateur (Paterson, États-Unis, 1957). Il quitte les États-Unis en 1976 et s'établit à Montréal pour étudier la littérature et le cinéma à l'Université McGill. Influencé par Stan Brakhage, Michael Snow et John Cage, il explore les domaines du hasard, de la perception et de la mémoire. De 1978 à 1980, Rayher réalise une trentaine de courts métrages expérimentaux. Il débute avec *A Man in the Box* (1978, cm) où il rend visible le travail de la caméra (changements de foyer, mouvements, etc.) en filmant son reflet dans un miroir. Avec *still life # 1: cherries* (1978, cm), il défie l'attention du spectateur en répétant un plan unique (des mains qui dénoyautent des cerises) de manière à créer l'illusion d'un film en un seul plan. Il fait aussi des films dont le montage est dicté par le hasard, puis il entreprend l'année suivante une série d'une douzaine de *Post Cards* (paysages urbains en super 8 destinés à la vente). Il réalise ensuite *Letter to a Long Lost Friend* (1980, cm) où les souvenirs de voyage relatés par une voix s'accompagnent d'images sans valeur illustrative. En 1981, il vit à New York et travaille comme pigiste pour la télévision. De retour à Montréal en 1982, il s'intéresse à la vidéo (documentaires et vidéos-danse) et s'associe à MainFilm qui produit *Eclipse* (1983, cm) et *Traces* (1985), un long métrage au style souvent proche de celui de Brakhage. En 1985, il commence une maîtrise en arts à Buffalo, puis s'installe à Chicago où il enseigne le cinéma au School of Art Institute. (Y.B.)

RAYMOND, Marie-José, productrice, monteuse, réalisatrice, recherchiste, scénariste (Montréal, 1941). Elle tient un petit rôle dans *Seul ou avec d'autres* (D. Héroux, D. Arcand et S. Venne, 1962). Par la suite, elle travaille surtout à la télévision, tantôt comme recherchiste, tantôt comme animatrice ou comme scripteure. À la fin des années 60, elle entreprend une étroite collaboration avec Claude Fournier*, à divers titres: recherchiste, adjointe à la réalisation, directrice de production et monteuse. Elle coscénarise la comédie érotique de banlieue *Deux femmes en or* (C. Fournier, 1970) et occupe la fonction de directrice de production. Le film obtient un énorme succès. Sur cette lancée, elle coscénarise une autre comédie érotique, *Les chats bottés* (C. Fournier, 1971). Par la suite, elle participe encore à la scénarisation des deux autres films du même genre signés par Fournier, *La pomme, la queue ...et les pépins!* (1974) et *Hot Dogs* (1980), pour lequel elle travaille également au montage. Elle est la productrice attitrée des longs métrages de Claude Fournier avec lequel elle fonde Rose Films en 1972: *Alien Thunder* (1973), *La pomme, la queue ...et*

les pépins!, *Je suis loin de toi mignonne* (1976), *Hot Dogs, Bonheur d'occasion* (1983), *The Tin Flute* (1983) et *Les tisserands du pouvoir* (1988). De plus, elle coréalise des documentaires de commande avec lui: *...Et Dieu créa l'été* (1974, cm) et *Aliments, gentils aliments* (1975, cm). Elle copréside un groupe de travail sur l'industrie cinématographique canadienne formé par le gouvernement fédéral. Ce groupe dépose son rapport, *Le cinéma au Canada, sur un bon pied*, en 1985. (M.C.)

RÉGIE DU CINÉMA. Le 21 décembre 1912, le gouvernement de la province de Québec crée une commission portant le nom de Bureau de censure des vues animées composée de trois commissaires et d'un secrétaire. Le 30 avril 1913, un règlement précise qu'aucun film ne peut être projeté publiquement sans l'approbation du Bureau, autorisé à approuver, modifier ou condamner les films qui lui sont soumis. Dès ses débuts, le Bureau de censure acquiert une forte réputation d'intransigeance (*voir* CENSURE) en voulant soumettre les films, américains surtout, aux règles de la morale catholique traditionnelle. À tel point qu'en 1926 l'Association des distributeurs et exploitants du Canada menace de boycotter le territoire québécois. En 1927, un incendie dans un cinéma de Montréal, le Laurier Palace, provoque la mort de plusieurs enfants et amène l'interdiction totale des salles de cinéma aux moins de seize ans. Le fait de travailler en fonction d'un public adulte n'affecte cependant pas l'orientation du travail de la Commission qui, en 1931, se donne des critères s'inspirant largement du *Production Code* des grandes compagnies américaines rendu public l'année précédente. Les principes généraux mis de l'avant dans ce code de procédure précisent qu'aucun film soumis à l'examen du Bureau de censure ne peut être approuvé s'il amoindrit ou abaisse la morale dans l'esprit des spectateurs. On précise toutefois qu'on ne veut pas pour autant restreindre l'imagination des auteurs. Suit une longue liste de points particuliers sur lesquels la vigilance des censeurs devrait s'exercer, tout en recommandant une certaine indulgence dans le cas des comédies. Le souci croissant pour la culture cinématographique et les libertés individuelles amène, en 1961, le nouveau gouvernement libéral à modifier la loi de «censure des vues animées» dont la dernière rédaction date de 1927. On nomme un comité provisoire pour l'étude de la censure du cinéma dans la province de Québec, sous la présidence de Georges Dufresne. Remis le 21 février 1962, le rapport de ce comité est connu, non pas sous le nom de son président comme le veut la tradition, mais sous celui d'un membre, Louis-Marie Régis, dont l'état ecclésiastique permet vraisemblablement d'en mieux faire accepter les conclusions. Le rapport recommande l'abolition du Bureau de censure et son remplacement par un autre organisme qui fonctionnerait dans un tout autre esprit. Toutefois, le Bureau de censure ne disparaît qu'en 1967, avec la création du Bureau de surveillance du cinéma qui établit une classification des films par groupes d'âges, met un terme aux coupures dans les films et autorise l'ouverture des ciné-parcs. En 1983, la Loi du cinéma crée la Régie du cinéma qui remplace à son tour le Bureau de surveillance du cinéma. L'organisme demeure sous la direction d'André Guérin*, en poste à partir de 1963. Le mandat du nouvel organisme est plus étendu que celui du Bureau de surveillance du cinéma. La Régie du cinéma, formée de trois membres nommés par le gouvernement, émet des visas, délivre des permis d'exploitation, de distribution et de tournage, compose des règlements et les fait approuver par le gouvernement. En 1985, le principe de classification est modifié de telle manière que le «pour tous» devient «visa général» alors que le «14 ans» n'est plus qu'indicatif. Plusieurs règlements de la Régie du cinéma mettent beaucoup de temps à entrer en fonction, notamment ceux qui touchent directement les *majors* américains. La résolution du contentieux avec les Américains, qui concerne les permis de distribution de même que la sortie des films en langue française, exige de longues négociations auxquelles participent, étroitement, les ministres des Affaires culturelles sous le gouvernement péquiste puis sous le gouvernement libéral (*voir LOI SUR LE CINÉMA*). En décembre 1987, une loi modifiant la Loi sur le cinéma ajuste le mandat de la Régie du cinéma dont certains pouvoirs réglementaires peuvent dès lors être exercés par le gouvernement. En 1988, Claude Benjamin succède à André Guérin à la présidence de l'organisme.(R.-C.B. et M.C.)

RÉGNIER, Michel, réalisateur, chef opérateur, monteur, producteur, scénariste (Jargeau, France, 1934). Photographe et journaliste, il prend contact avec le cinéma lors de son service militaire, au Sénégal. Il travaille ensuite comme réalisateur pour le service d'information du gouvernement de la Côte-d'Ivoire. Arrivé au Canada en 1956, il entre à l'ONF à titre d'assistant-caméraman. Au début des années 60, il réalise de nombreux films de commande dans l'industrie privée. *La pauvreté* (1960, cm), par ses préoccupations sociales et l'attention qu'il accorde aux démunis, annonce son œuvre à venir, tout comme la série de treize courts métrages «L'Afrique Noire d'hier à demain» (1964). Son premier long métrage, *L'école des autres* (1968), examine la démocratisation de l'enseignement et démontre avec une certaine force de conviction que les inégalités sociales y persistent. Moins convaincant, *L'homme et le froid* (1970) fait le point sur la situation de l'homme vivant dans le nord et montre que les progrès techniques lui permettent désormais de s'implanter sous toutes les latitudes. Au cours de la première moitié des années 70, Régnier, extrêmement prolifique, réalise deux imposantes séries sur l'urbanisme. D'abord, en 1972, il signe «Urbanose», série de quinze courts et moyens métrages où il décrit la maladie des grandes villes modernes à partir d'une analyse des urgences de Montréal en matière d'urbanisme, de logement, de contrôle du sol, etc. Puis, en 1974, il poursuit son enquête avec «Urba 2000», série de dix moyens et longs métrages où il parcourt le monde à la recherche de solutions concrètes aux problèmes d'urbanisme. Les questions relatives au tiers monde occupent ensuite entièrement son activité de cinéaste. En 1976, il réalise la série «Santé Afrique», qui marque un pas en avant dans sa volonté de pratiquer un cinéma utilitaire, où la forme est entièrement au service du sujet, où l'esthétique est sacrifiée à l'intervention sociale. «Je fais des films pour répondre aux besoins des populations les plus démunies», affirme-t-il. C'est ainsi qu'il réalise notamment «3 milliards» (1985), série de sept courts métrages où il décrit l'action d'organismes humanitaires internationaux. Présent sur tous les fronts, il est témoin de la misère des réfugiés cambodgiens à la frontière khméro-thaïlandaise (*La

Michel Régnier. (ONF)

vie commence en janvier*, 1980) et il profite de l'ouverture de la Chine à l'Occident pour ramener des images de la vie quotidienne des ouvriers d'une usine sidérurgique (*Un mois à Woukang*, 1980). En 1986, à l'occasion de l'année des sans-abris, il se rend à Guayaquil, en Équateur, et ramène un émouvant reportage sur une famille de vingt-deux personnes (*La casa*). Il réalise ensuite *Sucre noir* (1987, mm), où il dénonce l'exploitation des travailleurs haïtiens dans les plantations de canne à sucre de la République Dominicaine. En 1988, il tourne *Absara* (mm), regard sur le plan international de parrainage d'enfants à travers la vie d'une petite Népalaise. Auteur complet de ses films, Régnier en est le plus souvent caméraman et monteur, il en écrit le commentaire et, parfois, en est le producteur. Fidèle à ses convictions, il maintient, depuis près de trente ans, une activité soutenue (plus de cent films réalisés) qui contribue à lui conférer une place à part dans le cinéma québécois. En 1985, il livre ses réflexions sur le tiers monde dans un essai intitulé *L'humanité seconde* (Hurtubise HMH). À la fin des années 60, il dirige la photographie de quelques longs métrages de fiction, notamment pour Jean Pierre Lefebvre (*Le révolutionnaire*, 1965; *Patricia et Jean-Baptiste*, 1966; *Mon œil*, 1970). (M.J.)

RENAISSANCE FILMS. Charles Philipp, un Français d'origine russe, fonde Renaissance Films (RF) en 1944. Il veut faire de Montréal un centre de production francophone. Il confie son scénario, *Le père Chopin*, à Jean Desprez (Laurette Larocque-Auger) pour qu'elle lui donne une couleur locale, et demande à Fédor Ozep* de le réaliser. Le film est terminé en février 1945. Alors que Philipp cherche un distributeur, J.-A. DeSève* fonde, en avril 1945, Renaissance Films Distribution (RFD) qui rachète la majorité des actions de RF. Au conseil de cette compagnie siègent, outre DeSève et Philipp, Paul Pratt, maire de Longueuil, Rosaire Beaudoin, lié au futur laboratoire Mont-Royal et Léo Choquette, propriétaire de salles. Ils veulent en faire un centre de cinéma catholique. On veut construire des studios et on retient les services de l'abbé Aloysius Vachet qui amène avec lui, en 1947, plusieurs techniciens. Durant deux ans, Vachet* prononce conférences et sermons dans le but de vendre sa cause et des actions de RFD. Il établit aussi des liens internationaux pour développer le film d'inspiration chrétienne. C'est dans ce contexte que débute le tournage de *Rançon* (long métrage inachevé). En 1947, des directeurs de RFD fondent Renaissance Cinéma. Pendant l'été de la même année, RFD aménage ses studios dans une ancienne caserne de la Côte-des-Neiges, à Montréal. En 1948, RFD a beaucoup de projets. On fonde Renaissance

Éduc qui, sous la direction de J.-Y. Bigras*, a la responsabilité des produits éducatifs (un seul disque réalisé), et Renaissance Export pour les contacts internationaux (projet avec les producteurs américains J. Than et L. Fields). Mais les relations se brouillent avec DeSève à cause de ses méthodes autocratiques et cachotières. En décembre, DeSève est évincé et Pratt devient président. Il remet de l'ordre dans la compagnie et crée Les productions Renaissance (LPR), qui entreprend un deuxième film, *Le gros Bill* (R. Delacroix, 1949), puis un troisième, *Docteur Louise* (P. Vandenberghe et R. Delacroix, 1949), tourné en France dans un cadre de coproduction.

Alors que RFD connaît des difficultés financières, LPR met en chantier *Les lumières de ma ville* (J.-Y. Bigras, 1950). En mars 1950, LPR devient Excelsior Films. Les relations entre toutes ces compagnies deviennent de plus en plus confuses. Une filiale de RFD, Phoenix Studios (*voir* PIERRE HARWOOD et HENRI MICHAUD), est liquidée. RFD et Excelsior sont mis en faillite à l'été 1951. DeSève, avec la complicité de quelques administrateurs, manœuvre encore pour racheter à vil prix le studio et les films. Ce seront les petits actionnaires et Vachet qui perdront des centaines de milliers de dollars dans cette aventure. Renaissance, qui se voulait le phare du cinéma catholique, n'aura finalement pas produit les films les plus significatifs des années 40 et 50 et sera morte étouffée par sa rhétorique et l'ambition spéculative de certains de ses actionnaires. Mentionnons que le studio a aussi servi au tournage de quelques longs métrages: *The Butler's Night Off* (R. Racine, 1950), *La petite Aurore l'enfant martyre* (J.-Y. Bigras, 1952), *Tit-Coq* (R. Delacroix et G. Gélinas, 1952), *Cœur de maman* (R. Delacroix,

1953), *L'esprit du mal* (J.-Y. Bigras, 1954).
BIBLIOGRAPHIE: VÉRONNEAU, Pierre, *Le succès est au film parlant français*, Cinémathèque québécoise, Montréal, 1979 • TREMBLAY-DAVIAULT, Christiane, *Un cinéma orphelin*, Montréal, Québec/ Amérique, 1981. (P.V.)

RENAUD, Gilles, acteur (Montréal, 1944). Il débute au théâtre et enseigne l'improvisation à l'École nationale de théâtre. Sa carrière est inséparable de celle du dramaturge Michel Tremblay, puisqu'il participe à la création de plusieurs de ses pièces (*Les anciennes odeurs*, *Le vrai monde*). Cette complicité se poursuit au cinéma lorsqu'il reprend, dans *Il était une fois dans l'Est* (A. Brassard, 1973), le rôle de l'homosexuel Cuirette (*Hosanna*), qu'il avait créé au théâtre. À trois autres reprises, il incarne à l'écran des personnages imaginés par Tremblay: dans *Le soleil se lève en retard* (A. Brassard, 1976), ainsi que dans les téléfilms *Le cœur découvert* (J.-Y. Laforce, 1987) et *Le grand jour* (J.-Y. Laforce, 1988). Dans *Le cœur découvert*, il compose un professeur homosexuel, envahi puis séduit par le fils de celui qu'il aime. Habitué des seconds rôles (dans une quinzaine de longs métrages), il partage avec Dominique Michel et Denise Filiatrault la vedette de *Je suis loin de toi mignonne* (C. Fournier, 1976). Dans *Une journée en taxi* (R. Ménard, 1981), il donne la réplique à Jean Yanne et campe un prisonnier décidé à profiter de sa première journée de sortie pour se venger de celui qui l'a trahi. Il reprend, dans *La dame en couleurs* (C. Jutra, 1984), le rôle que devait tenir le cinéaste, celui de Barbouilleux, un peintre épileptique, enfermé dans un asile, qui peint des fresques sur les murs d'un souterrain et ouvre la voie de l'imaginaire

aux enfants. Par ailleurs, Renaud prête sa voix à la narration de quelques documentaires: *La fiction nucléaire* (J. Chabot, 1978), *Les traces d'un homme* (M. Moreau, 1981) et *Voyage en Amérique avec un cheval emprunté* (J. Chabot, 1987, mm).
PRINCIPAUX AUTRES FILMS: *One Man* (R. Spry, 1977), *La cuisine rouge* (P. Baillargeon et F. Collin, 1979), *Fantastica* (G. Carle, 1980), *Les Plouffe* (G. Carle, 1981), *L'homme à tout faire* (M. Lanctôt, 1980), *La femme de l'hôtel* (L. Pool, 1984), *Le frère André* (J.-C. Labrecque, 1987) *Sous les draps les étoiles* (J.-P. Gariépy, 1989). (M.J.)

RENDEZ-VOUS DU CINÉMA QUÉBÉCOIS. Cet événement annuel, qui s'adresse d'abord aux gens du milieu cinématographique, permet de faire le point sur la production courante. Il est issu de la Semaine du cinéma québécois, tenue pour la première fois au cégep Saint-Laurent, en avril 1973, à l'initiative du professeur Carl Mailhot et de quelques étudiants en cinéma. Répétée l'année suivante, l'expérience connaît un succès inespéré. En 1975, dans le but de se rapprocher du grand public, la Semaine émigre partiellement au centre-ville de Montréal (au cinéma Saint-Denis). Le milieu du cinéma prend alors conscience de la nécessité d'une telle manifestation. Ce déplacement de la Semaine s'accompagne de la tenue du premier Festival du film artisanal du Québec, toutefois assombri par la décision du jury de ne pas octroyer le prix destiné à encourager le jeune cinéma. Après une année d'absence, les organisateurs de la Semaine, qui privilégient désormais le documentaire, favorisent des rencontres entre les cinéastes et le public, dans la salle du cinéma Fleur de Lys. La Semaine, qui amorce un mouvement de régionalisation, étend ses activités à Rimouski puis, en 1978, à Québec, Jonquière, Rouyn et Sherbrooke, alors qu'elle dispose enfin, à sa cinquième édition, d'un financement adéquat. Toujours sous la gouverne de Mailhot, elle est de retour au cinéma Saint-Denis pour sa huitième édition, en 1980. Elle recentre alors ses activités sur Montréal, délaissant les régions, s'ouvrant au cinéma étranger et proposant des ateliers de réflexion aux gens du milieu. Contestée et victime de son insuccès auprès du public, la Semaine disparaît.

Cette même année, les Rendez-vous d'automne du cinéma québécois, sous la direction de Renée Roy, prennent la relève en 1982 et s'installent à la Cinémathèque québécoise. Cette manifestation présente chaque année l'essentiel de la production québécoise (que ce soit en reprise ou en primeur) et propose des rencontres et des débats aux gens de la profession. Les deuxième et troisième éditions sont dirigées par Louise Carré. En 1983, on y organise un colloque, très couru, sur le paradoxe de la production documentaire (*voir* CINÉMA DIRECT). Reporté de plusieurs mois, en janvier 1985, l'événement devient les Rendez-vous du cinéma québécois. On y invite des cinéastes et des multiplicateurs étrangers, afin d'établir un dialogue et d'alimenter les débats quotidiens autour des films. La formule est reprise, puis modifiée au fil des éditions. En 1985, Michel Coulombe succède à Louise Carré. Des vidéos, en 1986, et des films projetés à l'ONF, à partir de 1987, complètent la programmation. De plus en plus, les Rendez-vous du cinéma québécois, où sont remis plusieurs prix dont ceux de l'AQCC et ceux de la SOGIC (*voir* PRIX) s'affirment comme le carrefour privilégié des gens du cinéma, une occasion unique de prendre connaissance de la production qui se cache derrière les films vedettes. (G.M.)

REVUES DE CINÉMA. Dans l'ensemble de la vie cinématographique au Québec, les revues spécialisées occupent une place singulière. Elles ne sont apparues qu'après la Deuxième Guerre mondiale, au détour des années 50, au moment de la première expression du cinéma canadien-français. Une autre vague a suivi l'arrivée du cinéma québécois au début des années 60, une troisième les grands débats idéologiques des années 70. La décennie 80 apporte à son tour son lot de nouveaux titres. Symptomatiquement, chaque décennie a ses revues, aucune de celles-ci n'ayant pu franchir le cap de la décennie suivante. Une rare exception confirme la règle, *Séquences*, qui perdure depuis 1955 avec son unique directeur et éditorialiste, Léo Bonneville. D'abord bulletin d'information pour les ciné-clubs*, publié sous les auspices du Centre catholique diocésain de Montréal, *Séquences* devient une revue indépendante en octobre 1970 (n° 62). Avec les années, la revue se transforme, s'intéressant davantage au cinéma québécois et publiant d'importants numéros monographiques sur Norman McLaren et le cinéma d'animation. À part ce cas d'espèce, les revues québécoises sont nombreuses mais éphémères, souvent politiquement engagées, mais jamais financièrement rentables. Elles ne paraissent pas reposer sur un solide substrat intellectuel et critique, pas plus qu'elles ne semblent pouvoir se détacher de l'influence française dominante, dont la solide culture cinématographique est mondialement à l'avant-garde, et dont les revues les plus marquantes sont durables. Ces revues sont d'ailleurs toujours en tête des ventes

LISTE CHRONOLOGIQUE DES REVUES DE CINÉMA
PUBLIÉES AU QUÉBEC DEPUIS 1955

Le nom de la revue apparaît en italique noir et les sous-titres entre guillemets. Quand cela a été jugé nécessaire, des renseignements supplémentaires suivent le titre de la revue, ses années d'existence et le nombre de numéros publiés.

Séquence (1955-) • 136 numéros publiés jusqu'en novembre 1988 • Elle est d'abord publiée sous forme de cahiers de 1955 à 1961 («Cahier de formation et d'information cinématographique», 29 numéros), puis sous forme de revue de 1962 à 1970 («Revue de formation et d'information cinématographique à l'usage des ciné-clubs», 31 numéros). En octobre 1970, elle devient une revue indépendante. Elle utilise le sous-titre «Revue de cinéma» à partir d'octobre 1972 (76 numéros).

Ciné-Samedi-Mtl (1958-1961) • 14 numéros publiés • «Documentation».

Liaison (1959-1960) • 10 (?) numéros publiés • «Organe de la Commission des Ciné-Clubs/ Diocèse de Québec».

Fédé-Ciné (1959-1964) • 15 numéros publiés • Publiée par la fédération des Cinémathèques et des Conseils du film du Québec.

Objectif (1960-1967) • 39 numéros publiés • «Revue indépendante de cinéma».

L'Écran (1961) • 3 numéros publiés • Revue de cinéma du «Centre d'art de l'Élysée».

Le film (1962) • (?).

Cavalcade (1962-1965) • 24 numéros publiés.

Cahiers Images en tête (1962-1967) • 35 numéros publiés.

Jeunes Cahiers du Cinéma (1963-1965) • 5 numéros publiés.

Jeune Cinéma (1965-1966) • 3 numéros publiés • «Revue des cinéastes amateurs».

Take One (1966-1979) • 81 numéros publiés.

Cinéjazz (1968) • 1 numéro publié.

Cinéma-caméra (1968-1969) 7 numéros publiés • Publiée par la Fédération des cinéastes amateurs.

Challenge for Change Newsletter/Société nouvelle (1968-1975) • 14 numéros publiés • Publiée par l'ONF.

Nouveau Cinéma canadien/ New Canadian Cinema (1968-1978) • 46 numéros publiés • Bulletin ronéotypé publié par la Cinémathèque canadienne.

Champ Libre (1971-1973) • 4 numéros publiés • «Cahiers québécois du cinéma».

Médium-Média (1971-1973) • 13 numéros publiés • Magazine d'information du groupe Société nouvelle de l'ONF.

Cinéma Québec (1971-1978) • 58 numéros publiés.

Access (1972-1975) • 3 numéros publiés • Publiée par l'ONF.

Cinéma Canada (1972-) • 158 numéros publiés jusqu'en novembre 1988.

Cinécrits (1975-1979) • 4 numéros publiés • Publiée par des professeurs et des étudiants en cinéma de l'Université Laval.

Débobinons, Plein cadre et *Plein cadre express* (1975-) • 67 numéros publiés jusqu'en novembre 1988 • Ces trois titres sont ceux des journaux de l'APJCQ • *Débobinons* est publiée de 1975 à 1979 (35 numéros) et est suivie de *Plein cadre* qui est publiée de 1979 à 1986 (18 numéros), elle-même remplacée par *Plein cadre Express* depuis 1986 (14 numéros publiés jusqu'en novembre 1988).

Ciné-Tracts (1977-1982) • 17 numéros publiés • «A Journal of Film, Communications, Culture and Politics».

Le journal du jeune cinéma québécois (1978-1979) • 7 numéros publiés • Journal des étudiants de l'Université de Montréal.

Copie Zéro (1979-) • 37 numéros publiés jusqu'en novembre 1988 • Revue de cinéma publiée par la Cinémathèque québécoise.

24 images (1979-) • 41 numéros publiés jusqu'en novembre 1988 • Elle est tour à tour sous-titrée «La revue qui va au cinéma» (numéros 10 à 19), «La revue de cinéma» (numéros 20 à 23), puis «La revue québécoise de cinéma» (à partir du numéro 24).

Ciné-Bulles (1980-) • 34 numéros publiés jusqu'en novembre 1988 • Bulletin d'information de l'ACPQ • D'abord bulletin ronéotypé de 1980 à 1982 (8 numéros publiés), puis revue (26 numéros publiés jusqu'en novembre 1988).

Pellicule (1980-1981) • 3 numéros publiés • Revue des étudiants et professeurs en cinéma du réseau collégial.

Perforations (1981-) • 33 (?) numéros publiés • Publiée par les services techniques et artistiques de l'ONF.

Format Cinéma (1981-1986) • 48 numéros publiés.

Ticket (1982-1984) • 10 numéros publiés • «Le cinémagazine».

Ciné+Plus (1983-1984) • 5 numéros publiés.

La Manivelle et *Lumières* (1986-) • 21 numéros publiés jusqu'en novembre 1988 • Ces deux titres sont ceux des bulletins de l'ARRFQ • *La Manivelle* est publiée en 1986 (6 numéros) et *Lumières* qui lui succède en 1987 (15 numéros jusqu'en novembre 1988).

Pour les revues récentes, l'index de **Radar** *et de* **Périodex** *peuvent guider les recherches. Yves Lever a publié les index complets d'***Objectifs** *et de* **Cinéma Québec***, tandis que la revue* **Séquences** *a publié un index de ses 110 premiers numéros (annuellement, cette revue remet à jour son index). (P.P.)*

au Québec. Yves Lever analyse l'influence de la critique française sur les revues québécoises comme suit: Henri Agel et Amédée Ayfre sur *Séquences; Positif* et les *Cahiers du cinéma* (première manière) sur *Objectif; Cinéthique* et les *Cahiers du cinéma* (deuxième manière) sur *Champ Libre*. Vu cette filiation, il n'est pas étonnant que, dès le milieu des années 1950, se dessine un écart idéologique marqué entre les revues québécoises. D'une part, le courant humaniste chrétien (*Découpage, Séquences*) issu de la JÉC et du Centre catholique du cinéma de Montréal qui est basé sur une mise en valeur du langage cinématographique traditionnel de même que sur la recherche du message des films; de l'autre, une tendance plus laïcisante qui se retrouve à *Images*, dirigée par Gabriel Breton et à laquelle collaborent notamment Rock Demers*, Arthur Lamothe*, Fernand Cadieux* et Guy Joussemet. *Images* est «la première véritable revue libre de cinéma» au Québec, selon Jean Pierre Lefebvre*. Cette polarisation devient plus aiguë durant les années 1960. *Séquences* consolide un temps encore ses assises sur un large réseau de ciné-clubs et de stages de cinéma, toujours rattaché à l'omniprésence de l'Église dans le système scolaire. Rapidement toutefois, et brutalement, la Révolution tranquille, la création du ministère de l'Éducation, l'émergence du nouveau cinéma québécois et l'arrivée des «nouvelles vagues» de cinéma et de critique, ce raz-de-marée laïcisant amoindrit l'influence de *Séquences*, surtout que cette revue montre, en plus d'un anti-intellectualisme vis-à-vis de la nouvelle critique, un faible intérêt pour le cinéma québécois. L'arrivée d'*Objectif* et d'*Écran* ébranle l'hégémonie de *Séquences*. Si *Écran*, où se retrouvent Jean-Paul Ostiguy, Patrick Straram* le bison ravi, Jean

Billard, Fernand Benoit et Gilles Carle*, ne dure que l'espace d'une année, *Objectif* domine les années 60 en symbiose avec la montée fulgurante du cinéma québécois et le ferment dynamique du Festival du film de Montréal. D'abord dirigée par Robert Daudelin* et Michel Patenaude, *Objectif* compte notamment Jacques Leduc*, Pierre Hébert* et Jean Pierre Lefebvre parmi ses collaborateurs. Durant ces années de grande exaltation et d'amour fou du cinéma, au sein d'un carrefour international et national où s'entrechoquent les luttes anticensure et la fréquentation sacralisée des cinémathèques (à Montréal, à New York, à Rochester, à Paris), on remarque à peine une voix dissidente à la revue *Parti Pris*. Un jeune cinéaste, Denys Arcand*, ose affirmer que «le cinéaste n'est aidé par personne et surtout pas par les critiques (la revue *Objectif* surtout)», et qui proclame: «Toute la critique de films québécois doit être faite en fonction de la situation globale de notre nation, et des conditions d'existence des cinéastes.» La crise qui sous-tend cette lucidité critique ne se fait pas attendre, et *Objectif* la vit en se sabordant en 1967. Les appels se multiplient alors en faveur de la nécessité de renouveler le cinéma et la critique au Québec «par rapport à l'évolution politique et sociale d'un Québec à la recherche de nouveaux éléments de conscience individuelle et collective» (*Objectif*, n° 39). Après la crise d'Octobre 1970, les revues de la nouvelle décennie se consacrent à l'émergence de cette conscience neuve, dans une polarisation idéologique encore plus tranchante; on s'y intéresse par exemple au cinéma du tiers monde, au rapport entre le cinéma et l'animation sociale, aux revendications des cinéastes exigeant une loi sur le cinéma.

Paraissant presque en même temps en

1971, *Cinéma Québec*, dont le directeur-fondateur est Jean-Pierre Tadros, et *Champ Libre*, dont Yvan Patry* et Dominigue Noguez sont membres du comité de rédaction, se réclament de la nouvelle gauche. La première, sociale-démocrate nationaliste, la seconde, marxiste. S'ensuit une polémique entre «anciens et modernes» de la modernité, ou encore une sorte de «querelle des bouffons» de la superstructure, où fusent les anathèmes de «marxistes sortis de *Séquences*» et de «libéraux pratiquant le brouillage idéologique»! En 1973, après quatre numéros, *Champ Libre* disparaît. Sans être aussi nettement radicale, la revue universitaire *Cinécrits*, de Québec, à laquelle collaborent Paul Warren, Esther Pelletier, François Baby, André Gaudrault et Pierre Demers, manifeste de son côté un alignement significatif sur les positions considérées d'avant-garde. La revue publie quatre numéros entre 1975 et 1979. À travers cette radicalisation, apparaît aussi pour la première fois dans les revues québécoises une influence de la gauche anglo-saxonne. *Champ Libre* collabore avec la revue *Cinéaste*, de New York, poursuivant ainsi un travail dans la lignée de *Take One* (1966-1969), première revue à refléter l'idéologie critique du Québec anglophone, et qui est suivi, en 1977, par *Ciné-Tracts*, de laquelle se dégage la figure de Ron Burnett. Cette revue disparaît à son tour en 1982. Durant les années 70, époque la plus dynamique de la brève histoire des revues de cinéma, *Cinéma Québec*, qui offre à ses lecteurs des entretiens importants et des dossiers fouillés, se détache comme le phare de la cinématographie et de la critique, et influence largement une nouvelle génération de cinéphiles. Si sa politique éditoriale garde souvent le flou idéaliste du grand rêve national («prise de la parole», «libération

du regard»), la revue témoigne des grands dossiers et débats de l'heure, de même que d'une stabilité administrative assez rare. Jean-Pierre Tadros, unique directeur de cette revue, optant en 1978 pour la revue anglophone *Cinema Canada*, la disparition de *Cinéma Québec* marque à sa manière un premier essoufflement du nationalisme culturel, suivant en cela le glas déjà sonné pour les revues de gauche.

Le mouvement militant totalement disparu au détour des années 80, ne subsistent plus que des revues principalement liées à des institutions ou à des associations, et de très rares expériences indépendantes. *Copie Zéro,* qui succède à *Nouveau Cinéma Canadien/New Canadian Film*, est publiée par la Cinémathèque québécoise* et spécialisée dans le cinéma québécois, tandis que *Ciné-Bulles*, d'abord bulletin de liaison de l'Association des cinémas parallèles du Québec*, demeure liée à l'organisme après être devenue une revue distribuée en kiosque, en 1985, sous la direction de Michel Coulombe jusqu'à l'automne 1988. *Ciné-Bulles* se distingue par une orientation éditoriale très dynamique sur les grands dossiers des politiques cinématographiques d'État. D'autres revues, de moindre importance, sont rattachées à des associations, comme *Plein Cadre*, publiée par l'Association pour le jeune cinéma québécois*, et *Lumières*, publiée par l'ARRFQ. En dehors de ces réseaux, ne surnagent que *Format Cinéma* et *24 Images*. *Format Cinéma*, dont la parution est irrégulière entre 1981 et sa disparition, en 1986, rassemble un fort contingent de cinéastes parmi ses collaborateurs: Jean Chabot*, Robert Favreau*, Roger Frappier*, Arthur Lamothe, Micheline Lanctôt*, Jacques Leduc, Jean Pierre Lefebvre, André Théberge* et autres, produisant ainsi un métissage d'écritures critiques et cinématographiques. *24 Images*, fondée en 1979 par Benoît Patar, a, pour sa part, du mal à se trouver un créneau spécifiquement critique avant 1987, alors que Claude Racine en prend la direction. Faut-il voir dans cette situation un symptôme de la disparition quasi totale, dans les années 80, du discours critique des milieux intellectuels au Québec? Les revues institutionnelles ont des objectifs et des programmes à assumer – ce qu'elles font généralement bien – et ne peuvent s'ouvrir au débat critique que secondairement. De leur côté, les revues indépendantes sont trop faibles pour s'imposer de façon significative. Par ailleurs, on ne peut détacher cette anémie des revues de celle du cinéma qu'elles défendent généralement. Les grands bouleversements dans le «paysage audiovisuel» – en premier lieu la dominante télévision et vidéo – appellent peut-être, au Québec comme ailleurs, l'émergence d'un autre type de revues sur le «filmique». Cette tâche peut s'avérer impérative à la fin des années 80, si on songe qu'elle paraissait déjà indispensable à l'éditorial du dernier numéro d'*Objectif*, en 1967. (R.L.)

RICARD, Louis, réalisateur, producteur (Sainte-Anne-de-Beaupré, 1945). Actif dans le milieu du théâtre et du cinéma québécois, il complète des études en réalisation à Paris. En 1970, avec Jean-Pierre Liccioni, il fonde les Films Cénatos, une maison de production de Québec. Après quelques diaporamas, il produit et réalise, pour Radio-Canada, la série «Du simple au multiple» (1974), où il compare les modes de vie pré-industriels avec les méthodes modernes. Toujours en 1974, il tourne, pour Expo-Québec, quatre courts métrages sur la ville de Québec: *Au jour le jour*, *Québec, demain*, *Québec en*

ville et *Image de Québec*. Il consacre ensuite deux intéressants films à des pionniers du cinéma québécois: Jean-Marie Poitevin* (*La folle aventure*, 1977, mm) et Albert Tessier (*À force d'images*, 1977, mm). En continuant de privilégier le mélange de documents d'archives et d'entrevues, il réalise *C'était en direct* (1978, mm), sur la radio de Radio-Canada. Après *Une grande ferme pleine d'histoires* (1979, cm), il entreprend une autre série de treize émissions, «Mordicus» (1979), qui montre des jeunes passionnés par des activités qu'ils ont eux-mêmes choisies. Au début des années 80, il partage sa carrière entre Québec et Montréal, travaillant de plus en plus comme régisseur, directeur de production et assistant-réalisateur. Il travaille notamment avec Iolande Cadrin Rossignol (*Rencontre avec une femme remarquable,* 1983), François Brault (la série «Les arts sacrés du Québec»), Jean Pierre Lefebvre (*Laliberté Alfred Laliberté, sculpteur 1878-1953,* 1987; *La boîte à soleil,* 1988) et Gilles Carle (*Vive Québec!*). Cela ne l'empêche pas de réaliser quelques films: *Dieppe, vous y étiez* (1981, cm), *Un violon sur la mer* (1982, cm), *40 ans pour oublier* (1982, cm), *Justice pour tous* (1986, cm) et *La route de la foi* (1988, cm). Le travail de Ricard se rapproche de celui de François Brault* (beaucoup de commandites, diffusion à la télévision), qui est son principal caméraman depuis plus de vingt ans. (P.V.)

RICHER, Gilles, réalisateur, scénariste (Montréal, 1938). Au cours des années 60, il est scripteur de deux grands succès de la télévision de Radio-Canada: le *talk-show Les couche-tard* et la série comique *Moi et l'autre*. Il débute au cinéma en scénarisant *Tiens-toi bien après les oreilles à papa...*

(1971), mis en scène par son compagnon d'armes à Radio-Canada, le réalisateur Jean Bissonnette. Le film remporte un immense succès. Sous le couvert de la révolte burlesque, contre ses patrons anglophones, d'une secrétaire assistée de loin par un commis en apparence servile, Richer transpose sur grand écran la formule à succès de *Moi et l'autre*. Ici, l'humoriste Yvon Deschamps remplace Denise Filiatrault dans le rôle de faire-valoir de Dominique Michel et atteste l'orientation nationaliste du film. Deux ans plus tard, Richer, qui se souvient de sa première réussite, écrit *J'ai mon voyage!* (D. Héroux, 1973), qui raconte l'odyssée d'un couple (Dominique Michel et Jean Lefebvre) et de ses deux enfants de Montréal à Vancouver à travers un pays, le Canada, où ils sont de purs étrangers. Le film rem-

porte un succès comparable à celui du précédent. En 1975, Richer assure lui-même la réalisation de son troisième scénario, *Tout feu, tout femme*, où il reprend la formule du couple mal assorti (Andrée Boucher et Jean Lapointe), déjà au cœur de *J'ai mon voyage!* Depuis, il poursuit une carrière de scripteur et de réalisateur à la télévision. Il fut, au cinéma, le concepteur d'un genre à succès – la comédie nationaliste de situation – qui, peu à peu, s'est évanoui. (Y.P.)

RICHLER, Mordecai, scénariste (Montréal, 1931). Il rédige, en collaboration, les découpages de deux films de Ralph Thomas, *No Love For Johnnie* (1960), *The Wild and the Willing* (1962), et de deux films de Ted Kotcheff*, *Tiara Tahiti* (1962), *Fun With Dick And Jane* (1977). Richler signe encore

The Street, *de Carolyn Leaf, d'après une nouvelle de Richler. (ONF)*

les scénarios de trois autres longs métrages de Kotcheff, *Life at the Top* (1965), *The Apprenticeship of Duddy Kravitz* (1974) et *Joshua Then and Now* (1985), ces deux derniers titres étant les adaptations de livres dont il est l'auteur. De ces trois films, seul le scénario de *The Apprenticeship of Duddy Kravitz* est écrit en collaboration; toutefois, Richler conteste, en vain, l'apport de Lionel Chetwynd à la scénarisation. En outre, deux de ses romans traitent du cinéma : *Cocksure* (1968) raille la fourberie de la société hollywoodienne et *St. Urbain's Horseman* (1971) retrace les hauts et les bas d'un personnage principal exerçant le métier de scénariste. Instables, fantasques et présomptueux, sans cesse en butte à l'incompréhension du milieu, les héros créés par Richler sont tous à des degrés divers en quête de leur identité. La plupart ont l'impression d'être arrivés dans ce siècle à un mauvais moment, le plus souvent trop tard. Ainsi éprouvent-ils un sentiment de culpabilité, sentiment que Richler se plaît à disséquer tantôt avec cynisme, tantôt avec empathie. Richler a aussi écrit pour la télévision, notamment *The Wordsmith* (C. Jutra, 1979). *Jacob Two Two and the Hooded Fang* (T. J. Flicker, 1978) est adapté d'un de ses romans pour enfants. Caroline Leaf* tire un film d'animation d'une de ses nouvelles, *The Street* (1976, cm); le film, qui décrit le drame des familles dont un des membres est devenu impotent, est couvert de prix. (J.-M.P.)

RIVARD, Fernand, chef opérateur, producteur, réalisateur (Trois-Rivières, 1926). Après des études au séminaire de Trois-Rivières, il entre au SCP en 1947 comme caméraman. Il participe à la réalisation de documentaires (*La pêche à la cabane*, 1945, cm) et collabore à la production de nombreux films, notamment avec l'abbé Proulx et Mᵍʳ Tessier. Il fonde Nova Films en 1958, puis réalise pour Radio-Canada la série pour enfants *Alain raconte* (trente-six émissions sur film, 1958-1959) ainsi qu'un court métrage pour l'ONF, *Fantastique* (1962). Chef du service des techniques audiovisuelles d'Hydro-Québec (1964-1968), il y produit ou réalise dix-neuf documentaires, dont *Du béton et des hommes* (cm). Il est par la suite directeur de production de *La vraie nature de Bernadette* (G. Carle, 1972) et de *Kamouraska* (C. Jutra, 1973). Il réalise enfin un long métrage de fiction à petit budget, *Valse à 3...* (1974), variation sur le thème du triangle amoureux adaptée du roman de Michelle Guérin, *Les oranges d'Israël*. Son frère, Reynald Rivard, est également réalisateur. (C.Ri.)

RIVARD, Michel, acteur, musicien, scénariste (Montréal, 1951). Fils de l'acteur Robert Rivard (*Mon enfance à Montréal*, J. Chabot, 1970; *Le dernier havre*, D. Benoit, 1986), il fait très tôt ses débuts d'acteur à la télévision. Après trois années de théâtre de création (1970 à 1973), il devient un des chefs de file de sa génération avec le groupe Beau Dommage qui connaît un énorme succès et marque la chanson québécoise. Séduits par la beauté urbaine, simple et percutante de ses compositions, plusieurs réalisateurs font appel à lui pour écrire la musique de leur film: André Brassard (*Le soleil se lève en retard*, 1976), Jean-Michel Ribes (*Rien ne va plus*, 1979), François Bouvier et Jean Beaudry (*Jacques et Novembre*, 1984), André Melançon (*L'espace d'un été*, 1980; *Bach et Bottine*, 1986) et Marquise Lepage (*Marie s'en va-t-en ville*, 1987). Il tient un des principaux rôles dans *Le dernier glacier* (J. Leduc et R. Frappier, 1984), film pour lequel il compose une de ses plus belles chansons, *Schefferville*, miroir bouleversant du déclin d'une région. Poursuivant sa carrière de chanteur, Rivard est aussi improvisateur vedette de la LNI (1980 à 1987), comédien de théâtre, concepteur d'émissions de télévision, scénariste et dialoguiste (*Le monde a besoin de magie*, D. Ménard, 1980). Yves Simoneau sait mettre à contribution son naturel fantaisiste dans *Pourquoi l'étrange monsieur Zolock s'intéressait-il tant à la bande dessinée?* (1983). (P.L.)

RIVARD, Reynald, réalisateur (Trois-Rivières, 1919). Il travaille pendant quelques années avec Mgr Tessier dont il est le disciple, avant de réaliser des documentaires dont il assume l'entière production. *Délaissés? Non!* (1941, mm) et *Les mieux aimés* (1950, mm) décrivent la situation des protégés des grands orphelinats du Québec d'alors. *Les petits marchands de bonheur* (1942, cm) appuie une large campagne en faveur de l'adoption, *Clameurs* (1948, mm) montre le problème des enfants ayant plusieurs handicaps, tandis que *De la charité à la charité organisée* (1959, mm) présente l'évolution d'un bureau général de service social. Réalisé en 1946, *Le bon Pasteur parmi nous* (cm) est un document ethnographique décrivant l'arrivée de Mgr Roy à l'évêché de Trois-Rivières. *Sur les flots du temps* (1947, mm) est pour sa part produit à l'occasion du 250ᵉ anniversaire des Ursulines de Trois-Rivières. Enfin, Rivard a aussi réalisé le film officiel du Congrès eucharistique international de Barcelone (1952). Cinéaste dilettante, Rivard a enseigné la psychologie à l'UQTR jusqu'à l'âge de la retraite. Son frère, Fernand Rivard, est chef opérateur, producteur et réalisateur. (C.R.)

ROBERGE, Guy, administrateur (Saint-Ferdinand d'Halifax, 1915). Il est admis au Barreau à vingt-deux ans mais, les causes se faisant rares en période de crise économique, il pratique aussi le journalisme, notamment la critique d'art et de cinéma, dans les quotidiens de Québec. Il établit alors beaucoup de contacts avec des artistes et développe un intérêt marqué pour les questions culturelles qui ne le quittera plus. Il revient au droit à plein temps en 1940, se spécialisant dans les questions de droit corporatif et de droit d'auteur, agissant aussi comme conseiller juridique à l'Association des postes privés de radio et de télévision. En vertu de ses compétences, il est invité à collaborer à la Commission Massey sur «l'avancement des arts, des sciences et des lettres» (1950-1951). De 1944 à 1948, il est député libéral à Québec. En 1957, le premier ministre du Canada, Louis Saint-Laurent, le nomme commissaire du gouvernement à la cinématographie, ce qui en fait le grand patron de l'ONF et le conseiller principal du gouvernement en matière de cinéma. Premier Canadien français à occuper ce poste, il arrive en plein milieu de la crise qui secoue alors l'institution, par suite de la dénonciation des injustices faites aux francophones. Habile diplomate, animé d'un rêve de bonne entente entre tous les Canadiens, il s'oppose à une section séparée pour les francophones, mais fait en sorte que leur nombre et leur pouvoir augmentent considérablement. C'est sous son administration que l'équipe française se constitue. Comme conseiller du gouvernement, il préside le comité qui recommande la création de la SDICC et en écrit la loi; il signe aussi le premier accord de coproduction avec la France. Il quitte l'ONF en 1966 pour assumer les fonctions de délégué général du

Québec à Londres, puis revient à la pratique du droit en 1971. (Y.L.)

ROBIDOUX, Pierre, réalisateur (Montréal, 1960). Il fait des études en informatique à l'Université de Montréal, réalise divers travaux de graphisme par ordinateur puis, en août 1984, s'associe à une équipe de chercheurs et devient coréalisateur et animateur des effets spéciaux dans *Tony de Peltrie* (coréal. P. Bergeron*, P. Lachapelle et D. Langlois, 1985, cm). Il travaille ensuite pour Ciné-groupe. (M.L.)

ROGER, Normand, musicien (Montréal, 1949). Autodidacte, il crée des musiques de films à partir de 1972. À ce titre, il collabore à plusieurs documentaires (*L'homme de papier*, J. Giraldeau, 1987, mm) et à des dizaines de courts métrages d'animation, surtout à l'ONF, prenant ainsi la relève de Maurice Blackburn. Il travaille à plusieurs reprises avec Frédéric Back (*Crac*, 1980, cm; *L'homme qui plantait des arbres*, 1987, cm). Il compose également la trame musicale de *Chaque enfant* (E. Fedorenko, 1977, cm), *Jeu de coudes* (P. Driessen, 1979, cm), *Entre chiens et loup* et *Souvenirs de guerre* (P. Hébert, 1978 et 1982, cm), *Le château de sable* (C. Hoedeman, 1977, cm), *The Metamorphosis of Mr. Samsa* (C. Leaf, 1977, cm), *Rectangle et rectangles* et *Question de forme* (R. Jodoin, 1982 et 1983, cm) et *The Wanderer* (G. Ungar, 1988, cm). Puisant à toutes les formes possibles, Roger apporte au cinéma d'animation des mélanges de rock-pop et de néo-classicisme qui visent la simplicité et l'expressivité mélodique, et qui s'intègrent harmonieusement aux autres éléments de la bande sonore. Il se définit comme un cinéaste du son. Il obtient un prix spécial à Zagreb pour la musi-

que de *Luna Luna Luna* (V. Elnécavé, 1981) et un Dauphin d'argent à Espinho pour la musique de *The Boy and the Snow Goose* (G. Thomas, 1984, cm). (R.L.)

ROSE, Hubert-Yves, réalisateur (Montréal, 1944). Après des études de lettres, il débute au cinéma comme assistant-réalisateur et assistant-monteur, notamment pour quelques films de Jean Beaudin (*Cher Théo*, 1975, mm). En 1976, il écrit et réalise, à l'ONF, un moyen métrage intitulé *L'heure bleue*. Il travaille ensuite comme scénariste et recherchiste pour des émissions de télévision consacrées au cinéma. Il revient à la réalisation avec *Voyageur* (1983, cm), film singulier qui dépasse les limites de la narration traditionnelle et annonce deux thèmes qui seront repris dans *La ligne de chaleur* (1987): le voyage et le monde de l'enfance. *La ligne de chaleur* raconte l'odyssée d'un père divorcé (Gabriel Arcand) et de son fils à travers les États-Unis, alors qu'ils rapatrient le corps du grand-père, mort en Floride. Méditation sur les rapports filiaux et la mort, le film baigne dans un climat proche de la peinture hyperréaliste américaine. Il se rapproche aussi de l'univers antonionien par l'importance accordée aux temps morts et à l'incommunicabilité qui paralyse le personnage du père. (Y.R.)

ROSS, Graeme, animateur, réalisateur (La Tuque, 1929). À la section des arts graphiques de Radio-Canada à Montréal, il réalise notamment *Day in the Life of a Bachelor* (1963, cm) et *Le carnaval des animaux* (1965, cm). Il passe à la section animation de Radio-Canada dès sa création en 1968 et y réalise près de deux cents films, qui vont de la publicité à l'ouverture d'émission en passant par le court métrage de fiction. Ses films *Abracadabra* (coréal. F. Back, 1970, cm), l'histoire d'enfants qui partent libérer le soleil prisonnier d'un vilain magicien, et *Le lièvre et la tortue* (1978, cm), où la fable est accompagnée d'une trame sonore originale de l'OSM, remportent de nombreux prix à travers le monde. De 1975 à 1976, Ross est le président du chapitre canadien de l'ASIFA. À l'aise dans les œuvres de commande, il emploie différentes techniques d'animation. L'humour et le clin d'œil sont des constantes de son œuvre abondante et diversifiée. Ses films *SVP pollution* (1983, cm) et *L'érable qui meurt* (1987, tcm) rappellent son intérêt pour les questions écologiques. Ce dernier film porte clairement la marque de son expérience de peintre. (M.-É.O.)

ROSSIGNOL, Michelle, actrice (Montréal, 1940). Ses débuts sont prometteurs: à quinze ans, elle est Manouche dans le téléroman de Germaine Guèvremont, *Le survenant* (1956-1960), ce qui lui vaut d'être consacrée vedette de l'année. Elle étudie à Montréal à l'École du TNM et à Paris avec Tania Balachova. Elle est, pendant plusieurs années, directrice de la section d'interprétation de l'École nationale de théâtre. Elle débute au cinéma dans *Poussière sur la ville* (A. Lamothe, 1965), où elle est Madeleine, la femme du Dr Dubois (Guy Sanche). Quelques premiers rôles suivent (*Gros-Morne*, J. Giraldeau, 1967; *La conquête*, Jacques Gagné, 1972; *Il était une fois dans l'Est*, A. Brassard, 1973), sans vraiment lui permettre d'offrir sa pleine mesure. Elle joue dans *Les trois Montréal de Michel Tremblay* (1989) film que Michel Moreau consacre au célèbre dramaturge et romancier montréalais, dont elle est une des fidèles interprètes. Comédienne et metteure en scène de théâtre,

intelligente et passionnée, c'est sur scène qu'elle s'impose.
PRINCIPAUX AUTRES FILMS: *Françoise Durocher, waitress* (A. Brassard, 1972, cm), *La fleur aux dents* (T. Vamos, 1975), *Cordélia* (J. Beaudin, 1979), *Suzanne* (R. Spry, 1980), *La quarantaine* (A. C. Poirier, 1982). (F.L.)

ROTH, Stephen J., producteur (Montréal, 1941). Admis au Barreau du Québec en 1967, il pratique, peu de temps après, dans l'étude d'avocats Roth et Simon, spécialisée en droit commercial et en droit touchant le divertissement. En 1975, il fonde la maison de production RSL Films avec Robert Lantos*. En 1985, la compagnie s'associe à International Cinema Corporation pour former Alliance Entertainment Corporation, dont Roth devient le président. Il quitte la compagnie à la fin de 1987 pour lancer sa propre maison de production, Cinexus. Il s'associe par la suite à Famous Players pour développer des projets de longs métrages. (J.P.)

ROY, Jean, chef opérateur, monteur, producteur, réalisateur (Montréal, 1929). Après *République des As* (Y. Allard, 1948, mm), film étudiant dont il est le producteur, le chef opérateur et le monteur, il entre à l'ONF en 1948. Il passe un an et demi dans l'Arctique comme chef opérateur: *Land of the Long Day* (D. Wilkinson, 1952, mm) et *Angotee* (D. Wilkinson, 1952, mm). Il collabore ensuite aux séries «On the Spot – Sur le vif» et «Eye Witness – Coup d'œil» (chef opérateur, 1952-1956); «The Commonwealth of Nations» (monteur, 1957, treize cm); «Perspective» (producteur adjoint, 1958-1959, trente-neuf cm). En 1963, il est un des fondateurs de Coopératio (*voir* PATRY, PIERRE) où il est producteur. On le retrouve ensuite à l'ONF, comme chef de service du film scientifique, de 1968 à 1971, et comme directeur du service de la caméra à la production française, de 1972 à 1983. PRINCIPAUX FILMS COMME CHEF OPÉRATEUR: *Les mains nettes* (C. Jutra, 1958)*, Above the Horizon* (R. Kroitor et H. O'Connor, 1964, cm), *Trouble-fête* (C. Patry, 1964), *Flight* (J. Reeve, 1967, cm); – COMME RÉALISATEUR: *Le déficient mental* (1960, mm), *Foires agricoles* (1962, mm), *Fistule broncho-œsophagienne congénitale chez un adulte* (coréal. C. Overing, 1970, cm). (B.L.)

RUBBO, Michael, réalisateur, scénariste, producteur (Melbourne, Australie, 1938). Il étudie l'anthropologie à l'Université de Sydney et voyage beaucoup en Extrême-Orient avant d'aller faire des études en cinéma à l'université Stanford, en Californie. Son film de fin d'études, *The True Source of Knowledge* (1964, cm), sur les émeutes auxquelles prennent part les étudiants américains, lui permet d'obtenir un emploi à l'ONF. Il y tourne tous ses films jusqu'à son départ en 1985. À la fin des années 60, il y dirige une section consacrée aux films pour enfants où il amène les enfants à raconter leurs propres histoires. C'est avec *Sad Song of Yellow Skin* (1970, mm), un documentaire tourné à Saigon, en pleine guerre du Viêt-Nam, qu'il fait sa véritable percée. Le film remporte notamment le prix Robert-Flaherty. Alors qu'il est censé tourner un film sur le plan d'adoption, il donne une vision éclatée de la vie au Viêt-Nam, saisissant le chaos dans lequel se trouve le pays, mais aussi les espoirs et les peurs des gens qui ne sont pas montrés par les médias. Le film devient le modèle d'une série de documentaires de moyen métrage à contenu politique, tous, marqués par le travail de recherche de Rubbo qui remet en question le documentaire de type traditionnel. Par la suite, il se rend en Indonésie où il tourne *Wet Earth and Warm People* (1971, mm), en Australie pour *The Man Who Can't Stop* (1974, mm), à Cuba pour *Waiting For Fidel* (1974, mm) et *I Am an Old Tree* (1975, mm). Tous ces films abordent des questions politiques. On y voit des gens et des sociétés en quête de changement de même que le choc des cultures de pays prospères et de pays sous-développés. Souvent, Rubbo joue le rôle de l'intrus dans ses propres films. Il applique le style du journal à son *sujet*, notion qu'il cherche d'ailleurs à miner, privilégiant une approche complexe et laissant, souvent, le spectateur sans conclusion. Là où d'autres recherchent l'ordre, Rubbo cultive le paradoxe. Il intervient dans ses films comme acteur social, annonçant sa présence au spectateur, mettant à jour le rôle qu'il tient par rapport au sujet filmé. De cette manière, il ébranle délibérément, par son style ouvertement subjectif, le documentaire traditionnel et objectif qu'on pratique alors à la production anglaise de l'ONF. *Persistent and Finagling* (1971, mm) et *I Hate to Lose* (1977, mm) prolongent sa démarche documentaire en l'appliquant à des sujets canadiens, que ce soit la résistance organisée des femmes face à la pollution industrielle ou le point de vue des habitants de Westmount lors de l'élection provinciale de novembre 1976. *Solzhenitsyn's Children... Are Making a Lot of Noise in Paris* (1978) constitue son film le plus ambitieux. Insatisfait du style documentaire qu'il a développé au fil des ans, Rubbo prend un nouveau départ. À Paris pour y filmer les nouveaux philosophes de la gauche française, il occupe encore plus de place qu'à l'habitude dans le film pour véritablement

Michael Rubbo (au centre) pendant le tournage de Tommy Tricker and The Stamp Traveller.

participer aux événements. Il pousse son rôle encore plus loin dans *Yes or No, Jean-Guy Moreau* (1979, mm) et dans *Daisy: The Story of a Facelift* (1982, mm). La façon qu'il a de donner le ton d'un journal au documentaire trouve son aboutissement dans l'énigmatique portrait d'une célèbre romancière canadienne qu'il trace en 1985, *Margaret Atwood: Once in August* (mm).

Rubbo quitte l'ONF pour aborder la fiction et tourner un premier long métrage pour enfants dans la série des «Contes pour tous», *The Peanut Butter Solution* (1986). Il réalise ensuite un deuxième film dans la même série, *Tommy Tricker and the Stamp Traveller* (1988), l'histoire d'enfants qui voyagent grâce à un timbre magique. Il tourne en Chine et en Australie. Dès son lancement, le film est primé à Adelaide (Australie) et à Giffoni (Italie). Rubbo intervient dans

Journal inachevé (M. Mallet, 1982, mm)
AUTRES FILMS: *The Bear and the Mouse* (1966, cm), *Adventures* (1967, cm), *Sir! Sir!* (1968, cm), *Mrs. Ryan's Drama Class* (1969, mm), *Here's to Harry's Grandfather!* (1970, mm), *O.K. ...Camera* (1972, cm), *Low Cost Housing in the Solomon Islands* (1976, cm), *The Digesters* (1976, cm), *Log House* (coréal. A. Poulsson, 1976, cm), *The Walls Come Tumbling Down* (coréal. P. Lasry et W. Weintraub, 1976, cm), *Tiger and Teddy Bears* (1978, mm), *Not Far From Bolgatanga* (coréal. B. Howells, 1982, cm).
BIBLIOGRAPHIE: HANDLING, Piers, *The Diary Films of Michael Rubbo, Take Two,* 1984 • NICKS, Joan, *The Cinema of Michael Rubbo: A Personal View Within the National Film Board of Canada,* thèse, Carleton University, 1984. (P.Ha.)

S

SABOURIN, Marcel, acteur, scénariste (Montréal, 1935). Diplômé de l'Université de Montréal, il poursuit sa formation au TNM. Après un séjour d'un an à Paris, il étudie au Canadian Drama Studio. Sa carrière débute en 1951, alors qu'il fait partie de la Roulotte de Paul Buissonneau. Dans les années 50 et 60, il monte fréquemment sur les planches. Au cinéma, il est au générique de quelques films, dont *Côté cour, côté jardin* (R. Blais, 1953, cm), *La roulotte* (P. Patry, 1957, cm) et *Le festin des morts* (F. Dansereau, 1965). En 1967, *Il ne faut pas mourir pour ça*, dont il est à la fois acteur principal et coscénariste, marque le début de sa fructueuse collaboration avec Jean Pierre Lefebvre*. Il jouera dans six films de celui-ci. Figure masculine dans le cosmos de *La chambre blanche* (1969), il est l'intendant Talon des *Maudits sauvages* (1971), le docteur des *Dernières fiançailles* (1973) et le vendeur, traumatisé par les dessous féminins que lui faisait porter sa mère, du *Jour «S...»* (1984). Dans *Il ne faut pas*

mourir pour ça et *Le vieux pays où Rimbaud est mort* (1977), il incarne Abel, homme fragile et discret, fils à maman de bonne volonté sous des allures de vieux garçon, personnage d'abord blessé par la mort de sa mère (*Il ne faut pas mourir pour ça*), puis curieusement installé entre l'errance et l'égarement dans une France bien lointaine (*Le vieux pays où Rimbaud est mort*). Les années 70 sont une période faste pour Sabourin. Mari trompé dans *Deux femmes en or* (C. Fournier, 1970), il est un extra-terrestre attachant et loufoque dans *Le Martien de Noël* (B. Gosselin, 1970), un simple d'esprit qui se métamorphose en voleur assassin dans *La maudite galette* (D. Arcand, 1971), un prêtre bouleversant dans *Les smattes* (J.-C. Labrecque, 1972) et un illuminé retiré du monde dans *La mort d'un bûcheron* (G. Carle, 1973). Il excelle tout particulièrement à jouer les hommes faibles et résignés (*On est loin du soleil*, J. Leduc, 1970; *Le temps d'une chasse*, F. Mankiewicz, 1972; *Des armes et les hommes*, A. Melançon, 1973, mm) et les lâches (*Équinoxe*, A. Lamothe, 1986). Il écrit le scénario de *J. A. Martin photographe* (J. Beaudin, 1976), et s'accorde du même coup l'un des plus beaux rôles de sa carrière, celui d'un photographe taciturne qui, au cours d'une tournée en compagnie de sa femme (Monique Mercure), réapprend lentement à dialoguer. Son interprétation nuancée compte pour beaucoup dans le succès du film. Il poursuit sa collaboration avec Beaudin en coscénarisant *Cordélia* (1979), dans lequel il interprète le shérif Lapointe. Acteur sensible et intelligent, au registre incroyablement étendu, Sabourin tient avec la même présence un premier rôle de défroqué dans *Ti-Mine, Bernie pis la gang...* (M. Carrière, 1976), ou un second rôle d'homme d'affaires qui aide un jeune

Marcel Sabourin. (Louise Oligny)

garçon à retrouver sa grand-mère à New York dans *Les portes tournantes* (F. Mankiewicz, 1988). Une longue silhouette, des yeux vifs au milieu d'un visage doux qui peut s'ouvrir ou se refermer en un seul instant, ainsi qu'une voix reconnaissable entre mille, voilà ce qui caractérise cet acteur dont la filmographie est l'une des plus impressionnantes du cinéma québécois. PRINCIPAUX AUTRES FILMS: *Taureau* (C. Perron, 1974), *Bingo* (J.-C. Lord, 1974), *Par une belle nuit d'hiver* (J. Beaudin, 1974, mm), *Eliza's Horoscope* (G. Sheppard, 1975), *L'homme à tout faire* (M. Lanctôt, 1980), *Le château de cartes* (F. Labonté, 1979), *Doux aveux* (F. Dansereau, 1982), *Mario* (J. Beaudin, 1984). (M.J.)

SABOURIN, Marcel G., producteur, monteur, réalisateur (Rigaud, 1950). Membre de l'ACPAV* depuis 1977, producteur à partir de 1983, il réalise quelques documentaires dont *Le goût du miel* (1981). (P.J. et M.S.)

SAMUEL, Julian, réalisateur (Lahore, Pakistan,1952). Après avoir vécu au Pakistan et au Royaume-Uni, il émigre au Canada en 1966, puis s'installe à Montréal en 1979. Il commence à tourner au milieu des années 70 sous l'influence du cinéma expérimental «structurel». *Formation* (1976, cm), où la lumière crée une tension entre l'abstraction et la représentation, est le plus achevé de ses premiers films. Il a d'ailleurs mérité une place dans la rétrospective du cinéma d'avant-garde (1972-1982) du Collective for Living Cinema de New York. Depuis 1980, sauf dans *Literature / Language / Film* (1980) qui explore le problème de la signification, Samuel procède à une analyse politique et à une dénonciation des médias. *In India and Pakistan* (1981, mm) et *The Long Sleep and Big Goodbye* (1983, cm) s'attaquent tous deux au colonialisme tandis que *Resisting the Pharaohs* (1984, mm) lève le voile sur les activités des compagnies montréalaises associées à l'industrie militaire. Souvent teintés d'humour et très documentés (photos, films, extraits de reportages télévisés et de journaux), ces films expriment un double refus de la «bonne forme» filmique et des discours officiels. En 1985, Samuel aborde la vidéo et poursuit sa critique des médias de manière systématique dans *Red Star over the Western Press, Archive: Algeria, 1954-1962* (1987). Auteur d'une quinzaine de films et vidéos, il publie aussi des articles et participe régulièrement à des émissions de radio. Il a en outre enseigné à l'Université Concordia et publié un livre, *Lone Ranger in Pakistan* (1986). (Y.B.)

SARAULT, Gaston, producteur, réalisateur (Montréal, 1919). Diplômé de l'École des beaux-arts, il est professeur de dessin et dessinateur publicitaire, avant de s'enrôler dans l'armée canadienne en 1943. Libéré, il entre à l'ONF en 1944 et occupe la fonction de chef concepteur à la section «étalages et expositions» jusqu'en 1947. Il continue ensuite à œuvrer dans ce domaine dans le secteur privé. En 1953, il devient directeur des services scénographiques (décors, costumes, maquillages et arts graphiques) à Radio-Canada, poste qu'il quitte en 1967 pour diriger la production du projet TEVEC (éducation des adultes par la télévision) durant deux ans au cours desquels il réalise avec une équipe réduite plus de quatre cent soixante heures de télévision éducative. De 1969 à 1971, il est responsable de la production des documents audiovisuels à l'Université Sir George Williams. Il revient à l'ONF comme producteur au studio français d'animation en 1971 et y demeure jusqu'à sa retraite en 1984. Durant toutes ces années, il met en marche plus de soixante projets dont quarante sont devenus des films. Il organise et conduit aussi un stage d'initiation au cinéma d'animation pour un petit groupe de cinéastes africains. Avant de se retirer, il réalise *Écoutez voir* (1983, cm), film d'animation sur l'importance du son, dont il est le seul responsable du début à la fin.

PRINCIPAUX FILMS: *Au bout du fil* (P. Driessen, 1974, cm), *Père Noël Père Noël* (P. Hébert, 1974, cm), *Une vieille boîte* (P. Driessen, 1975, cm), *Le paysagiste* (J. Drouin, 1976, cm), *Le château de sable* (C. Hoedeman, 1977, cm), *L'âge de chaise* (J.-T. Bédard, 1978, cm), *Le trésor des Grotocéans* (C. Hoedeman, 1980, cm), *Premiers jours* (C. Warny, S. Gervais et L. Gagnon, 1980, cm), *Mascarade* (C. Hoedeman, 1984, cm). (L.B.)

SARRAZIN, Michael, acteur (Québec, 1940). Il étudie à Montréal puis se rend travailler à Toronto. Il participe à des documentaires de l'ONF, puis à des séries télévisées. Son passage aux studios de la Universal donne le coup d'envoi à sa carrière. On y remarque sa tête de jeune premier romantique. Il joue d'abord dans des westerns. Le public le découvre face à Jane Fonda dans *They Shoot Horses, Don't They?* (S. Pollack, 1969), dans le rôle d'un jeune homme inscrit à un marathon de danse. Il tourne ensuite avec nombre de réalisateurs américains. Sarrazin revient de temps à autre au pays où il peut être considéré à la fois comme acteur canadien et comme vedette internationale. On le voit dans *Double Negative* (G. Bloomfield, 1979), dans *Joshua Then and Now* (T. Kotcheff, 1985) et dans *Keeping Track* (R. Spry, 1987), où il interprète un animateur de télévision entraîné malgré lui dans une histoire d'espionnage aux côtés d'une informaticienne (Margot Kidder). (M.C. et G.K.)

SAULNIER, Jean-Pierre, acteur (Montréal, 1939). De 1963 à 1969, il fait partie de la troupe de théâtre amateur Les apprentis sorciers. C'est Denys Arcand, qu'il a côtoyé à l'université, qui lui offre de jouer les mauvais garçons dans *La maudite galette* (1971) et *Réjeanne Padovani* (1973). Saulnier apparaîtra ensuite, en dilettante, dans seize autres longs métrages, tenant le plus souvent de petits rôles «en costumes»: curés, maîtres d'hôtel... En 1982, Jacques Leduc lui offre son seul grand rôle, celui d'un photographe sourd, le personnage central d'*Albédo* (coréal. Renée Roy, mm).

PRINCIPAUX AUTRES FILMS: *La gammick* (J. Godbout, 1974), *Gina* (D. Arcand, 1975), *La cuisine rouge* (P. Baillargeon, 1979), *Piwi* (J.-C. Lauzon, 1981, cm), *Les années de rêves* (J. C. Labrecque, 1984). (M.J.)

SAURIOL, Brigitte, réalisatrice, scénariste (Montréal, 1945). Elle étudie à l'École nationale de théâtre en production et en mise en scène. Elle est ensuite directrice de scène au TPQ, puis adjointe à la réalisation. Elle travaille notamment pour *La vie rêvée* (M. Dansereau, 1972), *Montréal Blues* (P. Gélinas, 1972) et *L'infonie inachevée...* (R. Frappier, 1973). En 1973, elle réalise *Le loup blanc* (cm), avant d'écrire et de mettre en scène son premier long métrage, *L'absence* (1975), drame introspectif sur l'absence du père dans la vie d'une femme, avec Frédérique Collin, Monique Mercure, Jean Gascon et Guy Thauvette. Après *Une ville que j'aime* (1981, cm), réalisé pour la télévision belge, et *Bleue brume* (1982, cm), film futuriste d'une intéressante facture formelle, elle revient au long métrage avec *Rien qu'un jeu* (1983), interprété par Marie Tifo et Raymond Cloutier. Ce film courageux aborde de front la délicate question de l'inceste. Un peu gauche, il est présenté au festival de Cannes où il est mal reçu par la critique. Sauriol scénarise ensuite *L'eau noire*, dont l'histoire est centrée sur une artiste, ses rapports avec la peinture et la société, ses amours non conventionnelles, sa façon peu orthodoxe de se débrouiller et, malgré tout, ses aspirations au succès. Ce film ne voit jamais le jour. La cinéaste se tourne donc vers un autre projet; *Laura Laur* (1989), d'après un roman de Suzanne Jacob, est le portrait d'une femme insaisissable (Paula Vasconcelos) tel que raconté par ses proches. (F.L.)

SAUVAGEAU, Florian, recherchiste (Québec, 1941). Professeur et journaliste, il collabore à la scénarisation et à la réalisation de six documentaires de Jacques Godbout*, dont *Derrière l'image* (1978) et *Comme en*

Californie (1983). En 1986, le groupe de travail sur la politique de radiodiffusion dont il est le coprésident dépose un rapport connu sous le nom de Rapport Caplan-Sauvageau. (A.D.)

SAUVAGEAU, Jean, musicien (Montréal, 1941). D'abord percussionniste, il collabore notamment avec Pierre Mercure. Passionné de musique électronique, il conçoit son propre synthétiseur bien avant que de tels instruments soient commercialisés. Il débute au cinéma en signant la musique de quelques courts métrages documentaires au début des années 60. Il compose ensuite celle de nombreux courts métrages et, surtout, celle des films composant la «Chronique des Indiens du Nord-Est du Québec» (1973-1983), que réalise Arthur Lamothe. Aérienne, étrange, sa musique excelle à suggérer la différence et la spiritualité amérindiennes. (M.J.)

SAVARD, Rémi, assistant-réalisateur, recherchiste (Québec, 1934). Il est associé de très près à la conception et à la recherche de la «Chronique des Indiens du Nord-Est du Québec» (A. Lamothe*, 1973-1983) et de *Mémoire battante* (A. Lamothe, 1983). (N.O.)

SCHELLENBERG, August, acteur (Montréal, 1936). Il symbolise l'art de forcer son destin. De père suisse et de mère amérindienne, il est élevé dans un quartier populaire de Montréal et exerce les métiers les plus durs avant de découvrir l'existence de l'École nationale de théâtre. Il s'y présente en trichant sur son âge et voit son talent reconnu. C'est le début d'une carrière bien remplie qui passe par Stratford et Toronto, mais qui le ramène souvent au Québec où il est, notamment, le personnage principal de

August Schellenberg, dans L'affaire Coffin, *de Jean-Claude Labrecque. (*Le Devoir*)*

L'affaire Coffin (J.-C. Labrecque, 1979), dont le récit est inspiré d'une célèbre affaire judiciaire. Sa carrure puissante et son accent singulier lui ont valu d'interpréter quelques seconds rôles attachants (*Qui a tiré sur nos histoires d'amour?*, L. Carré, 1986). PRINCIPAUX AUTRES FILMS: *One man* (R. Spry, 1977), *Latitude 55* (J. Juliani, 1981), *Le ruffian* (J. Giovanni, 1982). (F.L.)

SEGUIN, Fernand, scénariste, producteur (Montréal, 1922 – 1988). Après avoir fait la série *La science en pantoufles* chez Omega, Seguin, qui a une formation de biologiste et de biochimiste, est sollicité par Niagara Films pour y donner une suite. Il conçoit, scénarise et anime cette série et les suivantes à caractère scientifique, qui seront toutes diffusées à Radio-Canada. La première se nomme *La joie de connaître* (1954-1955). Devant son succès, Seguin devient le principal actionnaire de Niagara et produit, entouré par Jean Martinet, Guy Hoffmann,

Roger Moride et Frédérick Back, *Le roman de la science* (1956-1959). Suivent deux séries, *Les frontières de la science* (1959-1960) et, surtout, *Histoires extraordinaires* (1960-1961), treize fictions de cinquante et une minutes avec des distributions impressionnantes. Déjà affaibli par la grève de Radio-Canada, Niagara encaisse cette fois-ci des pertes importantes. Elle interrompt sa dernière série, *L'homme devant la science* (1961-1962), au quinzième épisode et fait faillite en avril 1962. Onyx rachète les droits d'une série vedette de Niagara, *Les insolences d'une caméra* (1961-1962). Seguin, qui participe de 1954 à 1962 à plus de deux cent cinquante films de vulgarisation scientifique, se révèle un véritable pionnier. Il poursuit avec succès sa carrière hors du cinéma. On lui doit un rapport sur la censure déposé en 1961 devant la commission Régis. En 1977, il mérite le prix Kalinga de l'UNESCO. Il remporte aussi deux prix de journalisme: le prix Olivar-Asselin et le prix Judith-Jasmin. En 1988, il reçoit la médaille Sandford-Fleming de l'Institut royal du Canada. (P.V.)

SERVICE DE CINÉ-PHOTOGRAPHIE DU QUÉBEC (SCP). (*Voir* DIRECTION GÉNÉRALE DES MOYENS DE COMMUNICATION)

SHANNON, Kathleen, réalisatrice, productrice, monteuse (Vancouver, 1935). Elle débute sa carrière en 1952 chez Crawley à Ottawa où elle fait du montage musical. Elle entre à l'ONF en 1956, et, en 1963, après avoir travaillé à cent quinze films, elle accède au montage image; elle monte une quarantaine de films jusqu'en 1970. Elle passe alors au programme Challenge for Change où, devenue réalisatrice, elle s'intéresse aux nouveaux courants qui traversent la société canadienne. Elle y réalise *I Don't Think It's Meant for Us* (1971, mm), puis une série de onze courts métrages, «Working Mothers» (1974-1975), qui porte sur un sujet encore peu exploré, la participation des femmes au marché du travail. Après l'abandon de Challenge for Change, l'ONF crée le studio D en 1974. Shannon en devient la productrice déléguée. Elle est l'âme dirigeante de ce studio essentiellement féminin dont la fonction principale, mais non exclusive, est d'examiner tous les sujets qui ont trait à la femme dans la société actuelle. Elle y réalise *Goldwood* (1975, cm). Les productions de Shannon suscitent controverse et admiration. Rappelons *I'll Find a Way* (B. Shaffer, 1977, cm), qui gagne un Oscar, *Not a Love Story* (B. S. Klein, 1981) et *If You Love This Planet* (T. Nash, 1980, cm), autre gagnant d'Oscar. Elle revient à la réalisation avec *Dream of a Free Country* (coréal. G. Stikeman, 1984, mm), sur les femmes du Nicaragua. Elle quitte le studio D en 1987, après y avoir soutenu un style de travail collectif et défini (avec des moyens modestes), une perspective de production féministe et une approche courageuse des sujets. La même année, elle prend un congé sabbatique, mais n'est pas pour autant inactive. Elle réalise notamment une série de vidéos: «Women: An Interface Dialogue».

Shannon favorise la formation de femmes cinéastes et appuie la production de films dénonçant le sexisme, la violence et le racisme. L'ONF crée, en 1987, un prix qui porte son nom pour encourager la production de documentaires indépendants. Elle reçoit un doctorat honorifique de l'Université Queen's, en 1984, et l'Ordre du Canada, en 1986. (P.V.)

SHEPPARD, Gordon, réalisateur, recherchiste (Montréal, 1937). Il étudie à l'Université de Toronto et à Oxford. En 1960, il entre au service des affaires publiques de la CBC, où il est tour à tour monteur, producteur et animateur. À Toronto, il réalise plusieurs films pour la télévision, dont un documentaire sur Hugh Hefner (*The Most*, 1962, cm). Au Québec, il réalise notamment un documentaire fantaisiste sur le mannequin Élaine Bédard (*Dream Girl*, 1965, cm). C'est cependant son premier et seul long métrage, *Eliza's Horoscope* (1975), auquel il travaille pendant plusieurs années et dont il met trois ans à compléter le montage, qui le fait connaître. L'histoire d'une jeune fille qui s'installe à Montréal et à qui un astrologue chinois prédit la rencontre prochaine avec l'homme de ses rêves est prétexte, pour le cinéaste, à la création d'un univers érotique et ésotérique rarement exploité dans le cinéma québécois. Sheppard est ensuite recherchiste pour *Deux épisodes dans la vie d'Hubert Aquin* (J. Godbout, 1979, mm). Avec Andrée Yanacopoulo, il consacre d'ailleurs un ouvrage au suicide de cet écrivain: *Signé Hubert Aquin*. (M.J.)

SICOTTE, Gilbert, acteur (Montréal, 1948). Après l'École nationale de théâtre, il se joint, en 1969, au Grand cirque ordinaire, troupe issue des remises en question de 1968 et où se réunissent de jeunes comédiens qui ne se contentent plus d'être les interprètes des autres, mais qui ont envie d'être des auteurs. Au cinéma, cela donnera *Montréal Blues* (P. Gélinas, 1972), création collective pleine de fines trouvailles, réalisée d'après une idée originale de Raymond Cloutier. C'est au milieu des années 70 que sont révélées les affinités de Sicotte avec le cinéma. Dans *Les vautours* (J.-C. Labrec-

Robert Gravel et Gilbert Sicotte (à droite) dans Les grands enfants, *de Paul Tana.* (Le Devoir)

que, 1975), où il est Louis Pelletier, un jeune homme dépossédé après la mort de sa mère, puis dans *Ti-cul Tougas* (J.-G. Noël, 1976), il se révèle un acteur subtil et frémissant. Toujours étonnamment juste, il crée l'illusion d'inventer ses répliques. Dans *Les grands enfants* (P. Tana, 1980), où il campe un petit travailleur sans ambition, il traduit avec une grande sensibilité le désarroi d'une génération. Dans *Maria Chapdelaine* (G. Carle, 1983), où il incarne le personnage secondaire de Dabé, il nous vaut un des meilleurs moments du film quand, éperdu de joie, le jeune homme revient à la maison familiale après un hiver aux chantiers. Sicotte aime le cinéma et le cinéma le lui rend bien. Sans se laisser enfermer dans un emploi, il passe aisément d'un registre à l'autre. Amoureux farfelu dans *Les bons débarras* (F. Mankiewicz, 1980), incorrigible rêveur, alors qu'il reprend son personnage des *Vautours*, dans *Les années de rêves* (J.-C. Labrecque, 1984), il trouve en lui, pour interpréter Jacques, un des *bums* de *Visage pâle* (C. Gagnon, 1985), d'inquiétantes pulsions de violence. Acteur dans plus de vingt longs métrages, c'est seulement en 1986 qu'il devient une vedette populaire, grâce à sa drolatique interprétation du fourbe et onduleux Jean-Paul, le séducteur impénitent du feuilleton télévisé *Des dames de cœur.*

AUTRES FILMS: *Les allées de la terre* (A. Théberge, 1973), *Je suis loin de toi mignonne* (C. Fournier, 1976), *La p'tite violence* (H. Girard, 1977), *Anastasie oh ma chérie* (P. Baillargeon, 1977, cm), *Cordélia* (J. Beaudin, 1979), *Contrecœur* (J.-G. Noël,

1980), *Fantastica* (G. Carle, 1979), *Le châ-teau de cartes* (F. Labonté, 1980), *L'affaire Coffin* (J.-C. Labrecque, 1979), *Au revoir... à lundi* (M. Dugowson, 1979), *Une journée en taxi* (R. Ménard, 1982), *L'hiver les blés* (C. Grenier, 1984, mm), *Le million tout-puissant* (M. Moreau, 1985), *Anne Trister* (L. Pool, 1986), *Lamento pour un homme de lettres* (P. Jutras, 1988, cm), *Le marchand de jouets* (P. Tana, 1989, mm). (F.L.)

SIEGEL, Lois, réalisatrice, monteuse, productrice, scénariste (Milwaukee, États-Unis, 1946). Femme orchestre, elle est à la fois cinéaste, photographe et écrivaine. Elle poursuit des études de journalisme à l'Université de l'Ohio où elle obtient une maîtrise en anglais et en littérature comparée en 1970. Elle entreprend, au Québec, un premier film d'animation, *Spectrum in White* (1971, cm), dans lequel elle joue sur la transformation des couleurs et l'illusion optique par gravure sur pellicule. Suivent *Paralysis* (coréal. R. Jurgens, 1972, cm), un film d'animation assisté par ordinateur, et *The Performance* (1973, cm), construit autour d'une série de performances. La même année, Siegel réalise *Dreams* (coréal. J.-P. Passet, cm), pure fantaisie s'inscrivant dans la tradition surréaliste. Elle explore ensuite les possibilités de la lumière dans *Painting with Light* (1974, tcm) qu'elle crée pour le cinquième Festival international du film expérimental à Knokke-Heist, en Belgique. Elle poursuit ses expériences avec *Faces* (1976, cm), un film fait entièrement à partir de photos. La même année, elle réalise *Boredom* (cm) et *Brandy Alexander* (tcm). Le premier observe les gestes en apparence banals d'un individu, et le second utilise des objets hétéroclites dans une optique surréaliste. Siegel recourt ensuite aux effets spéciaux et à la danse pour

cerner l'intériorité de son personnage dans *Solitude* (1978, cm). La même année, elle signe deux films de fiction centrés sur l'histoire d'un homme et sur ses rapports avec autrui, *Recipe to Cook a Clown* (cm) et *Dialogue of an Ancient Fog* (cm). Elle réalise également, pour l'ONF, *Stunt Family* (tcm), sur les Fournier, célèbre famille de cascadeurs. En 1979, Siegel revient à l'animation avec *Arena* (cm), une étude d'images en mouvement effectuée à partir de photographies de visages en noir et blanc peintes au *air brush*. Elle décrit ce film comme un dialogue du silence. *Extreme Close-up* (1980, cm), son film suivant, est un documentaire sur de jeunes handicapés aveugles qui ont choisi la musique comme moyen d'expression. Après avoir tourné, en 1982, *Run, Throw, Hit, Steal* (cm), un «documentaire manipulateur» tragi-comique, Siegel réalise et produit, avec l'appui de l'ONF, une docufiction, *A 20ᵗʰ Century Chocolate Cake* (1983), comédie farfelue sur l'absurde au XXᵉ siècle, où les rêves ne deviennent jamais réalité. Elle revient au documentaire avec *Strangers in Town* (1987, mm), qui vise à combattre les préjugés auxquels font face les albinos. Elle réalise aussi un film d'animation, *Plastic Dreams* (tcm, 1988), dans lequel des personnages bizarres vivent des situations étranges. Son imagination débordante, son éclectisme et sa très grande polyvalence font de Siegel une artiste originale et prolifique qui échappe aux étiquettes et se révèle une des figures importantes du cinéma anglophone au Québec. (D.T.)

SIMONEAU, Guy, réalisateur, monteur, scénariste (Québec, 1953). D'abord monteur, il passe à la réalisation avec un documentaire, *Je suis en même temps maudit et classique* (1977, mm), dans lequel il fait découvrir, sous la forme d'un entretien, l'écrivain et cinéaste Alain Robbe-Grillet. Son second film, *Plusieurs tombent en amour* (1981), est accueilli favorablement par le public et la critique et lui vaut un Génie. Dans le style du cinéma direct, Simoneau y présente le milieu de la prostitution sans tomber dans la complaisance ou le voyeurisme. Il entreprend ensuite, en collaboration avec Suzanne Guy*, un autre long métrage documentaire, *On n'est pas des anges* (1981), qui traite de la vie sexuelle des handicapés et fait ressortir le goût de Simoneau pour les sujets quelque peu tabous. Par la suite, sa carrière prend un tour nouveau. De l'investigation chez les marginaux, on passe au monde du *rock and roll* (*E=Rock4*, 1984, mm) et du vidéoclip (groupe The Box, en 1984 ; groupe Madame, en 1986), genre dont il est un des pionniers au Québec. En 1986, il réalise, pour la télévision, une fiction documentaire sur l'odorat: *Contes des 1001 nez* (mm). Le cycle musical trouve son aboutissement dans *La symphonie fantastique* (1986, cm), film clip cherchant à rendre la musique classique attrayante à un public jeune; le film met en vedette Charles Dutoit et l'OSM dans l'interprétation d'un mouvement de la *Symphonie fantastique* de Berlioz. Même si on ne retrouve pas, dans cette période, l'intérêt des documentaires du début, la forme n'en demeure pas moins soignée et énergique. (J.D.)

SIMONEAU, Yves, réalisateur, scénariste (Québec, 1956). Il débute à dix-sept ans comme assistant-caméraman à Radio-Canada, à Québec. Il devient rapidement caméraman et, parallèlement, complète un certificat en études cinématographiques à l'Université Laval. En 1978, il monte et

réalise trois courts métrages documentaires (*Les tailleurs de pierre*, *Commission d'enquête* et *Québec on the Sunny Side*). La même année, il tourne un «ciné-théâtre d'été» en neuf jours et avec un budget dérisoire: *Les célébrations*, d'après la pièce de Michel Garneau. L'année suivante, il réalise deux autres documentaires de commande,

Yves Simoneau.

Bonjour le Québec (cm) et *Le phénomène des guérisseurs au Québec* (cm), et participe à la fondation de la maison de production Le loup blanc. Lauréat d'un concours organisé par l'IQC et Radio-Québec, il réalise ensuite *Dernier voyage* (1981, cm), qui dénote déjà une connaissance certaine des procédés de suspense cinématographique. Gagnant, quelques mois plus tard, d'un nouveau concours (organisé par l'IQC, la SDICC et Radio-Canada), il réalise, d'après son propre scénario, *Les yeux rouges ou Les vérités accidentelles* (1982), un film de suspense dont la maîtrise est atténuée par la modicité des moyens dont dispose le cinéaste. Le film est tourné à Québec. En

1983, il réalise un documentaire sur la bande dessinée qui intègre une fiction policière: *Pourquoi l'étrange monsieur Zolock s'intéressait-il tant à la bande dessinée?* Le film remporte le Génie du meilleur documentaire. L'année suivante, il séjourne en tant qu'artiste en résidence au studio du Québec à New York. Il en profite pour travailler à différents scénarios et pour voir et étudier l'ensemble des films noirs américains. À son retour, il est entraîneur à la LNI. Écrit à New York, en collaboration avec Pierre Curzi, *Pouvoir intime* (1986) est un nouveau *thriller* qui débute avec le vol d'un camion blindé et se termine par un huis clos dans l'entrepôt d'un théâtre d'été. Dans ce film d'action où l'accent est mis sur la psychologie, l'expérience acquise par Simoneau en publicité et au théâtre transparaît. Le soin apporté à l'image et au montage est très net, et le travail avec les comédiens évident. Le film remporte un franc succès, tant auprès du public que de la critique. Toujours en 1986, Simoneau réalise l'adaptation d'un roman d'Anne Hébert, *Les fous de Bassan*, coproduction pilotée par Justine Héroux et qui devait, à l'origine, être tournée par Francis Mankiewicz. Si le film se distingue par une certaine qualité de l'image, il n'évite pas tous les pièges de la coproduction (notamment un curieux mélange d'accents), ce qui en hypothèque la vraisemblance. Après avoir consacré beaucoup d'énergie à préparer une adaptation de *Black Robe*, de Brian Moore, pour le producteur Denis Héroux, il tourne *Dans le ventre du dragon*, un *thriller* humoristique où les principaux personnages, des distributeurs de circulaires, sont entraînés dans le monde inquiétant des cobayes. Simoneau s'y montre fidèle à certains acteurs, Marie Tifo, Pierre Curzi, Rémi Girard et Jean-Louis Millette,

auxquels s'ajoutent Michel Côté, Andrée Lachapelle et Monique Mercure.

Simoneau occupe une place à part dans le cinéma québécois. Il se consacre à l'exploration d'un genre, le *thriller*, non pour s'en dissocier mais pour le réussir selon l'approche américaine, qui cherche l'originalité dans les limites fixées par le genre.

AUTRES FILMS: *L'enquête* (1980, cm), *Le génie de l'instant* (1982, cm), *Trouble* (1985, cm). (Y.P.)

SMITH, John N., réalisateur, producteur, scénariste (Montréal, 1943). Après des études en philosophie et en politique, il exerce divers métiers puis est engagé à la CBC comme recherchiste. Il devient rapidement producteur d'émissions d'affaires publiques et passe à l'ONF en 1972. Il y produit la série pédagogique «Filmglish» et collabore aux séries «West», «Atlanticanada» et «Pacificanada», qui portent sur la mosaïque culturelle canadienne. Dès cette époque, Smith montre une grande sensibilité aux cultures marginales, aux groupes ethniques, aux handicapés (*Happiness is Loving Your Teacher*, 1977, cm) et aux immigrants (*First Winter*, 1981, cm), doublée d'une véritable fascination pour les arts, particulièrement pour la danse et la musique. *Acting Class* (1980, cm), *For the Love of Dance* (1981, mm) et *Gala* (1982) témoignent d'une vision généreuse mais non idéalisée des arts de la scène. Il poursuit dans cette veine en 1985 avec *First Stop, China*, un documentaire sur la tournée des Grands Ballets canadiens en Extrême-Orient. Smith réalise aussi un court métrage en utilisant le procédé Imax (*River Journey/Au fil de l'eau*, 1984) et, la même année, coscénarise, coproduit et coréalise *The Masculine Mystique* avec Giles Walker, qui est le premier film du program-

John N. Smith, avec les jeunes acteurs de Sitting in Limbo. *(ONF)*

me «Alternative Drama» de la section anglaise de l'ONF. Ce programme, né dans la morosité du début des années 80, vise à favoriser la réalisation de films traitant de problèmes sociaux actuels, et produits au plus bas coût possible. C'est dans le cadre de ce programme qu'il réalise *Sitting in Limbo* (1986) et *Train of Dreams* (1987). Dans un style proche du documentaire, *Sitting in Limbo* raconte la vie, à Montréal, d'un jeune couple issu de la communauté jamaïcaine. Remarqué par la critique, le film reçoit plusieurs récompenses. *Train of Dreams* est dans la même lignée, autant par son style (caméra mobile scrutant les corps, montage sec et vision réaliste du monde), que par sa thématique (héros marginal et musicien de surcroît, difficulté pour la

jeunesse de s'affirmer, importance de la pédagogie, etc.). Film le plus achevé du cinéaste, *Train of Dreams* est le premier long métrage de langue anglaise à remporter le prix L.-E.-Ouimet-Molson. Il tourne ensuite *Welcome to Canada*. (Y.R.)

SMITH, Lynn, animatrice, réalisatrice, scénariste (New York, États-Unis, 1942). Diplômée en arts, elle obtient une maîtrise en pédagogie de l'art à Harvard en 1966, puis une maîtrise en dessin à l'Université du Wisconsin en 1968. Son film, *The Shout It Out Alphabet* (1969, cm), qui remporte un Blue Ribbon au American Film Festival, est considéré comme un classique du cinéma pour enfants. Invitée à travailler à l'ONF en 1973, elle y réalise d'abord trois messages

publicitaires d'une minute contre le taba-
gisme, qui sont repris à la télévision pendant
cinq ans. L'un d'entre eux, *Happy Birthday*
(tcm), remporte le premier prix dans la
catégorie des films d'information à Annecy.
Smith raffine sa technique du dialogue dans
Teacher, Lester Bit Me! (1973, cm), qui
présente avec humour la journée d'un groupe
d'enfants turbulents dans une garderie. Le
film est primé à New York et à Ottawa.
Smith travaille ensuite à deux autres films à
l'ONF: *This Is Your Museum Speaking*
(1979, cm), qui remporte plusieurs prix,
notamment à Annecy et à Ottawa, et *The
Sound Collector* (1982, cm), qui associe
l'écoute active des sons environnementaux
à l'imagination, et explore une fois de plus
le monde fantaisiste des enfants. À partir de
1987, elle enseigne à l'Université Concordia.
Elle travaille notamment à un film intitulé
Pearl's Dinner (1988, cm), pour lequel elle
utilise le papier découpé. Cette technique,
parfois combinée à d'autres, donne aux films
de Smith une vivacité et un relief particuliers.
La texture des voix et des bruits fascine
depuis toujours la réalisatrice qui sculpte
littéralement les dialogues de ses films.
(D.T.)

SOCIÉTÉ DE DÉVELOPPEMENT DE L'INDUSTRIE CINÉMATOGRAPHIQUE CANADIENNE (SDICC). (*Voir* TÉLÉFILM CANADA)

SOCIÉTÉ GÉNÉRALE DES INDUSTRIES CULTURELLES (SOGIC).

La loi
modifiant la Loi sur le cinéma et la Loi sur
la Société de développement des industries
de la culture et des communications
(SODICC) crée, en 1988, la SOGIC. Ce
nouvel organisme public, dont le premier
président-directeur général est Charles
Denis, naît de la fusion de la SODICC et de
la SGCQ. Il consacre une partie de ses
activités au cinéma. C'est le gouvernement
qui doit approuver, chaque année, le plan
de développement de la SOGIC et de ses
filiales. Sa section cinéma trouve ses racines
du côté de l'IQC, organisme subventionneur
créé par la Loi du cinéma de 1975. L'IQC
première manière entre en opérations en
1977. Il gère les fonds attribués par le
gouvernement au secteur privé. Son premier
directeur général est Rock Demers*. L'IQC
joue, à l'échelle québécoise, un rôle semblable à celui de la SDICC, mais avec moins
de moyens et un mandat plus large. L'existence même de l'IQC, active dans les champs
de la scénarisation, de la production, de la
distribution et de l'exploitation, donne une
longueur d'avance au Québec sur les autres
provinces dans le développement de son
industrie cinématographique. La Loi sur le
cinéma de 1983 entraîne la création de la
SGCQ qui entre en opérations l'année suivante. L'organisme, qui remplace l'IQC, est
d'abord dirigé par Nicole Boisvert*. Elle
succède à Louise Ranger*, qui était à la
direction de l'IQC. En 1987, après un
intérim, Jean-Guy Lavigne succède à Boisvert à la direction de la SGCQ. La SGCQ,
qui doit travailler en étroite collaboration
avec l'IQC nouvelle manière, a notamment
pour mandats de promouvoir ou d'aider
financièrement la création cinématographique et la production de films québécois, de
soutenir la distribution, l'exploitation et les
industries techniques, de favoriser la représentation du cinéma québécois dans les festivals, et d'aider à la formation, à la recherche,
au développement et à l'innovation. L'organisme mise sur le cinéma, et s'associe nettement moins que Téléfilm Canada, qui a

remplacé la SDICC, aux productions destinées directement à la télévision. La section cinéma de la SOGIC reprend les mandats de la SGCQ. À la disparition de la SGCQ, le cinéma, qui avait un statut particulier depuis la création de l'IQC, se trouve regroupé avec l'ensemble des industries culturelles. (M.C.)

SOCIÉTÉ GÉNÉRALE DU CINÉMA DU QUÉBEC. (Voir SOCIÉTÉ GÉNÉRALE DES INDUSTRIES CULTURELLES)

SOCIÉTÉ NOUVELLE. *(Voir* OFFICE NATIONAL DU FILM)

SOUL, Veronika, réalisatrice (Baltimore, États-Unis, 1944). Arrivée au Québec en 1971, elle s'est tôt fait connaître en gagnant le premier prix, lors du Festival du film étudiant de 1972, avec son premier film *How the Hell Are You?* (cm). Elle réalise une véritable prouesse en multipliant les techniques (collages, clignotements, grattages et dessins sur pellicule), à partir d'un matériel réduit à sa plus simple expression: une cinquantaine de photographies, quelques courts plans tournés pour les besoins du film et des extraits de lettres écrites par un homosexuel. La méthode du film collage à des fins expérimentales caractérisera toute sa production. *Tales From the Vienna Woods* (1974, cm) et *New Jersey Nights* (1979, cm) sont ses deux autres films indépendants. Du premier, qui utilise la technique du collage de même que des extraits de lettres de Sigmund Freud, se dégage un profond climat poétique. Le second s'attache à des souvenirs émotifs languissants, les effets optiques suggérant le déchirement incessant de photographies, les images se fondant les unes aux autres au travers d'une projection «en matte» de papier déchiré. Elle réalise plusieurs films à l'ONF: *L'impôt: les comptes de l'amère loi* (1975, cm) sur l'histoire du système de taxation au Canada, *A Said Poem* (1976, tcm) qui s'intègre à la série «Poet on Film», ainsi que deux autres films qui connaissent un accueil semblable à ses films indépendants et reçoivent plusieurs prix. Le premier, *Interview* (coréal. C. Leaf, 1979, cm), portrait documentaire de deux femmes cinéastes, n'utilise en aucune façon les techniques du documentaire, mais combine plutôt l'action réelle à l'animation, à des photographies, des diapositives, des dessins. Le second, *End Game in Paris* (1982, cm), est l'adaptation d'une portion du roman du même nom de Ian Adams, qui explore l'idée du double. L'imagination et la mémoire y prennent une place importante. Au travail sur l'image s'ajoute un travail complexe sur la bande sonore qui donne à ce film une texture éclatée et riche. Soul travaille aussi à la conception de nombreux génériques. Ses films indépendants font partie des collections de films de la Galerie nationale du Canada et de la Galerie d'art de l'Ontario. (M.L.)

SPARLING, Gordon, réalisateur, scénariste, producteur (Toronto, 1900). Il débute en 1924, au Ontario Government Motion Picture Bureau, qu'il quitte en 1927 pour travailler sur *Carry On Sergeant!* (B. Bairnsfather, 1928). Après un court séjour au Canadian Government Motion Picture Bureau et deux ans chez Paramount aux États-Unis, il revient au Canada pour créer, en 1931, le service de production d'ASN. Il est alors secondé par les caméramans Ross Beesley et Alfred Jacquemin. Sous sa direction, la série «Canadian Cameo» connaît un essor remarquable; en 1935, on doit même construire un grand studio (qui abrite aujourd'hui Bellevue-Pathé) dans l'ouest de Montréal. Cette populaire série est distribuée dans toutes les salles. Sparling en assure la production et, le plus souvent, la réalisation. *Rhapsody in Two Languages* (1934, cm), un poème semi-expérimental sur Montréal, en fait partie. En 1936, il tourne une fiction didactique bilingue, *House in Order/La maison en ordre* (cm) pour la compagnie Shell. Il accorde à la musique de ses films une grande attention et est le seul à promouvoir le talent des artistes de variétés canadiens. Cela se remarque dans les «Cameos» ou dans ses films de commandite. Mentionnons par exemple *Ballet of the Mermaids* (1938, mm), qui devance les prouesses aquatiques d'Esther Williams, *Song the Map Sings* (1938, cm), *Those Other Days* (1941, cm), *Sitzmarks The Spot* (1948, cm). Pendant la guerre, Sparling est affecté à Londres où il supervise la production de cent six films d'actualité et tourne des films d'information. Il revient à Montréal en 1946 et, chez ASN, il se remet aux «Cameos» et aux films commandités. Quand la compagnie ferme ses portes, en 1957, il passe à l'ONF et y travaille jusqu'en 1966. Il y réalise notamment *Royal River* (1958, cm), à l'occasion de l'inauguration de la voie maritime du Saint-Laurent. Sparling produit et réalise plusieurs centaines de films. Il est un modèle pour tous ceux qui apprennent leur métier à l'école d'ASN. Il apporte à une industrie du cinéma encore balbutiante un dynamisme qui lui vaut une place à part parmi les pionniers du cinéma au Québec. PRINCIPAUX AUTRES FILMS: *Spare Time* (1927, cm), *The Two Sons of Monsieur Dubois* (1927, cm), *Forward Canada!* (1931, cm), *Miracle at Beauharnois* (1932,

cm), *The Breadwinner* (1932, cm), *Grey Owl's Little Brother* (1932, cm), *Wings over the Atlantic* (1937, cm), *Peoples of Canada* (1940, cm), *Landfall Asia* (1964, cm). (P.V.)

SPAZIANI, Monique, actrice (Montréal, 1957). Formée au Conservatoire d'art dramatique de Montréal, elle tient d'abord un premier rôle dans le court métrage *La bien-aimée* (M. Bouchard, 1979). L'année suivante, *Les beaux souvenirs* (F. Mankiewicz, 1981) la fait connaître. Elle y est Marie, une jeune ensorceleuse qui forme avec son père un couple étrange. Ensemble, ils rejettent la sœur aînée revenue dans la maison familiale.

Monique Spaziani et Paul Hébert dans Les beaux souvenirs, *de Francis Mankiewicz. (ONF, coll. Le Devoir)*

Elle sait maintenir un équilibre fragile entre la naïveté angélique et le calcul infernal, demeurant en cela fidèle au monde de Réjean Ducharme. Elle fait ensuite partie de la distribution de *Bonheur d'occasion* (C. Fournier, 1983), avant de jouer Élise, la fidèle compagne de Florent, dans *Le matou* (J. Beaudin, 1985). En 1988, elle retrouve Mankiewicz dans *Les portes tournantes*. Il lui propose le rôle d'une pianiste du cinéma muet, Céleste, femme passionnée qu'on suit de sa jeunesse jusqu'à l'âge de soixante-dix-huit ans.

Elle mène également une carrière au théâtre où elle passe sans heurt de Shakespeare à Molière et de Genet à Albee. Elle participe aussi à la création de pièces de Marie Laberge et Jeanne-Mance Delisle. (J.P.)

SPIRAFILM. Fondée en 1977, Spirafilm est une coopérative de production cinématographique et audiovisuelle formée de scénaristes, producteurs et techniciens. Elle produit des films à caractère éducatif, social et communautaire et fournit à ses membres, à ses collaborateurs et aux groupes intéressés un ensemble de services administratifs et techniques. Elle compte parmi sa clientèle des ministères fédéraux et provinciaux et collabore avec Télé-Capitale, Radio-Canada et Radio-Québec. Spirafilm produit surtout des courts métrages et des vidéos dont les plus importants sont: *Mélodie, ma grand-mère* (S. Goulet, 1983, cm), film poétique sur la relation entre enfants et grands-parents; *En dernières pages* (J. Tessier, 1983), qui décrit les diverses étapes nécessaires à la fabrication d'un journal et propose une réflexion sur les conditions de travail; *C'est quoi l'histoire* (J. Bourbonnais, 1986, mm), documentaire vidéo faisant la genèse du film *Le gros de la classe* (J. Bourbonnais,

1986, cm), fiction également produite par Spirafilm qui met en vedette des jeunes de la région de Rimouski et s'inspire d'une histoire écrite par certains d'entre eux. En 1986, Spirafilm signe pour Radio-Québec un film de fiction intitulé *Élise et la mer* (S. Goulet, cm). La structure de production offerte par Spirafilm est unique à l'extérieur de Montréal. (D.P.)

SPRY, Robin, réalisateur, acteur, chef opérateur, monteur, producteur, scénariste (Toronto, 1939). Il étudie le génie à Oxford (Grande-Bretagne), le français à Grenoble (France) et l'économie au London School of Economics (Grande-Bretagne). Pendant ses séjours en Angleterre, il est figurant dans quelques longs métrages et réalise plusieurs courts métrages de manière artisanale. Au cours de l'été 1964, à l'ONF, il assiste Don Owen, qui réalise *High Steel* (1965, cm). En 1965, l'ONF l'engage comme permanent. Il y est tour à tour assistant de production, assistant à la réalisation, caméraman, scénariste, monteur, producteur

Robin Spry. (Jonathan Wenk)

et réalisateur. À l'image de la majeure partie de son œuvre, ses deux premiers films abordent des sujets sociopolitiques: *Miner* (1965, cm) décrit la vie des mineurs à travers le témoignage d'un francophone installé à Falcon Bridge, en Ontario, tandis que *Changes in the Maritimes* (1966, cm) s'interroge sur l'impact social de la modernisation des méthodes de pêche. Après *Ride For Your Life* (1966, cm), portrait d'un coureur motocycliste qui remporte le premier prix au festival du film de sport d'Oberhausen, il réalise *Flowers on a One Way Street* (1968, mm), qui traite de la communauté hippie de Toronto et remporte de nombreux prix. Poursuivant dans cette veine il signe *Prologue* (1969), un long métrage documentaire percutant sur les émeutes de Chicago et, plus largement, sur la situation de la jeunesse en Amérique du Nord. Ce reportage annonce ses deux films sur la crise d'Octobre 1970, réalisés après que l'ONF a refusé qu'un francophone les tourne: *Action: The October Crisis of 1970* (1973), qui lui vaut un Canadian Film Award, et *Reaction: a Portrait of a Society in Crisis* (1973, mm). Après un court métrage expérimental sur les multiples aspects d'un visage (*Face*, 1975), lui aussi couronné d'un Canadian Film Award, Spry réalise un premier long métrage de fiction: *One Man* (1977). Toujours préoccupé par les questions sociales, il y raconte l'histoire d'un journaliste (Len Cariou) qui, au fait d'une importante affaire de pollution industrielle, hésite entre le silence et la dénonciation. *Thriller* politique, *One Man* remporte sept Canadian Film Awards. En 1977, il quitte l'ONF. Réalisé pour la télévision, son second long métrage de fiction, *Drying Up the Streets* (1978), est une exploration des milieux de la drogue et de la prostitution, à travers l'histoire d'un hom-

me (Don Francks) qui tente d'aider une jeune femme à s'en sortir. *Suzanne* (1980), adaptation d'un roman de Ronald Sutherland, est centré sur la vie de la fille d'un ouvrier d'origine écossaise et d'une strip-teaseuse francophone. De son enfance, dans les années 40, jusqu'aux années 60, Suzanne (Jennifer Dale) grandit avec la société québécoise et épouse un francophone. Ce mélodrame social, qui confronte les cultures anglophone et francophone, est durement accueilli par la critique. Présentant de nombreuses similitudes avec *One Man* tout en étant plus ouvertement commercial, *Keeping Track* (1986) est un *thriller* de facture classique qui met en scène un annonceur de télévision (Michael Sarrazin) et une informaticienne (Margot Kidder) mêlés à une affaire d'espionnage. En 1988, Spry joue de nouveau la carte commerciale avec *Obsessed*, un drame psychologique adapté de *Hit and Run*, un *best-seller* de Tom Alderman, où il raconte l'histoire d'une femme qui veut venger la mort de son enfant, tué par un chauffard. Cinéaste anglophone de premier plan, Spry a su, en début de carrière, bien percevoir la réalité culturelle et politique québécoise, cela dans des films de qualité inégale. Son œuvre récente, de plus en plus orientée vers le grand public, est toutefois marquée par l'absence de cette vision culturelle. Acteur dans *Kings and Desperate Men* (A. Kanner, 1981), il est aussi coproducteur d'un long métrage de Léa Pool, *À corps perdu* (1988).

FILMS: *Change in the Maritimes* (1965, cm), *Miner* (1966, cm), *Level 4350* (1966, cm), *Ride For Your Life* (1966, cm), *Illegal Abortion* (1967), *Flowers on a One Way Street* (1968, mm), *Prologue* (1969), *Action: The October Crisis of 1970* (1973), *Reaction: a Portrait of a Society in Crisis*

(1973, mm), *Downhill* (1973, mm), *Face* (1975, cm), *One Man* (1977), *Drying Up the Streets* (1978), *Dont Forget / «Je me souviens»* (1979, mm), *Suzanne* (1980), *Winnie* (1981, mm), *To Serve the Coming Age* (1983, cm), *Stress and Emotions* (1985, mm), *Keeping Track* (1986), *Obsessed* (1988). (M.J.)

STEWART, Alexandra, actrice (Montréal, 1939). Elle arrive à Paris à dix-sept ans pour y étudier aux Beaux-arts mais, rapidement, d'un rôle dans un film publicitaire à une figuration, elle fait métier d'actrice. C'est Pierre Kast, avec lequel elle tourne plusieurs films, qui l'impose à l'écran (*Le bel âge*, 1959). Stewart, belle et racée, joue dans une soixantaine de films, en anglais comme en français, tenant le plus souvent des rôles de soutien. Elle tourne avec Otto Preminger (*Exodus*, 1961), Louis Malle (*Le feu follet*, 1963), François Truffaut (*La mariée était en noir*, 1967), John Huston (*Phobia*, 1980), Claude Lelouch (*Les uns et les autres*, 1980). Elle fait quelques films au Québec: *Waiting for Caroline* (R. Kelly, 1967) où elle défend le rôle titre, *The Heatwave Lasted Four Days* (D. Jackson, 1974), *Bingo* (J.-C. Lord, 1974), *The Uncanny* (D. Héroux, 1977), *In Praise of Older Women* (G. Kaczender, 1978), *Agency* (G. Kaczender, 1979), *Final Assignment* (P. Almond, 1980), *Your Ticket Is No Longer Valid* (G. Kaczender, 1981), *La terrapène* (M. Bouchard, 1984, cm), *Le matou* (J. Beaudin, 1985). Plusieurs de ces films sont des productions à gros budget. (M.C.)

STRARAM, Patrick (dit le Bison ravi), acteur, scénariste (Paris, France, 1934 – Montréal, 1988). Arrivé au Canada en 1954 et à Montréal en 1958, il dirige le Centre d'art de l'Élysée (1960 à 1963), où il se fait le défenseur du jeune cinéma européen (Godard, Resnais, etc.). Homme de radio, écrivain (*La faim de l'énigme*), il contribue à faire de la critique un exercice à la fois analytique et autobiographique. Éternel marginal, son statut singulier dans le milieu intellectuel montréalais l'amène à apparaître dans plusieurs films, notamment ceux des frères Jean et Serge Gagné (*À vos risques et périls*, 1980; *La couleur encerclée*, 1986). Mais son rôle marquant demeure celui de l'ex-mari de Johanne dans *À tout prendre* (C. Jutra, 1963). Par ailleurs, il signe les commentaires de deux films de Louis Portugais (*Saint-Denys Garneau*, 1960, cm; *Voir Pellan*, 1968, cm), et est à la fois scénariste et interprète de *La terre à boire* (J.-P. Bernier, 1964) et de *Fabienne sans son Jules* (J. Godbout, 1964, cm). Son amitié a eu une certaine influence sur les œuvres de Gilles Groulx, René Bail et Pierre Goupil. Ses critiques de cinéma ont été publiées dans des livres (*Cinémarx* et *Rolling Stones*) et on lui doit un ouvrage sur Gilles Groulx, écrit en collaboration avec Jean-Marc Piotte: *Gilles cinéma Groulx le lynx inquiet* (Cinémathèque québécoise/éditions québécoises). (M.J.)

STROBL, Hans Peter, mixeur (Vienne, Autriche, 1949). Après une formation en électronique, il devient responsable du studio d'enregistrement de l'Orchestre symphonique de Vienne. Arrivé au Canada en 1972, il entre chez Cinélume où il mixe de nombreux commerciaux et quelques longs métrages: *Eliza's Horoscope* (G. Sheppard, 1975), *Ahô... au cœur du monde primitif* (D. Bertolino et F. Floquet, 1976). Entré à l'ONF en 1978, on retrouve son nom au générique de plus d'un millier de films, dont la majorité des longs métrages réalisés au Québec dans les années 80. C'est ainsi qu'il travaille, en dolby stéréo, sur *Gala* (J. N. Smith, 1982), *Mario* (J. Beaudin, 1984), *Passiflora* (F. Bélanger et D. Gueissaz-Teufel, 1985) et *Un zoo la nuit* (J.-C. Lauzon, 1987), films pour lesquels il participe à la création d'un espace sonore dense et riche, sans céder à la tentation des effets faciles. (M.J.)

SUISSA, Danièle J., réalisatrice, productrice (Casablanca, Maroc, 1940). Elle arrive au Québec en 1969, après une formation au Conservatoire de Paris et dix ans d'assistanat de mise en scène au théâtre et au cinéma (R. Hossein, M. Allégret). Elle monte d'abord plus de vingt-cinq pièces de théâtre au Rideau vert et au Centre Saidye Bronfman, avant de fonder, en 1980, sa compagnie de production (3 Thèmes). Elle transpose à la télévision deux spectacles de théâtre et, à sa compagnie ou chez Onyx Films, réalise pas moins de deux cents spots publicitaires. Son premier long métrage destiné aux salles de cinéma, *The Morning Man*, sort en 1986. Inspiré d'un fait divers, le film, très léché, raconte l'histoire d'un évadé de prison qui se réhabilite en devenant annonceur de radio. Ses deux films suivants appartiennent à la série «Shades of Love», des films à l'eau de rose distribués exclusivement en vidéo. Suissa poursuit donc un itinéraire très commercial, celui d'un cinéma de plus en plus tourné vers la télévision. En 1988, à Toronto, elle coréalise *Martha, Ruth and Edie* avec Norma Bailey et Deepa Mehta Saltzman. Ce film décrit l'existence de trois femmes qui assistent à un atelier de croissance personnelle. (J.P.)

SUTHERLAND, Donald, acteur (Saint-Jean, Nouveau-Brunswick, 1934). Il étudie l'art dramatique à Toronto et à Londres, puis débute à l'écran en 1964. Sachant tirer parti de son physique singulier, il se spécialise dans les rôles de composition et travaille notamment avec Altman, Schlesinger et Fellini. Au Québec, toutefois, il sert moins le cinéma d'auteur (*The Act of the Heart*, P. Almond, 1970) qu'un cinéma commercial malheureusement peu marquant: *Alien Thunder* (C. Fournier, 1973), puis *Les liens de sang* (1977), coproduit avec la France et tourné par un Claude Chabrol peu inspiré. Son fils, Kiefer Sutherland, est aussi acteur et tient le premier rôle de *Crazy Moon* (A. Eastman, 1986).

AUTRES FILMS QUÉBÉCOIS: *Gas* (L. Rose, 1981), *Bethune* (P. Borsos, 1989). (M.-C.A.)

TANA, Paul, réalisateur, scénariste (Ancone, Italie, 1947). Émigré au Québec en 1958, il est diplômé en littérature de l'UQAM, il poursuit une carrière de cinéaste tout en donnant, depuis 1976, des ateliers pratiques de production cinématographique à l'Université de Montréal. Membre de l'ACPAV dès ses débuts, il en est le président en 1980. Durant cette période, il réalise neuf émissions pour le compte de *Planète*, une série interculturelle produite par Radio-Québec. Ses premières fictions sont réunies sous le titre de *Deux contes de la rue Berri*. Dans le premier conte, *Pauline* (1975, cm), une femme de milieu populaire (Hélène Loiselle) perd la parole. Sa sœur (Amulette Garneau), qui la soupçonne de cacher son argent, fouille son logement. En vain. On retrouve une Pauline dans *Les gens heureux n'ont pas d'histoire* (1976, mm): elle (Rita Lafontaine) est serveuse dans un restaurant italien et se fait suivre par un romantique un peu fou (Marcel Sabourin). L'esthétique du quotidien présente dans

Deux contes de la rue Berri, propre au cinéma québécois de l'époque, est poussée un cran plus loin dans *Les grands enfants* (1980). Gilbert Sicotte y interprète un déclassé sans ambition, qui partage sa vie entre ses amis, son travail à la petite semaine et sa nouvelle copine, d'ascendance italienne. Si, jusqu'alors, Tana a mis sa propre origine immigrante en sourdine, il va dorénavant commencer à l'affirmer. L'introduction du personnage de Jeanne Rossi (Julie Vincent) dans *Les grands enfants* marque ce tournant qu'avait préparé, quelques années plus tôt, un voyage d'étude en Italie. À ce chapitre, la rencontre avec l'historien Bruno Ramirez sera déterminante. Avec ce spécialiste québécois de l'immigration, Tana scénarise une docufiction sur les Italiens de Montréal, *Caffè Italia Montréal* (1985), qui lui vaut une certaine notoriété et remporte le prix L.-E.-Ouimet-Molson. Jouant habilement avec les genres et les niveaux narratifs, Tana y raconte l'itinéraire de trois générations d'Italiens au sein d'une société québécoise peu habituée au phénomène de l'immi-

Paul Tana. (Edward Hellel)

gration de masse. Le film sort au moment où plusieurs cinéastes néo-québécois (M. Mallet, G. Gutierrez) questionnent leurs origines dans leurs films. Il s'inscrit aussi dans un certain renouveau du documentaire qui, de plus en plus, est métissé de fiction. Tana et Ramirez poursuivent leur travail du côté de la fiction en scénarisant *La sarrazine*, qui s'inspire d'un fait divers datant du début du siècle. Ils scénarisent également *Le rêve de Joe Aiello*, où ils traitent du désir qu'a un immigrant fortuné de transmettre son héritage culturel. En 1988, Tana réalise un moyen métrage tiré du *Marchand de jouets*, une nouvelle de Naïm Kattan adaptée par Clément Perron. Le film met en vedette Gilbert Sicotte et Marie Tifo. Il travaille ensuite à un documentaire sur l'écrivain Saul Bellow, dans le cadre de la série «Parler d'Amérique».
AUTRE FILM: *Les étoiles et autres corps* (1972, cm). (F.C.)

TÉLÉFILM CANADA. Créée par le gouvernement canadien le 3 mars 1967, la Société de développement de l'industrie cinématographique canadienne (SDICC) a pour objectif d'encourager l'émergence et la croissance d'une industrie du long métrage au Canada. Dotée initialement de crédits de dix millions de dollars pour cinq ans, elle a pour mandat d'investir dans des productions en échange d'une participation aux bénéfices. Institution fédérale, elle consacre environ le tiers de ses crédits à la production française. De son entrée en fonction jusqu'en 1975, la SDICC contribue à une industrialisation rapide du milieu cinématographique québécois et à une nouvelle idylle entre le public et le cinéma d'ici. Elle participe en effet au financement d'une vague de films commerciaux (*Deux femmes en or*, C. Four-

nier, 1970; *Tiens-toi bien après les oreilles à papa...*, J. Bissonnette, 1971; *Bingo*, J.-C. Lord, 1973) qui connaissent au Québec des succès publics considérables. Elle encourage également la production de premières œuvres (*La vie rêvée*, M. Dansereau, 1972; *Tu brûles... tu brûles...*, J.-G. Noël, 1973), aussi bien que celle de films de qualité (*La vraie nature de Bernadette*, G. Carle, 1972; *Réjeanne Padovani*, D. Arcand, 1973; *Les ordres*, M. Brault, 1974) et de prestige (*Kamouraska*, C. Jutra, 1973), qui connaissent un rayonnement international important. Le bilan du premier septennat (1968-1975) est somme toute assez positif, malgré une inflation considérable des coûts de production.

Le second septennat (1975-1982) donne des résultats plus modestes. D'une part, et c'est positif, la SDICC s'ouvre à des formats autres que le long métrage et diversifie ses activités. Mais elle subit les contrecoups de la création, en 1974, d'un programme fédéral d'incitation fiscale mal conçu, qui encourage l'apparition de producteurs-champignons inexpérimentés et la production massive de films conçus essentiellement comme des opérations financières sans attrait culturel ou viabilité sur les marchés. La multiplication de ces films bidons, l'inflation effrénée des devis qu'ils provoquent, de même que l'accroissement de la mainmise étrangère sur la distribution au Canada, contribuent à réduire la crédibilité et la capacité financière d'intervention de la SDICC. Tant et si bien qu'au cours de la crise économique qui marque les premières années de la décennie 80, l'industrie canadienne, et québécoise, connaît une traversée du désert.

En 1983, changement de cap radical: la SDICC voit son action réorientée vers le financement de la production télévisuelle,

Louise Turcot et Monique Mercure dans Deux femmes en or, *de Claude Fournier, le grand succès du début des années 70. (ACPQ)*

avec la création du Fonds de développement de la production d'émissions canadiennes (FDPEC), doté de crédits annuels d'environ cinquante millions. Le nom de la SDICC est conséquemment modifié pour devenir Téléfilm Canada, qui se voit confier, en 1986, deux nouveaux fonds qui viennent compléter sa panoplie de programmes: le Fonds de financement des longs métrages (FFLM), qui dispose de crédits annuels de trente millions et dont la création permet d'équilibrer l'aide accordée respectivement aux secteurs cinéma et télévision; le Fonds d'aide au doublage et au sous-titrage, qui est doté de crédits annuels de trois millions. Après une année 1987 assez difficile, mar-

quée par un dépassement budgétaire incontrôlé et des tensions croissantes entre la présidence et la direction générale — tensions qui entraînent la démission fracassante du directeur général, Peter Pearson, et d'un nombre important de cadres et d'employés, de même que le non-renouvellement de mandat du président, Jean Sirois — Téléfilm semble en voie de rétablir sa crédibilité. Au printemps 1988, l'organisme se voit octroyer des crédits additionnels: soixante-seize millions, répartis sur quatre ans, pour le FDPEC; soixante millions, répartis sur cinq ans, pour le FFLM; quinze millions, répartis sur cinq ans, pour le Fonds d'aide au doublage et au sous-titrage. En outre, le gouvernement lui confie l'administration d'un nouveau fonds de distribution de quatre vingt-cinq millions, répartis sur cinq ans.

Depuis la création de l'organisme, Georges-Émile Lapalme (1968-1969), Gratien Gélinas* (1969-1977), Michel Vennat (1977-1981), David B. Silcox (1981-1983), Ed Prévost (1983-1986), Jean Sirois (1986-1988) et Edmund Bovey (1988-) en ont été les présidents, tandis que Michael D. Spencer (1968-1978), Michael McCabe (1978-1980), Pierre Thibault (par intérim pendant quelques mois en 1980), André Lamy* (1980-1985), Peter Pearson (1985-1987), Judith McCann (par intérim pendant quelques mois en 1987), Michèle Fortin (par intérim pendant quelques mois en 1987 et 1988) et Pierre DesRoches (1988-) en ont été les directeurs généraux. (M.H.)

TÉLÉVISION. Au Québec, le cinéma et la télévision ont eu, peut-être plus qu'ailleurs, de véritables relations d'amour-haine. Au début des années 50, l'ONF, où se retrouve déjà un important groupe de cinéastes francophones, perd la bataille de la télévision au profit d'un autre organisme fédéral, Radio-Canada. Les spécialistes de la radiodiffusion l'emportent sur ceux de l'image. Comme prix de consolation, ces derniers se voient confier, en priorité, la production de séries filmées qui occuperont quinze à trente minutes de la grille horaire hebdomadaire (*voir* OFFICE NATIONAL DU FILM). La boulimie télévisuelle force l'ONF à accélérer le rythme de sa production en langue française. L'équipe française se lance dans une opération de recrutement, facilitée par le déménagement de l'ONF d'Ottawa à Montréal. On assiste également à la naissance de petites entreprises (*voir* SEGUIN, FERNAND, MICHAUD, HENRI, BOISVERT,

JEAN) dont l'existence souvent éphémère est liée à un contrat de production pour une série télévisée. Le secteur des émissions pour la jeunesse est particulièrement actif en ce domaine. L'utilisation du film 16 mm pour les nouvelles et les affaires publiques crée de toutes pièces, grâce à une politique de sous-traitance, une infrastructure industrielle de laboratoires, de centres de montage et de services de location de matériel. Une génération complète de pigistes (monteurs, opérateurs et techniciens) y trouve son principal moyen de subsistance. Cette infrastructure cinématographique se transforme au début des années 80 avec la généralisation de la magnétoscopie.

Au cours des années 60, un certain nombre de réalisateurs associés à l'ONF se lancent, de peine et de misère, dans la production de longs métrages (Claude Jutra*, Pierre Patry*, Arthur Lamothe*, Michel Brault*). Ils comptent à l'occasion sur la complicité de jeunes apprentis dont la ferveur a été développée par la série hebdomadaire *Images en tête*, qui est animée par Jean-Yves Bigras*, un cinéaste professionnel devenu un propagandiste de l'apprentissage cinématographique par le format 8 mm. La télévision appuie la production de ces longs métrages en servant de tribune, non pas aux produits, mais aux réalisateurs. Des séries d'émissions sont presque exclusivement consacrées au «cinéma d'ici», pour reprendre le titre d'une série ainsi nommée pour éviter de prendre parti dans la dichotomie politico-culturelle du Québec/Canada. Certains trouvent même, à la télévision, un revenu d'appoint comme réalisateur, scripteur ou comédien.

Dès son arrivée, la télévision privée joue un rôle particulier en créant des vedettes locales récupérées par les producteurs de longs métrages. *Pas de vacances pour les idoles* (D. Héroux, 1965) en est un bon exemple. La présence de J.-A. DeSève* à la direction d'une chaîne privée, Télé-Métropole, comme à celle du groupe France Film, n'est pas étrangère à cette convergence des deux médias. Au cours des années 70, l'industrie du long métrage se détourne de la télévision, pour profiter des interventions gouvernementales et bénéficier des investissements publics et des nouveaux avantages fiscaux. Il faudra attendre une dizaine d'années pour que les chaînes de télévision reviennent participer au financement de la production de longs métrages, se réservant ainsi les droits futurs de diffusion. Pour sa part, l'industrie du court métrage se maintient toujours en bonne partie grâce à la télévision. C'est principalement au début de cette décennie que plusieurs réalisateurs de la télévision, profitant de l'expansion que connaît le cinéma québécois, tournent un ou des films: Jean Faucher (*Le soleil des autres*, 1969), Pierre Duceppe (*Je t'aime*, 1973), Richard Martin (*Les beaux dimanches*, 1974), Roger Fournier (*Pile ou face*, 1971).

Durant les années 80, les organismes publics d'aide au financement de la production cinématographique décident d'inclure les téléfilms et les téléséries dans leur mandat. On constate cependant que les télédiffuseurs publics et privés continuent de privilégier le modèle de la «production maison» qui ne favorise aucunement le développement d'une industrie diversifiée. Les télédiffuseurs publics cherchent d'abord à rentabiliser leur imposante infrastructure technique et les télédiffuseurs privés pratiquent une intégration verticale faisant appel à un réseau de filiales. De nombreux comités et commissions d'enquête ne cessent de recommander des politiques plus fermes propres à imposer aux télédiffuseurs une collaboration plus active avec les producteurs indépendants. Les télédiffuseurs multiplient les discours rassurants tout en attribuant leur incapacité d'y donner suite au contexte d'instabilité qui marque le domaine des communications à la fin des années 80. La multiplication des canaux de télédiffusion aurait pu augmenter la demande, mais le partage des revenus publicitaires qui s'ensuit ralentit le financement de projets exigeant des ressources diversifiées. On se recycle alors dans la production vidéo pour répondre aux demandes de télédiffuseurs qui cherchent à continuer les téléséries qu'ils n'arrivent plus à réaliser dans leurs propres studios. Mais, parfois, tous ces partenaires (télédiffuseurs, organismes gouvernementaux et producteurs indépendants) arrivent à s'entendre pour réaliser des projets d'envergure. Rêvant de coproduction et de diffusion internationales, ils recourent au cinéma qui demeure encore, malgré les techniques de transcodage des systèmes vidéo, le meilleur véhicule de pénétration des marchés extérieurs. Rejoignant ici une tendance mondiale, cela donne des produits hybrides, à la fois long métrage pour les salles et mini-série pour la télévision (*Les Plouffe*, G. Carle, 1981; *Bonheur d'occasion*, C. Fournier, 1983; *Louisiana*, P. de Broca, 1984; *Le matou*, J. Beaudin, 1985). Cela donne aussi des séries rassemblant une troupe hétéroclite de techniciens et de comédiens provenant de divers pays pour justifier un montage financier qui engage plusieurs télédiffuseurs nationaux (*Lance et compte*). En 1987, Radio-Québec innove en s'associant à un regroupement de quatre producteurs et à l'ONF pour produire neuf téléfilms réalisés par des cinéastes (Micheline Lanctôt*, Alain Chartrand*,

Anne Claire Poirier*, Robert Ménard, etc.) et diffusés en 1988 et en 1989. Quant à la production documentaire, elle est de plus en plus dépendante, dans le secteur privé, des politiques de programmation des télédiffuseurs (principalement Radio-Canada et Radio-Québec); c'est d'ailleurs les grilles horaires des télévisions qui déterminent la durée exacte des documentaires. L'influence de la télévision sur l'esthétique et le contenu des films est tout aussi perceptible. Coincé entre les superproductions internationales, forcément occasionnelles, et les téléséries vidéo anonymes, le cinéma québécois attend toujours le moment où il deviendra un partenaire et un complice de la télévision. (A.A.L.)

TESSIER, Albert, réalisateur, chef opérateur (Sainte-Anne-de-la-Pérade, 1895 – Trois-Rivières, 1976). De parents agriculteurs, il fait des études classiques au Séminaire Saint-Joseph de Trois-Rivières (1910-1916). Il est ordonné prêtre en 1920. Après un long séjour en Europe, il revient au Québec en 1924 et tourne ses premiers films. Dès ses débuts, il s'intéresse à la nature (*Dans le bois 1*, 1930) qui, tout au long de sa carrière, demeure l'un de ses thèmes de prédilection (*La pêche*, 1940, cm; *Arbres et bêtes*, 1943, cm; *La forêt bienfaisante*, 1943, cm; *Rocheuses 1950*, 1950, cm). Dans ses films, Tessier cherche souvent à aider l'homme à prendre conscience de son milieu, à valoriser le travail effectué dans un rapport

Albert Tessier. (CQ)

constant avec la nature (*Hommage à notre paysannerie*, 1938, cm; *Conquête constructive*, 1939, cm) et à glorifier Dieu, créateur de cette nature (*Gloire à l'eau*, 1935, cm; *Cantique de la création*, 1942, cm). Comme la majorité des pionniers du cinéma québécois, il signe aussi des films sur des sujets essentiellement religieux (*Démonstrations religieuses trifluviennes 1933-1936*, 1936, cm; *Congrès eucharistique trifluvien*, 1941, cm). En 1937, il enseigne l'histoire à l'Université Laval et est nommé visiteur des instituts familiaux. Il occupe ce dernier poste jusqu'en 1965, alors que certains de ses films prolongent sa pensée sur l'éducation des femmes (*Écoles ménagères régionales*, 1941, cm; *Femmes dépareillées*, 1948, cm). Très préoccupé par toutes les questions d'éducation, il consacre plusieurs films à ce sujet: *Écoles et écoliers* (1940, cm), *Don Bosco* (1942, mm). Il aborde aussi l'art (*Quatre artistes canadiens*, 1939, cm; *Exposition d'artisanat à l'île Sainte-Hélène*, 1939, cm; *Artisanat familial*, 1942, cm) et signe, avec *Le miracle du curé Chamberland* (1952, cm), un intéressant document sur l'implantation d'une coopérative d'habitation.

La diffusion des premiers films de Tessier est faite de manière totalement artisanale: il trouve des salles où il projette lui-même ses films en les commentant. Son public va des étudiantes des instituts familiaux aux bûcherons de la Mauricie et de la Côte Nord, en passant par les membres de la SSJB de Montréal et l'élite de Rideau Hall. Sa filmographie (on a retrouvé environ soixante-dix films) va du film totalement muet au film sonore, en passant par le film ponctué de nombreux intertitres. Certains de ses films sonores sont diffusés par le SCP. Homme d'action, Tessier travaille sans relâche et

fait aussi œuvre d'historien, d'éditeur, de journaliste et de photographe (sous le pseudonyme de Tavi). Cette dernière profession caractérise d'ailleurs sa façon de filmer, puisque s'il apporte un soin considérable au cadre, à la composition, à l'angle de prise de vue et à la profondeur de champ, jamais il n'arrive à développer un réel sens de la durée. À la fin des années 50, il abandonne le cinéma pour se consacrer à ses autres activités, parmi lesquelles compte le domaine Tavibois, situé en Haute-Mauricie, dont il est le fondateur. Il lui consacre d'ailleurs l'un de ses derniers films, *Tavibois* (1956, mm). Amoureux du Québec (*Pour aimer ton pays*, 1943, cm), homme de culture au regard sensible et chaleureux, Tessier fait figure de pionnier et de lointain annonciateur du cinéma direct. Louis Ricard lui consacre un film, *À force d'images* (1977, mm).

Depuis 1980, le gouvernement du Québec décerne annuellement un prix qui porte son nom, et qui souligne l'apport d'un artisan ou d'un administrateur au développement du cinéma québécois.

BIBLIOGRAPHIE: BOUCHARD, René, *Filmographie d'Albert Tessier*, Boréal Express, Montréal, 1973. (M.J.)

TESSIER, Jean, producteur, chef opérateur, réalisateur, scénariste (Québec, 1950). Il commence par œuvrer dans divers secteurs du cinéma et des communications: série radiophonique sur le cinéma québécois (1974), collaboration à la revue *Cinécrits* (1975), membre fondateur de Spirafilm* (1977). Il participe également à la fondation du RRPFQ (1979), ainsi qu'à celle de l'AVECQ (1980), et publie des articles dans *Insert*, *Format Cinéma* et *Copie Zéro*. Il travaille aussi comme monteur pour un film de Jacquelin Bouchard (*Brisures*, 1973, cm) et comme chef opérateur (*Médium, média*, J. Cencig, L. Filion et E. Pelletier, 1974, cm; série «Séquences documentaires», 1974, 1975 et 1982). Il produit, avec Spirafilm, *C'est pas mon genre* (N. Catellier, 1981, cm) et *Mélodie, ma grand-mère* (S. Goulet, 1983, cm). En 1983, il réalise *En dernières pages*, documentaire sur les conditions de travail dans l'industrie du papier journal. Personnalité dynamique, Tessier s'engage dans de nombreux projets de développement des services de production et de diffusion du cinéma indépendant. Il participe et anime des ateliers de scénarisation et de production (1982), d'art dramatique (1985) et de mise en scène (1986). Il fonde la maison de production Filmovie en 1986, où il produit une pièce de théâtre et un spectacle musical. Il prépare également deux films: *Les cerises* et *Brumaire*. (M.-J.R.)

THALMANN, Daniel, réalisateur (Genève, Suisse, 1946). Comme sa femme, Nadia Magnenat-Thalmann, il est professeur en informatique à l'Université de Montréal; ensemble ils y effectuent de nombreuses recherches sur la synthèse d'images. Après avoir mis au point un nouveau langage de programmation permettant de faire du graphisme par ordinateur, le Mira, extension du langage Pascal, ils s'orientent vers la création cinématographique. Leur premier film, *Vol de rêve* (coréal. P. Bergeron, 1981, cm), entièrement réalisé avec l'ordinateur, remporte un immense succès international, obtenant une douzaine de prix. Bien qu'il soit totalement en lignes – technique dite en «fils de fer» – ce film demeure toujours très attachant par la poésie qui s'en dégage. Fortement préoccupés par l'impression de réalité, ils développent ensuite les techniques de modélisation des personnages et mettent au point le logiciel Human Factory. Ainsi, leur second film, *Églantine* (1987, tcm), présente en animation tridimensionnelle une femme statue qui rêve de devenir mannequin et de se mouvoir comme un être réel. Puis, *Rendez-vous à Montréal* (1987, cm) concrétise le rêve de réincarner des vedettes de cinéma: on y voit Humphrey Bogart et Marilyn Monroe, bien qu'on ne confonde pas encore les vrais acteurs et les faux. Les réalisateurs informaticiens espèrent, dans un futur proche, créer une œuvre où il ne sera pas possible de distinguer la réalité de ce qui est créé par l'ordinateur. Leurs recherches se font en fonction de cette percée technologique. (M.L.)

THAUVETTE, GUY, (Pointe-des-Cascades, 1944). Peu après avoir boycotté les examens de sortie du Conservatoire de Montréal en 1966, il tient le rôle titre dans *Le grand Rock* (R. Garceau, 1967), un plaidoyer tissé de grosse corde contre la ville corruptrice; le film n'obtient aucun succès. Thauvette y esquisse néanmoins le type de personnage qui deviendra sa spécialité: le genre tout d'une pièce, d'une énergie intègre et brute, qui exprime sa tendresse comme sa violence, son besoin d'indépendance comme son état d'aliénation, en obéissant à des réactions instinctives. Naturellement, il paraît dans les deux films issus de créations collectives du Grand cirque ordinaire qu'il a cofondé en 1969 (*Le grand film ordinaire*, R. Frappier, 1970; *Montréal Blues*, P. Gélinas, 1972). Puis, en pleine époque de prise de conscience féministe, il incarne l'homme qui fuit toute relation profonde (*Le loup blanc*, B. Sauriol, 1973, cm) ou encore qui voit ses habitudes dérangées par les interrogations de la femme

Guy Thauvette et Francine Racette dans Le grand Rock*, de Raymond Garceau.* (Le Devoir*)*

(*L'absence*, B. Sauriol, 1975), cherchant à casser le moule des anciens rapports de couple (*La cuisine rouge*, P. Baillargeon et F. Collin, 1979). Après quelques rôles sommaires (*L'affaire Coffin*, J.-C. Labrecque, 1979; *Lucien Brouillard*, B. Carrière, 1983), on utilise son physique robuste pour représenter tantôt le frère d'héroïnes pittoresques habitué au travail rude (*Maria Chapdelaine*, G. Carle, 1983; *Les fous de Bassan*, Y. Simoneau, 1986), tantôt l'amoureux viril (*Anne Trister*, L. Pool, 1986; *Les bottes*, M. Poulette, 1987, mm). Enfin, *Visage pâle* (C. Gagnon, 1985) doit certes sa meilleure séquence aux nuances de son jeu alors qu'apparaît, sur son masque taillé au couteau, le trouble coupable du *macho* de campagne

projetant sur l'étranger sa propre ambivalence sexuelle. Il joue, en 1985, dans *Une fiction d'amour*, un film de Louis Dussault. Il tient le premier rôle masculin dans *Sous les draps les étoiles* (J. P. Gariépy, 1989), celui de Thomas qui, à son retour à Montréal, fait la rencontre de Sylvie (Marie-Josée Gauthier), sur le point de partir. En 1987, il scénarise, interprète et coréalise (avec Marcel Simard) un vidéo intitulé *Rue du clown triste* (cm). (M.-C.A.)

THÉBERGE, André, réalisateur, administrateur, monteur (Saint-Éleuthère, 1945). Alors qu'il est étudiant en lettres à l'Université de Montréal, il écrit pour *Objectif* et *Parti Pris*, et tourne son premier court

Frédérique Collin et André Melançon dans Les allées de la terre. *(Le Devoir)*

métrage de fiction (*Teréleur*, 1967). Jean Pierre Lefebvre, dont il a été l'assistant, l'accueille à l'ONF où il réalise, dans la série «Premières œuvres», *Question de vie* (1970), puis *Les allées de la terre* (1973), et, dans la série «Tout l' monde parle français», *La dernière neige* (1973, mm) et *Un fait accompli* (1974, cm). Deux courts métrages de fiction suivent, pour la CBC, *Close Call* (1975) et *Quicksilver* (1976). Après quoi Théberge attend jusqu'en 1983 pour réaliser *La petite nuit* (cm) à la Maison des Quatre, dont il est l'un des fondateurs. Après avoir été président de l'ARRFQ (1981-1983), il entre à la SGCQ en 1984 comme directeur de l'aide à la création et à la production. À la création de la SOGIC,

en 1988, Théberge est nommé directeur des opérations film. Monteur de ses films, il l'a été également de *La belle apparence* (D. Benoit, 1979) et de *Ça peut pas être l'hiver on n'a même pas eu d'été* (L. Carré, 1980).

Ses films sont fidèles à l'esprit du temps par les sujets, les milieux et les personnages; ils sont marqués par les préoccupations sociales, culturelles et politiques de l'époque. Dans *Question de vie*, une femme de milieu rural modeste lutte désespérément pour élever ses trois enfants; le personnage et le milieu, le traitement réaliste, de même que le noir et blanc rapprochent le film du cinéma direct. Le jeune couple des *Allées de la terre* appartient à une troupe de théâtre qui pratique la création collective. *La dernière neige*, inspiré d'une courte nouvelle de Jacques Ferron, *Retour à Val d'Or*, se présente comme un drame de la solitude rurale et du déracinement menant une mère de famille à la folie. Cependant, dans chacun de ses films, Théberge va à contre-courant; il a, dans *Les allées de la terre*, un point de vue critique et satirique sur la contre-culture, la création collective, l'improvisation; dans *Question de vie* et *La dernière neige*, ce sont moins les problèmes sociaux ou l'exaltation du patrimoine qui l'intéressent, que la recréation de l'univers mental de ses personnages féminins. Dans les années de cinéma direct, Théberge pratique un cinéma écrit, mis en scène, interprété par des acteurs professionnels (Frédérique Collin dans *Question de vie*, Collin encore et Pierre Curzi dans *Les allées de la terre*, Luce Guilbeault et Jacques Godin dans *La dernière neige*), qui tend à la stylisation, à la poésie, au classicisme. (M.E.)

THÉRIAULT, Pierre, acteur (Îles-de-la-Madeleine, 1930 – Montréal, 1987). Homme de théâtre, de radio et de télévision (on lui doit la création de l'inoubliable monsieur Surprise), il a aussi joué dans un certain nombre de films québécois. C'est Tim, l'Irlandais ivrogne du *Sourd dans la ville* (M. Dansereau, 1987); Bilou, le psychiatre de *La quarantaine* (A. C. Poirier, 1982), discret, fuyant, insaisissable; Robert, l'imprimeur-graphiste de *La piastre* (A. Chartrand, 1976), forcé par les circonstances à réévaluer son mode de vie, à se désembourgeoiser – et Thériault réussit à donner une émouvante prestation du rôle de ce héros d'allure plutôt falote. Mais son personnage le plus marquant reste Dominique Di Muro dans *Réjeanne Padovani* (D. Arcand, 1973). Principal lieu-

tenant de Padovani, conseiller sans scrupules, affranchi dans tous les sens du mot, cauteleux malgré ses manières rudes, Di Muro est terriblement efficace et intelligent. «Sous des dehors très cultivés, il y a en lui un bagarreur», notera Arcand à propos de son interprète. Thériault est également apparu dans *Panique* (J.-C. Lord, 1977) ainsi que dans quelques courts métrages dont *Un fait accompli* (A. Théberge, 1974) où il incarne un père se résignant à être perpétuellement déconcerté par la conduite de son fils de dix-neuf ans. (J.-M.P.)

THÉRIEN, Gilles, réalisateur (Saint-Jean-sur-Richelieu, 1939). Il termine un doctorat à l'UQAM en 1969, avant d'enseigner la sémiologie à cette université. Il publie de nombreux articles spécialisés dans ce domaine. Il aborde le cinéma à l'ONF, en signant les textes de versions françaises. En 1969, il aide Marcel Carrière à scénariser *St-Denis dans le temps...* une lecture contemporaine des événements de 1837 qui mélange documentaire et fiction. La même année et l'année suivante, il scénarise et réalise deux courts métrages: *Joli mois de mai* (1969) et *Deux ans plus tard* (1970). En 1973, il fait une percée dans le film scientifique avec *Ratopolis* (mm), vaste étude sur le rat, qui interroge à la fois son rôle dans l'équilibre écologique et son comportement en société. Il arrive même à créer un parallèle intéressant entre la vie du rat en cage et la société des hommes. Il continue à donner cette perspective sociologique aux documents qu'il réalise pour la télévision de 1974 à 1980. Ses films ultérieurs, *Le génie génétique* (1982, cm) et *Les trois cerveaux* (1983, cm), sont des œuvres de vulgarisation scientifique qui demeurent tout de même un brin hermétiques. Les documentaires de Thérien, forte-

ment scénarisés, ne laissent à peu près aucune place à l'impondérable.
BIBLIOGRAPHIE: THÉRIEN, Gilles, *Ratopolis*, PUQ, Montréal, 1975. (A.D.)

THIBAULT, Olivette, actrice (Montréal, 1914). Ayant débuté avec la troupe Barry-Duquesne, elle joue chez Gratien Gélinas et chante dans un nombre impressionnant d'opérettes. Exception faite d'une apparition éclair dans *Délivrez-nous du mal* (J.-C. Lord, 1965), le cinéma ne la découvrira que dans les années 70. Dans *Mon oncle Antoine* (C. Jutra, 1971), elle incarne Cécile, épouse d'Antoine et patronne du magasin. Il s'agit d'un personnage complexe, alliage subtil de poigne et de coquetterie. Son interprétation lui vaut d'ailleurs un prix à Toronto. Jutra retrouve Thibault en 1973 et lui confie le rôle de tante Gertrude dans *Kamouraska*. On la revoit ensuite dans *Cordélia* (J. Beaudin, 1979), dans *Les tisserands du pouvoir* (C. Fournier, 1988) et dans un téléfilm, *Des amis pour la vie* (A. Chartrand, 1988). (J.-M.P.)

THOMAS, Gayle, animatrice, réalisatrice (Montréal, 1944). Après une année à l'École des beaux-arts, elle travaille comme dessinatrice. Elle retourne aux études pour compléter un cours de dessin au Montréal Institute of Technology. Elle étudie ensuite à l'Université Concordia et obtient un B.A. Elle débute comme assistante chez Potterton Productions et, après quelques mois, entre à l'ONF en 1970. Elle y remplit diverses fonctions et, en 1974, achève son premier film, *It's Snow* (cm). Par la suite, elle transpose en image un poème de J. Reany, *Klaxon* (1977, tcm), pour la série «Poets on Film n° 1». La même année, elle réalise une fantaisie destinée aux enfants, *The Magic*

Flute (cm), suivie de *A Sufi Tale* (1980, cm), inspiré d'une fable persane. Cette réalisation obtient plusieurs prix. Affectionnant les contes pour enfants, elle y revient avec *The Boy and the Snow Goose* (1984, cm), qui relate l'attachement mutuel d'un garçon et d'une oie. Elle diversifie sa démarche en abordant le film satirique avec *The Phoenix* (cm), sur le thème de l'avarice. (L.B.)

TIFO, Marie, actrice (Chicoutimi, 1949). Après avoir complété, en 1971, sa formation au Conservatoire de théâtre de Québec, d'où elle sort avec un premier prix, elle séjourne une année en Europe et suit des cours avec différents maîtres aussi bien en France qu'en Pologne. Au retour, elle a vite fait d'occuper une place de premier plan sur les scènes de Québec. On la voit défendre avec la même énergie de grandes œuvres du répertoire mondial et des créations québécoises. Si elle prend contact avec le cinéma dès le début des années 70 en tournant *Stop* (J. Beaudin, 1971) et *La conquête* (Jacques Gagné, 1972), elle entreprend vraiment sa carrière d'actrice à la fin de la décennie avec *Les bons débarras* (F. Mankiewicz, 1980), aux côtés de Charlotte Laurier. La justesse de son interprétation et la force tranquille qu'elle transmet à son personnage de mère célibataire dévorée par l'amour de sa fille unique, alliée à la qualité exceptionnelle des dialogues de Réjean Ducharme, ont vite fait de l'imposer comme une actrice de cinéma très prometteuse. Son interprétation de Michelle lui vaut d'ailleurs un Hugo au festival de Chicago, de même qu'un Génie. Par la suite, installée à Montréal, elle délaisse quelque peu le théâtre, tient la vedette de téléséries à Radio-Québec et à Radio-Canada et tourne avec régularité. De fait, elle s'affirme comme la figure féminine

Marie Tifo et Gilbert Sicotte dans Les bons débarras, *de Francis Mankiewicz.* (Le Devoir)

dominante du cinéma québécois des années 80. Elle tient d'abord le rôle d'une mère vengeresse dans *Dernier voyage* (Y. Simoneau, 1981, cm). Puis, on la traque dans les rues de Québec dans *Les yeux rouges* (Y. Simoneau, 1982), on vit sous ses yeux une déchirante histoire d'inceste dans *Rien qu'un jeu* (B. Sauriol, 1983), on lui préfère les revendications et l'action contestataire dans *Lucien Brouillard* (B. Carrière, 1983), on la néglige dans *Maria Chapdelaine* (G. Carle, 1983), on ne l'aime plus dans *Les fous de Bassan* (Y. Simoneau, 1986). Alors qu'on l'imagine en lionne, Tifo joue souvent les victimes, les femmes brisées, se révélant une comédienne remarquablement nuancée, capable d'une grande économie de moyens.

Elle tourne cinq films avec Yves Simoneau qui, comme elle, fait ses débuts à Québec. Simoneau semble prendre plaisir à la transformer physiquement, la présentant comme une garçonne à l'allure décidée intégrée à une bande de cambrioleurs (*Pouvoir intime*, 1986), ou comme un ange blond au service d'un empire pharmaceutique (*Dans le ventre du dragon*, 1989). Dans *Le jour «S...»* (J. P. Lefebvre, 1984), elle témoigne de ce goût des transformations puisqu'elle doit jouer tour à tour toutes les femmes de la vie de Jean-Baptiste, personnage interprété par Pierre Curzi avec qui elle tourne plusieurs autres films (*Lucien Brouillard, Maria Chapdelaine, Pouvoir intime, Dans le ventre du dragon*). La faiblesse du scénario du

Jour «S...» ne lui permet toutefois pas de donner sa pleine mesure. Tifo tient le premier rôle dans *T'es belle, Jeanne* (1988), un téléfilm de Robert Ménard, réalisateur avec lequel elle avait déjà joué dans *Une journée en taxi* (1982). Elle interprète cette fois une enseignante dans la trentaine qu'un accident paralyse de la taille aux pieds et qui fait la rencontre, libératrice, d'un ancien motard lui aussi paralysé. Dans le même registre, elle est une femme handicapée dans *Kalamazoo* (A. Forcier, 1988), film où elle apparaît tantôt vieillie, tantôt affublée d'une queue de sirène, jouant parfois avec sa propre voix, parfois avec celle de Rémy Girard dont le personnage, romantique jusqu'à l'excès, en fait son idéal amoureux. Elle partage avec Gilbert Sicotte la vedette d'un moyen métrage de Paul Tana, *Le marchand de jouets* (1988), tiré d'une nouvelle de Naïm Kattan. (M.C.)

TISON, Hubert, producteur (Montréal, 1937). Il est responsable de la section de l'animation à Radio-Canada, dès son inauguration en 1968. Il y encadre autant des jeunes artistes que des animateurs chevronnés. Des réalisateurs tels Paul Driessen, Frédéric Back et Graeme Ross travaillent avec lui. La section produit plus de mille ouvertures, des centaines de publicités et des dizaines de courts métrages. En tant que producteur délégué, Tison cherche à donner le maximum de liberté créatrice aux animateurs et à sensibiliser aussi bien Radio-Canada que l'ensemble des télévisions à l'utilisation de l'animation non commerciale. En une vingtaine d'années, la section, intégrée aux arts graphiques en 1987, peu après la sortie de *L'homme qui plantait des arbres* (F. Back, 1987, cm), remporte de nombreux prix internationaux. (M.-É.O.)

TODD HÉNAUT, Dorothy, productrice, réalisatrice, recherchiste, scénariste (Burlington, Ontario, 1935). Arrivée à l'ONF en 1968, elle travaille d'abord au programme Challenge for Change. Elle est rédactrice en chef du bulletin et, en 1972, elle assure la régionalisation du programme. Pendant huit ans, elle parcourt l'Europe et les États-Unis à titre de conférencière et de consultante pour faire connaître la philosophie de Challenge for Change. Elle travaille aussi au développement de projets vidéo d'intervention communautaire. *Opération boule de neige* (coréal. B. S. Klein, 1969, cm) s'inscrit dans ce mouvement qui donne à l'artiste un rôle d'agent de changement dans la société. De 1974 à 1986, elle tourne cinq documentaires, tous orientés vers le changement social, dont *The New Alchemists* (1974, cm), sur les techniques agricoles alternatives; *A Tale of Two Settlements* (1977), un document sur les Inuit jugé trop dérangeant qui n'est pas achevé en film et qui n'apparaît pas au catalogue de l'ONF; et *Les terribles vivantes* (1986), un hommage à trois écrivaines québécoises féministes, Louky Bersianik, Nicole Brossard et Jovette Marchesseault. Au cours de la même période, elle produit *Temiscaming, Québec* (M. Duckworth, 1975), une étude sur une entreprise gérée par des ouvriers. En 1977, elle joint le studio D (studio anglais des femmes) où elle produit *Not a Love Story* (B. S. Klein, 1981), qui marque un moment important dans la cinématographie féministe. Ce documentaire à la forme très soignée connaît un grand succès auprès du public et force le mouvement féministe à approfondir sa réflexion sur la pornographie. En 1988, elle réalise un film de commande sur le Québec coproduit par PBS, *A Song For Québec* (mm), où l'on voit Pauline Julien et Gérald

Godin. Elle est la mère de la productrice Suzanne Hénaut. (D.Po.)

TREMBLAY, Hugues, réalisateur, chef opérateur, monteur, producteur (Chicoutimi, 1946). Il débute comme directeur de la photographie de *Carnaval en chute libre* (G. Bouchard, 1965), avant de coréaliser un film *underground* avec Gilles Marchand, *T-Bone Steak dans les mangeuses d'hommes* (1968), qui raconte l'aventure amoureuse sans lendemain d'un sculpteur avec une machine à laver. Il poursuit avec deux courts métrages expérimentaux non figuratifs: *Aluminiummanie* (1969, cm) et *Des corps nus ou la vie est ronde* (1970, cm). Après avoir été caméraman de *Pas de jeux sans soleil* (C. Bérubé, 1971), il signe un long métrage fantastique, *Jos Carbone* (1974), d'après un roman de Jacques Benoît. Mélodramatique et léché, ce film tourné au nord de Chicoutimi évoque l'existence de cinq survivants d'un cataclysme universel. En 1979, en Gaspésie, avec la participation des membres du syndicat des Pêcheurs unis du Québec, Tremblay signe deux documentaires attachants sur les travailleurs de la mer: *La mer* (cm) et *On a été élevés dans l'eau salée...* Depuis 1981, il est monteur à la pige et producteur à l'ACPAV. (P.D.)

TREMBLAY, Michel, scénariste (Montréal, 1942). Il fait des débuts fracassants alors que la création de sa pièce *Les belles-sœurs* (1968), une des œuvres les plus achevées de la dramaturgie québécoise, provoque des débats très animés sur l'usage du joual. Par la suite, ses pièces, qui témoignent d'un immense talent pour la construction dramatique, sont jouées régulièrement au Québec et à l'étranger. Il était inévitable que Tremblay, dramaturge prolifi-

que et cinéphile passionné, transpose son univers théâtral au cinéma. Il aborde le cinéma aux côtés d'André Brassard*, son metteur en scène attitré. Brassard tourne d'abord *Françoise Durocher, waitress* (1972, cm), où Tremblay reprend le procédé dramatique du chœur, déjà très efficace dans *Les belles-sœurs,* pour tracer, à travers vingt-quatre femmes, le portrait d'une serveuse, et décrire, une fois encore, l'aliénation des femmes. Ensemble, ils entreprennent ensuite *Il était une fois dans l'Est* (1973), un long métrage où Tremblay poursuit son exploration des milieux populaires et prolonge, de façon unique, son travail de dramaturge, montrant au cinéma ce qu'il ne peut présenter sur scène. Puis, il scénarise *Le soleil se lève en retard* (A. Brassard, 1976), film où, explorant plus spécifiquement l'écriture cinématographique, il raconte, à la fois dur et romantique, l'histoire d'amour d'un couple formé grâce à une agence de rencontres qu'il met en parallèle avec le bonheur tranquille d'un couple séparé tragiquement (par un accident d'automobile, comme dans *À toi pour toujours, ta Marie-Lou*). Tremblay scénarise *Parlez-nous d'amour* (J.-C. Lord, 1976), un film qui dénonce le rapport d'exploitation qu'entretiennent certaines émissions de télévision avec leur public. Puis, dans la continuité des *Belles-sœurs,* premier volet de son œuvre théâtrale, il entreprend, en 1978, une grande saga romanesque, les Chroniques du Plateau Mont-Royal. Il touche également à la critique de cinéma, en collaborant à la revue *Ticket*. Il revient à l'audiovisuel, en s'associant à Jean-Yves Laforce, réalisateur à Radio-Canada, qui tourne deux téléfilms à partir de ses scénarios. Le premier, *Le cœur découvert* (1987), jumelé à un roman du même titre, raconte la relation amoureuse d'un pro-

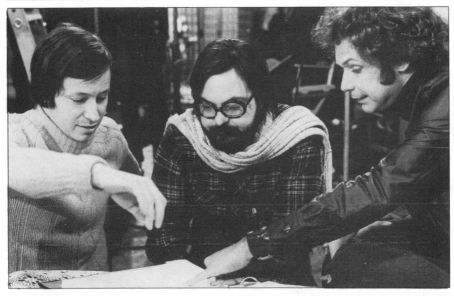

Michel Tremblay (au centre), avec Jean-Claude Lord et Jacques Boulanger, pendant le tournage de Parlez-nous d'amour. *(Le Devoir)*

fesseur et d'un jeune acteur qui partage la garde de son fils. Il y manque toutefois la rigueur de la mise en scène de Brassard. Le deuxième, *Le grand jour* (1988), projet que Tremblay avait mis de côté pendant des années après que Jean-Claude Labrecque ait cherché à le tourner, décrit une noce opulente qui tourne au désastre. On y retrouve le sens de l'outrance qui caractérise l'écriture de l'auteur (la parade des Cléopâtre dans *Il était une fois dans l'Est*, la grotesque veillée funèbre du *Soleil se lève en retard*, la masse des spectatrices nues de *Parlez-nous d'amour*). Qu'il travaille avec Laforce ou avec Brassard, Tremblay est joué au cinéma par les acteurs qui sont associés de près à sa carrière au théâtre: Gilles Renaud, Rita Lafontaine, Monique Mercure, Amulette

Garneau, André Montmorency, Denise Filiatrault, Claude Gai, Michelle Rossignol. George Ungar tire un film d'animation sans paroles d'une de ses nouvelles, *L'étranger* (1988, cm), conte moral où un homme aux pouvoirs inquiétants procure l'abondance aux habitants d'un village, ce qui installe l'envie, la violence et la zizanie. Claude Godbout lui consacre un des films de la série «Profession écrivain», *Michel Tremblay: les cris de ma rue* (1982, cm) et Michel Moreau tourne, en 1988, *Les trois Montréal de Michel Tremblay*. (M.C.)

TREMBLAY, Robert, monteur, réalisateur, scénariste (Pointe-au-Pic, 1946). Il scénarise *On est loin du soleil* (J. Leduc, 1970), ainsi que *Débarque-moé au lac des vents*

(M. Gauthier, 1974). Il est aussi monteur et coréalisateur, avec Serge Giguère*, de trois films: *Pow pow té mort ou ben j'joue pu* (1979, mm), *Toul Québec au monde sua jobbe* (1978, mm) et *Belle famille* (1978). En 1988, il monte un autre film de Serge Giguère: *Le gars qui chante sua jobbe* (mm). (N.O.)

TRÉOURRET DE KERSTRAT, Marie-Anne (comtesse), exploitante (Briec, France, 1841 – Pont-l'Abbé, France, 1920). Comtesse bretonne devenue gérante de cinéma ambulant, elle donne au Québec des centaines de représentations, entre 1897 et 1906, avec un projecteur baptisé Historiographe*. (G.L.)

TUNIS, Ron, animateur, réalisateur (Montréal, 1937). Après des études en peinture et en sculpture au Pratt Institute de New York, il travaille comme illustrateur publicitaire. Il entre à l'ONF en 1961, à titre d'adjoint au service d'animation technique. À l'instigation de Norman McLaren, dont il est l'assistant pour une publicité visant à promouvoir le tourisme au Canada (*New York Lightboard*, 1961, cm), il entreprend la réalisation de *The Animal Movie* (coréal. G. Munro, 1966, cm). Ce film pour enfants, caractérisé par des lignes simples ainsi que par un trait léger et enjoué, compare le mouvement de l'homme à celui des animaux. Tunis y utilise le dessin sur papier. En 1967, à partir d'un sujet et de personnages conçus par Don Arioli, il réalise *The House That Jack Built* (cm), qui s'inspire du conte *Jacques et la fève* pour raconter l'ascension sociale puis la chute d'un petit homme. Tunis quitte ensuite l'ONF et travaille chez Potterton Productions, où il collabore à *Yellow Submarine* (G. Dunning, 1968). À la fin de 1968, il réalise quelques séquences pour l'émission américaine *Sesame Street*. Puis, encore pour Potterton Productions, il réalise *The Applicant* (1970, cm), d'après une pièce de Pinter. Il retourne ensuite à l'ONF, au studio français d'animation, où il réalise *Le vent* (1972, cm), son film le plus accompli. Utilisant l'aquarelle, le crayon feutre et la teinture, il donne naissance à un univers qui rappelle *The Animal Movie*. Ici, l'enfant ne s'amuse plus avec les animaux, mais plutôt avec le vent, par lequel il découvre de nombreuses sensations. Le film remporte quatre prix. Poussant plus loin son exploration de l'imaginaire des enfants, Tunis réalise *Moi je pense* (1979, cm), où le mélange de prises de vues réelles et de dessins animés permet une intéressante illustration du monde vu à travers les yeux des enfants. Tunis quitte ensuite le Québec pour l'Inde. (M.J.)

TURCOT, Louise, actrice (Montréal, 1944). Formée au Conservatoire d'art dramatique, elle débute au cinéma en jouant la blanche Ophélie, compagne de Hamlet, dans *Situation du théâtre au Québec* (Jacques Gagné, 1969, mm). Puis, elle se fait connaître en tenant l'un des deux rôles titres des *Deux femmes en or* (C. Fournier, 1970). Dans la foulée de ce succès où ses charmes conjugués à son humour ne laissent pas indifférent, elle enchaîne avec deux comédies paillardes réalisées par le même Fournier: *Les Chats bottés* (1971) et *La pomme, la queue... et les pépins!* (1974). Marquée par son rôle dans *Deux femmes en or*, Turcot, très active au théâtre, s'est par la suite faite rare au cinéma. (M.J.)

TURGEON, Marthe, actrice (Armage, 1944). Au théâtre, son interprétation fougueuse de Catherine Ragone, mère lionne du roi boiteux, dans la pièce fleuve *Vie et mort du roi boiteux* de Jean-Pierre Ronfard, impressionne. Au cinéma, elle tourne *Salut! J.W.* (I. Ireland, 1979) et *Black Mirror* (P.-A. Jolivet, 1981), puis tient le rôle principal dans *Médium blues* (M. Préfontaine, 1984), celui d'une directrice d'agence de mannequins qui se trouve à un tournant de sa vie, aussi bien sur le plan professionnel que dans ses rapports avec les hommes. C'est *La femme de l'hôtel* (L. Pool, 1984) qui révèle véritablement son talent d'actrice de cinéma.

Elle fait preuve de beaucoup de présence dans son interprétation d'une comédienne et chanteuse qui s'affirme comme la pointe extravertie du triangle féminin qui forme, en filigrane, le personnage principal du film. Dans *Henri* (F. Labonté, 1986), elle tient le rôle d'une maîtresse d'école compréhensive et généreuse, personnage qui s'accorde assez mal avec son naturel bouillant et passionné. Elle a un petit rôle, celui d'une patronne de café dans le Paris du début du siècle, dans *The Moderns* (A. Rudolph, 1988). (M.C.)

VACHET, Claude (dit Aloysius), réalisateur, producteur (Buxy, France, 1896 – Paris, France, 1969). Ce prêtre, qui croit en l'utilité du cinéma pour l'action catholique, bénéficie de l'appui de J.-A. DeSève pour matérialiser ses projets. Producteur de *Notre-Dame de la Mouise* (R. Péguy, 1939), dans lequel France Film soutient avoir investi beaucoup d'argent, il collabore à la mise sur pied de Renaissance Films Distribution, dont il est le conseiller technique et spirituel. Ses prêches dans les paroisses du Québec, pour amener les notables à investir dans la compagnie, resteront célèbres. Engagé dans la création de la catholique Confédération internationale du film, dont il se fait parfois la voix canadienne, il préside à la venue au Québec du fondateur de la maison de distribution catholique Rex Film, Léo Janssens van der Sande. Affecté financièrement et moralement par la faillite de Renaissance, il retourne en France (1951) où il se consacre à d'autres projets de réalisation (*Les Mains liées*, 1955) et de production. (P.V.)

VALCOUR, Pierre, producteur, acteur, distributeur, réalisateur (Montréal, 1931). Dans les années 50 et 60, il est surtout comédien au théâtre, à la télévision (*La famille Plouffe*) et à la radio. On le voit dans *Tit-Coq* (R. Delacroix et G. Gélinas, 1952) et dans *L'esprit du mal* (J.-Y. Bigras, 1954). Il anime aussi diverses émissions à plusieurs postes de radio. À partir des années 70, sa carrière s'oriente surtout vers la production et la réalisation, mais il continue d'exercer le métier d'animateur, tant à la télévision (*Les grands explorateurs*) qu'à la radio. Et il joue dans *La vraie nature de Bernadette* (G. Carle, 1972) et *Bingo* (J.-C. Lord, 1974). Il fonde Explo-Mundo en 1972 (et diverses autres compagnies par la suite) pour produire des documentaires spécialisés et des films d'exploration. Il s'occupe aussi de la tournée de ciné-conférences des Grands explorateurs. Il produit et/ou réalise des dizaines de séries à caractère historique et plutôt «catholicisant» sur différents mouvements sociaux (les coopératives, les mouvements de jeunesse), sur de grands personnages (Joseph Charbonneau, Lionel Groulx) et sur des périodes importantes de l'histoire (notamment les origines de la Révolution tranquille). Parallèlement, il se promène aux quatre coins du monde pour tourner des films d'exploration (*Les trésors de la Vallée des rois, Fantastique Île de Pâques*) et réalise quelques documents promotionnels pour des compagnies et institutions. De facture traditionnelle, à base d'archives pour les uns et d'images recherchant le spectaculaire pour les autres, ces films, souvent noyés sous le commentaire, sont surtout destinés à la télévision. En 1987, après des années de préparatifs, il produit *Le frère André* (J.-C. Labrecque), une fiction consacrée au célèbre thaumaturge.

Valcour s'engage dans divers organismes de coopération internationale (Oxfam, Coopération Nord-Sud en éducation) et détient officiellement le poste de Consul général de la République rwandaise au Canada. Il assume aussi diverses présidences, notamment celle de l'APFVQ de 1985 à 1986. (Y.L.)

VALLÉE, Jacques, producteur, réalisateur, scénariste (Montréal, 1941). Toute son activité professionnelle dans le milieu du film aura été intimement liée à la pédagogie, au sens le plus large du terme. Diplômé en sciences de l'éducation, il passe à la rédaction de revues spécialisées dans l'enseignement et s'occupe activement de la formation des maîtres. À titre de réalisateur à l'ONF, de 1968 à 1971, il signe une commandite, une série multimédia destinée à l'enseignement et *La vraie vie* (1971, cm), documentaire qui propose une véritable étude sociologique des Québécois et du camping. Le public se reconnaît dans ce film où certains voient poindre de la malice ou une recherche du ridicule. Une lecture à un second degré fait tout de même naître un certain malaise. De 1972 à 1976, Vallée travaille chez Carle-Lamy où il scénarise, réalise et monte quelques films éducatifs, notamment pour le compte du SGME. Il est aussi directeur de production pour le tournage de *La tête de Normande St-Onge* (G. Carle, 1975) et coscénariste et réalisateur d'un long métrage, *Chanson pour Julie* (1976), qui met en vedette Anne Dandurand et Jean-Pierre Ferland. De retour à l'ONF, il est aussitôt prêté à l'ACDI à titre de cinéaste conseil pour quelques productions axées sur l'alphabétisation en milieu rural au Mali. Quelques années plus tard, il réalise *Pour du pain* (1983, cm), un film sur le peuple malien

qu'il montre partagé entre ses traditions et le modernisme. De retour au pays, il complète le programme de coproductions Canada-Mexique amorcé par l'ONF en 1976 et, en 1980, il est nommé producteur délégué. Les sujets des films dont il s'occupe, tout variés qu'ils soient, n'en demeurent pas moins étroitement liés à la question sociale, pas loin finalement du concept d'éducation. Cette préoccupation apparaît clairement dans des films comme *Madame, vous avez rien* (D. Gueissaz Teufel, 1982, mm), *Plus jamais d'Hibakusha!* (M. Duckworth, 1983, mm), la série «3 milliards» (M. Régnier, 1985) ou le très controversé *Passiflora* (D. Gueissaz Teufel et F. Bélanger, 1985). En 1986, il passe à la chaîne française de TVO, prêté par l'ONF comme producteur responsable de projets. Il revient à l'ONF en 1988. (A.D.)

VAMOS, Thomas (Tamas), chef opérateur, réalisateur (Budapest, Hongrie, 1938). Il fait des études en cinéma à l'École supérieure du cinéma et du théâtre de Budapest, puis il travaille, entre autres, avec le réalisateur István Szabó avant de s'installer au Canada, en 1965. À l'ONF, il est à la caméra d'un grand nombre de films de tous genres: *Où êtes vous donc?* (G. Groulx, 1968), *Kid Sentiment* (J. Godbout, 1967), *Jusqu'au cœur* (J. P. Lefebvre, 1968), *Mon enfance à Montréal* (J. Chabot, 1970), *IXE-13* (J. Godbout, 1971), *O.K. ...Laliberté* (M. Carrière, 1973), *Jouer sa vie* (G. Carle et C. Coudari, 1982), *Mario* (J. Beaudin, 1984). Il enseigne le cinéma à l'UQAM (1971) et à l'Université Concordia (1980-1981). Il aborde la réalisation avec un court métrage sur la lutte olympique: *9 minutes* (coréal. J. Bobet, 1967, cm). En 1971, il réalise un premier long métrage, *L'exil*, une fiction politique sur l'avènement d'un état policier. Le film n'a aucun succès. Quatre ans plus tard, il récidive avec *La fleur aux dents* (1975), d'après un roman de Gilles Archambault, l'histoire d'un technicien de radio dans la quarantaine (Claude Jutra) qui, s'adaptant difficilement aux changements sociaux, se raccroche à son passé (l'époque de la Révolution tranquille) avant de finalement se décider à affronter le présent. Le film n'est pas distribué en salle. Changeant son fusil d'épaule, Vamos opte alors pour le documentaire. Il réalise deux films sur le développement de l'enfant: *Les héritiers de la violence* (1977, mm) qui montre les conséquences de la violence familiale sous toutes ses formes, et *L'enfant fragile* (coréal. C. Hazanavicius, 1980) qui insiste sur l'importance d'une bonne communication avec l'enfant. Vamos signe ensuite deux films de fiction débordant de fraîcheur et de fantaisie: *Le jongleur* (1980, cm) et *La plante* (coréal. J. Borenstein, 1983, cm). Ce dernier film, qui mélange l'animation et les prises de vues réelles, raconte l'histoire d'un jeune homme dont la maison est complètement détruite par une plante magique, et remporte le Grand prix de Montréal, au FFM. Il laisse l'ONF pour travailler comme chef opérateur de films publicitaires et de longs métrages. PRINCIPAUX AUTRES FILMS COMME CHEF OPÉRATEUR: *La chambre blanche* (J. P. Lefebvre, 1969), *La dame en couleurs* (C. Jutra, 1984), *Le vieillard et l'enfant* (C. Grenier, 1985, mm), *The Peanut Butter Solution* (M. Rubbo, 1985), *The Gate* (T. Takacs, 1987), *Les portes tournantes* (F. Mankiewicz, 1988). (A.D.)

VAN BRABANT, Sylvie, réalisatrice, monteuse, productrice (Saint-Paul, Alberta, 1951). D'origine franco-albertaine, elle réalise un premier documentaire, *C'est l'nom d'la game* (1977, mm), dans lequel elle décrit la condition pitoyable de la culture française à Saint-Vincent, une petite communauté francophone qui, au début du siècle, prend racine en Alberta. Ses réalisations ultérieures se concentrent toutefois sur des sujets qui touchent de près la santé des femmes. *Depuis que le monde est monde* (coréal. L. Dugal et S. Giguère*, 1980) traite de l'accouchement naturel à travers l'intéressant portrait d'une sage-femme. *Le doux partage* (coréal. S. Giguère, 1982, cm), qui aborde la question de l'allaitement naturel, s'adresse à un public plus restreint et n'a pas l'envergure sociologique de son film précédent. En 1986, elle réalise deux courts métrages sur la ménopause, qu'elle conçoit comme deux parties d'un même document: *Nuageux avec éclaircies* et *Ménotango*. Le premier trace le portrait intimiste d'une femme qui fait face à la ménopause, et s'en ouvre à sa sœur, tandis que le deuxième présente avec humour une femme qui en est sortie et agit à titre de conseillère auprès d'autres femmes. Elle travaille ensuite à la réalisation d'un film qui traite de l'impact de la maladie sur les femmes: *Le remous du corps et de la terre*. À titre de productrice, van Brabant supervise la production de *Depuis que le monde est monde*, de même que d'*Oscar Thiffault* (S. Giguère, 1987, mm). (N.O.)

VAN DER LINDEN, Paul, chef opérateur (Amsterdam, Pays-Bas, 1941). Il arrive à Montréal en 1966 et travaille à de nombreux films publicitaires et industriels. Parallèlement, il signe les images de deux films de Larry Kent: *High* (1967) et *Façade* (1969). Travaillant surtout à Toronto, il dirige tout de même la photographie de plusieurs films québécois: *Il était une fois dans l'Est* (A.

Brassard, 1973), *Lies My Father Told Me* (J. Kadar, 1975), *Rien qu'un jeu* (B. Sauriol, 1983), *The Blue Man* (G. Mihalka, 1986), etc. Il remporte un prix Génie pour les images d'*Eliza's Horoscope* (G. Sheppard, 1975). (Y.R.)

VANHERWEGHEM, Robert, chef opérateur (La Louvière, Belgique, 1948). Après six années d'études en photographie et en direction de la photographie à Bruxelles (1964-1971), ainsi que quelques années de travail pour la télévision, il commence sa carrière au Québec au milieu des années 70. Il travaille notamment avec Richard Boutet (*La maladie c'est les compagnies*, 1979; *La turlute des années dures*, coréal. P. Gélinas, 1983), Denyse Benoit (*La belle apparence*, 1979), Marcel G. Sabourin (*Le goût du miel*, 1981), Louise Carré (*Ça peut pas être l'hiver on n'a même pas eu d'été*, 1980) et Robert Cornellier (*La fuite*, 1985, mm). Vanherweghem travaille autant en documentaire qu'en fiction, mais son style se distingue de celui du cinéma direct par une recherche poussée des luminosités et des cadrages qui donne aux éléments de réalité une touche picturale spécifique, un peu à la manière dont un Vermeer peignait des scènes réalistes. Cette particularité se remarque dans *Le dernier havre* (D. Benoit, 1986), et trouve son achèvement dans *La guerre oubliée* (R. Boutet, 1987). (R.L.)

VEILLEUX, Lucille, productrice, administratrice, recherchiste (Ville Lemoyne, 1953). Après des études à l'Université Laval, elle est reçue avocate en 1979 et commence dès lors à pratiquer le droit. Parallèlement, à partir de 1974, elle travaille dans le domaine de la production de vidéos et de films, principalement avec Richard Boutet*. Elle est,

notamment, directrice de production et recherchiste pour *L'amiante, ça tue* (R. Boutet, 1978, cm). Conseillère juridique des productions Vent d'est dès 1978, elle en devient vice-présidente en 1980. En 1979, elle est recherchiste pour *La maladie c'est les compagnies* (R. Boutet, 1979), puis elle abandonne progressivement l'exercice du droit pour produire un documentaire chanté sur la crise économique des années 30, *La turlute des années dures* (R. Boutet et P. Gélinas, 1983), qui obtient le prix L.-E.-Ouimet-Molson. S'enchaînent ensuite une série de productions: *L'objet* (R. Cantin et D. Patenaude, 1984, cm), *La fuite* (R. Cornellier, 1985, mm), *Entre temps* (Jeannine Gagné, 1986, cm), *Le rêve de voler* (H. Doyle, 1986, mm), *Les enfants aux petites valises* (S. Guy, 1986, cm), *La guerre oubliée* (R. Boutet, 1987) et *Chronique d'un temps flou* (S. Groulx, 1988). En 1987, elle est nommée directrice adjointe du programme français de l'ONF. (M.J.)

VEILLEUX, Pierre, animateur, réalisateur (Montréal, 1948). Il fait des études classiques au collège André-Grasset où il réalise quelques films amateurs. Il se spécialise ensuite en arts plastiques et en photographie et réalise des murales. En 1971, il entre comme stagiaire à l'ONF et expérimente différentes techniques. En 1972, il réalise *Dans la vie...* (cm), film allégorique sur l'apprentissage de la vie qui remporte, notamment, le prix du meilleur film d'animation au Festival de Venise. *Une âme à voile* (1982, cm), film d'atmosphère dessiné avec des crayons à l'acrylique, d'inspiration post-impressionniste, obtient le prix spécial du jury au Festival du film d'animation d'Ottawa. Puis, *Champignons* (1984, cm), qui fait surgir l'horreur à travers le quotidien,

Une âme à voile. *(ONF)*

reçoit le prix du meilleur film de moins de cinq minutes au festival de Zagreb. De 1982 à 1984, Veilleux dirige des ateliers d'animation à Moncton et à Edmundston (Nouveau-Brunswick). En 1986 et en 1987, il contribue à la formation d'une équipe de cinéastes d'animation au Brésil. Il réalise ensuite *J'ai pas dormi de la nuit* (1988, cm), pour lequel il anime de la peinture sur papier.
AUTRES FILMS: *Contes de la mère loi sur le cinéma* (coréal. F. Desbiens, J. Drouin, P. Hébert, C. Jobin, A. Leduc, B. Longpré et C. Warny), *La revanche des choses* (1976, cm). (É.D et D.T.)

VENANCE, (Albert Caron, R.P., o.f.m. cap. dit père), réalisateur (Notre-Dame-du-Lac, 1895 – Montréal, 1966). Capucin passionné de sciences, il étudie la biologie et s'intéresse dès 1940 à la photographie macroscopique. Il met au point ses propres appareils. Il tournera une vingtaine de films sur le monde de l'infiniment petit, collaborant avec l'ONF et l'abbé Proulx pour leurs prises de vues microscopiques. Il est un des plus illustres représentants du cinéma scientifique au Québec. On lui doit aussi quelques documentaires sur le monde capucin, dont *Le pèlerinage du Lac-Bouchette* (1948, mm) et

Le congrès du Tiers-Ordre à Rome (1951, mm).
PRINCIPAUX FILMS: *Un voyage dans une goutte d'eau* (1940-1949, mm), *Au-delà des apparences* (1946, cm), *Aux confins du monde atomique* (1946, cm), *La vie des plantes* (1950, cm), *Aux sources de la vie* (1954), *Rencontre dans l'invisible* (1958, cm). (P.V.)

VENNE, Stéphane, musicien, réalisateur (Verdun, 1941). Autodidacte, il compose des chansons dès l'âge de quinze ans. En 1962, il coréalise et coscénarise *Seul ou avec d'autres*, avec Denys Arcand et Denis Héroux*, pour le compte de l'association étudiante de l'Université de Montréal. Il signe aussi la musique de ce film, tout comme celle de *Jusqu'au cou* (D. Héroux, 1964), produit dans les mêmes conditions. De 1960 à 1966, il est compositeur et arrangeur pour plusieurs interprètes québécois. C'est aussi lui qui compose la chanson thème d'Expo 67: *Un jour, un jour*. Au cinéma, il signe la musique de huit autres longs métrages, notamment celle de *YUL 871* (J. Godbout, 1966), des *Mâles* (G. Carle, 1970), des *Plouffe* (G. Carle, 1981) et de *Où êtes vous donc?* (G. Groulx, 1968), dont il est aussi un des interprètes. Son travail pour le cinéma est dans la continuité de celui qu'il effectue lorsqu'il compose des chansons à succès pour Renée Claude, Louise Forestier, Pierre Lalonde, Emmanuelle ou Michel Louvain. Sa musique est caractérisée par des mélodies simples, capables de suggérer une émotion dès les premières mesures. En témoigne la chanson thème des *Plouffe, Il était une fois des gens heureux,* qu'interprète Nicole Martin. Personnage de premier plan dans le monde de la musique populaire au Québec, Venne a organisé le concours de chansons des Jeux Olympiques de 1976, a fait partie du conseil d'administration de la Chant'Août et a fondé la station de radio CIEL-MF. (M.J.)

VERGNES, Michel, producteur, réalisateur, scénariste (Québec, 1928). Il entre au SCP en 1947, comme assistant-réalisateur et rédacteur de commentaires pour des films de commande. En 1957, il y devient le directeur de la production. Lorsque, en 1961, le SCP est remplacé par l'OFQ, il conserve ses fonctions et, en 1967, il est nommé directeur adjoint. Au cours de sa carrière, il participe à plus de deux cent cinquante films produits par cette institution. Dès 1947, il commence à réaliser des films, parmi lesquels on compte *Mon village* (1947, cm), reportage officiel sur le centenaire de Sainte-Marie de Beauce, *L'industrie du homard* (1947, cm), documentaire touristique ampoulé mais sympathique sur les Îles-de-la-Madeleine, et *La pêche à la cabane* (1949, cm), reportage d'atmosphère sur la pêche aux petits poissons des chenaux, à Batiscan. Il signe aussi les commentaires de la majorité des films de l'abbé Maurice Proulx, des textes didactiques, lyriques et nationalistes qui appuient la vision «agriculturiste» et patriotique du cinéaste. Vergnes s'inscrit dans le courant du cinéma gouvernemental québécois de commande, un cinéma orienté par des intentions touristiques et politiques. (P.D.)

VERRALL, Robert, administrateur, animateur, producteur, réalisateur (Toronto, 1928). En 1945, il est d'abord assistant de Norman McLaren à l'ONF, puis il gagne en responsabilités jusqu'à devenir directeur du studio anglais d'animation en 1967. Il y travaille aux côtés de Wolf Koenig et de Colin Low, encadrant notamment Derek Lamb, Les Drew et Kaj Pindal. En 1972, devenu directeur de la production anglaise, il travaille à l'ouverture de studios à travers le pays. De 1976 à sa retraite, en 1986, il est tour à tour responsable des projets spéciaux, représentant syndical et directeur du studio anglais de fiction. Il réalise des courts métrages d'animation tels *A Is for Architecture* (coréal. G. Budner, 1959), animé au banc titre, et *Energy and Matter* (1966), un dessin animé. Ces films remportent plusieurs prix. (M.-É.O.)

VERZIER, René, chef opérateur (Casablanca, Maroc, 1934). De 1957 à 1965, au Maroc, il est le caméraman reporter personnel du roi Mohammed V et de son successeur, Hassan II. Avant son arrivée au Canada, en 1966, il dirige la photographie de plusieurs documentaires et de deux films de fiction. C'est pour le compte de l'ONF qu'il débute avec *Gros-Morne* (J. Giraldeau, 1967), qui mélange documentaire et fiction. Verzier, dont la carrière est placée sous le signe de la polyvalence, prête son talent aux films érotiques de Denis Héroux (*Valérie*, 1968; *L'initiation*, 1969), ainsi qu'aux œuvres de la période faste de Gilles Carle (*Les mâles*, 1970; *La vraie nature de Bernadette*, 1972; *La mort d'un bûcheron*, 1973). Dans ces films largement tournés en extérieurs, il démontre un sens poussé de la lumière naturelle qui compte pour beaucoup dans la réussite esthétique des films de Carle. Depuis 1975, il travaille dans un très large registre surtout pour des productions anglophones à vedettes américaines: *thrillers*, mélodrames, horreur, *soft*-porno. Il participe à plus de cinquante longs métrages, dont quatre réalisés par Jean-Claude Lord (*Visiting Hours*,

1981; *Covergirl*, 1984; *The Vindicator*, 1985; *Toby McTeague*, 1985). (Y.R.)

VÉZINA, Paul, réalisateur (Québec, 1928). Il amorce sa carrière en 1955, pour le SCP. Il y réalise de nombreux films. *Au printemps* (1957, cm) est un montage d'images bucoliques du Québec rural, tandis que *Les éperlans* (1964, cm) est le portrait attachant de jeunes pêcheurs d'éperlans, à l'automne, sur les quais de Québec et de Lévis. Dans la veine touristique, il réalise aussi *Charlevoix* (1965, cm), où il promène sa caméra sur les beaux paysages de cette région, et *La mer mi-sel* (1973, cm), où il montre les points de vue privilégiés du bas du fleuve, en amont de la ville de Québec. Ayant acquis une formation de peintre, Vézina s'intéresse à l'art et réalise *Une forêt de symbole* (1971, cm), compte rendu d'un symposium de sculptures sur les plaines d'Abraham, *Tel qu'en Lemieux* (1973, cm), évocation de l'œuvre du peintre Jean-Paul Lemieux, et *Instants privilégiés: Marcel Barbeau et Vincent Dionne* (1975, cm), rencontre de deux créateurs qui semblent travailler sur la même longueur d'ondes. Mais son film le plus connu demeure *Mémoire liquide* (1972, cm), essai cinématographique audacieux composé d'images abstraites associées à une musique concrète. À travers des films de commande et de nombreux films d'actualité (assermentations de ministres, discours politiques), Vézina réalise des films personnels marqués par son goût pour les arts visuels et la beauté des cadrages. (P.D.)

VIDÉO (indépendante de la production strictement commerciale, pédagogique ou domestique). À la fin des années 60, le Groupe de recherche sociale de l'ONF, auquel participent les cinéastes Maurice Bulbulian*, Fernand Dansereau*, Robert Forget* et Michel Régnier*, lance quelques expériences d'animation sociale à l'aide d'un nouvel outil audiovisuel, le *portapak*, magnétoscope portatif de première génération (ruban 1/2 pouce sur bobine) fabriqué par Sony. Dans le sillage de ces expérimentations qui cherchent à valoriser l'expression populaire, apparaissent, dès 1970, les premières télévisions communautaires, où se jumellent les technologies de la vidéo légère et de la câblodistribution. Puis, en juillet 1971, le projet d'un organisme de services, de soutien à la production et de diffusion, vivement défendu par son fondateur Robert Forget auprès de Société nouvelle, prend forme. Il s'agit du Vidéographe. Celui-ci devient vite un pôle important dans le développement de la vidéographie québécoise. D'une part, par une amélioration technique des appareils de tournage et de montage (éditomètre), en grande partie due au travail acharné de David Rahn; d'autre part, par l'accessibilité directe à une technologie moins coûteuse, plus légère que le film. Cette situation permet aux usagers (animateurs, chômeurs, étudiants, etc) d'acquérir rapidement une formation technique spécialisée, par ailleurs difficile à obtenir dans les maisons d'enseignement, et les moyens de s'exprimer hors des contraintes économiques. Les contenus et les formes font parfois preuve d'audace.

Ainsi, divers genres et esthétiques se côtoient au Vidéographe: la vidéographie comme outil d'intervention politique et de critique sociale, voire même de contre-information, cohabite avec la recherche expérimentale et la vidéo d'auteur. Plusieurs vidéastes y font leurs premières armes. Pierre Falardeau* réalise *Continuons le combat* (1971, cm), un regard humoristique sur le rituel de la lutte professionnelle dans la société québécoise. Frank Vitale*, avec *Hitch-Hiking* (1972, mm), utilise la vidéo comme une caméra de poche. Il la promène dans un périple aux États-Unis, explorant le tournage en temps continu et la reproduction du temps réel. *Les seins de Louise* (1972, mm) de Lise Noiseux-Labrecque interroge avec sarcasme les stéréotypes sexuels tandis que d'autres, comme Jean-Pierre Boyer (*L'amertube*, 1974, cm) ou Charles Binamé (*Réaction 26*, 1971, cm), explorent le *feed-back* électronique. D'autres créateurs œuvrant dans le domaine du cinéma, ou qui le feront par la suite, utiliseront le Vidéographe: Robert Favreau* avec V*ous savez ça, M. le Ministre?* (coréal. F. Capistran et M. Brais, 1973, mm); Tahani Rached* avec *Agostino Neto* (1974, cm), *Pour faire changement* (coréal. L. Mead,1974, mm) et *C'est pas un cadeau* (1975, mm); Bruno Carrière* avec *Pour aller plus loin* (1972, cm); Jean Beaudry* avec *Les petits métiers* (coréal. L. Bouchard, 1977, cm); Fernand Bélanger* avec *Le poisfou* (1971, mm); Roger Cantin* et Danyèle Patenaude avec *Picotin* (1972, cm); Richard Boutet* avec *Objectal* (1972, mm), *Suzanne et Lucie, danseuses* (1973, mm), un long métrage de science-fiction intitulé *La conspiration des lampadaires* (1974) et *L'amiante, ça tue* (1978, cm); Paul Tana* avec *Ô Canadiens rallions-nous* (coréal, G. Lalande, 1972, cm); André Melançon* avec *Un Père Noël comme les autres* (coréal. M. Guernon, 1972, cm). L'organisme attire également des auteurs de milieux artistiques divers: Michel Latraverse (Plume) signe *Babel* (1973, mm), Jean-Claude Germain, *Le temps d'une prière* (coréal. J.-W. Benoît*, 1972, cm) et le *performeur* Michel Lemieux y réalise deux vidéos à l'âge de treize ans. Parallèlement

au Vidéographe, naît, en 1972, la galerie montréalaise Véhicule Art qui participe au développement de la vidéo en alliant plus particulièrement les préoccupations des arts visuels contemporains au potentiel du nouveau médium. Quatre ans plus tard, sous l'impulsion de la vidéaste Marshalore, auteure de *You Must Remember This* (1979, cm), la galerie crée une section vidéo: Vidéo-Véhicule, qui devient, à partir de 1980, les Productions et réalisations indépendantes de Montréal (PRIM).

Falardeau et Julien Poulin* fondent, en 1972, Pea Soup Films. Ils produisent, dans la tradition du cinéma direct, *Le Magra* (1975, cm), sur la formation policière, et *Pea Soup* (1978), collage documentaire, comptant parmi les premiers vidéos transférés sur support 16 mm. Après quoi, Falardeau et Poulin poursuivent leur travail sur pellicule. En 1973, à Québec, Helen Doyle*, Nicole Giguère et Hélène Roy jettent les bases du groupe La femme et le film, qui prendra, en 1979, le nom de Vidéo-femmes, organisme d'animation, de production et de distribution de vidéogrammes réalisés par et pour les femmes. Helen Doyle réalise *Les maux/mots du silence* (1983, mm), collage sur les femmes et la maladie mentale rassemblant poèmes, lectures et réflexions, puis *Les tatouages de la mémoire* (1984, cm), vidéo expérimental, mélange d'allégorie, de mythologie personnelle et de vidéo-danse; Nicole Giguère signe *Tous les jours, tous les jours, tous les jours* (coréal. J. Fournier, 1982, mm), *Une histoire infâme* (1987, cm), clip-vidéo tourné en vidéo et transféré en 35 mm par procédé laser; et Hélène Roy, *Une nef... et ses sorcières* (1977, mm).

À la même époque, surgissent, ici et là au Québec, d'autres collectifs de vidéo indépendante, dont le Groupe d'intervention vidéo (GIV) à Montréal où se regroupent, au printemps 1975, une dizaine de vidéastes issus du Vidéographe, soucieux d'assurer une meilleure diffusion à leurs productions et de produire des documents en liaison avec les besoins de groupes populaires. Se retrouvent notamment au GIV: Hélène Bourgault qui réalise *Partir pour la famille?* (1974, mm) et *Chaperons rouges* (coréal. H. Doyle, 1979, mm) transféré en 16 mm; Louise Gendron qui signe *La garderie, c'est un droit* (1975, cm) et *Femmes de rêves* (1979, cm); Bernard Émond et Michel Van de Walle qui sont les auteurs de *Classes et classe* (1973, cm), *Musique populaire et musique du peuple* (1976, cm) et *Trois mille fois par jour* (1978, cm); Michel Sénécal qui tourne *Ceci est un message de l'idéologie dominante* (coréal. M. Van de Walle, 1975, cm) et *Opération liberté* (1978, mm). Se joignent également au groupe Jean-Pierre Boyer avec *Mémoire d'octobre* (1979, mm) et Diane Poitras, réalisatrice de *La bataille s'enligne sur nous autres* (coréal. S. Trottier, 1978, cm), de *La perle rare* (1980, mm) et de *Pense à ton désir* (1984, cm) transféré en 16 mm. Quelques groupes auront une orientation plus militante, allant jusqu'à servir de service audiovisuel à des groupes politiques comme c'est le cas du collectif Cinéma d'information politique. Il produit *Canadian Gypsum-Joliette* (1974, cm) et *Les engrais du Saint-Laurent* (1975, mm) en plus d'être un distributeur et d'être à la base de la revue *Champ libre*. Cinq ans après sa création, le GIV s'oriente davantage vers la production et la diffusion de documents concernant la situation des femmes. Il distribue un certain temps les productions de la Coop vidéo de Montréal, fondée en 1977, dont la marque est de conjuguer fiction et documentaire. Parmi les membres fondateurs, Lorraine

Dufour et Robert Morin tournent ensemble *Gus est encore dans l'armée* (1980, cm), *Le royaume est commencé* (1980, mm), *Le voleur vit en enfer* (1982, cm), *Le mystérieux Paul* (1984, cm) et *Toi, t'es lucky?* (1984, cm); Jean-Pierre Saint-Louis réalise *Faits divers: elle remplace son mari par une T.V.* (coréal. L. Craig*, 1982, cm) et *Carapace: autoportrait d'un chanteur inconnu* (1984, cm); Gilbert Lachapelle fait *On se paye la gomme* (coréal. R. Morin et M. Chouinard, 1984, cm) et Yvon Leduc, *Quelques instants avant le Nouvel An* (coréal. R. Morin, 1986, cm). En 1987, l'ONF produit un long métrage de Robert Morin en vidéo, *Tristesse modèle réduit*.

Le raffinement technologique des années 80 (montage assisté par ordinateur, images synthétiques, etc.) provoque d'importants changements dans l'imagerie comme dans l'écriture vidéographique. Une nouvelle génération de vidéastes s'impose, produisant dans les centres déjà implantés ou créant ses propres structures de production. De ceux-là se distinguent Luc Bourdon, fondateur de Zone productions et réalisateur de *Distance* (coréal. F. Girard, 1984, cm), *Entre la pagie et la manique* (1984, cm), *Reverse Letter* (1984, cm), *Say Cheese for a Transcanadian Look* (coréal. M. Paradis, 1985, cm) et *Touei* (1985, cm), Bernard Hébert avec *Le chien de Luis et Salvador* (1984, cm) et *Fiction* (1985, cm), et François Girard avec *Le train* (1985, cm) qui recueille mentions et prix dans divers festivals. Tous trois réaliseront avec Miguel Raymond *Zone 4* (1985, cm). Agent orange, producteur et distributeur, se spécialisera dans la promotion de ce type de vidéogrammes musicaux et expérimentaux. Dans les années 80, le Vidéographe continue d'être un lieu de production et de diffusion très actif. Marc

Paradis y réalise *Le voyage de l'ogre* (1981, cm) et *La stupéfiante Alex* (1984, cm); Normand Thibault poursuit son travail, en collaboration avec les syndicats, en réalisant *Joe* (1982, mm), *Les marchands disent* (coréal. D. Goulet, 1984, mm) et *Qui veut la vie?* (1983, mm); Yves Langlois* avec, entre autres, *La patrie de l'homme fier* (1985, cm), démontre la qualité des réalisations de la section internationale du Vidéographe, tandis que Marc Degryse tourne un long métrage de fiction: *Québec: opération Lambda* (1985).

Quelques vidéastes poursuivent des activités plus marginales, telles Suzanne Vertu et Diane Hefferman du Réseau Vidé-elles, réalisatrices de *Mémoires de notre hystoire 1972-1987* (1987) et de *Souvenirs pour l'avenir* (1987). Le cinéaste Pierre Harel*, pour sa part, décide, faute d'argent, de tourner *Grelots rouges sanglots bleus* (1987) en vidéo pour le transférer ensuite en 16 mm.

En septembre 1984 se tiennent à Montréal les premières Rencontres internationales de la vidéo (Vidéo 84), organisées par Andrée Duchaîne. Le mois suivant, le Festival international du nouveau cinéma devient le Festival international du nouveau cinéma et de la vidéo. Un an plus tard, la SGCQ accepte de subventionner la production de vidéo indépendante.

BIBLIOGRAPHIE: «Le glissement progressif vers la vidéo», *Copie Zéro*, nº 26, Montréal, 1985. (M.S.)

VIGNEAULT, Gilles, acteur, musicien (Natashquan, 1928). Après avoir fait un cours classique à Rimouski, il poursuit ses études à l'Université Laval, puis il enseigne et touche au théâtre. Dès le début des années 60, ses chansons, qui ajoutent au folkore une défense passionnée du pays et une des-

cription aussi poétique qu'amoureuse de ceux qui l'habitent, lui valent la reconnaissance du public québécois et étranger. Sa voix inimitable et son remarquable talent de conteur le distinguent rapidement de tous les chanteurs de sa génération. Au cinéma, c'est tout naturellement qu'on fait de lui la voix de la Côte Nord dans *Les bacheliers de la cinquième* (C. Perron et F. Séguillon, 1961, cm). Sa collaboration avec Arthur Lamothe, avec lequel il partage une passion communicative pour cette vaste région, s'étend sur plusieurs années. Vigneault joue dans *La neige a fondu sur la Manicouagan* (A. Lamothe, 1965, mm), compose la musique du premier long métrage de fiction de Lamothe, *Poussière sur la ville* (1965), puis la chanson thème d'*Équinoxe* (1986), *Les îles de l'enfance*, interprétée par Jacques Godin. Cette chanson obtient un Génie. Acteur, Vigneault fait ses débuts dans *La canne à pêche* (F. Dansereau, 1959, cm), puis joue dans *The Act of the Heart* (P. Almond, 1970) et dans *Cordélia* (J. Beaudin, 1979). Il tient enfin un premier rôle dans *Tinamer* (J.-G. Noël, 1987) où, grandiloquent, il ne parvient pas à donner vie à l'univers de Jacques Ferron ni à se défaire, malgré certaines transformations physiques, de son propre personnage. On se souviendra plus longtemps de la chanson thème du film, dont il écrit les paroles et qui est remarquablement interprétée par Sylvie Tremblay. On consacre deux films à Vigneault, *Ce soir-là, Gilles Vigneault ...* (A. Lamothe, 1967, mm) et *Je chante pour...* (J. Howe, 1972, mm). (M.C.)

VINCENT, Julie, actrice (Montréal, 1954). Dès sa sortie de l'École nationale de théâtre, elle interprète le rôle de la jeune femme violée dans *Mourir à tue-tête* (A. C. Poirier,

Julie Vincent, dans Mourir à tue-tête, *d'Anne Claire Poirier. (ONF, coll.* Le Devoir*)*

1979). Son jeu bouleverse par l'intensité mêlée de fragilité avec laquelle elle aborde le personnage. Très physique, depuis la scène du viol jusqu'à l'acte suicidaire, son rôle est traversé par des sentiments de peur et de haine qu'elle rend avec une rare maîtrise. On la retrouve ensuite sous les traits plus sereins d'une Italo-Québécoise dans *Les grands enfants* (P. Tana, 1980). Puis, elle fait partie de la distribution du *Petit pays* (B. Langlois, 1979, cm), avant d'accéder à l'univers étouffant de Réjean Ducharme dans *Les beaux souvenirs* (F. Mankiewicz, 1981). Depuis, elle se consacre au théâtre en faisant une large place à l'improvisation et à l'écriture. Elle participe notamment à la création de *La déprime* en 1982 et de *Raz-de-marée* en 1985. (J.P.)

VITALE, Frank, réalisateur, acteur, chef opérateur (Jacksonvile, États-Unis, 1945). Il est l'auteur d'un vidéo surprenant, *Hitch-Hiking* (1972, mm), dans lequel il fait suivre au spectateur ses déplacements du Québec vers l'État de New York. Son premier long métrage, *Montreal Main* (1974), film à petit budget, raconte l'histoire d'une brève amitié entre un photographe bohème et un jeune garçon de bonne famille. Le film représente, à travers eux, les deux versants du Mont-Royal, Westmount et le boulevard Saint-Laurent, l'anglophone et le francophone, le *gay* et le *straight*. L'amitié dure jusqu'à ce que le père du garçon de bonne famille, inquiet, demande à Frank (Frank Vitale) de ne plus voir son fils. Pourtant, Frank et ses amis s'étaient montrés infiniment respectueux de l'intégrité physique et morale de Johnnie, et lui offraient un milieu plus riche, plus favorable à son épanouissement que l'école et sa famille. Dans une perspective plus impressionniste que documentaire, la vie quotidienne des personnages, le milieu, le quartier, sont peints à petites touches, par épisodes dont le rythme et l'atmosphère sont mis en place d'une façon apparemment spontanée, mais, en fait, sérieusement préparée. Par sa mise en scène, par l'intensité tranquille et soutenue de son interprétation de Frank, face à un Johnnie (John Sutherland) gracieux, concentré, d'une parfaite dignité naturelle, Vitale assure, dans les intervalles des morceaux de bravoure de ses principaux complices, Stephen Lach et Allan Moyle, la continuité du film. Dans le cinéma montréalais anglophone, *Montreal Main* est une étoile filante, un film sans ancêtres et sans postérité. Vitale réalise ensuite un documentaire, *Penny and Ann* (1974, cm), sur un centre de réhabilitation. Puis, il tourne un deuxième long métrage, *East End Hustle* (1976), dont il assure la production et signe le scénario. Le film, qui raconte l'histoire d'une prostituée qui, après avoir échappé au trottoir, veut venir en aide à d'autres femmes, n'a pas le même impact que *Montreal Main*. Il signe la photographie de *The Rubber Gun* (A. Moyle, 1977). Par la suite, Vitale, comme plusieurs cinéastes anglophones de Montréal, s'installe à New York où il tourne, notamment, des films de commande. (M.E.)

WALKER, Giles, réalisateur, producteur, scénariste (Dundee, Écosse, 1946). Après un baccalauréat en psychologie, il est diplômé en cinéma à la Stanford University. Au cours de ses études, il est profondément touché par l'œuvre de Colin Low. Préoccupé par l'environnement, il tourne deux films sur ce sujet, dont *Freshwater World* (1974, cm), sa première réalisation à l'ONF. Très actif, son nom apparaît au générique d'environ un film par année, que ce soit à titre de réalisateur, de producteur ou de scénariste. Après avoir réalisé trois documentaires sur le ski (dont *Descent*, coréal. P. Cowan, 1975, cm), il aborde la fiction avec un film qui connaît une large diffusion auprès du jeune public: *I Wasn't Scared* (cm), qui raconte l'histoire de deux pêcheurs qui trouvent une bombe et l'amorcent involontairement. Il poursuit avec *Bravery in the Field* (1979, cm), sur un vétéran de la Deuxième Guerre mondiale qui est dépouillé de ses médailles par deux voyous, puis signe une satire sur le bilinguisme, *Twice Upon a Time* (1979, cm). Il retourne au documentaire classique en réalisant, à l'ONF, des films pour la CBC, puis produit *Daisy: Story of a Facelift* (M. Rubbo, 1982, mm). En 1984, il s'engage dans le filon du féminisme et son corollaire, la condition masculine, et amorce la réalisation d'une trilogie de longs métrages. Le premier volet, *The Masculine Mystique* (coréal. J. N. Smith, 1984), renouvelle son cinéma par l'emploi de comédiens non professionnels, ainsi que par la place faite à l'improvisation. Le deuxième volet, *90 Days* (1985), centré sur un homme réservé (Stefan Wodoslawsky) qui se choisit une épouse coréenne par catalogue, est une comédie fantaisiste plus conventionnelle qui remporte un bon succès. Réalisé en 1987, le troisième volet, *The Last Straw*, où l'homme le plus fertile du monde (Sam Grana) est engagé dans une clinique d'insémination artificielle, sombre cependant dans la facilité. Walker se remet ensuite à l'écriture. (A.D.)

WARNY, Clorinda, animatrice, réalisatrice (Gand, Belgique, 1939 – Montréal, 1978). De 1956 à 1967, en Belgique, elle est intervalliste puis animatrice dans plusieurs maisons de production de films d'animation, en particulier chez Belvision. En 1967, elle émigre au Canada. Forte de son expérience technique, elle entre tout de suite à l'emploi du studio français d'animation de l'ONF pour y diriger l'animation de séries de films didactiques. Elle passe ensuite à la réalisation avec *L'œuf* (1972, tcm) et *Petit bonheur* (1973, cm), mais c'est son troisième et dernier film, *Premiers jours* (1980, cm), qui la fait connnaître plus largement. Dans ce film où le corps humain est représenté par des paysages en métamorphose, et le cycle de la vie par la ronde des saisons, Warny systématise l'usage des fondus enchaînés

Premiers jours. *(ONF)*

«en chaîne» que Norman McLaren avait déjà utilisés. Elle entreprend également d'animer au pastel les changements de couleurs. Ce travail considérable est interrompu par son décès prématuré. Le film sera terminé par Lina Gagnon et Suzanne Gervais. Il obtient le prix spécial du jury à Annecy et se classe quinzième au Palmarès des cinquante meilleurs films d'animation au monde établi à l'occasion des Olympiades du film d'animation qui se tiennent à Los Angeles en 1984. (P.H.)

WEES, William C., réalisateur (Joplin, États-Unis, 1935). Cinéaste indépendant, professeur à l'Université McGill depuis 1969, il est l'auteur d'une thèse sur le vorticisme, mouvement d'avant-garde anglais. Il manifeste dans ses recherches un intérêt soutenu pour les rapports entre poésie et cinéma. Ses films, résolument expérimen-taux, s'inscrivent dans la tradition de l'avant-garde américaine des années 60 et 70 et, plus particulièrement, dans le sillage de deux artistes qui marquent fortement ce mouvement, Stan Brakhage et Bruce Baillie. Il partage avec eux une passion pour les formes nouvelles purement cinématographiques, caractéristique d'une modernité sans compromis. En 1967, il réalise son premier court métrage, *Winter Epitaph : For Michael Furey*, dans lequel, à la manière de Brakhage, il expérimente principalement le mouvement en utilisant des masses lumineuses (surexpositions et sous-expositions) et de nombreuses surimpressions. Son deuxième film, *Holding On* (1970, tcm), qui propose notamment une réflexion sur la dichotomie nature/culture, étonne par sa très grande qualité photographique et sa solide structure audiovisuelle. *Quick Shadows* (1971, tcm) rappelle les expériences rythmiques d'un

Walter Ruttman, obtenues par des abstractions géométriques, des rapports de masses et des clairs-obscurs. Le soin particulier qu'il apporte à la réalisation d'une bande sonore signifiante se manifeste clairement dans *La première étoile* (1973, tcm): aux images d'enfants qui s'amusent sur des patinoires extérieures se greffe, en contrepoint ironique, la répétition ininterrompue de l'annonce de la première étoile de différentes joutes d'une équipe de hockey professionnelle, le Canadien de Montréal. *On Tellus* (1977, cm) est sans doute son film le plus brakhagien. La poésie d'Ezra Pound sert ici de point de départ à un poème filmique. Il s'y montre un excellent coloriste, sensible aux mouvements esthétiques de la nature. *Louds Islands: A Post Card For Bruce Baillie* (1978, tcm) confirme sa passion pour les couleurs et les formes, de même que l'estime qu'il porte à Baillie dont il s'inspire manifestement pour lui rendre hommage. Audacieux, Wees explore des zones laissées pour compte par le cinéma dominant. Son travail souvent axé sur la production d'effets picturaux s'apparente, à certains égards, à celui des peintres. (J.D.)

WEINTRAUB, William, producteur, réalisateur, scénariste (Montréal, 1926). Diplômé de l'Université McGill, il débute comme journaliste et entre en 1965 à l'ONF, où il travaille à plus de cent films. Il écrit les commentaires de films importants: *Nahanni* (D. Wilder, 1962, cm), *Drylanders* (D. Haldane, 1963) et la série «Struggle for a Border» (1967-1969, neuf cm). Il réalise ensuite *A Matter of Fat* (1969), documentaire sur l'obésité, et produit *Why Rock the Boat?* (J. Howe, 1974), dont il écrit le scénario à partir de son propre roman. En 1975 et en 1976, il est envoyé six mois au Kenya comme producteur-chef de l'unité de post-production, dans le cadre d'Habitat 76. À son retour, il est directeur de la programmation anglaise jusqu'en 1978, puis redevient producteur. Il quitte l'ONF en 1986 pour continuer à scénariser et à produire comme pigiste.

PRINCIPAUX AUTRES FILMS COMME RÉALISATEUR: *The Walls Come Tumbling Down* (coréal. M. Rubbo et P. Lasry, 1976, cm); – COMME PRODUCTEUR: *Margaret Lawrence, First Lady of Manawaka* (R. Duncan, 1978, mm), *Arthritis: A Dialogue with Pain* (S. Huycke, 1981, mm). (B.L.)

WELDON, John, animateur, réalisateur (Belleville, Ontario, 1945). Venu poursuivre ses études à l'Université McGill et au MacDonald College, il s'établit à Montréal. Stagiaire en actuariat pendant un an, il abandonne cette voie et crée une bande dessinée qu'il présente à l'ONF, où il obtient un contrat, en 1970. Un film éclair sur l'usage abusif des médicaments, *None For Me, Thanks* (1971, tcm), est sa première expérience. S'affirmant de plus en plus, il réalise *You've Read the Book, Now See the Movie* (1977, cm), *No Apple For Johnny* (1977, cm) et *Spinnolio* (1977, cm). Il donne la pleine mesure de son humour en réalisant *Special Delivery* (coréal. E. Macaulay, 1978, cm), gagnant d'un Oscar et du premier prix pour le meilleur film de plus de trois minutes au festival de Zagreb. Il participe à plusieurs productions à divers titres. En 1982, il coréalise avec Yossi Abolafia six petits films d'ouverture pour le festival d'Ottawa qui remportent un énorme succès. Il agit comme guide et conseiller en animation auprès d'un groupe de pigistes et développe des programmes d'animation assistée par ordinateur.

AUTRES FILMS: *Log Driver's Waltz* (1979,

tcm), *Real Inside* (1984, cm), *Emergency Numbers* (1984, tcm), *Elephentario* (coréal. G. Ross et P. Driessen, 1986, cm). (L.B.)

WESCOTT, Margaret, réalisatrice, monteuse, productrice (Montréal, 1941). Diplômée en sciences politiques, elle fait ses débuts en cinéma à la fin des années 60 comme monteuse de documentaires et de films de fiction. À la création du studio D (studio anglais des femmes à l'ONF), elle étend ses activités à la réalisation et tourne *Some American Feminists* (coréal. N. Brossard et L. Guilbeault, 1977, mm), dont elle assure également le montage. Cette fresque rend compte, à travers une série d'interviews, de la première décennie de la seconde vague du féminisme et, fait nouveau, comprend les revendications des lesbiennes. Wescott signe aussi des portraits de femmes qui ont réussi dans des métiers non traditionnels, sujet qui devient une des forces du studio: *Eve Lambart* (1975, mm), *The Lady from Grey County* (1977, cm) et *Louise Drouin, Veterinarian* (1980, cm). Son projet le plus ambitieux est un film historique en deux parties, *Behind the Veil* (1984), qui propose un survol d'un courant bien déterminé de l'histoire des femmes (les religieuses, leurs réalisations et leurs revendications face à l'Église catholique), et dans lequel est insérée une série de portraits contemporains colorés. Une fois de plus, Wescott recourt au style éclatant qui lui est propre. En 1988, elle poursuit sa démarche de pionnière pour esquisser, de manière épique, l'histoire des lesbiennes. Elle est la réalisatrice de plusieurs des plus importants manifestes du studio anglais des femmes pour dire le rôle que jouent les femmes dans l'histoire et la société contemporaines. (T.W.)

WODOSLAWSKY, Stefan, acteur, producteur, réalisateur, scénariste (Sydney, Nouvelle-Écosse, 1952). Il débute à la CBC en 1973 et entre, l'année suivante, à la section anglaise de l'ONF. Il y produit de nombreux films, notamment *Bravery in the Field* (G. Walker, 1979, cm) qui reçoit une nomination pour l'Oscar du meilleur court ou moyen métrage de fiction. Il cumule souvent plus d'une fonction pour un même film. Ainsi, il produit et coscénarise *Blueline* (M. Voizard, 1985) et *Crazy Moon* (A. Eastman, 1986). Il réalise et produit pour la CBC un documentaire sur Donald Sutherland, *Give Me Your Answer True* (1988, mm). En 1984, Giles Walker lui demande d'interpréter l'un des deux principaux personnages de sa trilogie sur la condition masculine, *The Masculine Mystique* (coréal. J. N. Smith, 1984), *90 Days* (1985) et *The Last Straw* (1987). En 1988, il conjugue ses différents métiers, alors qu'il est à la fois acteur, coscénariste et coproducteur de *Something About Love* de Tom Berry. Il s'agit de l'histoire d'un Canadien, célébrité de Los Angeles, qui retourne dans son Cap-Breton natal pour y revoir son père atteint de la maladie d'Alzheimer. Une preuve de plus du large registre de films auxquels Wodoslawsky participe. (J.P.)

Yuri Yoshimura.

YAROSHEVSKAYA, Kim, actrice (Moscou, URSS). Elle arrive à Montréal à l'âge de dix ans. Les enfants lui doivent le personnage de la poupée Fanfreluche, vedette de l'émission du même nom dont elle écrit la majorité des textes, et qui est diffusée à Radio-Canada pendant dix-sept ans. François Labonté lui offre d'incarner un personnage semblable dans *Le château de cartes* (1979). Paul Almond met ensuite à profit ses origines russes et lui offre un caméo dans *Final Assignment* (1980). Mais, comédienne de théâtre et de télévision, elle joue peu au cinéma. Elle laisse tout de même le souvenir d'une grande interprète dans *Sonia* (P. Baillargeon, 1986, mm), où elle campe le personnage émouvant et troublant d'une artiste atteinte de la maladie d'Alzheimer. Léa Pool lui témoigne une belle fidélité en lui donnant des petits rôles dans *La femme de l'hôtel* (1984), *Anne Trister* (1986) et *À corps perdu* (1988). (F.L.)

YOSHIMURA, Yuri, productrice (Kyoto, Japon, 1948). Elle est danseuse de ballet au Japon lorsqu'elle rencontre Claude Gagnon*. Au Québec, ils fondent en 1979 la maison de production et de distribution Yoshimura-Gagnon, qui devient en 1987 Aska film international. Elle organise, à Tokyo, des semaines de cinéma québécois en 1985 et 1987. Elle participe aussi à l'élaboration d'une entente de coproduction entre le Canada et le Japon. En 1988, elle entame la production de *Portraits de famille / The Family Filmed*, un documentaire de Brian Lewis. (M.J.)

333 GÉNÉRIQUES*

2 pouces en haut de la carte

1975 • Réalisation: Daniel LeSaulnier, Jacques Augustin • Scénario: Claude Bérubé, LeSaulnier • Images: Augustin, Marcel Larrivée, LeSaulnier • Son: Langis Jean, Jean-Pierre Savard, Steve Talbot • Musique: les artistes de la Côte Nord • Montage: Augustin, LeSaulnier • Production: LeSaulnier • Interprètes: Richard Deschênes, Denis Tremblay • Documentaire/ Fiction • N&B • 81 mn.

24 heures ou plus...

1976 • Réalisation: Gilles Groulx • Scénario: Groulx, Jean-Marc Piotte • Images: Guy Borremans, Serge Giguère • Son: Jacques Blain • Musique: Offenbach • Montage: Groulx, Jacques Kasma • Production: Paul Larose • Documentaire • Couleur et N&B • 113 mn.

60 cycles

1965 • Réalisation: Jean-Claude Labrecque • Images: Labrecque, Bernard Gosselin • Son: Marcel Carrière • Musique: Tony Romandini • Montage: Bernard Bordeleau, Labrecque, Gosselin, Werner Nold • Production: Jacques Bobet • Documentaire • Couleur • 17 mn.

90 Days

1985 • Réalisation: Giles Walker • Scénario: Walker, David Wilson • Images: Andrew Kitzanuk • Son: Yves Gendron • Montage: Wilson • Production: Walker, Wilson, Andy Thomson • Interprètes: Stefan Wodoslawsky, Christine Pak, Sam Grana, Fernanda Tavares, Daisy de Bellefeuille, Katy de Volpi • Fiction • Couleur • 100 mn.

90 jours, Les

Série «Panoramique»
1958 • Réalisation: Louis Portugais • Scénario: Gérard Pelletier • Images: Georges Dufaux • Son: Marcel Carrière • Montage: Marc Beaudet, Gilles Groulx • Production: Guy Glover, Léonard Forest • Interprètes: Jean Doyon, Benoît Girard, Jean Brousseau, Nathalie Naubert, Béatrice Picard, René Mathieu • Fiction • N&B • 99 mn.

---

* Certaines fonctions (participants, voix, coordonateur de la performance, etc.) ont été ajoutées lorsque jugées significatives. Pour les films d'animation et les films expérimentaux, seules les fonctions significatives ont été retenues.

Les films ont été sélectionnés par Michel Coulombe et Marcel Jean avec la collaboration de Michel Larouche et Pierre Véronneau. La recherche a été effectuée par Jeanne Painchaud.

Aboiteaux, Les

1955 • Réalisation: Roger Blais • Scénario: Léonard Forest • Images: Lorne Batchelor • Son: Clarke Daprato • Musique: Eldon Rathburn • Montage: Victor Jobin • Production: Roger Blais • Documentaire/Fiction • N&B • 22 mn.

Acadie l'Acadie?!?, L'

1971 • Réalisation: Michel Brault, Pierre Perrault • Images: Brault • Son: Serge Beauchemin • Musique: Majorique Duguay, Valère Blais • Montage: Monique Fortier • Production: Guy L. Coté, Paul Larose • Documentaire • N&B • 118 mn.

Acadiens de la dispersion, Les

1967 • Réalisation: Léonard Forest • Scénario: Forest • Images: Jack Long, Thomas Vamos • Son: Joseph Champagne • Montage: Forest • Musique: Édith Butler • Production: Clément Perron • Documentaire • N&B • 118 mn.

A Chairy Tale

1957 • Réalisation: Norman McLaren, Claude Jutra • Musique: Ravi Shankar, Chatur Lal, Modu Mullick • Assistants: Evelyn Lambart, Herbert Taylor, Maurice Blackburn • Production: Tom Daly • Interprètes: Jutra • Animation • N&B • 10 mn.

À corps perdu

1988 • Réalisation: Léa Pool • Scénario: Pool, Marcel Beaulieu • D'après le roman *Kurenal* de Yves Navarre • Images: Pierre Mignot • Son: Luc Yersin • Musique: Olvaldo Montes • Montage: Michel Arcand • Production: Denise Robert, Robin Spry, Ruth Waldburger • Interprètes: Mathias Habich, Michel Voïta, Johanne-Marie Tremblay, Jean-François Pichette, Pierre Gobeil, Kim Yaroshevskaya • Fiction • Couleur • 92 mn.

Action: The October Crisis of 1970

1973 • Réalisation: Robin Spry • Montage: Shelagh MacKenzie, Joan Henson • Production: Spry, Normand Cloutier, Tom Daly • Commentaire: Spry • Documentaire • Couleur • 87 mn.

Act of the Heart, The

1970 • Réalisation: Paul Almond • Scénario: Almond • Images: Jean Boffety • Son: David Howells • Musique: Harry Freedman • Montage: James D. Mitchell • Production: Almond, Peter Carter • Interprètes: Geneviève Bujold, Donald Sutherland, Monique Leyrac, Gilles Vigneault, Sharon Acker, Ratch Wallace • Fiction • Couleur • 103 mn.

Adeptes, Les

1981 • Réalisation: Gilles Blais • Images: André-Luc Dupont, Roger Rochat, Michel Thomas d'Hoste • Son: Jean-Guy Normandin, Hugues Mignault, Jacques Drouin, Raymond Marcoux

• Montage: Yves Leduc • Production: Georges Dufaux, Jacques Bobet • Documentaire • Couleur • 79 mn.

Affaire Bronswik, L'

1978 • Réalisation: Robert Awad, André Leduc • Scénario: Awad, Leduc • Animation: Awad, Leduc, Jean-Michel Labrosse • Images: Richard Moras, Jacques Avoine, Raymond Dumas, Simon Leblanc • Musique: Alain Clavier • Montage: Awad • Production: René Jodoin • Animation • Couleur • 23 mn.

A Film For Max

1970 • Réalisation: Derek May • Images: Martin Duckworth • Son: Pierre Letarte, Henry Zemel • Montage: May • Production: Tom Daly • Documentaire • Couleur • 74 mn.

Âge de la machinhe, L'

1978 • Réalisation: Gilles Carle • Scénario: Carle • Images: Pierre Letarte • Son: Serge Beauchemin • Montage: Avdé Chiriaeff • Production: Jacques Bobet • Interprètes: Gabriel Arcand, Sylvie Lachance, Willie Lamothe, Jean-Pierre Saulnier, Guy Thauvette, Jean Mathieu • Fiction • Couleur • 28 mn.

À la croisée des chemins

1943 • Réalisation: Jean-Marie Poitevin • Scénario: Poitevin • Images: Poitevin, Paul Morin • Son: Léonidas Castonguay • Musique: Fernand Gaudry • Montage: Poitevin, Paul Guèvremont • Production: La Société des Missions-Étrangères de la province de Québec • Interprètes: Guèvremont, Denise Pelletier, Rose Rey-Duzil, Jean Fontaine, Denis Drouin • Narrateur: René Lévesque • Fiction • N&B et Couleur • 97 mn.

Albédo

1982 • Réalisation: Jacques Leduc, Renée Roy • Scénario: Leduc, Roy • Images: Jean-Pierre Lachapelle, Pierre Letarte, Jacques Tougas • Son: Yves Gendron • Musique: René Lussier, Jean Derome, Pierre Saint-Jacques, Ti-Lou Babin • Montage: Pierre Bernier, Suzanne Bouilly • Production: Jacques Bobet • Interprètes: Paule Baillargeon, David Chagnon, Pierre Foglia, Luce Guilbeault, Jean-Pierre Saulnier, Gino Andreoli • Documentaire/Fiction • Couleur • 54 mn.

Alexis Ladouceur, métis

1961 • Réalisation: Raymond Garceau • Images: Georges Dufaux, Bernard Gosselin • Son: Roger Hart • Montage: Édouard Davidovici, Robert Russel • Production: Victor Jobin, Bernard Devlin • Documentaire • N&B • 29 mn.

Alias Will James

Série «l'Américanité»
1988 • Réalisation: Jacques Godbout • Images: Jean-Pierre Lachapelle • Son: Richard Besse • Musique: Robert M. Lepage • Montage: Monique Fortier • Production: Éric Michel • Documentaire • Couleur • 83 mn.

Allées de la terre, Les

1973 • Réalisation: André Théberge • Scénario: Théberge • Images: Réo Grégoire • Son: Raymond Marcoux • Musique: Andrée Paul • Montage: Yves Leduc • Production: Jean-Marc Garand • Interprètes: Frédérique Collin, Pierre Curzi, Robert Desroches, André Melançon, Serge Mercier, Yvon Barrette • Fiction • Couleur • 71 mn.

Amour blessé, L' (Confidences de la nuit)

1975 • Réalisation: Jean Pierre Lefebvre • Scénario: Lefebvre • Images: Jean-Charles Tremblay • Son: Jacques Blain • Montage: Marguerite Duparc • Production: Duparc • Interprète: Louise Cuerrier • Voix: Gilles Proulx, Paule Baillargeon, Pierre Curzi, Frédérique Collin, Jean-Guy Moreau, Monique Mercure • Fiction • Couleur • 77 mn.

Amuse-gueule

1984 • Réalisation: Robert Awad • Caméra: Martin Leclerc • Décors: Denis Boucher • Musique: Normand Roger • Production: Robert Forget • Animation • Couleur • 28 mn.

Années de rêves, Les

1984 • Réalisation: Jean-CLaude Labrecque • Scénario: Labrecque, Robert Gurik, Marie Laberge • Images: Alain Dostie • Son: Serge Beauchemin • Montage: François Labonté • Production: Claude Bonin, Labonté • Interprètes: Gilbert Sicotte, Anne-Marie Provencher, Monique Mercure, Amulette Garneau, Carmen Tremblay, Roger Le Bel • Fiction • Couleur • 96 mn.

Anne Trister

1986 • Réalisation: Léa Pool • Scénario: Pool, Marcel Beaulieu • Images: Pierre Mignot • Son: Richard Besse • Musique: René Dupéré, Daniel Deshaime • Montage: Michel Arcand • Production: Roger Frappier, Claude Bonin • Interprètes: Albane Guilhe, Louise Marleau, Hugues Quester, Lucie Laurier, Nuvit Ozdogru, Guy Thauvette, Kim Yaroshevskaya • Fiction • Couleur • 102 mn.

Anticoste, L'

1986 • Réalisation: Bernard Gosselin • Images: Gosselin, Martin Leclerc • Son: Esther Auger, Claude Beaugrand, Serge Beauchemin • Musique: Kevin Braheny • Montage: Gosselin, Michelle Guérin • Production: Jacques Vallée • Documentaire • Couleur • 120 mn.

Arrache-cœur, L'

1979 • Réalisation: Mireille Dansereau • Scénario: Dansereau • Images: François Protat • Son: Henri Blondeau • Montage: Marcel Pothier • Production: Robert Ménard, Bram Appel • Interprètes: Louise Marleau, Françoise Faucher, Michel Mondié, Samuel Cholakian, Jacques Létourneau, Dyne Mousso • Fiction • Couleur • 92 mn.

À Saint-Henri le 5 septembre

1962 • Réalisation: Hubert Aquin • Coréalisation: Louis Portugais, Gilles Groulx • Scénario: Monique Bosco, Fernand Cadieux • Images: Guy Borremans, Michel Brault, Georges Dufaux, Claude Fournier, Bernard Gosselin, Jean Roy, Claude Jutra, Bernard Devlin, Arthur Lipsett, Don Owen, Daniel Fournier • Son: Marcel Carrière, Roger Lamoureux, Roger Hart, Claude Pelletier, Leo O'Donnell, Werner Nold • Musique: Raymond Lévesque • Montage: Jacques Godbout, Monique Fortier • Production: Fernand Dansereau • Commentaire: Godbout • Documentaire • N&B • 42 mn.

À soir on fait peur au monde

1969 • Réalisation: François Brault, Jean Dansereau • Images: Brault • Son: Claude Lefebvre • Montage: André Corriveau • Production: André Legault • Participants: Robert Charlebois, Louise Forestier • Documentaire • Couleur • 76 mn.

À tout prendre

1963 • Réalisation: Claude Jutra • Scénario: Jutra • Images: Michel Brault, Jean-Claude Labrecque, Bernard Gosselin • Son: Michel Belaieff • Musique: Maurice Blackburn, Jean Cousineau, Serge Garant • Montage: Jutra • Production: Jutra, Robert Hershorn • Interprètes: Johanne Harelle, Jutra, Victor Désy, Tania Fédor, Guy Hoffmann, Monique Mercure • Fiction • N&B • 99 mn.

Au bout de mon âge

1976 • Réalisation: Georges Dufaux • Images: Dufaux • Son: Serge Beauchemin, Jacques Blain • Montage: Dufaux, Suzanne Allard • Production: Jean-Marc Garand • Documentaire • Couleur • 86 mn.

Au bout du fil

1974 • Réalisation: Paul Driessen • Trame sonore: Normand Roger • Production: Gaston Sarault • Animation • Couleur • 10 mn.

Au clair de la lune

1982 • Réalisation: André Forcier • Scénario: Forcier, Jacques Marcotte, Michel Pratt, Guy l'Écuyer, Michel Côté, Bernard Lalonde • Images: François Gill, André Gagnon • Son: Alain Corneau, Marcel Fraser • Musique: Joël Bienvenue • Montage: Gill • Production: Lalonde,

Louis Laverdière • Interprètes: L'Écuyer, Côté, Lucie Miville, Robert Gravel, Gaston Lepage, J.-Léo Gagnon • Fiction • Couleur • 90 mn.

«Au pays de Neufve-France»

1959-1960 • Réalisation: René Bonnière • Commentaire: Pierre Perrault • Images: Michel Thomas d'Hoste, Alan Grayston, Kenneth Campbell, Stanley Brede, Frank Stokes • Musique: Lany Crosly, Monique Miville-Deschênes • Production: Crawley Films • Documentaire • N&B • Série de treize cm de 30 mn chacun.

Au pays de Zom

1982 • Réalisation: Gilles Groulx • Scénario: Groulx • Images: Alain Dostie • Son: Richard Besse • Musique: Jacques Hétu • Montage: Groulx • Production: Jean Dansereau • Interprètes: Joseph Rouleau, Charles E. Trudeau, René Racine, Françoise Berd, Christiane Alarie, Gaston Lepage • Fiction • N&B et Couleur • 77 mn.

Autour de la perception

1968 • Réalisation: Pierre Hébert • Production: Robert Verrall • Animation • Couleur • 16 mn.

Avec tambours et trompettes

1967 • Réalisation: Marcel Carrière • Images: Alain Dostie, Bernard Gosselin • Son: Serge Beauchemin • Musique: Don Douglas • Montage: Werner Nold • Production: Robert Forget • Documentaire • Couleur • 28 mn.

À vos risques et périls

1980 • Réalisation: Jean Gagné, Serge Gagné • Scénario: J. Gagné, S. Gagné • Images: François Brault • Son: André Girard • Musique: André Duchesne, René Lussier • Montage: J. Gagné • Production: J. Gagné, S. Gagné • Documentaire/Expérimental • Couleur • 95 mn.

Bach et Bottine

Série «Contes pour tous»
1986 • Réalisation: André Melançon • Scénario: Bernadette Renaud, Melançon • Images: Guy Dufaux • Son: Claude Langlois • Musique: Pierick Houdy, Michel Rivard • Montage: André Corriveau • Production: Rock Demers • Interprètes: Mahée Paiement, Raymond Legault, Harry Marciano, France Arbour, Andrée Pelletier • Fiction • Couleur • 96 mn.

Bar salon

1973 • Réalisation: Marc-André Forcier • Scénario: Forcier, Jacques Marcotte • Images: François Gill • Son: Hugues Mignault • Musique: André Duchesne, Michel McLean, Jean-Pierre Bouchard, Jean-Pierre Tremblay • Montage: Gill • Production: Jean Dansereau • Interprètes: Guy L'Écuyer, Lucille Bélair, Madeleine Chartrand, Marcotte, Gélinas Fortin, Michèle Dion • Fiction • Couleur • 84 mn.

Bead Game

1977 • Réalisation: Ishu Patel • Musique: J.P. Ghosh • Production: Derek Lamb • Animation • Couleur • 6 mn.

Beauté même, La

1964 • Réalisation: Monique Fortier • Scénario: Fortier, Andrée Thibault • Images: Guy Borremans • Son: George Croll • Musique: François Morel • Montage: Fortier • Production: Marcel Martin • Interprète: Monique Miller • Documentaire/Fiction • Couleur • 10 mn.

Beaux souvenirs, Les

1981 • Réalisation: Francis Mankiewicz • Scénario: Réjean Ducharme • Images: Georges Dufaux • Son: Claude Hazanavicius • Musique: Jean Cousineau • Montage: André Corriveau • Production: Jean Dansereau, Pierre Lamy, Françoise Berd • Interprètes: Monique Spaziani, Julie Vincent, Paul Hébert, R.H. Thomson, Michel Daigle • Fiction • Couleur • 114 mn.

Bête lumineuse, La

1982 • Réalisation: Pierre Perrault • Images: Martin Leclerc • Son: Yves Gendron • Montage: Suzanne Allard • Production: Jacques Bobet • Documentaire • Couleur • 127 mn.

Bingo

1974 • Réalisation: Jean-Claude Lord • Scénario: Lord, Roch Poisson, Lise Thouin, Michel Capistran, Jean Salvy • Images: Claude La Rue, François Protat • Son: Henri Blondeau • Musique: Michel Comte • Montage: Lord • Production: Pierre David, Louise Ranger • Interprètes: Réjean Guénette, Anne-Marie Provencher, Claude Michaud, Alexandra Stewart, Gilles Pelletier, Manda Parent, Janine Fluet, Jean Duceppe • Fiction • Couleur • 113 mn.

Bleus au cœur, Les

1987 • Réalisation: Suzanne Guy • Images: Rénald Bellemarre • Son: Michel Charron • Musique: Martin Fournier • Montage: André Corriveau • Production: Aimée Danis • Documentaire • Couleur • 81 mn.

Blinkity Blank

1954 • Réalisation: Norman McLaren • Animation: McLaren • Musique: Maurice Blackburn • Production: McLaren, Tom Daly • Animation • Couleur • 5 mn.

Bonheur d'occasion

1983 • Réalisation: Claude Fournier • Scénario: Fournier, Marie-José Raymond • D'après le roman de Gabrielle Roy • Images: Savas Kalogeras • Son: Jacques Drouin • Musique: François Dompierre • Montage: André Corriveau (Yves Langlois pour la version anglaise) • Production: Raymond, Robert Verrall, Dorothy Courtois-Lecour, W. Paterson Ferns •

Interprètes: Mireille Deyglun, Marilyn Lightstone, Michel Forget, Pierre Chagnon, Martin Neufeld, Charlotte Laurier • Fiction • Couleur • 122 mn (121 mn pour la version anglaise).

Bonhomme, Le

1972 • Réalisation: Pierre Maheu • Images: Martin Duckworth • Son: Maheu, Jean-Guy Normandin • Musique: Luc Cousineau, Red Mitchell • Montage: Claire Boyer • Production: Normand Cloutier, Jean-Marc Garand • Documentaire • Couleur • 59 mn.

Bons débarras, Les

1980 • Réalisation: Francis Mankiewicz • Scénario: Réjean Ducharme • Images: Michel Brault • Son: Henri Blondeau • Musique: Bernard Buisson • Montage: André Corriveau • Production: Marcia Couëlle, Claude Godbout • Interprètes: Charlotte Laurier, Marie Tifo, Germain Houde, Louise Marleau, Roger Le Bel, Gilbert Sicotte • Fiction • Couleur • 114 mn.

«Borges», Les

1978 • Réalisation: Marilú Mallet • Images: Roger Rochat • Son: Richard Besse • Montage: François Dupuis • Production: Jacques Gagné • Documentaire • Couleur • 60 mn.

Brûlés, Les

Série «Panoramique»
1958 • Réalisation: Bernard Devlin • Scénario: Devlin • D'après Hervé Biron • Images: Georges Dufaux • Son: Michel Belaieff • Montage: Victor Jobin, Marc Beaudet, David Mayerovitch, Raymond Le Boursier • Production: Guy Glover • Interprètes: Félix Leclerc, Jean Lajeunesse, Aimé Major, Rolland Bédard, René Caron, Rolland D'Amour • Fiction • N&B • 114 mn.

Bûcherons de la Manouane

1962 • Réalisation: Arthur Lamothe • Images: Bernard Gosselin, Guy Borremans • Son: Pierre Lemelin • Musique: Maurice Blackburn • Montage: Lamothe, Jean Dansereau • Production: Victor Jobin, Fernand Dansereau • Documentaire • N&B • 28 mn.

Bulldozer

1974 • Réalisation: Pierre Harel • Scénario: Harel, Mouffe • Images: François Beauchemin • Son: Guy Rhéaume, Rudy Bell • Musique: Offenbach • Montage: Harel, Pierre Lacombe • Production: Bernard Lalonde • Interprètes: Mouffe, Donald Pilon, André Saint-Denis, Pauline Julien, Raymond Lévesque, Yvan Ducharme • Fiction • Couleur • 93 mn.

Caffè Italia Montréal

1985 • Réalisation: Paul Tana • Scénario: Tana, Bruno Ramirez • Images: Michel Caron • Son: Serge Beauchemin • Musique: Pierre Flynn, Andrea Piazza • Montage: Louise Surprenant •

Production: Marc Daigle • Interprètes: Pierre Curzi, Toni Nardi • Voix: Frédérique Collin •
Documentaire/Fiction • Couleur et N&B • 81 mn.

Cage, The

1972 • Réalisation: Vartkes Cholakian, Richard Ciupka • Scénario: Frances Gallagher •
Images: Ciupka • Son: Jack Goodsouzian, Peter Benison • Musique: François Cousineau •
Montage: Cholakian • Production: Cholakian • Expérimental • N&B • 18 mn.

Ça n'est pas le temps des romans

1967 • Réalisation: Fernand Dansereau • Scénario: Dansereau • Images: Thomas Vamos •
Son: Michel Hazel • Musique: Georges Dor • Montage: Dansereau, Margot Payette •
Production: ONF • Interprètes: Monique Mercure, Marc Favreau • Fiction • Couleur • 28 mn.

Ça peut pas être l'hiver on n'a même pas eu d'été

1980 • Réalisation: Louise Carré • Scénario: Carré • Images: Robert Vanherweghem • Son:
Alain Corneau, Martin Fraser, Jacques Blain • Musique: Marc O'Farrell • Montage: André
Théberge • Production: Carré • Interprètes: Charlotte Boisjoli, Jacques Galipeau, Céline
Lomez, Serge Bélair, Mireille Thibeault, Daniel Matte • Fiction • Couleur • 87 mn.

Casa, La

1986 • Réalisation: Michel Régnier • Images: Régnier • Son: Raymond Marcoux • Musique:
Raul Pintos • Montage: Régnier • Production: Dario Pulgar, Jacques Vallée • Documentaire
• Couleur • 88 mn.

Celui qui voit les heures

1985 • Réalisation: Pierre Goupil • Scénario: Goupil • Images: Michel La Veaux • Son: Daniel
Masse • Musique: François Durocher • Montage: Goupil, Georges Léonard • Production:
Goupil, La Veaux, Linda Soucy • Interprètes: Goupil, Ginette Boivin, Frédérique Collin,
Serge Gagné, Régis Gauthier, Bernard Lalonde • Fiction • Couleur • 73 mn.

César et son canot d'écorce

1971 • Réalisation: Bernard Gosselin • Images: Gosselin • Son: Serge Beauchemin • Musique:
Érik Satie, Maurice Blackburn • Montage: Monique Fortier • Production: Paul Larose •
Documentaire • Couleur • 58 mn.

C'est pas la faute à Jacques Cartier

1967 • Réalisation: Clément Perron, Georges Dufaux • Scénario: Perron, Dufaux • Images:
Gilles Gascon • Son: André Hourlier • Musique: Jacques Desrosiers, F. Richard, Paul
Baillargeon, Our Generation • Montage: Dufaux, Claude Godbout, Perron • Production: ONF
• Interprètes: Desrosiers, Michel Chicoine, Mary Gay, Michel Devine, Paul Buissonneau,
Paul Hébert, Lisette Gervais • Fiction • Couleur • 72 mn.

Chambre blanche, La

1969 • Réalisation: Jean Pierre Lefebvre • Scénario: Lefebvre • Images: Thomas Vamos • Son: Claude Hazanavicius • Musique: Walter Boudreau • Montage: Marguerite Duparc • Production: Laurence Paré • Interprètes: Michèle Magny, Marcel Sabourin • Fiction • N&B • 78 mn.

«Champions, The»

1978-1986 • Réalisation: Donald Brittain • Images: Andreas Poulsson • Son: Claude Hazanavicius, Hans Oomes • Musique: Art Phillips, Eldon Rathburn • Montage: Steven Kellar, Ted Remerowski, Richard Bujold • Production: Brittain, Janet Leissner, Peter Katadotis, Paul Wright • Documentaire • Couleur • 1re partie: 26 mn. et 31 mn. • 2e partie: 30 mn. et 31 min • 3e partie: 90 mn.

Chants et danses du monde inanimé - Le métro

1985 • Réalisation: Pierre Hébert • Assistantes animation: Michèle Pauzé, Élaine Despins • Caméra optique: Michael Cleary • Musique: Robert M. Lepage, René Lussier • Production: Robert Forget • Animation • Couleur • 14 mn.

Chat dans le sac, Le

1964 • Réalisation: Gilles Groulx • Scénario: Groulx • Images: Jean-Claude Labrecque • Son: Marcel Carrière • Montage: Groulx • Production: Jacques Bobet • Interprètes: Barbara Ulrich, Claude Godbout, Manon Blain, Véronique Vilbert, Jean-Paul Bernier, André Leblanc • Fiction • N&B • 74 mn.

Château de sable, Le

1977 • Réalisation: Co Hoedeman • Musique: Normand Roger • Montage: Jacques Drouin • Production: Gaston Sarault • Animation • Couleur • 13 mn.

Cher Théo

1975 • Réalisation: Jean Beaudin • Scénario: Jacques Jacob, Yvan Beaudet • Images: Pierre Mignot • Son: Claude Hazanavicius • Montage: Beaudin • Production: Paul Larose • Interprètes: Germaine Lemire, Julie Morand, Nathalie Naubert, Pierre Gobeil • Fiction • Couleur • 50 mn.

Cinéma, cinéma

1985 • Réalisation: Gilles Carle, Werner Nold • Scénario: Carle, Nold • Images: Guy Dufaux • Son: Esther Auger • Musique: François Guy • Montage: Nold, Carle • Production: Roger Frappier • Interprètes: Chloé Sainte-Marie, François Guy, Robert Paradis • Documentaire • Couleur et N&B • 72 mn.

Cité de Notre-Dame

1942 • Réalisation: Vincent Paquette • Images: Grant Crabtree, Radford Crawley • Trame sonore: Maurice Blackburn • Montage: Judith Crawley • Production: ONF • Documentaire • N&B • 28 mn.

Colombes, Les

1972 • Réalisation: Jean-Claude Lord • Scénario: Lord • Images: Claude La Rue • Son: Patrick Rousseau • Musique: Michel Conte • Montage: Lord • Production: Lord, Pierre Patry, Pierre David • Interprètes: Jean Besré, Lise Thouin, Jean Duceppe, Jean Coutu, Diane Guérin, Manda Parent • Fiction • Couleur • 118 mn.

Cœur de maman

1953 • Réalisation: René Delacroix • Scénario: Henry Deyglun • Images: Drummond Drury • Son: Marc Audet, André de Tonnancourt • Musique: Germaine Janelle • Montage: Anton Van de Water • Production: Richard J. Jarvis • Interprètes: Jeanne Demons, Rosanna Seaborn, Denyse Saint-Pierre, Jean-Paul Dugas, Paul Guèvremont, Paul Desmarteaux • Fiction • Couleur • 113 mn.

Comme des chiens en pacage

1977 • Réalisation: Richard Desjardins, Robert Monderie • Images: Alain Dupras • Son: André Dussault, Robert Girard • Musique: Abbittibbi • Montage: Francis Van Den Heuvel • Production: Desjardins, Monderie • Documentaire • Couleur • 52 mn.

Comme les six doigts de la main

1978 • Réalisation: André Melançon • Scénario: Melançon • Images: Guy Dufaux • Son: Jacques Blain • Musique: Pierick Houdy • Montage: André Corriveau • Production: Marcia Couëlle, Claude Godbout • Interprètes: Éric Beauséjour, Philippe Bouchard, Caroline Larouche, Daniel Murray, Nancy Normandin, Sylvain Provencher • Fiction • Couleur • 74 mn.

Confort et l'indifférence, Le

1981 • Réalisation: Denys Arcand • Images: Alain Dostie • Son: Serge Beauchemin • Montage: Pierre Bernier • Production: Roger Frappier, Jean Dansereau, Jacques Gagné • Interprètes: Jean-Pierre Ronfard • Documentaire • Couleur • 109 mn.

Cordélia

1979 • Réalisation: Jean Beaudin • Scénario: Beaudin, Marcel Sabourin • D'après le roman *Une lampe à la fenêtre* de Pauline Cadieux • Images: Pierre Mignot • Son: Jacques Blain • Musique: Maurice Blackburn • Montage: Beaudin • Production: Jacques Gagné, Roger Frappier • Interprètes: Louise Portal, Gaston Lepage, Raymond Cloutier, Gilbert Sicotte, James Blendick, Pierre Gobeil, Jean-Louis Roux, Sabourin • Fiction • Couleur • 116 mn.

Corps célestes, Les

1973 • Réalisation: Gilles Carle • Scénario: Carle, Arthur Lamothe • Images: Jean-Claude Labrecque • Son: Henri Blondeau • Musique: Philippe Sarde • Montage: Renée Lichtig • Production: Pierre Lamy • Interprètes: Donald Pilon, Carole Laure, Micheline Lanctôt, Jacques Dufilho, Yvon Barrette, Sheila Charlesworth • Fiction • Couleur • 104 mn.

Corridors

1980 • Réalisation: Guy Dufaux, Robert Favreau • Images: Dufaux • Son: Claude Beaugrand • Musique: Paul Piché, Pierre Huet, Michel Hinton, Pierre Bertrand, Réal Desrosiers • Montage: Favreau • Production: Marcia Couëlle, Claude Godbout • Documentaire • Couleur • 81 mn.

Crac!

1981 • Réalisation: Frédéric Back • Scénario: Back • Son: André J. Riopel • Musique: Normand Roger • Montage: Jacques Leroux • Production: Hubert Tison • Animation • Couleur • 15 mn.

Crazy Moon

1986 • Réalisation: Allan Eastman • Scénario: Tom Berry, Stefan Wodoslawsky • Images: Savas Kalogeras • Son: Yves Gendron • Musique: Lou Forestieri • Montage: Franco Battista • Production: Berry, Wodoslawsky • Interprètes: Kiefer Sutherland, Vanessa Vaughan, Peter Spence, Ken Pogue, Ève Napier, Sean McCann • Fiction • Couleur • 89 mn.

Crime d'Ovide Plouffe, Le

1984 • Réalisation: Denys Arcand • Scénario: Roger Lemelin, D. Arcand • D'après le roman de Lemelin • Images: François Protat • Son: Claude Hazanavicius, Michel Guiffan, Jean-Bernard Thomasson • Musique: Olivier Dassault • Montage: Monique Fortier • Production: Justine Héroux, Gabriel Boustani, Denis Héroux, John Kemeny, Jacques Bobet, Ashley Murray • Interprètes: Gabriel Arcand, Véronique Jannot, Jean Carmet, Anne Létourneau, Donald Pilon, Pierre Curzi, Juliette Huot, Denise Filiatrault, Serge Dupire, Rémy Girard, Dominique Michel • Fiction • Couleur • 107 mn.

Cuisine rouge, La

1979 • Réalisation: Paule Baillargeon, Frédérique Collin • Scénario: Baillargeon, Collin • Images: Jean-Charles Tremblay • Son: Serge Beauchemin, Jacques Blain, Esther Auger • Musique: Yves Laferrière • Montage: Babalou Hamelin • Production: Claude Des Gagné, Renée Roy • Interprètes: Michèle Mercure, Han Masson, Catherine Brunelle, Marie Ouellet, Claude Maher, Gilles Renaud, Guy Thauvette, Raymond Cloutier, Jean-Pierre Saulnier, Pierre Curzi • Fiction • Couleur • 82 mn.

Curé de village, Le

1949 • Réalisation: Paul Gury • Scénario: Robert Choquette • D'après le feuilleton radiophonique de Choquette • Images: Roger Racine • Son: Oscar Marcoux • Musique: Morris C. Davis • Montage: Jean Boisvert • Production: Paul L'Anglais • Interprètes: Oliva Légaré, Paul Guèvremont, Mme J.R. Tremblay, Guy Mauffette, Lise Roy, Jeanne Quintal • Fiction • N&B • 88 mn.

Dame aux camélias, la vraie, La

1942 • Réalisation: Gratien Gélinas • Interprètes: Juliette Béliveau, Fred Barry, Julien Lippé, Henri Poitras, Juliette Huot • Couleur • 26 mn.

Dame en couleurs, La

1984 • Réalisation: Claude Jutra • Scénario: Jutra, Louise Rinfret • Images: Thomas Vamos • Son: Richard Besse • Montage: Claire Boyer • Production: Pierre Lamy, Jean Dansereau, Lorraine Du Hamel • Interprètes: Charlotte Laurier, Paule Baillargeon, Gilles Renaud, Guillaume Lemay-Thivierge, Ariane Frédérique, François Méthé, Mario Spénard, Jean-François Lesage, Gregory Lussier • Fiction • Couleur • 111 mn.

Dancing Around The Table

1987 • Réalisation: Maurice Bulbulian • Images: Serge Giguère • Son: Yvon Benoît, Esther Auger • Montage: Bulbulian • Production: Raymond Gauthier • Documentaire • Couleur • Film en 2 parties, la 1re de 57 mn., la 2e de 50 mn.

Debout sur leur terre

1982 • Réalisation: Maurice Bulbulian • Images: Roger Rochat, Jacques Leduc, Martin Leclerc • Son: Claude Chevalier, W.W. McClelland, Yves Gendron • Montage: Fernand Bélanger • Production: Jean Dansereau • Documentaire • Couleur • 113 mn.

Déclin de l'empire américain, Le

1986 • Réalisation: Denys Arcand • Scénario: D. Arcand • Images: Guy Dufaux • Son: Richard Besse • Musique: François Dompierre • Montage: Monique Fortier • Production: Roger Frappier, René Malo • Interprètes: Dominique Michel, Dorothée Berryman, Louise Portal, Geneviève Rioux, Pierre Curzi, Rémy Girard, Yves Jacques, Daniel Brière, Gabriel Arcand • Fiction • Couleur • 102 mn.

De la tourbe et du restant

1979 • Réalisation: Fernand Bélanger • Images: Serge Giguère, René Daigle, Serge Lafortune, Robert Martel, Claude de Maisonneuve • Son: Claude Beaugrand, Jean Rivard, Claude Lefebvre • Montage: Bélanger, Angrignon, Dugal • Production: Roger Frappier • Documentaire • Couleur • 89 mn.

Democracy On Trial: The Morgentaler Affair - 1970 to 1976

1984 • Réalisation: Paul Cowan • Scénario: Jefferson Lewis • Images: Cowan, Mike Mahoney • Son: Jacques Drouin • Musique: Alex Pauk, Zena Louie, Louis Hone • Montage: Cowan • Production: Adam Symansky, Lewis, Cowan, Robert Verrall, Andy Thomson • Documentaire • Couleur • 59 mn.

Depuis que le monde est monde

1981 • Réalisation: Sylvie van Brabant, Louise Dugal, Serge Giguère • Images: Giguère • Son: Thierry Morlass, Serge Beaugrand • Musique: Abbittibbi, Josiane Roy, Serge Boisvert, Martine Leclercq • Montage: van Brabant, Dugal, Giguère • Production: Van Brabant • Documentaire • Couleur • 62 mn.

Dernières fiançailles, Les

1973 • Réalisation: Jean Pierre Lefebvre • Scénario: Lefebvre • Images: Guy Dufaux • Son: Jacques Blain • Musique: Andrée Paul • Montage: Marguerite Duparc • Production: Duparc, Bernard Lalonde • Interprètes: Marthe Nadeau, J.-Léo Gagnon, Marcel Sabourin • Fiction • Couleur • 91 mn.

Dernier glacier, Le

1984 • Réalisation: Jacques Leduc, Roger Frappier • Scénario: Leduc, Frappier • Images: Leduc, Pierre Letarte • Son: Claude Beaugrand • Musique: René Lussier, Jean Derome, Michel Rivard • Montage: Monique Fortier • Production: Jean Dansereau • Interprètes: Robert Gravel, Louise Laprade, Martin Dumont, Rivard, Marie Saint-Onge, Renato Battisti • Documentaire/Fiction • Couleur • 84 mn.

Derrière l'image

1978 • Réalisation: Jacques Godbout • Scénario: Florian Sauvageau • Images: Jean-Pierre Lachapelle • Son: Claude Hazanavicius • Musique: François Dompierre • Montage: Werner Nold • Production: Paul Larose, Gilbert Wolmark • Documentaire • Couleur • 114 mn.

Désœuvrés, Les

1959 • Réalisation: René Bail • Scénario: Bail • Images: Bail • Montage: Bail • Production: Bail • Interprètes: Roger Tremblay, Régent Tremblay, Michel Pelland, Serge Guénette • Fiction • N&B • 57 mn.

Deux épisodes dans la vie d'Hubert Aquin

1979 • Réalisation: Jacques Godbout • Scénario: Godbout, François Ricard • Images: Pierre Letarte • Son: Serge Beauchemin • Musique: Alain Reiher • Montage: Louise Surprenant • Production: Jacques Bobet • Documentaire • Couleur • 57 mn.

Deux femmes en or

1970 • Réalisation: Claude Fournier • Scénario: Fournier, Marie-José Raymond • Images: Fournier • Son: Raymond Leroux, Claude Delorme • Musique: Robert Charlebois • Montage: Fournier • Production: Pierre Lamy • Interprètes: Monique Mercure, Louise Turcot, Marcel Sabourin, Donald Pilon, Vincent Fournier, Francine Morand, Yvon Deschamps, Gilles Latulippe, Paul Berval, Réal Béland, Donald Lautrec, Michel Chartrand • Fiction • Couleur • 107 mn.

Divine Right, The

1985 • Réalisation: Richard Raxlen • D'après le livre The Golden Bough de l'anthropologue J. Frazier • Images: Raxlen • Son: Raxlen, Yoland Houle • Musique: Houle • Montage: Raxlen • Production: Main Film, Raxlen • Narrateur: Jack Messinger • Expérimental • Couleur • 12 mn.

Du coq à l'âne

1973 • Réalisation: Suzanne Gervais, Francine Desbiens, Pierre Hébert • Musique: Pierre F. Brault • Production: Gaston Sarault • Voix: Jean-Guy Moreau • Animation • Couleur • 11 mn.

Eau chaude l'eau frette, L'

1976 • Réalisation: Marc-André Forcier • Scénario: Forcier, Jacques Marcotte • Images: François Gill • Son: Hugues Mignault • Musique: André Duchesne • Montage: André Corriveau • Production: Bernard Lalonde • Interprètes: Jean Lapointe, Jean-Pierre Bergeron, Sophie Clément, Louise Gagnon, Réjean Audet, Anne-Marie Ducharme, Albert Payette, Guy L'Ecuyer • Fiction • Couleur • 92 mn.

Eliza's Horoscope

1975 • Réalisation: Gordon Sheppard • Scénario: Sheppard • Images: Jean Boffety, Michel Brault, Paul van der Linden • Son: Lenny Lencina, Ron Seltzer • Musique: Elmo Peeler • Montage: Sheppard • Production: Sheppard, Marguerite Corriveau • Interprètes: Elizabeth Moorman, Tommy Lee Jones, Rose Quong, Lila Kedrova, Pierre Byland, Marcel Sabourin • Fiction • Couleur • 121 mn.

Elvis Gratton

1981 • Réalisation: Pierre Falardeau, Julien Poulin • Scénario: Falardeau, Poulin • Images: Alain Dostie • Son: Serge Beauchemin • Montage: Falardeau, Poulin • Production: Bernadette Payeur • Interprètes: Poulin, Denise Mercier, Little Beaver, Marie-Claude Dufour, Falardeau • Fiction • Couleur • 30 mn.

Émotion dissonante, L'

1984 • Réalisation: Fernand Bélanger • Scénario: Yves Angrignon, Bélanger, Louise Dugal • Images: François Beauchemin • Son: Yves Gendron, Diane Carrière, Esther Auger, Jacques

Drouin • Musique: René Lussier, André Duchesne, Bernard Buisson • Animation: Pierre Hébert • Montage: Angrignon, Bélanger, Dugal • Production: Jacques Vallée • Documentaire/ Fiction • Couleur • 81 mn.

End Game in Paris

1982 • Réalisation: Veronica Soul • Images: Wolf Koenig, Ian Adams • Son: Jean-Guy Normandin • Montage: Soul • Production: Koenig, Robert Verrall • Expérimental • Couleur • 17 mn.

Enfants des normes - POST-SCRIPTUM, Les

1983 • Réalisation: Georges Dufaux • Images: Dufaux • Son: Yves Gendron, Richard Besse • Musique: Jérôme Langlois • Montage: Dufaux • Production: Jacques Bobet • Documentaire • Couleur • 114 mn.

Enfants du Québec et alvéoles familiales

1979 • Réalisation: Michel Moreau • Images: François Gill • Son: Jacques Blain, Serge Beauchemin, Michel Charron • Musique: Jean Sauvageau • Montage: Josée Beaudet • Production: Moreau • Documentaire • Couleur • 100 mn.

En pays neufs

1934-1937 • Réalisation: Maurice Proulx • Scénario: Proulx • Images: Proulx • Musique: Maurice Montgrain • Montage: Proulx • Production: Ministère de la Colonisation et de l'Agriculture du Québec • Documentaire • N&B • 66 mn.

Entre la mer et l'eau douce

1967 • Réalisation: Michel Brault • Scénario: Denys Arcand, Brault, Marcel Dubé, Gérald Godin, Claude Jutra • Images: Bernard Gosselin, Brault, Jean-Claude Labrecque • Son: Serge Beauchemin • Musique: Claude Gauthier • Montage: Brault, Werner Nold • Production: Pierre Patry • Interprètes: Claude Gauthier, Geneviève Bujold, Paul Gauthier, Denise Bombardier, Robert Charlebois, Louise Latraverse, Godin • Fiction • N&B • 85 mn.

Entre tu et vous

1969 • Réalisation: Gilles Groulx • Scénario: Groulx • Images: Michel Brault • Son: Claude Hazanavicius • Montage: Jacques Kasma • Production: Jean Pierre Lefebvre, Laurence Paré • Interprètes: Pierre Harel, Dolorès Monfette, Paule Baillargeon, Manon D'Amour, Denise Lafleur, Susan Kay • Fiction • N&B • 65 mn.

Équinoxe

1986 • Réalisation: Arthur Lamothe • Scénario: Lamothe, Gilles Carle, Pierre-Yves Pépin • Images: Guy Dufaux • Son: Yvon Benoît • Musique: Jean Sauvageau, Jean-Claude Tremblay • Montage: François Gill • Production: Nicole Lamothe • Interprètes: Jacques Godin, Ariane

Frédérique, Marthe Mercure, André Melançon, Luc Proulx, Jerry Snell, Marcel Sabourin • Fiction • Couleur • 83 mn.

Étienne et Sara

1984 • Réalisation: Pierre Hébert • Poète: Serge Meurant • Assistantes-animatrices: Michèle Pauzé, Élaine Despins • Musique: René Lussier, Robert M. Lepage, Jean Derome, Claude Simard • Production: Robert Forget • Animation • Couleur • 15 mn.

Faim, La

1973 • Réalisation: Peter Foldès • Système d'animation par ordinateur: Nestor Burtnyk, Marcel Nein • Musique: Pierre F. Brault • Production: René Jodoin • Animation • Couleur • 11 mn.

«Faune nordique»

1985-1987 • Réalisation: Jean-Louis Frund • Images: Frund • Son: Frund • Montage: Nicole Paradis, Hervey Kerlan • Montage sonore: Viateur Paiement, Marcel Pothier • Production: Frund • Documentaire • Couleur • Série de sept cm de 26 mn chacun.

Femme de l'hôtel, La

1984 • Réalisation: Léa Pool • Scénario: Pool, Michel Langlois, Robert Gurik • Images: Georges Dufaux • Son: Serge Beauchemin • Musique: Yves Laferrière • Montage: Michel Arcand • Production: Bernadette Payeur, Marc Daigle • Interprètes: Louise Marleau, Paule Baillargeon, Marthe Turgeon, Serge Dupire, Gilles Renaud, Geneviève Paris, Kim Yaroshevskaya • Fiction • Couleur • 89 mn.

Femmes dépareillées

1948 • Réalisation: Albert Tessier • Musique: J.G. Turcotte • Production: SCP • Narration: Judith Jasmin • Documentaire • Couleur • 20 mn.

Femme-image, La

1960 • Réalisation: Guy Borremans • Scénario: Jean Bertrand, Borremans, Jean Faucher • Images: Borremans • Musique: Bobby Jasper, René Thomas • Montage: Borremans • Production: Borremans • Interprètes: Roger Blay, Marthe Mercure, Pascale Perreault, Monique Valier, Bertrand, Faucher Fiction • N&B • 28 mn.

Fenêtres sur ça

1986 • Réalisation: Carlos Ferrand • Images: Ferrand • Son: Catherine van der Donckt • Musique: Ferrand • Production: Ferrand • Expérimental • Couleur • 24 mn.

Festin des morts, Le

1965 • Réalisation: Fernand Dansereau • Scénario: Alec Pelletier • Images: Georges Dufaux

• Son: Marcel Carrière • Musique: Maurice Blackburn • Montage: Dansereau • Production: André Belleau • Interprètes: Alain Cuny, Jean-Louis Sabourin, Jacques Godin, Jean-Louis Millette, Albert Millaire, Monique Mercure • Fiction • N&B • 79 mn (une première version, intitulée *Astataïon ou le festin des morts,* d'une durée de 96 mn, a été projetée en 1965).

Fiction nucléaire, La

1979 • Réalisation: Jean Chabot • Scénario: Chabot, Solange Vincent • Images: André-Luc Dupont • Son: Richard Besse • Musique: Ornette Coleman, Marcel Martel, Robert Fleming • Montage: François Dupuis • Production: Roger Frappier • Documentaire • Couleur • 87 mn.

Filles c'est pas pareil, Les

Série «En tant que femmes»
1974 • Réalisation: Hélène Girard • Images: Suzanne Gabori • Son: Joseph Champagne • Musique: Maurice Blackburn • Montage: Girard • Production: Anne Claire Poirier • Documentaire • Couleur • 58 mn.

Filles du Roy, Les

Série «En tant que femmes»
1974 • Réalisation: Anne Claire Poirier • Scénario: Marthe Blackburn, Jeanne Morazain, Poirier • Images: Georges Dufaux • Son: Joseph Champagne • Musique: Maurice Blackburn • Montage: Éric de Bayser • Production: Poirier • Documentaire • Couleur • 57 mn.

Fleurs sauvages, Les

1982 • Réalisation: Jean Pierre Lefebvre • Scénario: Lefebvre • Images: Guy Dufaux • Son: Claude Hazanavicius • Musique: Raoul Duguay, Jean Corriveau, Claude Fonfrède • Montage: Marguerite Duparc • Production: Duparc • Interprètes: Michèle Magny, Marthe Nadeau, Pierre Curzi, Claudia Aubin, Éric Beauséjour, Georges Bélisle, Raoul Duguay • Fiction • Couleur • 152 mn.

Forteresse, La

1947 • Réalisation: Fédor Ozep • Scénario: Rian James, Leonard Lee • Images: Guy Roe • Son: Edward Fenton • Musique: Morris C. Davis • Montage: Jean Boisvert, Douglas Bagier, Richard J. Jarvis • Production: George Marton, Paul L'Anglais, Roger Wood • Interprètes: Nicole Germain, Paul Dupuis, Jacques Auger, Mimi d'Estée, Henri Letondal, Armande Lebrun • Fiction • N&B • 99 mn.

Free Fall

1964 • Réalisation: Arthur Lipsett • Scénario: Lipsett • Images: Lipsett • Son: Lipsett • Musique: John Cage, David Tudor • Montage: Lipsett • Production: Colin Low, Tom Daly • Expérimental • N&B • 9 mn.

Gala

1982 • Réalisation: John N. Smith, Michael McKennirey • Images: Savas Kalogeras • Son: Claude Hazanavicius, Roy Cox • Montage: Smith, McKennirey • Production: Smith, McKennirey, Adam Symansky • Documentaire • Couleur • 91 mn.

Gammick, La

1974 • Réalisation: Jacques Godbout • Scénario: Pierre Turgeon, Jean-Marie Poupart, Godbout • Images: Jean-Pierre Lachapelle • Son: Richard Besse • Musique: François Dompierre • Montage: Werner Nold • Production: Marc Beaudet • Interprètes: Marc Legault, Dorothée Berryman, Gilbert Chénier, André Guy, Pierre Gobeil, Julien Poulin • Fiction • Couleur • 86 mn.

Gina

1975 • Réalisation: Denys Arcand • Scénario: Arcand • Images: Alain Dostie • Son: Serge Beauchemin • Musique: Michel Pagliaro, Benny Barbara • Montage: Arcand • Production: Pierre Lamy, Luc Lamy • Interprètes: Céline Lomez, Claude Blanchard, Frédérique Collin, Serge Thériault, Gabriel Arcand, Louise Cuerrier, Jocelyn Bérubé, Paule Baillargeon • Fiction • Couleur • 94 mn.

Golden Gloves

1961 • Réalisation: Gilles Groulx • Images: Guy Borremans, Michel Brault, Claude Jutra, • Bernard Gosselin, Groulx • Son: Claude Pelletier, Joseph Champagne • Musique: Les Jérolas • Montage: Groulx • Production: Victor Jobin, Fernand Dansereau • Documentaire • N&B • 28 mn.

Grand film ordinaire, Le

1970 • Réalisation: Roger Frappier • Images: Jérôme Dal Danto, Pierre Mignot, François Roux • Son: Jacques Blain, Pierre Larocque, Yves Sauvageau, Martial Filion, Michel Desaulniers • Montage: Pierre Lacombe • Musique: Hélène Prévost • Production: Frappier • Interprètes: Raymnond Cloutier, Paule Baillargeon, Jocelyn Bérubé, Claude Laroche, Suzanne Garceau, Guy Thauvette • Documentaire/Fiction • Couleur et N&B • 78 mn.

Grand remue-ménage, Le

1978 • Réalisation: Sylvie Groulx, Francine Dallaire • Images: Bruno Carrière, Serge Giguère • Son: Noël Almey, Alain Corneau • Musique: Conventum • Montage: Jean Saulnier, Jean Gagné • Production: Régis Painchaud • Documentaire • Couleur • 70 mn.

Grands enfants, Les

1980 • Réalisation: Paul Tana • Scénario: Tana • Images: Serge Giguère • Son: Alain Corneau • Musique: Bernard Buisson • Montage: Louise Surprenant • Production: Marc Daigle •

Interprètes: Gilbert Sicotte, Julie Vincent, Robert Gravel, Jean Mathieu, Marielle Bernard, Bryan Doubt • Fiction • Couleur • 83 mn.

Gros Bill, Le

1949 • Réalisation: René Delacroix • Coréalisation: Jean-Yves Bigras • Scénario: Jean Palardy • Images: Jean Bachelet • Son: Henri Dubuis • Musique: Maurice Blackburn • Montage: Jean Boisvert • Production: Bigras • Interprètes: Ginette Letondal, Juliette Béliveau, Maurice Gauvin, Paul Guèvremont, Noël Moisan, Amanda Alarie • Fiction • N&B • 90 mn.

Guerre des tuques, La

Série «Contes pour tous»
1984 • Réalisation: André Melançon • Scénario: Danyèle Patenaude, Roger Cantin, Melançon • Images: François Protat • Son: Serge Beauchemin • Musique: Germain Gauthier • Montage: André Corriveau • Production: Rock Demers, Nicole Robert, Claude Bonin • Interprètes: Cédric Jourde, Maripierre A. D'Amour, Julien Elie, Duc Minh Vu, Maryse Cartwright, Luc Boucher • Fiction • Couleur • 91 mn.

Guerre oubliée, La

1987 • Réalisation: Richard Boutet • Images: Robert Vanherweghem • Son: Yves Saint-Jean, Diane Carrière, Claude Beaugrand • Musique: Tom Rivest • Montage: Francis van den Heuvel • Production: Lucille Veilleux • Interprètes: Joe Bocan, Eudore Belzile, Jacques Godin, Jean-Louis Paris • Documentaire/Fiction • Couleur • 97 mn.

«Gui Daò - Sur la voie»

1980 • Réalisation: Georges Dufaux • Images: Dufaux • Son: Richard Besse • Montage: Werner Nold • Production: Jean Dansereau • Voix: Madeleine Arseneault, Claudine Chatel, Ronald France, Elizabeth Le Sieur, Hélène Loiselle, Claude Préfontaine, Louise Turcot • Documentaire • Couleur • 1re partie: Aller Retour Beijing 60 mn • 2e partie: Quelques Chinoises nous ont dit 80 mn. • 3e partie: Une gare sur le Yangzi 60 mn.

Herménégilde, vision d'un pionnier du cinéma québécois - 1908-1973

1976 • Réalisation: Richard Lavoie • Images: Herménégilde Lavoie, R. Lavoie, Pierre Pelletier • Son: Yves Saint-Jean • Montage: Lavoie • Production: Lavoie • Narrateur: Paul Hébert • Documentaire • N&B • 53 mn.

Heure des anges, L'

1986 • Réalisation: Jacques Drouin, Bretislav Pojar • Scénario: Pojar, Drouin • Musique: Michael Kocab • Montage: Drouin • Production: Robert Forget, Vera Henzluva • Animation • Couleur • 19 mn.

Hiver bleu, L'

1979 • Réalisation: André Blanchard • Scénario: Blanchard, Jeanne-Mance Delisle • Images: Alain Dupras • Son: Robert Girard • Musique: Abbittibbi • Montage: Francis van den Heuvel, Ginette Leduc • Production: Marguerite Duparc • Interprètes: Christiane Lévesque, Nicole Scant, Lise Pichette, Alice Pomerleau, Michel Chénier, Réjean Roy • Fiction • Couleur • 82 mn.

Hommage à notre paysannerie

1938 • Réalisation: Albert Tessier • Images: Tessier • Montage: Tessier • Documentaire • N&B • 29 mn.

Homme à tout faire, L'

1980 • Réalisation: Micheline Lanctôt • Scénario: M. Lanctôt • Images: André Gagnon • Son: Marcel Fraser • Musique: François Lanctôt • Montage: Annick de Bellefeuille • Production: René Malo, Jean-Claude Lord • Interprètes: Jocelyn Bérubé, Andrée Pelletier, Gilles Renaud, Paul Dion, Danielle Schneider, Marcel Sabourin • Fiction • Couleur • 99 mn.

Homme aux oiseaux, L'

1952 • Réalisation: Bernard Devlin, Jean Palardy • Scénario: Roger Lemelin • Images: Grant McLean • Son: Joseph Champagne • Musique: Maurice Blackburn • Montage: Douglas Tunstell • Production: Guy Glover • Interprètes: Camille Fournier, Annette Leclerc, Roger Le Bel, Maurice Beaupré, Marcel Fournier • Fiction • N&B • 30 mn.

Homme de papier, L'

1987 • Réalisation: Jacques Giraldeau • Scénario: Giraldeau • Images: François Beauchemin • Son: Diane Carrière • Musique: Normand Roger • Montage: Jacques Drouin • Production: Yves Leduc • Interprètes: Denis Bouchard, Doris Vasiloff • Fiction/Animation • Couleur • 56 mn.

Homme qui plantait des arbres, L'

1987 • Réalisation: Frédéric Back • Scénario: Back • D'après le récit de Jean Giono • Son: Hervé J. Bibeau • Musique: Normand Roger • Montage: Norbert Pickering • Production: Hubert Tison • Narrateur: Philippe Noiret • Animation • Couleur • 30 mn.

Homme renversé, L'

1986 • Réalisation: Yves Dion • Scénario: Dion, René Gingras • Images: Pierre Letarte • Son: Alain Corneau, Richard Besse • Musique: Fernand Bernard • Montage: Dion • Production: Suzanne Dussault, Roger Frappier, Michel Gauthier • Interprètes: André Lacoste, Yves Desgagnés, Johanne Seymour, Dion • Fiction • Couleur • 95 mn.

Huit témoins

1965 • Réalisation: Jacques Godbout • Images: Bernard Gosselin, Jacques Leduc • Son: Claude Pelletier • Musique: Maurice Blackburn • Production: André Belleau • Documentaire • N&B • 58 mn.

If You Love This Planet

1982 • Réalisation: Terri Nash • Images: André-Luc Dupont, Susan Trow, Don Virgo • Son: Jacques Drouin • Musique: Karl L. du Plessis • Montage: Nash • Production: Edward Le Lorrain, Kathleen Shannon • Documentaire • Couleur • 26 mn.

I Hate To Lose

1977 • Réalisation: Michael Rubbo • Images: Andreas Poulsson • Son: Joseph Champagne, Michel Hazel • Musique: Angèle Arseneault • Montage: Rubbo • Production: Tom Daly, Arthur Hammond • Documentaire • Couleur • 57 mn.

Il était une fois dans l'Est

1973 • Réalisation: André Brassard • Scénario: Michel Tremblay, Brassard • Images: Paul van der Linden • Son: Jacques Blain • Musique: Jacques Perron • Montage: André Corriveau • Production: Pierre Lamy • Interprètes: Denise Filiatrault, Michelle Rossignol, Frédérique Collin, Sophie Clément, André Montmorency, Jean Archambault, Gilles Renaud, Manda Parent, Claude Gai, Amulette Garneau, Rita Lafontaine, Béatrice Picard • Fiction • Couleur • 100 mn.

Il était une guerre

Série «Panoramique»
1958 • Réalisation: Louis Portugais • Scénario: Réginald Boisvert • Images: Georges Dufaux • Son: Claude Pelletier • Montage: Victor Jobin, Gilles Groulx, Marc Beaudet, David Mayerovitch • Production: Guy Glover, Léonard Forest • Interprètes: Aimé Major, Hélène Loiselle, J.-Léo Gagnon, Lucie Poitras, Jean-Claude Robillard, Mariette Duval • Fiction • Couleur • 94 mn.

Il ne faut pas mourir pour ça

1967 • Réalisation: Jean Pierre Lefebvre • Scénario: Lefebvre, Marcel Sabourin • Images: Jacques Leduc • Son: Serge Beauchemin • Musique: Andrée Paul • Montage: Marguerite Duparc • Production: Duparc • Interprètes: Sabourin, Monique Champagne, Suzanne Grossman, Mouffe (Claudine Monfette), Lusarif Atamoglu, Kattia Bellangé (Lucille Bélanger) • Fiction • N&B • 75 mn.

Incident at Restigouche

1984 • Réalisation: Alanis Obomsawin • Images: Roger Rochat, Savas Kalogeras • Son: Yves Gendron, Bev Davidson • Musique: Luc Plamondon, Édith Butler, Willie Dunn • Montage:

Allan Collins, Wolf Koenig • Production: Andy Thomson, Obomsawin, Robert Verrall, • Adam Symansky • Documentaire • Couleur • 46 mn.

IXE-13

1971 • Réalisation: Jacques Godbout • Scénario: Godbout, d'après Pierre Saurel • Images: Thomas Vamos • Son: Claude Hazanavicius, Michel Descombes • Musique: François Dompierre • Montage: Werner Nold • Production: Pierre Gauvreau • Interprètes: Louise Forestier, André Dubois, Serge Grenier, MarcLaurendeau, Marcel Saint-Germain, Louisette Dussault, Carole Laure, Luce Guilbeault • Fiction • Couleur • 114 mn.

Jacques et Novembre

1984 • Réalisation: François Bouvier, Jean Beaudry • Scénario: Beaudry, Bouvier • Images: Serge Giguère, Claude de Maisonneuve, Bouvier • Son: Marcel Fraser, Diane Carrière, Dominique Chartrand, Christine Lemoyne, Michel Charron, Gilbert Lachapelle, André Dussault, François Reid • Musique: Michel Rivard • Montage: Beaudry • Production: Bouvier, Marcel Simard • Interprètes: Beaudry, Jean Mathieu, Carole Fréchette, Marie Cantin, Pierre Rousseau, Reine France • Fiction • Couleur • 72 mn.

J'ai mon voyage!

1973 • Réalisation: Denis Héroux • Scénario: Gilles Richer • Images: Bernard Chentrier • Son: Patrick Rousseau • Musique: Claude Bolling, Bluegrass Connection • Montage: Étiennette Muse • Production: Claude Héroux, Marc Simenon, Jean Salvy, Pierre David • Interprètes: Dominique Michel, Jean Lefebvre, Régis Simard, René Simard, Francis Blanche, Mylène Demongeot • Fiction • Couleur • 89 mn.

J'ai pas dit mon dernier mot

1986 • Réalisation: Yvon Provost • Images: Martin Leclerc • Son: Yves Gendron • Musique: Daniel Vermette • Montage: Pierre Lemelin • Production: Jean Dansereau, Guy L. Coté • Interprètes: Marc Favreau • Participant: Richard Vigneault • Documentaire • Couleur • 59 mn.

J. A. Martin photographe

1976 • Réalisation: Jean Beaudin • Scénario: Beaudin, Marcel Sabourin • Images: Pierre Mignot • Son: Jacques Blain • Musique: Maurice Blackburn • Montage: Beaudin, Hélène Girard • Production: Jean-Marc Garand • Interprètes: Sabourin, Monique Mercure, Marthe Thiéry, Catherine Tremblay, Mariette Duval, Denis Hamel, Jean Lapointe, Guy L'Écuyer • Fiction • Couleur • 101 mn.

Jeunesse année zéro

1964 • Réalisation: Louis Portugais • Images: Daniel Fournier • Montage: Annie Tresgot • Entrevues: Normand Cloutier • Coordination: Jean Bellemare • Production: Les films Claude Fournier • N&B • 39 mn.

Jésus de Montréal

1989 • Réalisation: Denys Arcand • Scénario: Arcand • Images: Guy Dufaux • Son: Patrick Rousseau • Montage: Isabelle Dedieu • Production: Roger Frappier, Pierre Gendron, Gérard Mital • Interprètes: Lothaire Bluteau, Catherine Wilkenig, Rémy Girard, Robert Lepage, Johanne-Marie Tremblay • Fiction • Couleur •

Jeux de la XXIᵉ Olympiade, Les

1977 • Réalisation: Jean-Claude Labrecque • Réalisateurs associés: Jean Beaudin, Marcel Carrière, Georges Dufaux • Images: Pierre Mignot, Pierre Letarte, Dufaux • Son: Claude Hazanavicius, Jacques Blain, Serge Beauchemin • Musique: André Gagnon, Victor Vogel, Art Phillips • Montage: Werner Nold • Production: Ashley Murray, Jacques Bobet • Documentaire • Couleur • 118 mn.

J'me marie, j'me marie pas,

Série «En tant que femmes»
1973 • Réalisation: Mireille Dansereau • Scénario: Dansereau • Images: Benoit Rivard • Son: Claude Lefebvre • Montage: Claire Boyer • Production: Anne Claire Poirier • Documentaire • Couleur • 81 mn.

Jouer sa vie

1982 • Réalisation: Gilles Carle, Camille Coudari • Images: Pierre Letarte, Thomas Vamos • Son: Michel Bordeleau • Montage: Yves Leduc • Production: Hélène Verrier • Documentaire • Couleur • 80 mn.

Jour après jour

1962 • Réalisation: Clément Perron • Images: Guy Borremans • Trame sonore: Maurice Blackburn • Montage: Anne Claire Poirier • Production: Fernand Dansereau, Hubert Aquin • Documentaire • N&B • 29 mn.

Journal inachevé

1982 • Réalisation: Marilú Mallet • Scénario: Mallet • Images: Guy Borremans • Son: Julian Olson • Montage: Mallet, Pascale Laverrière, Milicska Jalbert • Production: Dominique Pinel, Mallet • Interprètes: Mallet, Michael Rubbo, Nicolas Rubbo, Maria Luisa Segnoret, Isabel Allende, Salvator Fisciella • Fiction • Couleur • 48 mn.

Journée d'un curé de campagne, La

1983 • Réalisation: François Brault • Scénario: Michel Lessard • Images: Brault • Son: Joseph Champagne, Yves Gendron • Musique: Jean Cloutier • Montage: Suzanne Allard, Pascal Gélinas, Marthe de la Chevrotière • Production: Jean Dansereau • Documentaire • Couleur • 66 mn.

Jules le magnifique

Série «Les exclus»
1976 • Réalisation: Michel Moreau • Images: Michel Brault • Son: Claude Beaugrand •
Montage: Josée Lecours • Production: Moreau • Interprète: Jules Arbec • Documentaire •
Couleur • 74 mn.

Kamouraska

1973 • Réalisation: Claude Jutra • Scénario: Anne Hébert, Jutra • D'après le roman d'Hébert
• Images: Michel Brault • Son: Serge Beauchemin • Musique: Maurice Le Roux • Montage:
Renée Lichtig • Production: Pierre Lamy, Mag Bodard • Interprètes: Geneviève Bujold,
Richard Jordan, Philippe Léotard, Marcel Cuvelier, Suzie Baillargeon, Huguette Oligny,
Janine Sutto, Olivette Thibault • Fiction • Couleur • 124 mn.

Kid sentiment

1967 • Réalisation: Jacques Godbout • Scénario: Ghislaine Godbout, J. Godbout • Images:
Thomas Vamos • Son: Claude Hazanavicius • Musique: Les Sinners, Pierre Noles • Montage:
J. Godbout • Production: Clément Perron • Interprètes: Andrée Cousineau, François Guy,
Michèle Mercure, Louis Parizeau, Jacques Languirand, François Jasmin • Fiction • Couleur
• 87 mn.

Larose, Pierrot et la Luce

1982 • Réalisation: Claude Gagnon • Scénario: C. Gagnon • Images: André Pelletier • Son:
Louis Dupire • Musique: June Wallack • Montage: C. Gagnon • Production: Yuri Yoshimura-
Gagnon, C. Gagnon • Interprètes: Luc Matte, Richard Niquette, Louise Portal, Céline Jacques,
Daniel Saint-Pierre, Noémi Gélinas • Fiction • Couleur • 105 mn.

Liberty Street Blues

1988 • Réalisation: André Gladu • Images: Martin Leclerc • Son: Claude Beaugrand •
Montage: Monique Fortier • Production: Éric Michel • Documentaire • Couleur • 80 mn.

Lies My Father Told Me

1975 • Réalisation: Jan Kadar • Scénario: Ted Allan • D'après la nouvelle d'Allan • Images:
Paul van der Linden • Son: Henri Blondeau • Musique: Sol Kaplan • Montage: Edward Beyer,
Richard Marks • Production: Anthony Bedrich, Harry Gulkin, Bill Cohen • Interprètes: Yossi
Yadin, Len Birman, Marilyn Lightstone, Jeffrey Lynas, Allan, Barbara Chilcott • Fiction •
Couleur • 102 mn.

Lin du Canada, Le

1947 • Réalisation: Maurice Proulx • Scénario: Proulx • Images: Proulx • Production: Proulx,
SCP • Narrateur: Miville Couture • Documentaire • N&B • Deux parties de 20 mn chacune.

Lumières de ma ville, Les

1950 • Réalisation: Jean-Yves Bigras • Scénario: Roger Garand, Rudel-Tessier, Bigras • Images: Roger Racine • Son: Yves Lafond, Claude Pelletier, Denis Masson • Musique: Allan McIver, Pierre Petel • Montage: Bigras • Production: Roger Garand • Interprètes: Guy Mauffette, Huguette Oligny, Monique Leyrac, Paul Berval, Albert Duquesne, Paul Guèvremont • Fiction • N&B • 127 mn.

Luna, luna, luna

1981 • Réalisation: Viviane Elnécavé • Musique: Normand Roger • Montage: Jacques Drouin • Production: Francine Desbiens • Animation • Couleur • 13 mn.

Lutte, La

1961 • Réalisation: Michel Brault, Marcel Carrière, Claude Fournier, Claude Jutra • Images: Brault, Fournier, Jutra • Son: Carrière • Montage: Jutra, Brault, Fournier • Production: Jacques Bobet • Documentaire • N&B • 28 mn.

«Madame, vous avez rien»

1982 • Réalisation: Dagmar Gueissaz Teufel • Images: Jacques Leduc • Son: Yves Gendron • Musique: Christian Lafond • Montage: Monique Fortier • Production: Jacques Vallée • Documentaire • Couleur • 56 mn.

Mains nettes, Les

Série «Panoramique»
1958 • Réalisation: Claude Jutra • Scénario: Fernand Dansereau • Images: Michel Brault, Jean Roy • Son: Marcel Carrière • Musique: Maurice Blackburn • Montage: David Mayerovitch • Production: Guy Glover, Léonard Payette • Interprètes: Denise Provost, Michel Mailhot, Jean Brousseau, Teddy-Burns Goulet, Doris Lussier, Micheline Guérin • Fiction • N&B • 73 mn.

Maison qui empêche de voir la ville, La

1974 • Réalisation: Michel Audy • Scénario: Audy, Jean Lemay • Images: Audy • Son: Daniel Pagé • Musique: Jean-Paul Bérard • Montage: Audy • Production: Audy, René Baril • Interprètes: Carmen Jolin, Jean Beaudry, Luc Alarie, Claude Lemieux, Marie-Claude Drolet, Jean-Pierre Masse • Fiction • N&B • 125 mn.

Mâles, Les

1970 • Réalisation: Gilles Carle • Scénario: Carle • Images: René Verzier • Son: Raymond Marcoux • Musique: Stéphane Venne • Montage: Carle • Production: Pierre lamy • Interprètes: Donald Pilon, René Blouin, Andrée Pelletier, Katerine Mousseau, Guy L'Écuyer, J.-Léo Gagnon • Fiction • Couleur • 107 mn.

Marc-Aurèle Fortin (1888-1970)

1983 • Réalisation: André Gladu • Scénario: Gladu, France Pilon • Images: Pierre Mignot, Michel Brault • Son: Claude Beaugrand, Serge Beauchemin, Michel Charron, Dominique Chartrand • Montage: Pilon • Production: Michèle Saint-Arnaud • Interprètes: Nicolas Ferraris, Pierre Chagnon, Lionel Villeneuve • Documentaire/Fiction • Couleur • 57 mn.

Maria Chapdelaine

1983 • Réalisation: Gilles Carle • Scénario: Carle, Guy Fournier • D'après le roman de Louis Hémon • Images: Pierre Mignot, Richard Leiterman • Son: Patrick Rousseau • Musique: Lewis Furey • Montage: Avdé Chiriaeff • Production: Murray Shostak, Robert Baylis, Harold Greenberg • Interprètes: Carole Laure, Nick Mancuso, Claude Rich, Amulette Garneau, Yoland Guérard, Pierre Curzi, Donald Lautrec, Gilbert Sicotte, Guy Thauvette • Fiction • Couleur • 107 mn.

Mariage du hibou, Le

1974 • Réalisation: Caroline Leaf, conseillée par Co Hœdeman • Animation: Leaf • Dessins: Nanogak • Son: Jeela Alilkatuktuk, Paul Angiyou, Martha Kauki, Samonee • Production: Pierre Moretti • Animation • Couleur • 8 mn.

Marie Uguay

1982 • Réalisation: Jean-Claude Labrecque • Images: Labrecque • Son: Claude Chevalier • Musique: Dominique Proulx • Montage: Huguette Laperrière • Production: Jacques Bobet • Documentaire • Couleur • 56 mn.

Mario

1984 • Réalisation: Jean Beaudin • Scénario: Arlette Dion, Beaudin, Jacques Paris • D'après le roman *La sablière* de Claude Jasmin • Images: Pierre Mignot, Thomas Vamos • Son: Richard Besse • Musique: François Dompierre • Montage: Werner Nold • Production: Hélène Verrier, Beaudin, Jacques Bobet, Denis Héroux, John Kemeny • Interprètes: Xavier Norman Patermann, Francis Reddy, Nathalie Chalifour, Jacques Godin, Murielle Dutil, Claire Pimparé • Fiction • Couleur • 97 mn.

Martien de Noël, Le

1970 • Réalisation: Bernard Gosselin • Scénario: Roch Carrier • Images: Alain Dostie • Son: Serge Beauchemin • Musique: Jacques Perron • Montage: André Corriveau • Production: Jean Dansereau • Interprètes: Marcel Sabourin, Catherine Leduc, François Gosselin, Roland Chenail, Guy L'Écuyer, Paul Hébert • Fiction • Couleur • 66 mn.

Masculine Mystique, The

1984 • Réalisation: John N. Smith, Giles Walker • Scénario: Smith, Walker, David Wilson • Images: Andrew Kitzanuk • Son: Jean-Guy Normandin • Musique: Richard Gresko • Montage:

David Wilson • Production: Smith, Walker, Robert Verrall, Andy Thomson • Interprètes: Stefan Wodoslawsky, Char Davies, Sam Grana, Eleanor MacKinnon, Felice Grana, Stefanie Grana • Fiction • Couleur • 87 mn.

Matou, Le

1985 • Réalisation: Jean Beaudin • Scénario: Lise Lemay-Rousseau • D'après le roman d'Yves Beauchemin • Images: Claude Agostini • Son: Claude Hazanavicius • Musique: François Dompierre • Montage: Jean-Pierre Cereghetti • Production: Justine Héroux, Denis Héroux, John Kemeny • Interprètes: Serge Dupire, Monique Spaziani, Jean Carmet, Julien Guiomar, Guillaume Lemay-Thivierge, Miguel Fernandes, Julien Poulin • Fiction • Couleur • 141 mn.

Maudite galette, La

1972 • Réalisation: Denys Arcand • Scénario: Jacques Benoit • Images: Alain Dostie • Son: Serge Beauchemin • Musique: Michel Hinton, Gabriel Arcand, Lionel Thériault • Montage: Marguerite Duparc • Production: Duparc, Pierre Lamy • Interprètes: Luce Guilbeault, Marcel Sabourin, René Caron, J.-Léo Gagnon, Maurice Gauvin, Andrée Lalonde • Fiction • Couleur • 100 mn.

Mémoire battante

1983 • Réalisation: Arthur Lamothe • Scénario: A. Lamothe • Images: Guy Borremans, Jérôme Dal Santo, Roger Moride, Serge Giguère, Daniel Fournier • Son: Serge Beauchemin, Raymond Marcoux • Musique: Jean Sauvageau • Montage: Nicole Lamothe • Production: A. Lamothe, N. Lamothe • Interprètes: Gabriel Arcand • Narration: Rolande Rock, A. Lamothe • Documentaire/Fiction • Couleur • 168 mn. (Film en 3 parties).

Mépris n'aura qu'un temps, Le

1970 • Réalisation: Arthur Lamothe • Images: Guy Borremans • Son: Pierre Larocque • Montage: Francine Saia • Production: CSN • Documentaire • N&B et Couleur • 98 mn.

Million tout-puissant, Le

1985 • Réalisation: Michel Moreau • Scénario: M. Moreau, Michèle Pérusse • Images: Jean-Claude Labrecque • Son: Claude Hazanavicius • Musique: Maxime Dubois • Montage: Robert Favreau • Production: M. Moreau • Interprètes: Jean-Guy Moreau, Pierre Curzi, Gilbert Sicotte • Documentaire/Fiction • Couleur • 92 mn.

Mon enfance à Montréal

1970 • Réalisation: Jean Chabot • Scénario: Chabot • Images: Thomas Vamos • Son: Claude Hazanavicius • Montage: Marguerite Duparc • Production: Jean Pierre Lefebvre • Interprètes: Robert Rivard, Marc Hébert, Véronique Vilbert, Nana de Varennes, Carole Laure, Paul Guèvremont • Fiction • N&B • 64 mn.

Mon oncle Antoine

1971 • Réalisation: Claude Jutra • Scénario: Jutra, Clément Perron • Images: Michel Brault • Son: Claude Hazanavicius • Musique: Jean Cousineau • Montage: Jutra, Claire Boyer • Production: Marc Beaudet • Interprètes: Jean Duceppe, Olivette Thibault, Jacques Gagnon, Jutra, Hélène Loiselle, Lionel Villeneuve, Monique Mercure • Fiction • Couleur • 104 mn.

Monsieur Journault

1976 • Réalisation: Guy L. Coté • Scénario: Coté, Hubert de Ravinel • Images: Michel Thomas d'Hoste, Pierre Mignot, Martin Duckworth • Son: Joseph Champagne • Montage: Coté • Production: Paul Larose • Documentaire • Couleur • 65 mn.

Monsieur Pointu

1975 • Réalisation: André Leduc, Bernard Longpré • Caméra: Co Hoedeman • Production: René Jodoin • Interprètes: Paul Cormier (Monsieur Pointu) • Animation • Couleur • 13 mn.

Montée

1949 • Réalisation: Raymond Garceau • Scénario: Garceau • Images: Roger Racine • Son: Clarke Daprato, Clifford Griffin • Musique: Maurice Blackburn • Montage: Betty Brunke • Production: James Beveridge • Documentaire • N&B • 32 mn.

Montreal Main

1974 • Réalisation: Frank Vitale • Scénario: John, Dave et Ann Sutherland, Allan Moyle, Jackie Holden, Peter Brawley, Pam Marchant, Stephen Lack, Vitale • Images: Eric Bloch • Son: Pedro Novak • Musique: Beverly Glenn-Copeland • Montage: Vitale • Production: Vitale, Moyle, Kirwan Cox • Interprètes: Vitale, Moyle, Holden, Lack, Marchant, Brawley, J., D. et A. Sutherland • Fiction • Couleur • 88 mn.

Mort d'un bûcheron, La

1973 • Réalisation: Gilles Carle • Scénario: Carle, Arthur Lamothe • Images: René Verzier • Son: Henri Blondeau • Musique: Willie Lamothe • Montage: Carle • Production: Pierre Lamy • Interprètes: Carole Laure, W. Lamothe, Daniel Pilon, Pauline Julien, Marcel Sabourin, Denise Filiatrault • Fiction • Couleur • 114 mn.

Mother Tongue

1979 • Réalisation: Derek May • Images: André-Luc Dupont • Son: Jean-Guy Normandin • Montage: Judith Merritt, May • Production: Marrin Canell • Documentaire • Couleur • 47 mn.

Mourir à tue-tête

1979 • Réalisation: Anne Claire Poirier • Scénario: Poirier, Marthe Blackburn • Images: Michel Brault • Son: Joseph Champagne • Musique: Maurice Blackburn • Montage: André Corriveau • Production: Jacques Gagné, Poirier • Interprètes: Julie Vincent, Germain Houde,

Paul Savoie, Monique Miller, Micheline Lanctôt, Luce Guilbeault, Christiane Raymond, Louise Portal • Fiction • Couleur • 96 mn.

Naissance apprivoisée, La

1979 • Réalisation: Michel Moreau • Scénario: Édith Fournier, Guillaume Chouinard, Moreau • Images: François Gill • Son: Serge Beauchemin, Jacques Blain, Michel Charron, André Legault • Musique: Jean Sauvageau • Montage: Gill • Production: Moreau • Documentaire • Couleur • 73 mn.

Narcisse

1983 • Réalisation: Norman McLaren • Caméra animation: David de Volpi • Caméra optique: Jimmy Chin • Technique spéciale de caméra: Eric Miller, Jacques Fogel • Chorégraphie: Fernand Nault • Musique: Maurice Blackburn • Production: David Verrall, Derek Lamb, Douglas MacDonald • Danseurs: Jean-Louis Morin, Sylvie Kinal, Sylvain Lafortune • Animation • Couleur • 22 mn.

Neighbours

1952 • Réalisation: Norman McLaren, Grant Munro • Animation: McLaren • Images: Wolf Koenig • Son: Clarke Daprato • Musique: McLaren • Production: McLaren • Interprètes: Jean-Paul Ladouceur, Munro • Animation • Couleur • 8 mn.

Night Cap

1974 • Réalisation: André Forcier • Scénario: Forcier • Images: Pierre Letarte • Son: Joseph Champagne • Musique: Don Douglas • Montage: André Coriveau • Production: Laurence Paré • Interprètes: Jacques Marcotte, Esther Auger, Denise Pelletier, Guy L'Écuyer, Michel Bouchard, Pierre Baron • Fiction • Couleur • 36 mn.

Noranda

1984 • Réalisation: Daniel Corvec, Robert Monderie • Images: Alain Dupras, Marc Bergeron, Martin Duckworth • Son: Robert Girard, Pierre Pelletier • Montage: Liette Aubin • Production: Jean-Roch Marcotte • Documentaire • Couleur • 55 mn.

Not A Love Story — A Film About Pornography

1981 • Réalisation: Bonnie Sherr Klein • Scénario: Irene Angelico, Andrée Klein, B.S. Klein, Rose-Aimée Todd • Images: Pierre Letarte • Son: Yves Gendron • Musique: Ginette Bellavance • Montage: Anne Henderson • Production: Dorothy Todd Hénaut, Kathleen Shannon, Micheline Le Guillou • Documentaire • Couleur • 69 mn.

Ntesi Nana shepen 1-2-3-4

Série «Carcajou... et le péril blanc»
1974-1976 • Réalisation: Arthur Lamothe • Images: Guy Borremans, Pierre Mignot, Roger

Moride • Son: Serge Beauchemin, Ronald Brault, Pierre Larocque, Hugues Mignault • Musique: Jean Sauvageau • Montage: A. Lamothe, Nicole Lamothe, Francine Saia • Production: A. Lamothe • Documentaire • Couleur • 1- 63 mn • 2- 81 mn • 3- 55 mn • 4- 80 mn • (2ᵉ, 3ᵉ, 4ᵉ et 5ᵉ parties d'une série de 8).

Nuit de la poésie 27 mars 1970, La

1970 • Réalisation: Jean-Claude Labrecque, Jean-Pierre Masse • Images: Labrecque, Réo Grégoire, Jean-Pierre Lachapelle • Son: Jacques Drouin • Montage: Masse, Labrecque • Production: Marc Beaudet • Documentaire • Couleur • 111 mn.

O.K. ...Laliberté

1973 • Réalisation: Marcel Carrière • Scénario: Jean-Pierre Morin, Carrière • Images: Thomas Vamos • Son: Claude Hazanavicius, Serge Beauchemin • Musique: François Dompierre • Montage: Werner Nold • Production: Marc Beaudet • Interprètes: Jacques Godin, Luce Guilbeault, Jean Lapointe, Lucille Papineau, Denise Proulx, René Caron • Fiction • Couleur • 112 mn.

Old Orchard Beach, P.Q.

1982 • Réalisation: Michèle Cournoyer • Collaboration: Ida Zielinska, Robert Fournier • Images: Pierre Dury, Érik Daudelin • Son: Louis Cournoyer • Musique: Alain Clavier • Production: Pierre de Lanauze • Interprètes: Josette Trépanier, Louis Cournoyer • Animation • Couleur • 12 mn.

One Man

1977 • Réalisation: Robin Spry • Scénario: Spry, Peter Pearson, Peter Madden, Vladimir Valenta • Images: Douglas Kiefer • Son: Claude Hazanavicius • Musique: Ben Low • Montage: John Kramer • Production: Michael Scott, Roman Kroitor, James de B. Domville, Tom Daly, Valenta • Interprètes: Len Cariou, Jayne Eastwood, Carol Lazare, Barry Morse, August Schellenberg, Jean Lapointe • Fiction • Couleur • 87 mn.

On est au coton

1971 • Réalisation: Denys Arcand • Images: Alain Dostie • Son: Serge Beauchemin • Montage: Pierre Bernier • Production: Guy L. Coté, Pierre Maheu, Marc Beaudet • Documentaire • N&B • 159 mn.

On est loin du soleil

1970 • Réalisation: Jacques Leduc • Scénario: Robert Tremblay • Images: Alain Dostie • Son: Jacques Drouin • Musique: Michel Robidoux • Montage: Pierre Bernier • Production: Paul Larose • Interprètes: Marthe Nadeau, J.-Léo Gagnon, Reynald Bouchard, Pierre Curzi, Marcel Sabourin, Esther Auger, Willie Lamothe, Claude Jutra • Fiction • N&B • 79 mn.

On n'engraisse pas les cochons à l'eau claire

1973 • Réalisation: Jean Pierre Lefebvre • Scénario: Lefebvre • Images: Guy Dufaux • Son: Jacques Blain • Montage: Marguerite Duparc • Production: Duparc, Claude Godbout • Interprètes: Jean-Pierre Ouellet, Louise Cuerrier, Jean-Pierre Saulnier, Marthe Nadeau, J.-Léo Gagnon, Denys Arcand • Fiction • Couleur • 112 mn.

On n'est pas des anges

1981 • Réalisation: Guy Simoneau, Suzanne Guy • Images: François Gill • Son: Michel Charron • Musique: Pierre Charbonneau, François Asselin • Montage: Josée Beaudet • Production: Marcia Couëlle, Claude Godbout • Documentaire • Couleur • 77 mn.

Ordres, Les

1974 • Réalisation: Michel Brault • Scénario: Brault • Images: François Protat, Brault • Son: Serge Beauchemin • Musique: Philippe Gagnon • Montage: Yves Dion • Production: Bernard Lalonde, Gui L. Caron • Interprètes: Hélène Loiselle, Jean Lapointe, Guy Provost, Claude Gauthier, Louise Forestier, Amulette Garneau • Fiction • Couleur et N&B • 108 mn.

Oscar Thiffault

1987 • Réalisation: Serge Giguère • Images: Giguère • Musique: Oscar Thiffault • Son: Diane Carrière • Montage: Louise Dugal • Production: Sylvie van Brabant • Documentaire • Couleur • 53 mn.

Où êtes vous donc?

1968 • Réalisation: Gilles Groulx • Scénario: Groulx • Images: Thomas Vamos • Son: Claude Pelletier • Musique: Stéphane Venne • Montage: Groulx • Production: Guy L. Coté • Interprètes: Christian Bernard, Georges Dor, Mouffe, Danielle Jourdan, Venne • Fiction N&B • 95 mn.

Parlez-nous d'amour

1976 • Réalisation: Jean-Claude Lord • Scénario: Michel Tremblay, Lord • Images: François Brault • Son: Henri Blondeau • Montage: Lord, Lise Thouin • Production: Robert Ménard • Interprètes: Jacques Boulanger, Benoît Girard, Claude Michaud, Anne Létourneau, Nicole Cloutier, Véronique Béliveau, Rita Lafontaine • Fiction • Couleur • 127 mn.

Partis pour la gloire

1975 • Réalisation: Clément Perron • Scénario: Perron • Images: Georges Dufaux • Son: Joseph Champagne • Musique: François Dompierre • Montage: Pierre Lemelin • Interprètes: Serge L'Italien, Rachel Cailhier, Jacques Thisdale, André Melançon, Yolande Roy, Jean-Marie Lemieux • Fiction • Couleur • 103 mn.

Pas de deux

1967 • Réalisation: Norman McLaren • Images: Jacques Fogel • Musique: Maurice Blackburn

• Chorégraphie: Ludmilla Chiriaeff • Production: McLaren • Danseurs: Margaret Mercier, Vincent Warren • Animation • Couleur • 13 mn.

Passiflora

1985 • Réalisation: Fernand Bélanger, Dagmar Gueissaz Teufel • Images: Serge Giguère • Son: Claude Beaugrand • Musique: René Lussier, Jean Derome, André Duchesne • Montage: Bélanger • Production: Jacques Vallée • Documentaire/Fiction • Couleur • 85 mn.

Patricia et Jean-Baptiste

1966 • Réalisation: Jean Pierre Lefebvre • Scénario: Lefebvre • Images: Michel Régnier • Son: Roger Leclerc • Musique: Andrée Paul, Raoul Duguay • Montage: Marguerite Duparc • Production: Duparc • Interprètes: Patricia Kaden-Lacroix, Lefebvre, Henri Mathieu Kaden, Richard Lacroix • Fiction • N&B • 85 mn.

Paysagiste, Le

1976 • Réalisation: Jacques Drouin • Musique: Denis Larochelle • Production: Gaston Sarault • Animation • N&B • 8 mn.

Percé on The Rocks

1964 • Réalisation: Gilles Carle • Images: Guy Borremans • Son: Werner Nold • Trame sonore: Maurice Blackburn • Montage: Eric de Bayser • Production: Jacques Bobet • Narration: Luce Guilbeault, Anne Lauriault, Suzanne Valéry • Documentaire • N&B • 9 mn.

Père Chopin, Le

1944 • Réalisation: Fédor Ozep, en collaboration avec Georges Freedland • Scénario: Jean Desprez, Bella Daniel • Images: Don Malkames • Son: Walter Darling • Musique: Rodolph Goehr • Montage: Freedland • Production: Charles Philipp • Interprètes: Marcel Chabrier, Madeleine Ozeray, François Rozet, Pierre Durand, Guy Mauffette, Louis Rolland • Fiction • N&B • 109 mn.

Petite Aurore l'enfant martyre, La

1951 • Réalisation: Jean-Yves Bigras • Scénario: Émile Asselin, d'après la pièce *Aurore, l'enfant martyre* de Léo Petitjean et Henri Rollin • Images: Roger Racine • Son: Yves Lafond • Musique: Germaine Janelle • Montage: Bigras • Production: Roger Garand • Interprètes: Yvonne Laflamme, Lucie Mitchell, Paul Desmarteaux, Thérèse McKinnon, Rock Poulin, Marc Forrez, Janette Bertrand, Jean Lajeunesse • Fiction • N&B • 102 mn.

Petites sœurs, Les

1959 • Réalisation: Pierre Patry • Scénario: Patry • Images: Georges Dufaux • Son: Marcel Carrière • Musique: Maurice Blackburn • Montage: Marc Beaudet, Gérard Hamel • Production: Léonard Forest • Documentaire • N&B • 29 mn.

Petit pays, Le

1980 • Réalisation: Bertrand Langlois • Scénario: Gilles Noël, Langlois • Images: Bruno Carrière, Marc Tardif, Michel La Veaux • Son: Noël Almey, Dominique Chartrand • Montage: Jacques Drouin • Production: Carrière • Interprètes: Julie Vincent, Claude Laroche, Françoise Berd, Philippe Robidas • Fiction • Couleur • 28 mn.

Piastre, La

1976 • Réalisation: Alain Chartrand • Scénario: Chartrand, Diane Cailhier • Images: François Beauchemin • Son: Claude Beaugrand • Musique: Tony Roman • Montage: Yves Dion • Production: Bernard Lalonde, Marc Daigle • Interprètes: Pierre Thériault, Claude Gauthier, Michèle Magny, Rachel Cailhier, Paule Baillargeon, Patricia Nolin • Fiction • Couleur • 83 mn.

Pièges de la mer, Les

1982 • Réalisation: Jacques Gagné • Images: Colin Mounier, Guy Dufaux, Raymond Coll, Bernard Delemotte, Albert Falco • Son: Guy Jouas • Musique: François Cousineau, Don Habib, Richard Ferland • Montage: Hedwige Bienvenu • Production: Jacques Bobet, Jacques-Yves Cousteau, Jean-Michel Cousteau • Documentaire • Couleur • 80 mn.

Pilier de cristal, Le

1978 • Réalisation: Marc Hébert • Images: Roger Rochat • Son: Claude Chevalier • Musique: Vincent Dionne • Montage: Hébert • Production: Marc Beaudet • Documentaire • Couleur • 16 mn.

Plage, La

1978 • Réalisation: Suzanne Gervais • D'après une nouvelle de Roch Carrier • Musique: Maurice Blackburn • Production: Francine Desbiens • Animation • Couleur • 3 mn.

Plante, La

1983 • Réalisation: Thomas Vamos, Joyce Borenstein • Scénario: Vamos, Borenstein • Animation: Borenstein • Images: Vamos • Musique: Pierre F. Brault, Michel Robidoux • Montage: Suzanne Allard • Production: Hélène Verrier, Jacques Bobet • Interprètes: Ghyslain Tremblay • Animation/Fiction • Couleur • 13 mn.

Plouffe, Les

1981 • Réalisation: Gilles Carle • Scénario: Roger Lemelin, Carle, d'après le roman de Lemelin • Images: François Protat • Son: Patrick Rousseau • Musique: Stéphane Venne, Claude Denjean • Montage: Yves Langlois • Production: Justine Héroux, Denis Héroux, John Kemeny • Interprètes: Émile Genest, Juliette Huot, Denise Filiatrault, Gabriel Arcand, Pierre Curzi, Serge Dupire, Anne Létourneau, Paul Berval, Rémi Laurent, Gérard Poirier, Donald Pilon, Louise Laparé, Stéphane Audran • Fiction • Couleur • 227 mn.

Portes tournantes, Les

1988 • Réalisation: Francis Mankiewicz • Scénario: Jacques Savoie en collaboration avec Mankiewicz • Images: Thomas Vamos • Son: Paul Dion • Musique: François Dompierre • Montage: André Corriveau • Production: René Malo, Francine Morin, Lyse Lafontaine, Jacques-Éric Strauss, Louise Gendron, Marc Daigle, Pierre Latour • Interprètes: Monique Spaziani, Gabriel Arcand, Miou-Miou, Jacques Penot, Rémy Girard, Françoise Faucher, Jean-Louis Roux, Rita Lafontaine, Hubert Loiselle, Marcel Sabourin, François Méthé • Fiction • Couleur • 105 mn.

Poulette grise, La

1947 • Réalisation: Norman McLaren • Musique: Maurice Blackburn • Production: McLaren • Animation • Couleur • 6 mn.

Pour la suite du monde

1963 • Réalisation: Pierre Perrault, Michel Brault • Scénario: Perrault, Brault • Images: Brault • Son: Marcel Carrière • Musique: Jean Cousineau, Jean Meunier • Montage: Werner Nold • Production: Fernand Dansereau • Documentaire • N&B • 105 mn.

Pour le meilleur et pour le pire

1975 • Réalisation: Claude Jutra • Scénario: Jutra • Images: Alain Dostie • Son: Jacques Blain • Musique: Pierre F. Brault, Denise Cloutier • Montage: Pascale Laverrière • Production: Pierre Lamy, Luc Lamy • Interprètes: Monique Miller, Jutra, Monique Mercure, Pierre Dufresne, Gisèle Trépanier, Roger Garand • Fiction • Couleur • 117 mn.

Pourquoi l'étrange monsieur Zolock s'intéressait-il tant à la bande dessinée?

1982 • Réalisation: Yves Simoneau • Scénario: Marie-Loup Simon • Images: Jean-Louis Chèvrefils, Abel Kane • Son: Jean-Guy Bergeron • Musique: Michel Bergeron • Montage: François Dupuis • Production: Nicole M. Boisvert • Interprètes: Jean-Louis Millette, Michel Rivard, Yves Desgagnés, Paul Colpron, Jasmine Desjardins • Documentaire/Fiction • Couleur • 69 mn.

Poussière sur la ville

1965 • Réalisation: Arthur Lamothe • Scénario: André Langevin, d'après le roman de Langevin • Images: Guy-Laval Fortier • Son: Claude Pelletier • Musique: Gilles Vigneault • Montage: Lamothe • Production: Pierre Lamy, Jean Roy • Interprètes: Guy Sanche, Michelle Rossignol, Henri Filion, Gilles Pelletier, Nicolas Doclin, Roland Chenail • Fiction • N&B • 92 mn.

Pouvoir intime

1986 • Réalisation: Yves Simoneau • Scénario: Pierre Curzi, Simoneau • Images: Guy Dufaux • Son: Michel Charron • Montage: André Corriveau • Production: Claude Bonin, Roger

Frappier, Francine Forest • Interprètes: Marie Tifo, Curzi, Jacques Godin, Éric Brisebois, Jacques Lussier, Robert Gravel, Jean-Louis Millette • Fiction • Couleur • 85 mn.

Premiers jours
1980 • Réalisation: Film posthume de Clorinda Warny, complété par Suzanne Gervais et Lina Gagnon • Musique: Denis Larochelle • Production: Gaston Sarault • Animation • Couleur • 9 mn.

Prologue
1969 • Réalisation: Robin Spry • Scénario: Michael Malus • Images: Douglas Kiefer • Son: Russel Heise • Musique: William Brooks, M. Malus, The Ventures • Montage: Christopher Cordeaux • Production: Tom Daly, Spry • Interprètes: John Robb, Elaine Malus, Gary Rader, Peter Cullen, Cordeaux, Henry Gamer • Fiction • N&B • 88 mn.

Q-Bec my love ou Un succès commercial
1969 • Réalisation: Jean Pierre Lefebvre • Scénario: Lefebvre • Images: Thomas Vamos • Son: Claude Hazanavicius • Musique: Andrée Paul • Montage: Marguerite Duparc • Production: Duparc, Laurent Paré • Interprètes: Anne Lauriault, Denis Payne, Larry Kent, Jean-Pierre Cartier, Judith Paré, Raoul Duguay • Fiction • Couleur • 77 mn.

Quarantaine, La
1982 • Réalisation: Anne Claire Poirier • Scénario: Marthe Blackburn, Poirier • Images: Michel Brault • Son: Richard Besse • Musique: Joël Bienvenue • Montage: André Corriveau • Production: Jacques Vallée • Interprètes: Monique Mercure, Jacques Godin, Roger Blay, Luce Guilbeault, Michelle Rossignol, Louise Rémy, Patricia Nolin, Benoît Girard, Pierre Thériault, Pierre Gobeil, Aubert Pallascio • Fiction • Couleur • 105 mn.

Québec: Duplessis et après...
1972 • Réalisation: Denys Arcand • Images: Alain Dostie, Réo Grégoire, Pierre Letarte • Son: Serge Beauchemin, Jacques Drouin • Montage: Arcand, Pierre Bernier • Production: Paul Larose • Documentaire • N&B • 115 mn.

Quel numéro what number?
1985 • Réalisation: Sophie Bissonnette • Images: Serge Giguère • Son: Diane Carrière, Claude Beaugrand, Marcel Fraser, Michel Charron, Pierre Blain • Musique: Jean Sauvageau • Montage: Liette Aubin • Production: Jean-Roch Marcotte, Bissonnette • Documentaire • Couleur • 81 mn.

Raison d'être
1977 • Réalisation: Yves Dion • Scénario: Jean-Yves Roy, Dion • Images: André-Luc Dupont • Son: Yves Gendron • Montage: Dion • Production: Robert Forget, Anne Claire Poirier •

Documentaire • N&B • 78 mn.

Raquetteurs, Les

1958 • Réalisation: Gilles Groulx, Michel Brault • Images: Brault • Son: Marcel Carrière • Montage: Groulx • Production: Louis Portugais • Documentaire • N&B • 17 mn.

Rectangle et rectangles

1984 • Réalisation: René Jodoin • Animation: Jodoin, assisté de Doris Kochanek • Musique: Normand Roger • Système d'animation par ordinateur: Kochanek, Daniel Langlois • Production: Robert Forget • Animation Couleur • 8 mn.

Red

1969 • Réalisation: Gilles Carle • Scénario: Carle, Ennio Flaiano • Images: Bernard Chentrier • Son: Réjean Giguère, Raymond Leroux, Don Wellington • Musique: Pierre F. Brault • Montage: Yves Langlois • Production: Pierre Lamy • Interprètes: Daniel Pilon, Geneviève Deloir, Gratien Gélinas, Fernande Giroux, Paul Gauthier, Claude Michaud, Donald Pilon • Fiction • Couleur • 101 mn.

Règne du jour, Le

1966 • Réalisation: Pierre Perrault • Images: Bernard Gosselin, Jean-Claude Labrecque • Son: Serge Beauchemin, Alain Dostie • Musique: Jean-Marie Cloutier • Montage: Yves Leduc, Jean Lepage • Production: Jacques Bobet, Guy L. Coté • Documentaire • N&B • 118 mn.

Réjeanne Padovani

1973 • Réalisation: Denys Arcand • Scénario: D. Arcand, Jacques Benoit • Images: Alain Dostie • Son: Serge Beauchemin • Musique: Willibald Glück, Walter Boudreau • Montage: Marguerite Duparc, D. Arcand • Production: Duparc • Interprètes: Luce Guilbeault, Jean Lajeunesse, Pierre Thériault, Frédérique Collin, Roger Le Bel, Margot MacKinnon, Céline Lomez, Gabriel Arcand, Jean Pierre Lefebvre, René Caron • Fiction • Couleur • 94 mn.

Retour de l'Immaculée Conception, Le

1971 • Réalisation: André Forcier • Scénario: Forcier • Images: François Gill, André Gagnon • Son: Michel Caron, Marc Boisvert, Norbert Ilhareguy • Musique: Jean Sauvageau, Libéré Holmes, Joséphat Berthelot, Gilles Comète • Montage: Jacques Chenail, Paul-André Cartier, André Corriveau • Production: Les Films André Forcier • Interprètes: Julie Lachapelle, Fernand Roy, Chenail, Jacques Marcotte, Jacques Labonté, Pierre David, Forcier • Fiction • N&B • 86 mn.

Révolutionnaire, Le

1965 • Réalisation: Jean Pierre Lefebvre • Scénario: Lefebvre • Images: Michel Régnier • Son: Roger Leclerc • Musique: Lionel Renaud • Montage: Marguerite Duparc • Production: Les

Films J.P. Lefebvre • Interprètes: Louis Saint-Pierre, Louise Rasselet, Alain Chartrand, Robert Daudelin, Michel Gauthier, René Goulet, Pierre Hébert • Fiction • N&B • 72 mn.

Rien qu'un jeu

1983 • Réalisation: Brigitte Sauriol • Scénario: Sauriol, Monique H. Messier • Images: Paul van der Linden • Son: Alain Corneau • Musique: Yves Laferrière, Robert Lachapelle • Montage: Marcel Pothier • Production: Messier, Jacques Pettigrew, Claude Bonin, Yves Michon • Interprètes: Marie Tifo, Raymond Cloutier, Jennifer Grenier, Julie Mongeau, Julie Desjardins, Jimmy Bond • Fiction • Couleur • 88 mn.

Rising Tide, The

1949 • Réalisation: Jean Palardy • Scénario: Palardy • Images: John Foster • Montage: Don Peters • Production: James Beveridge • Documentaire • N&B • 31 mn.

Rossignol et les cloches, Le

1951 • Réalisation: René Delacroix • Scénario: Joseph Schull • Images: Akos Farkas • Son: Oscar Marcoux • Musique: Allan McIver • Montage: Anton Van de Water • Production: Richard J. Jarvis • Interprètes: Gérard Barbeau, Nicole Germain, Jean Coutu, Juliette Béliveau, Clément Latour, Ovila Légaré • Fiction • N&B • 91 mn.

Roughnecks

1960 • Réalisation: Guy L. Coté • Scénario: Coté • Images: Eugene Boyko • Musique: Robert Fleming • Montage: Coté • Production: Tom Daly • Documentaire • N&B • 21 mn.

Sad Song of Yellow Skin

1970 • Réalisation: Michael Rubbo • Scénario: Rubbo • Images: Martin Duckworth, Pierre Letarte • Son: Letarte • Montage: Torben Schioler, Rubbo • Production: Tom Daly • Documentaire • Couleur • 58 mn.

St-Jérôme

1968 • Réalisation: Fernand Dansereau • Images: Michel Régnier • Son: Michel Hazel • Musique: Georges Dor, Gaston Brisson • Montage: Guy Bergeron, Jean Dansereau, Jacques Jarry • Production: André Belleau, Robert Forget • Documentaire • N&B • 117 mn.

Séraphin

1950 • Réalisation: Paul Gury • Scénario: Claude-Henri Grignon, d'après le roman et le feuilleton radiophonique de Grignon • Images: Drummond Drury • Son: Oscar Marcoux • Musique: Arthur Morrow • Montage: Jean Boisvert • Production: Paul L'Anglais • Interprètes: Hector Charland, Nicole Germain, Guy Provost, Armand Leguet, Henri Poitras, Eugène Daigneault • Fiction • N&B • 101 mn.

Servantes du Bon Dieu, Les

1979 • Réalisation: Diane Létourneau • Images: Jean-Charles Tremblay • Son: Serge Beauchemin • Montage: Josée Beaudet • Production: Claude Godbout, Marcia Couëlle • Documentaire • Couleur • 89 mn.

Seul ou avec d'autres

1962 • Réalisation: Denis Héroux, Denys Arcand, Stéphane Venne • Scénario: Arcand, Venne • Images: Michel Brault • Son: Marcel Carrière • Musique: Venne • Montage: Gilles Groulx, Bernard Gosselin • Production: AGEUM • Interprètes: Nicole Braun, Pierre Létourneau, Marie-José Raymond, Michelle Boulizon, Carl Mailhot, André Dubois, Serge Grenier, Marc Laurendeau, Marcel Saint-Germain • Fiction • N&B • 64 mn.

Sitting in Limbo

1986 • Réalisation: John N. Smith • Scénario: David Wilson, Smith • Images: Andreas Poulsson, Barry Perles • Son: Hans Oomes, Richard Nichol • Musique: Jimmy Cliff, Black Uhuru et autres • Montage: Wilson • Production: Wilson, Smith • Interprètes: Pat Dillon, Fabian Gibbs, Sylvie Clarke, Debbie Grant, Compton McLean, Millicent Dillon • Fiction • Couleur • 95 mn.

Soleil a pas de chance, Le

1975 • Réalisation: Robert Favreau • Images: Pierre Letarte, Daniel Fournier • Son: Raymond Marcoux • Montage: Favreau • Production: Jean-Marc Garand • Documentaire • Couleur • 163 mn.

Soleil se lève en retard, Le

1976 • Réalisation: André Brassard • Scénario: Michel Tremblay, Brassard • Images: Alain Dostie • Son: Jacques Blain • Musique: Beau Dommage • Montage: André Corriveau • Production: Pierre Lamy • Interprètes: Rita Lafontaine, Yvon Deschamps, Denise Filiatrault, Huguette Oligny, Claude Gai, Jean Mathieu • Fiction • Couleur • 112 mn.

Solzhenitsyn's Children... Are Making a Lot of Noise in Paris

1978 • Réalisation: Michael Rubbo • Images: Andreas Poulsson, Michael Edols, Michel Thomas d'Hoste • Son: Joseph Champagne • Montage: Rubbo • Production: Marrin Canell, Arthur Hammond • Documentaire • Couleur • 87 mn.

Some American Feminists

1977 • Réalisation: Luce Guilbeault, Nicole Brossard, Margaret Westcott • Images: Nesya Shapiro • Son: Ingrid M. Cusiel • Montage: Westcott • Production: Kathleen Shannon • Documentaire • Couleur • 56 mn.

Sonatine

1983 • Réalisation: Micheline Lanctôt • Scénario: M. Lanctôt • Images: Guy Dufaux • Son: Marcel Fraser • Musique: François Lanctôt • Montage: Louise Surprenant • Production: Pierre Gendron, René Malo • Interprètes: Pascale Bussières, Marcia Pilote, Pierre Fauteux, Kliment Denchev, Ève Gagnier, Marc Gélinas • Fiction • Couleur • 91 mn.

«Son des Français d'Amérique, Le»

1974-1980 • Réalisation: André Gladu, Michel Brault • Images: Brault, Alain Dostie • Son: Claude Beaugrand • Montage: André Corriveau, Éric De Bayser, Yves Dion • Production: Gladu, Brault • Documentaire • Couleur • Série de vingt-sept cm, de 27 ou 28 mn chacun.

Sonia

1986 • Réalisation: Paule Baillargeon • Scénario: Baillargeon, Laura Harrington • Images: André-Luc Dupont, Roger Martin • Son: Serge Beauchemin • Musique: Yves Laferrière • Montage: Yves Dion • Production: Roger Frappier, Michel Gauthier • Interprètes: Kim Yaroshevskaya, Baillargeon, Lothaire Bluteau, Paul Buissonneau, Marc Messier, Raymond Cloutier • Fiction • Couleur • 54 mn.

Sourd dans la ville, Le

1987 • Réalisation: Mireille Dansereau • Scénario: Dansereau, Michèle Mailhot, Jean-Joseph Tremblay, d'après le roman de Marie-Claire Blais • Images: Michel Caron • Son: Dominique Chartrand • Musique: Ginette Bellavance • Montage: Louise Côté • Production: Louise Carré • Interprètes: Béatrice Picard, Guillaume Lemay-Thivierge, Angèle Coutu, Pierre Thériault, Han Masson, Claude Renard, Sophie Léger • Fiction • Couleur • 97 mn.

Souris, tu m'inquiètes

Série «En tant que femmes»
1973 • Réalisation: Aimée Danis • Scénario: Danis • Images: Daniel Fournier • Son: Jean-Guy Normandin • Musique: Pierre F. Brault • Montage: Claire Boyer • Production: Anne Claire Poirier, Jean-Marc Garand • Interprètes: Micheline Lanctôt, Luc Durand, Olivette Thibault, Luce Guilbeault, Yves Létourneau, Louis Aubert • Fiction • Couleur • 57 mn.

Souvenirs de guerre

1982 • Réalisation: Pierre Hébert, assisté de Michèle Pauzé • Caméra optique: Michael Cleary • Musique: Normand Roger • Trame sonore: Pierre Bernier • Montage: Bernier • Production: Robert Forget • Animation • Couleur • 16 mn.

Speak White

1980 • Réalisation: Pierre Falardeau, Julien Poulin • D'après le poème de Michèle Lalonde • Images: Raymond Dumas • Musique: Poulin • Production: Robert Forget • Expérimental • N&B • 6 mn.

Special Delivery

1978 • Réalisation: John Weldon, Eunice Macaulay • Animation: Weldon, Macaulay • Caméra animation: Raymond Dumas, Simon Leblanc • Musique: Karl Duplessis • Production: Derek Lamb • Animation • Couleur • 7 mn.

Splash

1981 • Réalisation: Georges Léonard, Claude Laflamme • Coordonnateur de la performance: Claude Lamarche • Images: Serge Giguère, Michel La Veaux, Marie Beaulieu, Laflamme • Son: Léonard • Musique: Sonde • Montage: Laflamme • Production: Laflamme, Léonard • Expérimental • Couleur • 13 mn.

Street, The

1976 • Réalisation: Caroline Leaf • Animation: Leaf • Montage: Gloria Demers • Production: Guy Glover, Wolf Koenig • Animation • Couleur • 10 mn.

Sweater, The

1980 • Réalisation: Sheldon Cohen • Scénario: Roch Carrier • D'après une nouvelle de Carrier • Musique: Normand Roger • Montage: David Verrall • Production: Marrin Canell, Verrall, Derek Lamb • Narration: Carrier • Animation • Couleur • 10 mn.

Tacots, Les

Série «Toulmonde parle français»
1974 • Réalisation: André Melançon • Scénario: Melançon • Images: Pierre Mignot, Georges Dufaux • Son: Raymond Marcoux, Serge Beauchemin • Musique: Gilles Rivard • Montage: Melançon, Werner Nold • Production: Jacques Bobet • Interprètes: Mireille Bienvenu, Gilles Guillemette, Alain Tremblay, Franco Lamazzi, Robert Trudel, Mireille Jolicœur, Josée Boisvert, Léandre Bergeron • Fiction • Couleur • 22 mn.

Taureau

1973 • Réalisation: Clément Perron • Scénario: Perron • Images: Georges Dufaux • Son: Joseph Champagne • Musique: Jean Cousineau • Montage: Pierre Lemelin • Production: Marc Beaudet • Interprètes: Monique Lepage, André Melançon, Michèle Magny, Béatrice Picard, Marcel Sabourin • Fiction • Couleur • 97 mn.

Tchou-tchou

1972 • Réalisation: Co Hoedeman • Création des personnages: Suzanne Gervais • Musique: Normand Roger • Production: Pierre Moretti • Animation • Couleur • 14 mn.

Temiscaming Quebec

1975 • Réalisation: Martin Duckworth • Images: Duckworth, Serge Giguère • Son: Benoît Fauteux, Hugues Mignault • Musique: Bob Robb • Montage: Duckworth, Michael Rubbo,

Gérard Senécal, Ginny Stikeman • Production: Dorothy Todd Hénaut, Len Chatwin • Documentaire • Couleur • 64 mn.

Temps de l'avant, Le

Série «En tant que femmes»
1975 • Réalisation: Anne Claire Poirier • Scénario: Louise Carré, Marthe Blackburn, Poirier • Images: Michel Brault • Son: Joseph Champagne • Musique: Maurice Blackburn, Angèle Arsenault • Montage: Jacques Gagné, Christian Marcotte • Production: Poirier • Interprètes: Luce Guilbeault, Paule Baillargeon, Pierre Gobeil, J.-Léo Gagnon, Marisol Sarrazin, Nicolas Dufresne • Fiction • Couleur • 88 mn.

Temps d'une chasse, Le

1972 • Réalisation: Francis Mankiewicz • Scénario: Mankiewicz • Images: Michel Brault • Son: Claude Hazanavicius • Musique: Pierre F. Brault • Montage: Werner Nold • Production: Pierre Gauvreau • Interprètes: Guy L'Écuyer, Marcel Sabourin, Pierre Dufresne, Olivier L'Écuyer, Frédérique Collin, Luce Guilbeault, Monique Mercure • Fiction • Couleur • 98 mn.

Tendresse ordinaire

1973 • Réalisation: Jacques Leduc • Scénario: Robert Tremblay • Images: Alain Dostie • Son: Jacques Drouin • Musique: Michel «Plume» Latraverse, Jocelyn Bérubé • Montage: Pierre Bernier • Production: Paul Larose • Interprètes: Esther Auger, Bérubé, Jean-Pierre Bourque, Claudette Delorimier, J.-Léo Gagnon, Luce Guilbeault, Latraverse • Fiction • Couleur • 82 mn.

Terre de Caïn, La

1949 • Réalisation: Pierre Petel • Scénario: Petel • Images: Julien Saint-Georges • Son: Clarke Daprato • Musique: Maurice Blackburn • Production: James Beveridge • Documentaire • N&B • 30 mn.

Tête de Normande St-Onge, La

1975 • Réalisation: Gilles Carle • Scénario: Carle, Ben Barzman • Images: François Protat • Son: Henri Blondeau • Musique: Lewis Furey • Montage: Carle, Avdé Chiriaeff • Production: Pierre Lamy • Interprètes: Carole Laure, Raymond Cloutier, Reynald Bouchard, Carmen Giroux, Gaétan Guimond, J.-Léo Gagnon, Renée Girard • Fiction • Couleur • 116 mn.

Thetford au milieu de notre vie

1978 • Réalisation: Fernand Dansereau • Animatrice à la création collective: Iolande Cadrin-Rossignol • Scénario: Collectif • Images: Guy Dufaux, Michel Brault • Son: Jean Rivard • Musique: Jean Cloutier • Montage: Dansereau, France Pilon • Production: Claude Godbout, Marcia Couëlle • Interprètes: Lucille Drouin, Théo Gagné, André Laplante, Georges Dionne, Dominique Lévesque, Hélène Thivierge • Fiction • Couleur • 84 mn.

Ti-Cul Tougas

1976 • Réalisation: Jean-Guy Noël • Scénario: Noël • Images: François Beauchemin • Son: Hugues Mignault • Musique: Georges Langford • Montage: Marthe de la Chevrotière • Production: Marc Daigle • Interprètes: Micheline Lanctôt, Suzanne Garceau, Claude Maher, Gilbert Sicotte, Louise Forestier, Guy L'Écuyer, Jean-Louis Millette • Fiction • Couleur • 83 mn.

Ti-Mine, Bernie pis la gang...

1976 • Réalisation: Marcel Carrière • Scénario: Jean-Pierre Morin • Images: Jean-Pierre Lachapelle • Son: Claude Hazanavicius • Musique: François Dompierre • Montage: Werner Nold • Production: Marc Beaudet • Interprètes: Jean Lapointe, Marcel Sabourin, Rita Lafontaine, Anne-Marie Ducharme, Serge A. Savard, Ginette Morin • Fiction • Couleur • 124 mn.

Tit-Coq

1952 • Réalisation: René Delacroix, Gratien Gélinas • Scénario: Gélinas • D'après: la pièce de Gélinas • Images: Akos Farkas • Son: Marc Audet, André de Tonnancourt • Musique: Maurice Blackburn, Morris C. Davis • Montage: Anton van de Water, Roger Garand • Production: Gélinas, Paul L'Anglais • Interprètes: Gélinas, Monique Miller, Jean Duceppe, Fred Barry, Paul Dupuis, Juliette Béliveau • Fiction • N&B • 101 mn.

Toasteur, Le

1982 • Réalisation: Michel Bouchard • Scénario: Bouchard, Robert Gurik • Images: Pierre Mignot • Son: Michel Charron • Musique: Alain Clavier • Montage: André Corriveau • Production: Bouchard • Interprètes: Gabriel Arcand, Jean Mathieu, Jean-Pierre Saulnier, Georges Antoniades, Joan Lenarcic, Don Rideout • Fiction • Couleur • 27 mn.

Tony de Peltrie

1985 • Réalisation: Pierre Lachapelle, Philippe Bergeron, Pierre Robidoux, Daniel Langlois • Scénario: Lachapelle, Bernard Guénette, Langlois • Musique: Marie Bastien • Production: Lachapelle • Voix: Ronald France • Animation • Couleur • 8 mn.

Train of Dreams

1987 • Réalisation: John N. Smith • Scénario: Sally Bochner, Smith, Sam Grana • Images: David de Volpi, Zo Dirse • Son: Jacques Drouin • Musique: Malcolm Mackenzie Jr. • Montage: Michael McKinnery • Production: Grana, Bochner • Interprètes: Jason Saint-Amour, Marcella Santa Maria, Fred Ward • Fiction • Couleur • 89 mn.

Transit

1986 • Réalisation: Richard Roy • Scénario: Roy • Images: Daniel Jobin • Son: Marcel Fraser • Musique: Yves Laferrière • Montage: Jean-Guy Montpetit • Production: Jean-Roch Marcotte • Interprètes: Michel Côté, Marie Laberge • Fiction • Couleur • 27 mn.

Trouble-fête

1964 • Réalisation: Pierre Patry • Scénario: Jean-Claude Lord • Images: Jean Roy • Son: Joseph Champagne • Musique: Claude Léveillée • Montage: Lucien Marleau • Production: Roger Blais, Jean Roy, Patry • Interprètes: Lucien Hamelin, Louise Rémy, Gilbert Chénier, Yves Massicotte, Yves Létourneau, Jean Duceppe • Fiction • N&B • 87 mn.

Tu brûles... tu brûles...

1973 • Réalisation: Jean-Guy Noël • Scénario: Noël • Images: François Beauchemin • Son: Claude Beaugrand, Pierre Blain • Musique: Michel Gonneville • Montage: Marthe de la Chevrotière • Production: René Gueissaz, Marc Daigle • Interprètes: Gabriel Arcand, Louise Francoeur, Guy L'Écuyer, Raymond Lévesque, Serge Thériault, Marie Eykel • Fiction • N&B • 94 mn.

Turlute des années dures, La

1983 • Réalisation: Richard Boutet, Pascal Gélinas • Scénario: Boutet, Gélinas, Lucille Veilleux • Images: Robert Vanherweghem • Son: Claude Beaugrand • Musique: Gilles Garand, Gélinas • Montage: Francis van den Heuvel • Production: Veilleux, Marguerite Duparc • Documentaire • Couleur • 90 mn.

Une guerre dans mon jardin

1985 • Réalisation: Diane Létourneau, avec la collaboration de Pierre Bernier • Images: Jean-Pierre Lachapelle • Son: Diane Carrière, Yves Gendron, Serge Beauchemin • Musique: Denis Larochelle • Montage: Bernier • Production: Hélène Verrier, Roger Frappier • Documentaire • Couleur • 56 mn.

Une histoire de femmes

1980 • Réalisation: Sophie Bissonnette, Martin Duckworth, Joyce Rock • Images: Duckworth • Son: Rock • Musique: Rachel Paiement, André Paiement, David Burt • Montage: Michel Arcand, Bissonnette • Production: Arthur Lamothe • Documentaire • Couleur • 72 mn.

Une nuit en Amérique

1974 • Réalisation: Jean Chabot • Scénario: Chabot, Jean-Pierre Plante • Images: Pierre Mignot • Son: Jean Rival, Claude Beaugrand • Musique: Walter Boudreau, L'Infonie • Montage: France Pilon • Production: Marc Daigle • Interprètes: Robert Rivard, Jill Frappier, Jocelyne Goyette, Reynald Bouchard, Guy L'Écuyer, Plante • Fiction • Couleur • 93 mn.

Une semaine dans la vie de camarades

1976 • Réalisation: Jean Gagné • Scénario: J. Gagné, Serge Gagné • Images: Bruno Carrière, Germain Bouchard • Son: Alain Corneau, Maurice Rochette • Musique: Jean Pierre Bouchard, André Duchesne, Jean-Pierre Tremblay • Montage: Marthe de la Chevrotière, Louis Geoffroy, Jean Saulnier, J. Gagné • Production: S. Gagné, Régis Painchaud, Marc Daigle • Documentaire/ Expérimental • Couleur • 242 mn.

Un homme et son péché

1948 • Réalisation: Paul Gury • Scénario: Claude-Henri Grignon • D'après le roman et le feuilleton radiophonique de Grignon • Images: Drummond Drury • Son: Oscar Marcoux • Musique: Hector Gratton • Montage: Richard J. Jarvis, Jean Boisvert, Jacques Blouin • Production: Paul L'Anglais • Interprètes: Hector Charland, Nicole Germain, Guy Provost, Juliette Béliveau, Armand Leguet, George Alexander • Fiction • N&B • 111 mn.

Un jeu si simple

1965 • Réalisation: Gilles Groulx • Images: Jean-Claude Labrecque, Guy Borremans • Son: Marcel Carrière • Montage: Groulx • Production: Jacques Bobet • Commentaire: Bobet • Documentaire • Couleur et N&B • 30 mn.

Un pays sans bon sens!

1970 • Réalisation: Pierre Perrault • Images: Michel Brault, Bernard Gosselin • Son: Serge Beauchemin • Montage: Yves Leduc • Production: Tom Daly, Guy L. Coté, Paul Larose • Documentaire • N&B • 118 mn.

Un royaume vous attend

1975 • Réalisation: Pierre Perrault, Bernard Gosselin • Images: Gosselin • Son: Claude Beaugrand, Claude Chevalier • Montage: Suzanne Dussault • Production: Paul Larose • Documentaire • Couleur • 110 mn.

Un zoo la nuit

1987 • Réalisation: Jean-Claude Lauzon • Scénario: Lauzon • Images: Guy Dufaux • Son: Yvon Benoît • Musique: Jean Corriveau • Montage: Michel Arcand • Production: Roger Frappier, Pierre Gendron, Louise Gendron • Interprètes: Gilles Maheu, Roger Le Bel, Germain Houde, Lorne Brass, Jerry Snell, Lynn Adams • Fiction • Couleur • 115 mn.

Urgence-Emergency

1988 • Réalisation: Colin Low, Tony Ianzelo • Scénario: Low • Images: Ernest McNabb, Jean-Pierre Lachapelle • Son: Richard Besse, Yvon Benoit • Musique: François Dompierre • Montage: Michael McKennriey • Production: Mark Zannis, Colin Neile, Clément Richard • Interprètes: Gilles Pelletier, Mary Diamond, Doreen Stevens • Fiction • Couleur • 35 mn.

Valérie

1968 • Réalisation: Denis Héroux • Scénario: Louis Gauthier, Héroux, John Dunning, André Link • Images: René Verzier • Son: Jean-Pierre Saradin • Musique: Joe Gracy, Michel Paje • Montage: Jean Lafleur • Production: Dunning, Link • Interprètes: Danielle Ouimet, Guy Godin, Yvan Ducharme, Claude Préfontaine, Andrée Flamand, Kim Wilcox • Fiction • N&B • 97 mn.

Vautours, Les

1975 • Réalisation: Jean-Claude Labrecque • Scénario: Robert Gurik, Jacques Jacob • Images: Alain Dostie • Son: Serge Beauchemin • Musique: Dominique Tremblay • Montage: Labrecque • Production: Louise Ranger • Interprètes: Gilbert Sicotte, Monique Mercure, Carmen Tremblay, Amulette Garneau, Gabriel Arcand, Paule Baillargeon, Jacques Bilodeau, Raymond Cloutier, Jean Duceppe • Fiction • N&B et Couleur • 91 mn.

Veillée des veillées, La

1976 • Réalisation: Bernard Gosselin • Images: Gosselin, Michel Brault, Jean-Claude Labrecque, Pierre Mignot • Son: Jacques Drouin, Serge Beauchemin, Claude Beaugrand, Claude Chevalier, Philippe Trolliet, Michel Charron • Montage: Pierre Bernier • Production: Paul Larose • Documentaire • Couleur • 95 mn.

Vent, Le

1972 • Réalisation: Ron Tunis • Trame sonore: Pierre F. Brault • Production: René Jodoin • Animation • Couleur • 9 mn.

Vie d'ange

1979 • Réalisation: Pierre Harel • Scénario: Harel, Paule Baillargeon • Images: François Gill • Son: Marcel Delambre, Claude Beaugrand • Musique: Roger Wezo Belval, Donald Hince, Harel • Montage: Jean Saulnier • Production: Nicole Fréchette, Bernard Lalonde, René Gueissaz • Interprètes: Harel, Baillargeon, Jean-Guy Moreau, Louise Portal, Priscilla, Pauline et Geneviève Lapointe • Fiction • Couleur • 84 mn.

Vie heureuse de Léopold Z., La

1965 • Réalisation: Gilles Carle • Scénario: Carle • Images: Jean-Claude Labrecque • Son: Joseph Champagne • Musique: Paul de Margerie • Montage: Werner Nold • Production: Jacques Bobet • Interprètes: Guy L'Écuyer, Paul Hébert, Suzanne Valéry, Monique Joly, Jacques Poulin, Gilles Latulippe • Fiction • N&B • 69 mn.

Vie rêvée, La

1972 • Réalisation: Mireille Dansereau • Scénario: Dansereau, Patrick Auzépy • Images: François Gill, Richard Rodrigue, Louis de Ernsted • Son: Jean Rival, Claude Beaugrand, Hugues Mignault • Musique: Emmanuel Charpentier • Montage: Danielle Gagné • Production: Guy Bergeron • Interprètes: Liliane Lemaître-Auger, Véronique Le Flaguais, Jean-François Guité, Guy Foucault, Marc Messier, Paul Grennan • Fiction • Couleur • 85 mn.

Vieux pays où Rimbaud est mort, Le

1977 • Réalisation: Jean Pierre Lefebvre • Scénario: Lefebvre, Mireille Amiel • Images: Guy Dufaux • Son: Jacques Blain • Musique: Claude Fonfrède • Montage: Marguerite Duparc • Production: Duparc, Hubert Niogret, Pierre Henri Deleau • Interprètes: Marcel Sabourin,

Anouk Ferjac, Myriam Boyer, Roger Blin, Germaine Delbat, François Perrot • Fiction • Couleur • 113 mn.

Village enchanté, Le

1955 • Réalisation: Marcel et Réal Racicot • Scénario: R. Racicot • Animation: Laura Ledoux, Pierre Lanaud, Charles Hébert, Guy Parent • Musique: Émilien Allard • Production: Racicot productions • Narration: Pierre Dagenais • Animation • Couleurs • 62 mn.

Viol d'une jeune fille douce, Le

1968 • Réalisation: Gilles Carle • Scénario: Carle • Images: Bernard Chentrier • Son: Raymond Leroux • Musique: Pierre F. Brault • Montage: Yves Langlois • Production: Pierre Lamy, André Lamy • Interprètes: Julie Lachapelle, Jacques Cohen, Katerine Mousseau, Daniel Pilon, Donald Pilon, André Gagnon • Fiction • Couleur • 81 mn.

Visage pâle

1985 • Réalisation: Claude Gagnon • Scénario: Gagnon • Images: Serge Ladouceur • Son: Daniel Masse, Robert Girard • Musique: Jérôme Langlois • Montage: Gagnon • Production: Yuri Yoshimura, Gagnon, Shiro Sasaki • Interprètes: Luc Matte, Denis Lacroix, Allison Odjig, Guy Thauvette, Gilbert Sicotte, Marcel Lebœuf • Fiction • Couleur • 103 mn.

Visite du Général de Gaulle au Québec, La

1967 • Réalisation: Jean-Claude Labrecque • Images: Labrecque, Bernard Gosselin, Michel Brault • Son: Marcel Carrière • Montage: Labrecque, Gosselin • Production: Labrecque, OFQ • Documentaire • Couleur • 30 mn.

Voitures d'eau, Les

1968 • Réalisation: Pierre Perrault • Images: Bernard Gosselin • Son: Serge Beauchemin • Montage: Monique Fortier • Production: Jacques Bobet, Guy L. Coté • Documentaire • N&B • 111 mn.

Volcano - A Inquiry into the Life and Death of Malcolm Lowry

1976 • Réalisation: Donald Brittain, John Kramer • Scénario: Brittain • Images: Douglas Kiefer • Son: James McCarthy • Musique: Alain Clavier, Art Phillips • Montage: Kramer • Production: Brittain, Robert Duncan, James de B. Domville • Documentaire • Couleur • 99 mn.

Vol de rêve

1982 • Réalisation: Philippe Bergeron, Nadia Magnenat-Thalmann, Daniel Thalmann • Scénario: Bergeron, Pierre Lachapelle • Images: Bergeron • Montage: Lucien Marleau • Production: HEC • Animation • Couleur • 13 mn.

Voleurs de jobs, Les

1980 • Réalisation: Tahani Rached • Images: Alain Dostie • Son: Serge Beauchemin, André Dussault • Musique: Ti-Lou Babin, Eglal Rached • Montage: Annick de Bellefeuille • Production: Bernard Lalonde • Documentaire • Couleur • 68 mn.

Voyage en Bretagne intérieure

1978 • Réalisation: Richard Lavoie • Images: Lavoie • Son: Yves Saint-Jean • Montage: Lavoie • Production: Lavoie • Documentaire • Couleur • 97 mn.

Vraie nature de Bernadette, La

1972 • Réalisation: Gilles Carle • Scénario: Carle • Images: René Verzier • Son: Henri Blondeau • Musique: Pierre F. Brault • Montage: Carle • Production: Pierre Lamy • Interprètes: Micheline Lanctôt, Donald Pilon, Reynald Bouchard, Robert Rivard, Willie Lamothe, Maurice Beaupré • Fiction • Couleur • 96 mn.

Vrais perdants, Les

1978 • Réalisation: André Melançon • Images: Pierre Mignot • Son: Richard Besse, Claude Beaugrand • Montage: Josée Beaudet • Production: Jacques Gagné • Documentaire • Couleur • 94 mn.

Walking

1968 • Réalisation: Ryan Larkin • Production: Larkin • Animation • Couleur • 5 mn.

Whispering City

1947 • Réalisation: Fédor Ozep • Scénario: Rian James, Leonard Lee • Images: Guy Roe • Son: Edward Fenton • Musique: Morris C. Davis • Montage: Leonard Anderson, Douglas Bagier, Richard J. Jarvis • Production: George Marton, Paul L'Anglais, Roger Wood • Interprètes: Mary Anderson, Helmut Dantine, Paul Lukas, Joy Lafleur, John Pratt, Mimi d'Estée • Fiction • N&B • 91 mn.

Yeux rouges ou Les vérités accidentelles, Les

1982 • Réalisation: Yves Simoneau • Scénario: Simoneau • Images: Claude La Rue • Son: Marcel Fraser • Musique: Maneige, Bob Walsh • Montage: André Corriveau • Production: Doris Girard • Interprètes: Marie Tifo, Jean-Marie Lemieux, Pierre Curzi, Raymond Bouchard, Denise Proulx, Pierrette Robitaille, Paul Hébert, Rémy Girard, Gaston Lepage • Fiction • Couleur • 89 mn.

Zea

1981 • Réalisation: André Leduc, Jean-Jacques Leduc • Images: Éric Chamberlain • Montage: Werner Nold • Production: Robert Forget • Animation • Couleur • 5 mn.

BIBLIOGRAPHIE CHOISIE

BEATIE, Eleanor, *A Handbook of Canadian Film* (second edition), Peter Martin associates in association with Take One Magazine, Toronto, 1977.

BONNEVILLE, Léo, *Dossiers de cinéma*, Fides, Montréal et Ottawa, 1968.

BONNEVILLE, Léo, *Le cinéma québécois par ceux qui le font*, Paulines, Montréal, 1979.

BRULÉ, Michel, *Vers une politique du cinéma au Québec, document de travail*, Direction générale du cinéma et de l'audiovisuel, ministère des Communications, Québec, 1978.

Cahiers du Sainte-Marie, les, n° 12, «Le cinéma québécois: tendances et prolongements», Montréal, 1968.

CARRIÈRE, Louise *et al.*, *Femmes et cinéma québécois*, Boréal Express, Montréal, 1983.

CinémAction n° 40, «Aujourd'hui le cinéma québécois», Cerf/OFQJ, Paris et Montréal, 1986.

DAUDELIN, Robert, *Vingt ans de cinéma au Canada français*, ministère des Affaires culturelles, 1967.

Dérives n° 52, «Cinéma québécois, nouveaux courants, nouvelles critiques», Montréal, 1986.

FOURNIER-RENAUD, Madeleine, et Pierre VÉRONNEAU, *Écrits sur le cinéma: bibliographie québécoise: 1911-1981*, Cinémathèque québécoise, Montréal, 1982.

HOULE, Michel, et Alain JULIEN, *Dictionnaire du cinéma québécois*, Fides, Montréal, 1978.

LAFRANCE, André, avec la collaboration de Gilles Marsolais, *Cinéma d'ici*, Leméac et Radio-Canada, Montréal, 1973.

LAMARTINE, Thérèse, *Elles cinéastes ad lib 1895-1981*, Remue-Ménage, Montréal, 1985.

LAMONDE, Yvan, et Pierre-François HÉBERT, *Le cinéma au Québec: essai de statistique historique: 1896 à nos jours*, IQRC, Québec, 1981.

LEVER, Yves, *Cinéma et société québécoise*, le Jour, Montréal, 1972.

LEVER, Yves, *Histoire du cinéma au Québec*, Direction générale de l'enseignement collégial, Québec, 1983.

LEVER, Yves, *Histoire générale du cinéma au Québec*, Boréal, Montréal, 1988.

MAJOR, Ginette, *Le cinéma québécois à la recherche d'un public, bilan d'une décennie*, Presses de l'Université de Montréal, Montréal, 1982.

MARSOLAIS, Gilles, *Le cinéma canadien*, le Jour, Montréal, 1968.

MORRIS, Peter, *Embattled Shadows: A History of the Canadian Cinema, 1895-1939*, McGill-Queen's University Press, Montréal, 1978.

MORRIS, Peter, *The Film Companion, a comprehensive guide to more than 650 canadian films and filmmakers*, Irwin Publishing, Toronto, 1984.

NOGUEZ, Dominique, *Essais sur le cinéma québécois*, le Jour, Montréal, 1970.

PAGEAU, Pierre, et Yves LEVER, *Cinémas canadien et québécois*, Collège Ahuntsic/Pierre Pageau et Yves Lever, Montréal, 1977.

Premier Plan n° 45, «Jeune cinéma canadien», Paris, 1967.

TADROS, Jean-Pierre, Marcia COUELLE et Connie TADROS, *Le cinéma au Québec: bilan d'une industrie*, Cinéma Québec, Montréal, 1975.

TREMBLAY-DAVIAULT, Christiane, *Un cinéma orphelin, structures mentales et sociales du cinéma québécois: 1942-1953*, Québec/Amérique, Montréal, 1981.

TURNER, D. John, *Index des films canadiens de long métrage, 1913-1985*, Archives nationales du Canada, Ottawa, 1986.

VÉRONNEAU, Pierre, *Cinéma de l'époque duplessiste, Histoire du cinéma au Québec II*, Cinémathèque québécoise, Montréal, 1979.

VÉRONNEAU, Pierre, *Les cinémas canadiens*, Lherminier et Cinémathèque québécoise, Paris et Montréal, 1978.

VÉRONNEAU, Pierre, *Résistance et affirmation: la production francophone à l'ONF – 1939-1964, Histoire du cinéma au Québec III*, Cinémathèque québécoise/Musée du cinéma, Montréal, 1987.

VÉRONNEAU, Pierre, *Le succès est au film parlant français, Histoire du cinéma au Québec I*, Cinémathèque québécoise, Montréal, 1979.

VÉRONNEAU, Pierre, Michael DORLAND et Seth FELDMAN, *Dialogue. Cinéma canadien et québécois — Canadian and Quebec Cinema*, Médiatexte Publications/Cinémathèque québécoise, Montréal, 1987.

Maquette intérieure, typographie et mise en pages
sur ordinateur: MacGRAPH, Montréal.

Achevé d'imprimer en novembre 1988
sur les presses de L'Éclaireur, à Beauceville.